lonely planet

Noruega

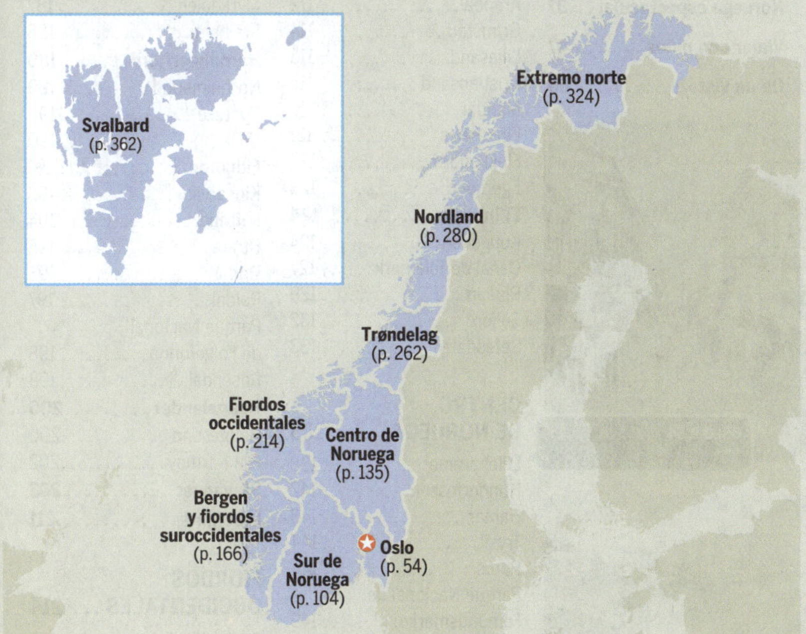

EDICIÓN ESCRITA Y DOCUMENTADA POR

Anthony Ham, Oliver Berry, Donna Wheeler

PUESTA A PUNTO

KIEV.VICTOR/SHUTTERSTOCK ©

OSLO P. 54

ANDREY ARMYAGOV/SHUTTERSTOCK ©

GEIRANGERFJORD P. 246

EN RUTA

Sumario

COMPRENDER

GUÍA PRÁCTICA

A DESTACAR

Bienvenidos a Noruega

Noruega es un destino al que se va una vez en la vida y la esencia de su atractivo es muy sencilla: se trata de uno de los países más bellos del mundo.

Sofisticación escandinava

El contrapunto de la belleza natural de Noruega se encuentra en su vida cultural. Las ciudades exhiben el talento escandinavo para el diseño. Bergen, Trondheim y Ålesund están entre las urbes europeas más bonitas, y tanto en ciudades como en zonas rurales se pueden admirar iconos arquitectónicos contemporáneos inspirados en el Ártico. También la comida es una pasión con la que los noruegos traspasan fronteras, sin abandonar por ello su profundo amor por la tradición. Hay que tener en cuenta el calendario de festivales a la hora de organizar el viaje.

Paisajes conmovedores

Los escarpados fiordos noruegos, de extraordinaria belleza, recortan en profundidad la dentada costa hacia el interior. Los glaciares serpentean desde campos de hielo que figuran entre los más grandes de Europa. El terreno montañoso del interior se asemeja a las murallas de una fortaleza natural y da lugar a islas rocosas que surgen de las aguas como apariciones. Y, por supuesto, está el atractivo primigenio, la sobria y abrumadora belleza del Ártico. En cualquier lugar del país, estos paisajes son telón de fondo de algunos de los pueblos más hermosos de Europa.

La llamada a la naturaleza

Disfrutar de la naturaleza en Noruega es sinónimo de actividad. Es uno de los destinos de turismo de aventura más variados de Europa. Algunas actividades pueden ser solo para los más intrépidos, pero la mayoría, como el excursionismo, el ciclismo y el *rafting* en verano, y el esquí y las excursiones en trineo de perros y moto de nieve en invierno, son aptas para cualquiera. De hecho, es posible ver a ancianos en motos de nieve o a familias enteras descendiendo rápidos. Se puede disfrutar de actividades en plena naturaleza, tanto en verano como en invierno, con las auroras boreales.

Una fauna espectacular

Aquí pueden verse ballenas –jorobadas, cachalotes y orcas, según la temporada– en la costa de Andenes, Stø o Tromsø, mientras que en el interior habitan renos salvajes en Hardangervidda y, en otros lugares, prehistóricos bueyes almizcleros, alces o zorros árticos. La observación de aves también es un plato fuerte, desde los frailecillos de Bleik a las aves marinas migratorias de Runde y Varanger. Pero lo más espectacular está en el Alto Ártico de Noruega, en Svalbard, donde osos polares y morsas son estampas características de una naturaleza impresionante.

KOLBEIN SVENSSON / 500PXGETTY IMAGES ©

Por qué me encanta Noruega

Por Anthony Ham, autor

La primera vez que contemplé los fiordos desde la ribera de Aurland, tras haber atravesado las cimas del Parque Nacional de Jotunheimen, supe que no existía un paisaje más bello sobre la faz de la Tierra. Desde entonces, he viajado mucho por Noruega, tanto en invierno como en verano, y sigo convencido de ello. Más que los fiordos y las montañas, me atrae la circunspección de Svalbard, la perfecta conjunción de agua, rocas y núcleos habitados de las islas Lofoten y los lejanos horizontes de los campamentos lapones en el Ártico norte.

Para más información sobre los autores, véase p. 464.

Arriba: Aurora boreal (p. 393).

Noruega

0 200 km
5°W
0° (Greenwich)
5°E
10°E
15°E
20°E
30°E
70°N
65°N
Knivskjelodden
(71s11'08"N)
Svalbard (550km)
(véase ampliación)
Honningsvåg
Kjøllefjord
Båtsfjord
Repvåg
Hammerfest
Hasvik
Vadsø
Lakselv
Kirkenes
Alta
Karasjok
Kautokeino
Ringvassøy
Tromsø
Lyngseidet
Skibotn
Gryllefjord
Finnsnes
Andenes
Vesterålen
Harstad
Vestvågøy
Lødingen
Narvik
Lofoten
Svolvær
Moskenesøy
Værøy
Vedøya
Bodø
Fauske
Ørnes
Parque Nacional de
Saltfjellet-Svartisen
Mo i Rana
Sandnessjøen
Mosjøen
Brønnøysund
Røyvik
RUSIA
FINLANDIA
Círculo polar ártico
MAR DE
NORUEGA
Jan Mayen
(1200km)
Svalbard
10°E
15°E
20°E
25°E
30°E
35°E
80°N
Magdalenefjord
Kvitøya
Storøya
Nordaustlandet
Erik Eriksenstretet
Spitsbergen
Kong Karls
Land
Prins
Karls
Forlandet
Svenskøya
Barentsøya
Longyearbyen
Edgeøya
Storfjorden
Olgastretet
0 100 km
Tromsø
Animada ciudad del norte
para disfrutar (p. 325)
Islas Lofoten
Las islas más hermosas
de Escandinavia (p. 300)
Svalbard
El Ártico en
estado puro (p. 362)
Ruta costera de Kystriksveien
Donde comienza la ruta más
lenta hacia el Ártico (p. 289)
Ålesund
Admirar la arquitectura art
nouveau de la costa (p. 250)

Bergen
El hechizo de deambular por los edificios encantados de Bryggen (p. 168)
Geirangerfjord
El fiordo número 1 del país de los fiordos (p. 246)
Parque Nacional de Jotunheimen
Senderismo por un parque repleto de glaciares (p. 158)
Ferrocarril Oslo-Bergen
Un espectacular viaje en tren (p. 184)
Oslo
La capital política y cultural de Noruega (p. 54)
El Púlpito
Nada como aventurarse hasta la roca más impresionante de Noruega (p. 211)
ALTITUD
3000m
2000m
1500m
1200m
900m
600m
300m
0
SUECIA
Golfo de Botnia
MAR BÁLTICO
Golfo de Finlandia
Golfo de Riga
ESTONIA
LETONIA
DINAMARCA
MAR DEL NORTE
Skagerrak
Hardangerfjord
Eidfjord
Geirangerfjord
Parque Nacional de Dovrefjell-Sunndalsfjella
Parque Nacional de Jotunheimen
Namsos
Grong
Steinkjer
Trondheim
Kristiansund
Molde
Ålesund
Åndalsnes
Røros
Tynset
Dombås
Florø
Førde
Koppang
Øvre Årdal
Trysil
Flåm
Lillehammer
Voss
Elverum
Hamar
Bergen
Odda
Råholt
Lervik
Kongsberg
Oslo
Kongsvinger
Drammen
Lillestrøm
Kopervik
Ski
Notodden
Jørpeland
Tønsberg
Moss
Stavanger
Skien
Fredrikstad
Larvik
Kragerø
Halden
Sandefjord
Egersund
Arendal
Risør
Flekkefjord
Grimstad
Mandal
Kristiansand
Gotemburgo
Ålborg
Estocolmo
Helsinki
Tallin
Rīga
60°N
5°E
20°E

Las 15 mejores experiencias

1

Geirangerfjord

1 La travesía de 20 km por el Geirangerfjord (p. 246), Patrimonio Mundial de la Unesco, debe figurar entre los viajes en ferri más bonitos del mundo. En los precipicios del fiordo pueden verse aún granjas abandonadas tiempo atrás, junto a las gélidas cascadas que vierten en las aguas verde esmeralda. Se puede zarpar desde el pequeño y bullicioso puerto de Geiranger o desde Hellesylt, una localidad mucho más tranquila. Conviene preparar la cámara, conseguir un asiento con vistas y disfrutar del que es literalmente el único modo de viajar a sus recónditos confines.

Islas Lofoten

2 No suele olvidarse la primera vez que se avistan las islas Lofoten (p. 300). Las empinadas crestas de esta asombrosa cadena insular emergen abruptamente desde el mar y hacen gala de los tonos verdes y amarillos del verano o los descarnados azules y blancos del invierno, mientras sus afilados picos apuntan a un despejado cielo azul cobalto o se ocultan entre volutas de niebla. En las costas brotan pueblecitos de postal con *rorbuer* (cabañas de pescadores) de madera, mientras que las rejillas en forma de A para secar el pescado dan testimonio del fuerte vínculo que mantienen con el mar.

ANDREY ARMYAGOV/SHUTTERSTOCK ©

RAT007/SHUTTERSTOCK ©

3

RONNY KVANDE/SOOPX ©

4

GRISHA BRUEV/SHUTTERSTOCK ©

Ferri costero de Hurtigruten

3 Mucho más que un simple medio de desplazamiento, el viaje en el simbólico ferri de Hurtigruten (p. 438) es una de las travesías costeras más espectaculares del mundo. Recorre a diario el trayecto entre Bergen y Kirkenes y se adentra en fiordos, atraca en pueblos solitarios apenas accesibles por carretera, roza espectaculares cabos y cruza el círculo polar ártico. Para disfrutar del litoral más espectacular del país en su totalidad.

Bryggen, Bergen

4 En un paisaje de fiordos y montañas al estilo noruego, Bergen es una de las ciudades más bellas de Europa. Legado de una larga tradición en el comercio marítimo, Bryggen (p. 168) es un barrio ribereño formado por un laberinto de edificios de madera y declarado Patrimonio Mundial de la Unesco. Estas construcciones, testimonio de una historia próspera y turbulenta a un tiempo, acogen hoy *boutiques* de artesanía y restaurantes tradicionales que dan cada vez más fama a la ciudad.

V. BELOV/SHUTTERSTOCK ©

JONAS TUFVESSON/SHUTTERSTOCK ©

Aurora boreal

5 No hay un fenómeno natural más evocador que la aurora boreal (p. 393). Visible durante las largas noches del invierno ártico (entre octubre y marzo), se mueve por el cielo en cortinas de luz verde o blanca, cambiando de intensidad y adoptando formas que parecen extraídas de la imaginación de un niño. Aunque no puede garantizarse su aparición en un momento concreto, si el viajero tiene la suerte de presenciarla, la experiencia perdurará en su memoria para siempre.

Senderismo por el Jotunheimen

6 El centro de Noruega figura entre los destinos estivales de Europa. Hay muchos parques nacionales, pero el Parque Nacional de Jotunheimen (p. 158), traducido como "Casa de los Gigantes", es el más destacado. Con 60 glaciares y 275 cumbres de más de 2000 m, Jotunheimen es bellísimo y posee míticas rutas, como las de Bessaeggen, Hurrungane y las de las estribaciones del Galdhøpiggen, el pico más alto de Noruega.

Ruta costera de Kystriksveien

7 La ruta costera (p. 289) que atraviesa Nordland permite admirar una impactante belleza. Si no hay tiempo para recorrer sus 650 km, es obligatorio transitar al menos un tramo (a poder ser, de Sandnessjøen a Storvik). Las frecuentes paradas del ferri ofrecen la posibilidad de descansar, al igual que la visión de marinas, mientras que sus glaciares e islas –como Vega, famosa por sus patos eíderes, o Lovound, hogar de 200 000 frailecillos– son sugestivos desvíos.

El Púlpito

8 En lo que a miradores se refiere, Preikestolen (el Púlpito; p. 211) apenas tiene parangón. En lo alto de un risco que se alza casi vertical, 600 m sobre las aguas del bellísimo Lysefjord, constituye una de las imágenes más características y atractivas de Noruega. Es el típico sitio en el que uno apenas se atreve a mirar a los viajeros que se asoman al precipicio más de lo conveniente, aunque uno mismo se siente inexorablemente atraído hacia el borde. El trayecto dura 2 h desde Stavanger.

7

DAVID KLEYN/ALAMY STOCK PHOTO ©

8

COLORES/SHUTTERSTOCK ©

RICHARD I'ANSON/ASHCROFT/SHUTTERSTOCK ©

HIMANSHU SARAF/SHUTTERSTOCK ©

MARIUS DOBILAS/SHUTTERSTOCK ©

Trineos tirados por perros

9 No hay mejor manera de descubrir la naturaleza del Ártico que sobre un trineo tirado por un grupo de huskies (p. 34). Felizmente lejos del sonido de motores y del barullo de la vida moderna, y con los aullidos de los perros y el roce del trineo con la nieve como banda sonora, las excursiones en trineo tirado por perros (pueden ir de medio día a expediciones de varios días) conducen al viajero por el mundo sin sendas del extremo norte de Noruega y le permiten sumergirse en la inquietante y hermosa luz del invierno ártico.

Svalbard

10 El archipiélago subpolar de Svalbard (p. 362), remoto pero accesible, es la parte más sugerente del Polo Norte y una de las últimas extensiones vírgenes de Europa. Picos bien torneados, enormes campos de hielo (el 60% de Svalbard está cubierto por glaciares) y fiordos son el telón de fondo de una rica variedad de flora y fauna ártica (incluidas morsas y cerca de una sexta parte de la población mundial de osos polares), además de actividades de verano e invierno que permiten gozar del seductor silencio de los paisajes nevados.

Ferrocarril Oslo-Bergen

11 Considerado uno de los viajes en tren más bellos del mundo, la línea ferroviaria Oslo-Bergen (p. 184) permite disfrutar de algunos de los mejores paisajes de Noruega. Tras cruzar los bosques del sur del país, asciende hacia la meseta de Hardangervidda para descender por los campos que rodean Voss hasta llegar a Bergen. Pasa muy cerca de los fiordos y en Myrdal conecta con el empinado ramal que lleva hasta el territorio de fiordos que se extiende desde Flåm.

Iglesias de madera

12 El sur y el centro de Noruega están salpicados de iglesias medievales de madera. No importa su forma, desde las monumentales a las pequeñas y adorables, todas tienen algo que suscitan recuerdos de la niñez. Esto es porque las iglesias de madera de Noruega, muchas de ellas rodeadas de historias de troles y adornadas con criaturas fantásticamente talladas, son la definición exacta de las iglesias de los cuentos de hadas, sobre todo la espectacular iglesia de madera de Heddal (p. 127; imagen de abajo).

Oslo

13 En la búsqueda por renovar su identidad, Oslo (p. 54) pretende convertirse en un centro artístico y cultural mundialmente célebre. Ya está a rebosar de museos de primera clase, galerías y una ópera blanca como la nieve (imagen de la derecha) que envidiaría incluso la de Sídney, pero en los dos últimos años ha vivido un asombroso renacimiento del barrio marítimo, con una osada arquitectura, una galería de arte moderno de primera línea, nuevos restaurantes y hasta una playa.

KOVOP58/SHUTTERSTOCK ©

TATIANA POPOVA/SHUTTERSTOCK NANISIMOVA/SHUTTERSTOCK

VPALES/SHUTTERSTOCK ©

NANISIMOVA/SHUTTERSTOCK ©

'Art nouveau' en Ålesund

14 Limpia y acogedora, Ålesund (p. 250) debe su encanto a un fuego que arrasó sus cimientos de madera hace un siglo, destruyéndolo todo excepto la prisión y una iglesia. De sus cenizas nació una ciudad nueva de piedra y casi toda diseñada por jóvenes arquitectos noruegos formados en Alemania. Influenciados por el movimiento Jugendstil *(art nouveau)* de la época, proyectaron edificios ricos en ornamentación, con torres, agujas, gárgolas y otros elementos basados en motivos autóctonos. La vista desde la parte alta de la ciudad es una de las más emblemáticas.

Cultura lapona

15 Las motos de nieve han desbancado a los trineos y hoy en día solo una minoría de los lapones vive de sus rebaños de renos o de la pesca costera. Pero la cultura lapona, que rebasa las fronteras de Noruega, Suecia y Finlandia, ha perdurado y es cada vez más accesible, especialmente en Karasjok (p. 358) y Kautokeino; en la primera, el Parlamento Lapón es una obra maestra del diseño tradicional en madera. La identidad lapona se asienta en el idioma y sus dialectos, en tradiciones como el *yoik* (poema rítmico), y en artesanías como la platería y la fabricación de cuchillos.

Lo esencial

Para más información, véase 'Guía práctica' (p. 423)

Moneda
Corona noruega (NOK)

Idioma
Noruego

Visados
Por lo general, no son necesarios para estancias de hasta 90 días (no se requieren a ciudadanos de la UE o del espacio de Schengen). Algunas nacionalidades sí necesitan un visado de Schengen.

Dinero
Hay muchos cajeros automáticos, y casi todos los hoteles, restaurantes, taxis, ferris y tiendas aceptan tarjetas de crédito.

Teléfonos móviles
Las tarjetas SIM locales se pueden conseguir fácilmente y usar en casi cualquier teléfono internacional. Salvo en los espacios naturales, la cobertura es buena.

Hora local
Hora central europea (GMT/UTC + 1 h)

Cuándo ir

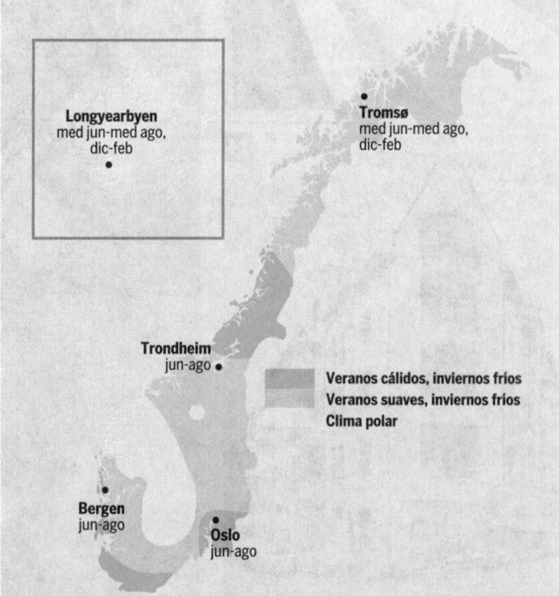

Temporada alta (med jun-med ago)

- Conviene reservar con tiempo alojamiento y transporte.
- El precio del alojamiento está en su nivel más bajo (salvo en Lofoten).
- Tiempo variable: puede ser cálido y soleado o frío y lluvioso.

Media (may-med jun y med ago-sep)

- Buena época para viajar, con tiempo suave y menos aglomeraciones.
- El alojamiento puede ser caro, salvo los fines de semana.
- Debe reservarse con antelación para los festivales.

Baja (oct-abr)

- El tiempo puede ser gélido y muchos puntos de interés suelen estar cerrados.
- El turismo de la aurora boreal puede crear minitemporadas altas en el extremo norte.
- Los días son cortos, sobre todo en el extremo norte.
- Ofertas de alojamiento de temporada.

Webs

Visit Norway (www.visitnorway.com/es) Web del Patronato de Turismo; información práctica e inspiradora, en español.

Fjord Norway (www.fjordnorway.com) Centrado en los principales puntos de interés de Noruega.

Lonely Planet (www.lonelyplanet.es/europa/noruega) Información del destino, reservas de hotel, foro de viajeros y más.

Northern Norway (www.nordnorge.com) Todo lo que hay que saber sobre el norte de Noruega.

Lofoten (www.lofoten.info) Un recurso útil para visitar las islas.

Teléfonos útiles

Desde fuera del país, se marca el código de acceso a la red internacional, el prefijo de Noruega y el número.

Información telefónica	180
Código internacional	00
Prefijo de Noruega	47
Ambulancia	113
Policía	112

Tipos de cambio

Argentina	10 ARS	3,90 NOK
Brasil	1 BRL	2,40 NOK
Chile	100 CLP	1,30 NOK
Colombia	1000 COP	2,76 NOK
EE UU	1 US$	7,82 NOK
México	10 MXN	4,19 NOK
Zona euro	1 €	9,66 NOK

Información sobre tipos de cambio vigentes en www.xe.com.

Presupuesto diario

Económico: menos de 160 €

- Cama en dormitorio colectivo: desde 35 €
- Cabaña: desde 55 €
- Doble en B&B o pensión: hasta 80 €
- Buenos supermercados y platos del día económicos: hasta 14 €
- Hay billetes de tren *minipris* (con descuento) si se reservan de antemano.

Medio: 160-240 €

- Habitación doble en hotel de gama media (fin de semana y temporada alta): 80-150 €
- Almuerzo o cena en un restaurante local correcto: 14-22 €
- Alquiler de coche: desde 90 €/día

Precio alto: más de 240 €

- Habitación doble en hotel de gama alta: desde 150 €
- Almuerzo o cena en un buen restaurante local: desde 22 €/persona

Horarios de apertura

Estos horarios son de temporada alta (med jun-med ago) y suelen reducirse fuera de la misma.

Bancos De 8.15 a 15.00 de lunes a miércoles y los viernes, hasta 17.00 jueves.

Oficinas de correos De 8.00 a 20.00 de lunes a viernes, de 9.00 a 18.00 sábados; en otros casos, de 9.00 a 17.00 de lunes a viernes, de 10.00 a 14.00 sábados.

Restaurantes De 12.00 a 15.00 y de 18.00 a 23.00. Algunos no cierran entre almuerzo y cena.

Tiendas De 10.00 a 17.00 de lunes a miércoles y viernes, hasta 19.00 jueves, hasta 14.00 sábados.

Supermercados De 9.00 a 21.00 de lunes a viernes, hasta 18.00 sábados.

Cómo llegar

Aeropuerto internacional de Gardermoen (Oslo) Hay trenes que conectan el aeropuerto con el centro de la ciudad (19-26 min, 90 NOK) hasta seis veces por hora de las 4.00 a las 24.00 aproximadamente. Los autobuses (adultos/niños 160/80 NOK) tardan 40 min. Un taxi cuesta de 750 a 1150 NOK (entre 30 min y 1 h).

Aeropuerto de Flesland (Bergen) Un autobús conecta el aeropuerto con el centro de Bergen (adultos solo ida/ida y vuelta 90/160 NOK, 45 min) hasta cuatro veces por hora de las 3.50 hasta justo después de las 24.00.

Cómo desplazarse

Tren Los trenes llegan a confines del norte como Bodø, y un ramal conecta Narvik con Suecia más al norte. Si se reserva con antelación, pueden conseguirse billetes *minipris*, mucho más baratos.

Automóvil Las carreteras están en buen estado, pero se tarda en recorrerlas porque hay muchas curvas. En verano el tráfico es denso, hay pocos carriles de adelantamiento y ferris.

Autobús Los servicios por las rutas principales son rápidos y eficaces. Hacia los pueblos pequeños no son tan frecuentes y, a veces, los fines de semana no circulan.

Avión SAS y Norwegian tienen extensas redes nacionales. Widerøe ofrece servicio a pueblos pequeños.

Barco Los ferris conectan las islas con tierra firme y muchos admiten vehículos. Los de Hurtigruten navegan entre Bergen y Kirkenes todos los días del año.

Para más información sobre **cómo desplazarse**, véase p. 436.

En busca de...

Fiordos

Los épicos paisajes de Noruega se hallan entre los más bellos de Europa, y los impresionantes fiordos ya justifican el esfuerzo de visitar este extraordinario país.

Geirangerfjord Emblemático y evocador, aunque esté lleno de gente y de cruceros (p. 246).

Nærøyfjord Región de extraordinaria belleza, Patrimonio Mundial de la Unesco (p. 221).

Lysefjord Magnífico fiordo que recibe la atenta mirada del famoso Púlpito (p. 211).

Magdalenefjord, Svalbard Uno de los lugares más bellos del planeta, así que vale la pena llegar hasta aquí (p. 375).

Hardangerfjord Impresionante grupo de fiordos con bonitos pueblos (p. 189).

Islas Lofoten Trollfjord y Vestfjorden destacan entre la conmovedora belleza natural de estas islas (p. 300).

Senderismo

Las tierras altas del centro, los panoramas inacabables del Ártico..., Noruega es un destino de ensueño para explorar espacios naturales.

Parque Nacional de Jotunheimen Bellísimas redes de senderos entre glaciares y las mayores cumbres del país (p. 158).

Parque Nacional de Rondane Preciosos picos y numerosos senderos para huir de las aglomeraciones (p. 154).

Parque Nacional de Hardangervidda Un vasto altiplano con renos y senderos entre glaciares (p. 163).

Parque Nacional de Saltfjellet-Svartisen Uno de los mejores sitios para recorrer glaciares, en pleno círculo ártico (p. 285).

Aurlandsdalen Clásica excursión de cuatro días desde el arranque del valle hasta el mar (p. 220).

Lysefjord Cuenta con algunos de los puntos elevados más espectaculares de Noruega (p. 211).

Parque Nacional de Femundsmarka Senderos por lagos, bosques y tundra que no gozan del protagonismo que merecen (p. 149).

Alpes de Lyngen Uno de los desafíos más abruptos y hermosos del norte del país (p. 335).

Parque Nacional de Øvre Dividal Travesía de ocho días por la naturaleza ártica que perdurará en la memoria (p. 335).

Naturaleza

Osos polares, ballenas, renos, bueyes almizcleros, zorros, alces, enormes colonias de pájaros..., Noruega alberga las especies más fascinantes de Europa y la mayoría resulta fácil de ver.

Svalbard Hogar de animales árticos: osos polares, morsas, zorros árticos, renos y aves (p. 362).

Parque Nacional de Dovrefjell-Sunndalsfjella Para ver aves y bueyes almizcleros en safaris desde Oppdal o Dombås (p. 152).

Parque Nacional de Hardangervidda Morada de unos 7000 renos salvajes, la mayor colonia de Noruega (p. 163).

Gjesvær Solitario y gratificante, con millones de aves marinas (p. 347).

Andenes Expediciones para observar ballenas, con frailecillos y focas incluidos (p. 318).

Tromsø Observación de ballenas en noviembre y diciembre (p. 325).

Evje Tras el rastro de los alces en el interior meridional del país (p. 133).

Parque Nacional de Femundsmarka Muchas especies de aves y bueyes almizcleros cerca de Røros y la frontera con Suecia (p. 149).

Runde Uno de los mejores lugares del norte de Europa para ver aves marinas migratorias (p. 249).

Tromsø (p. 325).

Actividades invernales

Muchas de ellas se practican en el norte ártico; destacan el trineo de perros, las motos de nieve y el esquí.

Motos de nieve, Svalbard Para adentrarse en la naturaleza helada más bella de Noruega (p. 368).

Trineo de perros, Karasjok Clases impartidas por un criador de huskies a las afueras de la capital lapona (p. 358).

Trineo de perros, Parque Nacional de Øvre Dividal Maravillosa experiencia en la naturaleza del extremo norte (p. 335).

Trineo tirado por renos y perros, Tromsø Senderos árticos cerca de la frontera sueca (p. 329).

Moto de nieve, Kirkenes Explorar el valle de Pasvik de día o de noche, a lo largo de la frontera con Rusia (p. 355).

Esquí, Lillehammer Esquí en las pistas de descenso utilizadas en las Olimpiadas de Invierno de 1994 (p. 138).

Safaris de centollos, Kirkenes Posiblemente uno de los 'deportes' más raros (y deliciosos) de Noruega (p. 355).

Esquí extremo, Åndalsnes Fabulosas sesiones de esquí en Romsdalen (p. 242).

Rutas pintorescas

Noruega ofrece carreteras de extraordinaria belleza. Dieciocho de ellas se consideran Rutas Turísticas Nacionales.

Carretera de Sognefjellet, Parque Nacional de Jotunheimen Ruta impresionante que atraviesa el techo de Noruega (p. 159).

Ruta costera de Kystriksveien La ruta costera más destacada de Noruega, sobre todo entre Stokkvågen y Storvik (p. 289).

Trollstigen La "Escalera de los Troles" es una vertiginosa sucesión de empinadas curvas cerradas entre fiordos (p. 243).

Aurlandsfjellet Ruta empinada, corta pero estresante, con vistas incomparables a los fiordos (p. 220).

E10, islas Lofoten Recorre paisajes espectaculares por las Lofoten (p. 300).

Gamle Strynefjellsvegen Una de las rutas de mayor belleza de Noruega occidental (p. 237).

De Ulvik a Odda, Hardangerfjord Abraza el litoral de los fiordos con excelentes vistas (p. 189).

Parque Nacional de Rondane Para ver el imponente macizo de Rondane en todo su esplendor (p. 154).

Senja Uno de los secretos mejor guardados de Noruega, con un paisaje propio de las Lofoten en la parte norte de la isla, pero sin multitudes (p. 330).

Iglesias de madera

Estas fantásticas estructuras evocan el pasado medieval de Noruega, con paredes de madera oscura que se alzan en torres y florituras emulando criaturas míticas o la proa de un barco vikingo.

Iglesia de madera de Heddal, Notodden Un asombroso viaje de fantasía arquitectónica (p. 127).

Iglesia de madera de Urnes Templo en la orilla de un fiordo, Patrimonio Mundial de la Unesco (p. 223).

Iglesia de madera de Lom Perfectamente emplazada en una confluencia de valles (p. 157).

Iglesia de madera de Borgund Uno de los ejemplos mejor conservados, con un campanario medieval (p. 215).

Iglesia medieval de Fantoft, Bergen Magníficamente reconstruida tras arder hasta los cimientos en 1992 (p. 173).

Iglesia medieval de Ringebu Preciosa y pequeña iglesia en una ladera boscosa (p. 159).

Antigua iglesia de Stordal Iglesia híbrida inusual, por ser más espectacular en el interior (p. 245).

Los vikingos

A las ensenadas de la costa sur y suroeste del país arribaron los barcos vikingos para dominar el mundo y allí volvieron con el botín. Hay indicadores del legado vikingo por todo el país.

Museo del Barco Vikingo (Vikingskipshuset) Fabuloso museo de Oslo diseñado alrededor de dos naves vikingas (p. 66).

Kaupang Restos arqueológicos de una ciudad vikinga del s. IX (p. 109).

Isla Karmøy Festival vikingo y museos alusivos (p. 202).

Stiklestad Escenario de una batalla épica del s. XI que cambió para siempre la historia vikinga (p. 275).

Balestrand Enigmático yacimiento vikingo en el país de los fiordos (p. 226).

Eidfjord Túmulos funerarios vikingos fácilmente accesibles sobre el fiordo (p. 191).

Tønsberg El pueblo más antiguo de Noruega, con túmulos funerarios de la era vikinga (p. 105).

Lindesnes Canal vikingo, centro histórico y pinturas rupestres (p. 121).

Museo Vikingo de Lofotr Museo y yacimiento arqueológico de Lofoten con especial atmósfera vikinga (p. 309).

Pueblos

Los pequeños asentamientos aislados del país han sido, durante siglos, la esencia del alma noruega, desde pueblos pesqueros y aldeas en los fiordos a los asentamientos mineros del interior.

Røros Antiguo asentamiento minero, Patrimonio Mundial de la Unesco, con espléndidas construcciones de madera (p. 144).

Henningsvær Pueblo pesquero magníficamente conservado en Lofoten (p. 305).

Sogndalstrand Uno de los pueblos de madera más bonitos de la costa sur (p. 124).

Nyksund Pueblo pesquero abandonado que hoy acoge a una colonia de artistas (p. 317).

Utne Encantador pueblo junto a un fiordo, con el hotel más antiguo del país (p. 195).

Solvorn Uno de los pueblos más bonitos del país, menos abarrotado que la mayoría (p. 224).

Nusfjord Pueblo de las Lofoten de aire artístico que plasma el espíritu de las islas (p. 311).

Reine Con los dentados picos de Lofoten como espectacular telón de fondo (p. 42).

Aurland Su ubicación junto al fiordo tiene pocos rivales en el mundo (p. 220).

Eidfjord Otra belleza de los fiordos dominada por impactantes y altas montañas (p. 191).

Vida urbana

Con pintorescos paisajes de fondo, las ciudades noruegas ofrecen numerosos museos, excelentes hitos arquitectónicos y una gran comunidad estudiantil que dan vida y personalidad a sus calles, muchas de ellas peatonales.

Bergen La ciudad más bella y cosmopolita de Noruega (p. 168).

Trondheim Una catedral magnífica, excelencia culinaria y una animada comunidad estudiantil (p. 263).

Ålesund Arquitectura *art nouveau* y una encantadora ubicación en la costa (p. 250).

Tromsø Vibrante ciudad de estudiantes en pleno Ártico (p. 325).

Stavanger Ciudad portuaria rica en museos, con un interesante casco antiguo (p. 203).

Oslo Capital cultural y política de Noruega (p. 54).

Mes a mes

PROPUESTAS DESTACADAS

Aurora boreal, enero o febrero

Pascua lapona, marzo

Festival Internacional de Bergen, mayo

Festival de Deportes Extremos, junio

Moldejazz, julio

Enero

Pese al frío inclemente, enero es una buena época para ir en moto de nieve o en trineo y para ver la aurora boreal. A finales de enero, el sol regresa a la Noruega continental.

Aurora boreal

Es uno de los fenómenos naturales más asombrosos que existen, motivo suficiente para visitar el norte de Noruega en invierno. Para combinar la experiencia con celebraciones más mundanas, se puede visitar Tromsø en enero para asistir al Festival de la Aurora Boreal (p. 393).

Febrero

Suele ser el mes más frío en Noruega, ideal para ver la aurora boreal, disfrutar de actividades de invierno y vivir dos celebraciones que plasman el espíritu del invierno. Se recomienda reservar con antelación, especialmente en el norte.

Polar Jazz

El Polar Jazz de Svalbard, el festival de *jazz* más septentrional del mundo, recuerda que la vida continúa incluso en pleno invierno polar. A principios de febrero (p. 369).

Rørosmartnan

El festival de invierno más importante de Noruega se remonta siglos atrás y se celebra de martes a sábado, la segunda semana de febrero. Es el reconstituyente ideal para el largo invierno noruego, con programas culturales, mercados y entretenimiento en directo (p. 147).

Semana Lapona

Nadie sobrelleva el invierno ártico mejor que los habitantes autóctonos del norte de Noruega. En la Semana Lapona, a principios de febrero, la calle mayor de Tromsø's es escenario del campeonato nacional de trineo tirado por renos (p. 331).

Marzo

Los días se alargan a medida que el país despierta de su letargo con un programa completo de fiestas y actividades noruegas tradicionales, que celebran el fin del invierno. Es uno de los meses preferidos para visitar Svalbard.

Finnmarksløpet

El Borealis Alta cuenta con conciertos y otros actos culturales destinados a despedirse de esta estación. El festival también marca el inicio de la carrera de resistencia en trineo de perros más larga de Europa, la épica Finnmarksløpet (p. 339).

Pascua lapona

Kautokeino es el escenario de fiestas que conmemoran el final de la noche polar, con bodas, carreras de renos, el Gran Premio Lapón (en realidad un concurso de *yoik*, un poema rítmico clásico) y otros actos tradicionales (p. 360).

Sunfest

Los habitantes de Longyearbyen, en el archipiélago Svalbard, deben soportar la oscuridad del invierno más tiempo que el resto de los noruegos. El Sunfest, que dura una semana a principios de marzo, es un ferviente homenaje al sol (p. 369).

Abril

Este mes tiene pocas celebraciones de importancia y constituye una especie de pausa entre las fiestas del final del invierno y los veranos repletos de actividades. El tiempo mejora y hay pocos turistas.

Stavanger Vinfest

La ciudad portuaria de Stavanger cuenta con una cultura culinaria de las más variadas del país. A mediados de abril, la devoción de los vecinos por la comida y el vino cobra una relevancia especial con la Stavanger Vinfest (p. 207).

'Blues' en Trondheim

El Nidaros Blues Festival de Trondheim, uno de los principales acontecimientos de *blues* del norte de Europa, anima este tranquilo mes con actuaciones locales e internacionales (p. 269).

Mayo

La primavera se muestra con brío: el tiempo es suave, los famosos festivales de música se ponen en marcha y las grandes aglomeraciones de turistas aún están por llegar.

Festival de 'blues' y soul de Alta

Hacia finales de mayo o principios de junio se celebra el Festival de Alta de *blues* y soul, digno preludio del programa de festivales musicales veraniegos. Celebrado en el extremo norte, atrae a un respetable elenco de grupos internacionales (p. 339).

Festival Internacional de Bergen

El festival de Bergen empieza a finales de mayo y dura dos semanas. Es uno de los principales acontecimientos del calendario cultural noruego, con danza, música y folclore. Es a la vez internacional y una vuelta a las raíces de la ciudad (p. 175).

Día de la Constitución

El 17 de mayo, el país se sume en una oleada patriótica durante el festival nacional más popular de Noruega, que se celebra con especial fervor en Oslo, donde los ciudadanos descienden hacia el Palacio Real con sus mejores galas.

Bacalao en Lofoten

Henningsvær combina la celebración del bacalao local con buena música en el Codstock, a mediados de mayo. Uno de los mejores festivales de Lofoten, perfecto para adelantarse a las multitudes del verano (p. 306).

Night Jazz Festival (Nattjazz)

El calendario noruego está repleto de festivales de *jazz* y el de Bergen, a finales de mayo, es uno de los mejores y más divertidos. Conviene unirse a la gran comunidad estudiantil para escuchar *jazz* del bueno (p. 175).

Junio

Empieza realmente la temporada alta turística y merece la pena reservar el alojamiento con antelación. Tienen lugar algunos de los mejores festivales del país y el tiempo suele ser suave y despejado (aunque también puede ser malo).

Festival de Deportes Extremos

Los amantes de la aventura de todo el mundo se congregan en Voss a finales de junio para asistir a una semana de paracaidismo, parapente y salto base (una modalidad de paracaidismo). Actos de música autóctona e internacional mantienen viva la energía (p. 186).

Festival de la Edad Media

Vecinos vestidos de época y cantos gregorianos en la catedral de cristal de Hamar son el plato fuerte de este festival popular, que aporta un punto de vista diferente al lejano pasado noruego en un marco fantástico (p. 143).

Maratón del Sol de Media Noche

Una maratón a media noche solo puede hacerse

en Noruega, y Tromsø es el lugar más septentrional del mundo para convocar esta carrera de 42 km. Se celebra a finales de junio y quizá sea la única maratón del planeta cuyos participantes siguen corriendo a las 5.00 (p. 331).

Festival Norwegian Wood

Es uno de los mejores festivales de música de Oslo, con artistas nacionales e internacionales y un público agradecido, especialmente de buen humor por la llegada próxima del verano (p. 76).

Festival vikingo

El suroeste alberga el corazón vikingo de Noruega y, a principios o mediados de junio, la isla de Karmøy condensa su fascinante historia en una serie de banquetes vikingos, procesiones y noches de sagas (p. 203).

Observación de ballenas en Vesterålen

Se puede salir a ver ballenas desde Andenes o Stø a finales de mayo o incluso antes, pero en junio se garantizan salidas diarias. Los cachalotes son el premio gordo, pero también pueden verse calderones (p. 319).

Julio

Es plena temporada alta en casi toda Noruega, al gozar del mejor tiempo del año y de las tarifas hoteleras más bajas. Los puntos de interés turístico pueden estar llenos y es muy recomendable reservar el alojamiento con antelación.

Kongsberg Jazz Festival

El segundo festival más importante de Noruega dura cuatro días y reúne a grandes nombres del jazz. Al ser anterior al Moldejazz, esta es una época fantástica para los amantes del género (p. 126).

Moldejazz

Del excelente repertorio de festivales de *jazz* de Noruega, el de Molde, a mediados de julio, es el más prestigioso. Con 100 000 espectadores, artistas de renombre mundial y música de excelente reputación, es uno de los más concurridos (p. 256).

Festival de San Olaf

A finales de julio se celebra esta fiesta en honor al santo más querido por los noruegos, con especial entusiasmo en Trondheim, que organiza procesiones, mercados medievales, disfraces vikingos, conciertos y un festival de comida autóctona. En Stiklestad tiene lugar un prestigioso desfile de cinco días (p. 269).

Agosto

Es el mes de los festivales de música de todos los géneros. El tiempo es bueno, en principio, y los precios económicos de la temporada alta continúan, aunque, en algunos casos, solo hasta mediados de mes. Conviene reservar con antelación.

Festival Internacional de Música de Cámara

Muchos de los festivales de música noruegos son para un público joven y enérgico, pero a principios de agosto, Stavanger ofrece un antídoto con este majestuoso festival; algunos conciertos se ofrecen en la catedral, de singular arquitectura (p. 207).

Cine noruego

El Festival Internacional de Cine de Noruega se celebra en Haugesund de mediados a finales de agosto y es el punto álgido del año para la pequeña pero respetada industria cinematográfica noruega. Ofrece trabajos innovadores y coincide con los premios nacionales de cine (p. 201).

Festival de Blues de Notodden

Este excelente festival de *blues* a principios de agosto da fe de que incluso las pequeñas ciudades noruegas desempeñan su papel en la obsesión nacional por los festivales. Se celebra en la anodina Notodden y atrae a un enorme público internacional (p. 127).

Festival Internacional de Jazz de Oslo

La música en directo se apodera de Oslo durante seis días de agosto. Este festival es tan concurrido que muchos lugareños planifican sus vacaciones de modo que puedan asistir (p. 76).

Rauma Rock

Al margen de la tónica habitual de festivales de *jazz*

y *blues,* Åndalsnes congrega la mayor manifestación de música de Noruega central durante dos días, a primeros de agosto. Se puede escuchar de todo, desde música *indie* hasta *rock* duro (p. 244).

Varangerfestivalen

Puede que esté lejos de las rutas turísticas más transitadas, pero Vadsø acoge uno de los festivales de música más antiguos del norte de Noruega, el Varangerfestivalen, con actuaciones de *jazz, rock* y música del mundo (p. 351).

West Coast Jazz

El Silda Jazz de Haugesund es una de las *jam sessions* más desconocidas del país. Lo bastante acreditado para contratar a grandes nombres y lo suficientemente alejado de las rutas turísticas para atraer solo a un público local, hace que valga la pena hacer una incursión hacia el oeste (p. 201).

Festival Øya

El festival de música *rock* e *indie* más grande de Noruega se celebra en Oslo y es uno de los mejores de Europa. También es uno de los más ecológicos, con impecables credenciales medioambientales. Hedonismo sin culpa, una combinación genial (p. 76).

Septiembre

Las aglomeraciones ya casi han desaparecido, al igual que muchas de las buenas ofertas del verano. En algunas zonas, muchos hoteles y restaurantes cierran. Es una época más tranquila para viajar pero suele ser más cara.

Feria de Dyrsku'n

El festival anual de Seljord gira en torno al mercado tradicional y el espectáculo de ganado más grande de Noruega, y es una de las mejores formas de apreciar la cultura autóctona. Atrae a 60 000 visitantes la segunda semana de septiembre (p. 132).

Octubre

El verano es un vago recuerdo y, a finales de octubre, la larga noche polar empieza en Svalbard. Las temperaturas van cayendo y el número de quienes viajan por negocios supera, con mucho, el de los que lo hacen por placer.

Festival Internacional de Cine de Bergen

Bergen se convierte en un paraíso para cinéfilos en el festival de cine más importante de Noruega, con películas subtituladas en cines de toda la ciudad de mediados a finales de octubre. A diferencia del festival de cine de agosto de Haugesund, se centra en el cine internacional (p. 175).

Dark Season Blues

A finales de octubre, con la larga noche polar ya cerca, Longyearbyen acoge un prestigioso festival de *blues,* con conciertos programados y *jam sessions* improvisadas (p. 369).

Festival de Jazz de Lillehammer

Esta antigua ciudad olímpica dice adiós al verano con este festival de *jazz.* Como cualquier población de esquí, Lillehammer bulle durante la época de los festivales (finales de septiembre-octubre) (p. 139).

UKA

El festival cultural más importante de Noruega se traduce en tres semanas de conciertos y obras de teatro en un ambiente festivo encabezado por las 25 000 personas que conforman la comunidad estudiantil de Trondheim. Se celebra en años impares, desde octubre hasta bien entrado noviembre (p. 269).

Noviembre

Mes tranquilo para el turismo, con el frío empezando a apretar y cada vez menos horas de luz.

Observación de ballenas en Tromsø

En noviembre, las ballenas suelen empezar a llegar a las aguas que rodean a esta ciudad. Es posible ver ballenas jorobadas y orcas, hasta enero o febrero (p. 325).

Diciembre

El invierno ya está cerca, con temporada alta en Navidad y Año Nuevo. Imprescindible reservar con antelación. La mayoría de las actividades de invierno están en pleno funcionamiento.

Itinerarios

1 SEMANA Noruega esencial

Los principales atractivos de Noruega pueden verse aunque solo se disponga de una semana. La ruta comienza con los encantos de Oslo, cruza los fantásticos paisajes de las tierras altas y los escarpados fiordos, y concluye en la bella Bergen. Puede recorrerse en orden inverso.

Tras un par de días visitando las galerías y museos de **Oslo,** se inicia el pintoresco viaje en tren Oslo-Bergen, uno de los más espectaculares del mundo. Desde Oslo la línea asciende suavemente atravesando bosques, mesetas y estaciones de esquí hasta la desolada **meseta de Hardangervidda,** donde habita la colonia de renos salvajes más grande del país y hay numerosos senderos de excursionismo. En Myrdal, se puede tomar el ferrocarril de Flåmsbana hacia **Flåm,** donde zarpan cruceros hacia el incomparable **Nærøyfjord.** Después de pasar por Gudvangen y dormir en **Stalheim,** se continúa hasta **Voss** para disfrutar de las actividades que ofrece. La siguiente parada es **Bergen,** quizá la ciudad más bonita de Noruega, donde se puede recorrer el histórico paseo marítimo de madera, gozar de vistas inconmensurables desde las montañas que la rodean o empaparse del ambiente de bares y restaurantes tan característicos de esta ciudad cosmopolita.

2 SEMANAS

La costa noruega

El tramo entre Trondheim y las islas Lofoten lleva al viajero a cruzar el círculo polar ártico por una costa salpicada de profundas ensenadas, innumerables islas y apacibles pueblos de pescadores. Es conveniente recorrerlo en coche o tomar el ferri de Hurtigruten, aunque solo sea para una o dos etapas.

El punto de partida es **Trondheim,** una de las ciudades más agradables de Noruega donde relajarse un par de días. Yendo hacia el norte, pasando por **Hell,** hay que hacer una parada en **Stiklestad,** un lugar de gran importancia histórica para los noruegos. Se puede pernoctar allí o seguir hasta **Rørvik,** donde una fascinante exposición multimedia arroja datos sobre la vida costera.

La Rv17 avanza hacia el norte hasta la pintoresca **Brønnøysund;** no hay que dejar de visitar la fascinante isla de **Vega,** Patrimonio Mundial de la Unesco, y dedicarles a ambas un par de noches. De vuelta a tierra firme, la extraordinaria **ruta costera de Kystriksveien,** que atraviesa unas 14 000 islas, es otra candidata al título de ruta más espectacular del país. Aunque puede completarse en un par de días, es mejor dedicarle cuatro o cinco. También hay que reservar tiempo para visitar el **Parque Nacional de Saltfjellet-Svartisen,** que alberga el segundo campo de hielo más grande de Noruega. El tramo más bonito de la ruta discurre entre Sandnessjøen y Storvik, donde se cruza el **círculo ártico.**

El principal atractivo de **Bodø** es que sirve de puerta de entrada (por ferri) a las **islas Lofoten.** A diferencia de otros puntos del país, las Lofoten pueden ocupar fácilmente una semana del viaje; tres días sería lo mínimo. Todos los pueblos e islas valen la pena, pero bajo ningún concepto hay que perderse **Nusfjord** y **Å,** un pueblo con mucho encanto en el extremo sur de Moskenesøy. **Vesterålen** es salvaje y hermosa y merece un día o dos (entre otras cosas, para avistar ballenas en verano junto a **Andenes**) antes de finalizar el viaje en **Narvik.**

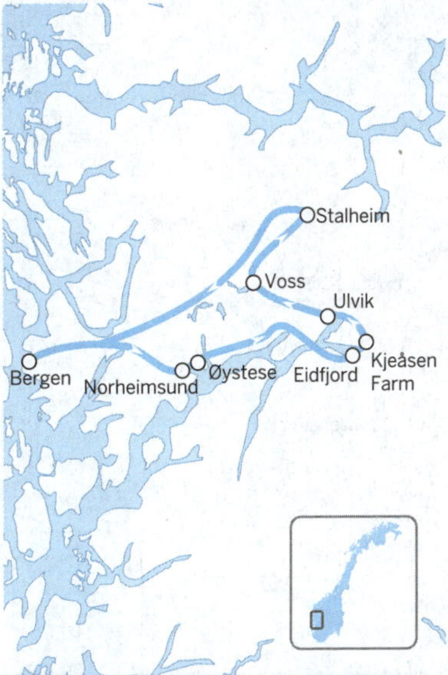

5 DÍAS Un fin de semana largo en Bergen

Bergen es uno de los destinos más populares del norte de Europa para una escapada, y no sin razón. La ciudad tiene suficientes atractivos para mantener al viajero ocupado cinco días, si bien el interior es tentador para una excursión de dos noches en la que descubrir todo lo que los fiordos ofrecen.

Bergen es el principal motivo de este viaje, así que habrá que hacer lo posible para condensar en dos días las visitas a los museos, las cenas, las compras y los paseos por sus calles, dignas de una postal.

Aunque los alrededores pueden visitarse con transporte público, el tercer día se recomienda alquilar un coche para cruzar **Norheimsund,** la tranquila puerta de acceso a los arrebatadores paisajes del Hardangerfjord. Para ver arte contemporáneo puede hacerse un alto en **Øystese,** y dormir después en el espectacular **Eidfjord.** A la mañana siguiente, tras desviarse a la **granja Kjeåsen,** se puede conducir hasta el soberbio **Ulvik** para disfrutar de unas vistas de inusitada belleza, comer en **Voss** y proseguir a **Stalheim** para gozar de más vistas. Una caminata la mañana del quinto día es el punto final antes de regresar a **Bergen** y volar de regreso a casa.

2 SEMANAS Lo mejor de los fiordos

Pocos atractivos naturales definen tan bien un país como los fiordos noruegos. Esta sinuosa ruta que atraviesa la zona de los fiordos hasta llegar al techo del país es una de las más pintorescas de Europa.

Se parte del extremo sur, en **Stavanger.** Tras pasar allí un día o dos, puede hacerse una excursión de un día a **Lysefjord,** que incluye el ascenso a pie al emblemático mirador de Preikestolen (el Púlpito). Una jornada por carretera hacia el norte conduce al Hardangerfjord y a unos pueblos que uno nunca querrá abandonar, como **Utne** y **Eidfjord.** Se puede pernoctar en este último y seguir hacia **Flåm;** si queda gasolina, en **Aurland** pueden pasarse un par de noches en un paraje extraordinario. Se continúa hacia el norte por carreteras serpenteantes hasta **Solvorn,** en el Lustrafjord, y después por la carretera de Sognefjellet, que cruza el **Parque Nacional de Jotunheimen.** Se pasa la noche en **Lom,** con su iglesia de madera en un enclave perfecto. Luego se cruza el incomparable **Geirangerfjorden,** donde se asciende por una carretera de montaña (la **Trollstigen),** se baja a **Åndalsnes** y se sigue la costa hasta la apacible **Ålesund.**

2 SEMANAS El norte ártico

El halo misterioso de hallarse en el fin del mundo ha sido motivo de atracción desde hace siglos. El asombro que provoca esta zona es el que despiertan los lugares vacíos del mundo. Con algo de suerte, se podría ver un oso polar.

Tromsø es una ciudad universitaria por excelencia. Su Museo Polar capta el espíritu de las exploraciones árticas; su Catedral Ártica evoca los paisajes del norte, en tanto que los picos de los alrededores son escenario de una enorme variedad de actividades de verano e invierno. Desde aquí se puede visitar la preciosa **Senja**. Después, hay que ir al este para ver las piedras talladas de **Alta,** y luego a **Nordkapp,** el punto más septentrional al que se puede llegar en Noruega sin hacerse a la mar. A continuación, se sigue hacia el interior hasta **Karasjok** y **Kautokeino**, el corazón del pueblo lapón. Ninguna exploración del norte ártico estaría completa sin recalar en **Svalbard.** De regreso a Tromsø, se puede tomar un vuelo hacia las regiones polares, una de las últimas zonas vírgenes de Europa. Se necesitan al menos cuatro días para sacar partido de las muchas actividades que ofrece la naturaleza.

1 SEMANA El corazón de Noruega

El centro de Noruega es simplemente espectacular y, si el viajero está dispuesto a alquilar un coche, ofrece oportunidades inmejorables para explorar los rincones más tranquilos de la región; los ciclistas entrenados pueden seguir muchas de estas rutas.

Después de dedicar un par de días a **Oslo,** conviene acercarse a **Lillehammer,** sede de los Juegos Olímpicos de Invierno de 1994 y uno de los lugares más agradables del centro del país. Tras pernoctar allí se sigue hacia el norte, a **Ringebu,** donde se alza una de las iglesias de madera más bonitas de Noruega. En coche se puede recorrer la tranquila Rv27, que roza los escarpados macizos del **Parque Nacional de Rondane,** y proseguir rumbo noreste hasta **Røros,** Patrimonio Mundial de la Unesco y uno de los pueblos más encantadores de Noruega, con casas de madera de colores y la gracia de tiempos pretéritos. Se pueden pasar allí una o dos noches y proseguir hacia el norte hasta **Trondheim,** una preciosa ciudad costera con una imponente catedral, una numerosa comunidad estudiantil y un atractivo panorama cultural; vale la pena quedarse dos o tres noches.

Puesta a punto

Actividades al aire libre

La oferta de actividades de Noruega es extraordinaria, desde las mejores excursiones de Europa en verano a fantásticos deportes de invierno. Y lo mejor es que son adecuadas tanto para principiantes como para aventureros expertos.

Preparación del viaje

Cuándo ir

Noruega tiene dos estaciones principales y radicalmente distintas para practicar actividades al aire libre. Fuera de dichos períodos, lo normal es que los operadores cierren sus tiendas, en muchos casos para dar rienda suelta a sus pasiones en cualquier otra parte del mundo donde reine el buen tiempo.

La estación estival –la elegida para el senderismo, el kayak, el descenso de aguas bravas y las grandes emociones precedidas por el prefijo "para" (paravelismo, etc.)– suele abarcar de mediados de junio a mediados de agosto. Hay suficientes visitantes para garantizar salidas frecuentes y de ahí que haya una gama más amplia de opciones. Según el tiempo que haga, muchos operadores abren en mayo y/o siguen abiertos hasta mediados o finales de septiembre.

El invierno –cuando le llega el turno al esquí, la moto de nieve y el trineo de perros– suele ir de diciembre (o finales de noviembre) hasta finales de febrero o principios de marzo.

Qué llevar

Casi todas las actividades estivales plantean pocas exigencias y los operadores de *rafting*, kayak, paravelismo y deportes similares suministran el equipo.

Lo mejor

Mejor ruta ciclista

Circular por la Rallarvegen de Finse a Flåm (med jun-med ago).

Mejor deporte extremo

Puenting con parapente en Voss, de mayo a septiembre, aunque todo en Voss es emocionante.

Mejor pesca de salmón

Tana Bru, al este de Finnmark (med jun-med ago).

Mejor ruta por glaciares

Hardangerjøkulen, en la meseta de Hardangervidda (med jun-med ago).

Mejor caminata

Besseggen, en el Parque Nacional de Jotunheimen (med jun-med ago).

Mejor travesía de trineo con perros

Engholm Husky, en Karasjok (dic-mar).

Mejor esquí de invierno

Las pistas olímpicas de Lillehammer (dic-mar).

La principal excepción es el excursionismo. La mayoría de los que salen de excursión lo hacen por su cuenta, pero incluso los que planeen unirse a una excursión organizada necesitarán su propio equipamiento, incluida ropa impermeable y adecuada para el viento y botas para caminar.

En invierno no se necesitará mucho equipamiento para casi ninguna actividad; en las estaciones de esquí pueden alquilarse las tablas y lo demás, y no hay requisitos especiales para ir en moto de nieve o trineo tirado por perros.

Actividades de verano

El aire fresco y los impresionantes paisajes hacen de Noruega un paraíso para los amantes del aire libre en verano. Hay infinitas maneras de explorarlo: excursionismo, ciclismo, kayak y navegación a vela, entre muchas otras. También se ofrecen actividades más especializadas, como surf de remo, pesca en aguas profundas y surf en aguas frías. Es un lugar demasiado bonito para desperdiciar el tiempo en interiores.

Ciclismo

Tanto si apetece pedalear por la llana orilla de un fiordo como si se pretende afrontar el último desafío ciclista noruego, el país no decepciona.

Muchas oficinas de turismo, hoteles y tiendas especializadas alquilan bicicletas e informan sobre rutas.

INFORMACIÓN SOBRE CICLISMO

Syklist Velkommen (Ciclistas Bienvenidos; www.cyclingnorway.no) ofrece una visión general de lo que se puede hacer. Excelente página con descripciones de rutas, mapas y consejos sobre los mejores recorridos de larga distancia del país. También informa acerca de circuitos combinados, guiados o no, de bicicleta de paseo o de montaña.

Para excursiones de senderismo autoguiadas, se puede consultar **Discover Norway** (☎917 25 200; www.discover-norway.no/sykkelturer-2).

Deportes extremos

Noruega está ganando atractivo para los amantes de las emociones fuertes gracias a su combinación de operadores profesionales y entorno espectacular. Quienes quieran gozar, a vista de pájaro, de uno de los paisajes más increíbles de Europa tienen muchas ofertas, sobre todo en la región de los fiordos, en la zona occidental del país.

Voss es quizá la capital de la aventura noruega y uno de los epicentros mundiales de los deportes extremos. Los devotos de las actividades aéreas de alta velocidad se reúnen en esta ciudad a finales de junio para celebrar el Festival de Deportes Extremos (p. 186).

DESTINOS PARA DEPORTES EXTREMOS

Algunos de los mejores sitios para que fluya la adrenalina son:

- **Voss** (p. 185) Parapente, paravelismo, *puenting* con parapente a 180 m de altura (se dice que es el salto de *puenting* más alto de Europa) y paracaidismo.
- **Rjukan** (p. 130) El mayor salto de *puenting* desde tierra en Noruega (84 m). Está en el interior meridional.
- **Kjeragbolten, Lysefjord** (p. 212) Salto BASE desde los acantilados verticales de Lysefjord, cerca de la famosa roca Kjeragbolten.

Pesca

Los ríos y lagos noruegos han atraído a ávidos pescadores desde el s. XIX, y la pesca de salmón es la atracción indiscutible. La temporada del salmón en Noruega sigue siendo legendaria, y en junio y julio no hay mejores ríos que los de Finnmark. Además, otras 41 especies de peces habitan los

LAS CINCO MEJORES EXPERIENCIAS EN BICI

- La carretera de Sognefjellet (p. 159), que cruza el Parque Nacional de Jotunheimen.
- El descenso desde Finse hasta la orilla del Aurlandsfjorden Flåm, por la carretera de Rallarvegen (p. 215).
- Lofoten (p. 300), un relajado paseo en un paisaje agreste.
- Cruzar la meseta de Hardangervidda (p. 131), cerca de Rjukan.
- La empinada y espectacular carretera de SnøVegen (p. 220) sobre los fiordos.

200000 ríos y lagos del país. En el sur se hallará la mejor pesca entre junio y septiembre, y en el norte, en julio y agosto.

El libro *Angling in Norway* (175 páginas), disponible en oficinas de turismo por 200 NOK, detalla las mejores zonas para la pesca del salmón y la trucha, así como tarifas y las numerosas normas.

La normativa cambia según el río, pero en general, desde mediados de septiembre hasta noviembre, los peces menores de 20 cm deben devolverse al agua. En otras épocas, entre agosto y mayo, el límite es de 30 cm. La pesca está prohibida a 100 m de piscifactorías o de cables y redes anclados o sujetos a la orilla, y pescar con cebo vivo es ilegal.

Cualquier persona mayor de 16 años que quiera pescar en Noruega necesita una licencia anual (260 NOK para salmón, trucha y trucha alpina), a la venta en las oficinas de correos. En http://fiskeravgift.miljodirektoratet.no hay más información del precio. Para pescar en terrenos privados debe comprarse también una licencia local (100-550 NOK/día), disponible en tiendas de deporte, hoteles, *campings* y oficinas de turismo. Algunas zonas requieren un certificado obligatorio de desinfección del equipo (150 NOK).

En la página británica **Go Fishing Worldwide** (☎0208 742 1556; www.gofishingworldwide.co.uk) se ofrece información sobre excursiones de pesca en Noruega.

LUGARES DE PESCA

- **Tana Bru** (p. 349) Pesca de salmón.
- **Lakselv** (p. 347) Pesca de salmón excelente en el extremo norte.
- **Stabbursnes** (p. 348) Otro lugar para el salmón.
- **Parque Nacional de Reisa** (p. 360) Buen lugar para el salmón.
- **Remolino de Saltstraumen** (p. 299) Lugar de pesca popular en el que se juntan dos fiordos.
- **Moskenesøy** (p. 312) Pesca en aguas profundas, cerca de las islas Lofoten.
- **Gjesvær** (p. 347) Expediciones cerca de Nordkapp.
- **Tromsø** (p. 329) Pesca en hielo en invierno.

Excursiones por glaciares

Recorrer los glaciares es uno de los pasatiempos estivales más inolvidables, pero hay que contar con un guía experto. Entre los lugares favoritos se cuentan los siguientes:

- **Glaciar de Hardangerjøkulen en Hardangervidda** (p. 163) Según algunos, brinda la experiencia más impresionante.
- **Parque Nacional de Folgefonna** (p. 198) Es uno de los campos de hielo más grandes del país y se pueden hacer caminatas en varios puntos de su perímetro.
- **Nigardsbreen** (p. 233) El mejor de los glaciares accesibles en la zona de Jostedalsbreen.
- **Parque Nacional de Saltfjellet-Svartisen** (p. 285) Una de las lenguas más bajas de Europa (de ahí que brinde un acceso tan fácil), dentro del círculo polar ártico.
- **Svalbard** (p. 362) El 60% de su superficie está cubierta de glaciares, por lo que brinda muchas oportunidades, incluida la zona cercana a Longyearbyen.

Senderismo

Noruega ofrece magníficas excursiones en una red de senderos señalizados de cerca de 20000 km, desde sencillos paseos alrededor de las ciudades hasta rutas largas por parques nacionales y espacios naturales. La asociación Den Norske Turistforening (p. 335) mantiene muchos de ellos y están señalizados mediante hitos o con T rojas a intervalos de 100 o 200 m.

La temporada va de finales de mayo a principios de octubre, pero se reduce mucho en zonas de alta montaña y en el extremo norte. En las tierras altas, la nieve dura hasta junio y vuelve en septiembre, por lo que muchas rutas solo se pueden hacer en julio y agosto.

INFORMACIÓN SOBRE SENDERISMO

Hay muchos libros de senderismo excelentes, incluidos los siguientes:

- *Mountain Hiking in Norway* (Erling Welle-Strand; 1993)
- *Walks and Scrambles in Norway* (Anthony Dyer et ál.; 2006)
- *Walking in Norway* (Constance Roos; 2014)
- *From Beaches to Mountains: 38 walks and hikes in the Stavanger Region* (Koninx Ute y Nicholson Rosslyn; 2016)
- *Norwegian Mountains on Foot*, la edición inglesa del noruego *Til Fots i Fjellet* (DNT).

RUTAS DE SENDERISMO

La oferta es casi interminable, pero las 10 propuestas favoritas de los autores de esta guía son las siguientes:

➡ **Parque Nacional de Jotunheimen** (p. 159) El principal destino de excursionismo, con incontables rutas e incomparables montañas.

➡ **Parque Nacional de Rondane** (p. 154) Senderos menos poblados que los de Jotunheimen pero igual de bellos.

➡ **Meseta de Hardangervidda** (p. 163) Los senderos surcan esta magnífica meseta, habitada por renos.

➡ **Aurlandsdalen** (p. 220) Histórica caminata de cuatro días por las antiguas rutas comerciales de Geiteryggen a Aurland.

➡ **Trollstigen** (p. 243) Varias sendas maravillosas atraviesan la imponente cordillera de Trollstigen.

➡ **Parque Nacional de Dovrefjell-Sunndalsfjella** (p. 152) Parque rico en fauna y aves, en torno al macizo de Knutshøene.

➡ **Parque Nacional de Stabbursdalen** (p. 348) Sin carreteras, con senderos que atraviesan cañones glaciales y el pinar más septentrional del mundo.

EQUIPO DE EXCURSIONISMO IMPRESCINDIBLE

Verano

- ☐ Robustas botas de montaña. Si se piensa ir a Svalbard, se recomienda llevar botas de agua hasta las rodillas.
- ☐ Saco de dormir de alta calidad; incluso en verano.
- ☐ Ropa de abrigo, incluida una chaqueta, un jersey o un anorak que pueda ponerse o quitarse, incluso en verano.
- ☐ Juego de sábanas; casi todas las cabañas cobran por la ropa de cama.
- ☐ Tienda resistente y ligera.
- ☐ Repelente de mosquitos.
- ☐ Hornillo ligero.
- ☐ Antifaces oculares para las luminosas noches de verano.
- ☐ Carné de socio del Den Norske Turistforening (DNT).
- ☐ Buenos mapas topográficos.

Invierno

- ☐ Botas de abrigo (mejor, forradas de gruesa lana) que permitan llevar dos pares de calcetines y mover los dedos con libertad.
- ☐ Ropa interior que cubra el torso y las extremidades (mejor de polipropileno).
- ☐ Calcetines ligeros de tela sintética (polipropileno) y de lana (no de algodón).
- ☐ Camisas de franela o polipropileno.
- ☐ Pantalones para caminar, preferiblemente impermeables, de un material transpirable, como el Gore-Tex, y que proteja del viento.
- ☐ Forro polar.
- ☐ Chaqueta impermeable con capucha, que permita llevar bastante ropa debajo.
- ☐ Gorro de lana, piel o forro polar para la cara y otro para la cabeza y orejas.
- ☐ Bufanda larga de lana.
- ☐ Guantes de lana y otros impermeables y cortavientos.
- ☐ Colchoneta hinchable.
- ☐ Saco de dormir adecuado para el Ártico, relleno de plumón o de material sintético; solo es necesario si se va a vivaquear.
- ☐ Navaja suiza.
- ☐ Linterna de mano o frontal con pilas de recambio.

➡ **Parque Nacional de Femundsmarka** (p. 149) Lagos y bosques con bueyes almizcleros, cerca de Røros y de la frontera sueca.

➡ **Parque Nacional de Saltfjellet-Svartisen** (p. 285) Casquetes glaciares y mesetas sin árboles confieren a estos senderos una cualidad ártica épica.

➡ **Trollheimen** (p. 151) Montañas onduladas y lagos a gran altitud facilitan caminatas memorables.

Kayak

Con toda la publicidad que rodea el excursionismo, el *rafting* y los deportes extremos, las posibilidades para practicar kayak en Noruega rara vez reciben la atención que merecen, aunque es una forma estupenda de descubrir las vías marítimas y fluviales sin el gentío.

DESTINOS PARA EL KAYAK

Los mejores se hallan en torno a los fiordos occidentales y hay numerosos operadores que ofrecen excursiones guiadas. También es posible alquilar la piragua y el equipo en muchos *campings* junto a los fiordos y en las oficinas de turismo.

Entre los mejores destinos para practicarlo se cuentan:

➡ **Parque Nacional de Jostedalsbreen** (p. 232) Salidas guiadas de kayak y senderismo que se acercan a un glaciar.

➡ **Svalbard** (p. 362) **e islas Lofoten** (p. 300) Remar por las heladas aguas del extremo norte.

➡ **Isla Langøya, islas Vesterålen** (p. 315) Cursos introductorios y más avanzados hacia la época en que se celebra la Arctic Sea Kayak Race de 170 km, en julio.

➡ **Voss** (p. 186) Salidas en kayak de uno a tres días en el precioso Nærøyfjord.

➡ **Flåm** (p. 218) Para alejarse de la multitud en uno de los fiordos más hermosos pero concurridos de Noruega.

➡ **Geiranger** (p. 247) Salidas en kayak por la costa desde una base espectacular.

➡ **Lustrafjord** (p. 224) Circuitos de 4 h en este hermoso brazo del Sognefjorden.

Escalada en roca y alpinismo

La asombrosa topografía vertical de Noruega es un paraíso para los escaladores interesados en aventuras alpinas, sobre rocas y hielo. De hecho, fuera de los Alpes, Noruega es quizá el mejor destino de Europa para hacer escalada, aunque, debido a su clima extremo, los escaladores se enfrentan a duras condiciones, temporadas breves y estrictas restricciones. Los experimentados cuentan maravillas de la región de los fiordos occidentales en particular.

INFORMACIÓN

Además del clásico de la escalada en roca *Climbing in the Magic Islands* (Escalada en las islas mágicas), de Ed Webster, que describe casi todas las rutas posibles en Lofoten, se recomienda consultar *Ice Fall in Norway* (Helada en Noruega), de Ranulph Fiennes, que describe una estancia en 1970 en los alrededores de Jostedalsbreen. El más práctico *Scandinavian Mountains* (Montañas escandinavas), de Peter Lennon, es una introducción a los mejores destinos de escalada del país.

Para más información sobre escalada en Noruega, se puede contactar con **Norsk Tindeklub** (☎930 61 513; www.ntk.no). En las Lofoten, se puede probar en la Escuela de Escalada del Norte de Noruega (p. 305).

DESTINOS DE ESCALADA

Para escalar sobre hielo hay que ir a Rjukan. Entre los destinos más populares se encuentran los siguientes.

➡ **Trollveggen o Romsdalshorn, Åndalsnes** (p. 242) Las principales rutas de escalada del país. Åndalsnes acoge además un concurrido festival alpinista, el Norsk Fjellfestival (p. 157), a principios de julio.

➡ **Alpes de Lyngen** (p. 335) Escalada y montañismo en zonas remotas pero solo para expertos.

➡ **Uskedalen** (p. 199) Un secreto bien guardado pero muy celebrado en el mundo de la comunidad escaladora, cerca de Rosendal.

➡ **Lofoten** (p. 300) Sede de una buena escuela de escalada que organiza expediciones a las vertiginosas paredes de roca de las islas.

Esquí

Muchas pistas de esquí de fondo están nevadas todo el año y algunas estaciones de verano ofrecen tanto esquí de fondo (nórdico) como alpino. Entre estas se incluyen las siguientes:

➡ **Centro de esquí de verano de Stryn** (p. 236) El mayor *sommar skisenter*, con buenas pistas de esquí de fondo y descenso.

➡ **Fonna Glacier Ski Resort** (p. 198) Bien considerado entre los campos de hielo de los fiordos suroccidentales.

➡ **Pista de esquí de verano de Galdhøpiggen** (p. 161) A unos 1850 m sobre el nivel del mar, pero aún a la sombra del pico más alto de Noruega. Es uno de los sitios más bonitos para esquiar en cualquier momento, aunque es inaccesible en pleno invierno.

'Rafting'

Las cascadas, las gélidas aguas negras y las cálidas aguas bravas del centro de Noruega son el paraíso de los practicantes de *rafting* durante la temporada que va de mediados de junio a mediados de agosto. Un buen número de operadores acreditados ofrece excursiones, sobre todo en el centro del país, que van desde sencillas aventuras de clase II hasta otras de clases III y IV, y divertidas palizas de clase V. Las tarifas incluyen el equipo necesario.

Norges Padleforbund (☎21 02 98 35; www.padling.no; Sognsveien 73, Oslo) ofrece una lista de operadores.

Entre los mejores sitios para practicarlo se cuentan los siguientes:

➡ **Heidalen, Sjoa** (p. 155)

➡ **Setesdalen, Evje** (p. 133)

➡ **Drivadalen, Oppdal** (p. 150)

➡ **Voss** (p. 185)

➡ **Parque Nacional de Jostedalsbreen** (p. 232)

Actividades de invierno

El esquí es la actividad invernal más popular (como aventura de placer y como medio de transporte), mientras que la moto de nieve sirve a un fin similar en el extremo norte y en el archipiélago subpolar de Svalbard. El trineo de perros es otra de las atracciones principales.

Trineo de perros

Los noruegos han aprovechado la potencia de tracción de los perros desde tiempos inmemoriales, y pocas actividades parecen tan auténticas del Ártico como aprender a guiar un trineo tirado por perros. No hay nada más divertido que deslizarse sobre la nieve rodeado por el silencio y un maravilloso e infinito paisaje invernal.

Las expediciones pueden ir desde medio día hasta varias jornadas con estancias nocturnas en remotas cabañas del bosque (con mucha suerte, incluso se podrá ver la aurora boreal). Casi todos los operadores ofrecen la opción (según el número de viajeros del grupo) de conducir el propio trineo (tras un breve curso introductorio antes de partir) o de sentarse en el trineo y ver el mundo pasar mientras otro anima a los perros a avanzar.

En Noruega hay varias carreras de larga distancia en trineo de perros que permiten ver a profesionales en acción. La más larga es la Finnmarksløpet (p. 339), en marzo, en la que participan más de 150 equipos de perros que recorren más de 1000 km de nieve y hielo en el norte del país.

ALLEMANNS-RETTEN

Cualquiera que se plantee acampar o hacer senderismo debería ser consciente del *allemanns-retten* ("el derecho de todo hombre"). Esta ley de mil años de antigüedad, junto con la moderna Friluftsleven (Ley del Ocio al Aire Libre), permite:

➡ acampar en cualquier parte hasta dos días, siempre que sea a más de 150 m de una vivienda (preferiblemente más lejos y fuera de la vista);

➡ hacer excursionismo o esquiar en zonas vírgenes, incluidos campos y pastos periféricos (salvo en tierras cultivadas y cerca de viviendas);

➡ hacer ciclismo o montar a caballo en todos los senderos y carreteras, e ir en piragua y kayak, y navegar a remo o a vela en todos los ríos y lagos.

Estas libertades van acompañadas de sus responsabilidades, como no encender hogueras entre el 15 de abril y el 15 de septiembre y dejar el campo, la fauna y los puntos de interés cultural en buen estado.

DESTINOS PARA TRINEO

Aunque casi todas las oportunidades de ir en trineo con perros se hallan en la parte alta del Ártico, Røros, en el centro del país, también es una opción.

➡ **Karasjok** (p. 358) Maravillosas excursiones de diversa duración, dirigidas por Sven Engholm (que tiene un récord de 11 victorias en la Finnmarkslopet) y su equipo.

➡ **Parque Nacional de Øvre Dividal** (p. 335) Muchas opciones de expediciones de varios días hacia parajes remotos.

➡ **Svalbard** (p. 362) Sin duda, los paisajes más espectaculares a los que se puede llegar con huskies.

➡ **Alta** (p. 338) Excursiones de 3 h a 5 días no muy lejos de Alta.

➡ **Røros** (p. 144) Desde unas cuantas horas hasta unos días en uno de los rincones más fríos de Noruega.

➡ **Tromsø** (p. 329) Salidas de hasta 4 días desde la isla de Kvaløya, al sur de la ciudad, con posibilidades de ir en trineos tirados por renos.

➡ **Kirkenes** (p. 354) Excursiones de corto recorrido, pero con posibilidades de otras más largas.

Esquí

Ski es una palabra noruega y, gracias a las antiquísimas tallas en piedra que representan a cazadores desplazándose sobre esquís, los noruegos sostienen haber inventado este deporte. El interés no ha menguado con los años y hoy es el pasatiempo nacional.

ESQUÍ DE FONDO

Casi todo el esquí es de fondo (nórdico), y Noruega tiene miles de kilómetros de pistas bien cuidadas. Sin embargo, los visitantes solo deberían lanzarse a la nieve tras estudiar detenidamente las pistas/rutas (los senderos naturales se identifican mediante códigos de colores en los mapas y las señales) y asegurarse de que llevan la ropa apropiada, suficiente comida y agua, y un equipo de emergencia, como cerillas y una fuente de calor; se puede llevar encima o alquilarlo *in situ*.

Casi todos los pueblos y ciudades tienen varias pistas iluminadas, pero en otros sitios habrá que llevar una buena linterna, pues los días de invierno son muy cortos y en el norte no hay luz diurna en diciembre y enero. La temporada de esquí suele durar desde principios de diciembre hasta abril. Las condiciones de la nieve varían mucho de año en año y de región en región, pero febrero y marzo, así como Semana Santa, suelen ser las mejores épocas (y las más concurridas).

ESQUÍ DE DESCENSO

En Noruega hay numerosas estaciones de invierno para practicarlo, aunque puede ser un pasatiempo caro debido al coste de los remontes, el alojamiento y las copas después de esquiar. La temporada de primavera dura más que en los Alpes y la nieve es de mejor calidad.

INFORMACIÓN SOBRE ESQUÍ

El Consejo de Turismo Noruego (p. 430) publica el práctico folleto anual *Skiing in Norway*.

Para saber más sobre el épico esquí de fondo en Svalbard, se puede contactar con **Exodus** (☎Reino Unido 0203 131 6100; www.exodus.co.uk).

DESTINOS DE ESQUÍ

Entre los mejores se cuentan:

➡ **Lillehammer** (p. 138) Ofrece la oportunidad de descender por las pistas que se usaron en los Juegos Olímpicos de Invierno de 1994.

➡ **Trysil** (p. 144) La mayor red de pistas del país para satisfacer necesidades y estilos de todo tipo.

➡ **Holmenkollen, Oslo** (p. 73) Tiene 2400 km de senderos de esquí de fondo, muchos de ellos iluminados.

➡ **Geilo** (p. 164) La línea de tren Oslo-Bergen deja al viajero muy cerca de los remontes.

➡ **Voss** (p. 185) Buenas pistas en las montañas de Stølsheimen, por encima de Voss.

LA MANIOBRA TELEMARK

La región noruega de Telemark ha dado su nombre al grácil giro que ha hecho del esquí nórdico (de fondo) un deporte popular en el mundo entero. En esta modalidad de esquí, las botas se sujetan a los dedos de los pies, lo que da libertad de movimiento al talón. Para girar, una rodilla desciende hasta la superficie de la tabla mientras la otra pierna se mantiene recta. Los esquís se colocan uno detrás del otro, lo que permite al esquiador deslizarse suavemente al girar en la dirección de la rodilla inclinada.

ACERCA DEL TIEMPO

Siempre hay que consultar el tiempo antes de lanzarse a la aventura. Esto es necesario cuando se atraviesa cualquier zona expuesta, especialmente en el caso de excursionistas y esquiadores de fondo (dos esquiadores de fondo escoceses fallecieron tras quedar atrapados por la nieve y la niebla en marzo del 2007 en la meseta de Hardangervidda; los expertos locales les habían recomendado que no partieran). En cualquier época del año hay que estar preparados para los cambios repentinos del tiempo y no acercarse a las zonas en las que haya peligro de avalancha, algo habitual en Jotunheimen, pero que puede ocurrir en cualquier punto. Asimismo, jamás hay que adentrarse en el hielo glacial sin el equipo y la experiencia adecuados. Y hay que confiar en las advertencias de los lugareños, que conocen las condiciones mejor que los foráneos; si aconsejan no salir, es mejor no hacerlo.

➡ **Myrkdalen** (p. 187) Una de las estaciones de esquí más nuevas, cerca de Voss.

➡ **Hovden** (p. 134) Popular destino de invierno en el interior sur.

➡ **Tromsø** (p. 329) Lo mejor en el extremo norte, con muchos operadores expertos.

Motos de nieve

Aunque tienen sus detractores por considerarse un medio de transporte nada respetuoso con el entorno, la vida para mucha gente en las zonas altas del Ártico no sería posible en invierno sin ellas. La ventaja para el viajero es que le permiten llegar mucho más lejos que un trineo de perros. En el norte subpolar de Noruega, en Svalbard, las motos de nieve son el principal medio de transporte en invierno.

Casi todos los operadores permiten viajar como pasajero con un conductor experimentado o (normalmente por un precio adicional) como conductor, para lo que hay que disponer de un permiso de conducir.

DESTINOS DE MOTOS DE NIEVE

Suelen limitarse al extremo norte y a Svalbard; entre ellos se cuentan:

➡ **Svalbard** (p. 362) El principal destino del país para practicar moto de nieve. Los senderos se adentran en Spitsbergen, la isla principal del archipiélago, aunque hay partes donde está prohibido el acceso.

➡ **Kirkenes** (p. 354) Excursiones de día y de noche al bello valle de Pasvik, entre Finlandia y Rusia.

➡ **Alta** (p. 338) Uno de los núcleos de moto de nieve en la Noruega peninsular.

➡ **Tromsø** (p. 329) Buenas pistas cerca de la capital septentrional de Noruega.

Raquetas de nieve

Como casi todas las actividades de invierno, calzarse un par de raquetas es un clásico modo de desplazarse por las regiones nevadas, que se ha transformado en una popular actividad invernal. Según los autores de esta guía, son una suerte de novedad ideal para distancias cortas, pero no tanto para las largas.

En el Ártico, hoteles y operadores que organizan actividades alquilan raquetas de nieve, y algunos también organizan expediciones en Narvik (p. 287), Lofoten (p. 300) y Tromsø (p. 329).

Operadores turísticos

Operadores noruegos

Muchos operadores del país ofrecen actividades y expediciones. Aunque a veces es posible presentarse sin más y unirse a un circuito, siempre se recomienda ponerse en contacto con antelación mediante las oficinas de turismo locales, sobre todo durante las temporadas altas de invierno y verano, para asegurarse de que no esté todo completo o que las salidas se ajustan a la agenda del viajero.

Operadores internacionales

Muchas empresas fuera del país ofrecen viajes de aventuras o actividades a Noruega. En muchos casos, se trata de circuitos con todo incluido: el precio contempla el alojamiento, los billetes de avión, el coste de las actividades y, en algunos casos, el equipo. Lo que se pierde en flexibilidad se gana en practicidad.

Noruega espectacular

Pocos países pueden competir con la impresionante belleza de Noruega. Hay que empezar, como en tantos viajes noruegos, por los fiordos, pero las sobrenaturales formaciones rocosas de las islas Lofoten y las laderas nevadas de Svalbard son igual de hermosas, y no hay mejor modo de explorarlo todo que saliendo al campo.

Arriba Vista del Trolltunga (p. 196), sobre el lago Ringedalsvatnet.

ANDREW MAYOVSKYY/SHUTTERSTOCK ©

1. Norheimsund (p. 189), Hardangerfjord. 2. Geirangerfjord (p. 246). 3. Preikestolen (p. 211), Lysefjord. 4. Nærøyfjord (p. 221).

TATIANA POPOVA/SHUTTERSTOCK ©

MARCO WONG/GETTY IMAGES ©

KRISHNA.WU/SHUTTERSTOCK ©

Fiordos

Los fiordos noruegos son algunos de los rasgos geográficos más impresionantes de la Tierra. Viajar a Noruega y no acercarse a uno de sus característicos fiordos es perderse los elementos esenciales de su eterno atractivo.

Si los fiordos de Noruega fueran una colección de arte, el Geirangerfjord, Patrimonio Mundial, sería la pieza maestra. Es cierto que en verano se llena con los turistas de autobuses y cruceros, pero tienen motivos para estar ahí, y su presencia apenas entorpece su belleza. El Nærøyfjord también figura en la lista del Patrimonio Mundial y es igualmente popular, a la vez que impresionante. Solo es uno de los muchos ramales tributarios del Sognefjorden, con 203 km de largo y 1308 m de profundidad, es el segundo fiordo más largo de Noruega y el más profundo.

Hardangerfjord es un conjunto de fiordos con aldeas encantadoras que forman una cadena de asientos de primera fila para contemplar la belleza en cada rincón, mientras que al sur, Lysefjord es largo y ofrece algunos de los mejores paisajes de Noruega. Y eso solo es el comienzo...

PRINCIPALES FIORDOS

- **Geirangerfjord** El rey de los fiordos noruegos.
- **Sognefjorden** Un gran entramado de fiordos.
- **Hardangerfjord** Suaves colinas y aldeas encantadoras.
- **Lysefjord** Grandes riscos, cruceros y miradores vertiginosos.
- **Nærøyfjord** Uno de los fiordos más estrechos y hermosos del país.
- **Eidfjord** El ramal más espectacular del Hardangerfjord.
- **Trollfjord** Un fiordo enormemente abrupto en las Lofoten.
- **Vestfjorden** Bahías protegidas y hermosas aldeas que separan Lofoten de tierra firme.

MARIE LINNER/SHUTTERSTOCK ©

1. Esquiadores en Trysil (p. 144). 2. Excursión por los alrededores de Åndalsnes (p. 242). 3. En bicicleta por la E10, cerca de Flakstad (p. 310), islas Lofoten. 4. Parapente sobre Aurlandsfjorden (p. 215).

MY GOOD IMAGES/SHUTTERSTOCK ©

OLGA DANYLENKO/SHUTTERSTOCK ©

FRAMEDBYTHOMAS/SHUTTERSTOCK ©

Actividades

Los noruegos son expertos en combinar la admiración por la belleza salvaje de su país con el verdadero sentido de la aventura. Existe una lista casi interminable de actividades veraniegas, pero el invierno es un momento maravilloso para salir a la nieve.

Senderismo (verano)

El derecho a caminar sin rumbo en Noruega está legislado desde hace siglos y hay rutas de senderismo de primera por todo el país. Las mejores cruzan glaciares o suben por las tierras altas que, según algunos cálculos, cubren el 90% del país.

Deportes extremos (verano)

Voss, con un terreno montañoso cruzado por fiordos, es la capital de la búsqueda de emoción, el lugar perfecto para lanzarse al aire con un paracaídas o al suelo atado a una cuerda elástica.

Deportes de nieve (invierno)

Deslizarse por la nieve en un trineo tirado por huskies, cruzar velozmente el hielo en una moto de nieve o unirse a los noruegos en su pasatiempo nacional de esquiar ladera abajo o campo a través... Se elija lo que se elija, el invierno es un momento genial para visitar Noruega.

Bajada de rápidos (verano)

Las empinadas laderas y las espectaculares corrientes de agua de Noruega crean un entorno perfecto, tanto para los aficionados veteranos como para los novatos en el descenso de ríos. La zona central es la verdadera cuna del *rafting*, mientras que las aguas espumeantes de Sjoa ofrecen la mayor variedad de experiencias.

Ciclismo (verano)

Los ciclistas que busquen una ruta realmente hermosa pero desafiante encontrarán su hogar espiritual en Noruega. Abundan las rutas más largas, pero no hay un descenso más emocionante que el de Finse a Flåm.

1

LOUIELEA/SHUTTERSTOCK ©

1. Reine, Moskenesøy (p. 312). 2. La isla de Værøy (p. 314) vista desde Moskenesøy. 3. Ramberg, Flakstadøy (p. 310). 4. Museo Vikingo de Lofotr, Vestvågøy (p. 309).

3

LUBOSLAV TILES/SHUTTERSTOCK ©

2

KOCHNEVA TETYANA/SHUTTERSTOCK ©

4

MAREK KANIA/SHUTTERSTOCK ©

Lofoten

Los fiordos son lo que siempre ha señalado a Noruega como una tierra de peculiar esplendor natural, pero en la belleza surrealista de las Lofoten tienen un digno rival. Por pura espectacularidad, este archipiélago mágico (bañado en verano en la luz cristalina del norte) podría muy bien ser el rincón más hermoso de Noruega.

Moskenesøy

Los paisajes propios de Tolkien y la tierra tallada por los glaciares dan a Moskenesøy una belleza sobrenatural realmente especial. La aldea de Å es el alma de la isla, y Reinefjord es muy pintoresca.

Værøy

La pequeña e íntima Værøy ocupa el extremo sur de las Lofoten y es la rival de Moskenesøy por el título de isla más pintoresca. La combinación de numerosas colonias de aves marinas, riscos enormes y aldeas solitarias es fantástica.

Flakstadøy

Los aislados riscos de la orilla sur, azotados por el viento, son el rasgo más llamativo de Flakstadøy, si bien la belleza ancestral de Nusfjord y la increíble existencia de playas de arena blanca de Ramberg y Flakstad asimismo merecen atención.

Vestvågøy

Muchos viajeros cruzan Vestvågøy sin mirar en su camino al interior de las Lofoten, pero el Museo Vikingo de Lofotr captura el espíritu de aquellos tiempos épicos y el paseo de Unstad a Eggum es magnífico.

Austvågøy

El punto de entrada en las Lofoten de la mayoría de los visitantes supone una iniciación suave al encanto de las islas. El estrecho de Raftsund y el angostísimo Trollfjord proporcionan el paisaje de fondo, mientras que las aldeas de Kabelvåg y Henningsvær son bases perfectas para empezar.

ONDREJ PROSICKY/SHUTTERSHOP ©

Svalbard

El archipiélago de Svalbard, tan cerca del Polo Norte como de la propia Noruega, es el trozo de tierra polar más accesible y una de las maravillas de la naturaleza.

LO MEJOR DE SVALBARD

- **Caminar bajo el sol de medianoche** Adentrarse profundamente en el interior o en torno a Longyearbyen.
- **Pyramiden** Un viaje veraniego en barco o, en invierno, en moto de nieve, más allá del glaciar Nordenskjöldbreen, hasta este antiguo asentamiento minero ruso.
- **Trineo de perros** El mejor modo de experimentar el silencio de Spitsbergen.
- **Osos polares** Ocasión sin igual de percibir la presencia más conmovedora del Ártico, pero de lejos.
- **Magdalenefjord** Serio aspirante al título de fiordo más hermoso de Noruega.

Svalbard es quizá la última y más extensa zona de naturaleza virgen de Europa y cuenta con todos los elementos para que uno se enamore del Ártico. Tiene más osos polares que personas, además de una lista de animales árticos que incluye morsas, renos, zorros y una impresionante cantidad de especies de aves, que pueblan un paisaje cubierto de hielo durante la mayor parte del año. Un sorprendente 60% de Svalbard está cubierto de glaciares. Magníficos fiordos deshabitados, cimas formidables nunca cruzadas por el ser humano y el eco de las grandes sagas de la exploración polar forman parte de la combinación. Ya sea experimentado bajo la insólita penumbra azul de la noche ártica (fin oct-med feb) o bajo el sol de medianoche (med abril-med agosto), Svalbard es absolutamente inolvidable.

Bergen

Bergen combina su irresistible y colorida arquitectura marítima escandinava con el entorno glorioso de los fiordos. Además posee una dinámica vida cultural y una inconfundible 'alegría de vivir' (mercados de pescado, restaurantes tradicionales...), que la convierten en una de las ciudades más seductoras de Europa.

1

PHB.CZ (RICHARD SEMIK)/SHUTTERSTOCK ©

2

GEOGRAPHY PHOTOS/CONTRIBUTOR/GETTY IMAGES ©

4

BALIPADMA/SHUTTERSTOCK ©

1. Bryggen (p. 168)

El barrio más antiguo de Bergen, Patrimonio de la Humanidad; está lleno de tiendas y talleres.

2. Bergen Kunsthall (p. 171)

Acoge exposiciones de arte contemporáneo internacional y noruego en un edificio impresionante de los años treinta.

3. Funicular de Fløibanen (p. 173)

El ascenso al monte Fløyen en este funicular ofrece vistas espectaculares de Bergen.

4. Mercado de pescado de Torget (p. 178)

Fantástico mercado para quienes deseen probar el excelente marisco de Noruega.

3

NOKURO/SHUTTERSTOCK ©

Puesta a punto

Viajar con niños

Noruega es un fabuloso destino para viajar con niños. Se trata de un país que se ha hecho famoso por crear condiciones de vida ideales para las familias, y casi todos los hoteles, restaurantes y muchos puntos de interés son igualmente aptos para los niños. Pero conviene recordar que las distancias son largas y es esencial una buena planificación.

Antes de partir

Los productos infantiles como comida para bebés, leche maternizada, soja, leche de vaca y pañales se hallan en abundancia en Noruega (en supermercados, farmacias y comercios especializados), pero son mucho más caros que en casa. Tal vez se quiera llevar un razonable suministro para rebajar costes.

El libro *Viajar con niños* de Lonely Planet ofrece información completa y consejos.

Alojamiento

Hoteles, albergues, *campings* y demás alojamientos suelen disponer de habitaciones familiares o cabañas donde pueden dormir hasta dos adultos y dos niños. Muchos hoteles tienen habitaciones más grandes destinadas a familias, pero otros simplemente añaden cunas y/o camas extra cuando el espacio lo permite, siempre por un precio adicional.

Una cadena de hoteles que hace un esfuerzo especial para atender a las familias entre mediados de junio y mediados de agosto es Thon Hotels (www.thonhotels.no), cuyas habitaciones familiares pueden costar 1150 NOK, una excelente relación calidad-precio según los parámetros noruegos. Casi todos los hoteles de Thon tienen también una pequeña zona de recreo infantil y algún extra para los niños.

Las mejores regiones para niños

Oslo

Hay muchas opciones para niños, como parques y museos, algunos con zonas interactivas. Pero no todos los puntos de interés y restaurantes son adecuados para los más pequeños.

Centro de Noruega

Las sedes de los Juegos Olímpicos de Invierno de Lillehammer son atractivas (y a veces interactivas), igual que las actividades que se organizan en Røros y los safaris para ver alces y bueyes almizcleros.

Bergen y los fiordos suroccidentales

En Bergen y Stavanger hay atracciones dirigidas a los niños, en otros sitios hay salidas en barco por los fiordos, museos interactivos, actividades acuáticas y monumentos vikingos.

Nordland

La mayor atracción es el avistamiento de ballenas. Es muy fácil verlas en Vesterålen.

Extremo norte

Las actividades de invierno, como los trineos de perros, gustan a los viajeros de cualquier edad, y los niños jamás olvidarán la aurora boreal.

PARRYSUWANITCH/SHUTTERSTOCK ©

Barco *Gokstad*, Museo del Barco Vikingo, Oslo (p. 66).

Restaurantes

Incluso en algunos de categoría, los niños son bien recibidos y, en consecuencia, suele verse a los noruegos comiendo en familia. Muchos restaurantes ofrecen menús infantiles con raciones más pequeñas y precios acordes. Y casi todos los que no lo hacen servirán encantados una ración más pequeña si se pide.

Debido al elevado precio de las comidas, es todo un reto que los niños coman bien, pero la abundancia de perritos calientes, hamburguesas y *pizzas* es un recurso. Los supermercados son excelentes para abastecerse de alimentos familiares y muchos venden comida precocinada. Casi todos los restaurantes disponen de tronas y zonas para cambiar a los pequeños.

Transporte

El impresionante sistema de transporte público noruego es una forma confortable de desplazarse y -dada la variedad, que abarca trenes, autobuses, barcos turísticos y ferris- también muy atractiva para los niños.

En trenes y autobuses, los menores de 4 años suelen viajar gratis (aunque sin asiento); de 4 a 15 años (16 en el ferri costero de Hurtigruten) pagan el 50%. Algunos trenes de larga distancia tienen vagones especiales para familias con zona de juegos.

Las empresas de alquiler de coches alquilan sillas de seguridad para niños a un precio simbólico, pero es esencial reservarlas con antelación, sobre todo en verano y los fines de semana, cuando hay mayor demanda.

Cuándo ir

La mejor época para viajar por Noruega con niños coincide con la temporada turística, que va de mediados de junio a mediados de agosto, cuando los hoteles tienen las mejores ofertas para familias, todos los puntos de interés y atracciones están abiertos y el tiempo es bueno.

Si se viene a Noruega por la aurora boreal o las actividades de invierno, como los trineos de perros, no hay que desanimarse por el frío polar. Todo consiste en ir preparado con la ropa apropiada (¡las familias noruegas no se esconden en casa 10 meses al año!) y el invierno puede convertirse en una época mágica para visitar el país.

Lo más destacado para niños

Museos

- **Museo del Barco Vikingo, Oslo** (p. 66) Naves vikingas reconstruidas en el Vikingskipshuset.
- **Museo Kon-Tiki, Oslo** (p. 66) Sin duda sacará el lado explorador de los niños.
- **Museo de Historia Natural, Oslo** (p. 69) Animales del Ártico disecados.
- **Museo Arqueológico, Stavanger** (p. 205) Actividades de temática vikinga en verano.
- **Museo del Petróleo, Stavanger** (p. 204) El Norsk Oljemuseum es de los más interactivos de Noruega.
- **Museo Noruego de la Infancia, Stavanger** (p. 204) Con una fantástica zona de juegos interior para los más pequeños.
- **Nordvegen Historiesenter, Karmøy** (p. 202) Parte museo, parte granja vikinga.
- **Museo Noruego de los Glaciares, Fjærland** (p. 230) Exposiciones interactivas sobre los campos de hielo de Noruega.
- **Norsk Luftfartsmuseum, Bodø** (p. 296) Ideal para los entusiastas de los aviones.

Parques temáticos y acuarios

- **Kristiansand Dyrepark** (p. 117) Excepcional zoo y parque de atracciones en el extremo sur del país.
- **Hunderfossen Familiepark** (p. 142) Atracciones acuáticas, troles errantes y palacios de cuento de hadas.
- **Atlanterhavsparken, Ålesund** (p. 251) Uno de los mejores acuarios del norte de Europa.
- **Akvariet i Bergen** (p. 173) Fantástico acuario al que se puede llegar en barco.
- **Lofotakvariet, Kabelvåg** (p. 307) Focas, nutrias marinas y otras criaturas del mar.
- **Parque Olímpico, Lillehammer** (p. 138) De todo, desde simuladores a pistas de *bobsleigh*.
- **Senjatrollet, Senja** (p. 336) El mayor trol del mundo, además de atracciones.
- **Polar Park, Setermoen** (p. 335) Excelente parque de animales con especies árticas.
- **Namsskogan Familiepark** (p. 401) Animales árticos, tirolinas y zonas de escalada al sur de Mosjøen.

Actividades

- **Rafting en aguas bravas** Descensos aptos para familias en Sjoa (p. 155) y otras zonas.
- **Trineo de perros** Posibilidad de ir de Røros (p. 144), en el centro del país, a Tromsø (p. 329), el Parque Nacional de Øvre Dividal (p. 335), Karasjok (p. 358) y Svalbard (p. 362) en invierno, y con trineos de ruedas en verano.
- **Esquí** Se puede esquiar todo el año en centros acostumbrados a atender a niños, como Lillehammer (p. 138), Trysil (p. 144), Voss (p. 185) y, en verano, Stryn (p. 236).
- **Kayak** Salidas cortas aptas para familias en Voss (p. 185), Svalbard (p. 362) y los fiordos.

Observación de la naturaleza

- **Observación de ballenas** Para ver a los gigantes del mar junto a la costa norte desde Andenes (p. 318), Stø (p. 316) y Tromsø (p. 325).
- **Safaris de bueyes almizcleros** Se puede ver a este fantástico animal en el Parque Nacional de Dovrefjell-Sunndalsfjella (p. 152), alrededor de Oppdal (p. 150) y en otros sitios.
- **Safaris de alces** Cría de alces en libertad en el sur y centro de Noruega, incluidos Oppdal (p. 150), Rjukan (p. 129) y Evje (p. 133).
- **Morsas, renos y zorros árticos** Los safaris de morsas son un emocionante añadido a la oferta de fauna de Svalbard. A veces, se pueden ver renos y (con menor frecuencia) zorros árticos en el mismo Longyearbyen (p. 363).

Otras opciones

- **Seljord** (p. 132) Tierra rica en troles donde habita la serpiente Selma.
- **Aurora boreal** (p. 393) Uno de los fenómenos más misteriosos del mundo natural.
- **Sol de medianoche** (p. 394) La novedad de los días interminables tiene un enorme atractivo.
- **Ferri costero de Hurtigruten** (p. 437) Algunas actividades para niños a bordo y una alternativa a los largos viajes en coche.

De un vistazo

Oslo

Museos y galerías
Arquitectura
Actividades

Sede cultural de Noruega

En Oslo existe un museo para casi todo evento de la historia noruega, desde los vikingos hasta Thor Heyerdahl y más allá. Algunos de los iconos destacados de la cultura nacional comparten aquí espacio, donde gigantes de la cultura como Edvard Grieg y Henrik Ibsen también dejaron su huella.

Preciosos edificios

El prestigio de la arquitectura de Oslo se consolidó con la inauguración de la Ópera en el 2008, pero hay otros atractivos, desde una fortaleza del s. XIV a los edificios del Parlamento o una nueva galería de arte contemporáneo.

Espacios abiertos

Para escapar de la civilización, nada como acudir a los espacios verdes que rodean Oslo. Gran parte de la actividad se concentra alrededor de la pista de saltos de esquí de Holmenkollen y el bosque de Nordmarka.

p. 54

Sur de Noruega

Festivales
Aldeas
Paisajes

Celebraciones

La temporada turística estival atrae a hordas de noruegos a la costa sur. En parte acuden por las playas, pero también se celebran algunos de los festivales más populares del país y las fiestas habituales.

Aldeas costeras

Los pueblecitos litorales del sur de Noruega muestran la arquitectura de madera encalada que da fama a la región. Grimstad, Lillesand y Risør están entre los más bonitos.

Más allá de los fiordos

Ensenadas como las que en su día ofrecieron refugio a los vikingos son el elemento principal de la topografía sureña, pero también hay buenos paisajes en Jøssingfjord, las colinas de Setesdalen y la cima de Gausta.

p. 104

Centro de Noruega

Excursionismo
Fauna
Arquitectura

Excursiones por tierras altas

El Parque Nacional de Jotunheimen cuenta con los senderos más famosos en las tierras altas de Noruega; los parques de Hardangervidda y Rondane ofrecen un paisaje magnífico.

Renos y bueyes almizcleros

Las tres especies típicas del norte: renos salvajes vagan libremente por la meseta de Hardangervidda, el buey almizclero habita dos parques nacionales del centro y el humilde alce es omnipresente.

Madera histórica

Las iglesias de madera de Lom y Ringebu, el pueblo minero de Røros y el Museo Folklórico de Maihaugen, ofrecen un recorrido por la historia arquitectónica de Noruega.

p. 135

Bergen y fiordos suroccidentales

Paisajes
Pueblos
Ciudades

Fantásticos fiordos

El espectacular Hardangerfjord, con sus costas cubiertas de frutales, está mucho más libre de turistas que los fiordos septentrionales. Al sur, el hermoso Lysefjord posee dos emblemáticos miradores.

Aldeas intemporales

Algunos de los pueblos más bonitos de Noruega –como Ulvik o Eidfjord– merecen una visita por sí solos y son escenarios privilegiados para admirar los fiordos.

La bella Bergen

No hay ciudad más pintoresca en el norte de Europa que Bergen, con su barrio portuario y su vibrante vida cultural. Por su parte, Stavanger rebosa vitalidad y encanto.

p. 166

Fiordos occidentales

Fiordos
Actividades
Arquitectura

Los mejores fiordos

La región de Geirangerfjord, Nærøyfjord, Aurlandsfjorden y otros brazos del vasto Sognefjorden, es uno de los sitios más bellos del planeta.

Entre el hielo

Uno puede lanzarse al agua en un kayak o escalar un monte, pero aquí la principal atracción es adentrarse en las lenguas glaciares del épico campo de hielo de Jostedalsbreen.

Iglesias de madera y 'art nouveau'

Las iglesias de madera más bonitas de Noruega –como Stordal, Kaupanger, Borgund y Urnes– se alzan contra un decorado de fiordos y montañas. Al noreste está la magnífica Ålesund, de estilo *art nouveau.*

p. 214

Trøndelag

Excursionismo
Ciudades
Historia

Sendero sagrado

La Ruta del Peregrino es un antiguo camino de peregrinaje con Trondheim como meta. La naturaleza de Bymarka también esconde buenos senderos.

Fabulosa Trondheim

Rival de Bergen por el título de ciudad más agradable de Noruega, tiene excelentes museos, un buen panorama cultural y culinario y un sinfín de edificios de distinguida arquitectura.

Ecos medievales

Trøndelag es el filón principal de la historia de Noruega. La catedral del s. XII de Nidaros, en Trondheim, es el edificio medieval más grande de Escandinavia. Stiklestad señala el lugar del martirio de san Olaf y una de las batallas más importantes de la historia vikinga.

p. 262

Nordland

Paisajes
Islas
Naturaleza

Entrar en el Ártico

Ya se escoja la serpenteante Kystriksveien o la carretera del Ártico, no existen travesías más bellas para adentrarse en el Ártico. Por ambas, el círculo polar ártico es la puerta de entrada a infinidad de paisajes de intensa belleza.

Costa accidentada

Frente a la costa de Nordland surgen más de 14 000 islas. El archipiélago de Vega abarca islotes rocosos de poca altura; Vesterålen es agreste y poco visitada; y Lofoten es espectacular.

Ballenas y glaciares

Las costas de Andenes y Stø ofrecen las mayores posibilidades de avistar ballenas. El Parque Nacional de Saltfjellet-Svartisen es el segundo campo de hielo más grande del país.

p. 280

Extremo norte

Actividades
Los lapones
Paisajes

Invierno ártico

Mientras que el resto de Noruega hiberna en invierno, el norte se lanza a la nieve a bordo de motos, esquís y trineos tirados por huskies.

Laponia

Los nativos lapones son los habitantes más perdurables de la Noruega ártica y su emergencia, tras siglos de persecución y un clima extremo, se celebra con poderío en Karasjok y Kautokeino, hoy orgullosos bastiones de la cultura lapona.

Costa y catedrales

Desde los remotos parques nacionales del interior hasta el esplendor litoral de Senja, los Alpes de Lyngen y Nordkapp, los paisajes de la meseta ártica de Noruega inspiran por igual a viajeros y arquitectos.

p. 324

Svalbard

Actividades
Paisajes
Fauna

Aventuras todo el año

Trineos tirados por perros y motos de nieve en invierno, excursionismo, cruceros y salidas en kayak en verano. Un sinfín de opciones fantásticas para descubrir los paisajes de Svalbard.

Naturaleza congelada

La belleza de Svalbard –cubierta de hielo casi todo el año– es un desafío a los superlativos. Gran parte del archipiélago se cuenta entre las zonas vírgenes más bellas de Europa, con murallas montañosas, épicos campos de hielo y fiordos solitarios.

Fauna ártica

Osos polares, morsas, ballenas, renos, zorros árticos y más de 160 especies de aves. Svalbard brinda la oportunidad de ver a los habitantes de este fragmento del Polo Norte.

p. 362

En ruta

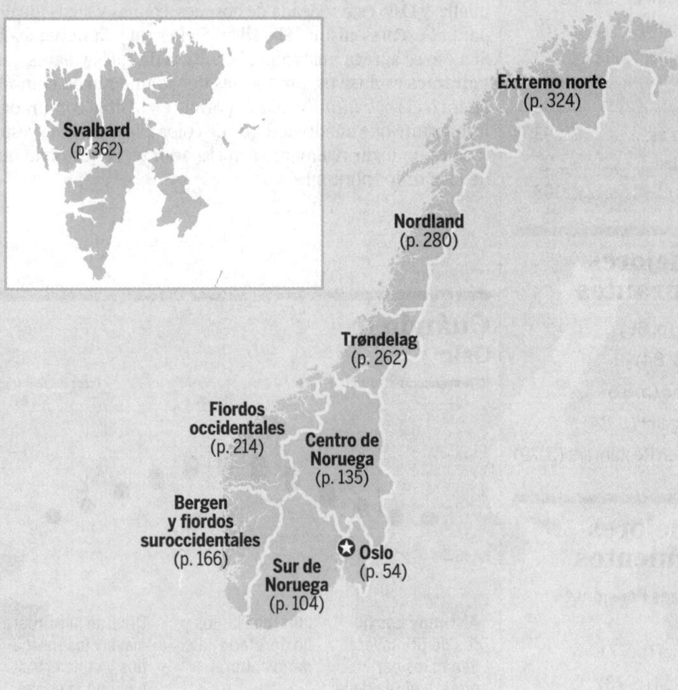
Svalbard
(p. 362)
Extremo norte
(p. 324)
Nordland
(p. 280)
Trøndelag
(p. 262)
Fiordos
occidentales
(p. 214)
Centro de
Noruega
(p. 135)
Bergen
y fiordos
suroccidentales
(p. 166)
Oslo
(p. 54)
Sur de
Noruega
(p. 104)

Oslo

666 760 HAB.

Incluye »

Los mejores restaurantes

- Brutus (p. 86)
- Bass (p. 84)
- Maaemo (p. 81)
- Pjoltergeist (p. 84)
- Sentralen Restaurant (p. 79)

Los mejores alojamientos

- Ellingsens Pensjonat (p. 77)
- The Thief (p. 77)
- PS: Hotell (p. 78)
- Hotel Grand Central (p. 77)
- Lysebu Hotel (p. 78)

Por qué ir

Rodeada de montañas y mar, esta ciudad compacta, culta, afectuosa y divertida es la capital europea que más rápido crece, y es obvio que se reinventa continuamente. Oslo acoge además museos de primera categoría y galerías que rivalizan con cualquiera de las de la ruta del arte europeo.

Pero incluso aquí la Madre Naturaleza ha conseguido dejar huella, y Oslo está rodeada de bosques, colinas y lagos ideales para el excursionismo, el ciclismo, el esquí y la navegación. Si a eso se agrega una animada cultura de cafés y bares, restaurantes exclusivos, propuestas de vida nocturna como la ópera o el *rock indie*, y una importante y visible comunidad inmigrante que añade su toque de color a la ciudad, el resultado es un lugar realmente embriagador en el que olvidarse de los fiordos por un rato.

Cuándo ir

Oslo

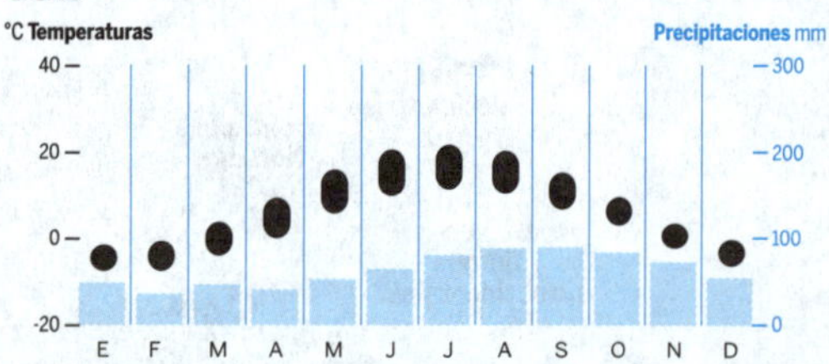

Abr-may Las flores de primavera llenan los parques, y el Día de la Contitución atrae a multitudes.

Jun Días largos y un apretado calendario cultural.

Dic Cae la primera nieve y los mercados y conciertos navideños llenan de magia esta temporada.

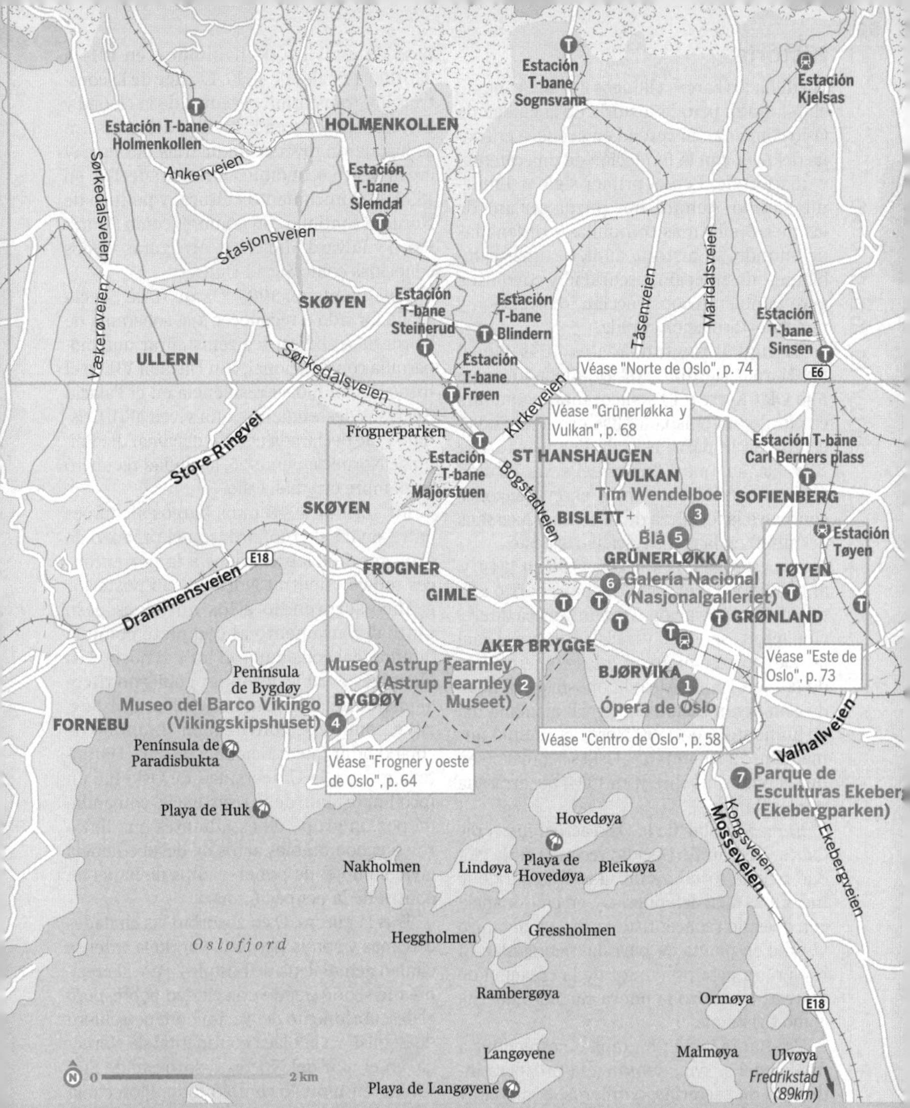

Imprescindible

1 Ópera de Oslo (p. 57) Soñar con la perfección operística mientras se admira la Ópera de Oslo.

2 Museo Astrup Fearnley (p. 57) Contemplar las impresionantes obras de este museo de arte contemporáneo.

3 Tim Wendelboe (p. 90) Visitar los orígenes de la obsesión cafetera de Noruega.

4 Museo del Barco Vikingo (p. 66) Volver a la gloriosa época vikinga en este museo de *drakares* sorprendentemente intactos.

5 Blå (p. 93) Llegar al corazón de la palpitante vida nocturna de Oslo.

6 Galería Nacional (p. 61) Gritar con deleite frente a *El grito* de Edvard Munch.

7 Ekebergparken (p. 69) Pasear por un parque boscoso con esculturas contemporáneas a cada paso.

Historia

Sin duda los barcos vikingos llenaban antaño el Oslofjord, pero la historia de la ciudad de Oslo comienza en verdad en la época cristiana del país, con la fundación de una catedral y una fortaleza en el primer siglo del milenio pasado. Aunque hoy pueda ser una de las metrópolis más tranquilas y ordenadas del mundo, su historia aúna fortunas cambiantes, destrucción, oscuridad y conquista, pero también reconstrucción, reinvención y una transformación rápida.

La ciudad fue fundada en 1049 por el rey Harald Hardråde (el Despiadado), cuyo hijo Olaf Kyrre (el Pacífico) fundó aquí una catedral y un obispado. Esa primera ciudad estaba en la parte este de la ensenada de Bjørvika, aunque a finales del s. XIII, cuando tenía unos 3000 habitantes, el rey Haakon V construyó la fortaleza de Akershus (Akershus Festning) en la estratégica parte oeste.

La peste bubónica llegó a Oslo en 1349, y, al igual que en el resto del país, barrió a la mitad de la población. Tras una época de crecimiento económico y social, durante la cual la Iglesia cedió el poder a los comerciantes de la Liga Hanseática, la oposición al auge de esta organización comercial alemana fue en aumento, y en 1536 Noruega se unió formalmente a Dinamarca. Oslo se convirtió en una capital simbólica y, en 1624, fue arrasada por las llamas.

El responsable de la Oslo actual fue el rey danés Cristián IV. Decidió reconstruir la ciudad bajo la fortaleza de Akershus para que fuera más fácil defenderla, y, en consonancia con el estilo renacentista tardío, se organizó la urbe en planta de parrilla rectangular. El rey, en un acto precursor de la creación de marcas, rebautizó la nueva ciudad moderna como Cristianía.

Cristianía vivió un etapa de esplendor a finales del s. XVIII, debido a la próspera industria de serrerías, astilleros, comercio y exportación de madera. Recuperó su categoría oficial como capital de Noruega tras las Guerras Napoleónicas de 1814. El rey Carlos XIV Juan de Suecia inició la construcción del Palacio Real en 1825, aunque la sede del poder siguió estando en Estocolmo. A partir de esa época se construyeron muchas de las instituciones estatales de la ciudad, como el grandioso edificio del parlamento y el Banco de Noruega.

La nueva estabilidad política y la industrialización del país dieron lugar a un crecimiento estratosférico de la población, que pasó de unos 10 000 habitantes en 1814 a 230 000 a finales de siglo. El auge de la construcción transformó el centro de la ciudad y los alrededores, y en las orillas del Akerselva se instalaron diversas industrias. Aunque el crecimiento económico entró en declive en 1899, el florecimiento cultural y político de Noruega continuó con nombres como Henrik Ibsen y Edvard Munch, y con figuras menos conocidas como Sigrid Undset.

Finalmente en 1905, Óscar II de Suecia se vio forzado a reconocer a la soberanía de Noruega, a abdicar y a reinstaurar una monarquía constitucional, con Haakon VII en el trono, quien fijó su residencia en el Palacio Real (sus descendientes aún viven allí). Cristianía fue declarada capital nacional del Reino de Noruega y, en 1925, la ciudad recuperó su nombre original, Oslo.

En abril de 1940 unos barcos alemanes entraron en el Oslofjord, con el pretexto de proteger de los británicos a la por entonces todavía neutral Noruega. Su posterior avance sorprendió a los noruegos pero tanto el parlamento al completo como la familia real consiguieron huir al norte. Los alemanes establecieron un gobierno títere al mando del líder fascista Vidkun Quisling, cuyo nombre se convirtió en sinónimo de colaborador que traiciona a su país. Durante la guerra, la Universidad de Oslo fue un foco importante de la resistencia, comandada por un grupo de estudiantes que llevaron a cabo notables actos de desobediencia civil, como el de ponerse clips de papel en contra de la ocupación nazi.

Tras la guerra, Oslo absorbió las ciudades cercanas y con la periferia surgió la extensa ciudad actual llena de bosques. Pese al crecimiento siguió siendo una ciudad pobre, pero el descubrimiento del yacimiento petrolífero de Ekofisk en la placa continental de Noruega, en el mar del Norte, al suroeste de Stavanger en 1969, lo cambió todo. Floreció la economía e hizo que el país pasara de ser uno de los más pobres de Europa a uno de los más ricos. Oslo se transformó entonces en una de las ciudades más ricas del mundo.

Puntos de interés

Ya sea uno amante del arte o la literatura, pacifista o entusiasta de la historia, explorador o atleta, es muy probable que encuentre en Oslo un museo hecho a su medida. Casi todos se concentran en el centro de la ciudad, pero hay varios en la península de Bygdøy, y otros sitios importantes en Frogner y Sofienberg.

Las colecciones de la ciudad representan lo mejor que ofrece el país, y a ellas se suman increíbles colecciones privadas y fascinantes e íntimas casas-museo.

Centro de Oslo

★Ópera de Oslo ARQUITECTURA

(Den Norske Opera y Ballett; plano p. 58; ☎21 42 21 21; www.operaen.no; Kirsten Flagstads plass 1; vestíbulo gratis; ⏰vestíbulo 10.00-21.00 lu-vi, 11.00-21.00 sa, 12.00-21.00 do; Ⓣ Sentralstasjonen) La atracción principal del puerto de la ciudad, que está creciendo rápidamente, es la magnífica Ópera, uno de los edificios modernos más emblemáticos de Escandinavia. Diseñada por el estudio de arquitectura Snøhetta con un coste de unos 500 millones de euros e inaugurada en el 2008, semeja un glaciar flotando en las aguas del Oslofjord. Su diseño es una reflexión sobre la noción de monumentalidad, la dignidad de la producción cultural, el lugar excepcional de Noruega en el mundo y un diálogo entre la vida pública y la experiencia personal.

Vale la pena pasar unas horas aquí, pero si se tiene poco tiempo, hay que visitar el tejado, una amplia y luminosa "alfombra" de retazos de mármol, para vivir una de esas experiencias arquitectónicas que valen más que la suma de sus partes, por no hablar de las maravillosas vistas de la ciudad. Para apreciar bien el interior del edificio, hay visitas guiadas (p. 75). Al pasear en torno al edificio, es fácil olvidar que no está ahí solo para deleite visual de los turistas, y que su papel primordial es servir de escaparate para magníficas actuaciones de ópera y *ballet*. El programa aparece en la web y los precios de las entradas van de 100 NOK a 745 NOK.

★Museo Astrup Fearnley GALERÍA

(Astrup Fearnley Museet; plano p. 64; ☎22 93 60 60; www.afmuseet.no; Strandpromenaden 2; adultos/niños 120 NOK/gratis; ⏰12.00-17.00 ma, mi y vi, hasta 19.00 ju, 11.00-17.00 sa y do; 🚊Aker brygge) Diseñado por Renzo Piano, este museo privado de arte contemporáneo está en un maravilloso edificio de madera plateada, con un tejado de cristal que parece una vela y le da un aire marítimo en consonancia con el paisaje del Oslofjord. Aunque originalmente el museo debía coleccionar obras conceptuales estadounidenses de los años ochenta (con artistas como Jeff Koons, Tom Sachs, Cindy Sherman o Richard Prince), últimamente ha ampliado horizontes, p. ej. con una sala dedicada a Sigmar Polke y Anselm Kiefer; también hay obras grandes de Damien Hirst.

No obstante su obra más famosa sigue siendo la escultura de cerámica dorada *Michael Jackson y Bubbles,* de Koons. Las exposiciones temporales van de monográficos de Matthew Barney o el joven artista noruego Matias Faldbakken, a exploraciones muy cuidadas como *Nueva abstracción noruega* o *Arte conceptual chino.* Hay visitas a las 14.00 los domingos (50 NOK).

OSLO EN...

Dos días...

Se empieza el día en la **Galería Nacional** (p. 61) para ver una muestra representativa de obras de Edvard Munch. Después, en uno de los nuevos restaurantes de Aker Brygge, en el **centro de Oslo,** se puede comer marisco al aire libre, junto al muelle. Aquí se toma un ferri a la península de Bygdøy, para pasar la tarde conociendo las hazañas de los mayores exploradores de Noruega en el **Museo del Fram** (p. 66) o en el **Museo del Barco Vikingo** (p. 66). El segundo día se visita la impresionante **Ópera de Oslo,** haciendo que la hora coincida con un circuito guiado. Luego, se explora la **Fortaleza y castillo de Akershus** (p. 63) y se echa un vistazo al moderno, nuevo e increíble **Museo Astrup Fearnley** (p. 57). Por último, si hay tiempo, se aprende cómo hacer del mundo un lugar mejor en el **Nobels Fredssenter** (p. 62).

Cuatro días...

Si se tiene un par de días más, se puede pasear por las atrevidas estatuas del **Parque de Esculturas Vigeland** (p. 64) y quizá lanzarse por el enorme **trampolín de esquí Holmenkollen** (p. 70), aunque probablemente es mejor contentarse con un intento virtual en el simulador cercano. Los más enérgicos también pueden pasar un día caminando, esquiando o montando en bici en el **Nordmarka** (p. 71); o hacer una reposada excursión de un día a la bonita Fredrikstad (p. 99).

Centro de Oslo

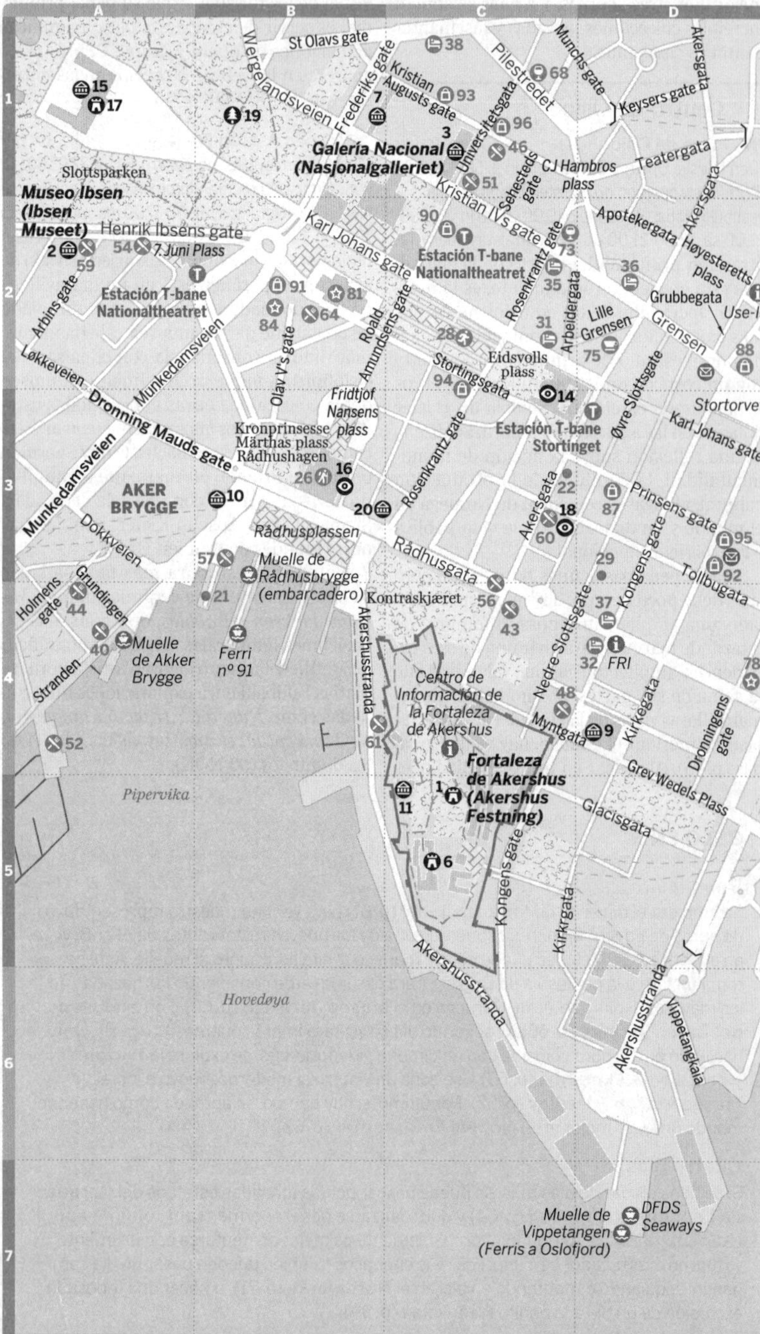

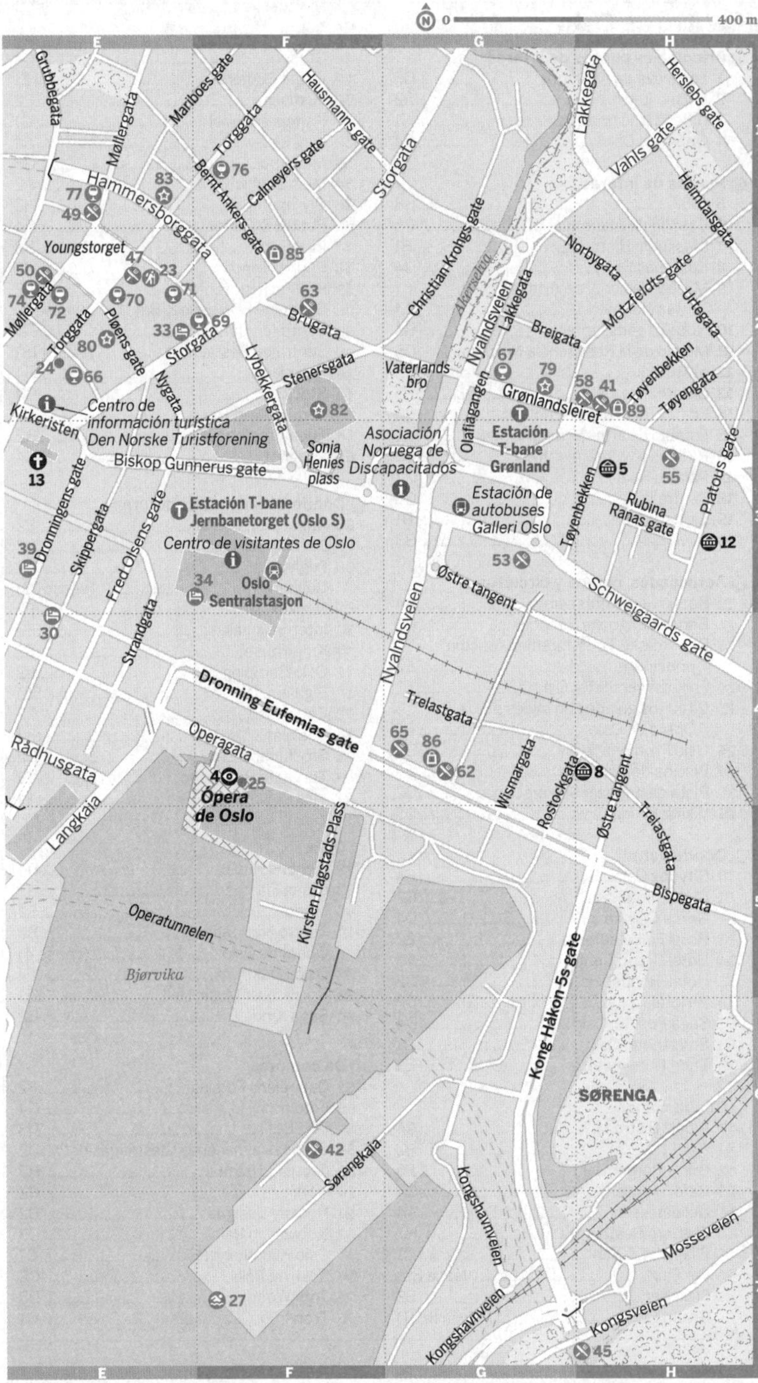
0 400 m
Grubbegata
Møllergata
Mariboes gate
Hausmanns gate
Torggata
Bernt Ankers gate
Calmeyers gate
Storgata
Lakkegata
Herslebs gate
Vahls gate
Heimdalsgata
Hammersborggata
Youngstorget
Christian Krohgs gate
Akerselva
Norbygata
Motzfeldts gate
Urtegata
Brugata
Nyalndsveien
Breigata
Tøyenbekken
Tøyengata
Storgata
Pløens gate
Nygata
Lybekkergata
Stenersgata
Vaterlands bro
Olafiagangen
Grønlandsleiret
Estación T-bane Grønland
Centro de información turística Den Norske Turistforening
Kirkeristen
Biskop Gunnerus gate
Sonja Henies plass
Asociación Noruega de Discapacitados
Estación de autobuses Galleri Oslo
Rubina Ranas gate
Platous gate
Estación T-bane Jernbanetorget (Oslo S)
Centro de visitantes de Oslo
Oslo Sentralstasjon
Dronningens gate
Skippergata
Fred Olsens gate
Strandgata
Østre tangent
Schweigaards gate
Nyalndsveien
Dronning Eufemias gate
Trelastgata
Operagata
Rådhusgata
Langkaia
Ópera de Oslo
Wismargata
Rostockgata
Østre tangent
Trelastgata
Bispegata
Kirsten Flagstads Plass
Operatunnelen
Bjørvika
Kong Håkon 5s gate
SØRENGA
Sørengkaia
Kongshavnveien
Mosseveien
Kongsveien
E F G H
1 2 3 4 5 6 7

Centro de Oslo

Principales puntos de interés
1 Fortaleza de Akershus ... C5
2 Museo Ibsen ... A2
3 Galería Nacional ... C1
4 Ópera de Oslo ... F4

Puntos de interés
5 1857 ... H3
6 Castillo de Akershus ... C5
7 Museo de Historia ... B1
8 Kunsthall Oslo ... H4
9 Museo Nacional de Arte Contemporáneo ... D4
10 Nobels Fredssenter ... B3
11 Museo de la Resistencia Noruega ... C5
12 nyMusikk ... H3
13 Catedral de Oslo ... E3
14 Edificio del Parlamento ... C3
15 Establo de arte de la reina Sonia ... A1
16 Rådhus (Ayuntamiento) ... B3
17 Palacio Real ... A1
18 Sentralen ... C3
19 Slottsparken ... B1
20 vi, vii ... B3

Actividades, cursos y circuitos
21 Båtservice Sightseeing ... B4
22 Berlitz Language Services ... C3
23 Den Norske Turistforening (oficina principal) ... E2
24 Folkeuniversitetet Oslo ... E2
25 Circuitos guiados en inglés por la Ópera de Oslo ... F4
26 Oslo Promenade ... B3
27 Piscina de Sørenga ... F7
28 Pista de patinaje Spikersuppa ... C2
29 Viking Biking ... D3

Dónde dormir
30 Citybox Oslo ... E4
31 Grand Hotel ... C2
32 Grims Grenka ... D4
33 Hotel Folketeateret ... E2
34 Hotel Grand Central ... F3
35 Hotell Bondeheimen ... C2
36 P-Hotel ... D2
37 Saga Poshtel Oslo ... D4
38 Smarthotel Oslo ... C1
39 Thon Hotel Astoria ... E3

Dónde comer
40 Albert Bistro ... A4
41 Asylet ... H2
42 Bun's Burger Bar ... F6
43 Café Skansen ... C4
44 Delicatessen ... A4
45 Ekeberg Restaurant ... H7
46 Elias Mat & Sånt ... C1
Far East ... (véase 85)
47 Fiskeriet ... E2
Grand Café ... (véase 31)
48 Grosch ... C4
49 Illegal Burgers ... E1
50 Justisen ... E2
51 Kaffebrenneriet ... C1
52 Ling Ling ... A4
53 Maaemo ... G3
54 Miss Sophie ... A2
55 Olympen ... H3
56 People & Coffee ... C4
57 Pipervika ... B3
58 Punjab Tandoori ... H2
59 Ruffino Ristorante ... A2
Sanguine Brasserie & Bar ... (véase 4)
60 Sentralen Cafeteria ... C3
Sentralen Restaurant ... (véase 18)
61 Solsiden ... B4
62 Stock ... G4
63 Teddy's Soft Bar ... F2
64 Theatercafeen ... B2
65 Vaaghals ... G4

Dónde beber y vida nocturna
66 Angst ... E2
67 Dattera Til Hagen ... G2
68 Fuglen ... C1
Gullbaren ... (véase 18)
69 Himkok ... F2
70 Internasjonalen ... E2
71 Kulturhuset ... E2
72 Oslo Camping ... E2
Pigalle ... (véase 55)
73 Røør ... C2
74 Sosialen ... E2
75 Stockfleths ... D2
76 Torggata Botaniske ... F1
77 Villa ... E1

Ocio
78 Filmens Hus ... D4
79 Gloria Flames ... G2
80 Mono ... E2
81 Teatro Nacional ... B2
Ópera de Oslo ... (véase 4)
82 Oslo Spektrum ... F2
83 Rockefeller Music Hall ... E1
84 Saga Kino ... B2

De compras
85 Cappelens Forslag ... F2
86 Foto.no ... G4
87 FWSS ... D3
88 Grandes almacenes Glasmagasinet ... D2
89 Grønland Bazaar ... H2
90 Norli ... C2
91 Norway Designs ... B2
92 Norwegian Rain ... D3
93 Oslo Kunsthandel ... C1
94 Råkk og Rålls ... C2
95 Tom Wood ... D3
96 Tronsmo ... C1

Parque escultórico Tjuvholmen ESCULTURA
(plano p. 64; http://afmuseet.no/en/om-museet/skulpturparken; Tjuvholmen; ⏲24 h; 🚊Aker brygge) GRATIS Al igual que el Museo Astrup Fearnley, al que rodea, este parque escultórico fue diseñado por Renzo Piano y también está dedicado al arte contemporáneo internacional. Hay que ver la magnífica y bastante indiscreta *Ojos* (1997) de Louise Bourgeois, la totémica y cautivadora *Salida de la luna este. noviembre* (2006) de Ugo Rondinone y la colorida y táctil *Spalt* (2003) de Franz West. También hay obras de Antony Gormley, Anish Kapoor, Ellsworth Kelly, y Peter Fischli y David Weiss. Junto a las esculturas hay canales y una pequeña playa de guijarros que encanta a los niños.

★**Museo Ibsen** MUSEO
(Ibsen Museet; plano p. 58; ☎40 02 36 30; www.ibsenmuseet.no; Henrik Ibsens gate 26; adultos/niños 115/30 NOK; ⏲11.00-18.00 may-sep, hasta 16.00 oct-abr, circuitos guiados cada hora; 🚊Slottsparken) Aunque la planta baja alberga un pequeño museo bastante peculiar, no hay que perderse el antiguo apartamento de Ibsen, que se ve en visita guiada. Esta fue la última residencia del dramaturgo y su estudio sigue exactamente como lo dejó, al igual que el dormitorio donde pronunció sus famosas y enigmáticas últimas palabras: *"Tvert imot!"* ("¡Al contrario!"), antes de morir el 23 de mayo de 1906. Las habitaciones se han restaurado y reamueblado pero el lugar parece total y genuinamente de su época. Los guías son excelentes, y evocan con acierto tanto la vida diaria de Ibsen y su mujer, Suzannah, como el Oslo de la época.

★**Galería Nacional** GALERÍA
(Nasjonalgalleriet; plano p. 58; ☎21 98 20 00; www.nasjonalmuseet.no; Universitetsgata 13; adultos/niños 100 NOK/gratis, ju gratis; ⏲10.00-18.00 ma, mi y vi, hasta 19.00 ju, 11.00-17.00 sa y do; 🚊Tullinløkka) La galería alberga la mayor colección del país de arte tradicional y moderno y muchas de las obras más conocidas de Edvard Munch, incluido su cuadro más famoso, *El grito*. También hay una impresionante colección de arte europeo, con obras de Gauguin, Claudel, Picasso y El Greco, además de impresionistas como Manet, Degas, Renoir, Matisse, Cézanne y Monet. Asimismo están presentes muchos artistas noruegos del s. XIX, incluidas figuras clave como J. C. Dahl y Christian Krohg.

Está previsto que la galería se traslade en el 2020.

Palacio Real PALACIO
(Det Kongelige Slott; plano p. 58; ☎81 53 31 33; www.royalcourt.no; Slottsparken 1; circuito palacio adultos/niños 135/105 NOK, con Establo de arte de la reina Sonia 200 NOK; ⏲circuitos guiados en inglés 12.00, 14.00, 14.20 y 16.00 jun-med ago; 🚊Slottsparken) La residencia de la familia real noruega emerge del frondoso **Slottsparken** (plano p. 58; Slottsparken; ⏲24 h; 🚊Slottsparken) GRATIS, una mole neoclásica relativamente modesta, de color amarillo pálido. Construido para el rey Carlos XIV Juan de Suecia (en realidad, francés), el palacio nunca estuvo ocupado de forma continuada hasta que el rey Haakon VII y la reina Maud se instalaron en 1905.

La construcción del palacio de 173 salas comenzó en 1825 pero se terminó en 1849, cinco años después de la muerte de Carlos Juan. Su hijo, Óscar I, y su nuera, Josefina, fueron los primeros miembros de la realeza que se mudaron a él. El palacio se ha modernizado mucho al mando del actual monarca, el rey Harald V.

Lo más notorio de este palacio, y de la familia real en general, es lo accesible que es: los niños juegan y los turistas posan para hacerse fotos a unos metros de la entrada principal, todo un contraste frente a otras sedes reales europeas.

En verano, hay visitas guiadas de una hora por el interior en las que se ven una decena de salas, incluido el Guardarropa, la Sala de los Espejos, el Salón de Banquetes y la Capilla. Las entradas se venden en la puerta (en la parte trasera del palacio), pero es mejor comprarlas antes por teléfono, en tiendas 7-Eleven o en www.ticketmaster.no porque hay plazas limitadas cada día.

Museo Nacional de Arte Contemporáneo GALERÍA
(Museet for Samtidskunst; plano p. 58; www.nasjonalmuseet.no) El reputado Museo Nacional de Arte Contemporáneo conserva las colecciones de arte escandinavo e internacional posteriores a la II Guerra Mundial de la Galería Nacional. Es famoso también por sus vanguardistas exposiciones temporales. Mientras se escribía esta obra había cerrado sus puertas en Bankplassen y se preparaba para reabrir en el nuevo complejo del Museo Nacional en el 2020.

Damstredet ZONA
(plano p. 68; 🚌54) Las peculiares casas de madera del s. XVIII del distrito de Damstredet y el cercano Telthusbakken contrastan con la arquitectura moderna del centro. Antaño

barrio de chabolas pobre, Damstredet se ha convertido en una zona residencial, tomada por los artistas. Para llegar, hay que caminar al norte por Akersgata y girar a la derecha en Damstredet gate. Telthusbakken está un poco más allá, por Akersgata, también a la derecha.

De camino se pasa por **Vår Frelsers** (Æreslunden; plano p. 70; Akersbakken 32; 24 h; 37), el cementerio donde están enterrados Ibsen, Munch y Bjørnstjerne Bjørnson.

Museo Histórico MUSEO

(Historisk Museet, plano p. 58; 22 85 19 00; www.khm.uio.no; Frederiks gate 2, Universidad de Oslo; adultos/niños 50 NOK/gratis, incluye entrada a Vikingskipmuseet; 10.00-17.00 ma-do; Tullinløkka) El Museo Histórico comprende en realidad tres museos bajo el mismo techo. Lo más interesante es la **Colección Nacional de Antigüedades** (Oldsaksamlingen) de la planta baja, que expone monedas, joyas y ornamentos de la época vikinga, e incluye el único casco vikingo completo que se ha encontrado jamás. Hay que ver el **tesoro Hoen** (s. IX, 2,5 kg), el mayor de su tipo hallado en Escandinavia. Hay una sección de arte religioso medieval que presenta las puertas y el techo profusamente pintado de la *stavkirke* (iglesia medieval) de Ål (construida en torno al año 1300).

La 2ª planta tiene una **exposición sobre el Ártico** y el Myntkabinettet, una colección de las primeras monedas noruegas anteriores al año 995. También en la 2ª planta y en el piso superior está el **Museo Etnográfico,** con exposiciones temporales sobre Asia, África y América.

Catedral de Oslo CATEDRAL

(Domkirke; plano p. 58; Stortorvet 1; 24 h; Stortorvet) GRATIS Lo más destacado de una visita a la catedral de Oslo, que data de 1697, son las elaboradas vidrieras de Emanuel Vigeland (hermano de Gustav) y el techo pintado entre 1936 y 1950. El excepcional retablo, una reproducción de 1748 de la *Última Cena* y la *Crucifixión* de Michael Rasch, pertenecía originalmente a la catedral (desde 1700), pero fue recorriendo todo el país antes de que lo devolvieran de la iglesia de Prestnes en Majorstue en 1950.

El bazar, en la parte trasera de la iglesia, data de 1858 y actualmente está ocupado por tiendas de artesanía y cafés en verano.

Rådhus ARQUITECTURA

(plano p. 68; Fridtjof Nansens plass; 9.00-18.00, circuitos guiados 10.00, 12.00 y 14.00 jun-med jul; Kontraskjæret) GRATIS Este ayuntamiento de torres gemelas, inaugurado en 1950 para conmemorar el 900º aniversario de Oslo, alberga la administración política de la ciudad y está lleno de tributos de mediados de siglo a la vida cultural y laboral noruega. Es un punto de referencia de Oslo, y sobre la ampulosidad de su exterior funcionalista de ladrillo rojo hay división de opiniones, pero es imposible no verlo. Es aquí donde se concede el Premio Nobel de la Paz cada 10 de diciembre.

Nobels Fredssenter MUSEO

(Centro Nobel; plano p. 58; 48 30 10 00; www.nobelpeacecenter.org; Rådhusplassen 1; adultos/estudiantes 100/65 NOK; 10.00-18.00; Aker brygge) Los noruegos se enorgullecen de su papel de pacifistas internacionales, y el Premio Nobel de la Paz es su regalo a los hombres y mujeres que han hecho lo máximo posible por promover la paz mundial a lo largo del año anterior. Este museo vanguardista celebra las vidas y logros de los ganadores con un despliegue de muestras digitales que ofrecen toda la información que a uno le apetezca asimilar.

Las exposiciones permanentes se centran en aspectos muy diferentes del premio y sus ganadores de cada año. Hay que ver el Libro del Nobel en la 2ª planta, el cine que muestra películas sobre la historia del premio y sus ganadores, y la tienda, que consigue vender sus productos siendo respetuosa y divertida.

Edificio del Parlamento EDIFICIO RELEVANTE

(Stortinget; plano p. 58; 23 31 33 33; www.stortinget.no; Karl Johans gate 22; circuitos guiados en inglés 10.00 y 13.00 jul y ago, sa resto del año; Øvre Slottsgate) GRATIS Construido en 1866, el edificio de ladrillo amarillo es uno de los parlamentos con más encanto de Europa. Si a uno le interesa el debate político noruego, puede seguir la actividad en directo desde el sitio web de Stortinget.

vi, vii GALERÍA

(plano p. 58; 906 75 993; www.vivii.no; Tordenskiolds gate 12; 13.00-17.00 ju y vi, 12.00-16.00 sa; Kontraskjæret) Galería independiente con buena reputación por sus interesantes espectáculos de artistas prometedores. Está en un interesante edificio de los años treinta.

Establo de arte de la reina Sonia GALERÍA

(Queen Sonja KunstStall; plano p. 58; www.royalcourt.no; adultos 100 NOK; 11.00-17.00 ju-do; Slottsparken) Los antiguos establos de palacio, usados durante medio siglo como almacén, fueron reabiertos como galería pública por la reina Sonia en su 80 cumpleaños. El encantador edificio del s. XIX acoge exposiciones anuales, así como una colección permanente de fotografías fascinantes de la difunta reina Maud (1869-1938).

Sentralen EDIFICIO RELEVANTE

(plano p. 58; ☎22 33 33 22; www.sentralen.no; Øvre Slottsgate 3; Øvre Slottsgate) Aunque no se venga aquí por el restaurante, el café, los bares o los locales de música en directo, merece la pena echar un vistazo a la espectacular mezcla de arquitectura contemporánea y tradicional, junto a las instalaciones de seis artistas noruegos, incluidas intervenciones sorprendentes de Hanne Friis y Vanessa Baird.

Kunsthall Oslo GALERÍA

(plano p. 58; ☎21 69 69 39; www.kunsthalloslo.no; Rostockgata 2-4; 11.00-17.00 mi-vi, desde 12.00 sa y do; Jernbanetorget) Este espacio de arte sin ánimo de lucro presenta un programa muy interesante de artistas contemporáneos internacionales y noruegos. También acoge diversos espectáculos *Munch on the Move* mientras el Museo Munch lleva a cabo el traslado a su nueva sede en el 2020.

Instituto Nobel EDIFICIO RELEVANTE, BIBLIOTECA

(plano p. 64; ☎22 12 93 00; www.nobelpeaceprize.org; Henrik Ibsens gate 51; 8.00-15.00 lu-vi; Solli) GRATIS No está claro por qué Alfred Nobel eligió Noruega para que otorgara el Premio de la Paz, pero sea cual fuera la razón, es un comité de cinco noruegos, designados para períodos de seis años por el Storting (Parlamento) noruego, el que elige el ganador de cada año, y sus reuniones tienen lugar a puerta cerrada. No obstante, se puede visitar la biblioteca, que contiene unos 200 000 volúmenes sobre historia y política internacionales, estudios sobre la paz y economía.

Fortaleza y castillo de Akershus

★Fortaleza de Akershus FORTALEZA

(Akershus Festning; plano p. 58; 6.00-21.00; Christiania Square) GRATIS Cuando Oslo fue nombrada capital de Noruega en 1299, el rey Haakon V ordenó la construcción de Akershus, estratégicamente situada en la parte este del puerto, para proteger la ciudad de amenazas externas. A lo largo de los siglos se ha ampliado, modificado y sus defensas se han reforzado varias veces. Dominando aún la zona del puerto de Oslo, el extenso complejo está formado por un castillo medieval, Akershus Slot, una fortaleza y otros edificios varios, incluidas instalaciones militares en activo.

Se entra por una puerta al final de Akersgata o por un puente levadizo que se extiende sobre la puerta de Kongens en la parte sur de Kirkegata. En invierno, después de las 18.00, hay que usar la entrada de Kirkegata.

El **Centro de Información de la Fortaleza de Akershus** (plano p. 58; ☎23 09 39 17; Akershus Slott; circuitos guiados adultos/niños 60/30 NOK; 11.00-17.00 jul y ago, 23.00-16.00 lu-vi, 12.00-17.00 sa y do sep-jun; Christiania Square), nada más entrar por la puerta principal, tiene exposiciones permanentes que relatan la historia del complejo, así como otras temporales que destacan aspectos de la historia de Oslo. El personal organiza visitas guiadas. A las 13.30 hay cambio de guardia en la fortaleza.

Castillo de Akershus CASTILLO

(Akershus Slott; plano p. 58; ☎22 41 25 21; www.nasjonalefestningsverk.no; gate Kongens; adultos/niños 60/30 NOK, gratis con el Oslo Pass; 11.00-16.00 lu-sa, 12.00-17.00 do; Christiania Square) En el s. XVII Cristián IV convirtió el castillo de Akershus en un palacio renacentista, aunque la fachada sigue siendo medieval. En sus mazmorras hay oscuros cuchitriles donde se encerraba bajo llave a los nobles caídos en desgracia, mientras que en contraste las plantas superiores contenían fastuosos salones de banquetes y salas de estado.

La capilla del castillo aún se usa para actos militares, y las criptas del rey Haakon VII y Olaf V están debajo. Las visitas guiadas las hacen estudiantes universitarios vestidos de época y, aunque no es obligatorio, ofrecen una entretenida historia anecdótica del lugar que no se obtiene visitándolo por libre. En la taquilla se puede pedir información sobre la visita. En julio y agosto abren más horas.

Museo de la Resistencia Noruega MUSEO

(Norges Hjemmefront Museet; plano p. 58; ☎23 09 31 38; www.forsvaretsmuseer.no; adultos/niños 60/30 NOK; 10.00-17.00 lu-sa, desde 11.00 do jun-ago, 10.00-16.00 lu-vi, desde 11.00 sa y do sep-may; Christiania Square) Dentro del complejo de la fortaleza de Akershus el Museo de la Resistencia Noruega es contiguo a un monumento conmemorativo a los luchadores de la resistencia ejecutados en este lugar durante la II Guerra Mundial. Es pequeño pero vale la pena y abarca los años oscuros de la ocupación alemana, así como el jubiloso 9 de mayo de 1945, cuando se declaró la paz. Entre otros

Frogner y oeste de Oslo

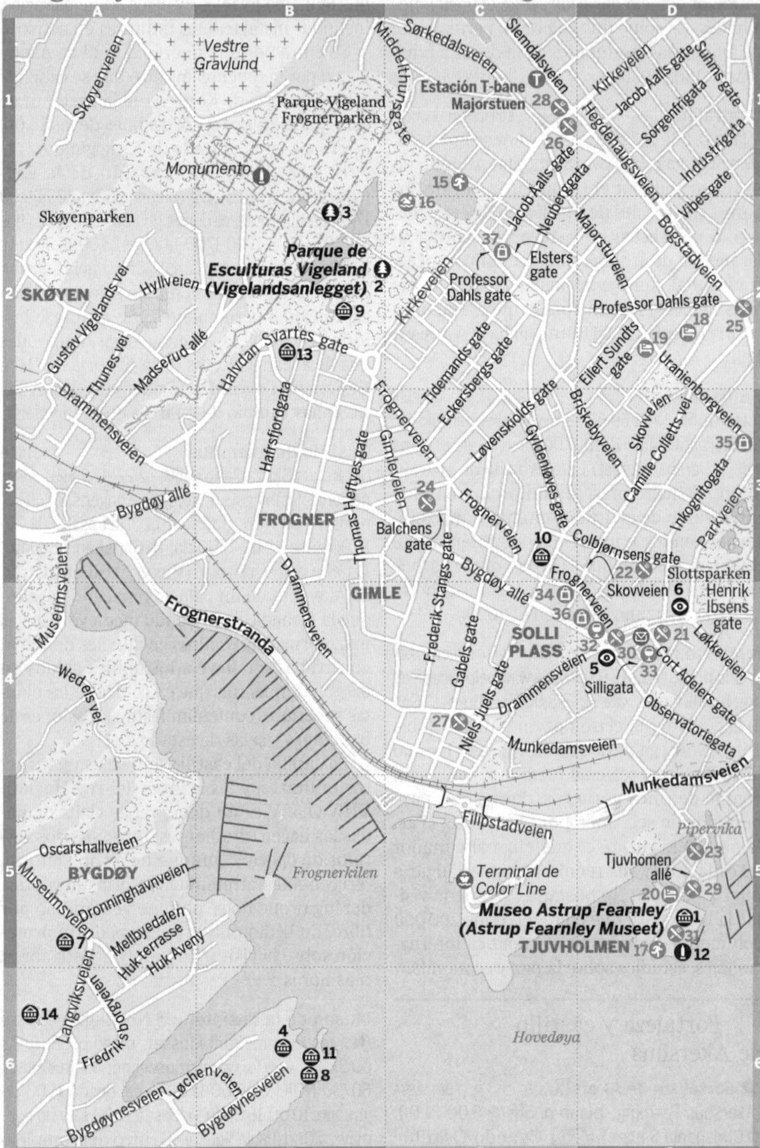

objetos, hay periódicos clandestinos, numerosos mapas y fotografías, y, lo más curioso, una dentadura postiza que perteneció a un noruego prisionero de guerra en Polonia y que tenía un micrófono oculto para recibir transmisiones de radio.

Frognerparken y parque Vigeland

★ Parque de Esculturas Vigeland PARQUE
(Vigelandsanlegget; plano p. 64; www.vigeland.museum.no/no/vigelandsparken; Nobels gate 32; ma-

Frogner y oeste de Oslo

Principales puntos de interés

1 Museo Astrup Fearnley D5
2 Parque de Esculturas Vigeland B2

Puntos de interés

3 Frognerparken B2
4 Museo Kon-Tiki B6
5 Biblioteca Nacional D4
6 Instituto Nobel D4
7 Museo Folklórico Noruego A5
8 Museo Marítimo Noruego B6
9 Museo de la Ciudad de Oslo B2
10 Oslo Contemporary C3
11 Museo del Fram B6
12 Parque de Esculturas Tjuvholmen D5
13 Museo Vigeland B2
14 Museo del Barco Vikingo A6

Actividades, cursos y circuitos

15 Pista de patinaje de Frogner C1
16 Piscina de Frognerbadet C2
17 Playa urbana de Tjuvholmen D5

Dónde dormir

18 Ellingsens Pensjonat D2
19 Saga Hotel Oslo D2
20 The Thief D5

Dónde comer

21 Alex Sushi D4
22 Åpent Bakeri D3
23 Bølgen & Moi D5
24 Feinschmecker C3
25 Fyr Bistronomi D2
26 Gate of India C1
27 Hos Thea C4
28 Park 29 .... C1
29 Tjuvholmen Sjømagasin D5
30 Villa Paradiso D4
31 Vingen D5

Dónde beber y vida nocturna

32 Champagneria D4
33 Palace Bar D4

De compras

34 Hassan og Den Dama C4
35 Nomaden D3
36 Utopia Retro Modern D4
37 Vestkanttorget Flea Market C2

do 12.00-16.00; Ⓣ Borgen) La atracción principal del Frognerparken es una extraordinaria muestra al aire libre de obras del escultor más querido de Noruega, Gustav Vigeland. El parque Vigeland, uno de los mayores atractivos turísticos de Noruega, alberga 212 obras de granito y bronce de Vigeland. Su intensa producción incluye amantes entrelazados, tranquilas parejas mayores, bebés berreando y mendigos cargados de desdén. En cuanto a los bebés berreantes, su obra más famosa en este lugar, *Sinataggen (Niño enfadado),* representa a un bebé de muy mal humor.

Frognerparken PARQUE

(plano p. 64; Ⓣ Borgen) El Frognerparken atrae a los vecinos del oeste con sus jardines, estanques, arroyo e hileras de árboles con sombra para hacer pícnics, pasear o pasar el rato en la hierba. Aquí también se halla el Parque de Esculturas Vigeland (p. 64), un extenso parque escultórico dentro del parque. Para llegar, se toma el tranvía 12 a Vigelandsparken desde el centro de la ciudad.

Museo Vigeland GALERÍA

(plano p. 64; www.vigeland.museum.no; Nobels gate 32; adultos/niños 60/30 NOK, gratis con el Oslo Pass; ⌚10.00-17.00 ma-do may-ago, 12.00-16.00 ma-do resto del año; 🚌20, 🚋12, 🚌N12, Ⓣ Borgen) Enfrente de la entrada sur de Frognerparken, permite contemplar a fondo la obra de Gustav Vigeland. Fue construido por la ciudad en los años veinte como casa y estudio para el escultor a cambio de la donación de una significativa parte de su obra. Alberga su primera colección de estatuas y monumentos a figuras públicas, así como moldes de escayola, impresiones en plancha xilográfica y bocetos.

Cuando murió en 1943, las cenizas de Vigeland se depositaron en la torre y el museo se abrió al público cuatro años después. Hay visitas guiadas (en inglés), si se avisa antes, desde 1000 NOK por grupo; se anima a hacer bocetos (solo con lápiz) y se pueden tomar prestados atriles y sillas plegables. Además de las obras de Vigeland, el museo cuenta con un programa muy bueno de exposiciones contemporáneas temporales.

Museo de la Ciudad de Oslo MUSEO

(Oslo Bymuseet; plano p. 64; ☎23 28 41 70; www.oslomuseum.no; Frognerveien 67; ⌚11.00-16.00 ma-do; 🚋Solli) GRATIS Cerca de la entrada sur al parque Vigeland, este encantador museo está en el Frogner Hovedgård, un palacete del s. XVIII construido en el predio de una mansión vikinga. Ofrece una imagen preciosa de la vida tradicional burguesa noruega de la época y otras exposiciones sobre la historia de la ciudad.

OSLO PASS

El **Oslo Pass** (www.visitoslo.com/en/activities-and-attractions/oslo-pass; 1/2/3 días adultos 395/595/745 NOK, niños 210/295/370 NOK), que se vende en la oficina de turismo, es una buena forma de ahorrar en transporte. La mayoría de los museos de la ciudad son gratuitos con el abono, así como el transporte público dentro de los límites de la ciudad (a excepción de los autobuses nocturnos). Otras ventajas son descuentos en restaurantes y circuitos.

Si se planea visitar solo los museos y galerías del centro de la ciudad, antes de comprar un abono compruébese en la lista cuáles son gratuitos.

Península de Bygdøy

Museo del Barco Vikingo MUSEO

(Vikingskipshuset; plano p. 64; ☎22 13 52 80; www.khm.uio.no; Huk Aveny 35; adultos/niños 80 NOK/gratis; ⊙9.00-18.00 may-sep, 10.00-16.00 oct-abr; 🚋91) Hace unos 1100 años, los vikingos arrastraron dos *drakares* desde la costa y los usaron para grandiosos enterramientos ceremoniales, probablemente para importantes caciques o nobles. Junto con los barcos, enterraron muchos objetos para el más allá: comida, bebida, joyas, muebles, carros, armas, y hasta unos cuantos perros y sirvientes que hicieran compañía. Descubiertos en Oslofjord a finales del s. XIX, los barcos están bien restaurados y ofrecen una perspectiva emotiva sobre el mundo de los vikingos.

Hay tres barcos en total, con los nombres de los lugares donde fueron descubiertos: *Oseberg*, *Gokstad* y *Tune*. El más impresionante es el *Oseberg;* la cámara funeraria de debajo guardaba la mayor colección de objetos de la era vikinga jamás descubierta en Escandinavia, pero todas las joyas fueron saqueadas. A pesar de su aspecto sobrecogedor, probablemente se utilizaba como recreo real. El más robusto, *Gokstad,* de 24 m de eslora, construido en torno al 890, es el mejor ejemplo de un *drakar* vikingo, pero cuando se desenterró pudo comprobarse que su cámara funeraria había sido saqueada y se recuperaron pocos objetos. Del tercer barco, el *Tune,* quedan algunos fragmentos increíblemente bien conservados.

Museo del Fram MUSEO

(Frammuseet; plano p. 64; ☎23 28 29 50; www.frammuseum.no; Bygdøynesveien 36; adultos/niños 100/40 NOK, gratis con el Oslo Pass; ⊙9.00-18.00 jun-ago, 10.00-17.00 may y sep, hasta 16.00 oct-may; 🚋91) Este museo está dedicado a uno de los símbolos más imperecederos de las primeras exploraciones polares, la goleta de 39 m *Fram* (que significa "Adelante"). Se puede recorrer las cubiertas, mirar el interior de los estrechos camarotes e imaginar la vida en el mar y en medio del hielo polar. Hay exposiciones detalladas con mapas, imágenes y objetos de varias expediciones, desde el intento de Fridtjof Nansen de cruzar esquiando el Polo Norte hasta el descubrimiento del Paso del Noroeste por Roald Amundsen.

Botado en 1892, el *Fram,* el barco más sólido construido hasta entonces, pasó gran parte de su vida atrapado en el hielo polar. Entre 1893 y 1896 la expedición al Ártico de Nansen llevó la goleta a las islas rusas de Nueva Siberia, pasando a unos pocos grados del Polo Norte en su regreso a Noruega.

En 1910 Amundsen zarpó en el *Fram,* con la intención de ser el primer explorador en alcanzar el Polo Norte, pero en la ruta descubrió que Robert Peary se le había adelantado. Ni corto ni perezoso, Amundsen dio media vuelta con el *Fram* y, compitiendo todo el camino con Robert Falcon Scott, se convirtió en el primer hombre en llegar al Polo Sur. Otto Sverdrup también rodeó con la goleta el sur de Groenlandia hasta la isla de Ellesmere en Canadá entre 1898 y 1902, surcando más de 18 000 km.

Además del *Fram,* el museo alberga el *Gjøa,* el primer barco que cruzó con éxito por el Paso del Noroeste.

Museo Kon-Tiki MUSEO

(plano p. 64; ☎23 08 67 67; www.kon-tiki.no; Bygdøynesveien 36; adultos/niños 100/40 NOK, gratis con el Oslo Pass; ⊙9.30-18.00 jun-ago, 10.00-17.00 mar-may, sep y oct, 10.00-16.00 nov-feb; 🚋91) A los niños les encanta este museo dedicado a la balsa *Kon-Tiki,* con la que el explorador noruego Thor Heyerdahl zarpó de Perú a Polinesia en 1947. Se muestra también la barca de junco de totora *Ra II,* construida por aimaras en la isla boliviana de Suriqui en el lago Titicaca. Heyerdahl la usó para cruzar el Atlántico en 1970.

Museo Marítimo Noruego MUSEO

(plano p. 64; www.marmuseum.no; Bygdøynesveien 37; adultos/niños 100/30 NOK, gratis con el Oslo Pass; ⊙10.00-17.00 med may-ago, hasta 16.00 resto del año; 🚋91) El autor Roald Dahl dijo una vez que en Noruega todo el mundo parece tener un barco, y la teoría parece bastante buena en el Museo Marítimo Noruego. Muestra la relación de Noruega con el mar, las primeras industrias pesqueras y balleneras, la flota sísmica (que busca petróleo y gas), los astilleros, el salvamento marítimo y los barcos de recreo.

Museo Folklórico Noruego MUSEO
(Norsk Folkemuseum; plano p. 64; ☎22 12 37 00; www.norskfolkemuseum.no; Museumsveien 10; adultos/niños 130/40 NOK, gratis con el Oslo Pass; ⏰10.00-18.00 med may-med sep, 11.00-15.00 lu-vi, 11.00-16.00 sa y do med sep-med may; 🚌91) Es el museo al aire libre más grande de Noruega y una de las atracciones más populares de Oslo. Abarca más de 140 edificios, casi todos de los ss. XVII y XVIII, procedentes de todo el país, reconstruidos y organizados según la región de origen. Los caminos serpentean junto a los viejos graneros, los *stabbur* (hórreos) y casas de labranza de madera con tejados vegetales de donde brotan flores silvestres. Los niños se entretienen en las granjas de animales, los paseos en carro de caballos y otras actividades.

Frogner y oeste de Oslo

Oslo Contemporary GALERÍA
(plano p. 64; ☎23 27 06 76; www.oslcontemporary.com; Haxthausens gate 3; ⏰12.00-17.00 ma-vi, hasta 16.00 sa; 🚋Niels Juels gate) La mejor galería comercial del oeste está situada en un antiguo garaje y representa a un interesante elenco de artistas conceptuales emergentes y establecidos, casi todos de Noruega.

Biblioteca Nacional BIBLIOTECA
(Nasjonalbiblioteket; plano p. 64; ☎23 27 60 11; www.nb.no; Henrik Ibsens gate 110; ⏰9.00-18.00 jun-sep, 8.30-15.30 lu-vi oct-may; 🚋Solli) GRATIS Moderna biblioteca que alberga importantes documentos del patrimonio cultural noruego: manuscritos del s. XIII, revistas, películas y bandas sonoras musicales. También hay exposiciones temporales que destacan diversos aspectos de la colección.

Grünerløkka y Vulkan

Museo Munch GALERÍA
(Munchmuseet; plano p. 73; ☎23 49 35 00; www.munchmuseet.no; Tøyengata 53; adultos/niños 100 NOK/gratis; ⏰10.00-16.00, hasta 17.00 med jun-finales sep; Ⓣ Tøyen) Museo monográfico dedicado al mayor artista de Noruega, Edvard Munch (1863-1944), que alberga la mayor colección de su obra en el mundo: 28 000 piezas, entre ellas 1100 cuadros y 4500 acuarelas, muchas donadas a la ciudad por el propio artista (aunque sus obras más conocidas, incluido *El grito,* están en la Galería Nacional, p. 61).

Para llegar, se toma un autobús o el T-bane a Tøyen, y se camina 300 m (señalizado).

Se espera que el museo se traslade a Bjørvika en 2020 (aprox.), a un lugar construido al efecto llamado Lambda.

★ **Rod Bianco** GALERÍA
(plano p. 68; ☎997 87 475; http://rodbianco.com; Waldemar Thranes gate 84c; ⏰12.00-17.00 ma-vi, hasta 16.00 sa; 🚌30) El espacio cúbico y blanco de Rod Bianco, escondido tras una puerta negra sin distintivo en un patio ocupado por talleres de automóviles y almacenes, alberga originales obras de artistas contemporáneos noruegos e internacionales. El artista y chico malo de Oslo Bjarne Melgaard, establecido en Nueva York, expone aquí regularmente.

Galleri 69 GALERÍA
(plano p. 68; ☎22 38 00 28; http://lufthavna.no/galleri-69/; Toftes gate 69; 🚋Schous plass) Parte del estudio de artistas y complejo con espacios para ensayos Grünerløkka Lufthavn, esta galería autogestionada tiene un calendario mensual de exposiciones, con obras producidas exclusivamente para ella. Consúltese el horario en la web.

Standard GALERÍA
(plano p. 68; ☎22 60 13 10; http://standardoslo.no; Waldemar Thranes gate 86; ⏰12.00-17.00 ma-vi, hasta 16.00 sa; 🚌30) Standard, que lleva más de una década en el panorama de arte contemporáneo de Oslo, tiene dos espacios expositivos en un edificio industrial. Muestra una variedad de artistas noruegos y del norte de Europa, como el predilecto de Oslo Matias Faldbakken.

Río Akerselva RÍO
(plano p. 68; 🚌54) Este rápido río que discurre desde Maridalsvannet hasta el Oslofjord fue antaño el centro de la industria de Oslo y luego, hasta finales del s. XX, quedó abandonado y relegado. Hoy en día es uno de los lugares favoritos de la ciudad para relajarse, un tramo de 8 km de rápidos rodeados de bosques, cascadas, pistas para correr, zonas de pícnic, pozas y lugares para pescar. Las cascadas del puente Beier son una maravilla urbana.

Studio Schaeffers Gate 5 GALERÍA
(plano p. 68; ☎452 18 078; www.schaeffersgate5.no; Schaeffers Gate 5; ⏰16.00-19.00 ju y vi, desde 13.00 sa y do; 🚋Schous plass) Espacio independiente

Grünerløkka y Vulkan

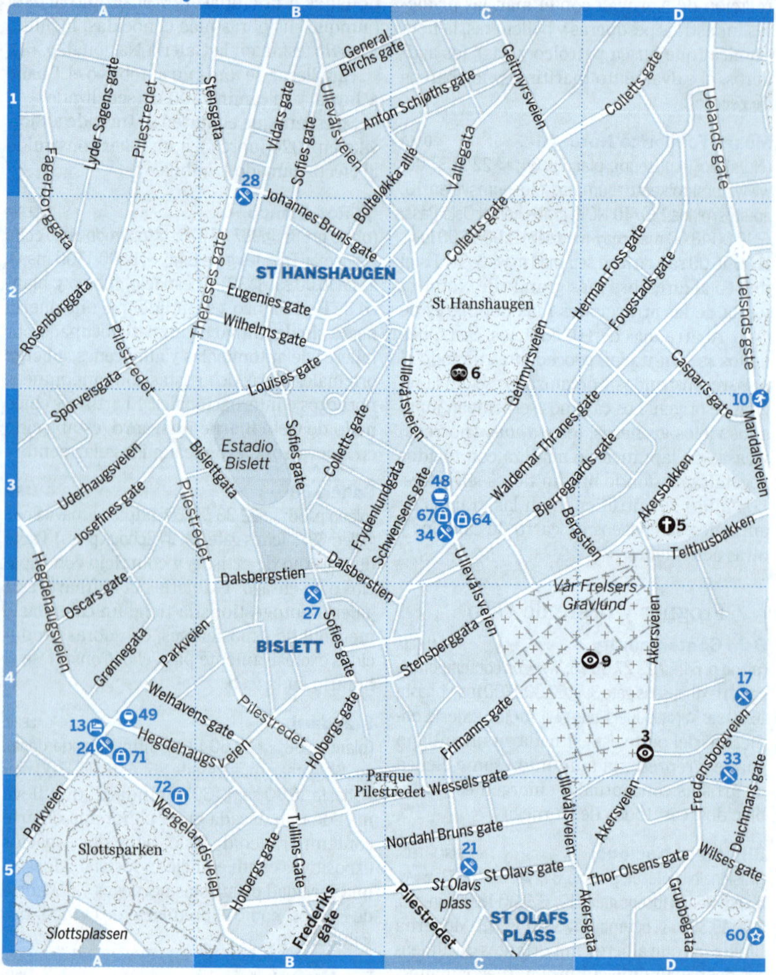

gestionado por artistas que acoge regularmente exposiciones, eventos y actuaciones. Consúltese la web para información sobre exposiciones temporales.

Sofienberg, Grønland y Tøyen

1857 GALERÍA

(plano p. 58; ☎22 17 60 50; http://1857.no; Tøyenbekken 12; ⊙12.00-17.00 mi-vi, hasta 16.00 sa y do; Ⓣ Grønland) Stian Eide Kluge y Steffen Håndlykken crearon este espacio gestionado por artistas en un antiguo almacén de madera en el 2010; es uno de los más respetados y duraderos de la ciudad. Son conocidos por sus esfuerzos para promover jóvenes artistas noruegos, de Europa y otros lugares. Las inauguraciones son de lo más divertido.

nyMusikk GALERÍA

(plano p. 58; ☎21 99 68 00; http://nymusikk.no/; Platous gate 18; ⊙oficina 10.00-15.00; Ⓣ Grønland) Galería, oficina, biblioteca y espacio de actuaciones, nyMusikk ofrece exposiciones de arte, actuaciones y festivales centrados en el sonido. Aunque no haya nada en un momento dado, el personal está encantado de tener visitantes que quieran mirar las revistas de

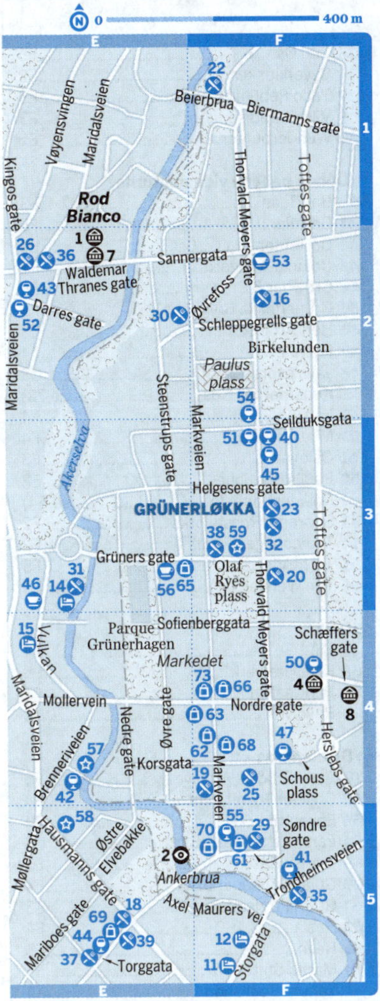

música y literatura y charlar sobre lo que pasa en la ciudad.

Kampen ZONA

(plano p. 73; 🚌60, Ⓣ Tøyen) Este antiguo barrio de clase trabajadora conserva un excepcional ambiente de pueblo con bonitos edificios de madera pintados. Es un lugar precioso para pasear, con vistas de la ciudad desde su colina central.

Jardín Botánico JARDINES

(Botanisk Hage; plano p. 73; Sars gate 1; ⏲7.00-21.00 med mar-sep, hasta 17.00 resto del año; Ⓣ Tøyen) GRATIS El Jardín Botánico de 6,5 Ha de Oslo (el más antiguo de Noruega) tiene un precioso vivero, un sublime jardín de hierbas aromáticas, una minimontaña y una colección de especies raras de los fiordos de Oslo, incluidas cuatro casi extintas en la naturaleza. También hay esculturas tejidas por el artista británico Tom Hare y se puede pasear, tumbarse debajo de un árbol o tomar un café en el Handwerk (p. 86).

Museo de Historia Natural MUSEO

(Naturhistorisk Museum; plano p. 73; www.nhm.uio.no; Sars gate 1; adultos/niños 50/25 NOK; ⏲11.00-16.00 ma-do; Ⓣ Tøyen) Bajo los árboles del Jardín Botánico de Oslo, el Museo de Historia Natural de la universidad comprende dos colecciones: el Museo de Zoología, lleno de animales autóctonos disecados; y la colección geológico-paleontológica, cerrada por renovación hasta el 2020. La entrada también permite ver las plantas tropicales de los invernaderos.

St Olafs Plass, Bislett y St Hanshaugen

St Hanshaugen Park MIRADOR

(plano p. 68; Geitmyrsveien 31; 🚌37) Este enorme parque es de los preferidos por los lugareños y un lugar muy bueno para contemplar la ciudad desde lo alto. El nombre del barrio ("colina de San Juan") se debe al parque, y no al revés, ya que era un lugar popular para las hogueras de san Juan.

Gamle Aker Kirke IGLESIA

(plano p. 68; Akersbakken 26; ⏲12.00-14.00 lu-sa; 🚌37) Esta iglesia medieval de piedra, situada al norte del centro en Akersbakken, data de 1080 y es el edificio más antiguo de Oslo. Se toma el autobús 37 de Jernbanetorget a Akersbakken, y luego se atraviesa el cementerio.

Área metropolitana de Oslo

★ **Parque de Esculturas Ekeberg** PARQUE

(Ekebergparken; ☎21 42 19 19; https://ekebergparken.com; Kongsveien 23; ⏲24 h; 🚌Ekebergparken) GRATIS Abierto tras muchas polémicas en el 2013, el Ekebergparken cimentó la reputación de Oslo como capital del arte contemporáneo y, en especial, de la escultura. Es un enorme parque público y arbolado con vistas de la ciudad y el Oslofjord, salpicado de obras de la colección del agente inmobiliario y coleccionista de arte Christian Ringnes. Están representados artistas como Louise Bourgeois,

Grünerløkka y Vulkan

Principales puntos de interés

1 Rod Bianco ... E2

Puntos de interés

2 Río Akerselva ... E5
3 Damstredet ... D4
4 Galleri 69 ... F4
5 Gamle Aker Kirke ... D3
6 Parque St Hanshaugen ... C2
7 Standard ... E2
8 Studio Schaeffers Gate 5 ... F4
9 Vår Frelsers ... D4

Actividades, cursos y circuitos

10 Vulkan Climbing Centre ... D3

Dónde dormir

11 Anker Hostel ... F5
12 Anker Hotel ... F5
13 Cochs Pensjonat ... A4
14 PS: Hotell ... E3
15 Scandic Vulkan ... E4

Dónde comer

16 Bass ... F2
17 Bon Lio ... D4
18 Café Sara ... E5
19 Dr Kneipp's Vinbar ... F4
20 Fru Hagen ... F3
21 Happolati ... C5
22 Hønse-Louisas Hus ... F1
23 Hotel Havana ... F3
24 Kafe Oslo ... A4
25 Kamai ... F4
26 Kasbah ... E2
27 Kolonialen ... B4
Kontrast ... (véase 15)
28 L'ardoise ... B1
29 Le Benjamin ... F5
30 Liebling ... E2
Markveien Mat & Vinhus ... (véase 19)
31 Mathallen Oslo ... E3
32 Mucho Mas ... F3
Munchies ... (véase 23)
Nighthawk Diner ... (véase 51)
33 Pjoltergeist ... D4
34 Smalhans ... C3
35 Süd Øst ... F5
36 Syverkiosken ... E2
37 Taco República ... E5
38 Villa Paradiso ... F3
39 Wünderburger ... E5

Dónde beber y vida nocturna

40 Bar Boca ... F3
41 Bettola ... F5
42 Bortenfor ... E4
43 Colonial Mustard ... E2
44 Crowbar & Brewery ... E5
45 Grünerløkka Brygghus ... F3
46 Hendrix Ibsen ... E3
47 Hytta ... F4
48 Java espressobar ... C3
Kunstnernes Hus ... (véase 72)
49 Lorry ... A4
50 Mir ... F4
51 Oslovelo ... F3
52 Paul's Boutique ... E2
Rouleurs of Oslo ... (véase 64)
53 Supreme Roastworks ... F2
54 Tea Lounge ... F2
55 Territoriet ... F5
56 Tim Wendelboe ... E3

Ocio

57 Blå ... E4
58 Kafe Hærverk ... E5
59 Parkteatret ... F3
60 Revolver ... D5

De compras

61 Acne Studios Archive ... F5
62 Chillout Travel Centre ... F4
63 Ensemble ... F4
64 Fara ... C3
65 Fransk Bazaar ... E3
66 Gulating Grünerløkka ... F4
67 Gutta På Haugen ... C3
68 Hasla ... F4
69 Hevn ... E5
70 Marita Stiftelsen ... F5
71 Tanum Bookshop ... A4
72 Torpedo ... A5
73 Vinmonopolet ... F4

Marina Abramović, Jenny Holzer, Tony Oursler, Sarah Lucas, Tony Cragg y Jake y Dinos Chapman. Además, hay obras tradicionales de Rodin, Maillol y Vigeland.

Se necesita al menos medio día para explorarlo bien, y la visita suele desarrollarse más como una búsqueda del tesoro que como una típica experiencia de museo. Al buscar las diversas instalaciones, no hay que perderse las **escaleras de Ekeberg,** un mirador histórico e impresionante, y **Munchpunktet,** la vista que inspiró *El grito* (así como una obra interactiva de Abramović en el 2013). Hay actividades para niños en el chalet de estilo suizo **Lunds Hus,** donde también se encuentra un museo que explora el mundo geológico y natural del parque, así como una tienda de arte y diseño.

Trampolín de esquí Holmenkollen MONTAÑA
(plano p. 74; ☎916 71 947; www.holmenkollen.com; adultos/niños 130/65 NOK, gratis con el Oslo Pass;

⌚9.00-20.00 jun-ago, 10.00-17.00 may y sep, 10.00-16.00 resto del año; Ⓣ Holmen) El trampolín de esquí Holmenkollen, situado en lo alto de una montaña que domina Oslo, ofrece una panorámica de la ciudad y es también un recinto para conciertos. Durante el festival anual de esquí de Oslo, en marzo, atrae a los mejores saltadores de esquí del mundo. Aunque no se sea un saltador de esquí temerario, merece la pena visitar el complejo por su Museo del Esquí (p. 71) y un par de lugares interesantes más.

La entrada incluye el museo del esquí y la **torre del trampolín.** Parte de la ruta a lo alto de la torre se hace en ascensor, pero los últimos 114 empinados escalones se suben a pie. Para llegar al museo, se toma la línea line 1 de T-bane hasta Holmenkollen y se siguen las señales cuesta arriba.

Nordmarka BOSQUE

(plano p. 74; Ⓣ Holmen) El amado bosque de Oslo está al norte del trampolín de esquí de Holmenkollen y es un destino excelente para el excursionismo, el ciclismo de montaña, el trineo y el esquí. En verano, la **torre de observación de Tryvannstårnet** es un buen lugar para iniciar una excursión a pie o en bicicleta; o para ir al Oslo Vinterpark (p. 73) a esquiar en invierno. Desde la estación de T-bane de Holmenkollen, hay un pintoresco trayecto hasta el final de la línea en Frognerseteren y allí se sigue a pie una ruta señalizada.

También es el centro geográfico de la ciudad, con lo que Oslo debe de ser la única capital del mundo que tiene un bosque natural dentro. En verano hay que llevar un recipiente para recoger arándanos.

Centro de Arte Henie-Onstad MUSEO

(Henie-Onstad Kunstsenter; ☎67 84 48 80; www.hok.no; Høvikodden; adultos/niños 100 NOK/gratis; ⌚11.00-17.00 ma-do; 🚌 Blommenholm) Este museo de arte privado exhibe obras de Joan Miró y Pablo Picasso, así como diversas obras noruegas impresionistas, abstractas, expresionistas y contemporáneas. También acoge exposiciones temporales contemporáneas de artistas famosos y la mayor colección de la obra de Kurt Schwitters fuera de Alemania, que incluye el trabajo que hizo mientras vivía en Noruega durante la II Guerra Mundial. Está a 15 min en automóvil del centro, o se puede ir en el autobús 160 a Høvikodden, desde la terminal de autobuses de Oslo.

Emanuel Vigeland Museum MUSEO

(plano p. 74; ☎22 14 57 88; www.emanuelvigeland.museum.no; Grimelundsveien 8; adultos/niños 50 NOK/gratis; ⌚12.00-17.00 do may-sep, hasta 16.00 oct-abr; Ⓣ Smestad) Emanuel Vigeland, hermano del famoso Gustav, comenzó la construcción de este gran espacio abovedado en 1926, con el plan de hacerlo museo. El espacio de luz tenue está cubierto hoy de obras figurativas que muestran el ciclo de la vida y el deseo sexual en el centro. La obra de Vigeland es a la vez muy erótica, conmovedora y perturbadora; el proyecto de frescos de 20 años lo concibió para su propia tumba (sus cenizas descansan aquí, en una característica y simbólica urna ovoide).

TusenFryd PARQUE DE ATRACCIONES

(plano p. 100; ☎64 97 64 97; www.tusenfryd.no; Vinterbro; adultos/niños/familias 409/339/1799 NOK; ⌚10.30-19.00 med jun-ago, horario reducido resto del año; 🚌 500) TusenFryd, un parque de atracciones 10 km al sur de la ciudad, es muy popular entre los niños de toda la región de Oslo. El parque ofrece tiovivos, una granja de fantasía y una excelente montaña rusa de madera, que crea ingravidez 12 veces en cada circuito. Está junto a la E6. El autobús 546 de TusenFryd sale de Fred Olsens gate esq. Prinsens gate (cada hora, 10.00-16.00).

Museo del Esquí MUSEO

(plano p. 74; Kongeveien 5; incl. trampolín de esquí de Holmenkollen adultos/niños 130/65 NOK, gratis con el Oslo Pass; ⌚9.00-20.00 jun-ago, 10.00-17.00 may y sep, 10.00-16.00 resto del año; Ⓣ Holmen) El Museo del Esquí, parte del complejo del trampolín de esquí de Holmenkollen (p. 70), conduce por los 4000 años de historia de esquí de fondo y alpino de Noruega. Hay exposiciones sobre las expediciones a la Antártida de Amundsen y Scott, así como sobre la proeza de Fridtjof Nansen por el casquete polar de Groenlandia (se ve la barca que construyó con su trineo y la tienda de lona para remar los 100 km finales hasta Nuuk).

Museo Noruego de Ciencia y Tecnología MUSEO

(Norsk Teknisk Museum y Telemuseum; plano p. 74; ☎22 79 60 00; www.tekniskmuseum.no; Kjelsåsveien 143; adultos/niños 150/100 NOK, gratis con el Oslo Pass; ⌚11.00-18.00 lu-do finales jun-finales ago, 9.00-16.00 lu-vi, 11.00-18.00 sa y do resto del año; 🚆 Kjelsås) Popular distracción para un día lluvioso, cerca del lago Maridal, alberga el primer automóvil y el primer tranvía de Noruega, molinos de agua, relojes y suficientes artilugios como para mantener entretenida unas horas a toda la familia.

Actividades

Los residentes de Oslo, ávidos esquiadores, excursionistas y navegantes, hacen lo que sea con tal de salir al aire libre. No es muy difícil, teniendo en cuenta que hay más de 240 km² de bosques, 40 islas y 343 lagos en los límites de la ciudad. Y uno puede subirse a un tren con los esquís y estar en las pistas en menos de 30 min.

Escalada

Los mejores lugares para escalar son las paredes artificiales de Kolsåstoppen, adonde se llega en la línea 3 de T-bane hasta Kolsås.

Rocódromo Vulkan ESCALADA
(plano p. 68; ☎22 11 28 90; www.kolsaas.no; Maridalsveien 17; adultos/niños desde 80/65 NOK; ⊙10.00-22.00 lu-ju, hasta 21.00 vi, hasta 20.00 sa y do; 🚌54) Rocódromo de interior con retos para todos los niveles de destreza. El centro tiene paredes para escalar en roca y en bloque. Solo abre por la tarde entre semana de junio a agosto.

Ciclismo

Los ciclistas de montaña encontrarán numerosas rutas en las zonas naturales de Oslo. La oficina de turismo tiene mapas de ciclismo gratuitos: *Sykkelkart Oslo* describe los carriles y caminos para bicis por la ciudad, e *Idrett og friluftsliv i Oslo* cubre las zonas naturales de la capital. También hay un folleto llamado *Opplevelsesturer i Marka*, que muestra seis itinerarios de ciclismo/excursionismo dentro de Oslo.

Dos rutas especialmente buenas en la ciudad, que también pueden hacerse en una Oslobysykkel (p. 97), siguen el Akerselva río arriba hasta el lago Maridal (Maridalsvannet; 11 km), y los bosques de Bygdøy. El trayecto hasta Maridal pasa por diversas cascadas y fábricas reconvertidas al borde de Grünerløkka y cruza varios de los puentes más singulares de Oslo, como el Anker, o puente del *eventyr* (cuento de hadas). Los ciclistas suelen parar a tomar café y un gofre en Hønse-Louisas Hus (p. 84). También se puede hacer la excursión a pie tomando el T-bane hasta Kjesås y siguiendo el camino de vuelta a la ciudad. Pedalear o caminar por Bygdøy es mucho más bucólico y ofrece muchas oportunidades de descansar y nadar. Hay un aparcabicicletas delante del Museo del Folklórico. Para pedalear más en serio, se toma la línea 1 de T-bane hasta Frognerseteren y se entra en Nordmarka.

Syklistenes Landsforening CICLISMO
(☎22 47 30 30; www.slf.no; Østensjøveien 29; ⊙10.00-17.00 lu-vi; Ⓣ Brynseng) El principal punto de contacto para los clubes ciclistas de Noruega es útil para obtener información sobre rutas de larga distancia y túneles. Vende el *Sykkelruter i Norge* (120 NOK), solo en noruego, y la serie de folletos en inglés *Sykkelguide* con mapas está disponible por 125 NOK e incluye Lofoten, Rallarvegen, el Circuito del mar del Norte desde la frontera sueca en Svinesund hasta Bergen, y otras rutas.

Excursionismo

Una red de 1200 km de sendas lleva de Frognerseteren (al final de la línea 1 de T-bane) a Nordmarka, entre ellas una que baja hasta el lago Sognsvann, 6 km al noroeste del centro, al final de la línea 5 del T-bane. En agosto es buena idea llevar un recipiente para recoger arándanos, y un bañador para refrescarse en el lago (está permitido bañarse en todos los lagos de los bosques de Oslo excepto en Maridalsvannet y Skjersjøen, que son embalses de agua potable). El agradable paseo por Sognsvann dura una hora aprox. También se puede llegar hasta la cabaña de Ullevålseter (p. 88), una antigua granja que sirve gofres y café. El recorrido de ida y vuelta (unos 11 km) dura unas tres horas.

El bosque de Ekeberg al sureste del centro de la ciudad es otro lugar magnífico para pasear. Los fines de semana de verano se celebran concursos de equitación y partidos de críquet. Hay un sendero de la Edad del Hierro que atraviesa el bosque. Para llegar se toman los autobuses 34 o 46 desde Jernbanetorget hasta Ekeberg Camping (p. 78). Si se quiere un poco de historia de la arquitectura, hay que ir al Ekeberg Restaurant (p. 87), uno de los primeros ejemplos del funcionalismo. Al bajar, se puede parar en la curva de Valhall a contemplar la vista que inspiró a Edvard Munch para pintar *El grito*.

La oficina de DNT (p. 96), que mantiene varios refugios de montaña en la región de Nordmarka, ofrece información y mapas sobre grandes rutas de excursionismo por toda Noruega.

Oslo Promenade PASEO
(plano p. 58; ☎22 42 70 20; www.guideservice.no; adultos/niños 200 NOK/gratis, gratis con el Oslo Pass; ⊙finales may-sep; 🚊Rådhusplassen) Oslo

Guide Service organiza un paseo vespertino de 1½ h por la ciudad que empieza delante del Rådhus (Ayuntamiento) a las 17.30; no hay que reservar. Los guías son expertos y amenos, por lo que es una buena opción para conocer Oslo a fondo. También ofrecen circuitos por la ciudad para grupos de 10 o más personas; resérvese con antelación.

Patinaje sobre hielo

Hay varias pistas de patinaje sobre hielo en la ciudad y alrededores, como la pista exterior (solo en invierno) de **Frogner** (plano p. 64; ☎910 05 955; www.frognerstadion.no; Middelthuns gate 26; adultos/niños 40/15 NOK; ⏰11.00-22.00 lu-ju, hasta 21.00 vi, hasta 18.00 sa y do dic-mar; Ⓣ Borgen).

Pista de hielo exterior de Spikersuppa PATINAJE SOBRE HIELO
(plano p. 58; Karl Johans gate; Øvre Slottsgate) GRATIS Esta es la pista de patinaje sobre hielo más céntrica y romántica de Oslo. Aquí se puede patinar gratis cuando hace el suficiente frío como para que se hiele (nov-mar). La pista suele cerrar sobre las 15.00 para preparar el hielo. Se aquilan patines (100 NOK).

Esquí

La temporada de esquí de Oslo va más o menos de diciembre a marzo. Hay más de 2400 km de pistas de fondo preparadas (1000 km solo en Nordmarka), muchas iluminadas, así como un complejo de esquí dentro de los límites de la ciudad. Las pistas de fácil acceso comienzan al final de las líneas 1 y 5 del T-bane. El **Skiservice Centre** (plano p. 74; ☎22 13 95 00; www.skiservice.no; Tryvannsveien 2; ⏰10.00-20.00; Ⓣ Holmen), en la estación de Voksenkollen, una parada del T-bane antes de Frognerseteren, alquila tablas de *snowboard* y esquís de fondo. Las pistas de esquí alpino de **Oslo Vinterpark** (plano p. 74; ☎404 62 700; www.oslovinterpark.no; ⏰10.00-22.00 lu-vi, hasta 17.00 sa y do dic-med abr; Ⓣ Holmen) abren en la temporada de esquí. Véase www.holmenkollen.com para más información.

Simulador de saltos de esquí de Holmenkollen ESQUÍ
(plano p. 74; ☎900 12 046; www.skisimulator.no; adultos/niños 95/55 NOK; ⏰9.00-20.00 jun-ago, 10.00-17.00 may y sep, 10.00-16.00 resto del año; Ⓣ Holmen) Con su uso de la tecnología aeronáutica de los simuladores de vuelo, uno puede lanzarse por 130 km de laderas. Es una experiencia a todo gas, aunque totalmente segura, y quizá es mejor evitarla si se tiene el estómago delicado.

Este de Oslo

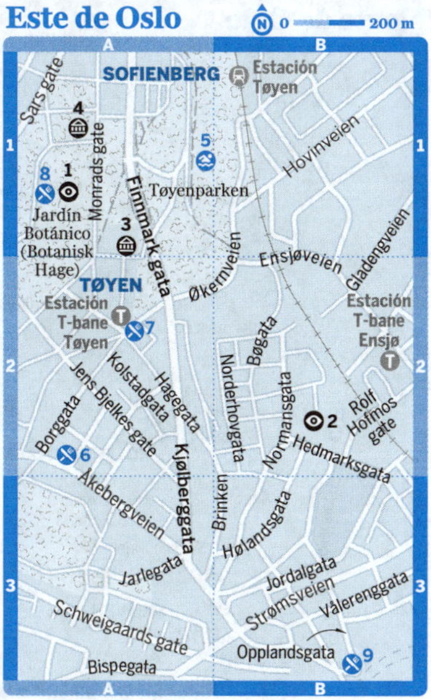

Este de Oslo

Puntos de interés
1 Jardín Botánico A1
2 Kampen B2
3 Museo Munch A1
4 Museo de Historia Natural A1

Actividades, cursos y circuitos
5 Piscina Tøyenbadet A1

Dónde comer
6 Brutus A2
7 Gràdi A2
8 Handwerk A1
9 Smia Galleri B3

Korketrekkeren DEPORTES DE NIEVE
(plano p. 74; www.akeforeningen.no; Holmenkollen; adultos/niños alquiler por día 150/80 NOK; ⏰9.00-21.00 lu-sa, 10.00-18.00 do invierno; Ⓣ Holmen) En invierno, uno puede deslizarse en trineo por el legendario tobogán Korketrekkeren ("Sacacorchos"). La pista de 2 km de largo tiene un desnivel de 255 m y comenzó a funcionar como pista de *bobsleigh* para los Juegos Olímpicos de 1952. Se pueden alquilar los trineos en el Akerforeningen, junto al restaurante Frognerseteren. Para llegar, se toma el T-bane hasta Frognerseteren y se siguen las señales cuesta abajo.

Norte de Oslo

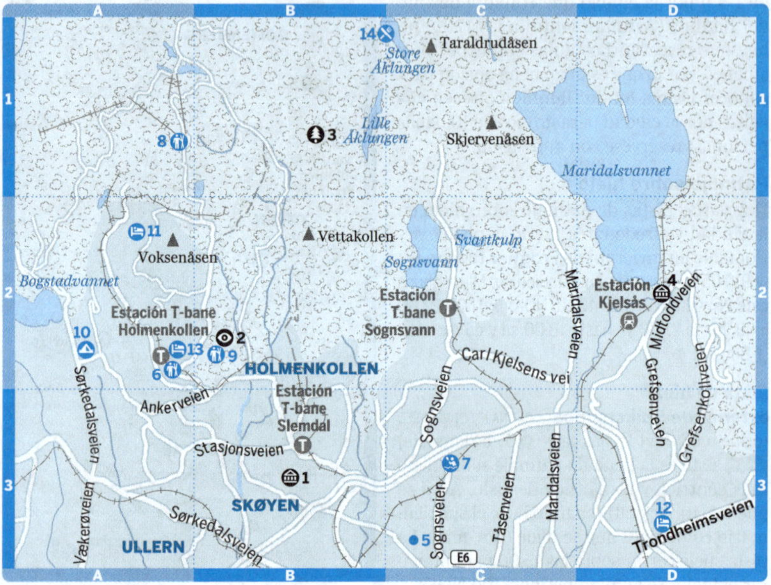

Norte de Oslo

Puntos de interés
1 Museo Emanual Vigeland ... B3
2 Trampolín de esquí Holmenkollen ... B2
3 Nordmarka ... B1
4 Museo Noruego de Ciencia y Tecnología ... D2
Museo del Esquí ... (véase 2)

Actividades, cursos y circuitos
Simulador de saltos de esquí de de Holmenkollen ... (véase 2)
5 Escuela internacional de verano, Universidad de Oslo ... C3
6 Korketrekkeren ... A2
7 Norges Padleforbund ... C3
8 Oslo Vinterpark ... A1
9 Skiservice Centre ... B2

Dónde dormir
10 Bogstad Camping ... A2
11 Lysebu Hotel ... A2
12 Oslo Vandrerhjem Haraldsheim ... D3
13 Scanic Holmenkollen Park ... A2

Dónde comer
14 Ullevålseter ... B1

Natación

Oslo tiene dos piscinas municipales al aire libre con mucho encanto, la **Tøyenbadet** (plano p. 73; ☎23 30 44 70; Helgesens gate 90; adultos/niños 98/48 NOK; ⏲9.00-19.00; Ⓣ Tøyen) cerca del Museo Munch, y la **Frognerbadet** (plano p. 64; ☎23 27 54 50; Middelthuns gate 28; adultos/niños 98/48 NOK; ⏲7.00-19.30 lu-ju, hasta 20.00 vi-do jun-med ago; Ⓣ Borgen) en el Frognerparken. También hay varios lugares para nadar en fiordos y ríos, como algunos lugares Akerselva arriba, pasada la escuela de arte, y la **piscina marítima de Sørenga** (plano p. 58; Sørengkaia 69; Bjørvika) GRATIS en la ensenada de Bjørvika.

Islas y playas

Cuando hace calor (si lo hace), hay unas cuantas playas buenas a poca distancia del centro de Oslo. Los ferris que van a media docena de islas de la región de Oslofjord salen del muelle de Vippetangen (p. 97), al sureste de la fortaleza de Akershus. Los barcos a Hovedøya y Langøyene son bastante frecuentes en verano (salen cada hora), mientras que a otras islas hay menos frecuencia. El último ferri sale de Vippetangen a las 18.45 en invierno y a las 21.05 en verano.

La playa suroeste de la rocosa Hovedøya, la isla más cercana al continente, es popular para tomar el sol. La isla está bordeada de sendas a los emplazamientos de antiguos cañones y a las **ruinas de un monasterio cisterciense** del s. XII.

Al sur de Hovedøya se encuentra la isla virgen **Langøyene,** con soberbias playas de roca o arena para nadar (una en la orilla sureste es nudista). El barco 94 llega hasta aquí, pero solo en verano.

La península de Bygdøy tiene dos playas populares, **Huk** y **Paradisbukta,** adonde se llega en el autobús 30 desde Jernbanetorget (última parada). Aunque hay tramos de arena, casi toda Huk está formada por praderas y grandes rocas lisas, ideales para tomar el sol. Una pequeña cala la divide en dos playas; la del lado noroeste es nudista. Si Huk parece demasiado concurrida, un paseo de 10 min por el bosque al norte de la parada de autobús lleva a la más tranquila Paradisbukta.

Por último, delante del Museo Astrup Fearnley y en pleno centro de Oslo, hay una diminuta **playa artificial de guijarros** muy segura para nadar, y popular entre las familias de la zona.

Las aguas de Oslo pueden volverse sorprendentemente cálidas (no es raro que lleguen a 22°C); llévese bañador.

Playa urbana de Tjuvholmen PLAYA

(plano p. 64; Tjuvholmen; Aker brygge) Esta diminuta playa que tiene de fondo un extenso y exuberante césped salpicado de esculturas, suele llenarse de niños que chapotean como si no hubiera un mañana, pero es una delicia.

Circuitos

Oslo tiene la variedad habitual de circuitos guiados que ofrecen mejores perspectivas culturales e históricas a un destino fácil de explorar y muy bien organizado, pero con una historia detrás no tan bien conocida como la de las principales capitales del mundo. Además hay recorridos en barco que incluyen diversos puntos de interés a lo largo de la costa y en la península de Bygdøy, así como circuitos especializados para los amantes de la arquitectura, el género policíaco noruego o la obra de Henrik Ibsen o Edvard Munch. El Centro de Visitantes de Oslo (p. 96) tiene información sobre todos ellos, tanto en línea como en la oficina.

Visitas guiadas en inglés a la Ópera de Oslo CIRCUITO

(plano p. 58; 21 42 21 21; Kirsten Flagstads plass 1; adultos/niños 100/60 NOK; 11.00, 12.00 y 13.00 lu-do jul-ppios ago, 11.00, 12.00 y 13.00 lu-vi, 12.00 y 13.00 sa, 13.00 do ppios ago-31 ago, 13.00 do-vi, 12.00 sa resto del año; T Jernbanetorget) Estas visitas en inglés y en noruego permiten ver algunas de las 1100 salas del edificio. Los guías explican gran parte del simbolismo espacial del edificio, y la vida entre bambalinas de la Ópera. En temporada alta, mejor reservar con tiempo.

Viking Biking CICLISMO

(plano p. 58; 412 66 496; www.vikingbikingoslo.com; Nedre Slottsgate 4; circuito 3 h adultos/niños 350/200 NOK; 9.30-18.00; Øvre Slottsgate) Este excelente negocio es un lugar estupendo al que ir si se quiere explorar Oslo en bicicleta. Organiza diversos circuitos guiados, como la ruta de 3 h "City Highlights" por algunos de los parques y callejuelas de Oslo, además de un "River Tour" a lo largo del camino que hay junto al río Akerselva, ambos diseñados para evitar el tráfico en la medida de lo posible.

Båtservice Sightseeing NAVEGACIÓN

(plano p. 58; 23 35 68 90; www.boatsightseeing.com; muelle 3, Rådhusbrygge; 215-650 NOK/persona; Aker brygge) Para tener una vista acuática de Oslo y del Oslofjord, Båtservice Sightseeing ofrece todo un despliegue de circuitos a bordo de una goleta de madera tradicional o de un barco de motor más moderno. Hay un servicio con paradas para subir y bajar (may-sep, billete válido 24 h/215 NOK).

Norway in a Nutshell CIRCUITOS

(Fjord Tours; 81 56 82 22; www.norwaynutshell.com) Para ver más en menos tiempo. Desde Oslo, la ruta típica incluye un tren por Hardangervidda hasta Myrdal, el descenso en el espectacular tren Flåmbanen, un crucero por el Nærøyfjorden hasta Gudvangen, un autobús a Voss, donde se toma un tren a Bergen para una visita breve, y un viaje nocturno de vuelta en tren a Oslo (en compartimento con literas); el circuito cuesta 2790 NOK, i/v.

También hay circuitos de ida a Bergen (1890 NOK). Se reservan en oficinas de turismo o en estaciones de tren.

Fiestas y celebraciones

Festival de esquí de Holmenkollen DEPORTES

(22 92 32 00; http://skifest.no/; Kongeveien 5; ppios mar) Uno de los festivales de esquí más famosos del mundo. El penúltimo día les gusta tanto a los lugareños que lo llaman el "segundo Día Nacional".

Inferno Metal Festival MÚSICA
(www.infernofestival.net; Semana Santa) Este festival, en Semana Santa, deja sueltos a los oscuros señores del *heavy metal* entre la buena gente de Oslo.

OverOslo MÚSICA
(www.overoslo.no; Grefsenkollveien 100; jun) Programa de tres días con gran variedad de actuaciones en un impresionante anfiteatro natural con vistas del Oslofjord.

Festival Norwegian Wood MÚSICA
(www.norwegianwood.no; jun) Oslo acoge decenas de festivales de música, pero este es uno de los mejor considerados; siempre ofrece una buena selección de actuaciones noruegas y de famosos artistas internacionales.

Festival Øya MÚSICA
(www.oyafestivalen.com; Tøyenparken; pase diario 950 NOK; ppios ago; T Tøyen) El Øya, el mayor festival de música *rock* e *indie* de Noruega, es un modelo ecológico. Los cuatro escenarios del festival se alimentan con energía renovable, toda la basura se recicla, y (quizá lo más impresionante) las aguas residuales generadas por los 16 000 asistentes al festival se convierten en biocombustible para los autobuses que llevan a la gente del centro de Oslo al recinto del festival.

El festival Øya atrae a algunos de los mayores nombres del panorama del *rock* y el *indie*. En el 2017 actuaron los Pixies, Lana del Rey, Feist, Mac de Marco, Roy Ayers, Young MA y muchos otros. Además, hay espectáculos paralelos.

Festival Internacional de Jazz de Oslo MÚSICA
(www.oslojazz.no; med ago) El *jazz* y las largas noches de verano de Oslo combinan bien, y el festival atrae a los grandes nombres a la ciudad.

Oslo Operafestival ARTES ESCÉNICAS
(www.operafestival.no; oct) La ópera en directo llena las salas de conciertos (y hasta las calles) de Oslo.

Dónde dormir

Oslo cuenta con multitud de alojamientos, incluido un número en aumento de pequeños B&B y alquileres privados que ofrecen más personalidad que los hoteles de cadena. Los hoteles suelen estar bien gestionados y son cómodos, pero suelen ser más sosos, y se paga mucho más en comparación con otros países. Casi todos tienen wifi.

Centro de Oslo

★ **Saga Poshtel Oslo** ALBERGUE $$
(plano p. 58; 23 10 08 00; www.sagahotelsloocentral.no; Kongens gate 7; dc/d 520/1100; ; Øvre Slottsgate) Es una mezcla de albergue y hotel (un albergue pijo, por así decir), de diseño elegante, y muy céntrico, con un gran salón para socializar y wifi decente. Las habitaciones son sencillas pero impecables; hay muchas dobles y algunos dormitorios de cuatro y seis camas en litera, todos con baño.

Citybox Oslo HOTEL $$
(plano p. 58; 21 42 04 80; www.citybox.no/oslo; Prinsens gate 6; i/d 920/1045 NOK; ; Dronningens Gate) Esta funcional cadena urbana llega a Oslo con su marca registrada de habitaciones sencillas y básicas a precios de ganga (para ser Noruega). Pero no parecen celdas; sorprende por su elegancia, con habitaciones blancas sin adornos, muebles de estilo escandinavo, wifi gratuito y un café propio, así como una estupenda ubicación en el centro. No es lujoso pero es muy práctico.

Hotel Folketeateret HOTEL $$
(plano p. 58; 22 00 57 00; www.choiceno; Storgata 21-23; i/d media pensión 2200/2400 NOK; ; Kirkeristen) Las grandes habitaciones elegantes están decoradas con un estilo muy peculiar y más personalidad que casi todos los hoteles de Oslo. Se encuentra en el siempre animado complejo de teatros y enfrente está Young storget. Las cómodas zonas comunes, un salón y un comedor donde sirven cena gratuita cada noche le dan un aire agradable.

Smarthotel Oslo HOTEL $$
(plano p. 58; 415 36 500; www.smarthotel.no; St Olavs gate 26; i/d 835/935 NOK; ; Tullinløkka) Si se busca un sitio sencillo y céntrico para dormir, este hotel de negocios es una buena apuesta. Está al lado del Slottsparken, aunque en una calle bastante concurrida, y ofrece habitaciones pequeñas con comodidades minimalistas. Hay un café abajo.

Thon Hotel Astoria HOTEL $$
(plano p. 58; 24 14 55 50; www.thonhotels.com; Dronningens gate 21; i/d 695/920 NOK; ; Kirkeristen) Este podría anunciarse como un hotel Thon "económico", pero si no fuera por el pequeño baño y la falta de minibar, no habría nada que distinguiera sus elegantes habitaciones de las opciones más caras. Está bien ubicado, cerca de la estación de trenes, pero el único aparcamiento cercano está en

la calle. Las habitaciones sencillas pueden ser muy pequeñas.

P-Hotel HOTEL $$

(plano p. 58; ☎23 31 80 00; www.p-hotels.com; Grensen 19; i/d 799/1149 NOK; 📶; 🚊Stortorvet) De estilo tradicional, con muebles de madera, alfombras y cortinas de flores, es una opción de fiar y céntrica, aunque no muy glamurosa. Cada mañana dejan en la puerta el desayuno en una bolsa.

★**The Thief** HOTEL-BOUTIQUE $$$

(plano p. 64; ☎24 00 40 00; www.thethief.com; Landgangen 1; d 2900-4000 NOK; 📶🏊; 🚊Aker brygge) Con vistas al Museo Astrup Fearnley, el mejor hotel de diseño de Oslo tiene más glamur que minimalismo escandinavo, aunque está lleno de guiños, desde preciosos objetos artesanales hasta vídeo-arte. Las vistas desde muchas de las habitaciones y desde el bar de la azotea son impresionantes.

Hotell Bondeheimen HOTEL $$$

(plano p. 58; ☎23 21 41 00; www.bondeheimen.com; Rosenkrantz gate 8; i/d 950/2500 NOK; 📶; 🚊Tinghuset) 🍃 Este hotel centenario, de habitaciones amplias y coloridas, con muebles elegantes y sencillos, empezó como casa de huéspedes para gente que iba del pueblo a la gran ciudad, y pertenecía a una organización que promovía la cultura noruega. Las habitaciones tienen un precioso y original diseño y una atención al detalle que se debe a su larga y hospitalaria historia.

Hotel Grand Central HOTEL $$$

(plano p. 58; ☎22 98 28 00; www.choice.no; Jernanetorget 1; d 1350-2200 NOK; 📶; 🚊Jernbanetorget) Sencillo hotel situado en el precioso y antiguo edificio de la estación de tren, sobre el moderno conjunto de restaurantes Østbanehallen. Las habitaciones de diseño minimalista y cómodo varían mucho. Las hay con techos de la altura original y buhardillas que pueden resultar diminutas, pero el personal es encantador y tiene una ubicación perfecta para llegar a los trenes y al aeropuerto.

Grand Hotel HOTEL HISTÓRICO $$$

(plano p. 58; ☎23 21 20 00; www.grand.no; Karl Johans gate 31; d 1890-2800 NOK; P📶🏊; TStortinget) Aunque el vestíbulo y el restaurante de la planta baja rezuman personalidad e historia, las habitaciones del Grand son sencillas, con una reconfortante elegancia simple. Hay toques de lujo como los preciosos cabeceros y sofás tapizados, y las camas llenas de cojines y colchas, así como la posibilidad de elegir suelos de madera y alfombra. Las suites tienen decoraciones diferentes: una rosa, otra beis más formal y otra azul oscuro.

Pese a su categoría venerable, tiene un aspecto contemporáneo y sale bien de precio si se reserva con antelación y/o en temporada baja.

Grims Grenka HOTEL-BOUTIQUE $$$

(plano p. 58; ☎23 10 72 00; www.firsthotels.no; Kongens gate 5; i/d 1350/1500 NOK; P❄📶; TKongens gate) Tiene sencillas habitaciones contemporáneas (las suites con altillo son especialmente elegantes y generosas), bien equipadas y con lo útimo en tecnología. Si se va en verano, hay ir al bar de la azotea.

Frogner y oeste de Oslo

Cochs Pensjonat PENSIÓN $

(plano p. 68; ☎23 33 24 00; www.cochspensjonat.no; Parkveien 25; i/d con cocina pequeña desde 710/940 NOK, sin baño 540/750 NOK; 📶; 🚌17B) Abierto como pensión para solteros en los años veinte, este precioso y antiguo hotel de ladrillo amarillo ofrece habitaciones amuebladas con sencillez, algunas con cocina americana y todas con suelo de madera y ventanales. La ubicación es ideal, tras el Palacio Real, aunque hay algo de ruido por el tráfico. Las habitaciones de atrás, que dan al Slottsparken, son especialmente espaciosas; para las económicas hay baños compartidos en el pasillo.

★**Saga Hotel Oslo** HOTEL-BOUTIQUE $$

(plano p. 64; ☎22 55 44 90; www.sagahoteloslo.no; Eilert Sundts gate 39; i/d desde 995/1395 NOK; 📶; 🚊Rosenborg) En una calle tranquila y arbolada justo detrás del Palacio Real, este elegante hotel de 46 habitaciones ocupa un magnífico edificio esquinero de la década de 1890. Las habitaciones y zonas comunes aprovechan al máximo la elegante estructura del s. XIX con una decoración moderna y elegantes paletas monocromas. En el sótano hay un restaurante de *sushi* con muy buena fama, Fangst.

★**Ellingsens Pensjonat** PENSIÓN $$

(plano p. 64; ☎22 60 03 59; www.ellingsenspensjonat.no; Holtegata 25; i/d 700/1050 NOK, sin baño 590/800 NOK, apt i/d 850/1300 NOK; 📶; 🚊Rosenborg) Situado en un barrio tranquilo y agradable, este cálido B&B es una de las mejores gangas de la capital. El edificio es de 1890 y conserva muchos de sus rasgos originales (techos altos, motivos florales). Las habitaciones son luminosas, espaciosas y la decoración elegante, con neveras y hervidores; hay un pequeño jardín para tumbarse los días soleados. Es muy popular, resérvese con tiempo.

Grünerløkka y Vulkan

Anker Hostel ALBERGUE $
(plano p. 68; ☎22 99 72 00; www.ankerhostel.no; Storgata 55; dc 260-300 NOK, i/d 620/900 NOK; 🛜; 🚌54) Este enorme albergue ofrece un ambiente internacional, habitaciones desnudas pero pulcras, lavandería, sitio para el equipaje, cocinas y un pequeño bar. El desayuno no está incluido, la ropa de cama cuesta 70 NOK más y el aparcamiento (230 NOK/24 h). El lugar no es muy pintoresco pero resulta muy práctico; se tarda 5 min a pie en ir a Grünerløkka y al centro de la ciudad.

PS: Hotell DISEÑO HOTEL $$
(plano p. 68; ☎23 15 65 00; www.pshotell.no; Maridalsveien 13c; i/d/ste 975/1390/1500 NOK; 🛜; 🚌54) Inspirándose en el antiguo papel industrial de Vulkan, tiene habitaciones geniales, de tonos grises, pequeñas pero bien diseñadas, con ventanales. Hay algunas sencillas y familiares con literas, y suites en la planta alta con mesas para comer y sofás.

Anker Hotel HOTEL $$
(plano p. 68; ☎22 99 75 00; www.anker-hotel.no; Storgata 55; i/d 1200/1350 NOK; 🛜; 🚋Hausmanns gate) Hotel económico de estilo ejecutivo con habitaciones sencillas, muchas con suelo de madera y vistas. El desayuno es todo un despliegue y el bar del vestíbulo en la planta baja tiene buen ambiente.

★ **Scandic Vulkan** HOTEL $$$
(plano p. 68; ☎21 05 71 00; www.scandichotels.com; Maridalsveien 13; d 1395-1700 NOK; 🚌54) Los suelos de madera y los cabeceros toscamente labrados dan a este hotel de cadena una calidez que uno no espera a juzgar por el exterior; algunas habitaciones hasta tienen peculiaridades como una antigua colección de vinilos en la pared. El vestíbulo es divertidísimo, y está al lado de Mathallen, para beber o comer a cualquier hora del día.

Área Metropolitana de Oslo

Ekeberg Camping CAMPING $
(☎22 19 85 68; www.ekebergcamping.no; Ekebergveien 65; tienda 2/4 personas 220/330 NOK; ⏲jun-ago; P; 🚋Ekebergparken) Situado en una pintoresca loma al sureste de la ciudad, ofrece una de las mejores vistas de Oslo. Puede llenarse mucho y, si se viaja con niños, hay que tener en cuenta que está en una ladera bastante empinada. El autobús 34 o el 46 van de Jernbanetorget al Ekeberg Camping (10 min).

Bogstad Camping CAMPING $
(plano p. 74; ☎22 51 08 00; www.bogstadcamping.no; Ankerveien 117; tienda con/sin automóvil desde 330/240 NOK, bungalós 590-1400 NOK; ⏲todo el año; P; 🚌32) Situado al borde de la Nordmarka, es una base ideal para disfrutar del aire libre en Oslo. Hay duchas, cocina comunal, un quiosco cerca y restaurante. Está 9 km al norte del centro de la ciudad. Para llegar, se toma el autobús 32 desde Oslo S (unos 30 min). Si no se tiene tienda de campaña o caravana, hay bungalós y tiendas amuebladas de estilo más glamuroso.

Oslo Vandrerhjem Haraldsheim ALBERGUE $
(plano p. 74; ☎22 22 29 65; www.haraldsheim.no; Haraldsheimveien 4; incl. desayuno dc con/sin baño 350/290 NOK, d con/sin baño 660/560 NOK; @🛜; 🚋Sinsenkrysset) Agradable albergue aunque difícil de encontrar, a 4 km del centro. La recepción abre las 24 h y tiene 268 camas, en limpios dormitorios cuádruples o en habitaciones privadas (algunas del edificio nuevo tienen balcón). Hay cocina y lavandería. La ropa de cama cuesta 50 NOK. Se toma el tranvía 12, 15 o 17, o el autobús 31 o 32 hasta Sinsenkrysset, y se camina cinco min cuesta arriba.

Scanic Holmenkollen Park HOTEL HISTÓRICO $$
(plano p. 74; ☎22 92 20 00; www.holmenkollenparkhotel.no; Kongeveien 26; i/d 1400/1650; P🛜🏊; ⓉHolmen) Fundado en 1891 como sanatorio por el Dr. Ingebrigt Christian Lund, este hotel que parece de cuento de hadas ofrece lujo, historia y vistas estupendas. Por si fuera poco, también hay un enorme desayuno de bufé, con productos ecológicos.

Lysebu Hotel CENTRO VACACIONAL $$$
(plano p. 74; ☎21 51 10 00; www.lysebu.no; Lysebuveien 12; i/d 1900/2300 NOK; P🛜🏊; ⓉVoksenkollen) Precioso edificio de estilo folclórico noruego de 1916 con fácil acceso a la naturaleza de Nordmarka. Las habitaciones están decoradas en un estilo limpio y clásico que resulta cómodo, con vistas espectaculares. Los servicios son excelentes y el hotel tiene también una colección muy interesante de pintura abstracta noruega y danesa de mediados de siglo, en préstamo permanente del Centro de Arte Henie-Onstad (p. 71).

Dónde comer

El panorama culinario de Oslo ha evolucionado en los últimos años, atrayendo a viajeros curiosos interesados en la gastronomía, que buscan nuevas sensaciones. Aquí se puede comer tanto en un restaurante con estrella Michelin, como en un puesto de perritos calientes, en sitios donde venden gambas listas para pelar, o preparan innovadores y pequeños platos de nueva cocina nórdica o convincentes y auténticos platos japoneses, italianos, franceses, indios o mexicanos.

Centro de Oslo

Illegal Burgers HAMBURGUESERÍA $
(plano p. 58; ☎22 20 33 02; Møllergata 23; hamburguesas 96-142 NOK; ⏲14.00-23.00 lu-ju, hasta 1.00 vi y sa; 🚋37) Hamburguesas a buen precio con grandes filetes rusos a la parrilla, interesantes variaciones *gourmet* y patatas fritas gruesas.

Sentralen Cafeteria CAFÉ, PIZZERÍA $
(plano p. 58; ☎22 33 33 22; Akersgata 2; comidas 90-160 NOK; ⏲7.30-24.00 lu-vi, desde 10.00 sa, 11.00-17.00 do; 🚋Øvre Slottsgate) En el corazón del complejo de Sentralen, este lugar abierto día y noche es realmente una casa de comida para los numerosos creativos y trabajadores autónomos de la zona. Uno puede unirse a ellos para tomar café y un bollo o un sándwich por la mañana (ambos a cargo de la panadería Handwerk), comer allí o pedir sanos platos de almuerzo para llevar, o si no quedarse a tomar una *pizza* de masa madre al horno de leña y cerveza a partir de las 16.00 entre semana o desde las 12.00 los fines de semana.

Kaffebrenneriet CAFÉ $
(plano p. 58; www.kaffebrenneriet.no; Universtetsgata 1; tentempiés 35-105 NOK; ⏲7.00-19.00 lu-vi, 9.00-18.00 sa y do; 🚋Tullinløkka) Frente a la Galería Nacional, este tranquilo local de una de las mejores cadenas de cafeterías noruegas tiene buenos cafés exprés y de filtro, paquetes de café para llevar, pasteles y una excelente selección de bocadillos.

People & Coffee INTERNACIONAL $
(plano p. 58; ☎906 02 510; www.peopleandcoffee.no; Rådhusgata 21; principales 79-149 NOK; ⏲7.00-18.00; 🚋Christiania Square) Un café y un magnífico lugar para almorzar, con platos latinoamericanos, africanos y asiáticos, además de pastel de zanahoria, sopa o café (de comercio justo).

DE PRIMERA MANO

DE MODA

Los habitantes de Oslo tienen paladares intrépidos y un panorama gastronómico cada vez más internacional. Esto es lo que se lleva ahora:

Nueva nórdica Platos de siempre con un toque moderno; se usan muchos ingredientes tradicionales (corazón de pollo, lengua de bacalao, morcilla, remolachas cocinadas a fuego lento, queso fresco, ruibarbo o cebada). No es exclusivamente noruega; a menudo incorpora elementos culinarios islandeses, daneses u otros.

Pizza Noruega es conocida por su amor por la *pizza* congelada, aunque en Oslo sirven buenas *pizzas* napolitanas y otras de masa fina con ingredientes de primera calidad.

Omakase Con uno de los pescados más frescos del mundo, el *sushi* triunfa en Oslo; así les gusta a los adinerados lugareños: lo que elija el chef.

Vino natural Los sumilleres de Oslo son partidarios de la mínima intervención; pequeños productores de Francia, Italia, Austria y Alemania.

★**Sentralen Restaurant** NUEVA NÓRDICA $$
(plano p. 58; ☎22 33 33 22; www.sentralen.no; Øvre Slottsgate 3; platos pequeños 85-195 NOK; ⏲11.00-22.00 lu-sa; 🚋Øvre Slottsgate) Una de las mejores experiencias gastronómicas de Oslo y la más relajada. Un gran comedor con una animada cocina abierta, lleno de antiguas sillas de club social y pintado en tonos verdes, atrae por igual a trabajadores, visitantes y lugareños obsesionados con el vino natural. Los platos pequeños permiten probar la atractiva carta de nueva cocina nórdica; suelen ser versiones de típicas comidas noruegas, y usan productos del país, pero también trabajan con influencias internacionales de formas sutiles y sorprendentes. Las combinaciones pueden ser atrevidas pero son ligeras y deliciosas. La carta de vinos es una de las más interesantes de la ciudad y el simpático personal está encantado de asesorar.

★**Grand Café** NORUEGA $$
(plano p. 58; ☎23 21 20 18; www.grand.no; Karl Johans gate 31; principales 145-295 NOK; ⏲11.00-23.00 lu-vi, desde 12.00 sa, 12.00-21.00 do; 🚋Stor-

tinget) A las 11.00 en punto, Henrik Ibsen salía de su apartamento y caminaba hasta el Grand Café para almorzar arenques, cerveza y un chupito de *aquavit* (bebida alcohólica de patatas y licor de alcaravea). Su mesa aún se conserva. Pero no hay que alarmarse, hoy en día se puede elegir entre bacalao con mejillones y una elegante salsa, *risotto* de espelta con setas o cordero curado y patatas.

★Vingen NUEVA NÓRDICA **$$**
(plano p. 58; ☎901 51 595; http://vingenbar.no; Strandpromenaden 2; principales 145-240 NOK; ⏲10.00-21.00 do-mi, hasta 24.00 ju-sa; 🚋Aker brygge) Aunque cumple a la perfección su papel de café del museo en Astrup Fearnley (p. 57) y de parada técnica muy pintoresca, Vingen es mucho más. Hay que probar su excelente café, pero ir también a almorzar o cenar sus pequeños pero interesantes menús que rinden un sutil homenaje a la exposición temporal del momento en el museo. Por la noche hay cócteles, y a veces DJ y baile en el vestíbulo del museo y, en verano, en la terraza junto al mar.

Justisen NORUEGA, HAMBURGUESERÍA **$$**
(plano p. 58; ☎22 42 24 72; www.justisen.no; Møllergata 15; principales 135-240 NOK; 🚋Brugata) Complaciente local tipo *pub*. Este lugar increíblemente encantador y evocador se construyó en 1820. Hay una gran carta noruega que probar, pero la *happy-hour* de hamburguesa y bebida por 255 NOK es insuperable, sobre todo si se disfruta en el jardín, en cualquier estación.

Fiskeriet PESCADO **$$**
(plano p. 58; ☎22 42 45 40; http://fiskeriet.com; Youngstorget 2; principales 165-249 NOK; ⏲11.00-21.00 lu-vi, desde 12.00 sa, 12.00-20.00 do, tienda 10.00-18.00 lu-sa; 🚋Brugata) A uno se le perdonaría que pensase que está comiendo en una pescadería, ya que esta central eléctrica que sirve marisco y pescado es uno de los mejores lugares de Oslo para escoger productos frescos de mercado. Y sí, ofrece almuerzos y cenas divertidos y evocadores. La carta es deliciosamente predecible: pescado con patatas fritas, sopa de pescado tradicional, bacalao al estilo mediterráneo (salado), cazuela de pescado y pasteles de pescado.

También vende comida para llevar a buen precio.

Miss Sophie EUROPEA **$$**
(plano p. 58; ☎21 09 78 79; www.misssophierestaurant.no; Henrik Ibsens gate 4; principales 175-275 NOK, platos *brunch* 65-175 NOK; ⏲17.00-1.00 ma-vi, 12.00-2.00 sa, hasta 18.00 do; 🚋Slottsparken) Bonito local en una esquina, frente al parque. Ofrece comida todo el día en un entorno glamuroso. Hay platos típicos europeos sencillos pero bastante lujosos, como bistec con patatas fritas, *rösti* de batata, o pasta con trufas, aunque el popularísimo *brunch* de fin de semana es menos sencillo, con llamativas tortillas y platos más apropiados para Instagram como pudin de chía, tortitas, pan de plátano y huevos Benedict.

Grosch INTERNACIONAL **$$**
(plano p. 58; ☎22 42 12 12; www.groschbistro.no; Bankplassen 3; platos almuerzo 95-165 NOK; ⏲11.00-17.00 lu-mi y vi, hasta 19.00 ju, 12.00-17.00 sa y do; 🚋Øvre Slottsgate) Situado en los bonitos alrededores del edificio Arkitektur del Nasjonalmuseet, este café del museo sirve hamburguesas, tapas, sopas, sándwiches y dulces. También hay sillas de diseño escandinavo.

Pipervika PESCADO **$$**
(plano p. 58; www.pipervika.no; Rådhusbrygge 4; principales 175-250 NOK, gambas 130 NOK/kg; ⏲7.00-23.00; 🚋Aker brygge) Si hace buen tiempo, nada supera a un almuerzo en el muelle: baguete de gambas con mahonesa y un *spritz* de limón. La renovada cooperativa de pescadores sigue vendiendo gambas para llevar por peso (para pelar y comer), pero ahora también es posible relajarse con un plato de *sushi*, ostras o todo un menú que incluye hamburguesa de pescado en un brioche o un estupendo pescado con patatas fritas. Todo se prepara con capturas diarias del Oslofjord.

Delicatessen TAPAS **$$**
(plano p. 58; http://delicatessen.no; Holmens gate 2; tapas 68-149 NOK; ⏲11.00-24.00 do-mi, hasta 1.00 ju-sa; 🚋Aker brygge) Este local tan querido de Grünerløkka aporta a un espacio industrial de Akker Brygge una tranquilidad de la zona este que es de agradecer, por no mencionar algunas de las mejores tapas de la ciudad. La gran carta incluye croquetas de azafrán y chorizo, albóndigas, jamón y queso manchego españoles y de buena calidad, y platos grandes de pulpo a la brasa o pollo. Hay un menú sencillo y sándwiches a la plancha para almorzar.

Ling Ling CANTONESA **$$**
(plano p. 58; ☎24 13 38 00; http://lingling.hakkasan.com; Stranden 30; principales 155-385 NOK; ⏲17.00-22.00 do-ju, hasta 23.00 vi y sa; 🚋Aker brygge) La reputación culinaria de Aker Brygge ha crecido con la apertura de este moderno bar-

restaurante asiático. Inspirado en el concepto japonés *izakaya* (bar gastronómico), sirve platos cantoneses para compartir, en un ambiente agradable en el que se pueden probar diferentes cócteles, cervezas o vinos. Los ingredientes de los buñuelos de centollo, los hojaldres de reno y las vieiras con fideos de cristal son siempre locales.

Bun's Burger Bar HAMBURGUESERÍA **$$**
(plano p. 58; http://bunsburger.no; Sørengkaia 71; hamburguesas 140-180 NOK; ⏲11.00-22.00 lu-vi, desde 12.00 sa y do; 🚇Bjørvika) Las enormes hamburguesas clásicas compiten con los filetes de atún y platos vegetarianos, y se puede tirar la casa por la ventana con las patatas fritas cargadas de queso o trufa. Las vistas son estupendas y hay fácil acceso a la playa para quien quiera nadar en el fiordo.

Elias Mat & Sånt BISTRÓ **$$**
(plano p. 58; ☎22 20 22 21; www.cafeelias.no; Kristian Augusts gate 14; principales almuerzo 109-179 NOK, principales cena 184-269 NOK; ⏲17.00-23.00 do y lu, desde 11.00 ma-sa; 🚇Tullinløkka) Buena apuesta con platos sencillos en el centro de la ciudad; muy práctico tras un paseo por la Galería Nacional. Las tentadoras opciones tradicionales incluyen filete de abadejo con patatas, o un sustancioso guiso de reno con salsa de queso y puré de patatas, servidas en un espacio pequeño y acogedor. Los platos del almuerzo como la sopa de pescado o los mejillones ofrecen una buena relación calidad-precio.

Maaemo NUEVA NÓRDICA **$$$**
(plano p. 58; ☎22 17 99 69; https://maaemo.no; Schweigaards gate 15; menú 2600 NOK; ⏲18.00-24.00 mi y ju, desde 12.00 sa y do; 🚇Bussterminalen Grønland) Esta no es una comida que se pueda tomar a la ligera: en primer lugar, hay que reservar con muchos meses de antelación, y en segundo lugar, para la mayoría de los comensales, será una sangría económica. Pero hay que ir si se puede, no por las tres estrellas Michelin sino por los veintitantos platos de Esben Holmboe Bang que son una de las experiencias culinarias más potentes del mundo y una sensual expresión de lo que significa ser noruego.

Se comparte la comida solo con unos cuantos comensales, ya sea en la planta de arriba, en la mesa del chef, de seis personas, o abajo, en el comedor de vidrio y acero, que tiene ocho mesas bajo las fotos de Christian Houge, evocadoras de la mitología nórdica. Como uno puede imaginar, el servicio y el vino son perfectos. Los maridajes cuestan 1800 NOK, o se puede maridar con zumo por 950 NOK.

★**Vaaghals** NORUEGA **$$$**
(plano p. 58; ☎920 70 999; www.vaaghals.com; Dronning Eufemias gate 8; almuerzo principales 179-199 NOK, cena menú 7 platos 695 NOK; ⏲11.00-22.00 lu-vi, desde 16.30 sa; 🚇Bjørvika) En Vaaghals se comparte mucho, pero no lo dicen así. Aquí se dice *skifte*, una excepcional forma noruega de comida comunal. Este misterioso restaurante combina una dirección y un entorno contemporáneos con los ingredientes rústicos y noruegos por antonomasia, como carnes maduradas en seco, mucha casquería, pescado salvaje y hierbas y verduras silvestres.

Theatercafeen NORUEGA **$$$**
(plano p. 58; ☎22 82 40 50; Stortingsgata 24/26; principales 229-380 NOK; ⏲12.00-23.00 lu-sa, 15.00-22.00 do; 🚇Nationaltheatret) Uno de los lugares favoritos de las familias noruegas en Navidad y el 17 de mayo (Día de la Constitución) es el Theatercafeen, situado enfrente del Teatro Nacional. Presenta clásicos noruegos en un entorno vienés que lleva sorprendiendo desde 1900. La carta evoca los mares bravos y tormentosos de Noruega y sus oscuros bosques, en platos como rodaballo con crema de caviar o fletán con espárragos y setas.

Tjuvholmen Sjømagasin PESCADO **$$$**
(plano p. 64; ☎23 89 77 77; www.sjomagasinet.no; Tjuvholmen allé 14; principales 295-385 NOK; ⏲11.30-24.00 lu-vi, desde 13.00 sa; 🚇Aker brygge) El pescado y el marisco frescos se preparan a la perfección en esta marisquería elegante y exclusiva, con platos tradicionales noruegos (sopa de pescado) e internacionales (rodaballo de aguas profundas con hinojo y mantequilla tostada). También hay una barra de crustáceos donde se puede elegir la langosta del tanque o comprar cangrejo por peso, o bien un surtido de ostras y gambas (795 NOK/persona).

Café Skansen MEDITERRÁNEA **$$$**
(plano p. 58; ☎24 20 13 11; www.cafeskansen.no; Rådhusgata 32; principales 205-248 NOK; ⏲11.00-24.00 lu-vi, 12.00-24.00 sa, 12.00-23.00 do; 🚇Kontraskjæret) Un comedor oscuro y alicatado ofrece un cambio evocador tras la rigurosa arquitectura contemporánea de Aker Brygge, y la carta aquí está en consonancia con su entorno, con muchos platos tradicionales de marisco, cordero y bistecs. Las salchichas danesas con salsa de vino tinto son una cena

DE PRIMERA MANO

NUEVAS ESTRELLAS NÓRDICAS EN EL MAPA

Por un tiempo pareció que el panorama culinario nórdico del que se había enamorado el mundo había pasado de largo por Noruega, al no haber ningún chef superestrella global como René Redzepi de Copenhague o el salvaje sueco Magnus Nilsson. Pero si hoy en día se va a Oslo, hay mucho donde escoger, con lugares de fama mundial y estrellas Michelin como Maaemo y Kontrast, y una sorprendente cantidad de bistrós innovadores pero muy accesibles que sirven comida autóctona en locales muy agradables. A menudo los platos son pequeños, suena música irónica o provocadora (probablemente de vinilo), y suele haber un sumiller que llama a los viticultores por su nombre.

estupenda a las 16.00 si se ha estado explorando el Oslofjord y se necesita algo caliente y reconfortante. También ofrece filetes de ballena.

Albert Bistro FRANCESA **$$$**
(plano p. 58; ☎21 02 36 30; www.albertbistro.no; Stranden 3, Aker Brygge; principales 185-355 NOK; ⏲7.30-23.00 lu-vi, 9.00-23.00 sa y do; 🚋Aker brygge) Alegría para los francófilos: aquí es posible llevarse una dosis de Francia, desde los *croque monsieurs* y tortillas de la mañana a una amplia variedad de clásicos de bistró bien preparados como *carré d'agneau* (chuleta de cordero), *moule frite* (mejillones con patatas fritas) y *entrecôte* (entrecot). Como es normal, el espacio es un contemporáneo bistró de manual muy elegante y bien llevado.

Sanguine Brasserie og Bar NORUEGA **$$$**
(plano p. 58; Kirsten Flagstads plass 1, Ópera de Oslo; principales 205-305 NOK, menú de 2/3/4 platos 410/525/585 NOK; ⏲11.00-21.00 lu-sa, 12.00-20.00 do; 🚋Bjørvika) Precioso y amplio lugar frente al Oslofjord. Es la opción menos formal de la Ópera para comer, ideal para disfrutar de la arquitectura con tranquilidad y una copa en la mano. La carta ofrece platos típicos noruegos y unos cuantos internacionales elaborados con frescura y elegancia, excelentes productos y un precioso emplatado. La cocina abre hasta las las 23.00 las noches de actuaciones. Hay un menú infantil muy sencillo y a buen precio (perritos calientes, pasta o *pizza*; 65 NOK-112 NOK); también preparan un plato de tamaño infantil a partir de uno de la carta.

Stock INTERNACIONAL **$$$**
(plano p. 58; ☎21 09 03 09; www.stockoslo.no; Dronning Eufemias gate 14; almuerzo principales 175-225 NOK, cena principales 255-320 NOK, menú de 3 platos 295 NOK; ⏲11.00-24.00 lu-vi, desde 15.00 sa; 🚋Bjørvika) Lugar informal y glamuroso, con grandes ventanales, cálidas maderas y azulejos decorativos. Se recomienda su elegante carta de platos noruegos modernos con productos de calidad, como salchicha de venado con nabo y col rizada, carrillera de cerdo glaseada con puré de raíz de apio, repollo y remolacha amarilla, o caballa con tupinambo frito y colinabo encurtido. La carta del bar está igualmente bien pensada. Las ostras son de Bretaña y las sardinas se hacen al estilo español; también sirven platos típicos de la zona como salchicha ahumada y pan negro (45 NOK-70 NOK). Un plato especial del día en el almuerzo (185 NOK) es una buena opción si se tiene un presupuesto ajustado.

Solsiden PESCADO **$$$**
(plano p. 58; ☎22 33 36 30; www.solsiden.no; Søndre Akershus Kai 34; principales 295-315 NOK; ⏲16.30-22.00 lu-sa, hasta 21.00 do; 🚋Kontraskjæret) Situado bajo la fortaleza de Oslo, con vistas a Aker Brygge, sirve algunos de los más apreciados platos de marisco de la ciudad en un antiguo almacén espacioso y evocador. Se pueden comprar gambas sin pelar (medio kilo/265 NOK) o darse un festín con un surtido de langosta, gambas, vieiras, cangrejos reina, mejillones y cangrejos de río (755 NOK/persona). En verano la terraza exterior abre desde las 15.00.

Ruffino Ristorante ITALIANA **$$$**
(plano p. 58; ☎22 55 32 80; www.ruffino.no; Arbins gate 1; pasta 170-199 NOK, principales 300 NOK; ⏲16.00-23.00 lu-sa; 👪; 🚋Slottsparken) Exclusivo lugar tradicional al que los lugareños van a comer platos típicos italianos: una gran variedad de pasta casera y platos de marisco. Como corresponde a un lugar tan familiar, hacen medias raciones para niños.

Bølgen & Moi PESCADO **$$$**
(plano p. 64; ☎22 44 10 20; www.bolgenogmoi.no; Tjuvholmen allé 5; principales 189-285 NOK; ⏲11.00-22.00 lu-sa, 15.00-21.00 do; 🚋Aker brygge) La cadena nacional Bølgen & Moi ocupa una posición excelente con vistas a

los muelles y es un buen lugar para comer hamburguesas, pasta o sopa de pescado y beber algo una tarde de verano.

Frogner y oeste de Oslo

Åpent Bakeri CAFÉ $

(plano p. 64; ☎22 04 96 67; Inkognito terrasse 1; tentempiés 45-129 NOK; ⏲7.30-17.00 lu-vi, 9.00-16.00 sa y do; Inkognitogata) Cafetería de barrio que sirve café en profundos cuencos de color crema y tiene panes y bollería insuperables. Se puede disfrutar un panecillo recién horneado cubierto de *røre syltetøy* (mermelada batida) en el patio de la panadería; es uno de los desayunos más evocadores de Oslo.

Fyr Bistronomi NUEVA NÓRDICA $$

(plano p. 64; www.fyrbistronomi.no; Underhaugsveien 28; principales 140-240 NOK, menús 550-695 NOK; ⏲18.00-23.00 ma-sa, *lounge* desde 11.30; Vigelandsparken) Puede que los otros comensales sean gente pudiente del lado oeste, pero este es un maravilloso lugar informal centrado en carnes a la brasa, langosta, gambas, *wagyu* y cabeza de cerdo. Aun así, no es un lugar de barbacoas, pues tiene acompañamientos, salsas, guarniciones y tentempiés ligeros y artísticos. La carta de vinos y los cócteles son elegantes.

Villa Paradiso PIZZERÍA $$

(plano p. 64; ☎917 67 639; www.villaparadisofrogner.com; Sommerrogata 17; principales 239-310 NOK, *pizza* 105-195 NOK; ⏲11.00-23.00 lu-vi, desde 12.00 sa y do; 30, 31, N12, N30, Solli) Uno de los grandes atractivos de Solliplass es este local llegado del este de la ciudad. El espacio es más sugerente incluso que el original, con preciosos azulejos y techos altos, y las *pizzas* son tan legendarias como las originales de Grunerløkka. Además, prepara sencillos y buenos platos de carne, pescado y pasta.

★ **Hos Thea** NORUEGA $$$

(plano p. 64; ☎22 44 68 74; www.hosthea.no; Gabelsgata 11; principales 340 NOK, menú 4/6 platos 555/755 NOK; ⏲17.00-22.00 do-ju, hasta 22.30 vi y sa; Skillebekk) Es a la vez un recordatorio del primer florecimiento gastronómico de la capital (en 1987) y un local agradable y cálido que encanta a los lugareños para noches especiales. Situado en una antigua carnicería, sus sabrosos platos tienen alguna que otra floritura francesa (*brioche*, fuagrás) o una base italiana (*risotto*, ravioli) pero son noruegos por antonomasia.

Alex Sushi SUSHI $$$

(plano p. 64; ☎22 43 99 99; www.alexsushi.no; Cort Adelers gate 2; menús 495-1150 NOK; ⏲16.00-23.00; Solli) En esta elegante barra oval sirven el que está considerado el mejor *sushi* de Oslo. Se puede pedir a la carta, pero casi todos los parroquianos eligen la *omakase* (la selección del chef; 1150 NOK); en ambos casos, aguarda la perfección cuando no la innovación. Los platos tienen los mejores mariscos noruegos, preparados de forma sencilla, y sobresalen las especialidades de la casa como la ensalada de tempura y langosta gratinada.

Park 29 INTERNACIONAL $$$

(plano p. 64; ☎481 70 000; www.park29.no; Parkveien 29; principales 295-335 NOK; Riddervolds plass) Situado en una de las villas de madera más antiguas de Oslo (antaño hogar del compositor Halfdan Kjerulf y posteriormente legendario concesionario de automóviles) y con un jardín en el que se come en verano, este debe de ser uno de los restaurantes más bonitos de Oslo. Ofrece una carta de clásicos internacionales y noruegos elaborados con sencillez y esmero y presentados con gusto; la exclusiva carta de vinos es una delicia.

Feinschmecker NORUEGA $$$

(plano p. 64; ☎22 12 93 80; www.feinschmecker.no; Balchens gate; principales 325-425 NOK, menús 4/7 platos 895/1395 NOK; ⏲17.00-21.00 lu-sa; Elisenberg) Aunque ya no tiene la estrella Michelin, es uno de los favoritos más veteranos del barrio con una carta de modernos platos noruegos preparados con excelentes productos locales. Pese a ser un lugar venerable, no hay problema si se va solo a tomar una copa de vino.

Gate of India INDIA $$$

(plano p. 64; ☎22 69 09 33; www.gateofindia.no; Bogstadveien 66a; principales 179-249 NOK; ⏲15.00-23.00 lu-sa, desde 14.00 do; T Majorstuen) Este restaurante exclusivo prepara sabrosos platos indios con ingredientes de calidad.

Grünerløkka y Vulkan

★ **Syverkiosken** PERRITOS CALIENTES $

(plano p. 68; ☎967 08 699; Maridalsveien 45; perritos calientes desde 20 NOK; ⏲9.00-23.30 lu-vi, desde 11.00 sa y do; 34) Puede parecer una réplica moderna, pero este pequeño local de *pølser* (perritos calientes) es auténtico y uno de los últimos que quedan en Oslo. Los perritos se pueden tomar envueltos en pan de patata en lugar de pan habitual, o en ambos, y hay una gran variedad de acompañamientos clásicos además de salsa y mostaza.

Taco República TACOS $
(plano p. 68; ☎400 57 665; http://tacorepublica.no; Torggata 30; tacos 58-70 NOK; ⏲12.00-23.00 ma-ju, 12.30-0.30 vi y sa, 14.00-22.00 do; 🚌34) Tras años de mezclas tex-mex, por fin Oslo tiene una taquería como Dios manda, un luminoso espacio lleno de sillas de colegio, con gran variedad de tacos llenos de productos frescos, locales y caseros (los pescados son especialmente sabrosos). Todos los tacos se hacen en el local y no contienen gluten.

Wünderburger HAMBURGUESERÍA $
(plano p. 68; Torggata 37; hamburguesas 90-120 NOK; ⏲11.00-22.00 lu-ju, hasta 3.00 vi, 12.00-3.00 sa, 13.00-23.00 do; 🚌34) Aquí hay excelentes hamburguesas de Oslo, con ternera criada en libertad en las Lofoten, *brioches* y opciones para combinar uno mismo. Las vegetarianas también están buenas, y los panecillos sin gluten son mejores de lo habitual.

Munchies HAMBURGUESERÍA $
(plano p. 68; http://munchies.no; Thorvald Meyers gate 36; hamburguesas 92-115 NOK; ⏲11.00-22.00 do-mi, hasta 24.00 ju, hasta 3.00 vi y sa; 🚋Schous plass) Munchies puede estar lleno a perpetuidad y puede que eso cuente, pero sus hamburguesas y patatas fritas son sin duda de las mejores de la ciudad. Uno puede sentarse en un taburete junto a la ventana y probar sus cervezas artesanas.

Liebling CAFÉ $
(plano p. 68; ☎24 02 23 02; Øvrefoss 4; platos 125 NOK, sándwiches 65-85 NOK; ⏲8.00-20.00 ma-vi, desde 10.00 sa-lu; 🚋Birkelunden) Esta joya de barrio de estilo berlinés es uno de los cafés para niños de la KHiO (Academia Nacional de las Artes de Oslo) y un lugar estupendo para relajarse con el portátil y un desayuno tardío. Hay una enorme variedad de bollos y pasteles, también para crudívoros y celíacos; el café es de Supreme Roastworks, y hay cerveza y vinos alemanes y austríacos.

Kasbah ORIENTE MEDIO $
(plano p. 68; ☎21 94 90 99; www.thekasbah.no; Kingos gate 1b; principales 98-165 NOK, *mezze* 47-79 NOK; ⏲11.00-1.00 lu-vi; 🚋Biermanns gate) Local en un sótano especializado en contundentes *falafels*, pitas y surtidos de *mezze*. Es tan relajante como ponerse unas babuchas marroquíes, con sofás para holgazanear, música *reggae* y una decoración de segunda mano acorde.

Hønse-Louisas Hus CAFÉ $
(plano p. 68; www.honselovisashus.no; Sandakerveien 2; tentempiés 80-135 NOK; ⏲11.00-16.00; 🚋Biermanns gate) Se puede parar a tomar café y un gofre en Hønse-Louisas Hus, anejo a un pequeño teatro.

Teddy's Soft Bar AMERICANA $
(plano p. 58; ☎22 17 36 00; Brugata 3a; principales 95-120 NOK; ⏲11.00-1.00 lu-sa; 🚋Brugata) La gramola de la esquina da al Teddy's Soft Bar con un aire del EE UU de los años cincuenta. Es una institución local que apenas ha cambiado en décadas. Sus hamburguesas pegan mucho con otro favorito americano de los años cincuenta (los batidos); también sirven cerveza y otras comidas.

Hotel Havana ESPAÑOLA $
(plano p. 68; ☎23 23 03 23; www.hotelhavana.no; Thorvald Meyers gate 38; principales 80-120 NOK; ⏲10.00-24.00 do-mi, hasta 1.00 ju, hasta 2.00 vi y sa; 🚋Brugata) Con azulejos andaluces blancos y azules, este local se inspira en un bar español. La comida es española pero con un toque noruego, como la sopa de pescado al estilo de Bergen para almorzar. También hay una carta de tapas básicas para empapar las jarras de sangría.

Far East ASIÁTICA $
(plano p. 58; ☎22 20 56 28; Bernt Ankers gate 4; principales 80-120 NOK; ⏲13.00-24.00; 🚋Brugata) Sencillo pero muy popular sirve curris tailandeses y vietnamitas, sopas y tallarines ligeros y recién hechos.

★Bass NUEVA NÓRDICA $$
(plano p. 68; ☎482 41 489; http://bassoslo.no; Thorvald Meyers gate 26; platos 70-175 NOK; ⏲17.00-1.00 ma-sa, 15.00-20.00 do; 🚋Birkelunden) En lo que podría ser otro café de barrio de Grünerløkka, se encuentra una de las mejores opciones de la ciudad para cenar platos pequeños, servidos bajo clásicos paisajes marinos en cerámica clásica noruega por la jovial gente de Løkka. Casi todos los platos podrían considerarse una fusión de comida contemporánea noruega e internacional: pollo frito y tortitas de patata, bacalao de aguas profundas en mantequilla de acedera y tarta de "muerte por chocolate". También hay una impresionante carta de vinos, muchos de los cuales se pueden tomar por copas.

★Pjoltergeist NUEVA NÓRDICA, COREANA $$
(plano p. 68; ☎402 37 788; http://pjoltergeist.no; Rosteds gate 15; ⏲18.00-0.30 ma-sa; 🚌54) Un vistazo a este sótano de luz tenue y empieza

la intriga, que crece cuando se descubre la carta. El chef islandés Atly Mar Yngvason combina ingredientes de su país y su patria de adopción, con técnicas y aderezos de Corea y Japón. Los sabores son siempre atrevidos, los ingredientes a veces chocan (corazón de alce), y la presentación es desenfadada y alegre.

Si se reserva una mesa, hay que tomar el menú degustación. Si no, se pueden tomar aperitivos o pedir a la carta en el bar. Los vinos no son un añadido más, hay una amplia oferta de caldos naturales. También hay una carta de *pjolter,* interpretaciones de los clásicos favoritos de los borrachines (hasta no hace tanto esto era un antro), con las que juega el nombre del restaurante. La cocina abre hasta pasadas las 23.00 y se suele estar acompañado por los mejores hosteleros de Oslo.

★Mathallen Oslo PUESTOS DE COMIDA **$$**

(plano p. 68; www.mathallenoslo.no; Maridalsveien 17, Vulkan; ⌚8.00-1.00 ma-vi, desde 9.30 sa y do; 🚌54) Situado junto al río, este antiguo espacio industrial es ahora una zona de locales de comida dedicada a mostrar lo mejor de la cocina regional noruega, así como excelentes platos internacionales. Hay decenas de tiendas de délicatesen, cafés y restaurantes en miniatura, y un gran ambiente por el día y hasta bien entrada la noche.

Aquí se come de forma informal y es normal sentarse al lado de desconocidos y acabar charlando con ellos, mientras que las familias suelen escoger lo que prefieren de los diferentes puestos. Hay varios con diferentes horarios de apertura, y casi todos los restaurantes abren al menos hasta las 20.00 y los bares hasta mucho más tarde. Consúltese la web para más información sobre los festivales gastronómicos de cada mes.

Kamai ASIÁTICA **$$**

(plano p. 68; ☎23 89 79 66; www.kamai.no; Korsgata 25; platos 129-175 NOK, comida 4 platos 485 NOK, *bao* y *sushi* 70-210 NOK; ⌚restaurante 17.00-1.00 mi-do, para llevar 15.00-21.00 lu-vi, 11.00-23.00 sa; 🚊Schous plass) Aquí hay dos restaurantes por el precio de uno: una cantina informal a pie de calle, con comida para llevar, que hace *sushi* y *bao* (bollos al vapor); y un restaurante escondido al otro lado del patio, en la planta de arriba, que sirve elegantes platitos de fusión nórdica y asiática como corazón de ciervo ahumado, anguila y patata, o salmón con *wasabi* y repollo.

Villa Paradiso PIZZERÍA **$$**

(plano p. 68; ☎22 35 40 60; www.villaparadiso.no; Olaf Ryes plass 8; *pizza* 154-194 NOK; ⌚8.00-23.00 lu-vi, desde 10.00 sa y do; 🚊Olaf Ryes plass) Este alegre lugar con vistas al parque central de Grünerløkka tiene una terraza al aire libre en verano junto a un antiguo automóvil italiano. Sirve una de las mejores *pizzas* de la capital, lo cual no es poco en una ciudad obsesionada con la *pizza*. Siempre está lleno.

Dr Kneipp's Vinbar NORUEGA **$$**

(plano p. 68; ☎22 37 22 97; www.markveien.no; Torvbakkgt 12; principales 175-265 NOK; ⌚16.00-1.00 lu-sa; 🚊Schous plass) Es el hermano pequeño e informal de Markveien Mat & Vinhus (p. 86), un lugar para tomar vino (hay unos 400 para elegir) acompañado de ligeros tentempiés como caballa curada, carne cruda de estilo italiano, o platos de la carta de Markveien. La tarta de queso es legendaria.

Nighthawk Diner HAMBURGUESERÍA **$$**

(plano p. 68; ☎966 27 327; www.nighthawkdiner.com; Seilduksgata 15; principales 159-269 NOK; ⌚7.00-23.00 lu-ju, hasta 1.00 vi, 10.00-1.00 sa, 10.00-23.00 do; 🚊Birkelunden) 🍃 Casa de comidas al estilo estadounidense y en homenaje a Edward Hopper, desde los asientos en reservados, la gramola, las cestas de condimentos con el *ketchup* y la barra con espejos estilo *art déco*. Sirve hamburguesas, batidos y perritos calientes, y usa ternera escogida de la zona y salsas caseras.

Mucho Más MEXICANA **$$**

(plano p. 68; ☎22 37 16 09; www.muchomas.no; Thorvald Meyers gate 36; principales 95-210 NOK; ⌚12.00-24.00 lu-ju, hasta 3.00 vi y sa; 🌶; 🚊Olaf Ryes plass) Lo que le falta de autenticidad mexicana, lo suple con creces con el queso y el tamaño de las raciones. Ofrece todo el repertorio *tex-mex*, como tacos, nachos y burritos (enormes); todos los platos se ofrecen con carne o vegetarianos. La cerveza a buen precio añade leña al fuego.

Café Sara INTERNACIONAL **$$**

(plano p. 68; ☎22 03 40 00; www.cafesara.no; Hausmanns gate 29; principales 129-179 NOK; ⌚11.00-3.30 lu-sa, 13.00-3.30 do; 🚊Hausmanns gate) Pese al nombre tan ligero y etéreo, es un *pub* de estilo inglés, oscuro pero acogedor, que sirve una sustanciosa mezcla de platos noruegos, *pizza*, comida turca y *tex-mex*. La especialidad es un guiso de carne con maíz, arroz y patatas, perfecto para una fría noche de invierno.

Fru Hagen CAFÉ $$
(plano p. 68; ☎454 91 904; www.fruhagen.no; Thorvald Meyers gate 40; principales 165-199 NOK; ⏲11.00-24.00 lu-ju, hasta 2.00 vi y sa, 12.00-23.00 do; 🚋Olaf Ryes plass) El tranquilo y siempre lleno Fru Hagen (Sra. Jardín) sirve aperitivos, comidas ligeras y atractivos platos principales como salchicha de la zona con setas y cebolla. Está frente a la plaza Olaf Ryes; es un buen lugar para observar gente.

Kontrast NUEVA NÓRDICA $$$
(plano p. 68; ☎21 60 01 01; www.restaurant-kontrast.no; Maridalsveien 15a; 6/10 platos 950/1250 NOK, platos pequeños 135-225 NOK; ⏲18.00-24.00 ma-sa; 🚌54) Espacio minimalista e industrial que confiere un entorno espectacular a los estéticos platos de temporada que combinan sencillez con técnica pulida. Usan productos de temporada, ecológicos y de producción ética, como animales criados en libertad o salvajes. Debido a su reciente estrella Michelin, hay que reservar con antelación.

Bon Lio ESPAÑOLA, ALTA COCINA $$$
(plano p. 68; ☎467 77 212; http://bonlio.no; Fredensborgveien 42; menú 795 NOK; ⏲18.00-0.30 ma-vi, desde 17.00 sa; 🚌34) Puede esperarse una cierta disonancia cultural entre una cocina de gastronomía española y una encantadora casa de madera noruega, pero se complementan de forma alegre y atractiva. Rehúye la formalidad pero exige reservar y tomar el menú. Si uno acepta, disfrutará de un festín de varios platos de cocina mediterránea, productos noruegos y alguna que otra floritura asiática.

Le Benjamin FRANCESA $$$
(plano p. 68; ☎22 35 79 44; www.lebenjamin.no; Søndre gate 6; principales 248-310 NOK; ⏲16.00-23.00 ma-do; 🚋Schous plass) *Mais oui,* es un auténtico bistró francés, refinado y relajado, con clásicos como sardinas fritas, paloma escalfada, rodaballo al horno con sal, tosta de tuétano de ternera y un plato del día. Hay una carta de vinos muy buena en la que abundan los añejos franceses. Reservar mesa con antelación o llegar pronto para tener una mesa casi de terraza parisina.

Markveien Mat & Vinhus NORUEGA $$$
(plano p. 68; ☎22 37 22 97; www.markveien.no; Torvbakkgt 12; principales 280-325 NOK, 3/5 platos 455/615 NOK; ⏲16.00-1.00 lu-sa; 🚋Heimdalsgata) Acogedor comedor noruego tradicional, este precioso local en la parte sur de Grünerløkka es difícil de superar. Tiene mesas con velas y sirve sustanciosos platos tradicionales (y a veces internacionales), como pata de cordero con verduras de raíz, confit de pato con lentejas o rape con rábano y col.

Süd Øst INTERNACIONAL $$$
(plano p. 68; ☎23 35 30 70; www.sudost.no; Trondheimsveien 5; principales 165-299 NOK; ⏲11.00-23.00 do-ju, hasta 1.00 vi y sa; 🚋Heimdalsgata) Con una gran terraza al aire libre con vistas al río para quienes busquen el sol en verano, este exclusivo lugar está especializado en sabores de fusión del sureste asiático. También se puede ir solo a probar sus cócteles de influencia asiática.

Sofienberg, Grønland y Tøyen

★**Handwerk** CAFÉ, PANADERÍA $
(plano p. 73; ☎22 60 85 00; http://handwerk.no/Botaniske.html; Sarsgate 1; especial del día 135-145 NOK, sándwiches 75 NOK; ⏲10.00-16.00; Ⓣ Tøyen) Este precioso y acogedor café en el centro del Jardín Botánico puede suplir una ida al campo. Situado en en una antigua granja, su interior azul pálido está repleto de exquisitas obras de arte florales, hileras de velas y lámparas de techo. Las ventanas dejan ver el verde esmeralda (o las nevadas) de los jardines que lo rodean.

★**Punjab Tandoori** INDIA $
(plano p. 58; ☎22 17 20 86; www.punjabtandoori.no; Grønlandsleiret 24; oferta almuerzo 80-90 NOK, principales 80-135 NOK; ⏲11.00-23.00 lu-sa, 12.00-22.00 do; Ⓣ Grønland) Este sencillo local estilo cantina sirve buenos curris del norte de la India, abundantes y muy sabrosos. Es una auténtica institución para la comunidad asiática del barrio y para los noruegos entendidos, y todo lo auténtico que puede ser un restaurante indio en Europa.

Grådi INTERNACIONAL $
(plano p. 73; ☎978 80 544; www.facebook.com/gradirestaurantogbar; Sørligata 40; principales 90-140 NOK; ⏲11.00-1.00 ma-sa, hasta 24.00 do; Ⓣ Tøyen) En una encantadora esquina con vistas a la colina de Sofienberg, da a los lugareños lo que realmente quieren: elegantes platos de fusión noruega, cerveza local y buenos cócteles a precios inusualmente razonables. El servicio dista de ser brillante, pero hay una cálida acogida y la sala es espaciosa y bonita, especialmente de día.

★**Brutus** NUEVA NÓRDICA $$
(plano p. 73; ☎22 38 00 88; www.barbrutus.no; Eiriks gate 2; platos 85-255 NOK, tentempiés 55-90

NOK; ⏲17.00-1.00; 🚇Munkegata) Este informal local de Tøyen ofrece algunos de los vinos más renombrados, así que se puede decir que Brutus es un bar de vinos sin equivocarse. Pero entonces se obviaría que su comida es de las más emocionantes y accesibles de la ciudad. El espacio es Oslo puro: sencillo, cercano, caprichoso, *rock and roll*.

Ladrillos crudos, exuberante revestimiento de madera pintada, sillas antiguas y arte contemporáneo colgado en el salón. Los platos que surgen de la cocina abierta (cuyo personal lleva un uniforme con camisetas de Brutus estilo *black metal*) son bombas de sabor que realzan ingredientes inusuales de la zona e incorporan influencias de todos los países nórdicos. La carta de vinos incluye a algunos de los productores naturales estelares de Europa y, sin duda, se puede solo beber y tomar un aperitivo.

Olympen NORUEGA $$

(plano p. 58; ☎24 10 19 99; www.olympen.no; Grønlandsleiret 15; principales 140-260 NOK; ⏲11.00-24.00 do-ma, hasta 1.00 mi y ju, hasta 3.30 vi y sa; 🚌37) Murales de paisajes urbanos de la zona desde los años veinte combinados con paneles de madera oscura y lámparas de araña hacen de la comida de este atractivo y asequible *pub* noruego (bistecs, cochinillo, caballa) algo extraordinario. Conocido en todos lados como Lompa, sirve más de 100 cervezas y forma parte de la historia de Grønland.

★Ekeberg Restaurant NORUEGA $$$

(plano p. 58; ☎23 24 23 00; www.ekebergrestauranten.com; Kongsveien 15; principales 295-310 NOK, menú 650 NOK, principales en terraza 170-190 NOK; ⏲11.00-24.00 lu-sa, 12.00-22.00 do; 🚋Ekebergparken) La obra maestra del temprano Oslofunkis (funcionalismo) de Lars Backer (1929) quedó en mal estado en los años ochenta pero por suerte está de nuevo aquí para disfrute de todos, con un comedor de nueva cocina nórdica conocido por sus platos sencillos, cuidados y elegantes. En verano abren una terraza en lo alto que sirve hamburguesas, mejillones con patatas fritas y sándwiches de gambas. Aunque no se esté interesado en la arquitectura moderna, vale la pena ir para ver el Oslofjord y las vistas de la ciudad.

Asylet NORUEGA $$$

(plano p. 58; ☎22 17 09 39; www.asylet.no; Grønland 28; principales 245-270 NOK; ⏲11.00-23.30 lu y ma, hasta 0.30 mi-vi, 12.00-0.30 sa, hasta 22.30 do; 🅃Grønland) Clásico mesón de 1730 en pleno corazón multicultural de Grønland. Por el arco se entra a un patio adoquinado, rodeado de galerías de madera, y luego al *pub* de techo bajo y semicubierto de madera, con losas, vigas y chimenea. La comida es tradicional y contundente; son famosos los *smørbrød* (sándwiches abiertos).

Smia Galleri NORUEGA $$$

(plano p. 73; ☎22 19 59 20; Opplandsgata 19; principales 205-280 NOK; ⏲14.00-22.00 ma-vi, 12.00-22.00 sa y do; 🅃Grønland) Una antigua panadería se ha transformado en un acogedor espacio con velas que sirve elegantes platos noruegos e internacionales. El patio arbolado es perfecto en verano y se puede hacer sobremesa hasta medianoche. Consúltense las noches de *jazz* en la web.

Se tarda unos 15 min en llegar: desde Oslo S, se toma el autobús 37 hacia la estación de Helsfyr del T-bane y hay que bajarse en Vålerenga.

St Olafs Plass, Bislett y St Hanshaugen

★Kafe Oslo CAFÉ $$

(Litteraturhuset; plano p. 68; ☎21 54 85 71; www.kafeoslo.no; Wergelandsveien 29; principales 155-245 NOK; ⏲10.00-12.30 lu-ju, 10.00-14.00 vi y sa, 12.00-20.00 do; 🚌17B) Litteraturhuset es una de las organizaciones estatales dedicada a las artes y aquí todo gira en torno a la promoción de la literatura, con frecuentes talleres, charlas y debates, no todos en noruego. También es un lugar precioso para descansar los pies, con un café y un bar que sirven una carta de comida casera noruega lo bastante sabrosa como para atraer a alguna que otra princesa del vecino Palacio Real.

Para almorzar tienen buen precio las ensaladas, los medallones de carne y las cazuelas de Oslo (un guiso diario para estudiantes, con todo el pan que se pueda comer). También hay una librería bien surtida, y proyectan con frecuencia cine de autor.

★Kolonialen ALTA COCINA $$$

(plano p. 68; ☎401 03 578; www.kolonialenbislett.no; Sofiesgate 16; principales 240-290 NOK; 🚌37) Cuando un negocio lo lleva el antiguo dueño de Maaemo, uno puede adivinar que la comida será extraordinaria, y así es. La breve carta es una mezcla de platos de toda Europa, con un alegre toque contemporáneo que no llega a estrafalario, a cargo del chef australiano.

Happolati ASIÁTICA, ALTA COCINA $$$

(plano p. 68; ☎479 78 087; www.happolati.no; St Olavs plass 2; platos 105-145 NOK, menú 650 NOK;

⌚16.30-22.00 lu-vi; 🚍37) La última oferta del restaurador de Oslo Nevzat Arikan tiene una decoración preciosa y muy elaborada que hace referencia a la carta asiática contemporánea que ofrecen y al hermoso y muy noruego espacio que ocupa. Por muy tranquilo que sea todo, hay un gran dinamismo en los numerosos platitos japoneses, chinos y del sureste asiático, así como en el excelente personal.

Smalhans NORUEGA $$$

(plano p. 68; ☎22 69 60 00; www.smalhans.no; Ullevålsveien 43; menú 3/6 platos 450/650 NOK; ⌚11.00-13.00 ma-do; 🚍37) Si realmente se quiere captar el espíritu de St Hanshaugen, hay que ir a este concurrido restaurante-bar-café por su almuerzo *(husmannskost)* de 16.00 a 18.00 (175 NOK, aunque se puede pedir media porción) o por sus legendarias cenas grandes o pequeñas (*smalhans* = frugal, *krøsus* = abundante), donde se sirve una serie siempre cambiante de platos rústicos noruegos para compartir.

L'ardoise PANADERÍA, BAR DE VINOS $$$

(plano p. 68; ☎22 11 09 65; www.lardoise.no; Thereses gate 20; principales 225-295 NOK; ⌚11.00-24.00 lu-sa, hasta 18.00 do; 🚍37) Hay una concisa carta tradicional de platos franceses en el bonito comedor, pero son los bollos y pastas (los mejores cruasanes de la ciudad y unos *macarons* increíbles) los que hacen que la gente repita.

Área Metropolitana de Oslo

Ullevålseter GOFRES $

(plano p. 74; www.ullevalseter.no; Maridalen; gofres 35-59 NOK; ⌚10.00-16.00 ma-vi, 9.00-19.00 sa y do) Esta agradable y antigua granja sirve gofres y café.

Dónde beber y vida nocturna

A los lugareños parece no importarles el alto precio del alcohol: Oslo tiene una vida nocturna riquísima, con una enorme variedad de bares y clubes, y casi todos abren hasta las 3.00 o más tarde los fines de semana. La naturaleza compacta de la ciudad y sus barrios bien conectados hacen que ir de bares sea una dicha, aunque una dicha cara.

Centro de Oslo

★Gullbaren BAR

(plano p. 58; www.sentralen.no/arrangement/gullbaren; 3ª planta, Øvre Slottsgate 3; ⌚véase la web para más información; 🚍Øvre Slottsgate) Puede que este diminuto bar escondido en lo alto de la grandiosa escalera de mármol en el edificio original del banco de Sentralen, y decorado con objetos encontrados en el barrio antes de la renovación del banco, sea el más evocador de Oslo.

★Kulturhuset BAR, PUB

(plano p. 58; http://kulturhusetioslo.no; Youngs gate 6; ⌚8.00-3.30 lu-vi, desde 11.00 sa y do; 🚍Brugata) La noción noruega de cultura como empresa interactiva y colectiva combina aquí con su excepcional habilidad para pasárselo bien. La "casa de la cultura" de la ciudad se trasladó a este precioso y laberíntico edificio antiguo de cuatro plantas en el 2017, pero parece que perteneciera al tejido de Oslo desde hace años.

Se puede ir solo a tomar café o beber algo pero hay que visitar la planta alta para jugar al tejo, o terminar en la parte de atrás en un concierto, noche de baile, debate o charla.

Oslo Camping BAR

(plano p. 58; http://oslo-camping.no; Møllergata 12; minigolf 105 NOK; ⌚13.00-1.00 lu-ju, hasta 3.00 vi y sa, hasta 24.00 do; 🚍Brugata) A los noruegos les gusta tener a mano alguna actividad en un *pub* para esos posibles momentos raros antes de empezar a socializar. Aquí la actividad es un minigolf de 18 hoyos. Cerveza barata, palos de metal y pelotas duras y pequeñas; nada puede ir mal. Y es cierto: felices minigolfistas, DJ los fines de semana y tostadas por si alguien tiene hambre.

Røør CERVECERÍA

(plano p. 58; Rosenkrantz gate 4; ⌚13.00-3.00; 🚍Tinghuset) Las credenciales de cerveza artesana (solo hay que mirar la lista de la pizarra) se unen al juego noruego del tejo, una excelente colección de vinilos y máquinas expendedoras de tentempiés repartidos por dos plantas. Hay unas 70 cervezas de grifo y una selección nada mala de sidras y vinos por copas.

Internasjonalen BAR DE CÓCTELES

(plano p. 58; ☎468 25 240; www.internasjonalen.no; Youngstorget 2; ⌚10.00-1.00 lu, hasta 3.00 ma-sa, 16.00-1.00 do; 🚍Brugata) Uno de los veteranos cocteleros de la ciudad. La decoración aquí es *kitsch* y de la Guerra Fría, muy a tono con el estilo Oslo Funkis (funcionalista) del edificio, que es también la sede del Partido Laborista Noruego, Arbeiderpartiets. Hay mesas que dan a la plaza, un espacio más íntimo en la planta de arriba para DJ y conciertos, y se comparten los taburetes del bar con estudiantes, políticos, sindicalistas y artistas.

Angst BAR
(plano p. 58; http://angstbar.blogspot.com; Torggata 11; ⏲12.00-23.00 lu y ma, hasta 1.30 mi y ju, hasta 3.00 vi y sa, 14.00-23.00 do; 🚊Brugata) Oscuro, sí, pero nada angustioso; es uno de los bares pequeños más queridos de Oslo. El personal es simpático, hay mesas en el callejón en verano, y un público feliz y moderno. Además, si se quiere ir a varios bares o hay demasiadas colas pasadas las 23:00, hay muchas otras opciones en el pasaje Strøget.

Himkok BAR DE CÓCTELES, CERVECERÍA
(plano p. 58; ☎22 42 22 02; www.facebook.com/HIMKOK.OSLO; Storgata 27; ⏲17.00-3.00 do-mi, desde 15.00 ju-sa; 🚊Brugata) Lo primero es lo primero: la puerta no está señalizada, salvo por una pequeña y decorativa "H". También es bueno saber que el personal de Himkok inventó el concepto de buenos cócteles de grifo. Además es una destilería, por lo que el vodka y la ginebra de las bebidas están hechos *in situ*.

En los meses cálidos de verano hay un restaurante en el patio, Munnsjenk, que sirve aperitivos. Se quiera o no beber alcohol fuerte, es un espacio misterioso, que conserva gran parte de su ambiente original.

Sosialen PUB
(plano p. 58; ☎22 41 50 06; http://sosialen.com; Møllergata 13; ⏲16.00-24.00 lu y ma, hasta 2.00 mi y ju, 15.00-3.30 vi y sa; 🚊Stortinget) Buena elección si uno no sabe si salir a beber o a comer y relajarse. Hay una carta de platos noruegos e internacionales que sirven en la bonita sala delantera. Otra opción es quedarse por las bebidas y los DJ.

Stockfleths CAFÉ
(plano p. 58; www.stockfleths.as; Lille Grensen; ⏲7.00-18.00 lu-vi, 10.00-17.00 sa; Ⓣ Stortinget) Fundado en 1895, el premiado Stockfleths es uno de los cafés más antiguos de Oslo. También sirve pan integral con queso marrón, bollería y batidos de frutas.

Frogner y oeste de Oslo

Champagneria BAR DE VINOS
(plano p. 64; ☎21 08 09 09; www.champagneria.com; Frognerveien 2; ⏲16.00-1.00 lu-mi, hasta 3.00 ju y vi, 13.00-3.00 sa, 16.00-23.00 do; 🚊Solli) Sí, tiene champán (una carta muy larga y detallada) pero también cava español y *prosecco* italiano. Ocupa dos plantas, va mucha gente después del trabajo, y sirve una pequeña selección de tapas.

Palace Bar BAR
(plano p. 64; Solligata 2; ⏲18.00-22.00 lu-sa; 🚊Solli) Es aquí donde se puede ver a la gente adinerada del oeste de Oslo tomando cócteles o cervezas. Su desmesurada barra de atrás está cubierta de grafitis negros y plateados, con estanterías llenas de serpientes, muñecas y antiguos teléfonos conservados en botellas. El restaurante de delante, de siete mesas, prepara un menú diario de 10 platos, por si a alguien le apetece pasar toda la noche aquí.

Grünerløkka y Vulkan

★ **Torggata Botaniske** BAR DE CÓCTELES
(plano p. 58; ☎980 17 830; Torggata 17b; ⏲17.00-1.00 do-mi, hasta 2.00 ju, 14.00-3.00 vi y sa; 🚊Brugata) Esto es el efecto invernadero bien hecho, con un exuberante surtido de plantas de interior (incluida una cálida zona de cultivo de hierbas), así como preciosas lámparas y sillas de mediados de siglo, lámparas de araña, y mucho mármol y espejos. Si uno aún no está seducido por la decoración, las bebidas harán el resto, con una carta que incluye productos propios del bar, fruta fresca y licores de calidad.

★ **Territoriet** BAR DE VINOS
(plano p. 68; http://territoriet.no/; Markveien 58; ⏲16.00-1.00 lu-vi, desde 12.00 sa y do; 🚊Schous plass) Auténtica vinería de barrio, la más fascinante de la ciudad. Los dueños, enamorados de la uva, ofrecen más de 300 vinos por copas y además sin carta. Hay que hablar con

DE PRIMERA MANO

CLUBES NOCTURNOS

El barrio con los mejores bares de la ciudad está en Thorvald Meyers gate y las calles que rodean Grünerløkka y la franja de Torggata tras el puente que cruza el Akerselva. En la zona de Youngstorget se hallan algunos de los lugares más populares cercanos al centro de la ciudad y las nuevas construcciones en torno al Aker Brygge han traído más vida nocturna a la orilla del agua, mientras que los barrios de Grønland y Tøyen tienen un aire alternativo. St Hanshaugen posee una pequeña y buena colección de lugares tranquilos y modernos en torno a Ullevålsveien.

el personal sobre las preferencias y el presupuesto (esto es Noruega), y encontrarán una delicia, seguro. Nadie se escandaliza si alguien pide cerveza o *gin-tonic*. Tienen llamativas fotografías en las oscuras paredes y no suele haber sillas ni taburetes libres.

★ Tim Wendelboe CAFÉ
(plano p. 68; ☎400 04 062; www.timwendelboe.no; Grüners gate 1; 8.30-18.00 lu-vi, 11.00-17.00 sa y do; Schous plass) Suele atribuirse a Tim Wendelboe el haber comenzado la revolución escandinava del café, y el café y tostadero que llevan su nombre son un lugar de peregrinaje para los lugareños y para los fanáticos del café internacionales. Por supuesto, aquí todos los granos se escogen personalmente y se tuestan a mano (el tostadero es parte del mobiliario), y todos los cafés (desde un café con hielo hasta un capuchino normal) son de primera clase.

Supreme Roastworks CAFÉ
(plano p. 68; ☎22 71 42 02; www.srw.no; Thorvald Meyers gate 18a; 7.00-17.00; Birkelunden) Lo regenta el premiado barista Odd-Steinar Tøllefsenis, campeón de la World Brewers Cup en Suecia en el 2015. Este agradable café y microtostadero ofrece cafés elaborados con una base de exprés, por goteo o con filtros manuales (J60 o Chemex), y se puede ver cómo tuestan los granos.

Oslovelo BAR
(plano p. 68; ☎23 23 05 53; www.oslovelo.com; Seilduksgata 23; 10.00-3.30 lu-vi, desde 9.00 sa, 10.00-1.00 do; Birkelunden) Este luminoso y agradable café-bar es un homenaje al ciclismo. Prepara desayunos todo el día con café de Supreme y sirve todo tipo de cervezas, también las de la Grünerløkka Brygghus; hay DJ por la noche. Hacen reparaciones y venden repuestos de bicicleta.

> **LÍMITES DE EDAD Y ETIQUETA**
>
> Muchos de los locales nocturnos de Oslo tienen un código de vestimenta no escrito según el cual los clientes deben ir relativamente bien vestidos; como mínimo, no hay que presentarse con ropa sucia ni botas de excursionista. Muchos clubes, sobre todo los que sirven alcohol de alta graduación, imponen un límite de edad mayor.

Crowbar & Brewery FÁBRICA DE CERVEZA
(plano p. 68; ☎21 38 67 57; http://crowbryggeri.com/; Torggata 32; 15.00-3.00; 34) Enorme y rústica fábrica industrial ocupa dos plantas. Elaboran sus propias cervezas y también sirven las de Haandbryggeriet, Lindheim, Amundsen y Voss, junto a cervezas interesantes danesas, suecas y de América.

Hytta BAR
(plano p. 68; ☎45 40 55 52; Thorvald Meyers gate 70; 14.00-3.00; Schous plass) Tantos bares en Løkka y tan poco tiempo. Este llama la atención por lo íntimo que es y por sus altos taburetes, además de Zeppelin en el tocadiscos. Para ser un sitio que pone algo de *rock* progresivo, las copas de vino son bastante buenas.

Bortenfor BAR
(plano p. 68; ☎922 66 683; http://ingensteds.no; Brenneriveien 7; 16.00-1.00 ma-do; 54) El único indicio de que Bortenfor está ahí es la puerta de Brenneriveien; si uno se pierde, es mejor ir al puente junto al incondicional club-bar Blå, y en vez de girar a la derecha, seguir recto. Además de ocupar un sitio precioso junto al río, el ambiente es acogedor y culto, hay buena música, cócteles de temática noruega y vino muy bueno servido por copas.

Hendrix Ibsen CAFÉ
(plano p. 68; ☎457 97 150; http://hendrixibsen.rocks; Vulkan 20; lu-ju 8.00-23.00, hasta 15.30 vi y sa, 10.00-13.00 do; 54) Lugar perfecto para comprar un café para llevar y caminar por Akkerselva, aunque es probable caer en la tentación de quedarse mirando los antiguos discos de vinilo, comprar un paquete de un interesante café tostado en la zona o quedarse a la actuación del DJ a última hora de la tarde.

Bettola BAR DE CÓCTELES
(plano p. 68; www.facebook.com/bettolacocktailbar; Trondheimsveien 2; 16.00-1.00 lu-ju, hasta 3.00 vi y sa) Muebles de mediados de siglo, un precioso suelo embaldosado y el simpático personal dan a este bar de barrio un ambiente acogedor. Prepara uno de los mejores *negronis* de la ciudad, y tanto la carta de cócteles como la de vinos están muy bien de precio.

Mir BAR
(plano p. 68; ☎22 37 39 70; http://lufthavna.no; Toftes gate 69; 18.00-1.00; Schous plass) Mir forma parte del complejo de Grünerløkka Lufthavn (un centro cultural colectivo situado en torno a un típico jardín, que aco-

ge a muchos artistas, intérpretes y músicos locales). Ofrece la pura diversión típica de Grünerløkka con la decoración de una estación espacial (prestan hasta cascos espaciales), cervezas artesanas, vodka con guindilla mezcla de la casa, y entretenimiento diario: actuaciones de música electrónica, improvisaciones de *jazz*, DJ y noches de concurso.

Paul's Boutique BAR

(plano p. 68; ☎483 87 730; www.facebook.com/PaulsBoutiqueOslo; Darres gate 1; ⏲14.00-0.30 do-ju, hasta 3.00 vi y sa; 🚌54) El nombre es un homenaje a los Beastie Boys, lo que puede dar una pista del ambiente del bar y del público algo mayor (pero nunca viejo) y *hipster*. Cervezas junto al parque por el día, cócteles sencillos, fuertes y bien hechos por la noche y pimpón en el sótano cuando se quiera.

Grünerløkka Brygghus PUB

(plano p. 70; www.brygghus.no; Thorvald Meyers gate 30; ⏲15.00-1.00 lu y ma, hasta 2.00 mi y ju, hasta 3.00 vi, 12.00-3.00 sa, hasta 24.00 do; 🚊Olaf Ryes plass) Esta evocadora taberna y microcervecería elabora varias cervezas de la casa, desde *pilsners* a *Weißbiers*. Entre las cervezas embotelladas hay rarezas como agrias *surøls* y cervezas escandinavas navideñas. Para llenar el estómago, pueden pedirse en la barra hamburguesas, salchichas con puré de patatas, y pescado con patatas fritas. Los bancos en la acera están muy codiciados pero vale la pena intentar agarrar uno.

Villa CLUB

(plano p. 58; www.thevilla.no; Møllergata 23; ⏲23.00-3.00 vi y sa; 🚊Brugata) Irreductible club de *house* y música electrónica, con el que parece ser el mejor sistema de sonido de la ciudad. Además de viernes y sábados, hay algunas actuaciones especiales los jueves.

Bar Boca BAR

(plano p. 68; ☎22 04 13 77; Thorvald Meyers gate 30; ⏲11.00-1.00 do-ju, hasta 3.00 vi y sa; 🚊Olaf Ryes plass) Local habitual de los lugareños con un ambiente de antro de los años ochenta y un personal muy acogedor. Aquí las cervezas bajan bien, pero también preparan buenos cócteles clásicos. Se llena mucho los fines de semana, y está lleno incluso cuando los otros locales están vacíos. Visita obligada en Grünerløkka.

Colonel Mustard PUB

(plano p. 68; ☎21 95 05 00; http://colonelmustard.no; Darres gate 2; ⏲11.00-1.00 do-ju, hasta 3.00 vi y sa; 🚌54) Gran *pub* lleno de muebles antiguos, que lleva el nombre de un personaje del juego de mesa Cluedo. Hay una gran variedad de cervezas de grifo y muchos rincones cómodos para sentarse y jugar al Cluedo. Si se tiene hambre, las cenas de pescado con patatas fritas, *risotto* u osobuco son buenas apuestas.

Tea Lounge BAR

(plano p. 68; www.tealounge.no; Thorvald Meyers gate 33b; ⏲11.00-1.00 lu-mi, hasta 3.00 ju-sa, 12.00-1.00 do; 🚊Birkelunden) De día, este bar con doble personalidad es una tetería con una pequeña variedad de infusiones y una banda sonora relajante, pero en la oscuridad de la noche se transforma en un bar.

Sofienberg, Grønland y Tøyen

Pigalle CLUB, BAR

(plano p. 58; ☎24 10 19 99; www.olympen.no; Grønlandsleiret 15; ⏲16.00-1.00 ma y mi, hasta 3.00 ju-sa; 🚌37) Por inesperado que pueda ser en esta calle de tiendas de alimentación y locales de curri, la última decoración de Pigalle lo hace parecer un decorado de una película de Luc Besson de los años ochenta, con un orgánico techo curvo revestido de roble, una terraza interior, palmeras, mucho negro y verde, y espejos a montones. Por si uno se pierde, está en la planta de arriba del restaurante Olympen.

Dattera Til Hagen BAR

(plano p. 58; www.dattera.no; Grønland 10; ⏲11.00-1.00 lu-mi, hasta 2.00 ju, hasta 3.30 vi y sa, 12.00-24.00 do; Ⓣ Grønland) Bar laberíntico y de un bohemio desafiante, con un patio trasero que se llena en verano. Los DJ y la música en directo lo animan aún más de día y de noche.

St Olafs Plass, Bislett y St Hanshaugen

★Fuglen BAR DE CÓCTELES, CAFÉ

(plano p. 58; www.fuglen.com; Universitetsgaten 2; ⏲7.30-22.00 lu y ma, hasta 1.00 mi y ju, hasta 3.00 vi, 11.00-3.00 sa, hasta 22.00 do; 🚌17B) Fuglen y su personal de alegres y jóvenes emprendedores forman parte de la moderna transformación de Oslo de meláncolica a soñadora. Tras tomar un café tradicional, han lanzado un miniimperio de café y diseño noruego en Japón, mientras que en su ciudad de origen continúan tostando y haciendo café, además de preparar unos de los mejores cócteles de la zona.

Las bebidas se hacen con licores locales siempre que es posible y suelen mezclarse con ingredientes silvestres (puntas de pícea, algas del mar del Norte, flores del bosque). Hay una gramola e icónicos muebles noruegos de mediados de siglo para sentarse, o se puede ir de día a tomar el café siempre perfecto en un taburete en la acera, con una manta de lana noruega para los días más fríos.

★Rouleurs of Oslo BAR DE VINOS, CAFÉ
(plano p. 68; http://rosl.no; Ullevålsveien 16; 12.00-1.00 lu-ju, hasta 2.00 vi y sa, hasta 0.30 do; 37) Elegante bar francófilo que además forma parte de un taller de reparación de bicicletas. Esto es St Hanshaugen. Se puede ir de día a tomar café (y a arreglar la bicicleta), o de noche para tomar un cóctel o un *chablis* antes de la cena. Si uno no quiere irse (porque la carta de vinos es buenísima), se pueden comer *rillettes* de pato, paté o platos de charcutería.

Kunstnernes Hus BAR, PIZZERÍA
(plano p. 68; 22 85 34 10; http://kunstnerneshus.no; Wergelandsveien 17; 11.00-22.00 ma-ju, hasta 3.00 vi, 12.00-3.00 sa, 12.00-20.00 do; 17B) Kunstnernes Hus, una de las diversas instituciones culturales regentadas por artistas de la ciudad, está en un espectacular edificio funcionalista de 1929 con una amplia terraza con vistas al Slottsparken. Es un lugar muy relajado y pintoresco para tomar *spritz*, vino o cerveza; el público es una interesante mezcla de gente creativa de la ciudad; y siempre salen excelentes melodías de los tocadiscos.

Hay un programa de exposiciones y charlas de vez en cuando, y varios estudios para artistas. La *pizza* también es buena.

Java Espressobar CAFÉ
(plano p. 68; http://javaoslo.no; Ullevålsveien 47; 7.00-18.00 lu-vi, desde 8.00 sa, desde 9.00 do; 37) Aunque no se esté en el barrio, si se es un fanático del café, vale la pena el viaje para rendir homenaje a Java, que junto a Tim Wendelboe y Fuglen revolucionaron el café en Noruega. Además es un precioso espacio luminoso y de techos altos para pasar el rato.

Lorry CERVECERÍA, PUB
(plano p. 68; http://lorry.no; Parkveien 12; 11.00-1.00 lu, hasta 3.30 ma-sa, 12.00-1.00 do; 17B) Lorry no tiene nada de neonórdico: no hay más que preguntarle a Harry Hole, personaje de las novelas policíacas de Jo Nesbø. Pero es un lugar estupendo para tomarse una cerveza clásica dentro o fuera y, si se puede, hacer como Harry y comer aquí, de su carta de platos tradicionales noruegos.

☆ Ocio

Oslo posee un floreciente panorama de música en directo; se dice que acoge más de 5000 actuaciones al año. Sus salas están repartidas por la ciudad pero se concentran en Møllegata y en Vulkan, Grünerløkka y Grønland. En la Ópera de Oslo hay excelentes actuaciones de ópera y *ballet*. Hay que reservar con tiempo o probar las entradas de pie de última hora (100 NOK).

☆ Centro de Oslo

Ópera de Oslo ÓPERA
(Den Norske Opera y Ballett; plano p. 58; www.operaen.no; Kirsten flagstads plass 1; entradas 100-795 NOK; Sentralstasjonen) Aparte de ser uno de los ejemplos más impresionantes de arquitectura contemporánea de Noruega, la Ópera de Oslo acoge actuaciones de primera categoría de ópera y *ballet*.

Teatro Nacional TEATRO
(Nationaltheatret; plano p. 58; www.nationaltheatret.no; Stortingsgata 15; entradas 160-480 NOK; Nationaltheatret) El teatro más destacado de Noruega, con su magnífico vestíbulo, se construyó específicamente para que se interpretaran las obras de Henrik Ibsen, y siguen representándose aquí. Su estilo historicista data de 1899 y se debe a Henrik Bull, de Oslo.

Mono MÚSICA EN DIRECTO
(plano p. 58; www.cafemono.no; Pløens gate 4; 16.00-3.00; Brugata) Mono es un antro de ensueño, y es famoso por llevar a las mejores bandas prometedoras de *indie*. En verano hay un patio interno apropiadamente cutre que está muy bien para una cerveza por la tarde. Los conciertos suelen empezar a las 21.00; por lo demás es perfecto para estar hasta las tantas.

Saga Kino CINE
(plano p. 58; 22 83 23 75; www.oslokino.no; Stortingsgata 28; Nationaltheatret) El cine Saga Kino, de seis salas, proyecta estrenos, también de Hollywood, en versión original; la entrada está en Olaf V gate.

Filmens Hus CINE
(plano p. 58; 22 47 45 00; www.nfi.no; Dronningens gate 16; Dronningens gate) Filmens Hus proyecta clásicos antiguos y ganadoras de festivales internacionales.

Grünerløkka y Vulkan

★ Kafe Hærverk MÚSICA EN DIRECTO
(plano p. 68; 930 95 357; www.kafe-haerverk.com; Hausmanns gate 34; 18.00-3.30 lu-vi, desde 16.00 sa y do; 54) Sala de música en directo agradable, íntima y elegante, tiene excelentes cervezas artesanas y vinos naturales. También hay un patio ideal para estar en las pausas en verano. Suele haber actuaciones de electrónica o *indie*, además de bandas de culto internacionales como los Necks de Australia.

★ Blå MÚSICA EN DIRECTO, BAILE
(plano p. 68; www.blaaoslo.no; Brenneriveien 9c; 13.00-4.00; 54) Blå lo es todo para todos, con DJ (es el mejor sitio de la ciudad para *hip-hop*), actuaciones en directo y *jazz*. Los domingos hay una *big band* en directo que lleva tocando desde hace años. También se puede ir temprano a beber algo en una de las bonitas mesas junto al río.

Parkteatret MÚSICA EN DIRECTO
(plano p. 68; 22 35 63 00; http://parkteatret.no; Olaf Ryes plass 11; Olaf Ryes plass) Sala de tamaño medio muy apreciada en Oslo, en la preciosa plaza principal. Pueden verse actuaciones internacionales como Shabazz Palaces o noruegas como Lindstrom y Anna of the North.

Rockefeller Music Hall MÚSICA EN DIRECTO
(plano p. 68; www.rockefeller.no; Torggata 16; Brugata) Una de las mejores salas de conciertos de la ciudad, antaño era una casa de baños, y ahora acoge a diversos artistas y eventos.

Revolver MÚSICA EN DIRECTO
(plano p. 68; 22 20 22 32; www.revolveroslo.no; Møllergata 32; 18.00-3.30; Brugata) Bar de *rock and roll* oscuro y (solo un poco) sucio con una sala de ensayos aneja. Estupendo para ver actuaciones locales o interesantes grupos internacionales, o simplemente para sentarse en la barra junto a un público formado mayoritariamente por músicos.

Oslo Spektrum MÚSICA EN DIRECTO
(plano p. 58; www.oslospektrum.no; Sonja Henies plass 2; Oslo Spektrum) Una de las mayores salas de conciertos de la ciudad; acoge a grandes estrellas internacionales.

Sofienberg, Grønland y Tøyen

Gloria Flames MÚSICA EN DIRECTO
(plano p. 68; 401 46 163; www.gloriaflames.no; Grønland 18; 16.00-3.00 mi-do; Grønland) Gloria Flames es un popular bar de *rock* con conciertos frecuentes (también van grupos famosos), y un bar en la azotea durante las horas de luz.

> **'WHAT'S ON'**
>
> El folleto mensual gratuito de la oficina de turismo *What's On in Oslo* ofrece carteleras de teatro, conciertos y acontecimientos especiales. Su calendario de eventos en línea se actualiza cada tres meses más o menos y enumera todo lo que va a pasar, así como las giras de bandas internacionales.

De compras

En el centro de Oslo y sus barrios hay una gran selección de pequeñas tiendas para quien no quiera ir a los centros comerciales. Kirkegaten, Nedre Slottsgate y Prinsens gate en el centro de la ciudad reúnen buenas tiendas de moda y artículos del hogar escandinavas e internacionales, y en Frogner y St Hanshaugen también hay opciones exclusivas. Grünerløkka es estupendo para moda *vintage* y escandinava.

★ Norwegian Rain MODA Y ACCESORIOS
(plano p. 58; 996 03 411; http://norwegianrain.com; Kirkegata 20; 10.00-18.00 lu-vi, hasta 17.00 sa; Nationaltheatret) Bergen llega a Oslo. Esta superestrella del diseño de la costa oeste crea las gabardinas más codiciadas del mundo. Esta tienda ofrece un completo surtido, además de los trajes de lana del director creativo T-Michael, camisas de cuello desmontable, zapatos y bolsos de cuero, y ediciones limitadas de LP de Kings of Convenience.

★ Utopia Retro Modern VINTAGE, MENAJE
(plano p. 64; 408 60 460; www.utopiaretromodern.com; Bygdøy allé 7; 12.30-18.00 ju y vi, 13.00-16.00 sa; Solli) Hay que apreciar esta preciosa tienda funcionalista de 1929 antes de curiosear los magníficos diseños de mediados de siglo. Proyectada por Arne Korsmo y Sverre Aasland, sigue siendo muy característica de la época. Además de las piezas fantásticas internacionales, hay que mirar los preciosos diseños noruegos (originales y copias) de nombres como Torbjørn Afdal, Gunnar Sørlie y Sven Ivar Dysthe.

★ Cappelens Forslag LIBROS
(plano p. 58; 908 81 106; www.cappelensforslag.no; Bernt Ankers gate 4; 11.00-18.00 lu-vi, hasta

16.00 sa; Brugata) Esta librería que vende literatura rara y de culto es además un café, y tiene todas las papeletas de convertirse en la favorita del viajero. Uno puede acomodarse en el sofá de la sala delantera con un buen café y curiosear primeras ediciones y otras joyas, casi todas en inglés. También acoge lecturas, lanzamientos de libros y conciertos.

★Chillout Travel Centre — LIBROS

(plano p. 68; 22 35 42 00; www.chillout.no; Markveien 55; 10.00-19.00 lu-sa, 12.00-18.00 do; Schous plass) Esta es la tienda ideal: buen café, platos sabrosos de todo el mundo (*dhal* de India, aperitivos de Italia y pasteles de... Noruega, por supuesto), muchos objetos esenciales para viajeros como bolsas y zapatos, y una librería de viajes repleta de literatura y guías en noruego e inglés, incluidas las de Lonely Planet.

Tronsmo — LIBROS

(plano p. 58; 22 99 03 99; www.tronsmo.no; Universitetsgata 12; 9.00-17.00 lu-mi, hasta 18.00 ju y vi, 10.00-16.00 sa; Tullinløkka) Lugar de reunión además de librería; tiene una gran variedad de libros en inglés y hay lecturas y actuaciones. Tiene una gran sección sobre LGBT y un sótano lleno de tebeos y novelas gráficas.

Gutta På Haugen — COMIDA Y BEBIDAS

(plano p. 68; 22 60 85 12; http://gutta.no/; Ullevålsveien 45; 8.00-19.00; 37) Para abastecerse para un pícnic o comer por libre, hay que ir a esta institución bien surtida de St Hanshaugen. Ofrece una enorme selección de quesos noruegos y europeos, un delicioso despliegue de salchichas locales y cajas de pan plano noruego que hay que probar. Sus productos frescos son lo mejor de la temporada y, en su camioneta del otro lado de la calle, venden un excelente helado. El personal ayuda encantado con recomendaciones.

FWSS — MODA Y ACCESORIOS

(Fall Winter Spring Summer; plano p. 58; http://fallwinterspringsummer.com; Prinsens gate 22; 10.00-19.00 lu-vi, hasta 18.00 sa; Øvre Slottsgate) Nueva tienda de esta marca noruega que está creciendo rápido, conocida por sus prendas básicas, así como por colecciones de temporada que combinan la sencillez escandinava con un toque bonito y alegre.

Tom Wood — MODA Y ACCESORIOS

(plano p. 58; 919 06 226; http://tomwoodproject.com; Kirkegata 20; 11.00-18.00 lu-vi, 10.00-16.00 sa; Dronningens gate) La contenida ropa monocromática de la marca de Oslo Tom Wood es de lo más noruega, con su sencillez austera y materiales naturales de alta calidad. Las joyas de plata les gustarán a los aficionados al diseño escandinavo del s. XX.

Nomaden — LIBROS

(plano p. 64; 23 13 14 15; www.nomaden.no; Uranienborgveien 4; 10.00-18.00 lu-vi, hasta 17.00 sa; 17B) Clásica librería de viajes cuyas estanterías están repletas de guías, mapas y literatura de viajes que hacen soñar con las próximas vacaciones.

Gulating Grünerløkka — ALCOHOL

(plano p. 68; 958 42 611; www.facebook.com/GulatingOlutsalgGrunerlokka; Markveien 48; 10.00-20.00 ma-vi, hasta 18.00 sa, 12.00-18.00 lu; Schous plass) Paraíso de los amantes de la cerveza, con una de las mayores selecciones de Noruega: clásicas, nuevas y raras. Con el simpático personal, el placer es doble.

Råkk og Rålls — MÚSICA

(plano p. 58; 22 41 17 01; Stortingsgata 8; 11.00-18.00 lu-sa; Stortinget) Paraíso de quienes busquen rarezas: un antro enorme y laberíntico de vinilos de segunda mano, casi todos de los años setenta y ochenta, y mucho más.

Hevn — MODA Y ACCESORIOS

(plano p. 68; 400 62 430; https://hevn.no/; Torggata 36; 11.00-19.00 lu-sa; 34) Negro nórdico o negro noruego, como se quiera llamarlo. Esta tienda está especializada en esta sencilla marca algo gótica de moda escandinava. Hay ropa de hombre y de mujer, joyas y bolsos y zapatos. Todas las prendas se hacen de forma ética y cuentan con una gran variedad de diseñadores de Noruega, Suecia y Dinamarca.

Oslo Kunsthandel — ARTE

(plano p. 58; 22 60 80 10; http://oslokunsthandel.no; Kristian Augusts gate 13; 11.00-17.00 ma-vi, 12.00-16.00 sa y do; Tullinløkka) Tanto si se quiere adquirir cuadros modernistas de calidad o impresionantes muebles de mediados de siglo, es fabuloso curiosear esta galería comercial. Acoge buenas exposiciones de artistas emergentes noruegos en la parte delantera, y sus obras de reventa llenan el resto del gran espacio industrial. También hay piezas de plata, vidrio, cerámica y rústicas.

Ensemble — MODA Y ACCESORIOS

(plano p. 68; 414 60 566; http://ensemble.as; Nordre Gate 15; 11.00-18.00 lu-vi, 10.00-17.00 sa y do; Schous plass) Puede que Clean by Christina Ledang (una estilista local estelar) sea una de las pocas marcas noruegas en esta tienda, pero aún así hay una sensibilidad especial "del norte" en ella. Las prendas de la danesa Norse Projects cuelgan sobre zapatos suecos de All Tomorrow's Parties, y hay exhibidores con coloridas prendas modernas de la sueca Rodebjer y lencería y bañadores de la holandesa Love Stories.

Mercadillo de Vestkanttorget MERCADO
(plano p. 64; Amaldus Nilsens plass; ⏲10.00-16.00 sa; Ⓣ Majorstuen) Si uno es feliz cribando montones de morralla en busca de una esquiva camiseta *vintage* o una cafetera de cerámica de mediados de siglo, debe venir aquí. Está en la plaza que se cruza con Professor Dahls gate, una manzana al este de Vigeland Park; una forma agradable de pasar un sábado por la mañana.

Fara DEPORTES Y ACTIVIDADES AL AIRE LIBRE
(plano p. 68; www.rosl.no; Ullevålsveien 16; ⏲23.00-19.00 lu-sa; 🚌37) Minimalismo nórdico y resistencia noruega (a prueba de fiordos, según dicen) se combinan en esta nueva tienda de diseño ciclista de la norteña Stjordal. Forma parte de Rouleurs (p. 92), que está al lado, y también ofrece rutas por la zona.

Torpedo LIBROS
(plano p. 68; www.torpedobok.no; Wergelandsveien 17; ⏲11.00-16.00 ma y mi, hasta 18.00 ju y vi, 12.00-18.00 sa y do; 🚊Bjørvika) Editor de arte con base en Oslo que tiene sus propias publicaciones así como otros libros y revistas de arte noruego e internacional. En Kunsthall Oslo (p. 63) organiza exposiciones de artistas basadas en libros.

Acne Studios Archive MODA Y ACCESORIOS
(plano p. 68; ☎22 60 93 00; www.acnestudios.com; Markveien 60; ⏲11.00-19.00 lu-vi, hasta 18.00 sa y do; 🚊Schous plass) La supermarca sueca tiene varias tiendas preciosas en Oslo, pero esta es la mejor si se quiere encontrar una ganga, con grandes descuentos en prendas del año anterior. Vale la pena solo por ver los preciosos murales fotográficos del antiguo estudio del escultor Gustav Vigeland.

Fransk Bazaar VINTAGE
(plano p. 68; www.franskbazar.no; Grünersgate 5; ⏲12.00-18.00 mi-sa, 13.00-17.00 do; 🚊Olaf Ryes plass) Tienda francófila local regentada por una simpática pareja franco-noruega. Se saltan las lágrimas con los conmovedores objetos de menaje *vintage* francés, y otros objetos y ropa en el delicioso batiburrillo de esta atractiva tienda.

Hasla JOYERÍA
(plano p. 68; ☎922 78 777; http://hasla.no; Markveien 54; ⏲11.00-18.00 lu-vi, hasta 16.00 sa; 🚊Schous plass) Plateros noruegos que realizan diseños sencillos inspirados en la naturaleza, así como piezas clásicas modernas escandinavas.

Foto.no FOTOGRAFÍA
(plano p. 58; ☎46 46 24 24; http://foto.no; Dronning Eufemias gate 12; ⏲10.00-18.00 lu-vi, hasta 16.00 sa; 🚊Bjørvika) Tienda de cámaras diseñada con gusto que ofrece una gran variedad de productos nuevos y equipos de segunda mano. Hay un salón para charlar sobre fotografía y clases informales.

Vinmonopolet VINOS
(plano p. 68; www.vinmonopolet.no; Nordre gate 16; ⏲10.00-18.00 lu-ju, 9.00-18.00 vi, 9.00-15.00 sa; 🚊Schous plass) Esta tienda de la cadena estatal de vinos y licores tiene una buena selección de vinos franceses, italianos y españoles, incluido vino francés a buen precio en botellas de plástico con tapón de rosca, excelentes para ir de pícnic junto al río. Hay que tener como mínimo 20 años para comprar, y suele haber mucha cola los viernes y sábados por la tarde.

Grandes almacenes Glasmagasinet GRANDES ALMACENES
(plano p. 58; www.glasmagasinet.no; Stortorvet 9; ⏲10.00-19.00 lu-vi, hasta 18.00 sa; 🚊Stortorvet) Estos icónicos almacenes de la ciudad datan de 1899 y tienen una buena variedad de marcas escandinavas.

Hassan og Den Dama MODA Y ACCESORIOS
(plano p. 64; http://dendama.com; Skovveien 4; ⏲10.00-18.00 lu-vi, hasta 14.00 sa; 🚊Solli) Tienda incondicional de Skovveien, con ropa, zapatos y joyas de diseñadores escandinavos e internacionales.

Marita Stiftelsen VINTAGE
(plano p. 68; ☎22 38 19 20; http://marita.no; Markveien 67; ⏲11.00-17.00; 🚊Biermanns gate) Esta tienda llena de curiosidades es el paraíso para quienes les guste rebuscar entre tesoros. Hay estanterías llenas de porcelana *vintage*, lámparas antiguas, cristalería y cafeteras, con una sección más pequeña en la planta de arriba para libros y discos.

Norway Designs MODA Y ACCESORIOS
(plano p. 58; www.norwaydesigns.no; Stortingsgata 28; ⏲10.00-18.00 lu-mi y vi, hasta 19.00 ju, hasta 16.00 sa; 🚊Nationaltheatret) Tiene ropa de di-

seño y preciosos objetos de cristal, papelería y relojes, muy cerca del Teatro Nacional.

Grønland Bazaar CENTRO COMERCIAL
(plano p. 58; Tøyengata 2; ⌚10.00-20.00 lu-sa; 🚌37) Centro comercial dedicado sobre todo a Oriente Próximo, con locales de comida.

Librería Tanum CENTRO CULTURAL
(Litteraturhuset; plano p. 70; ☎23 69 10 80; http://litteraturhuset.no/no/huset/bokhandel/; Wergelandsveien 29; ⌚11.00-20.00 lu-vi, 10.00-17.00 sa, 12.00-16.00 do; 🚌17B) La bien abastecida librería de la Litteraturhuset atestigua el animado panorama editorial noruego; es estupenda para comprar preciosos libros infantiles.

Norli LIBROS
(plano p. 58; www.norli.no; Universitetsgata 20-24; ⌚10.00-19.00 lu-sa; 🚋Nationaltheatret) La mayor librería de Noruega tiene una buena variedad de títulos en lenguas extranjeras, así como numerosas guías de viajes y mapas.

ℹ Información

PELIGROS Y ADVERTENCIAS

Oslo es una ciudad muy segura; no obstante, hay que ir con cuidado de madrugada.

- El este de Oslo tiene una reputación algo sórdida y muchos drogadictos y gente sin techo, pero al igual que el resto de la ciudad está bastante libre de peligros a cualquier hora de la noche.
- Si se planea navegar por Oslo o hacer excursiones por las montañas, hay que recordar que el tiempo cambia rápidamente, incluso en verano.
- Aunque es fácil encontrar drogas, no son legales.

ATENCIÓN MÉDICA

Jernbanetorget Apotek (Fred Olsens gate; ⌚24 h; 🚋Jernbanetorget) Farmacia frente a la Estación Central de Oslo.

Oslo Kommunale Legevakten (Oslo Emergency Clinic; ☎22 93 22 93; Storgata 40; ⌚24 h; 🚋Hausmanns gate) Clínica médica para heridos y urgencias; pueden ofrecer una lista de médicos privados.

CORREOS

Oficina principal de correos (plano p. 58; ☎23 14 90 00; Prinsens gate esq. Kirkegata; 🚋Dronningens gate) Además de la oficina principal, hay otras muy prácticas en Solliplass (plano p. 64; Solliplass; ⌚7.00-17.00 lu-vi; 🚋Solli), Oslo Sentralstasjon (Oslo S) y en Grensen (plano p. 58; Grensen; ⌚7.00-17.00 lu-vi; 🚋Nationaltheatret).

INFORMACIÓN TURÍSTICA

Centro de visitantes de Oslo (plano p. 58; ☎81 53 05 55; www.visitoslo.com; Jernbanetorget 1; ⌚9.00-18.00; 🚋Sentralstasjon) Junto a la estación principal de tren. Vende billetes de transporte, así como el útil Oslo Pass (p. 66); publica guías gratuitas de la ciudad.

Centro de Información Turística Den Norske Turistforening (DNT, Norwegian Mountain Touring Club; plano p. 58; www.turistforeningen.no; Storget 3; ⌚10.00-17.00 lu-mi y vi, hasta 18.00 ju, hasta 15.00 sa; 🚋Jernbanetorget) DNT tiene información, mapas y folletos sobre excursiones en Noruega. También ofrece a sus miembros descuentos para refugios de montaña en las principales rutas de excursionismo. Pueden reservarse refugios y recoger llaves, así como comprar equipo.

Use-It (plano p. 58; ☎24 14 98 20; http://use-it.unginfo.oslo.no/; Møllergata 3; ⌚10.00-17.00 lu-vi, 12.00-17.00 sa; 🚋Brugata) La utilísima Ungdomsinformasjonen (Oficina de Información de la Juventud, más conocida como Use-It) se dirige sobre todo a mochileros menores de 26 años. Su personal, muy entendido, hace reservas gratuitas de alojamientos económicos o privados y ofrece información sobre cualquier cosa, desde eventos hasta posibilidades de hacer autostop (nota: el autostop no es recomendable, pues no es siempre totalmente seguro).

ℹ Cómo llegar y salir

Oslo está bien conectada con otros países europeos por aire (aprox. 2 h a Londres o París, y algo menos a Berlín); los vuelos de Estocolmo y Copenhague duran menos de una hora. También hay autobuses y trenes regulares a Oslo desde la vecina Suecia (3-4 h a Gotemburgo), y ferris regulares de automóviles y pasajeros que conectan los puertos de la ciudad con Dinamarca, Suecia y Alemania.

En www.lonelyplanet.com/bookings pueden reservarse en línea vuelos, automóviles y circuitos.

AVIÓN

Aeropuerto internacional de Oslo Gardermoen

El **aeropuerto internacional de Oslo Gardermoen** (plano p. 100; www.osl.no), el principal de la ciudad, está 50 km al norte de la ciudad. Lo usan compañías internacionales, como Norwegian, SAS, Air France y British Airways. Es uno de los aeropuertos más hermosos del mundo y tiene una sorprendente selección de lugares para comer y beber, así como tiendas de diseño noruego junto a las típicas tiendas de aeropuerto.

Aeropuerto internacional de Torp

Algunos vuelos de bajo coste, como los de SAS Braathens, Widerøe y Ryanair, operan desde el aeropuerto internacional de Torp (www.trop.no) en Sandefjord, unos 123 km al suroeste de Oslo. Hay que mirar con cuidado a qué aeropuerto se vuela. Tiene pocos pero buenos restaurantes y bares y muchos aparcamientos.

BARCO

Los ferris de **DFDS Seaways** (plano p. 68; www.dfdsseaways.com; Vippetangen 2; 🚌60) conectan Oslo a diario con Dinamarca desde el **muelle de Vippetangen** (plano p. 58) junto a Skippergata. El autobús 60 para cerca de la terminal, a un par de min a pie.

En verano **Color Line Ferries** (plano p. 64; www.colorline.no; Color Line Terminalen, Hjortnes; 🚌33) viaja a diario a/desde Kiel (Alemania); los barcos atracan en Hjortneskaia, al oeste del puerto central. Hay que tomar el tranvía 13 desde Oslo S, el autobús 33 o el autobús de Color Line, que sale de la dársena 7 de la central de autobuses una hora antes de que salgan los barcos.

AUTOBÚS

Los autobuses de larga distancia llegan y salen de la **Galleri Oslo Bussterminal** (plano p. 58; ☎23 00 24 00; Schweigaards gate 8; Ⓣ Sentralstasjon). Las estaciones de tren y autobuses están comunicadas mediante un práctico paso peatonal elevado.

Nor-Way Bussekspress (☎81 54 44 44; www.nor-way.no) ofrece horarios y reservas. Los autobuses internacionales también salen de la terminal de autobuses. Entre otros destinos, van a:

Bergen (522 NOK, 11 h, 3 diarios)

Stavanger (802 NOK, 7 h, normalmente 1 diario) Vía Kristiansand.

AUTOMÓVIL Y MOTOCICLETA

Las principales autopistas que entran a la ciudad son la E6 de norte a sur, y la E18 de sureste a oeste. Cada vez que se entra en Oslo, hay que atravesar (como mínimo) uno de los 19 peajes y pagar 33 NOK.

TREN

Todos los trenes llegan y salen de **Oslo S** (Jernbanetorget 1) en el centro de la ciudad. Tiene **mostradores de reservas** (⏲6.30-23.00; 🚉Sentralstasjon) y un **mostrador de información** (☎81 50 08 88; 🚉Sentralstasjon) que ofrece detalles sobre horarios y rutas por toda Noruega.

Hay trenes frecuentes en la zona del Oslofjord (p. ej. Drammen, Skien, Moss, Fredrikstad y Halden). Otros destinos importantes son:

DESTINO	TARIFA (NOK)	TIEMPO (H)	FRECUENCIA (DIARIOS)
Bergen vía Voss	950	6½-7½	4
Røros vía Hamar	810	5	cada 2 h
Stavanger vía Kristiansand	997	7¾	6
Trondheim vía Hamar y Lillehammer	965	6½-7½	6

ℹ Cómo desplazarse

Todo el transporte público lo cubren los billetes de Ruter (https://ruter.no/en/); los horarios y planos de rutas están disponibles en **Trafikanten** (☎177; www.ruter.no; Jernbanetorget; ⏲7.00-20.00 lu-vi, 8.00-18.00 sa y do).

Tranvía La red de tranvías de Oslo es muy amplia y funciona las 24 h.

T-bane La red de metro de seis líneas de Tunnelbanen, más conocida como T-bane, es rápida y sale del centro de la ciudad con más frecuencia que la mayoría de los autobuses urbanos o las líneas de tranvía.

Tren Hay trenes suburbanos y por el Oslofjord adonde no llega el T-bane.

BICICLETA

Oslo City Bike (☎915 89 700; https://oslobysykkel.no) permite viajes ilimitados de 45 min de duración en un período de 24 h, tres días o toda la temporada (45/99/299 NOK) con puestos de bicicletas repartidos por toda la ciudad. Se puede comprar un abono en el sitio web y por teléfonos inteligentes, mediante su aplicación o consiguiendo un pin del sitio web. Las bicicletas son prácticas y están bien cuidadas pero solo están disponibles de 6.00 a 00.00 y en la época en que no hay hielo (generalmente abr-dic).

BARCO

Los ferris a las islas del Oslofjord salen del muelle de Vippetangen. El **ferri 91** (plano p. 58; ☎23 35 68 90; a bordo adultos/niños 50/25 NOK, en quiosco del muelle de salidas adultos/niños 30/15 NOK, gratis con el Oslo Pass) a Bygdøy (solo mar-oct) sale del **muelle de Rådhusbrygge** (plano p. 58).

El barco 62 conecta Oslo con Drøbak (90 NOK, 1¼ h, 10.00 entre semana, 10.00 y 15.00 fines de semana) y con otras paradas del Oslofjord de camino, como Håøya (45 min), un lugar de vacaciones ideal para nadar y acampar. Sale del **muelle de Aker Brygge** (plano p. 58).

Muchos ferris de las islas interiores también están incluidos en la red de Ruter.

BILLETES Y ABONOS

- Además de los billetes sencillos, hay billetes de un día y otros transferibles de ocho viajes.
- Los niños de 4 a 16 años y los mayores de 67 pagan la mitad de todas las tarifas.
- Puede descargarse una aplicación para comprar billetes, aunque no siempre acepta tarjetas de crédito extranjeras.
- El Oslo Pass (p. 66) incluye acceso a todas las opciones de transporte público dentro de la ciudad, excepto autobuses y tranvías nocturnos, y casi todos los ferris del Oslofjord, incluido el ferri 91 (p. 97) a Bygdøy.

AUTOBÚS

La ciudad está llena de líneas de autobús y tranvía que se extienden a las afueras. No hay ninguna estación central de autobuses urbanos, pero casi todos convergen en Jernbanetorget, delante de Oslo S. Los que van al oeste, incluidos los de Bygdøy y Vigeland Park, paran también al sur del Teatro Nacional.

La frecuencia de servicio disminuye drásticamente de noche, pero los fines de semana los nocturnos N12, N14 y N18 siguen las rutas del tranvía hasta las 4.00 o más tarde; también hay otros autobuses nocturnos los fines de semana (201 a 218).

Los billetes de Ruter para trayectos en la zona 1 (casi todo el centro de la ciudad) cuestan 33/17 NOK adultos/niños si se compran con antelación en un punto de venta (máquinas expendedoras, 7-Eleven, Narvesen y Trafikanten), o 55/28 NOK si se compran a bordo. Un abono de un día cuesta 90/45 NOK y uno de siete días 240/120 NOK.

Quienes tengan el Oslo Pass (p. 66) pueden viajar gratis en todas las líneas que funcionan de día en el centro de la ciudad.

AUTOMÓVIL Y MOTOCICLETA

Oslo tiene bastantes calles de sentido único, y está introduciendo zonas donde no se puede aparcar en el centro de la ciudad, lo que puede complicar conducir por la ciudad. Aún así, las calles no suelen estar tan congestionadas como en otras ciudades europeas.

Por toda la ciudad hay aparcamientos en la calle con parquímetro, identificados por un cartel azul con una "P" blanca. Normalmente son de pago de 8.00 a 17.00 (lu-vi), y hasta las 15.00 los sábados. En otros horarios aparcar es gratuito a menos que se diga lo contrario. El centro de la ciudad tiene también 16 aparcamientos de varios pisos, como el de los centros comerciales de Oslo City y Aker Brygge. Estacionar en un aparcamiento público cuesta entre 250 NOK y 290 NOK por cada 24 h, en función del aparcamiento.

El Oslo Pass (p. 66) incluye estacionamiento en todos los aparcamientos municipales; las instrucciones para mostrarlo vienen con el abono.

TAXI

Hay paradas de taxi en Oslo S, en centros comerciales y plazas de la ciudad, pero se puede tomar cualquier taxi que lleve el cartel encendido. Si no, se puede llamar a **Norgestaxi** (☎08000; www.norgestaxi.no) u **Oslo Taxi** (☎02323; www.oslotaxi.no), pero hay que tener en cuenta que el taxímetro comienza a funcionar en el punto de partida y no son nada baratos. Oslo Taxi acepta las principales tarjetas de crédito.

T-BANE

Todas las líneas del T-bane pasan por las estaciones de Nationaltheatret, Stortinget y Jernbanetorget (para ir a Oslo S). Los billetes de Ruter de la zona 1 (casi todo el centro de la ciudad) cuestan 33/17 NOK adultos/niños si se compran con antelación (en máquinas expendedoras de billetes del T-bane, 7-Eleven, Narvesen y Trafikanten).

OSLOFJORD Y ØSTFOLD

El precioso Oslofjord, la parte más septentrional del estrecho de Skagerrak, se extiende al sur de Oslo, y está salpicado de pueblos e islas pintorescas, mientras que la región oriental de Østfold es una mezcla de bosques, bucólicas tierras de cultivo y pequeñas poblaciones junto al mar de gran importancia histórica. Es una zona de vacaciones muy concurrida por los noruegos, pero rara vez la visitan otros viajeros, a menos que vayan de camino a Suecia.

Drøbak

11 510 HAB.

Drøbak, antaño puerto de invierno de Oslo, es un acogedor pueblecito al borde del agua, con suficientes edificios de madera para garantizar una feliz excursión de un día desde la capital.

Puntos de interés

Fortaleza de Oscarsborg FORTALEZA

(plano p. 100; www.oscarsborgfestning.no) GRATIS

No hay que perderse la imponente fortaleza

de Oscarsborg, que está en una isla frente a la costa y data de la década de 1600. Fueron las baterías de Oscarsborg las que hundieron el buque de guerra alemán *Blücher* el 9 de abril de 1940, y gracias a eso el rey y el gobierno noruego se salvaron de ser capturados, lo cual se muestra con dramatismo en la película *La decisión del rey*. Hay **ferris** (plano p. 100; www.oscarsborgfestning.no; adultos/niños 105/65 NOK) a la isla cada 5 min desde Sundbrygga, en el puerto, en verano y con menos frecuencia el resto del año.

ℹ Cómo llegar y salir

El autobús 541 viaja cada hora entre Oslo y Drøbak. En julio también se puede ir en barco.

Fredrikstad

80 200 HAB.

En Fredrikstad se encuentra una de las ciudades fortificadas mejor conservadas y más hermosas de Escandinavia: el Gamlebyen (casco antiguo), con el barrio moderno en la otra orilla. Fredrikstad fue antaño un importante centro de comercio entre Europa continental y el oeste de Escandinavia.

Puntos de interés

★Gamlebyen CENTRO HISTÓRICO
(plano p. 102) Las casas de madera, fosos, puertas y puente levadizo del Gamlebyen de Fredrikstad tienen mucho encanto. Las murallas, antaño defendidas por 200 cañones, son ahora terraplenes de hierba que ofrecen un paseo muy agradable. Las estrechas calles adoquinadas se han conservado muy bien y están llenas de pintorescos edificios del s. XVII, muchos de ellos aún en uso.

Catedral CATEDRAL
(plano p. 102; ☎69 95 98 00; Riddervoldsgate 5) La catedral de Fredrikstad, de 1880, refleja la importancia de la ciudad en el s. XIX, con sus vidrieras, obra de Emanuel Vigeland. El pragmatismo noruego se combina aquí con su devoción: en la aguja hay un curioso faro, que aún funciona de noche.

Isegran ISLA
(plano p. 102; www.isegran.no; con museo Fredrikstad adultos/niños 75/30 NOK; ⊙12.00-16.00 vi-do med jun-finales ago) Las sagas nórdicas mencionan la fortaleza de Isegran, del s. XIII, un islote en el Glomma que se convirtió en una línea de defensa contra Suecia a mediados del s. XVII. En la parte este de la isla pueden verse las **ruinas** (plano p. 102) de una torre de piedra. Hay también un pequeño **museo** dedicado a los astilleros del lugar (de la época en que los barcos se hacían artesanalmente, con amor y de madera).

En automóvil o a pie, se accede por la Rv108, unos 600 m al sur del centro de la ciudad de Fredrikstad.

Fortaleza de Kongsten FORTALEZA
(Kongsten Festning; plano p. 102; ☎479 77 795; http://ostfoldmuseene.no; Blakstads gate) En lo que antaño se llamaba la "colina del patíbulo" está la Fortaleza de Kongsten, repleta de flores. Construida en 1685, funcionaba como atalaya y puesto de aviso para advertir a las tropas del cercano Gamlebyen. Aunque pue-

MERECE LA PENA

HVALER SKERRIES

Los veraneantes y artistas noruegos adoran las Hvaler Skerries, un archipiélago frente a la costa, formado por 833 islas e islotes boscosos que vigilan la entrada sur del Oslofjord. Las islas principales de **Vesterøy**, **Spjærøy, Asmaløy** y **Kirkøy** están conectadas con el continente por una carretera de peaje (59 NOK) y un túnel. El autobús 365 (72 NOK) hace el recorrido entre Fredrikstad y Skjærhalden, en el extremo de Kirkøy.

La **oficina de turismo de Gamlebyen** (p. 101) puede indicar numerosos lugares de interés salpicados por las islas. Hay un par de oficinas de turismo de temporada repartidas por las islas.

Sobre la costa de la **isla de Akerøy,** accesible solo en ferri (taxi acuático) desde Skjærhalden, está la bien conservada **fortaleza** costera del s. XVII, renovada en los años sesenta. La entrada es gratuita y siempre está abierta.

La **iglesia de piedra** de mediados del s. XI (plano p. 100; Skjærhalden; ⊙12.00-16.00 jul, 12.00-16.00 sa finales jun y ppios ago) en Kirkøy es una de las más antiguas de Noruega.

Las oficinas de turismo tienen listas de casas y chalés privados totalmente equipados en las Hvaler Skerries; cuestan entre 450 NOK y 800 NOK/día.

Oslofjord y Østfold

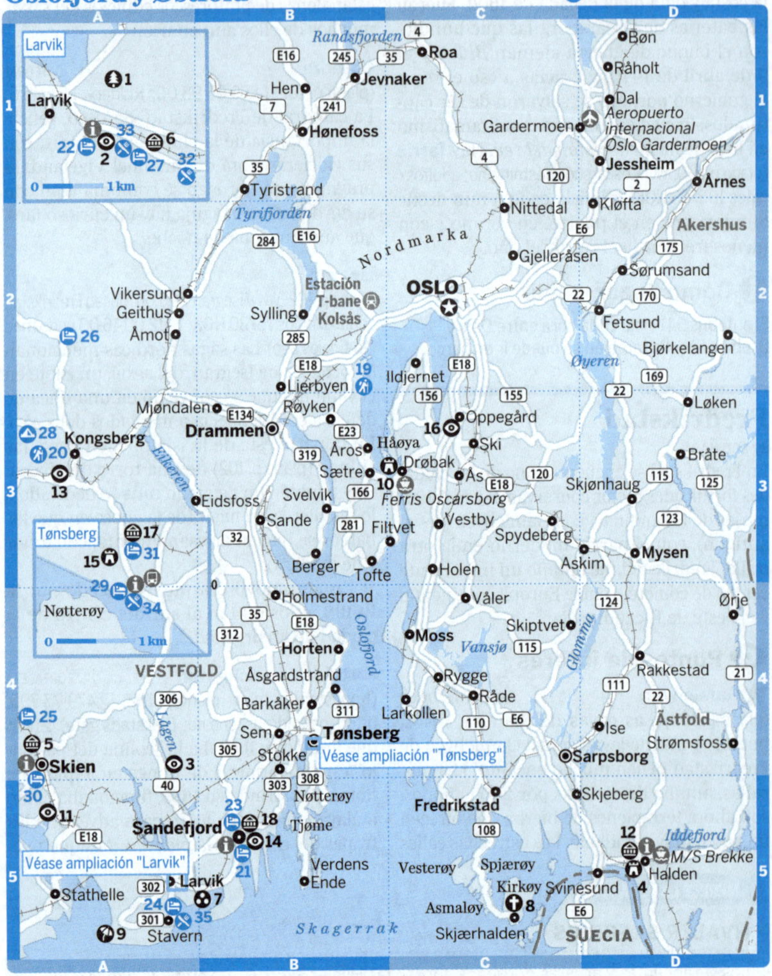

de llenarse los fines de semana de verano, este lugar solitario, intacto y atractivo es fantástico para pasear entre torrecillas, terraplenes, murallas y empalizadas, o sentarse al sol y empaparse de tranquilidad.

Fiestas y celebraciones

Festival de Glomma MÚSICA, COMIDA
(www.glommafestivalen.no) Se celebra a finales de junio o principios de julio. Está dedicado a los placeres culinarios y actuaciones musicales, duelos rituales, una "regata de bañeras" para barcos creativos, y una exposición de viejos veleros. Es un festival muy popular; hay que reservar alojamiento con tiempo.

Dónde dormir y comer

Fredrikstad Motell & Camping CAMPING $
(plano p. 102; ☎69 32 03 15; www.fredrikstadmotel.no; Torsnesveien 16-18, Sarpsborg; tienda con/sin automóvil 250/200 NOK, motel i/d 450/550 NOK, bungalós 900-1300 NOK; P 📶) Este lugar cómodo aunque no muy pintoresco está en los terrenos del Fuerte Kongsten y destaca por su proximidad al casco antiguo.

Oslofjord y Østfold

Puntos de interés

1 Bøkeskogen ... A1
2 Bølgen ... A1
3 Damvann ... A4
4 Fortaleza de Fredriksten y Museos ... D5
5 Museo Henrik Ibsen ... A4
6 Palacete Herregården ... A1
7 Kaupang ... B5
8 Iglesia de piedra de Kirkøy ... C5
9 Mølen ... A5
10 Fortaleza de Oscarsborg ... C3
11 Porsgrund Porselænsfabrikk ... A5
12 Rød Herregård ... D5
13 Minas Reales de Plata ... A3
14 Southern Actor ... B5
15 Castillo de Tønsberg ... A3
16 TusenFryd ... C3
17 Museo Provincial de Vestfold ... A3
18 Museo Ballenero ... B5

Actividades, cursos y circuitos

19 Paseo costero ... B2
Farris Bad ... (véase 22)
20 Knutefjell ... A3
Circuito por las Minas Reales de Plata con cuerdas ... (véase 13)

Dónde dormir

21 Clarion Collection Hotel Atlantic ... B5
22 Farris Bad ... A1
Fredriksten Camping ... (véase 4)
Fredriksten Hotel ... (véase 4)
Grand Hotell ... (véase 4)
23 Hotel Kong Carl ... B5
24 Hotel Wassilioff ... A5
25 Kilden Gård ... A4
26 Lampeland Hotell ... A2
27 Lysko Gjestegaard ... A1
28 Max Kro & Camping ... A3
29 Thon Hotel Brygga ... A4
30 Thon Hotel Høyers ... A4
31 Tønsberg Hostel ... A3

Dónde comer

32 Georg Marius Larsen ... A1
Kongens Brygge ... (véase 4)
33 Pakkhuset ... A1
34 Restaurant Havariet ... A4
Sanden ... (véase 2)
35 Smak av Stavern ... A5

En verano hay desayuno de bufé (90 NOK/persona). Desde el centro, se toma cualquier autobús (p. ej. 362) que vaya a Torsnes.

Hotel Victoria HOTEL HISTÓRICO $$
(plano p. 102; ☎69 38 58 36; www.hotelvictoria.no; Turngaten 3, Ciudad Nueva; i/d 1195/1295 NOK; 📶) Las zonas comunes de este hotel centenario están repletas de detalles de época y las habitaciones son lujosas y acogedoras. Se recomiendan las que tienen balcón y vistas de los árboles y flores del parque. El personal es muy amable y simpático.

Quality Hotel Fredrikstad HOTEL $$$
(plano p. 102; ☎69 39 30 00; www.qualityinn.com; Nygata 2-6, Ciudad Nueva; i/d desde 1330/1490 NOK; 📶) Este hotel de ejecutivos tiene habitaciones muy elegantes, aunque bastante funcionales, animadas con artísticas fotografías. El servicio es perfecto y el hotel no podría estar más en el centro.

Majoren's Stue og Kro NORUEGA $$
(plano p. 102; ☎69 32 15 55; www.majoren.no; Voldportgata 73, Gamlebyen; principales 165-199 NOK; ⏲12.00-20.00 lu-ju, hasta 21.00 vi y sa, hasta 19.00 do) Este lugar rústico está especializado en platos noruegos preparados de forma lenta y clásica, que parece estar de moda de nuevo, además de hamburguesas y pescado con patatas fritas, servidos en el comedor o en el jardín de atrás. Hay un bar anejo, con su propia carta elegante, que sigue abierto unas horas cuando la cocina deja de funcionar.

Riviera Fusion ASIÁTICA $$
(plano p. 102; ☎69 33 86 88; Storgata 13, Engelsviken, Ciudad Nueva; principales 125-215 NOK; ⏲11.00-22.00 lu-ju, 11.00-24.00 vi y sa, 12.00-22.00 do) Este lugar contemporáneo de fusión asiática (salteados, tempura y curris tailandeses además de bistecs y pescados a la parrilla italianos) se encuentra en una tienda histórica a pie de calle y tiene una terraza en verano con vistas al agua.

Información

La útil **oficina de turismo de Gamlebyen** (plano p. 102; ☎69 30 46 00; www.visitoslofjord.no; Kongens Torv; ⏲9.00-17.00 lu-vi, 10.00-16.00 sa, 11.00-16.00 do) abre todo el año.

Cómo llegar y salir

Los autobuses interurbanos llegan y salen de la Fredrikstad Rutebilstasjon, en la estación de tren. Hay **Flybussekspressen** (www.flybussekspressen.no) regulares de Fredrikstad al aeropuerto internacional de Oslo Gardermoen (307 NOK, 2¼ h, cada 1 o 2 h).

Fredrikstad

Fredrikstad

Principales puntos de interés

1 Gamlebyen C4

Puntos de interés

2 Catedral B2
3 Isegran B4
4 Ruinas de Isegran B4
5 Fortaleza de Kongsten D5

Dónde dormir

6 Fredrikstad Motell & Camping D4
7 Hotel Victoria B3
8 Quality Hotel Fredrikstad A1

Dónde comer

9 Majoren's Stue og Kro C4
10 Riviera Fusion A1

Fredrikstad está en la línea de ferrocarril de **NSB** (www.nsb.no) entre Oslo y Gotemburgo. Los trenes a/desde Oslo (221 NOK, 1 h) circulan 10 veces al día, y también van a Sarpsborg y Halden, pero para los trenes internacionales que van al sur es obligatorio tener asiento reservado.

Los conductores deben seguir la E6 al sur de Oslo. Nada más pasar Råde, se gira al sur por la 110 y se sigue hasta Fredrikstad.

Halden

30 550 HAB.

La tranquila y encantadora ciudad de Halden, al final del Iddefjord, entre empinados y rocosos cabos, posee una historia de enorme importancia como bastión de la defensa noruega a lo largo de siglos de agresiones suecas. Con un pequeño puerto lleno de yates, una imponente fortaleza que se eleva tras la ciudad y unos cuantos restaurantes buenos, merece la pena el desvío s Halden.

Puntos de interés

Fortaleza y museos de Fredriksten FORTALEZA

(Fredriksten Festning; plano p. 100; www.fredrikstenfestning.com; fortaleza gratis, adultos/niños todos los museos 60/20 NOK, circuito guiado 70/30 NOK; ⌚fortaleza 24 h, museos 11.00-17.00 lu-do med may-ago, circuitos guiados 14.00 todo el año) En lo alto de la colina, detrás de Halden, la fortaleza de Fredriksten, de 1661, resistió seis asedios suecos y nunca fue tomada. Ocupa una zona grande, gran parte de la cual son extensiones de hierba y murallas en ruinas, pero hay un par de museos interesantes, una calle adoquinada restaurada y vistas estupendas. El lugar cobra vida con las entretenidas visitas guiadas.

Rød Herregård EDIFICIO HISTÓRICO

(plano p. 100; Herregårdsveien 10; circuitos adultos/niños 60/20 NOK; ⌚circuitos 12.00, 13.00 y 14.00 lu-sa, 12.00, 13.00, 14.00 y 15.00 do med jun-med ago, 12.00, 13.00 y 14.00 do may-med jun y med ago-sep) El palacete de Rød Herregård, que data al menos de 1690, tiene magníficos interiores, notables colecciones de armas, arte y cabezas disecadas de muchos animales de la fauna local. Los armónicos jardines son unos de los más agradables de Noruega. Está 1,5 km al noroeste del centro de la ciudad, y bien señalizado.

Dónde dormir y comer

Fredriksten Camping CAMPING $

(plano p. 100; ☎69 18 40 32; Fredriksten Festning; tienda con automóvil 275 NOK, bungalós 4/5 camas 490/790 NOK; P) Este lugar de acampada tiene una ubicación estupenda en medio de los árboles, junto a la fortaleza. También ofrece minigolf y, cuando cierra la fortaleza y desaparecen las multitudes, es un buen sitio donde plantar una tienda. Hay un restaurante donde sirven comida frita.

Grand Hotell HOTEL HISTÓRICO $$

(plano p. 100; ☎69 18 72 00; www.grandhotell.net; Jernbanetorget 1; h desde 1310 NOK; P wifi) El Grand Hotell, frente a la estación de tren, es el más antiguo de la ciudad; ofrece una base muy cómoda.

★**Fredriksten Hotel** HOTEL HISTÓRICO $$$

(plano p. 100; ☎69 02 10 10; www.fredrikstenhotell.no; Generalveien 25-27; i/d 1090/1545 NOK; P wifi) Hotel histórico con un estilo muy elegante y contemporáneo y la mejor vista de la ciudad. Además de las habituales habitaciones dobles e individuales, hay habitaciones familiares y de seis camas.

Kongens Brygge PIZZERÍA $$

(plano p. 100; ☎69 17 80 60; Gjesthavn; principales 135-190 NOK, *pizzas* 145-255 NOK; ⌚13.00-23.00 do-ma y ju, 13.00-2.30 mi, 12.00-2.30 vi y sa) Este lugar al borde del agua tiene un ambiente de crucero y una maravillosa terraza en un pontón que abre en verano. Las *pizzas* son caras, pero las raciones son generosas y satisfacen a los viajeros hambrientos. Hay varios lugares similares cerca.

Información

La **oficina de turismo** de Halden (plano p. 100; ☎69 19 09 80; www.visithalden.com; Kongens Brygge 3; ⌚9.00-16.30 lu-vi, 9.00-12.00 sa y do med jun-med ago, 9.00-15.30 lu-vi resto del año), junto a Torget, ofrece información útil.

Cómo llegar y salir

Los trenes entre Oslo y Halden (272 NOK, 1¾ h) vía Fredrikstad circulan cada hora de lunes a viernes y cada 2 h los fines de semana. Una media de cuatro trenes diarios continúan a Gotemburgo y Malmö en Suecia. La terminal de autobuses de larga distancia está en pleno puerto.

Sur de Noruega

Incluye »

Los mejores restaurantes

- Bønder i Byen (p. 119)
- Blom Restaurant (p. 113)
- Tollboden (p. 111)
- Kafe Strandhaven (p. 115)
- Sanden (p. 109)

Los mejores alojamientos

- Grand Hotell (p. 122)
- Farris Bad (p. 109)
- Lillesand Hotel Norge (p. 115)
- Grand Hotell (p. 124)
- Clarion Tyholmen Hotel (p. 113)

Por qué ir

La costa meridional noruega atrae a gran cantidad de turistas nacionales durante el verano. No es de extrañar, con su sucesión de pueblos costeros impolutos con casas blancas de madera, junto a la compleja red de bahías y *skerries* (islotes) y un mar resplandeciente.

Esta es para el viajero la oportunidad de conocer una Noruega cosmopolita y genuina, muy distinta a la de los fiordos y altiplanos que figura habitualmente en los folletos.

Hacia el interior, se descubre un paisaje cada vez más espectacular. Rjukan es la puerta de entrada a tierras altas de enorme belleza, como el Parque Nacional de Hardangervidda y la espectacular orografía del monte Gausta. Por doquier, entre bosques y lagos habitados por castores, se hallan idílicas aldeas, iglesias medievales de madera y una rica cultura tradicional.

Cuándo ir

Kristiansand

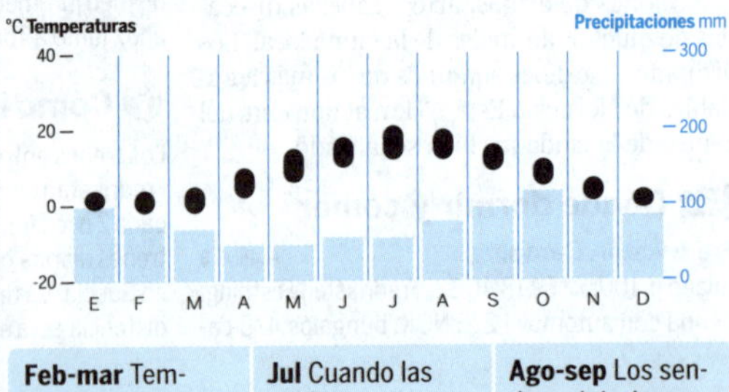

Feb-mar Temporada alta en Rjukan para la escalada en hielo, el esquí y el trineo de perros.

Jul Cuando las poblaciones costeras están más animadas.

Ago-sep Los senderos interiores están perfectos y el otoño empieza a colorearlos.

LA COSTA

A Noruega normalmente no se va en busca de playas, pero el sur atrae a muchos turistas locales tentados por la posibilidad de un baño y un paseo en barca alrededor de las pintorescas islas y *skerries*. Las ciudades costeras son preciosas, con centros urbanos y zonas marítimas con casas blancas de madera, además de cafés, bares y restaurantes preparados para los turistas de temporada. Es, sin duda, una atractiva y maravillosa forma de descubrir la vida del país a un ritmo aún más lento y relajado de lo habitual.

Tønsberg

41 485 HAB.

Es la ciudad más antigua de Noruega, aunque sus orígenes quedan tan lejos que solo han sobrevivido unos pocos restos interesantes. Se conservan algunas ruinas vikingas y un destartalado castillo que, en conjunto, hacen que la ciudad merezca una breve visita.

Puntos de interés

Castillo de Tønsberg FORTALEZA

(Castrum Tunsbergis; plano p. 100; ⏲torre 12.00-17.00 med jun-med ago; reducido resto del año) GRATIS Erigido sobre la colina que se alza detrás de la ciudad, fue la mayor fortaleza de Noruega en el s. XIII. En 1503, los suecos destruyeron lo que pudieron, pero la **torre Slottsfjellstårnet,** más moderna (1888), ofrece buenas vistas de las ruinas desde sus 17 m de altura. Ciertas partes de la muralla exterior, de 600 m de longitud, permanecen intactas, mientras que entre los cimientos medievales que se conservan están los de el **bastión del rey Magnus Lagabøte,** la **iglesia de St Michael** (1191), el **salón del rey Håkon Håkonsson** y varias **torres vigía.** El parque siempre está abierto.

Museo Provincial de Vestfold MUSEO

(Vestfold Fylkesmuseum; plano p. 100; www.slottsfjellsmuseet.no; Farmannsveien 30; adultos/niños 100/50 NOK, ma gratis; ⏲11.00-16.00 med may-med sep, horario reducido resto del año) Se halla a los pies de **Slottsfjellet** (mota del castillo), en el extremo norte de la ciudad, 5 min a pie hacia el noroeste desde la estación de trenes. Destacan las muestras sobre la excavación del impresionante barco vikingo *Oseberg* (ahora expuesto en el Museo del Barco Vikingo de Oslo; p. 66), un conjunto de edificios agrícolas tradicionales con mobiliario de época y una sección sobre la historia ballenera de Tønsberg.

Dónde dormir y comer

Tønsberg Hostel ALBERGUE $

(plano p. 100; ☎33 31 21 75; tonsberg@hihostels.no; Dronning Blancasgata 22; dc 350 NOK, i/d con baño compartido 750/850 NOK, d/c 895/1600 NOK; P 📶) Agradable hostal bien equipado, limpio y a solo 5 min a pie de la estación de trenes. Las acogedoras zonas comunes serían la envidia de muchos hoteles de primera categoría. Se sirven buenos desayunos. La recepción cierra de 12.00 a 15.00.

Thon Hotel Brygga HOTEL DE NEGOCIOS $$

(plano p. 100; ☎33 34 49 00; www.thonhotels.no; Nedre Langgate 40; d 1215 NOK; @📶) Dentro de un almacén tradicional de madera, este moderno hotel costero tiene habitaciones agradables aunque algo pequeñas y unos desayunos fantásticos; frecuentado por familias que viajan en coche.

Roar I Bua PESCADO $$

(www.roaribua.com; Nedre Langgate 42; sándwiches 80-99 NOK, principales 150-199 NOK; ⏲10.00-22.00) Esta coqueta choza de madera de grandes dimensiones es mitad pescadería, mitad restaurante. Se sirve un pescado muy fresco a precios razonables. La porción de salmón ahumado es perfecta para llevar de pícnic.

Restaurant Havariet INTERNACIONAL $$

(plano p. 100; ☎33 35 83 90; www.havariet.no; Nedre Langgate 30e; principales 110-325 NOK; ⏲11.00-2.00) Sabrosa comida local en un interior cálido y acogedor, tal vez el más frecuentado de la costa. El menú incluye buenas ofertas para el almuerzo, muchos productos del mar y algunas ensaladas sabrosas, aunque a veces sobrecargadas.

Información

Oficina de turismo (plano p. 100; ☎480 63 333; www.visittonsberg.com; Storgaten 38; ⏲9.00-16.30 lu-vi, 10.00-14.00 sa med jun-ppios ago, 9.00-14.00 lu-vi resto del año) En la plaza principal.

Cómo llegar y desplazarse

La estación de autobuses **Tønsberg Rutebilstasjon** (plano p. 100; ☎33 30 01 00; Jernbanegaten) está una manzana al sur de la estación de trenes. Los autobuses Bussekspress de Nor-Way (p. 436) conectan con Kristiansand (437 NOK, 4½ h, 1-2 diarios) pasando por la mayoría de las ciudades costeras, incluida Larvik (142 NOK, 1 h, 2 diarios). Nettbuss (p. 440) ofrece servicios a Oslo (210 NOK, 1½ h).

Imprescindible

1 Meseta de Hardangervidda (p. 131) Recorrer a pie este inolvidable paraje natural, hogar de la mayor colonia de renos salvajes de Europa.

2 Dalen (p. 129) Navegar lentamente por el canal de Telemark hasta esta joya del interior.

3 Gausta (p. 131) Alcanzar la cima de la montaña más bella de Noruega.

4 Stavern Festivalen (p. 110) Bailar toda la noche en este festival de música, uno de los muchos que se celebran en la costa.

5 Carretera costera (p. 122) Conducir por la

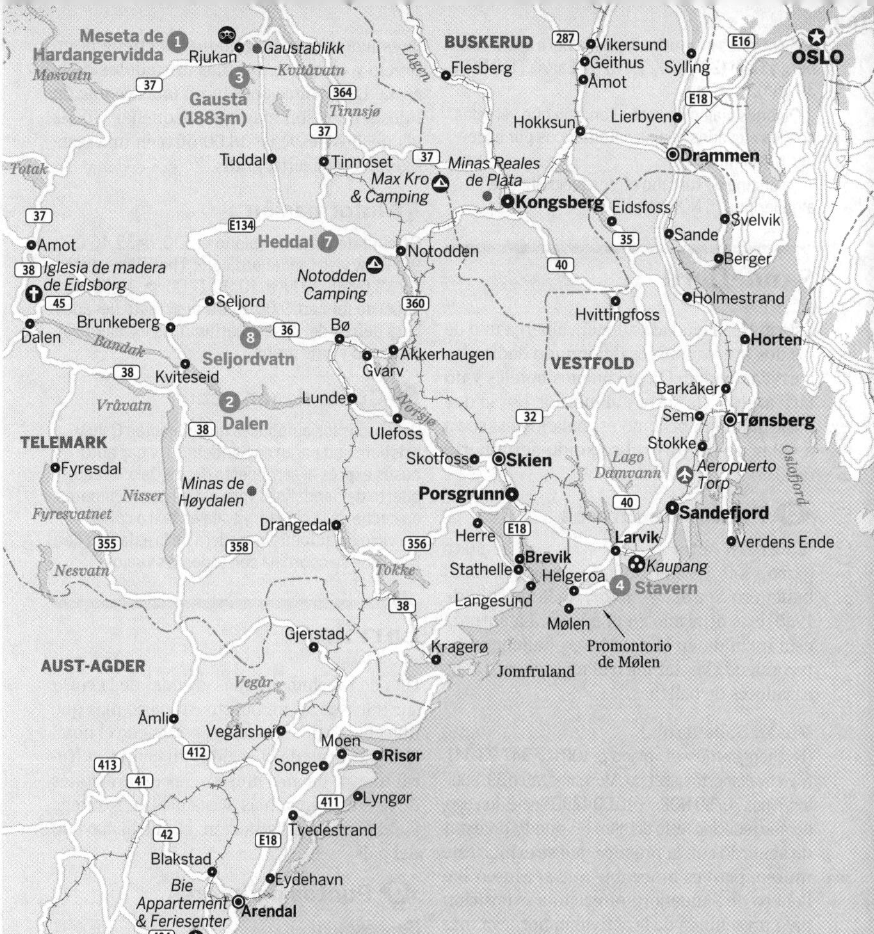

tranquila ruta panorámica entre Flekkefjord y Egersund.

6 **Lillesand** (p. 115) Pasear por las evocadoras calles de este precioso 'pueblo blanco' de madera.

7 **Iglesia de madera de Heddal** (p. 127) Admirar las exquisitas líneas de los tejados y pinturas de esta iglesia de madera poco visitada.

8 **Seljordvatn** (p. 132) Explorar este inquietante lago en busca de la serpiente Selma, que habita en sus profundidades.

9 **Kristiansand** (p. 115) Empaparse de cultura entre baños y paseos en barco en los fantásticos museos de la capital costera.

Hay trenes interurbanos cada hora entre Tønsberg y Oslo (237 NOK, 1½ h) o a Larvik (112 NOK, 34 min), en el sur.

Quienes viajen en coche tendrán que vérselas con los elevados peajes automáticos por acceder a la ciudad.

La oficina de turismo ofrece bicicletas de alquiler por 75 NOK/día.

Sandefjord

61 220 HAB.

Esta antigua ciudad ballenera alberga uno de los dos únicos museos del mundo dedicados a esta actividad. Ofrece buenos hoteles y un fácil acceso a la costa y al interior, por lo que pasar aquí la noche no es mala idea si se va a volar desde Torp, el segundo aeropuerto de Oslo.

Puntos de interés

'Southern Actor' BARCO

(plano p. 100; 9.30-17.00 finales jun-ago) El barco ballenero *Southern Actor*, de la década de 1950, está atracado en el puerto. La entrada está incluida en la del Museo Ballenero. Se recomienda ver también el monumento a los cazadores de ballenas.

Museo Ballenero MUSEO

(Hvalfangst-museet; plano p. 100; 947 93 341; www.hvalfangstmuseet.no; Museumsgaten 39; adultos/niños 70/50 NOK; 10.00-17.00 finales jun-ago, horario reducido resto del año) Se puede no estar de acuerdo con la práctica que se exhibe este museo, pero es innegable que el Museo Ballenero de Sandefjord ofrece una exposición bien presentada de la actividad noruega más controvertida, con una visión equilibrada de ambas caras de la moneda.

Dónde dormir

Hotel Kong Carl HOTEL HISTÓRICO $$

(plano p. 100; 33 46 31 17; www.kongcarl.no; Torggata 9; i/d 895/1195 NOK; P) Según dicen, esta opción absurdamente espléndida es el segundo hotel más antiguo de Noruega. Sus habitaciones tienen un aire histórico, y combinan el papel pintado tradicional con muebles contemporáneos y objetos clásicos, en vez de antigüedades. El personal es amable y servicial y la ubicación es céntrica, aunque no está junto al agua.

Clarion Collection Hotel Atlantic HOTEL $$

(plano p. 100; www.nordicchoicehotels.no; Jernbanealleen 33; i/d 990/1090 NOK; P) En un hermoso edificio de 1914, a 3 min a pie de la estación, este hotel-*boutique* tiene buen precio y es uno de los más evocadores de la costa. Las habitaciones lucen una decoración lujosa, pero son más bien pequeñas. Todas las noches desde las 18.00 ofrecen una cena ligera, o refrigerio, gratis.

Información

Oficina de turismo (plano p. 100; 33 46 05 90; www.visitsandefjord.com; Thor Dahls gate 7; 9.00-17.30 lu-vi, 10.00-17.00 sa, 12.30-17.00 do jul-ago, 9.00-16.00 lu-vi resto del año) Está detrás del paseo marítimo, es excelente y ofrece té y café gratis.

Cómo llegar y salir

Casi todos los autobuses que conectan Oslo y Kristiansand paran en Sandefjord, y hay autobuses exprés al aeropuerto desde Oslo. El aeropuerto de Sandefjord Torp está a pocos minutos en coche de la ciudad, ya sea en taxi o con el servicio de autobús lanzadera de la estación de tren, que se coordina con todos los vuelos.

Larvik

43 900 HAB.

Una de las ciudades más grandes de la costa sur noruega, es un puerto rutinario más que una ciudad de vacaciones, pero tiene el hotel más elegante de la región, un centro cultural nuevo, buenos museos, las excavaciones de la era vikinga más accesibles de Noruega y el hermoso Bøkeskogen, el mayor hayedo del país.

Puntos de interés

Bøkeskogen BOSQUE

(plano p. 100) Esta sublime extensión verde con vistas a Larvik es el hayedo más grande de Noruega y el situado más al norte del mundo. Está surcado por senderos de 2,6 a 10 km de longitud y tiene unas vistas impresionantes sobre el lago Farris desde su extremo noroeste.

Mansión Herregården EDIFICIO HISTÓRICO

(plano p. 100; 481 06 600; www.larvikmuseum.no; Herregårdsbakken; adultos/niños 50/30 NOK; 12.00-16.00 jun-med sep) Herregården es una mansión clásica de madera de estilo barroco construida en 1677 como residencia del estadista y general noruego Ulrik Frederik Gyldenløve, duque de Larvik. Como hijo ilegítimo del rey Federico IV de Dinamarca, recibió un ducado y fue relegado a la oscuridad noruega. Está amueblada en el estilo de los ss. XVII y XVIII.

Kaupang YACIMIENTO ARQUEOLÓGICO
(plano p. 100; ☎906 22 744; www.vikingbyen.org; Kaupangveien 276; adultos/niños 60 NOK/gratis; ⏲10.00-16.00 med jun-med ago) El pueblo vikingo de Kaupang, 5 km al este de Larvik, surgió alrededor del año 800 y estuvo habitado hasta el 960. Se cree que en él llegaron a vivir hasta 1000 personas. Si bien la mayor parte de los artefactos originales se hallan actualmente en Oslo, los encargados de custodiar este yacimiento gestionan una pequeña exposición, cuatro tiendas vikingas y expertos guías que muestran sepulcros y explican el rico pasado de Kaupang.

Los miércoles (día de la familia) y fines de semana hacen sopa vikinga y pan y encienden la forja. También informan sobre dónde encontrar otras tumbas vikingas en la zona de Larvik.

Bølgen CENTRO CULTURAL
(Kulturhus; plano p. 100; www.kulturhusbolgen.no; Sanden 2; ⏲11.00-22.00 lu-sa, 12.00-22.00 do) El impresionante centro cultural de la ciudad, en forma de ola, alberga una pinacoteca con un interesante calendario de artistas noruegos contemporáneos, salas de conciertos y un cine (con películas originales), así como el mejor café-bar de la ciudad, Sanden.

Actividades

Farris Bad SPA
(plano p. 100; ☎33 19 60 00; www.farrisbad.no; Fritzøe Brygge 2; ⏲7.00-21.00 lu, ma y ju, hasta 23.00 mi y vi, 8.00-23.00 sa, 8.00-21.00 do) El spa de Larvik está entre los mejores hoteles-*spas* de Europa, con impresionantes piscinas, salas de vapor y saunas, una escalinata que baja hacia el mar, salones con espectaculares vistas al mar y una sauna solo para mujeres. Los miércoles por la noche y un domingo por la tarde al mes hay un horario de "nudismo obligatorio".

Dónde dormir y comer

Lysko Gjestegaard PENSIÓN $$
(plano p. 100; ☎977 44 490; www.lysko-it.no; Kirkestredet 10; i/d desde 840/1050 NOK; P 📶) Esta tranquila pensión ocupa una preciosa casa antigua de madera frente al Museo Marítimo, en el extremo oriental del puerto. Las habitaciones derrochan carácter gracias al mobiliario decorado a mano y al profuso colorido de paredes y techos. Tiene una cocina para uso de los huéspedes y una tienda de antigüedades. Los precios no incluyen el desayuno.

★**Farris Bad** HOTEL $$$
(plano p. 100; ☎33 19 60 00; www.farrisbad.no; Fritzøe Brygge 2; i/d 1560/2066 NOK) Pasada la recién renovada zona de los muelles, junto a la playa de arena más bonita de la ciudad (y por encima de ella), este hotel con *spa* y todos los servicios tiene habitaciones de lujo, muchas de ellas con vistas al mar, y zonas comunes espléndidamente decoradas. Fuera de temporada alta y fines de semana, el precio de las habitaciones, que siempre incluye el acceso gratis al *spa*, baja muchísimo. El restaurante tiene una terraza junto a la playa y ofrece un generoso bufé de marisco (350 NOK) en verano.

Pakkhuset COMIDA DE PUB $$
(plano p. 100; ☎33 19 69 00; Storgata 19; principales 179-219 NOK, *pizza* 120-160 NOK; ⏲11.00-21.00 do-ju, hasta 24.00 vi y sa, med may-med ago) Este luminoso restaurante junto al muelle, parte del Quality Hotel Grand Farris, es una opción divertida frente al mar para comer gambas, hamburguesas o *pizza*. Se convierte en discoteca los viernes y sábados por la noche.

Sanden CAFÉ $$
(plano p. 100; www.bolgenkulturhus.no/sanden; Bølgen, Sanden 2; principales 165-245 NOK; ⏲11.00-16.00 ma, hasta 20.00 mi y ju, hasta 22.00 vi y sa, hasta 17.00 do, más tarde para conciertos) Un bastión cosmopolita en Larvik, ideal para pasar horas en la zona frente al agua. Sirve el mejor café en kilómetros, con granos Solberg & Hansen de Oslo, y un menú de hamburguesas que van de lo básico a lo más original (la Carla lleva cilantro y mayonesa picante; Bárbara, cebolla caramelizada). Abre hasta tarde como bar para celebraciones; conviene consultar .

Georg Marius Larsen PESCADERÍA $$
(plano p. 100; ☎33 18 17 44; Dronningens gate 43; platos 169-199 NOK; ⏲9.00-16.30 lu-vi, hasta 14.30 sa) Auténtica delicatesen de pescado que vende empanadas calientes, ensaladas, platos preparados (como gratín de marisco) y marisco fresco.

Información

Oficina de turismo (plano p. 100; ☎33 69 71 00; www.visitlarvik.no; Bølgen, Sanden 2; ⏲13.00-20.00) Muy útil; está dentro del elegante centro cultural Bølgen, junto al mar.

Cómo llegar y salir

Los autobuses **Bussekspress de Nor-Way** (p. 436) pasan por Larvik en la ruta entre Seljord (292 NOK, 2¼ h, hasta 3 diarios) y

Tønsberg (127 NOK, 1 h). Para ir a otros destinos costeros, quizá se tenga que hacer transbordo en Tønsberg o Arendal. Hay trenes locales cada hora entre Oslo S (estación central) y Larvik (256-322 NOK, 2 h). Las estaciones de ferrocarril y autobuses están en Storgata, una al lado de la otra.

Alrededores de Larvik

Stavern

5740 HAB.

Stavern se encuentra al sur de Larvik, en torno a un impresionante pliegue del litoral; del océano surgen infinidad de peñones de granito que crean un laberinto de canales helados, con la península de Brunlanes y sus curiosas playas rocosas y bonitos pueblos al suroeste. La propia Stavern es casi tan hermosa como la naturaleza que la rodea. Sus calles peatonales, llenas de cafés, pequeñas galerías privadas y casas blancas, se convierten en el club social de Larvik las noches de verano. Uno de sus hitos es el fuerte Fredriksvern Verft, de mediados del s. XVIII.

Actividades

Paseo costero PASEOS

(Kyststien; plano p. 100) Stavern es el inicio de este popular y precioso sendero costero de 33 km de largo hasta Ødegården, en la costa oeste de Brunelanes. Hay un mapa de la ruta en www.visitvestfold.com.

Fiestas y celebraciones

Stavern Festivalen MÚSICA

(www.stavernfestivalen.no; pase 100 NOK; ⏲med jul) Festival al aire libre con un ambiente fantástico que se celebra entre la orilla y un bosque. Ofrece actuaciones *rock* y pop, con artistas escandinavos de primera línea y estrellas internacionales.

Dónde dormir y comer

Hotel Wassilioff HOTEL HISTÓRICO $$

(plano p. 100; ☎33 11 36 00; www.wassilioff.no; Havnegata 1; i/d 1195/1400 NOK; P 📶) En funcionamiento desde 1844, el Hotel Wassilioff sabe cómo contentar a sus clientes, y tiene una gran personalidad gracias a toques como las fotos antiguas en color sepia de la realeza noruega y sillas de comedor *vintage*. Las habitaciones son algo menos emocionantes que las zonas comunes. Su emplazamiento, junto a un parque y una playa minúscula, es encantador.

Smak av Stavern ESPAÑOLA $$

(plano p. 100; ☎948 78 832; http://smakavstavern.no; Strandveien 3; tapas 69-82 NOK, principales 172-189 NOK; ⏲13.00-22.00 lu-ju, 12.00-23.00 vi y sa, hasta 22.00 do) Un comedor típico noruego, con sillas de madera pintadas en azul marino y rojo y mesas sencillas decoradas con velas, en un precioso lugar junto al muelle. Además, su sorprendente carta incluye paella y tapas típicas de la cocina mediterránea, además de sopa de pescado y hamburguesas.

Información

Actualmente no hay oficina; www.visitvestfold.com y la oficina de turismo de Larvik (p. 109) ofrecen información útil.

Cómo llegar y salir

Para volver y volver a Larvik (45 NOK, 15 min, cada hora) hay que tomar el autobús nº 1.

Kragerø

10 505 HAB.

Se trata de uno de los retiros veraniegos favoritos de los noruegos. Sus estrechas calles y casas encaladas trepan monte arriba desde la orilla del mar. Durante años ha sido retiro de artistas; Edvard Munch pasó varias vacaciones de pesca aquí, y llamó a Kragerø "la perla de los pueblos costeros", aunque este destino vacacional nunca figuró entre sus paisajes marinos. Una estatua de Munch se erige en el lugar donde pintó un sol de invierno alzándose sobre el mar.

Puntos de interés y actividades

La isla frente a la costa de Jomfruland es la atracción más popular de Kragerø. Para disfrutar de buenas vistas sobre la ciudad y sus *skerries* (islotes), se recomienda subir desde el estadio hasta el mirador del **monte Steinmann.**

Museo Berg-Kragerø MUSEO

(Lovisenbergveien 45; adultos/niños 50 NOK/gratis; ⏲11.00-17.00 ma-do med jun-med ago) Situado en la playa de Hellefjord, a 3 km del centro, este museo consiste en una hacienda de 120 Ha con una residencia campestre de 1803. Tiene jardines, senderos y una galería de arte e historia.

Observación de focas NATURALEZA

(☎400 05 858; www.fjordbat.no; adultos/niños 250/200 NOK; ⏲10.45 ma, 15.35 vi, 11.10 sa, 11.45 y

19.45 do) El M/S *Kragerø,* además de cubrir la ruta regular a Jomfruland, ofrece un paquete de observación de focas que consiste en el trayecto de ida y vuelta a dicha isla, información sobre la fauna y unos prismáticos. Las focas pueden verse en casi la mitad de los viajes en ferri.

Dónde dormir y comer

Kragerø Sportell Apartments APARTAMENTOS, HOTEL **$**
(☎35 98 57 00; www.kragerosportell.no; Lovisenbergveien 20; d/apt 750/1280 NOK; P@) Este antiguo albergue juvenil, hoy de propiedad particular, sale muy bien de precio; tiene habitaciones modernas y cómodas, aunque sencillas, con desayuno incluido, y preciosos apartamentos frente al mar para cuatro personas, con cocina. Para llegar, hay que seguir las indicaciones hacia el pueblo de Kalstadkilen.

Victoria Hotel HOTEL HISTÓRICO **$$**
(☎35 98 75 25; www.victoria-kragero.no; PA Heuchtsgata 31; i/d 1100/1250 NOK;) Las habitaciones del majestuoso Victoria, todas diferentes, son las mejores de la ciudad. Algunas tienen una pequeña cocina; otras, balcones sobre el muelle. Está muy bien regentado y reina un ambiente simpático.

Tollboden INTERNACIONAL, PIZZERÍA **$$**
(www.tollboden.com; principales 150-225 NOK, *pizza* 175-220 NOK; ⌚12.00-21.00 lu-vi, 11.00-22.00 sa, 13.00-21.00 do) Ambiente informal junto al mar, con hamburguesas, *sushi*, sopa de pescado y mejillones, además de *pizzas* de masa fina. En verano, hay una zona más formal en la terraza del jardín trasero; da la sensación de estar cenando en la casa de la playa de un amigo rico, aunque con platos principales entre 330 y 385 NOK y caviar y champán para dos por 2900 NOK.

Información

Oficina de turismo (☎35 98 23 88; www.visitkragero.no; Tovgaten 1; ⌚9.00-18.00 lu-sa, hasta 15.00 do jul-med ago, 9.00-16.00 lu-vi may, jun y med ago-sep) Utilísima, en la estación de autobuses.

Cómo llegar y salir

Los trenes desde Oslo o Kristiansand paran en Neslandsvatn, y la mayoría están coordinados con un autobús a Kragerø. Hay autobuses hasta cinco veces al día a Oslo (335 NOK, 3½ h) y Kristiansand (310 NOK, 2½ h), aunque quizá se deba hacer transbordo en Tangen, en la E18.

MERECE LA PENA

MØLEN Y DAMVANN

Mølen (plano p. 100) El promontorio de Mølen, unos 20 min en coche al oeste de Stavern, es la playa más grande de cantos rodados de Noruega, con una visión austera y realmente impresionante. Las 230 pilas y montículos de piedra, que se hallan dispuestos en hileras paralelas, son túmulos funerarios que datan de la Edad del Hierro.

Damvann (plano p. 100) Unos 20 km al norte de Larvik se halla este bello y fantasmagórico lago, rodeado de bosques. Según la leyenda popular, aquí vivió la bruja Huldra, de belleza tan fascinante que todo hombre que la mirara acababa condenado. El acceso a este paraje es difícil sin automóvil; la estación de autobuses más cercana está en Kvelde (a 6 km), en la calle Numendalslågen.

Risør

6910 HAB.

Esta localidad, que serpentea a los pies de acantilados y colinas asomándose a un mar embravecido, es una de las más bonitas del sur de Noruega. Su centro neurálgico se encuentra en el puerto en forma de U, lleno de coloridos barcos pesqueros y yates privados, y rodeado de históricas casas blancas, que datan incluso de 1650.

Fiestas y celebraciones

Festival de Música de Cámara de Risør MÚSICA
(www.kammermusikkfest.no; ⌚jun) Se celebra la última semana de junio en diferentes escenarios, y ofrece un elenco cada vez mayor de artistas locales e internacionales.

Festival de barcos de madera de Risør DEPORTES
(Trebåtfestival; www.trebatfestivalen.no; ⌚ago) Este festival, conocido como Trebåtfestival, se celebra el primer fin de semana de agosto con regatas, conciertos y actividades para niños. Encontrar alojamiento en esta época puede resultar complicado.

Dónde dormir y comer

Sorlandet Feriesenter CAMPING **$**
(☎900 26 168; www.sorlandet-feriesenter.no; Sandnes; tiendas 210 NOK, bungalós 600-1800

MERECE LA PENA

LOS 'SKERRIES' EN LA COSTA DE ARENDAL

La isla de **Merdø**, de 260 Ha, frente a la costa de Arendal, lleva habitada por lo menos desde el s. XVI, y ya en el s. XIII se conocía como puerto exterior. Una bonita curiosidad marítima es que conserva restos de las especies vegetales introducidas en el lastre de los primeros navíos. Hay un par de pequeñas playas protegidas cerca del puerto de la isla y algunos bonitos lugares para hacer un pícnic.

Otros lugares predilectos para el baño se hallan en **Tromøy**, **Spornes**, **Hisøy** y **Hove**. Para ir a Spornes, hay que tomar el autobús identificado como "Tromøy Vest/Øst"; está a 15 min a pie de la parada. Como alternativa, se puede alquilar una bici en el ferri M/S *Skilsø* (adultos/niños 30/22 NOK, 10 min), que navega frecuentemente de Arendal al extremo occidental de Tromøy. En Tromøy hay algunos agradables **senderos** fáciles de recorrer. La **oficina de turismo** de Arendal (p. 113) puede sugerir algunas rutas.

En los islotes de **Store** y **Lille Torungene** se alzan dos inmensos faros que funcionan desde 1844. Son visibles desde las costas de Hisøy y Tromøy.

NOK) Esta encantadora zona de acampada junto al mar, en una península al sur de Risør, dispone de bungalós bien equipados, además de muchos árboles bajo los que montar una tienda. A los niños les encantan las actividades e instalaciones (viajes en barco, zonas de recreo, duchas de elefante, pelotas gigantes, etc.).

Det Lille Hotell APARTAMENTOS **$$$**
(☎37 15 14 95; www.detlillehotel.no; Storgata 5; apt 1400-2200 NOK/noche; P 📶) Suites y apartamentos a muy buen precio, solo en régimen de alojamiento, repartidos por la ciudad, la mayoría en casas bellamente restauradas con muebles de época, ideales para pasar una semana. Los precios por día son inferiores en temporada baja y reservar para una semana reduce mucho los costes.

Stangholmen Fyr Restaurant & Bar PESCADO **$$$**
(☎37 15 24 50; www.stangholmen.no; principales 310 NOK; ⏲restaurante 14.00-22.00, bar 12.00-2.00, solo de jun a ago) Una visita a este restaurante de verano, ubicado en un bonito faro de 1855, constituye una agradable excursión de un día desde Risør. Sirve bullabesa (349 NOK) y otros platos de pescado, además de carnes y solomillo de ciervo. Los barcos zarpan de Risør (solo ida 50 NOK) a partir de las 12.00 hasta que se marchan todos los clientes.

Kast Loss PESCADO **$$$**
(☎37 15 03 71; www.strandgata.com; Strandgata 23; principales 265-328 NOK; ⏲16.00-22.00 lu-vi, 11.00-24.00 sa, 12.00-22.00 do) Los vecinos lo clasifican como el restaurante con la mejor relación calidad-precio de la ciudad. Y además resulta ser encantadoramente oscuro y náutico. Para los que no les apetezca el pescado, la *pizza* es buena (184-214 NOK).

ℹ Información

Oficina de turismo (☎37 15 22 70; www.risor.no; Torvet 1; ⏲10.00-16.00 med jun-med ago, 11.00-15.00 lu-vi, 12.00-14.00 sa resto del año) Situada 50 m al oeste del puerto.

ℹ Cómo llegar y salir

La estación de tren más cercana está en Gjerstad, pero se necesita coche propio para llegar allí. Los autobuses de Nettbuss (p. 439) a Oslo (332 NOK, 3¼ h) conectan en Vinterkjær con autobuses locales a/desde Risør (39 NOK, 40 min). También ofrecen un servicio directo a Kristiansand (260 NOK, 1¾ h).

Arendal

41 665 HAB.

Es una de las ciudades más grandes de la costa meridional y goza de un animado ambiente en verano, con restaurantes y bares en el puerto (conocido como Pollen) atestados de turistas, y una nutrida agenda de festivales y conciertos al aire libre junto al mar. Incluso en invierno, algunos bares permanecen abiertos y ofrecen música en vivo el fin de semana. Es un lugar agradable para pasar unos días, con una buena oferta de ocio al mismo tiempo que conserva su ambiente íntimo de pueblo.

El diminuto barrio antiguo de Tyholmen, con su apretado núcleo de casas de madera, añade un notable encanto. Quien busque una mayor comunión con el mar que la que ofrece un café junto al puerto puede hacer interesantes excursiones a las islas de Merdø, Tromøy y Hisøy.

Puntos de interés

★ Bomuldsfabriken Kunsthall GALERÍA

(www.bomuldsfabriken.no; Oddenveien 5; 12.00-16.00 ma-do) GRATIS Esta prestigiosa galería de arte contemporáneo está 15 min a pie del centro de la ciudad, en el extremo norte de Arendal. Sus exposiciones temporales se montan en lo que constituye un asombroso ejemplo de arquitectura industrial noruega: una antigua fábrica de algodón de finales del s. XIX.

Tyholmen CASCO ANTIGUO

Detrás el Gjestehavn (puerto deportivo) se halla el viejo barrio portuario de Tyholmen, donde se pueden ver bellos edificios de madera de los ss. XVII y XIX, con influencias barrocas, neoclásicas y rococó. Estuvo antaño separado de tierra firme por un canal, el cual se cegó tras la gran era de la navegación. Merece la pena fijarse en el **'rådhus'** (ayuntamiento), un asombroso edificio de madera de 1815.

Fiestas y celebraciones

Festival Canal Street de 'jazz' y 'blues' MÚSICA

(www.canalstreet.no) *Jazz* y *blues* de primera línea, con apariciones sorpresa como la de Patti Smith.

Dónde dormir y comer

★ Clarion Tyholmen Hotel HOTEL HISTÓRICO $$$

(37 07 68 00; www.nordicchoicehotels.no; Teaterplassen 2; i/d 1470/1710 NOK;) Sin duda el mejor hotel de Arendal. Ofrece una ubicación privilegiada frente al mar, en un viejo edificio restaurado junto al muelle que intenta emular la atmósfera del Tyholmen de antaño. Las habitaciones del ala original son las más bonitas y ofrecen vistas preciosas, al igual que las suites esquineras del ala nueva. El restaurante del hotel es tranquilo y elegante.

Thon Hotel Arendal HOTEL $$$

(37 05 21 50; www.thonhotels.no; Friergangen 1; i/d 1095/1395 NOK;) No tiene vistas al mar, pero está a 50 m de la orilla. Desabrido por fuera, este buen ejemplo de la cadena Thon ofrece habitaciones modernas, grandes y cómodas. Hay un aparcamiento público de pago en las cercanías.

Pigene på Torvet PANADERÍA $

(465 49 136; www.facebook.com/pigenepaatorvet; Tollbodgaten 5; tentempiés 79-169 NOK; 10.00-16.00 sa-mi, hasta 17.00 ju y vi) El sabor compensa la ausencia de vistas. Una vitrina a rebosar de pasteles y pastas –los mejores de la ciudad– que se pueden llevar o degustar en una mesa con un café. También sirven *pizzas* de masa fina, chile con carne y ensaladas para el almuerzo. Además, es una tienda de alimentación *gourmet*.

★ Blom Restaurant PESCADO $$$

(37 00 14 14; www.blomrestaurant.no; Lang-brygge 5; principales 310 NOK; 17.00-22.00) El Blom es la opción más exclusiva del puerto de Pollen y ofrece un respiro de los platos rebosantes y el ambiente de juerga que a veces impera en otros locales junto al mar. Los platos son de una elegancia tradicional (o sea, marisco cremoso con caldo de langosta en vez de sopa de pescado), pero el menú para compartir incluye tanto reno ahumado con *aquavit* como *sashimi* y *satays*.

Dónde beber y vida nocturna

★ Lille Andevinge BAR

(901 46 839; Nedre Tyholmsvei 10; 16.00-1.00 mi y ju, hasta 2.00 vi y sa) Lo que parece una tradicional tienda costera de madera ofrece un interior totalmente reformado, de ambiente oscuro y urbano. El viajero podrá relajarse junto al fuego con una botella de vino o sentarse en la barra para que un amable barman le prepare un cóctel especial. Abre todo el año y ofrece música en vivo los fines de semana.

No.9 Kaffe & Platebar CAFÉ

(958 26 041; Teaterplassen 3; 10.00-17.00 lu-sa) Su propietario, Espen Larsen, es un músico de *jazz* local que toca mientras el cliente saborea su café o da buena cuenta de alguna pasta. A veces abre hasta más tarde para algún acontecimiento.

De compras

Tyholmen Kolonial COMIDA Y BEBIDAS

(473 98 850; www.facebook.com/tyholmenkolonial.no/; Friergangen 5; 10.00-16.00 lu-sa) Justo lo que se busca en una ciudad turística: una tienda de productos que vende lo mejor de pequeños productores locales, desde queso, conservas y panes finos a cosméticos y cerámica, ya sea para un pícnic o para llevar como recuerdo. También hay ensaladas y sándwiches para el almuerzo, café y pastas, que se pueden comer en una mesa con vistas a la plaza adoquinada.

Información

Oficina de turismo (37 00 55 44; www.

arendal.com; Sam Eydes Plass 1; ⏲10.00-16.00 lu-vi) Fuera de temporada alta, el horario puede ser irregular. Aunque esté cerrada siempre hay alguien para atender el teléfono.

Cómo llegar y salir

El MS *Merdøy*, o alguno de los otros ferris de **Skilsoferga** (www.skilsoferga.no; ida adultos/niños 35/25 NOK), navega de Arendal (Pollen) a Merdø hasta una vez por hora de principios de julio a mediados de agosto. Zarpa cada hora de 11.00 a 16.00 los fines de semana todo el año desde Merdø y vuelve a las y media. Se puede consultar el horario en la oficina de turismo y en los carteles del muelle; cuesta 30 NOK (ida y vuelta).

También hay ferris a Hisøy (adultos/niños 50/30 NOK).

Los autobuses Bussekspress (p. 436) de Nor-Way que van a Kristiansand (232 NOK, 1½ h, hasta 9 diarios) y los servicios de Nettbuss (p. 439) a Oslo (364 NOK, 4 h) paran en la Rutebilstasjon de Arendal, una manzana al oeste del puerto de Pollen. Los autobuses locales TIMEkspressen de Nettbuss conectan Arendal con Grimstad (79 NOK, 30 min, cada ½ h) y Risør (139 NOK, 1¼ h, cada hora).

Grimstad

12 172 HAB.

Lo más bonito de Grimstad son las calles peatonales que se adentran hacia el interior desde el litoral; son algunas de las más movidas de la costa de Skagerrak. La ciudad ofrece varios atractivos interesantes. Fue el hogar del famoso dramaturgo Henrik Ibsen y alberga un buen museo en la farmacia en la que este trabajó. También es el lugar más soleado de Noruega, con un promedio de 266 h de sol por mes en junio y julio. Por si fuera poco, goza de un alegre ambiente estudiantil.

Puntos de interés

★ Museo Ibsenhuset MUSEO

(www.gbm.no; Henrik Ibsens gate 14; adultos/niños 90/65 NOK; ⏲11.00-16.00 lu-sa, 12.00-16.00 do jun-med sep, cerrado med sep-may) El dramaturgo predilecto de Noruega, Henrik Ibsen, recaló en Grimstad en enero de 1844. La casa donde trabajó como aprendiz de farmacéutico, y en la que vivió y empezó a cultivar su interés por la escritura, se ha convertido en el Museo Ibsenhuset. Contiene una farmacia recreada y muchas pertenencias del escritor, y es uno de los museos más interesantes del sur del país. El joven personal es fantástico, los circuitos están llenos de detalles fascinantes y el lugar rebosa de anécdotas curiosas.

Fiestas y celebraciones

Exposición de barcos de Sørlandet DEPORTES

(www.baadmessen.no; ⏲may) Exposición flotante de barcos en mayo.

Dónde dormir

Bie Apartment & Feriesenter CAMPING $

(☎37 04 03 96; www.bieapart.no; salida Arendalsveien; tiendas 295 NOK, bungaló/apt desde 575/1460 NOK; P) Zona de acampada situada 800 m al noroeste del centro de Grimstad, cerca de Arendalsveien. Además de grandes zonas de césped, tiene cabañas y apartamentos muy bien equipados.

Café Ibsen B&B B&B $$

(☎909 12 931; www.cafeibsen.no; Løkkestredet 7; i/d 600/900 NOK) Establecimiento fantástico y muy céntrico, regentado por los amables dueños del Café Ibsen. Tiene seis habitaciones, sencillas pero con gran personalidad, en una casa histórica, todas con baño.

Scandic Grimstad HOTEL HISTÓRICO $$

(☎37 25 25 25; www.scandichotels.no; Kirkegata 3; i/d 1145/1345 NOK; P) En el corazón de la ciudad, este hotel histórico ocupa varias casas de madera reformadas, unidas entre sí, con un salón de desayunos muy sugerente y un restaurante en el sótano. Las habitaciones pueden ser maravillosas, si bien algo sobrias, pero conviene evitar las interiores que dan al vestíbulo, pues resultan oscuras y muy ruidosas.

Dónde comer

Café Ibsen CAFÉ $

(☎37 27 57 63; Henrik Ibsens gate 12; sándwiches 79-99 NOK; ⏲10.00-16.00 lu-sa, 12.00-16.00 do) Sirve repostería casera, tartas, quiches y enormes bocadillos. Ocupa un encantador local lleno de recovecos frente al Museo Ibsenhuset.

★ Apotekergården PESCADO $$

(☎37 04 50 25; www.apotekergaarden.no; Skolegata 3; principales 160-260 NOK, *pizzas* 125 NOK; ⏲12.00-24.00) Restaurante divertido y bullicioso, con un plantel de parroquianos que no comerían en otro lugar. En verano, puede ser difícil conseguir mesa en la terraza, sobre todo conforme avanza la noche. En tal caso, se recomienda subir las viejas escaleras de madera para tomar una cerveza y jugar al tejo.

Smag & Behag CAFÉ, DELICATESEN $$
(www.smag-behag.no; Storgaten 14; principales 115-165 NOK; ⌚10.00-22.00 lu-sa) El nombre de este refinado café-delicatesen, "saborear y disfrutar", lo dice todo. A la hora del almuerzo o para una cena informal, sirve los mejores productos de la región (también para llevar) y una selecta carta de vinos. La ensalada veraniega de remolacha y salmón es una explosión de color, y el bocadillo abierto de ternera y ensalada de col, una revelación.

ℹ Información

Oficina de turismo (☎37 25 01 68; www.visitgrimstad.com; Storgaten 1a; ⌚9.00-18.00 lu-vi, 10.00-16.00 sa med jun-med ago, 8.30-16.00 lu-vi med ago-med jun) Se halla en el paseo marítimo, dentro de un gran edificio de madera blanco. El personal organiza rutas guiadas por la ciudad todos los miércoles y viernes de julio a las 13.00 (adultos/niños 100 NOK/gratis).

ℹ Cómo llegar y salir

La Rutebilstasjon (estación) está en Storgata, en el puerto, pero algunos autobuses solo paran en la carretera, en lugar de entrar en la ciudad. Los autobuses Bussekspress (p. 436) de Nor-Way entre Oslo (400 NOK, 4½ h) y Kristiansand (240 NOK, 1 h) paran en Grimstad de tres a cinco veces al día. Los autobuses TIMEkspressen de Nettbuss (p. 439) van y vuelven de Arendal una o dos veces cada hora (80 NOK, 30 min).

Lillesand

9465 HAB.

Entre Kristiansand y Arendal, la preciosa Lillesand tiene un centro peatonal encalado lleno de tiendas de segunda mano y cafés, además de un sorprendente puerto circular.

Dónde dormir y comer

Tingsaker Camping CAMPING $
(☎37 27 04 21; www.tingsakercamping.no; tiendas 230 NOK, bungalós 11 000 NOK/semana; P 📶) Zona de acampada, concurrida pero bien equipada, en una playa situada 1 km al este de Lillesand, con todo lo que corresponde a un lugar vacacional playero: tiendas, caravanas y bungalós.

Lillesand Hotel Norge HOTEL HISTÓRICO $$$
(☎37 27 01 44; www.hotelnorge.no; Strandgata 3; i/d 1390/1690 NOK; P 📶) Este hotel-*boutique* ha sido cuidadosamente renovado para reflejar su esplendor original de 1837. Algunas de las habitaciones están dedicadas al rey Alfonso XIII de España y al autor local Knut Hamsun, quienes se alojaron aquí.

★**Kafe Strandhaven** CAFÉ $
(www.kafestrandhaven.com; Strandgata 10; principales 99-179 NOK; ⌚10.00-22.00 jul y ago, 10.30-17.00 lu-ju y sa, hasta 23.30 vi, 12.00-17.00 do resto del año) En el corazón de Lillesand, con mesas de pícnic que llegan hasta el puerto, es el tipo de café de pueblo que puede transformar un lugar. Está decorado con una elegante mezcla de muebles *retro* y nórdicos, y los jóvenes y simpáticos camareros sirven *wraps,* ensaladas, sopas, hamburguesas y, más tarde, vino. Los exquisitos pasteles caseros están muy buenos.

Smaal PUB, HAMBURGUESERÍA $$
(☎908 71 085; www.smaal.no; Strandgata 4g; principales 169-219 NOK; ⌚11.00-23.00 do-ju, hasta 2.30 vi y sa) Este local bonito e informal junto al puerto ofrece una surtida carta con hamburguesas, sopa de pescado y gambas, y un personal amable y atento. Las mesas de la terraza son muy apreciadas cuando brilla el sol (o incluso cuando no lo hace). Se puede preguntar o consultar en su web información del Smaal Scene, su programación mensual de música en vivo los viernes por la noche.

ℹ Información

Se instala una oficina de turismo (☎37 40 19 10; ⌚9.00-18.00 lu-vi, 10.00-16.00 sa, 12.00-16.00 do med jun-med ago) en el ayuntamiento durante el verano.

ℹ Cómo llegar y salir

La forma más agradable de llegar a Lillesand en verano es en el M/S *Øya* (plano p. 116; www.blindleia.no; adultos/niños ida 335/165 NOK, ida y vuelta 510/280 NOK) desde Kristiansand. También hay un Nettbuss (p. 439) cada hora a Kristiansand (90 NOK).

Kristiansand

87 400 HAB.

La quinta ciudad más grande del país se autodenomina "el primer centro vacacional de Noruega", lo cual puede llevar a engaño. Es cierto que los noruegos ávidos de sol invaden esta agradable ciudad en verano y que tiene una pequeña playa urbana y un llamativo puerto deportivo, pero es más bien la puerta de entrada a los pueblos de la costa austral de Noruega y a la región interior de Setesdalen.

Lo que sí posee es un animado panorama cultural y comercial, algunos restaurantes ex-

Kristiansand

celentes y una vida nocturna muy animada. Además, si se viaja con niños, el estupendo zoológico infantil será un buen plan.

Puntos de interés

★ Sørlandets Kunstmuseum GALERÍA

(SKMU; plano p. 116; ☎38 07 49 00; www.skmu.no; Skippergata 24b; adultos/niños 60 NOK/gratis; ⏲11.00-17.00 ma-sa, 12.00-16.00 do) Este excepcional museo de arte regional se centra en las bellas artes y la artesanía; la colección incluye llamativas piezas contemporáneas de artistas locales, noruegos y nórdicos. Tiene un ala para niños, luminosa, de bonito diseño y sofisticada. Los interesados en la cerámica noruega disfrutarán de las 44 obras de la artista local Kari Christensen.

Odderøya PARQUE

La isla, un afloramiento rocoso al lado del mercado de pescado y unida a tierra por medio de un puente, es una de las maravillosas zonas verdes de la ciudad. Tiene varios sitios preciosos para pasear, bañarse o hacer pícnic, y acoge también estudios de artistas y el café-bar Vaktbua (p. 120).

Kristiansand Kunsthall GALERÍA

(plano p. 116; www.kristiansandkunsthall.no; Rådhusgata 11, 4º; ⏲12.00-16.00 ma-do) GRATIS Las recomendables exposiciones cambian cada temporada; suelen ser investigaciones arriesgadas, dirigidas a un público amplio. Es un espacio sorprendente, con insólitas vistas de la ciudad desde lo alto. Alberga las principales celebraciones durante el festival Punkt anual.

Museo de Kristiansand MUSEO

(Vest-Agder Fylkesmuseet; www.vestagdermuseet.no; Vigeveien 22b; adultos/niños 90/40 NOK; ⏲10.00-17.00 ma-vi, 12.00-17.00 sa-lu med jun-ago, 9.00-14.00 lu-vi resto del año; 👪) Situado 4 km al este de la ciudad, en la E18, este

Kristiansand

Principales puntos de interés

1	Sørlandets Kunstmuseum	B2

Puntos de interés

2	Bentsens Hus	B1
3	Fortaleza de Christiansholm	D3
4	Antigua oficina de correos	C1
5	Gyldenløves gate 56	C2
6	Kristiansand Kunsthall	B3
7	Posebyen	B1

Dónde dormir

8	Clarion Hotel Ernst	B3
9	Hotel Q42	D2
10	Scandic Kristiansand Bystranda	D2
11	Sjøgløtt Hotell	D2

Dónde comer

12	Bølgen & Moi	B4
13	Bønder i Byen	B3
14	Drømmeplassen	B2
15	Gastropuben på Kick	B3
16	Pieder Ro	B4
17	Snadderkiosken	D2

Dónde beber y vida nocturna

18	Frk Larsen	B3
	Mean Bean	(véase 1)
19	Onkel Aksel Musikkbistro	B3
20	Vaktbua	C4

museo etnográfico al aire libre alberga un conjunto de 40 granjas y aldeas de la región de Setesdalen y de la propia Kristiansand. En verano hay muchas actividades infantiles, así como recreaciones históricas muy bonitas. Los autobuses de Eastbound M1, M2 y M3 desde Henrik Wergeland gate pasan por el museo.

Museo Agder de Historia Natural y Jardín Botánico JARDINES

(www.naturmuseum.no; Gimleveien 23; adultos/niños 80 NOK/gratis; 11.00-17.00 med jun-med ago, 10.00-15.00 ma-vi, 12.00-16.00 do resto del año) Los serpenteantes senderos que atraviesan este parque de 50 Ha de la Finca Gimle conducen a un jardín botánico que alberga rocas, minerales, animales disecados e invernaderos, los cuales contienen la mayor colección de cactus de Noruega. La casa que se erige en la propiedad muestra interiores del s. XIX y unas extraordinarias columnas en forma de dientes en su parte frontal, además de una histórica rosaleda que data de 1850. Se halla a tan solo 1 km del centro, cruzando el puente Oddernes.

Baneheia y Ravnedalen PARQUE

(Ravnedalen) Ambos parques, ubicados al norte del centro urbano, ofrecen espacios verdes así como una red de senderos para caminar y pistas de esquí junto al lago para aquellos que deseen escapar un rato de la ciudad. Los dos fueron creados entre 1870 y 1880 por el general Oscar Wergeland, alcalde de Kristiansand. Durante un período de 30 años, Wergeland supervisó la plantación de 150 000 coníferas y transformó la zona en un cinturón verde de recreo.

Kristiansand Dyreparken ZOOLÓGICO

(www.dyreparken.no; temporada alta adultos/niños 319/299 NOK; 10.00-19.00 med jun-med ago, hasta 15.00 med ago-med jun;) Por la E18, 10 km al este de Kristiansand, es el destino vacacional favorito de los niños noruegos. El antiguo zoo aglutina varios parques en uno. Hay un parque de atracciones donde disfrutar de un paseo en barco pirata, el tesoro del capitán Sabretooth y casas encantadas. La **Ciudad Cardamomo** (Kardamomme By) es una aldea de fantasía inspirada en los cuentos infantiles de Thorbjørn Egner. También hay un parque acuático con piscinas climatizadas y toboganes de agua. Pero su mayor atracción sigue siendo el propio **zoo**.

Fortaleza de Christiansholm FORTALEZA

(plano p. 116; Østre Strandgate 52b; patios 9.00-21.00 med may-med sep) GRATIS La inconfundible e imponente pieza central del Strandpromenaden se construyó por real decreto entre 1662 y 1672 para vigilar los estrechos de Skagerrak y proteger la ciudad de los ataques piratas y las incursiones suecas. Se erigieron murallas de hasta 5 m de espesor y se enterró un arsenal en el interior de una de las murallas concéntricas interiores. Esta estaba conectada con tierra firme por un puente que salvaba un foso (con agua durante el s. XIX) lo suficientemente profundo para que pudieran atracar barcos de gran calado.

Posebyen ZONA

(plano p. 116) El Posebyen de Kristiansand ocupa la mayoría de las 14 manzanas del extremo norte del característico barrio de *kvadraturen* (calles con trazado en cuadrícula) de la ciudad. Vale la pena pasear tranquilamente por este hermoso barrio, cuyo nombre se debe a los soldados franceses que iban a *reposer* (relajarse).

Un modelo a escala de la ciudad (con edificios de 1 m de alto), tal como era cuando fue diseñada por el rey Cristián IV, puede admi-

MERECE LA PENA

BRAGDØYA

En verano, el archipiélago de *skerries* (islotes) frente a la costa de Kristiansand se convierte en un destino muy visitado para disfrutar del sol y el mar. La isla más popular, **Bragdøya,** está cerca de tierra firme y cuenta con un pintoresco taller de conservación de barcas de madera, que se pueden tomar prestadas gratis. También ofrece tranquilos paseos por el bosque y varias zonas de baño bonitas. A lo lejos, puede verse el emblemático faro de **Grønningen Fyr.**

Los ferris a Bragdøya salen del **muelle nº 6** (plano p. 116), de dos a cuatro veces al día en verano. Hay que preguntar el horario exacto en la **oficina de turismo** de Kristiansand (p. 120), donde también informan de horarios para otras islas de la costa.

El **M/S 'Øya'** (p. 115) hace una ruta de 3 h de ida y vuelta a Lillesand todas las mañanas a las 10.00, excepto los domingos, de finales de junio a principios de agosto. Sale del muelle nº 6 de Kristiansand.

rarse en el Museo Folclórico Vest-Agder. La guía anual *Kristiansand*, publicada por la oficina de turismo, incluye una interesante sección llamada "Un paseo por Posebyen", que guiará al viajero en su recorrido. Los edificios mejor conservados incluyen la **Bentsens Hus** (plano p. 116; Kronprinsensgate 59), que data de 1855, la **antigua oficina de correos** (plano p. 116; Kronprinsens gate 45) de 1695, y la **Gyldenløves gate 56** (plano p. 116) de 1802.

Actividades

Setesdalsbanen FERROCARRIL
(www.setesdalsbanen.no; adultos/niños ida y vuelta 140/70 NOK; salidas 11.30, 14.20 y 15.10 do med jun-ago) Los 78 km de vía estrecha entre Kristiansand y Byglandsfjord unieron Setesdalen con la costa desde 1896 hasta 1962. Este ferrocarril se usaba para transportar níquel desde las minas de Evje, así como madera y duelas de barril que se utilizaban en el salado y la exportación de arenques. Las locomotoras a vapor o diésel siguen recorriendo los últimos 6 km entre Grovane (2 km al norte de Vennesla) y Røyknes, en un trayecto de ida de 25 min. Los trenes NSB van de Kristiansand a Vennesla (44 NOK, 12 min, 4 diarios).

One Ocean Dive Center SUBMARINISMO, BUCEO
(38 09 95 55; www.oneocean.no; Årossanden 9, Søgne; 1/2 zambullidas con equipo desde 950/1300 NOK) Centro profesional que ofrece inmersiones a distintos pecios, como un avión hundido e incluso un dragaminas. Está 8 km al este de Kristiansand.

Fiestas y celebraciones

PUNKT MÚSICA
(www.punktfestival.no; sep) Atrevido festival de música electrónica en septiembre, especializado en mezclas en directo; en el pasado han actuado Brian Eno, Laurie Anderson y David Sylvian.

Dónde dormir

Kristiansand ofrece muchos y buenos hoteles de cadena y algunas opciones *boutique* exclusivas, pero el alojamiento puede resultar caro y exige reservar con mucha antelación para el verano, sobre todo durante las vacaciones escolares de julio. Si se va en coche, interesan los distintos hoteles de cadena que rodean la entrada a Kristiansand Dyrepark, 10 km al este de la ciudad.

Roligheden Camping CAMPING $
(38 09 67 22; www.roligheden.no; Framnesveien; tiendas 210 NOK, bungalós 2200 NOK; may-sep) Los campistas estarán de maravilla en este *camping*, situado en una popular playa, 3 km al este del centro. Para llegar, hay que tomar el autobús nº 15 en el centro.

★**Sjøgløtt Hotell** HOTEL $$
(plano p. 116; 38 70 15 66; www.sjoglott.no; Østre Strandgate 25; i/d 895/975 NOK;) Sencillo hotel de 15 habitaciones, en un edificio histórico, regentado por una encantadora pareja de jóvenes. Las habitaciones son pequeñas, pero tienen grandes ventanas, están bien diseñadas e incluyen extras poco habituales por este precio, como cafeteras Nespresso. Los desayunos, los gofres de la merienda y las *pizzas* y el vino de la cena se sirven en un encantador sótano o bajo un sol relajante en el coqueto patio.

★**Scandic Kristiansand Bystranda** HOTEL $$
(plano p. 116; 21 61 50 00; www.scandichotels.no; Østre Strandgate 76; i/d 1290/1390 NOK; P@)

Hotel junto al mar, grande y de bonito diseño. Tiene un estilo cálido y relajado, con todos los servicios y extras de un hotel de su tamaño. Por la playa, el parque y la zona de la piscina, resulta estupendo para familias.

Hotel Q42 HOTEL **$$**
(plano p. 116; ☎38 04 40 00; http://q42.no/; Elvegata 11a; i/d 1000/1300 NOK) Este hotel forma parte de un centro de conferencias parroquial, por lo que no ofrece un ambiente tan vacacional como otros de la ciudad. Las suites son bonitas, tranquilas, amplias y elegantes.

Clarion Hotel Ernst HOTEL **$$$**
(plano p. 116; ☎38 12 86 00; www.clarionernst.no; Rådhusgata 2; i/d 1480/1790 NOK; P @) Es uno de los edificios más imponentes de la ciudad. El interior es de un estilo urbano y contemporáneo, con enormes lámparas adornadas con sartas de perlas, sillas doradas y plateadas en forma de trono, iluminación de color púrpura y gigantescos cabeceros de cama negros.

Dónde comer

En verano todo el mundo acaba en el pequeño puerto renovado que rodea el mercado de pescado, donde se puede comprar marisco fresco, cerveza y helados. En el casco urbano también hay muchísimos locales que ofrecen desde comida noruega moderna a *sushi*, *pizza* y hamburguesas, así como panaderías y cafés, algunos de ellos excepcionales.

Drømmeplassen PANADERÍA, CAFÉ **$**
(plano p. 116; ☎38 04 71 00; www.drommeplassen.no; Skippergata 26; sándwiches, ensaladas y sopas 99-119 NOK; ⏲7.00-18.00 lu-sa, 10.00-17.00 do) Esta enorme panadería, siempre animada, tiene muchas mesas en el interior y en una bonita terraza sobre la acera. Los vecinos acuden en masa todas las mañanas para disfrutar de *boller* (bollos) recién horneados y barras de pan, o más tarde, ensaladas de pollo, sándwiches de atún y sopas.

Snadderkiosken COMIDA RÁPIDA **$**
(plano p. 116; Tangen 1; platos 89-115 NOK; ⏲8.30-22.00 lu-vi, 11.00-22.00 sa y do) Aunque en esta guía no se suelen recomendar puestos de comida rápida, este es uno de los mejores y, además, parece apropiado para una ciudad costera. Detrás de la playa, este bonito kiosco con suelo de mosaico, al estilo de los años veinte, sirve copiosas albóndigas con puré de patatas o pollo a la parrilla con arroz y ensalada a los que van a la playa y a los noctámbulos.

Pieder Ro PESCADO **$$**
(plano p. 116; ☎38 10 07 88; www.pieder-ro.no; Gravane 10; principales 285-345 NOK, smørrebrød y hamburguesas 145-215 NOK; ⏲11.00-22.00 lu-sa, 13.00-21.00 do) En Kristiansand se encuentran muchos locales costeros de ambiente informal, pero también hay opciones más tradicionales, como el Pieder Ro, con su decoración náutica chic (tan náutica que la barra es una barca), sus persianas a cuadros y sus sillas tapizadas. Ofrece una carta informal durante el día y una más elegante por la noche centrada en pescado fresco y buenos filetes (incluido el de canguro).

★ **Bønder i Byen** NEONÓRDICA, INTERNACIONAL **$$$**
(plano p. 116; ☎911 47 247; www.bønderibyen.com; Rådhusgata 16; principales 295 NOK, menú 4 platos 485 NOK; ⏲11.00-22.00 lu-sa, 12.00-20.00 do) La carta del Bønder i Byen es una delicia tanto para leer, con su evocadora lista de granjeros locales, como para comer, y ofrece una magnífica degustación de productos noruegos espectaculares y de la vida rural del país. Este local costero no sirve marisco, sino carne ecológica de ternera, cerdo y pollo de la mejor calidad, además de vistosos salteados de verduras.

Gastropuben på Kick BRITÁNICA **$$$**
(plano p. 116; ☎38 02 83 30; www.gastropuben.no; Dronningens gate 8; principales 230-280 NOK; ⏲15.00-24.00) Este oscuro local de estilo *gastropub* británico no debe confundirse con la discoteca que esconde en la parte de atrás. Su carta incluye abundantes platos locales y asados anglófilos y cuenta con una seria oferta de cerveza, con tiradores con más de 29 tipos que van rotando, incluida la legendaria cerveza local Nøgne Ø.

Bølgen & Moi PESCADO **$$$**
(plano p. 116; ☎38 17 83 00; www.bolgenogmoi.no; Sjølystveien 1a; principales 225-340 NOK, menú 3/4/5 platos 545/595/645 NOK; ⏲15.00-22.00 lu-sa, 13.00-18.00 do) El local más exclusivo del mercado de pescado, de la siempre acertada cadena Bølgen & Moi, sirve una deliciosa sopa marinera, excelentes *moules-frites* y una sabrosa variedad de pescados y carnes, así como menús y raciones de marisco. En verano, la terraza está siempre llena y puede resultar ruidosa cuando cierra la cocina (se pueden pedir mantas).

Dónde beber y vida nocturna

Tomarse un café al sol es el gran pasatiempo en Kristiansand y hay varios sitios que usan tuestes locales y sirven un expreso de buena calidad. La ciudad se anima las noches de los fines de semana, aunque todo cierra a las 2.30 en punto.

★Mean Bean CAFÉ

(Kunstmuseet; plano p. 116; Skippergata 24; ⊙8.00-17.00 lu-vi, 11.00-17.00 sa, 12.00-16.00 do) Su dueño, Steinar Svenning, tuesta café para Mean Bean y su local hermano, Cuba Life, bajo la marca Mean Bean. Este maravilloso espacio de techos altos tiene un café fabuloso, también sirve rosbif, tostas de salmón o verduras asadas, batidos de fresa recién hechos en verano y exquisitos dulces, como barritas Snickers caseras.

Onkel Aksel Musikkbistro BAR

(plano p. 116; ☎38 07 25 05; https://nb-no.facebook.com/onkelaksel; Vestre Strandgate 29; ⊙12.00-2.00 lu-sa, 15.00-24.00 do) Este espacio industrial situado en el tramo de muelle ordinario de Kristiansand es un garito que ofrece música en directo y un buen lugar para picar algo tarde por la noche. Durante el día, ofrece unas vistas fantásticas desde la terraza.

Vaktbua BAR

(plano p. 116; Odderøya; ⊙12.00-15.30 ma, ju y do, hasta 22.00 mi, hasta 2.30 vi y sa) Es el bastión de la cultura alternativa de Kristiansand y aquí se puede conocer a la gente más interesante de la ciudad. Está en un bonito lugar de la isla y sirve tartas y café ecológicos. Además, ofrece actuaciones, fiestas y noches de discoteca las noches del fin de semana.

Frk Larsen BAR

(plano p. 116; Markens gate 5; ⊙11.00-24.00 lu-mi, hasta 3.00 ju-sa, 12.00-24.00 do) Fantástico local para tomar algo, abierto todo el día, con un ambiente relajado y música a última hora de la noche para las multitudes que acuden los fines de semana. La coctelería abre a las 20.00, pero los sofás son igual de atractivos para un café a mediodía, de camino a la zona de playa que queda entre las mareas.

Información

DNT Sør (plano p. 116; ☎38 12 07 50; www.dntsor.no; Gyldenløvesgate 2b; ⊙10.00-16.00 lu-vi) Mapas e información sobre senderismo, refugios y excursiones de montaña organizadas por el sur de Noruega.

Oficina de turismo (plano p. 116; ☎38 12 13 14; www.visitkrs.no; Rådhusgata 6; ⊙8.00-18.15 lu-vi, 10.00-18.00 sa, 12.00-18.00 do jul-ago, 8.00-15.30 lu-vi resto del año)

Cómo llegar y salir

BARCO

Los ferris a Dinamarca y Suecia zarpan de la **terminal de Colour Line** (plano p. 116).

AUTOBÚS

Hay una oficina de información de autobuses y consigna de equipaje dentro de la **estación de autobuses** (plano p. 116). La mayoría de los autobuses locales, incluidos los que van a Lillesand, Grimstad y Arendal, salen de la céntrica Henrik Wergelands gate y no de la estación de autobuses.

Autobuses desde Kristiansand

DESTINO	SALIDAS (DIARIAS)	TARIFA (NOK)	DURACIÓN (H)
Arendal	Hasta 9	220	1½
Bergen	1	640	12
Evje	7-8	160	1
Flekkefjord	2-4	250	2
Oslo	Hasta 9	390	5½
Stavanger	2-4	380	4½

TREN

Hay hasta cuatro trenes diarios a Oslo (259-687 NOK, 4½ h) y cinco a Stavanger (249-489 NOK, 3¼ h).

Mandal

15 530 HAB.

La ciudad oficial más meridional de Noruega es famosa por su playa de 800 m de longitud llamada Sjøsanden, situada a 1 km del centro. No es Copacabana, pero sí una de las franjas de arena más bonitas de Noruega, flanqueada por un bosque. Da la sensación de estar lejos de todo, excepto los días más calurosos del verano.

Puntos de interés

Museo de Mandal MUSEO

(Vestagdermuseet; www.vestagdermuseet.no; Store Elvegata 5/6; adultos/niños 70 NOK/gratis; ⊙11.00-17.00 lu-vi, 12.00-17.00 sa y do med jun-med ago) Las muestras de artefactos marítimos y de pesca y de obras de artistas locales ya son buenas de por sí, pero además destaca por sus impresionantes exposiciones del hijo predilecto de Mandal, Gustav Vigeland. La casa en que vivió de niño, **Vigeland hus**, también forma parte del museo.

Fiestas y celebraciones

Festival del Marisco COMIDA Y BEBIDA
(www.skalldyrfestivalen.no; pase diario 250 NOK; ago) Marisco fresco por doquier y varias actuaciones musicales en la segunda semana de agosto.

Dónde dormir y comer

Hald Pensjonat PENSIÓN $
(38 26 01 00; www.haldpensjonat.no; Halseveien 37; d/c 400/500 NOK; P) Esta pensión de estilo tradicional tiene unas zonas comunes de decoración extravagante y un jardín encantador. Las habitaciones básicas de tipo albergue son una de las pocas opciones baratas que hay en la costa, aparte del *camping*. Los precios no incluyen la ropa de cama (100 NOK por persona).

Sjøsanden Feriesenter CAMPING $
(38 26 10 94; www.sjosanden-feriesenter.no; Sjøsandveien 1; tiendas 120 NOK, apt 2/4 personas 1000/1150, cabañas 2 camas 1350 NOK; P) Al estar a pocos metros de la playa, este *camping* destaca respecto a las demás zonas de acampada vecinas, y hasta tiene su propio tobogán acuático. Hay habitaciones de motel (doble 750 NOK), así como las habituales cabañas de *camping* y apartamentos con cocina.

Kjøbmandsgaarden Hotel HOTEL HISTÓRICO $$
(38 26 12 76; www.kjobmandsgaarden.no; Store Elvegate 57; i/d 899/1099 NOK;) En el corazón de las blanquísimas calles del casco antiguo, este precioso hotel, en un edificio de madera protegido, tiene habitaciones algo sosas con baños. El restaurante de la planta baja es uno de los más populares de la ciudad.

★ **Provianten** ITALIANA $$
(482 78 888; www.provianten.no; Store Elvegate 45a; principales 199-259 NOK, *pizza* 139-185 NOK; 9.45-24.00) En la ciudad más meridional de Noruega parece adecuado comer algo de inspiración mediterránea frente al mar. El Porvianten sirve auténticas *pizzas* al horno de leña y deliciosos platos noruegos al horno, pero no solo eso. El que tal vez sea el local más ambicioso de la zona elabora su propia cerveza y destila *aquavit* y *schnapps*.

Información

Oficina de turismo (38 27 83 00; www.lindesnesregionen.com; Havnegata 2; 10.00-17.00 lu-sa, 10.00-19.00 do) Frente al mar.

AQUÍ ESTUVIERON LOS VIKINGOS

Entre los ss. VIII y XI, la costa noruega fue territorio vikingo, pero el cabo de Lindesnes, donde se encuentran las aguas de Skagerrak y el mar del Norte, supuso todo un reto incluso para estos avezados marineros. En un arranque de ingeniería creativa, algo que más tarde emularían los constructores de carreteras noruegos al enfrentarse al sobrecogedor relieve geográfico, los vikingos construyeron un canal a través de la península de Lindesnes a la altura de Spangereid (en el pasado, puerto seguro de los jefes vikingos) para evitar los peligrosos mares del cabo. En el 2007 se abrió una réplica del canal para recrear el desvío vikingo.

Cómo llegar y salir

La Mandal Rutebilstasjon está al norte del río, a una breve caminata desde el casco antiguo. Los autobuses Bussekspress de Nor-Way (p. 436) que cubren la ruta costera entre Stavanger (405 NOK, 3½ h) y Kristiansand (122 NOK, 45 min) pasan por Mandal dos-cuatro veces al día.

Lindesnes

Lindesnes (literalmente, "península de tierra arqueada") es el punto más austral de Noruega y permite ser testigo ocasional del poder que la naturaleza puede desencadenar entre Skagerrak y el mar del Norte. En los días tranquilos, la serie de intricadas calas rocosas que se enroscan serpenteantes sobre esta línea de costa resulta realmente seductora, tanto desde tierra como desde un barco en el mar.

Puntos de interés

Lindesnes Fyr FARO
(www.lindesnesfyr.no; adultos/niños 60 NOK/gratis; 10.00-20.00 fin jun-ppios ago, reducido resto del año) Es un evocador faro de corte clásico en lo alto del cabo. De camino al cabo hay dos edificios donde se organizan exposiciones sobre la historia del faro. El centro de visitantes ubicado junto a la puerta proyecta un vídeo informativo. El primer faro emplazado aquí en 1655 (y el primero construido en Noruega) se iluminaba usando carbón y velas de sebo. La versión eléctrica actual, erigida en 1915, es visible a 19,5 millas náuticas.

MERECE LA PENA

VIAJE POR LA CARRETERA COSTERA DE FLEKKEFJORD A EGERSUND

Si se viaja en vehículo propio, conviene ahorrarse la E39 y tomar la carretera costera Rv44 de Flekkefjord a Egersund, uno de los recorridos más bellos de la Noruega meridional. Discurre por colinas yermas tachonadas de rocas y manchas de arbolado, lagos y páramos, antes de bajar a **Jøssingfjord,** unos 32 km al oeste de Flekkefjord, con un imponente paisaje de rocas en vertical y una preciosa cascada. Dos casas del s. XVII, conocidas como **Helleren,** se acurrucan bajo el saliente de un acantilado, pero no fueron construidas para claustrofóbicos; están abiertas todo el año. A pesar del peligro de desprendimiento de rocas, el saliente siempre ha proporcionado protección frente al áspero clima noruego. Las casas están abiertas todo el año.

Para más información sobre los pintorescos faros y otras atracciones a lo largo de esta ruta y de toda la carretera de la costa, desde Kristiansand hacia Haugesund, visítese www.nordsjovegen.no.

Dónde dormir y comer

Lindesnes Camping og Hytteutleie CAMPING $

(☎916 02 276; www.lindesnescamping.no; Lillehavn; tiendas 220 NOK, bungalós 280-950 NOK; P, wifi) Zona de acampada con excelentes y modernas instalaciones, en una playa situada 3,5 km al noreste del Lindesnes Fyr. Tiene un pequeño quiosco y zona para cocinar; también se alquilan botes.

Lindesnes Havhotel HOTEL $$

(☎38 60 08 00; Bålyveien 50; i/d 1045/1295 NOK, apt 2 camas 1350 NOK; P, wifi, piscina) Este hotel grande y elegante, con aire de complejo vacacional, es muy popular entre las familias noruegas. Por fuera puede parecer algo impersonal, pero es muy cómodo, ofrece unos servicios estupendos y puede ser una ganga. Las vistas son maravillosas y las bicicletas, gratuitas.

Cómo llegar y salir

Hay autobuses desde Mandal (90 NOK, 1 h) que van al faro de Lindesnes pasando por Spangereid los lunes, miércoles y viernes.

Flekkefjord

9096 HAB.

Flekkefjord es un lugar agradable y tranquilo. La historia del pueblo se remonta a 1660, cuando rivalizó con Kristiansand, y conserva un bonito centro histórico. Es también célebre por no tener apenas variación en las mareas (habitualmente menos de 10 cm entre la alta y la baja).

Puntos de interés

Hollenderbyen ZONA

El viejo barrio llamado "ciudad neerlandesa", con calles estrechas y antiguos edificios de madera, permite disfrutar de un paseo muy pintoresco.

Iglesia de Flekkefjord IGLESIA

(Kirkegaten 10; ⏲11.00-13.00 lu-sa jul) Consagrada en 1833, destaca entre el uniforme paisaje urbano por su planta octogonal. El diseño es del arquitecto H. Linstow (que también proyectó el Palacio Real de Oslo; p. 61), la forma octagonal se puede apreciar en todo el edificio: en las columnas, en la aguja del campanario y en la pila bautismal.

Museo Flekkefjord MUSEO

(www.vestagdermuseet.no; Dr Kraftsgata 15; adultos/niños 60 NOK/gratis; ⏲11.00-17.00 lu-vi, 12.00-17.00 sa y do med jun-ago) En un edificio de 1724, sus interiores, del s. XIX, en su mayoría donados por una dama del lugar, ilustran cómo estaría amueblada una casa de la alta burguesía de la época.

Dónde dormir y comer

Egenes Camping CAMPING $

(☎38 32 01 48; www.egenescamping.no; tiendas 225 NOK, bungalós 600-1400 NOK) Este *camping* de espectacular emplazamiento se encuentra junto a Seluravatnet (lago Selura), a 1 km por la E39 y 5 km al este de Flekkefjord. Ofrece botes y canoas de alquiler, rocódromo, minigolf, pesca y otras actividades, con lo que resulta perfecto para familias con niños.

★**Grand Hotell** HOTEL HISTÓRICO $$

(☎38 32 23 55; www.grand-hotell.no; Anders Beersgt 9; i/d desde 1095/1295 NOK; P, wifi) Encaja perfectamente en esta ciudad tan antigua, pues ocupa un precioso edificio de madera que se asemeja a un castillo. Las habitaciones se han reformado con elegancia pero conservan su carácter histórico, con papel pintado a mano, sofás de terciopelo y cortinas drapeadas. Es muy sutil, pero quien no sea muy amigo de la decoración de época puede optar por otras habitaciones más modernas. El restaurante y el *pub* son encantadores.

Fiskebrygga INTERNACIONAL **$$**
(☎38 32 04 90; Elvegata 9; principales 149-210 NOK; ⏲ 10.00-16.00 lu, ma y sa, hasta 18.00 mi y vi, hasta 19.00 ju) Quizá sea el lugar más agradable de Flekkefjord para disfrutar de una comida ligera o un tentempié. Sirven platos de pescado con patatas, costillas de cerdo marinadas, deliciosos pasteles y helado. Destila cierto aire urbano que se agradece en la tranquila Flekkefjord. En verano, puede haber algún concierto.

Información

Oficina de turismo (☎38 32 69 95; www.regionlister.com; Elvegata 3; ⏲10.00-18.00 lu-vi, 10.00-16.00 sa med jun-med ago, 11.00-16.00 do jul, 9.00-16.00 lu-vi resto del año) Conviene pedir el folleto *A Tour of Flekkefjor.*

Cómo llegar y salir

Los autobuses Bussekspress (p. 436) de Nor-Way entre Kristiansand (260 NOK, 2 h) y Stavanger (260 NOK, 2 h) pasan por Flekkefjord.

Egersund

11 470 HAB.

Es una de las ciudades más pintorescas de esta franja costera occidental, un lugar sereno, salpicado de casas antiguas de madera que hablan de su larga historia. Pero su pasado se remonta a mucho más tiempo atrás: las inquietantes runas halladas cerca de Møgedal se cuentan entre las formas escritas más antiguas halladas en el sur de Noruega.

Puntos de interés

Unas 92 casas, cerca de dos tercios del pueblo original, fueron devoradas por el fuego en 1843, tras lo cual, Egersund fue reconstruida con calles anchas para evitar la propagación de futuros incendios. La mayor parte de los edificios del casco antiguo datan de este período. Merece la pena pasear por **Strandgaten,** una calle de casas de madera construidas después del incendio.

Skrivergården fue erigida en 1846 como vivienda del magistrado local Christian Feyer. El pequeño parque de enfrente le servía de jardín privado. **Strandgaten 43** es incluso más atractiva y posee una "ventana indiscreta" que permitía a sus habitantes no perder de vista la calle.

El **Bilstadhuset** todavía conserva su estructura original de madera y cuenta con una buhardilla en la que se fabrican velas. Ninguna de las casas está abierta al público, pero la oficina de turismo reparte un folleto que contiene un mapa e información al respecto.

★ **Egersund Fayancemuseum** MUSEO
(Museo de Cerámica Egersund; ☎51 49 26 40; www.egersundfayancemuseum.no; adultos/niños 50/25 NOK; ⏲11.00-17.00 med jun-ago, 11.00-15.00 mi-vi y 11.00-17.00 vi y sa resto del año) Este museo de inteligente diseño, escondido en un feo centro comercial 1,5 km al noreste del centro de Egersund –el trayecto se puede hacer a pie–, alberga piezas de Egersund Fayance, la casa de cerámica y porcelana fina que fue el sustento de la zona de 1847 a 1979. La colección está organizada cronológicamente, por lo que supone un reflejo fascinante de las tendencias del diseño de los ss. XIX y XX, al abarcar desde unas primeras piezas monumentales hasta objetos funcionales de piedra que hoy son artículos de coleccionista. El museo vende impresiones decorativas de patrones originales y algunas reproducciones.

Egersund Kirke IGLESIA
(Torget; ⏲11.00-16.00 lu-sa, 12.30-15.00 do med jun-med ago) En este emplazamiento ha existido una iglesia por lo menos desde 1292. La bella edificación actual data de la década de 1620. El retablo de 1607, que representa el bautismo y la crucifixión de Cristo, fue tallado por el ebanista Thomas Christophersen, de la ciudad de Stavanger, y pintado por el artista Peter Reimers; la pila bautismal es de 1583. La planta cruciforme, la delicada galería y la magnífica ornamentación de los laterales de los bancos merecen observarse con detenimiento.

Dónde dormir y comer

Steinsnes Camping CAMPING **$**
(☎974 00 966; Tengs; tiendas 180 NOK, bungalós 325-1500 NOK; P 📶) El *camping* más práctico de Egersund está 3 km al norte del pueblo, junto a un rápido arroyo; los autobuses a Hellvik paran aquí. Con un toque muy noruego, se venden permisos para pescar salmón.

Boe Apartments APARTAMENTOS **$$**
(☎951 60 291; www.boeapartments.no; Strandgaten 72; apt 1200 NOK; P 📶) Estos tres apartamentos modernos y elegantes se hallan en un edificio tradicional que conserva algunos

MERECE LA PENA

SOGNDALSTRAND

No se puede dejar de visitar Sogndalstrand, con sus pintorescas casas de madera y almacenes que resaltan por encima del río. Las casas, que datan de los ss. XVII y XVIII, aparecen en las portadas de los folletos turísticos de la región e interesa visitarlas. Es un lugar hermoso y tranquilo, unos 30 km al sureste de Egersund y 2,5 km al sur de Hauge i Dalane, la principal localidad de la región.

Si el viajero quiere pasar más tiempo en el pequeño pueblo de Sogndalstrand, puede alojarse en el histórico **Sogndalstrand Kultur Hotell** (☎51 47 72 55; www.sogndalstrand-kulturhotell.no; Strandgaten 22; i/d 1150/1510 NOK).

elementos originales. Están bien equipados, con camas de primera calidad, sábanas noruegas y cocinas con electrodomésticos y cafetera Nespresso.

★ **Grand Hotell** HOTEL HISTÓRICO $$$
(☎51 49 60 60; www.grand-egersund.no; Johan Feyersgate 3; i/d desde 1350/1890 NOK; P 📶) Es un precioso hotel del s. XIX con elegantes habitaciones reformadas. Las que hacen esquina ofrecen interesantes vistas a la calle. Pero las mejores son las habitaciones más nuevas (algunas de ellas de tipo *loft*) del ala Klavita, que ofrecen un estilo escandinavo contemporáneo con tonos claros de gris, roble, papeles pintados de delicado diseño y telas agradables.

K&G House of Burger HAMBURGUESERÍA $$
(Kniv y Gaffel; www.knivgaffel.no/kghouseofburger; Jernbaneveien 2; hamburguesas 189 NOK; ⏲11.00-22.00 do-ju, hasta 23.00 vi y sa) Hamburguesas excepcionales con ternera Angus y *brioches*. También ofrece alitas de pollo, aros de cebolla y *falafel*.

Dónde beber y vida nocturna

Mungåt Beer Bar CERVECERÍA
(☎977 11 382; www.mungat.no; Torget 6; ⏲18.00-1.00 sa y do) Este elegante bar cervecería, situado en un sótano, abre solo el fin de semana y se centra en las cervecerías de elaboración artesana de Noruega, aunque también sirve cervezas especiales de las principales cerveceras nacionales. Hay 14 de barril y más de 100 en botella. También se celebran eventos y actuaciones.

De compras

Auduns Antikk VINTAGE
(☎481 39 864; www.facebook.com/audunsantikk; Oluf Løwoldsgate 1; ⏲10.00-18.00 lu-sa) Esta tienda de madera blanca esconde un gran tesoro de cerámicas antiguas noruegas. Obviamente, la marca local Egersund está representada, junto con ejemplos raros y más asequibles de las marcas de la costa oeste Figgjo y Stavanger y la sureña Prorsgrun, además de piezas finlandesas y suecas.

Información

La **oficina de turismo** (☎51 46 82 33; www.eigersund.kommune.no; Jernbaneveien 2; ⏲10.00-18.00 lu-vi, hasta 16.00 sa y do jun-ago) ofrece buena información local, pero solo abre en verano. El resto del año, el **Kulturkontonet** (Strandgaten 58; ⏲8.00-15.00 lu-vi) puede ofrecer información turística. Vale la pena visitarlo por el propio edificio, aunque no se necesite ayuda.

Cómo llegar y salir

Hay trenes a/desde Kristiansand (259-350 NOK, 2 h) cuatro veces al día, y ocho servicios diarios a/desde Stavanger (179 NOK, 1 h). Los autobuses de **Kolumbus** (www.kolumbus.no) circulan entre Egersund y Flekkefjord y a Stavanger tres-cuatro veces al día.

EL INTERIOR

Adentrándose desde la costa sur se hallan tranquilos valles montañosos, como Setesdalen, y el magnífico pico de Gausta, cerca de Rjukan, lugares maravillososambos. Otro plato fuerte es la región de Telemark, salpicada de lagos e interconectada a través de un canal con la bonita Seljord, donde habita la serpiente Selma.

Kongsberg

25 090 HAB.

Esta ciudad es uno de los lugares más agradables del interior del sur de Noruega. La rodean densos bosques y por su centro discurren rápidos en cascada. Además de la belleza del entorno, cuenta con las fascinantes e históricas minas reales de plata, numerosos museos sencillos, un bonito barrio antiguo de casas de madera y uno de los mejores festivales de *jazz* del país.

Kongsberg

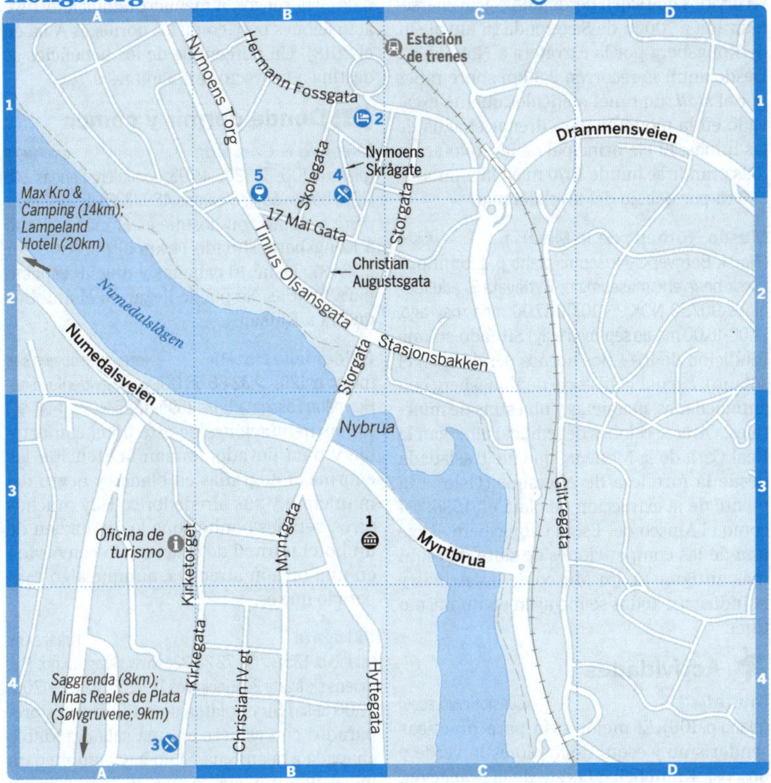

Kongsberg

Puntos de interés
1 Museo Noruego de la Minería............ B3

Dónde dormir
2 Gyldenløve Hotell.............................. B1

Dónde comer
3 Restaurant Opsahlgården & Christians Kjeller.............................. A4
4 Skrågata.. B1

Dónde beber y vida nocturna
5 Jonas B Gundersen Jazzkjøkken........ B1

Historia

La historia de Kongsberg empieza y termina con la plata, que fue descubierta por dos niños y un buey en 1623, en el cercano valle de Numedal. Su padre intentó vender la inesperada fortuna, pero los soldados del rey se enteraron y la familia fue detenida y obligada a revelar el lugar del descubrimiento. Kongsberg se fundó un año después y, con la posterior fiebre de la plata, se convirtió durante un breve período de tiempo, en el segundo pueblo más grande de Noruega, con 8000 habitantes, de los que 4000 eran mineros. Entre 1623 y 1957, se produjeron 1350 000 kilos de hilo de plata pura (de las más puras del mundo) para las arcas reales. Todavía es la sede nacional de la casa de la moneda, pero la última mina cerró en 1957.

Puntos de interés

Minas Reales de Plata MINA

(plano p. 100; ☎919 13 200; www.norsk-bergverksmuseum.no; Malmveien 5; adultos/niños 160/100 NOK; ⏲circuitos cada hora 11.00-16.00 jul-med ago, horario reducido med may-jun, sep y oct) El conglomerado de minas de plata en el interior de Kongsberg es conocido como Sølvgruvene.

La forma más fácil de visitarlas es con los recorridos que salen desde Kongsgruvene, señalizada a 700 m de Saggrenda (8 km al sur de Kongsberg por la carretera a Notodden). Desde aquí, se recorren 2,3 km sobre raíles por el *stoll*, un túnel meticulosamente excavado en la montaña para drenar el agua de las minas. El eje principal de la explotación más grande se hunde 1070 m en la montaña, 550 m por debajo del nivel del mar.

Museo Noruego de la Minería MUSEO
(Norsk Bergverks-Museum; plano p. 125; http://norsk-bergverksmuseum.no; Hyttegata 3; adultos/niños 90/50 NOK; ⌚10.00-17.00 med may-ago, 12.00-16.00 ma-do sep-med may) Situado en una fundición de 1844 (los hornos perviven en el sótano), cuenta la historia de Kongsberg con antigüedades, maquetas y muestras de minerales. Otras secciones del edificio albergan la Real Casa de la Moneda, que fue trasladada desde la fortaleza de Akershus (Oslo) a la fuente de la extracción de plata en 1686, así como el Museo del Esquí (Kongsberg acoge una de las competiciones de salto de esquí más antiguas) y un Museo de las Armas y la Industria. Todos se incluyen en un mismo tique.

Actividades

Knutefjell EXCURSIONISMO, ESQUÍ
(plano p. 100) El mejor sitio para practicar senderismo y esquí de fondo es la verde y boscosa Knutefjell, al oeste de la población. En la oficina de turismo de Kongsberg se puede comprar el mapa *Kultur-og Turkart Knutefjell* (120 NOK), que detalla las diversas pistas de invierno y de verano.

Circuito por las Minas Reales de Plata con cuerdas y linternas CIRCUITO MINERO
(plano p. 100; ☎919 13 200; por grupo 10 000 NOK) Con reserva previa, se puede hacer el circuito con cuerdas y linternas por las minas reales de plata, que comienza con un recorrido a pie de 1 km por el túnel del príncipe heredero Fredrik. Después, hay que descender en rápel 112 m hacia el interior de la mina a la luz de la linterna (tras una introducción a la técnica del rápel).

Fiestas y celebraciones

Kongsberg Jazz Festival MÚSICA
(www.kongsberg-jazzfestival.no; ⌚jul) El segundo mayor festival de *jazz* de Noruega se celebra durante 4 días a principios de julio en distintas ubicaciones de la ciudad y atrae a numerosos artistas de vanguardia internacionales y noruegos. A menudo, también incluye actuaciones pop (como los noruegos A-ha en el 2018). Un porcentaje de los beneficios se destina a proyectos humanitarios.

Dónde dormir y comer

Max Kro & Camping CAMPING $
(plano p. 100; ☎32 76 44 05; Jondalen; tiendas 245 NOK, bungalós 4/6 camas 489/720) Este *camping* sencillo con bosque es el más cercano a Kongsberg, situado 14 km al noroeste por la Rv37. Tiene 10 cabañas y mucho espacio para tiendas. Se puede llegar en el autobús que va a Rjukan.

Gyldenløve Hotell HOTEL DE NEGOCIOS $$$
(plano p. 125; ☎32 86 58 00; www.gyldenlove.no; Hermann Fossgata 1; i/d 1595/1885 NOK; P@☰) En las habitaciones de este hotel confortable y bien llevado, llaman la atención las enormes fotografías en blanco y negro del municipio y sus alrededores. Hay muchos otros detalles bonitos que lo distinguen de un hotel normal de cadena y lo convierten en una opción atractiva, aunque algo cara para lo que es.

Skrågata EUROPEA $$
(plano p. 125; ☎32 72 28 22; www.skragata.no; Nymoens skrågate 2; principales 179-265 NOK; ⌚17.00-22.00 lu-sa) Sirve platos de estilo francés preparados con esmero en una sala agradable chapada a la antigua. Si no hay hambre para una cena completa, se pueden pedir solo entrantes y tentempiés en el bar.

★ **Restaurant Opsahlgården & Christians Kjeller** NORUEGA $$$
(plano p. 125; ☎32 76 45 00; Kirkegata 10; principales 298-348 NOK; ⌚restaurante 15.00-22.00 lu-vi, cafetería 15.00-22.00 lu-vi, 14.00-22.00 sa) Este restaurante exclusivo se encuentra en una de las casas más antiguas de la ciudad y sorprende con sus certeros platos, como el cordero ahumado con enebro y crema de zanahoria. Todo se elabora en el establecimiento, incluidos los sorbetes y los helados. Se complementa con un agradable café-*pub*, que ofrece una carta diaria de comidas informales, y una cervecería artesana pequeña pero sorprendentemente bien surtida.

Dónde beber y vida nocturna

Jonas B Gundersen Jazzkjøkken BAR
(plano p. 125; ☎32 72 88 00; Nymoens Torg 10; ⌚15.00-22.00 lu, hasta 23.00 ma-ju, 14.00-24.00 vi,

12.00-24.00 sa, 14.00-22.00 do) Esta "cocina del *jazz*" tiene unas cuantas sucursales al sur de Noruega. Es un lugar agradable para tomar algo u oír a quien actúe el fin de semana. Tiene *pizzas, piadinas* y sándwiches (162-214 NOK), si se quiere comer algo mientras se descansa un rato. Los vecinos dicen que las *pizzas* son las mejores de la ciudad.

Información

Oficina de turismo (plano p. 125; 32 29 90 50; www.kongsberg.no; Kirketorget 4; 9.00-18.00 lu-vi, 10.00-14.00 sa finales jun-med ago, 9.00-16.00 lu-vi resto del año) Excelente, con un personal atento y muchos recursos.

Cómo llegar y salir

Hay trenes cada hora que conectan Kongsberg con Oslo (204 NOK, 1½ h).

Varias compañías de autobuses ofrecen servicio casi cada hora entre Kongsberg y Oslo (235 NOK, 1½ h), y también Notodden (120 NOK, 35 min). Salen de la estación de trenes.

Si se va con coche propio y se aparca en el aparcamiento del supermercado, hay que asegurarse de coger un tique (gratis). De lo contrario, la multa puede ser considerable.

Canal de Telemark

A lo largo de los 105 km de la red de canales de Telemark, una serie de lagos y canales que conectan Skien y Dalen (con una bifurcación de Lunde a Notodden), navegan los barcos, a través de sus 18 esclusas y su desnivel total de 72 m. Fue construido para el comercio maderero entre 1887 y 1892 por 400 obreros. Hoy, dar un lento paseo en barco por los canales es una de las actividades imprescindibles en una visita al sur de Noruega.

Notodden

12 360 HAB.

A menos que se acuda por el famosísimo festival de *blues* (www.bluesfest.no) a principios de agosto, conviene pasar de largo por esta ciudad industrial y dirigirse a la maravillosa e imponente iglesia de madera de Heddal, unos 5 km al noroeste de la ciudad por la E134.

Puntos de interés

★ Iglesia de madera de Heddal IGLESIA
(www.heddalstavkirke.no; Heddal; adultos/niños 80 NOK/gratis, patio gratis; 9.00-18.00 lu-sa med jun-med ago, 10.00-17.00 may-med jun y med ago-sep) Esta iglesia de cuento de hadas es la más grande y una de las más bellas de las 28 iglesias medievales de madera que quedan en Noruega. Como todas, se erige alrededor de pilares de pino noruego, 12 grandes y seis más pequeños, todos coronados por rostros aterradores, y tiene cuatro pórticos de entrada tallados. Son de especial interés las preciosas pinturas de "rosas" de 1668, una inscripción rúnica en el deambulatorio exterior y el sillón del obispo, hecho de un antiguo pilar en el s. XVII.

> MERECE LA PENA
>
> **AKKERHAUGEN**
>
> Atractiva aldea ribereña en los márgenes septentrionales del bello lago Norsjø, que es una ramificación del canal de Telemark. Es un lugar popular para empezar o terminar una travesía de media jornada en bote por el canal.
>
> Se puede comer algo en el **'camping'** de Akkerhaugen (35 95 84 30; www.norsjo-ferieland.no; tiendas 270 NOK, parcelas para caravanas 340 NOK, bungalós 1200-1900 NOK; P); si no, hay que traer comida o ir a Notodden o Skien.

Fiestas y celebraciones

Festival de 'blues' de Notodden MÚSICA
(www.bluesfest.no; ago) Veterano festival con muchas estrellas de la talla de Robert Plant, ZZ Top, Little Stevie y Joss Stone.

Dónde dormir

Notodden Camping CAMPING $
(35 01 33 10; www.notoddencamping.com; Reshjemveien; tiendas 130 NOK, bungalós 4/6 camas 450/550 NOK) Este *camping* junto al río es aceptable y se encuentra 3 km al oeste por la E134, y después 200 m al sur por la Reshjemveien. Durante el festival es difícil encontrar sitio. Se llega con el autobús que va del centro hacia Seljord.

Información

Oficina de turismo (35 01 50 00; www.notodden.kommune.no; Teatergate 3; 8.00-15.00 lu-vi)

Cómo llegar y salir

Los autobuses TIMEkspressen de Nettbuss (p. 439) hacen el recorrido entre Kongsberg y Notodden (98 NOK, 35 min) una-dos veces por hora.

MERECE LA PENA

UN LENTO PASEO EN BARCO POR TELEMARK

Cada día, desde junio hasta mediados de agosto, distintas embarcaciones (vapores a la antigua usanza, en su mayoría) navegan por toda la red de canales de Telemark. Aunque existe la posibilidad de contratar travesías de día completo, para la mayoría de la gente un paquete de medio día es suficiente. Una ruta muy recomendable consiste en subirse al barco (adultos/niños 590/295 NOK, 3¾ h, diario a las 10.00) en Akkerhaugen, 24 km al sur de Notodden, que va a Lunde. Un autobús lleva de vuelta a Akkerhaugen. También puede recorrerse en sentido inverso, dejando el coche gratuitamente en el Norsjø Hotell de Akkerhaugen y tomando el autobús hasta Lunde (para en el hotel), desde donde se zarpa y se navega tranquilamente de vuelta a Akkerhaugen.

Existe otra agradable travesía de día completo (10 h) entre Skien y Dalen (adultos/niños 995/497 NOK; fin jun-med ago). Los barcos salen de Skien alrededor de las 8.00 y llegan a Dalen poco después de las 18.00, desde donde se puede tomar un "canalbús" especial para volver a Skien. También es posible bajarse o subir en Lunde, el punto intermedio, así como otras combinaciones.

En **Visit Telemark** (☎35 90 00 20; www.visittelemark.com) hay información sobre las horas de salida de cada temporada, detalles sobre los barcos y cómo reservar.

Una forma estupenda de ver el canal es en canoa, kayak o bicicleta. Los ferris pueden llevar barcas/bicicletas por 290/180 NOK.

Skien

53 955 HAB.

La industrial Skien sirve, sobre todo, como punto de partida para el canal de Telemark, pero tiene algún interés añadido para admiradores del gran dramaturgo Henrik Ibsen o la cerámica noruega.

Puntos de interés

Henrik Ibsenmuseet MUSEO

(plano p. 100; www.telemarkmuseum.no; Venstøphøgda; adultos/niños 70/30 NOK; ⌚11.00-19.00 med may-ago) Autor, dramaturgo y también llamado "padre del drama moderno", Henrik Ibsen nació en Skien el 20 de marzo de 1828. En 1835, la familia pasó tiempos difíciles y se mudó a la granja Venstøp, 5 km al norte , donde vivieron 7 años. La granja de 1815 se ha transformado en su museo. Hay excelentes exposiciones audiovisuales en el antiguo granero y los guías acompañan en un paseo por la casa familiar. Aquí o en la oficina de turismo pueden informar sobre representaciones de obras de Ibsen.

Porsgrund Porselænsfabrikk FÁBRICA

(plano p. 100; ☎35 56 21 00; www.porsgrund.com; Porselensv 12, Porsgrunn; ⌚9.00-16.00 lu-vi) En Porsgrunn, al sur de Skien, se encuentra una de las fábricas de porcelana más conocidas y antiguas de Noruega. Se puede reservar un recorrido para ver a los artesanos pintar el famoso dibujo de 'paja', hecho para pinceles finísimos, o comprar piezas con descuento en la tienda.

Dónde dormir

Kilden Gård B&B $

(plano p. 100; Aashammeren 55; d con baño compartido 700 NOK; P 📶) En un precioso lugar junto al río, 8 km al norte de Skien, este alojamiento tradicional en una casa familiar ofrece una calurosa bienvenida y unas habitaciones preciosas. Interesa muchísimo si se viene en invierno a esquiar.

Thon Hotel Høyers HOTEL DE NEGOCIOS $$

(plano p. 100; ☎35 90 58 00; www.thonhotels.no; Kongensgate 6; d 1340 NOK; P 📶) Este establecimiento de gestión familiar ocupa un espléndido edificio junto al puerto. Ofrece habitaciones modernas y espaciosas, además de majestuosas zonas comunes de estilo tradicional. Otros hoteles ofrecen café de filtro gratis, pero aquí tienen una cafetera Nespresso en el vestíbulo.

Información

Oficina de turismo (plano p. 100; ☎35 90 55 20; www.visitgrenland.no; Nedre Hjellegate 18; ⌚9.00-19.00 lu-vi, 11.00-16.00 sa y do med jun-med ago, 8.30-16.00 lu-vi resto del año) Tiene información sobre rutas senderistas y en bicicleta.

Cómo llegar y salir

Los autobuses Bussekspress de Nor-Way

(p. 436) van de Skien a Rjukan (289 NOK, 3¼ h) una o dos veces al día. Hay trenes de NSB (p. 436) cada hora o cada dos horas a Larvik (97 NOK, 45 min) y Oslo (210-318 NOK, 3 h).

Dalen

800 HAB.

Rodeada de colinas boscosas, junto a un tranquilo lago poblado de castores, la pequeña y bonita Dalen es el punto de partida para los ferris que navegan por los canales del Telemark. Es perfecto para disfrutar de unos días de relax.

Puntos de interés

Iglesia de madera de Eidsborg IGLESIA

(circuito guiado adultos/niños 100/50 NOK; 10.00-18.00 jun-ago, horario reducido resto del año) Por encima de la ciudad, en la Rv45 hacia Høydalsmo, esa pintoresca iglesia de madera del s. XIII, dedicada a san Nicolás, tiene solo una nave y se halla en un estado estupendo. El recinto está abierto todo el año y el guarda puede abrir la iglesia si se encuentra cerrada.

Dónde dormir y comer

Buøy Camping CAMPING $

(35 07 75 87; www.buoycamping.com; tiendas 250 NOK, bungalós 650-1600 NOK; may-sep; P@) Rodeado de agua por todos lados, este *camping*, interesante y bien regentado, tiene numerosas actividades para niños, muchas parcelas sombreadas para las tiendas y pintorescas cabañas que son tan bonitas por dentro como por fuera. Hay un restaurante y servicio de alquiler de bicicletas por 150 NOK/día.

Dalen Bed & Breakfast B&B $$

(35 07 70 80; www.dalenbb.com; d 1290-1790 NOK; P) Este negocio familiar es una buena opción: el desayuno es excelente y está incluido en el precio, y ofrecen mapas gratis en los que se señalan los mejores sitios de la zona para ver alces y castores.

Dalen Hotel HOTEL HISTÓRICO $$$

(35 07 90 00; www.dalenhotel.no; i/d 1600/2600 NOK; P) Con sus reminiscencias de iglesia de madera y su ambiente del Salvaje Oeste en el interior, este ornamentado hotel abrió sus puertas en 1894. Aunque fue saqueado por los nazis en la II Guerra Mundial, sigue siendo un lugar auténtico: en las zonas comunes se mezclan las antigüedades y las cabezas de alce. Se dice que la habitación nº 17 está encantada.

Lastein Bryggje Kafè INTERNACIONAL $

(35 07 90 00; Storvegen 42; principales 169-279 NOK; 13.00-22.00 do, mi y ju, hasta 2.00 vi y sa) Este bonito cobertizo junto al río es uno de los lugares más pintorescos del pueblo, con una enorme terraza llena de sillas de mimbre clásicas y mantas. La carta ofrece lo habitual: hamburguesas, *fish and chips*, platos con gambas y ensalada César. Los viernes y sábados por la noche se convierte en el *pub* del pueblo y abre hasta tarde.

Información

Oficina de turismo (35 07 70 65; www.visitdalen.com; Hotellvegen 5; 10.00-18.00 lu-vi, hasta 16.00 sa y do may-ago, cerrado sep-abr;) En el centro del pueblo; tiene café gratis.

Cómo llegar y salir

Para llegar a Oslo en autobús (560 NOK, 4½ h) hay que cambiar en la cercana Amot, en la E134.

Rjukan

3385 HAB.

A la sombra del que, posiblemente, sea el pico más bello de Noruega, el Gausta (1883 m), Rjukan es una pintoresca introducción a las tierras altas, así como el centro por excelencia de actividades del sur de Noruega.

Tendido a lo largo de los 6 km del empinado valle de Vestfjorddalen, no posee especial atractivo, a excepción de sus dos calles centrales, con edificios de madera pintados en tonos pastel.

Si se visita entre finales de septiembre y marzo, se observará que no existe la penumbra invernal esperada, pues el lecho del valle se ilumina mediante "energía solar concentrada", es decir, tres espejos gigantes que, mediante control remoto, siguen y reflejan desde la montaña la luz solar, tan necesaria aquí abajo.

Puntos de interés

★**Funicular de Gaustabanen** FUNICULAR

(www.gaustabanen.no; ida/ida y vuelta adultos 250/350 NOK, niños 125/175 NOK; 10.00-17.00 finales jun-med oct) Es uno de los más extraordinarios de Noruega. Se adentra 860 m en el corazón del Gausta antes de cambiar a otro tren que asciende unos increíbles 1040 m sobre 3500 escalones con un ángulo de 40º, hasta los 1800 m, por debajo del Gaustahytte, no lejos de la cumbre. Fue construido por la OTAN en 1958 por 1 millón de dólares para garantizar el acceso a la torre de radio en cualquier circunstancia meteorológica. Montar en este funicular es una experiencia inenarrable, aunque no está indicada para claustrofóbicos. La estación base se encuentra 10 km al suroeste de Rjukan.

★ Museo Noruego de los Trabajadores Industrial MUSEO
(Norsk Industriarbeidermuseet Vemork; www.visitvemork.com; Vemork; adultos/niños 90/60 NOK; ⏲10.00-18.00 med jun-med ago, hasta 16.00 med ago-sep y may-med jun, 12.00-15.00 resto del año) Este museo, 7 km al oeste de Rjukan, está en la planta hidroeléctrica de Vemork; cuando se finalizó en 1911 era la más grande del mundo. Hoy honra al Partido Socialista de los Trabajadores, que llegó aquí a la cima de sus actividades en Noruega en la década de 1950. Hay una interesante exposición sobre la carrera por crear una bomba atómica en las décadas de 1930 y 1940, además de una fabulosa estación eléctrica en miniatura en la sala principal.

Krossobanen TELEFÉRICO
(www.krossobanen.no; ida/ida y vuelta adultos 65/130 NOK, niños 30/60 NOK, bicicleta 51/110 NOK; ⏲9.00-20.00 med jun-ago, 10.00-16.00 do-ju, hasta 20.00 vi y sa resto del año) El teleférico de Krossobanen fue construido en 1928 por Norsk Hydro para que sus trabajadores tuvieran acceso al sol. Ahora sacude a los turistas hasta Gvepseborg (886 m), donde se puede disfrutar de la vista a los profundos y oscuros recovecos del valle. Las mejores panorámicas se obtienen desde el mirador, encima de la estación del teleférico. También funciona como punto de partida de las rutas de excursionismo y ciclismo.

Rjukanfossen CATARATA
La que fuera la catarata más alta del mundo en el s. XVIII (el Salto Angel, en Venezuela, ostenta hoy dicho título), de 104 m de altura, brinda una vista espectacular, incluso aunque la mayoría del caudal se desvíe hacia la estación eléctrica de Vemork. Para obtener la mejor panorámica, hay que tomar la Rv37 hacia el oeste y aparcar antes del túnel, 9,5 km al oeste del pueblo; a 200 m existe un buen mirador.

Actividades

A través de la oficina de turismo se puede contactar con operadores locales que organizan diversas actividades invernales, como paseos en trineo de huskies o caballos.

'Puenting' DEPORTES DE AVENTURA
(☎995 13 140; www.telemark-opplevelser.no; por salto 790 NOK; ⏲med may-sep, horario variable) Descrita como el salto desde suelo más alto de Noruega, esta caída de 84 m en el cañón desde el puente que lleva al Museo Noruego de los Trabajadores Industriales es la mayor descarga de adrenalina que Rjukan facilita. Las inscripciones se realizan a través de la oficina de turismo.

Estación de esquí de Gaustablikk ESQUÍ
(www.gaustablikk.no; Kvitåvatnvegen 372; pase 1 día adultos/niños 395/310 NOK) Esta tranquila estación de esquí está dominada por la Gaustatoppen, la montaña más alta del sur de Noruega, y ofrece algunas pistas excelentes.

Circuitos

Escalada en hielo DEPORTES DE AVENTURA
(Kvitåvatnvegen 372) Si la idea de trepar por un gigante carámbano vertical que parece que va a resquebrajarse suena divertida, Rjukan es el lugar perfecto. Se está convirtiendo en el principal lugar para escalar en hielo. En los alrededores del pueblo hay más de 150 rutas para elegir.

Dónde dormir

Kvitåvatn Fjellstue ALBERGUE $
(☎35 09 20 40; www.kvitaavatn.dk; Kvitåvatnvegen 398; dc/i/d 245/675/850 NOK, i/d con baño compartido 450/600 NOK) Este albergue juvenil ofrece alojamiento sencillo en un acogedor *lodge* de pino con seis literas por habitación en cabañas. Hay 10 habitaciones panorámicas con balcón propio y magníficas vistas a Gaustatoppen, una cama doble y dos literas, lugar de trabajo y baño privado. Solo hay personal en recepción de 8.30 a 10.30 y de 16.00 a 19.00.

★ Rjukan Hytteby & Kro CABAÑAS $$
(☎35 09 01 22; www.rjukan-hytteby.no; Brogata 9; bungalós grandes 950-1500 NOK, bungalós pequeños con ropa de cama i/d 990/1195 NOK; 📶) Tal vez la mejor opción de la ciudad es este precioso lugar a la orilla del río, con cabañas muy bien equipadas y de hermosa decoración, que recuerdan las que ocupaban los trabajadores de la central hidroeléctrica de principios del s. XX. El dueño es muy atento. Hay un agradable paseo de 20 min por la ribera hasta el centro del pueblo.

Rjukan Gjestegård ALBERGUE $$
(☎35 08 06 50; www.rjukangjestegard.no; Birkelandsgata 2; i/d con baño compartido 405/610

INDISPENSABLE

SENDERISMO Y CICLISMO DESDE RJUKAN

Rjukan constituye una magnífica base de operaciones desde la cual lanzarse en pos de la naturaleza circundante, ya sea a pie o en bicicleta . En el folleto *Rjukan-og Tinn*, disponible en la **oficina de turismo** (p. 132), se ofrecen varias sugerencias de rutas.

Gausta

El objetivo más evidente para los amantes de las cumbres es la cima de la hermosa Gausta (1883 m), desde donde se puede contemplar la sexta parte de Noruega en días despejados. El sendero de 4 km (2-3 h), popular y fácil, lleva desde el punto de partida de Stavsro (15 km al sureste de Rjukan) hasta el **Gaustahytta** (1830 m) del Den Norske Turistforening (DNT), junto a la estación de radio de la OTAN, bastante fea por cierto. La cumbre queda a 30 min más por una cresta rocosa. Hay una carretera de 13 km, pero ningún transporte público va más allá del límite oriental de Rjukan a Stavsro (1173 m alt.), en el lago Heddersvann. Los **taxis** (☎35 09 14 00) cobran alrededor de 450 NOK/trayecto. Si se dedica todo el día a caminar, quedará suficiente tiempo para explorar la cima. La oficina de turismo proporciona un mapa de la Fv651, pero la guía *Turkart Gausta Området* es mejor y solo cuesta 50 NOK.

Las rutas más difíciles, de 3 o 4 h hacia la cima, también parten desde Rjukan y desde el Museo Noruego de los Trabajadores Industriales. Si no se puede hacer el camino a pie, el **funicular de Gaustabanen** (p. 129) lleva casi hasta el Gaustahytta.

Hardangervidda

Si se busca algo más salvaje, aunque más inhóspito, la meseta de Hardangervidda es el altiplano más grande de Europa y alberga la mayor manada de renos salvajes del continente. Elevándose desde el norte de Rjukan, ofrece abundantes y fantásticas excursiones que varían desde paseos relajados de 2 o 3 h, a rutas más largas y a desafíos de varios días. Desde Gvepseborg, la cima del **teleférico de Krossobanen** (p. 130), la excursión más gratificante es la ruta circular de 5 h (sin paradas) al refugio **Helberghytta del DNT.** El recorrido está bien señalizado y, aunque a veces puede presentarse algo encenagado, es bastante asequible para cualquier senderista en mediana forma. La primera sección se abre desde la plataforma del teleférico a través de un bosque de árboles retorcidos, antes de emerger en el ondulado altiplano. El paisaje, que abarca lagos helados, colinas con nieve, yermos páramos y, volviendo la vista atrás, el Gausta, es absolutamente impresionante.

Una ruta un poco más difícil, de 8 a 9 h, que también pueden hacer los ciclistas, parte de la plataforma del teleférico pasado el refugio Helberghytta del DNT (siguiendo la ruta antes descrita) y sigue en dirección a **Kalhovd Turisthytte.** Desde allí, se puede tomar un autobús o descender una cuesta de 9 h hacia **Mogen Turisthytte,** donde es posible tomar el ferri de Møsvatn (255 NOK) de vuelta a Skinnarbu, al oeste de Rjukan por la Rv37; los horarios de los ferris están disponibles en la oficina de turismo de Rjukan. Los senderistas profesionales también pueden aventurarse al norte de Kalhovd, para coronar las alturas de Hardangervidda.

Otra alternativa es seguir el camino señalizado que comienza sobre Rjukan Fjellstue, unos 10 km al oeste de Rjukan y al norte de la Rv37. Este recorrido histórico sigue la **Sabotørruta** (ruta de los saboteadores), el camino tomado por los miembros de la resistencia noruega durante la II Guerra Mundial. Desde finales de junio hasta mediados de agosto, la oficina de turismo organiza caminatas guiadas de 3 h por esta ruta (230 NOK; 12.00 ma, ju y do).

El mejor mapa de rutas para esta parte de la meseta es el de la Telemark Turistforening, *Hardangervidda Sør-Øst*, a escala 1:60 000, disponible en la oficina de turismo por 105 NOK.

NOK, d 1090 NOK; P@) Este céntrico hostal ocupa los edificios del antiguo albergue juvenil y es una especie de centro para viajeros. A pesar de su exterior deprimente, las habitaciones son sencillas y buenas; hay una cocina para huéspedes y la ubicación es idónea, si se desea estar en la ciudad. El desayuno cuesta 80 NOK.

Rjukan Admini HOTEL HISTÓRICO $$$
(☎908 94 909; www.rjukanadmini.com; Sølvvoldveien 3; d/ste 1690/2490 NOK) Si se busca algo de lujo, este hotel histórico cuenta con habitaciones grandes con paredes en amarillo pálido, colchas con flores y camas con dosel. Su ubicación en el campo también es maravillosa, con jardines frondosos y rodeada de montañas por todas partes.

Gaustablikk Høyfjellshotell LODGE $$$
(☎35 09 14 22; www.gaustablikk.no; Kvitåvatnvegen 372; d 1700 NOK; P 🛜) Con una ubicación de primera (vistas al lago y la sierra), es uno de los mejores alojamientos de montaña de Noruega. Las habitaciones ofrecen un agradable estilo alpino moderno, con muchos elementos de madera natural, sofás de fieltro y astas por todos lados; muchas tienen unas vistas preciosas del Gausta.

Dónde comer

Kinokafeen INTERNACIONAL $$
(☎408 56 048; Storstulgate 1; principales 139-189 NOK; ⏲10.00-21.00 lu-sa) Se encuentra en el cine y ofrece un agradable estilo *art déco*. Las mesas al aire libre (solo en verano) y el tenue interior lo convierten en el lugar más especial para comer en el centro.

Gaustablikk Høyfjellshotell NORUEGA $$
(☎35 09 14 22; Kvitåvatnvegen 372; principales 129-179 NOK, cena bufé 405 NOK; ⏲12.00-17.00 y 18.30-21.00) Aunque el viajero no vaya a alojarse en este hotel de montaña, su generoso bufé (con opciones de marisco y carne) bien vale el esfuerzo de subir monte arriba. Además, el comedor ofrece un magnífico interior rústico con elementos de piel y madera y tiene unas vistas estupendas.

Información

Oficina de turismo (☎35 08 05 50; www.visitrjukan.com; Torget 2; ⏲9.00-18.00 lu-vi, 10.00-16.00 sa-do) Es quizá la mejor de Telemark, con abundante información y personal experto.

Cómo llegar y salir

Hay autobuses que van de Rjukan a Oslo (390 NOK, 3½ h) vía Notodden (146 NOK, 1¼ h; aquí hay que cambiar de autobús) más o menos cada 2 h entre las 5.30 y las 15.30. Estos autobuses también paran en Kongsberg (295 NOK, 2 h).

Las distancias lineales de Rjukan pueden intimidar, pero el Bybuss local va de Vemork, 6,5 km al oeste de Rjukan, hasta el extremo oriental del valle.

Cómo desplazarse

Alquilar una bicicleta en el Rjukan Gjestegård (p. 131) cuesta 200 NOK/día.

Seljord

2944 HAB.

Situado junto al río, es conocido principalmente por ser el hogar de la serpiente Selma, un monstruo semejante a Nessie que habita en las profundidades del lago Seljordvatn. Otras criaturas fantásticas que viven en las colinas vecinas y que los excursionistas pueden tratar de encontrar, son Ljose-Signe, Glima y Tårån, los hostiles troles. Seljord sirvió también de inspiración para algunas de las leyendas noruegas más populares.

Puntos de interés

Iglesia de Seljord IGLESIA
(Brøløsvegen 48; ⏲11.00-17.00 med jun-med ago) Esta encantadora iglesia románica se construyó en el s. XII en honor a san Olaf. En el exterior, entre la iglesia y la pared del recinto, hay dos marcas atribuidas a dos troles de la montaña, tan enfadados por la invasión cristiana que apedrearon el lugar.

Fiestas y celebraciones

Feria de Dyrsku'n AGRICULTURA
(www.dyrskun.no; ⏲sep) Durante la segunda semana de septiembre, Seljord celebra la feria de Dyrsku'n, inaugurada en 1866 y hoy en día la feria de ganado más importante de Noruega. Atrae a 60 000 visitantes, casi la misma cantidad de vacas y no tantos monstruos.

MERECE LA PENA

SAFARI DE ALCES

Moose Safari (☎35 06 26 30; www.visitrauland.com; adultos/niños 300/150 NOK; ⏲resérvese antes de las 16.00 para salida al anochecer, 28 jun-23 ago) Se puede ver de cerca al miembro más grande de la familia de los cérvidos de Europa en uno de los safaris de alces organizados por la oficina de turismo de Rauland (en la Rt37, al suroeste de Rjukan) o viajar con vehículo propio y un mapa descargado de internet.

Dónde dormir y comer

Seljord Camping og Badeplass CAMPING $

(☎35 05 04 71; www.seljordcamping.no; Manheimstrondi 61; tiendas 250 NOK, bungalós 500-1400 NOK) Tiene parcelas de blando césped junto al lago y cabañas que van de lo más básico a lo más lujoso. De aquí salen también los barcos para ver los monstruos de Seljordvatn y hay un telescopio para ayudar a ver a Selma. Se pueden alquilar kayaks y canoas por 50 NOK/h.

★ **Seljord Hotell** HOTEL HISTÓRICO $$

(☎35 06 40 00; www.seljordhotel.no; Brøløsvegen 18; i/d 1090/1390 NOK; P@🛜) Este precioso hotel de madera de 1858 nació como residencia de señoritas, pero acabó convirtiéndose en lo que es hoy. Las habitaciones tienen toques de época y nombres distintos, cada cual con su respectiva historia. Atípicamente, los precios no varían en todo el año.

Restaurante del Seljord Hotell NORUEGA $$$

(☎35 06 40 00; www.seljordhotel.no; Brøløsvegen 18; principales 210-330 NOK; ⏲12.00-14.00 y 17.00-21.00) Este restaurante es el mejor de Seljord, y ofrece platos de pescado local y de caza.

Información

Oficina de turismo (☎35 05 04 00; www.seljordportalen.no; Brøløsvegen 28; ⏲10.00-18.00 lu-vi med jun-med ago, horario reducido resto del año) Mucha información local y el personal cuenta buenas historias sobre troles.

Cómo llegar y salir

Los autobuses Bussekspress (p. 436) de Nor-Way conectan Seljord con Notodden (190 NOK, 1¼ h) y Oslo (390 NOK, 3¼ h) hasta cuatro veces al día.

Setesdalen

Las laderas boscosas y los valles llenos de lagos de Setesdalen, una de las regiones más tradicionales y conservadoras de Noruega, son poco frecuentados por los viajeros, aunque la zona ha empezado a atraer a una nueva generación de amantes del aire libre.

Evje

3585 HAB.

El ribereño pueblo de Evje, rodeado de bosques y onduladas colinas, sirve de puerta de entrada oriental a Setesdalen. Famoso entre los geólogos, entre sus principales atractivos se cuentan un parque de minerales y la oportunidad de explorar en busca de rocas; también es una base excelente para hacer *rafting* en aguas bravas y otras actividades.

MERECE LA PENA

TUDDAL

Su situación junto a un lago azul, los picos nevados y los bosques que la rodean, unido al colorido de sus casas de madera hacen de esta aldea de montaña un paisaje difícil de igualar. No hay mucho que hacer, excepto saborear la paz y la tranquilidad y quizá emprender alguna suave caminata.

La aldea se sitúa al pie de la inhóspita y espectacular carretera de montaña (solo durante el verano) que discurre entre Rjukan y la E134 de Notodden a Seljord.

Puntos de interés y actividades

Parque Mineral de Setesdal PARQUE

(www.mineralparken.no; Mineralvegen 1, Hornnes; adultos/niños 190/140 NOK; ⏲10.00-18.00 jul-med ago, horario reducido resto del año) Con exposiciones de minerales locales y de todo el mundo, este bien administrado parque es el sueño hecho realidad de todo coleccionista: un maravilloso mundo de colores y cuarzo, y muchas piezas a la venta. Está unos 10 km al sur de Evje.

TrollActiv DEPORTES DE AVENTURAS

(☎37 93 11 77; www.trollaktiv.no; Syrtveit 4; ⏲9.00-20.00 abr-oct) Está 6 km al norte de Evje y ofrece las actividades más emocionantes del pueblo. Su plato fuerte es el *rafting* en aguas bravas (desde 450 NOK/persona), pero organiza todo tipo de actividades, como excursiones en kayak de varios días (desde 1950 NOK), salidas en bicicleta de montaña (420 NOK) y safaris nocturnos para ver castores y alces (adultos/niños 350/300 NOK). También se puede practicar hidrotrineo, escalada en roca, *paintball*, esquí acuático y safaris de pesca.

Dónde dormir y comer

★ **TrollActiv** ALBERGUE $

(☎37 93 11 77; www.trollaktiv.no; Evje Vandrerhjem; d desde 530 NOK, tiendas/tipis por persona 80/100 NOK, bungalós 430-650 NOK; P@) Este intenso centro de actividades cumple la doble función de ser el albergue juvenil de Evje, 6 km al norte del pueblo. Está muy bien regentado y es el lugar perfecto para realizar alguna de las múltiples actividades que ofrece. El alojamiento varía: desde dormir en tienda propia, echarse un sueñecito en un *lavvo* (tipi) o estirarse cómodamente en una cabaña o en una confortable habitación doble.

Revsnes Hotell HOTEL **$$**
(☎37 93 46 50; www.revsneshotell.no; Byglandsfjord; i/d desde 980/1240 NOK; P 📶) Se sitúa 12 km al norte del pueblo, en la orilla del exuberante lago Byglandsfjorden. Las modernas habitaciones son grandes y muchas cuentan con maravillosos ventanales con vistas al lago. Es un local familiar en el que uno se siente como en casa.

Pernille Cafeteria COMIDA RÁPIDA **$**
(☎37 93 00 69; Nils Heglands veg 41; principales 115-179 NOK; ⏲8.00-18.00 lu-vi, hasta 16.30 sa, 10.00-18.00 do) En el corazón de Evje, en un 1er piso, es popular entre los vecinos, aunque el menú no sea el más inspirado del país. Sirve hamburguesas y huevos con beicon, además de algunos básicos noruegos.

Información

Centro de información (☎37 93 14 00; www.setesdal.com; Verksvegen 4; ⏲11.00-18.00 lu-ju, hasta 19.00 vi, hasta 15.30 sa med jun-med ago, 10.00-12.00 lu-vi resto del año) Ocupa el mismo edificio antiguo de troncos que la terminal de autobuses. Se puede preguntar por los permisos para recoger minerales.

Cómo llegar y salir

Hay autobuses Bussekspress de Nor-Way (p. 436) a Kristiansand (190 NOK, 1 h) siete u ocho veces cada día. Quienes conduzcan hacia el norte desde Evje tendrán que pagar un peaje cada vez más caro.

Hovden

405 HAB.

Esta estación de esquí en invierno y centro excursionista en verano se asoma al límite norte de Setesdalen.

Actividades

Telesilla TELESILLA
(adultos/niños 110/80 NOK; ⏲11.00-14.00 jul y ago, 9.30-15.30 dic-abr, horario reducido resto del año) En verano, se pueden obtener buenas vistas desde la cima del monte Nos (1176 m) tomando el telesilla. Desde allí parten varias rutas de senderismo, ya sea un tranquilo paseo de 1 o 2 h hasta una ardua caminata con noche incluida. La oficina de turismo puede proporcionar más información.

Dónde dormir

Hovden Fjellstoge & Vandrerhjem ALBERGUE **$$**
(☎37 93 95 43; www.hovdenfjellstoge.no; Lundane; dc/i/d 310/690/1180 NOK; P 📶) Ocupa un edificio de madera de estilo tradicional con tejado vegetal y ofrece opciones para contentar a todos los visitantes, desde habitaciones con románticas literas de madera hasta coquetas cabañas. Tiene prácticamente un zoo entero de fauna autóctona, que incluye un lobo y un reno. Se sitúa unos 3,5 km al norte del centro de la población.

Hovden Resort HOTEL HISTÓRICO **$$$**
(Hovden Høyfjellshotell y Hovdestøylen; ☎37 93 88 00; www.hovdenresort.com; i/d desde 1400/1620 NOK, apt 985 NOK; P 📶 🏊) En el punto más alto del pueblo, este hotel y albergue de montaña es el mejor alojamiento de Hovden. Las habitaciones están decoradas con gusto y ofrece bastantes servicios, como una pista de esquí propia, piscina cubierta, sauna, un recinto para niños lleno de juguetes y el mejor restaurante de la zona.

Cómo llegar y salir

Los autobuses Bussekspress de Nor-Way (p. 436) llegan aquí desde varias localidades, como Kristiansand (3 h) y Oslo (3½ h). Hay una ruta corta desde Stavanger en verano (3½ h), pero en invierno hay que ir vía Tonstad (5 h).

Centro de Noruega

Incluye »

Los mejores restaurantes

- Vertshuset Røros (p. 148)
- Brimi-Bue (p. 158)
- Halling-Stuene (p. 165)
- Elvesæter Hotell (p. 163)

Los mejores alojamientos

- Finse 1222 (p. 165)
- Erzscheidergården (p. 147)
- Elvesæter Hotell (p. 163)
- Turatgrø Hotel (p. 163)
- Kongsvold Fjeldstue (p. 154)
- Brimi-Fjellstugu (p. 159)

Por qué ir

La región central abarca una inhóspita tundra y espectaculares macizos montañosos, encantadores pueblos, iglesias medievales de madera, una fascinante fauna y, quizá, las mejores oportunidades del país para practicar senderismo y *rafting* en aguas bravas.

Aquí, los senderos serpentean entre glaciares, cascadas y picos nevados. El Parque Nacional de Jotunheimen figura entre los principales destinos de senderismo de Europa, seccionado por una de las carreteras más bellas de Noruega. Rondane, Dovrefjell-Sunndalsfjella y Hardangervidda son también parques nacionales de belleza abrumadora. Dentro de sus límites se pueden observar renos salvajes, alces y bueyes almizcleros. Junto a la entrada de los parques se sitúan Røros (un centenario pueblo minero con casas de madera y cabañas con techumbre de paja) y Lom (con una bella iglesia medieval), dos de los pueblos más hermosos del interior del país.

Cuándo ir

Roros

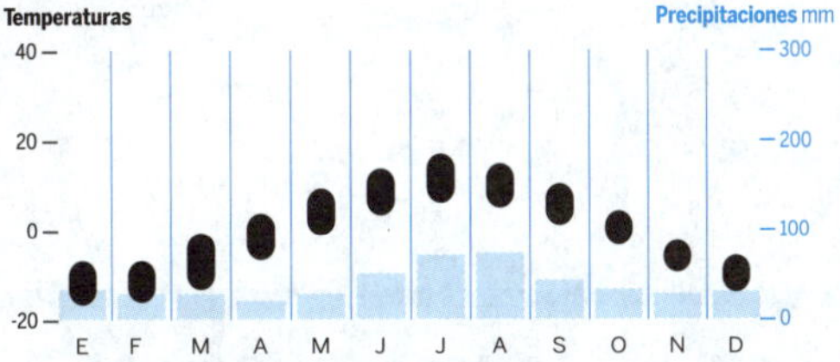

Feb Se puede ir al Rørosmartnan (mercado de Røros) y esquiar en Trysil. Hace mucho frío.

May y jun Suele hacer buen tiempo y se evita el gentío de pleno verano.

Jul y ago Los senderos son transitables, el *rafting* está en su apogeo y se organizan safaris para admirar la fauna autóctona.

Imprescindible

❶ **Carretera de Sognefjellet** (p. 159) Cruzar altos pasos de montaña y atravesar lagos helados; impresionante.

❷ **Parque Nacional de Dovrefjell-Sunndalsfjella** (p. 152) Ver el primer buey almizclero o alce en un safari.

❸ **Parque Nacional de Jotunheimen** (p. 158) Caminar por las numerosas sendas de montaña de este parque nacional a gran altitud, uno de los mejores de Noruega.

❹ **Finse** (p. 165) Cruzar el hielo de Hardangerjøkulen en una caminata guiada por el glaciar.

❺ **Røros** (p. 144) Explorar la historia de las minas de cobre de esta población atrapada en el tiempo.

❻ **Parque Nacional de Rondane** (p. 154) Caminar hasta la cima de uno de los muchos y altísimos picos.

7 **Río Sjøa** (p. 155) Sortear las aguas bravas en una emocionante aventura de *rafting*.

8 **Lillehammer** (p. 138) Subir a lo alto del trampolín de esquí más famoso de Noruega.

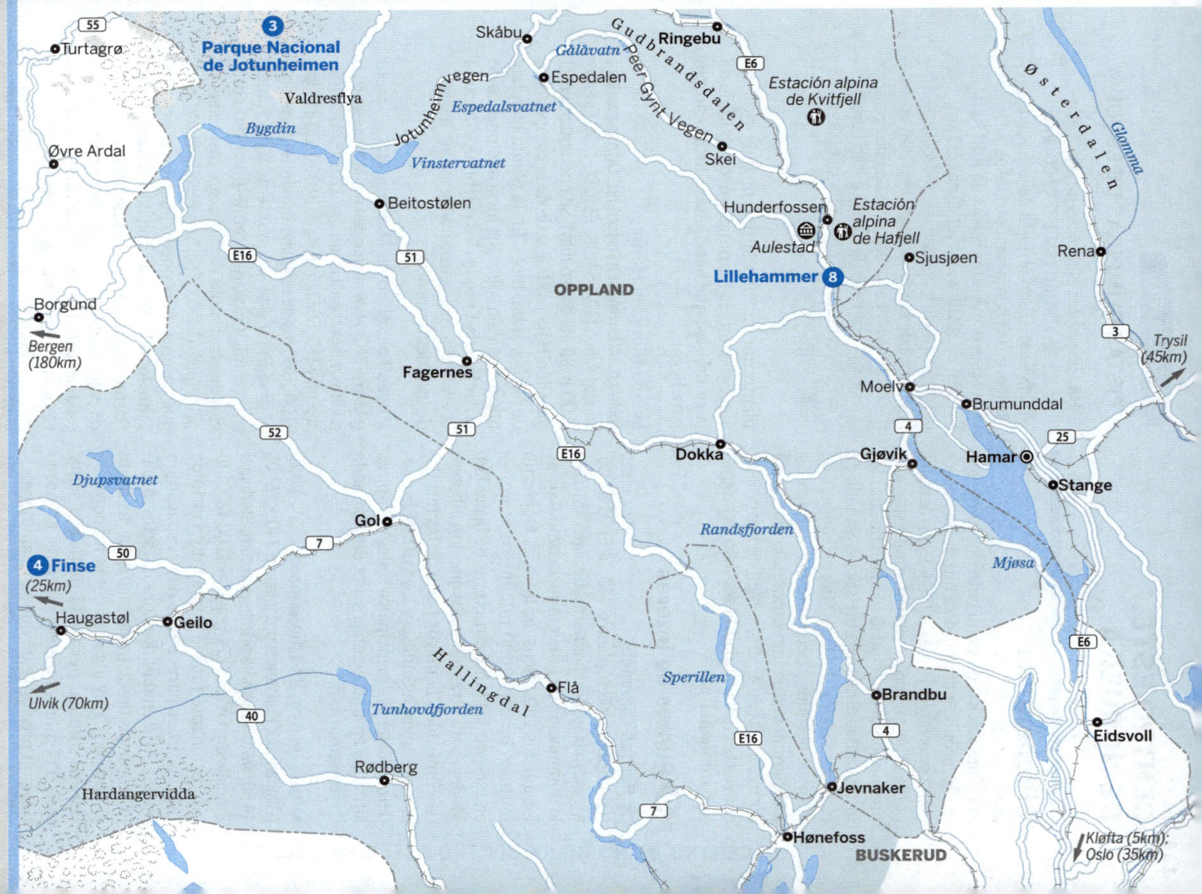

CENTRO ESTE DE NORUEGA

Lillehammer

27 476 HAB.

Popular estación de esquí entre los noruegos, se dio a conocer al mundo a raíz de los Juegos Olímpicos de Invierno de 1994. Considerados por la gran mayoría como un gran éxito, aún proporcionan a la ciudad algunos de sus más interesantes atractivos turísticos. Situada en el extremo norte del lago Mjøsa y rodeada de granjas, bosques y pequeños asentamientos, Lillehammer es un lugar tranquilo que ofrece atracciones todo el año, si bien en invierno se convierte en "la ciudad al servicio del esquí" por antonomasia.

Puntos de interés

★Parque Olímpico ZONA, MUSEO

(Olympia Parken, plano p. 140; ☎61 05 42 00; www.olympiaparken.no; Nordsetervegen 45) Tras la nominación de Lillehammer como sede de los Juegos Olímpicos de 1994, el Gobierno noruego invirtió 2000 millones de coronas en mejorar las infraestructuras de la ciudad. Modelo para otras ciudades que han albergado olimpiadas, la mayor parte de las instalaciones siguen usándose y los visitantes pueden recorrer las principales sedes olímpicas situadas en una extensa zona denominada **Olympiaparken.**

Museo de Arte de Lillehammer MUSEO

(Lillehammer Kunstmuseum; plano p. 140; ☎61 05 44 60; www.lillehammerartmuseum.com; Stortorget 2; adultos/niños 100 NOK/gratis; ⏲11.00-17.00) El impresionante museo de metal y vidrio de Lillehammer parece una nave espacial en medio de la ciudad. Explora las artes visuales noruegas desde principios del s. XIX hasta el presente. Hay algunas obras menores de Edvard Munch, pero está dedicado sobre todo a nombres menos conocidos. El museo tiene un precioso café que sirve almuerzos.

Aulestad MUSEO

(☎61 22 41 10; www.aulestad.no; Aulestadvegen 6-14, Follebu; adultos/niños 130/65 NOK; ⏲10.00-17.00 finales may-ago, 11.00-16.00 sa y do sep) Bjørnstjerne Bjørnson, ganador del Premio Nobel de Literatura en 1903, vivía en una granja de Aulestad, 18 km al noroeste de Lillehammer. Se ha restaurado con gusto y está llena hasta los topes de antigüedades, muebles, libros y bustos que reflejan la desahogada vida del autor y su mujer Karoline. Queda retirado de la ciudad, así que hace falta vehículo propio para llegar.

MERECE LA PENA

PISTAS OLÍMPICAS DE ESQUÍ

Hay dos pistas olímpicas de esquí alpino. La de **Hafjell** (☎61 27 47 00; www.hafjell.no), 15 km al norte de la ciudad, albergó las competiciones de esquí y descenso, mientras que la de **Kvitfjell** (☎61 28 36 30; www.kvitfjell.no), 50 km al norte de la localidad, se utilizó para el esquí de fondo. Ambas permiten la práctica del esquí entre finales de noviembre y finales de abril y están conectadas por autobús con la Skysstasjon de Lillehammer.

Museo Olímpico Noruego MUSEO

(plano p. 140; www.ol.museum.no; Olympiaparken; adultos/niños 130/65 NOK; ⏲10.00-17.00 jun-ago, 11.00-16.00 ma-do sep-may) Se encuentra en el pabellón Håkons Hall, sede de la competición de *hockey* sobre hielo. En la planta baja hay una exposición sobre los juegos olímpicos de la Antigüedad y todos los celebrados durante la era moderna, centrándose en las hazañas de los atletas noruegos.

Museo Folclórico de Maihaugen MUSEO

(plano p. 140; www.maihaugen.no; Maihaugveien 1; adultos/niños/familias jun-ago 170/85/425 NOK, sep-may 130/65/325 NOK; ⏲10.00-17.00 jun-ago, 11.00-16.00 ma-do sep-may) Puede retrocederse al pasado en este sorprendente y fascinante museo folclórico, que reúne unos 180 edificios de otras zonas de Noruega, casi todos de principios del s. XX. Se han reconstruido para que parezca un pequeño pueblo del interior. Entre los edificios hay una iglesia medieval de Garmo, casas y tiendas tradicionales cubiertas de paja, así como una oficina de correos, una escuela, cabañas de pescadores y graneros. Unos actores disfrazados dan vida al lugar.

Bjerkebæk MUSEO

(plano p. 140; ☎61 28 89 00; www.bjerkebek.no; Sigrid Undsets veg 1; adultos/niños/familias 110/55/275 NOK; ⏲10.00-17.00 med may-ago, 10.00-17.00 sa y do sep) Bjerkebæk conmemora la vida de Sigrid Undset, una de las autoras más destacadas de Noruega, que ganó el Premio Nobel de Literatura en 1928. Su casa se ha restaurado con recuerdos de su vida. Hay entradas combinadas con otros museos de Lillehammer.

Actividades

★ Trampolín de esquí de Lygårdsbakkene ESQUÍ
(plano p. 140; torre adultos/niños 25/15 NOK; 9.00-19.00 jun-med ago, 9.00-17.00 may y finales ago, 23.00-16.00 sa y do sep) El principal trampolín de esquí (K120) tiene una altura de 136 m y la pista forma un ángulo de 37,5º. Aquí tuvo lugar la ceremonia de inauguración de los juegos de Lillehammer; la torre de la **llama olímpica** (plano p. 140) está cerca de la base de la pista. El telesilla que sube al trampolín asciende hasta ofrecer una impresionante panorámica de la ciudad (el precio incluye la entrada al mirador); otra opción es subir los 952 escalones.

Fiestas y celebraciones

Festival de Jazz de Lillehammer MÚSICA
(81 53 31 33; www.dolajazz.no) Se celebra durante cuatro días de octubre; las entradas se ponen a la venta cada año el 1 de julio.

Dónde dormir

★ HI Lillehammer Vandrerhjem ALBERGUE $
(plano p. 140; 61 26 00 24; www.stasjonen.no; 1ª planta, Railway Station; dc/i/d/f desde 395/795/895/1395 NOK; P) Dispone de habitaciones sencillas con baño, ropa de cama y wifi gratis. Hay una impecable cocina comunal, pero el café de abajo es peculiar (tienen sopa de perrito caliente). Hay aparcamiento gratuito.

Lillehammer Camping CAMPING $
(61 25 33 33; www.lillehammer-camping.no; Dampsagveien 47; tienda y 2 personas 170-195 NOK, bungalós 395-1585 NOK; todo el año;) No es el *camping* más atractivo para plantar la tienda, pero la ubicación junto al lago y las instalaciones (lavandería, equipo para deportes de agua, zona de juegos infantil y hasta una imitación de un campamento vikingo) lo hacen más apetecible. En los bungalós se paga obligatoriamente la limpieza.

Øvergaard B&B $$
(plano p. 140; 61 25 99 99; www.oevergaard.net; Jernbanegata 24; i/d con baño compartido 445/790 NOK; P) Sobre el centro urbano, este agradable B&B ofrece habitaciones sencillas en un marco tranquilo y familiar. Está bien regentado y se cuenta entre los más económicos del país. Queda a un corto paseo tanto del centro como de los lugares olímpicos.

★ Clarion Collection Hotel Hammer HOTEL $$$
(plano p. 140; 61 26 73 73; www.nordicchoicehotels.com; Stortorget 108b; tw/d incl. desayuno y cena desde 1345/1545 NOK;) Este hotel en un edificio color mostaza de diseño agradable que recuerda a la arquitectura tradicional del país es una buena opción. A las habitaciones monocromas les falta algo de personalidad pero son cómodas, y con el desayuno y cena de bufé, tienen muy buen precio, al menos para Noruega.

Mølla Hotell HOTEL $$$
(plano p. 140; 61 05 70 80; www.mollahotell.no; Elvegata 12; i/d desde 1050/1760 NOK; P) Este hotel funcional está al lado del antiguo molino de la ciudad. La viva fachada amarilla parece algo ajada (supuestamente está inspirada en un atado de trigo), pero el interior es mucho mejor: paredes de ladrillo visto, alfombras a rayas y habitaciones sencillas pero agradables con recuerdos de los Juegos Olímpicos de 1994. El bar de la azotea tiene vistas estupendas.

Dónde comer

Oliven CAFÉ $
(plano p. 140; 61 26 50 20; Storgata 57; ensaladas y sándwiches 59-119 NOK; 9.00-19.00 lu-sa, 11.00-17.00 do) Un trocito del Mediterráneo ha viajado al norte, hasta Noruega, gracias a este atractivo café, donde se puede tomar *spanakopita*, aceitunas frescas y rollos de *hummus*. Venden aceite de oliva, café y otras delicias.

Café Opus CAFÉ $
(plano p. 140; Stortorget 63; baguetes desde 59 NOK; 9.00-18.00 lu-vi, 9.00-16.00 sa, 11.00-16.00 do) Muy popular por sus baguetes, panecillos y pasteles (y por su terraza en verano), hace bien lo sencillo: comida sabrosa, servicio afable y decoración informal pero elegante.

★ Lykkellige Dager CAFÉ $$
(plano p. 140; 921 32 682; www.lykkeligedager.no; Storgata 49; almuerzo principales 129-199 NOK; 7.30-17.00 lu-vi, 10.00-16.00 sa) Este excelente café en un edificio cúbico de vidrio y acero que es difícil no ver en la calle principal de Storgata sirve diversos platos de almuerzo apetecibles y de moda: cuencos de *açaí*, ensaladas de pollo de estilo asiático, sopas tailandesas y batidos de frutas para eliminar toxinas. Los pasteles también están muy bien y, si hace bueno, es posible sentarse en las mesas de la acera. Esto es felicidad.

Lillehammer

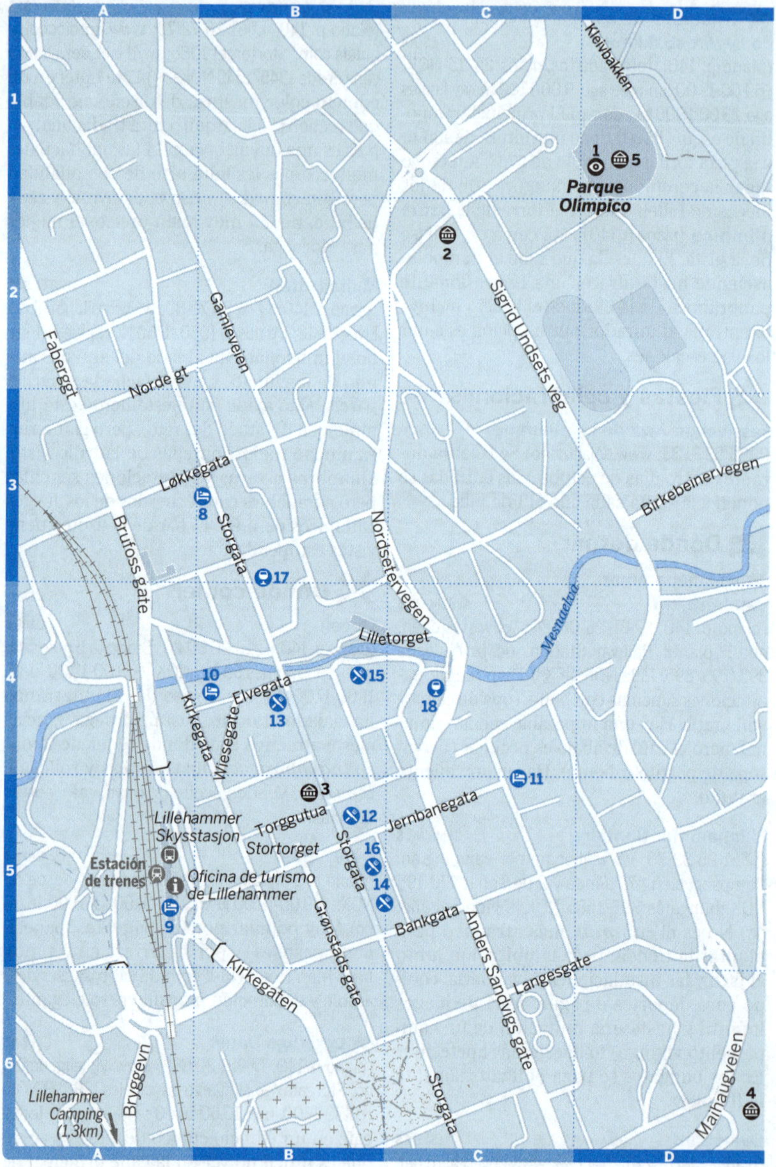

Heim GASTROPUB **$$**
(plano p. 140; ☎61 10 00 82; www.heim.no; Storgata 84; cena principales 179-269 NOK; ⊙15.00-24.00 lu-ju, 15.00-3.00 vi, 12.00-15.00 sa) Este cálido y acogedor *gastropub* se ha convertido rápidamente en uno de los locales más frecuentados de la ciudad desde que abrió en el 2014. Atrae a todo tipo de comensales, desde *hipsters* hasta entusiastas de la cerveza, y la abundante carta de pescado con patatas fritas, salchi-

Lillehammer

Principales puntos de interés
1 Parque Olímpico D1

Puntos de interés
2 Bjerkebæk C2
3 Museo de Arte de Lillehammer B5
4 Museo Folclórico de Maihaugen D6
5 Museo Olímpico Noruego D1
6 Torre de la llama olímpica F1

Actividades, cursos y circuitos
7 Trampolín de esquí de Lygårdsbakkene.. F1

Dónde dormir
8 Clarion Collection Hotel Hammer B3
9 HI Lillehammer Vandrerhjem A5
10 Mølla Hotell B4
11 Øvergaard C5

Dónde comer
12 Café Opus B5
13 Heim B4
14 Lykellige Dager B5
15 Nikkers B4
16 Oliven B5

Dónde beber y vida nocturna
17 Haakons Pub B3
18 Lillehammer Bryggeri C4

chas con puré de patatas y fuentes de carne y queso ofrece cenas fáciles a cualquier hora.

Nikkers INTERNACIONAL **$$**
(plano p. 140; ☎61 24 74 30; www.nikkers.no; Elvegata 18; principales 159-269 NOK; ⌚11.00-23.00) Es el local favorito de todo el mundo en invierno en el centro de Lillehammer: un bar-bistró-fábrica de cerveza donde parece que un alce haya entrado por la pared (desde fuera se ve mejor el efecto). Es popular por sus grandes y contundentes platos principales, como hamburguesas, bistecs y guisos de reno, y la terraza junto al río es preciosa, aunque puede haber jaleo en temporada alta.

Dónde beber y vida nocturna

★ **Lillehammer Bryggeri** FÁBRICA DE CERVEZA
(plano p. 140; ☎950 19 108; www.lillehammerbryggeri.no; Elvegata 19; ⌚17.00-23.00 mi y ju, 17.00-1.00 vi y sa) Este lugar estupendo para tomar cervezas con los lugareños es una fábrica de cerveza regentada con entusiasmo, y con una historia que se remonta a 1847, salvo por un par de cierres ocasionales. Las paredes están llenas de botellas de cerveza, y los techos abovedados ofrecen un lugar evocador para beber. También hay una carta de salchichas, guisos, etc., que se complementa bien con la cerveza.

Haakons Pub PUB
(plano p. 140; ☎61 26 35 50; Stortorget 93; ⌚13.00-3.00 lu-ju, 12.00-3.00 vi y sa) Tasca de

MERECE LA PENA

PEER GYNT VEGEN

Entre las carreteras de montaña más bellas del centro de Noruega, hay una que destaca por aunar paisajes y literatura: **Peer Gynt Vegen** (www.peergyntvegen.no; peaje 70 NOK; ⏲jun-sep). En los 60 km que separan Skei y Espedalen, se puede recrear el sendero recorrido por el personaje creado por Henrik Ibsen; las vistas de los macizos de Jotunheimen y Rondane son espectaculares. A 1053 m sobre el nivel del mar se encuentra el mirador de Listulhøgda y, después, la carretera atraviesa la granja Solbrå Seter, donde en 1863 se fabricó por primera vez el queso Gudbrandsdal. A mediados de agosto, en un escenario al aire libre junto al lago Gålåvatn, tiene lugar el concierto de las suites del *Peer Gynt*, de Edvard Grieg. Para llegar a Skei, se debe conducir hacia el norte desde Lillehammer por la E6 y, en Tretten, se toma la salida de la Rv254. En Svingvoll, Peer Gynt Vegen se desvía al noroeste.

barrio, con mucha madera y luces elegantes. De día solo hay bebedores empedernidos; al ponerse el sol, se anima, y se convierte en un lugar abarrotado y agradable. En temporada alta de esquí el ambiente puede ser algo sórdido.

ℹ Información

Oficina de turismo de Lillehammer (plano p. 140; ☎61 28 98 00; www.lillehammer.com; Jernbanetorget 2, Lillehammer Skysstasjon; ⏲8.00-18.00 lu-vi, 10.00-16.00 sa y do med jun-med ago, 8.00-16.00 lu-vi, 10.00-14.00 sa resto del año) Dentro de la estación de tren.

ℹ Cómo llegar y salir

La **Lillehammer Skysstasjon** (plano p. 140) es la terminal principal de transporte para autobuses, trenes y taxis

Los autobuses de **Lavprisekspressen** (www.lavprisekspressen.no) van a/desde Oslo (300 NOK, 3 h, 3-4 diarios) por el aeropuerto de Gardermoen.

Nor-Way (www.nor-way.no) va a Bergen (646 NOK, 9 h, 1-2 diarios).

Hay trenes a/desde Oslo (414 NOK, 2¼ h, cada hora aprox.) y Trondheim (desde 754 NOK, 4¼-7 h, 4-6 diarios). Algunos también paran en Hamar.

Hunderfossen

Unos 15 km al norte de Lillehammer, junto a la E6, Hunderfossen posee varias atracciones que justifican el desvío. En verano salen autobuses frecuentes desde la estación de Lillehammer, pero el resto del año se reducen. Para subir caminando hasta la pista de *bobsleigh*, conviene pensárselo dos veces.

Puntos de interés y actividades

Museo de la Historia de las Carreteras Noruegas MUSEO
(Norsk Vegmuseum; ☎61 28 52 50; www.vegmuseum.no; Hunderfossvegen 757; ⏲10.00-17.00 med jun-med ago, 10.00-15.00 ma-do resto del año) GRATIS Este museo relata el vía crucis de Noruega para trazar carreteras por su orografía. Colina arriba y formando parte del mismo complejo, el **Fjellsprengnings-museet** es un túnel de 240 m de longitud que da una perspectiva real de las dificultades que entraña excavar un túnel a través de las montañas noruegas.

★ **Pista olímpica de 'bobsleigh'** DEPORTES DE AVENTURAS
(☎61 05 42 00; www.olympiaparken.no; Hunderfossvegen 680, Fåberg; adultos/niños 250/170 NOK; ⏲10.00-17.00 lu-do finales jun- finales ago, variable resto del año) Uno no suele tener la oportunidad de lanzarse a toda velocidad por una pista olímpica de *bobsleigh*, pero eso es exactamente lo que ofrecen aquí. Las *bobrafts* de ruedas tienen capacidad para cinco pasajeros y alcanzan una velocidad máxima de 100km/h. Los de verdad, los *taxibobs* (990 NOK/persona) tienen capacidad para cuatro pasajeros y llegan a los estimulantes 130km/h (bajan la montaña en 70 segundos).

Hunderfossen Familiepark PARQUE DE ATRACCIONES
(☎61 27 55 30; www.hunderfossen.no; Fossekrovegen, Fåberg; adultos/niños 410/355 NOK; ⏲10.00-18.00 finales jun-med ago, variable ppios jun y med ago-ppios sep, cerrado med sep-med may; 👪) Uno de los mejores parques infantiles del país, con toboganes de agua, presentaciones en 3D, palacios de cuento de hadas y troles errantes. La última incorporación es una enorme montaña rusa. Niños de menos de 90 cm, gratis.

ℹ Cómo llegar y salir

Los trenes de la Skysstasjon de Lillehammer paran en Hunderfossen (50 NOK, 4 diarios).

Hamar

26 000 HAB.

Aunque no es una ciudad especialmente bella, cuenta con un gran número de lugares de interés que bien merecen un desvío en la ruta entre Oslo y el norte.

Puntos de interés

Domkirkeodden MUSEO

(Catedral de cristal; ☎62 54 27 00; www.domkirkeodden.no; Strandveien 100; adultos/niños 110/50 NOK; ⏲10.00-17.00 lu-do med jun-med ago, 10.00-16.00 ma-do med may-med jun y finales ago) Al oeste de la ciudad (1,5 km), este extenso museo al aire libre tiene edificios de los ss. XVIII y XIX, una exposición sobre la historia del pueblo en la que se incluye el espeluznante Dedo del Diablo (un molde de peltre de un dedo con varias leyendas horripilantes), y las ruinas del castillo. Pero la atracción principal es la catedral medieval de Hamar, protegida ahora por una impresionante estructura de vidrio.

Vikingskipet ESTADIO

(Pabellón deportivo; ☎62 51 75 00; www.hoa.no; Åkersvikaveien 1; 50 NOK; ⏲9.00-20.00 lu-vi, 9.30-17.00 sa y do 1-17 ago, 9.00-15.00 lu-vi med oct-mar, cerrado resto del año) El lugar más destacado de Hamar es este elegante estadio que recuerda a un *drakar* con la quilla como techo. El edificio, que acogió las pruebas de patinaje de velocidad sobre hielo durante los Juegos Olímpicos de Invierno de Lillehammer en 1994, tiene capacidad para 20 000 espectadores, 9600 m² de hielo y 94,6 m de largo. Es un lugar impresionante por su tamaño y su estética. De finales de julio a mediados de agosto, abre al público para patinar sobre hielo (115 NOK/día).

Museo Noruego del Ferrocarril MUSEO

(Norsk Jernbanemuseum; ☎62 51 31 60; www.jernbanemuseet.no; Strandveien 163; adultos/niños 90/55 NOK; ⏲10.00-17.00 jul-med ago, 11.00-17.00 ma-sa, 11.00-16.00 do resto del año) Los aficionados a los trenes echarán vapor por las orejas al ver este precioso museo ferroviario, que reúne una magnífica colección de objetos relacionados con trenes: cocheras de trenes, vagones, locomotoras de vapor, y antiguos objetos de estaciones. De igual interés son las exposiciones sobre los extraordinarios logros de ingeniería requeridos para excavar las líneas ferroviarias por el escarpado terreno de Noruega. Está unos 2 km al oeste del centro de Hamar.

Fiestas y celebraciones

Festival de la Edad Media CULTURAL

(www.middelalderfestival.no; ⏲2º fin de semana jun) Los lugareños se visten de época y entonan cantos gregorianos en la catedral de cristal.

Festival de la Cerveza de Hamar CERVEZA

(Hamar Ølfestival; ⏲ppios jun) Cerveza, música y más cerveza.

Dónde dormir y comer

Clarion Collection Hotel Astoria HOTEL EJECUTIVO $$

(☎62 70 70 00; www.nordicchoicehotels.no; Torggata 23; d 1090-1490 NOK; 📶) Puede parecer una gigantesca caja de cartón, pero este hotel de confianza es el mejor lugar para descansar de noche en el centro de Hamar. A las habitaciones les falta una chispa decorativa, pero tienen buen tamaño, y el desayuno y la cena están incluidos en el precio.

Vikingskipet Hamar Vanderhjem HOTEL, ALBERGUE $$

(☎62 52 60 60; www.vikingskipet.no; Åkersvikavegen 24; i/d 825/960 NOK, apt 1190-2390 NOK; P📶) Este excelente albergue moderno revestido de madera es con diferencia la mejor opción económica cerca de la ciudad. Hay diversas habitaciones individuales y dobles decoradas

MERECE LA PENA

EL BARCO DE VAPOR MÁS ANTIGUO DEL MUNDO

El **'Skibladner'** (☎61 14 40 80; www.skibladner.no; Hamar-Lillehammer ida/ida y vuelta 250/350 NOK, menores de 12 años gratis; ⏲ma, ju y sa finales jun-med ago), el barco de vapor más antiguo del mundo, es una maravillosa forma relajante de explorar el lago Mjøsa. Construido en Suecia en 1856, se acondicionó y alargó hasta los 50 m en 1888. Desde finales de junio hasta mediados de agosto, atraviesa el lago entre las localidades de Hamar, Gjøvik y Lillehammer. La mayor parte de los turistas opta por recorrer la ruta entre Hamar y Lillehammer (3½ h) los martes, jueves y sábados. El barco sale de Hamar a las 11.15, llega a Lillehammer a las 15.00 y vuelve inmediatamente, para llegar a Hamar a las 18.45. Si solo se hace el trayecto de ida, como casi todo el mundo, es fácil volver en tren al punto de partida.

con sencillez y de varios tamaños, así como estupendos y espaciosos apartamentos con capacidad para cuatro personas.

Scandic Hamar HOTEL $$
(☎21 61 40 00; www.scandichotels.com; Vangsvegen 121; i/d desde 849/1149 NOK; P 📶) Es enorme e implacablemente moderno desde el exterior, pero el Scandic guarda adentro unas sorpresas, como sus sorprendentes y atractivas habitaciones decoradas con murales abstractos que representan la arquitectura de Hamar. Entre los extras habituales hay gimnasio y un buen restaurante, pero le falta encanto. Está a 5 min a pie del centro.

Kai & Mattis Café INTERNACIONAL $$
(☎62 53 01 45; Torggata 53; principales 150 NOK; ⏲11.00-18.00) Con una decoración desmesurada, imita con bastante exactitud lo que serían unos aposentos *art déco*. Además de buenos sándwiches y hamburguesas, sirve empanadas de pollo al curri.

Información

Oficina de turismo regional de Hamar (☎400 36 036; www.visit-hedmark.no/hamarregionen; Grønnegata 52; ⏲9.00-17.00 lu-vi, 10.00-17.00 sa y do med jun-med ago, 9.00-15.30 lu-vi resto del año) En la plaza principal del centro.

Cómo llegar y salir

AUTOBÚS

Los autobuses de Lavprisekspressen (p. 142) van a Oslo (300 NOK, 1-2 diarios).

TREN

Hay trenes a Oslo (290 NOK, 1¼ h, 1-2 cada hora), Røros (587 NOK, 3¼ h, hasta 4 diarios) y Trondheim (836 NOK, 5 h, 4-6 diarios) vía Lillehammer (143 NOK, 45 min).

Trysil

6763 HAB.

Rodeada de laderas boscosas, cercanas a la frontera sueca, y con vistas a la mayor concentración de pistas de esquí alpino de Noruega, esta pequeña población merece un desvío, pues ofrece actividades todo el año que llevan a parajes inhóspitos.

Actividades

Aunque Trysil vive por y para el **esquí**, el resto del año no faltan actividades para mantenerse activo, desde piragüismo o barranquismo hasta paseos a caballo o jornadas de pesca. La **oficina de turismo** (☎62 45 10 00; www.trysil.com; Storvegen 3; ⏲9.00-20.00 lu-vi, hasta 18.00 sa y do med jun-med ago, reducido resto del año) puede ayudar a organizar cualquier actividad.

Es posible que lo más gratificante del verano sea el ciclismo. Hay al menos seis rutas: la más corta, de 6 km, y la más larga, de 38. La oficina de turismo facilita un mapa con todas ellas. Se pueden alquilar bicicletas en los hoteles y *campings* por unas 200 NOK/día.

Dónde dormir

Trysil Hyttegrend CABAÑAS $
(☎901 32 761; www.trysilhytte.com; Øronset; tiendas 210 NOK, bungalós 590-840 NOK; P 📶) En la misma orilla del río, 2,5 km al sur del centro, esta excelente propuesta cuenta con wifi, sauna con fuego de leña, un sinfín de actividades, un parque infantil y una idílica situación ribereña. Todos los bungalós disponen de cocina.

★ **Radisson Blu Resort** HOTEL $$$
(☎62 44 90 00; www.radissonblu.com/en/resort-trysil; Hotellveien 1; verano i/d desde 990/1090 NOK, invierno d desde 1990 NOK; P 📶 🏊) Es uno de los pocos hoteles de Trysil que abren todo el año y el alojamiento más lujoso del pueblo. Salvo en la temporada de esquí (cuando los precios son altos) es una ganga de primera clase con habitaciones enormes e impecables en un gran edificio de madera rodeado de pistas de esquí. También tiene un impresionante complejo con piscina, dos restaurantes, una bolera y un bar que sirve hamburguesas.

Cómo llegar y salir

El "Trysil Ekspressen" de Nor-Way Bussekspress conecta Trysil con Oslo (279 NOK, 3¼ h, 2 diarios).

Røros

5576 HAB.

Idílica población, declarada Patrimonio Mundial por la Unesco, se encuentra en una pequeña cuenca poblada de bosques achaparrados y bordeada por sombrías colinas rocosas, y es uno de los pueblos más bellos del país. El escritor noruego Johan Falkberget describió Røros como "un lugar de historia susurrante". Este histórico pueblo de minas de cobre (antaño llamado Bergstad, o ciudad de la montaña) tiene coloridas casas de madera muy bien conservadas en la ladera, así como fascinantes reliquias de su pasado minero. Parece la versión noruega del Salvaje Oeste.

Røros se ha convertido en una especie de retiro para artistas, lo que da aún más personalidad a este lugar encantado.

Es uno de los lugares más fríos del país: en una ocasión, las temperaturas descendieron hasta los -50,4°C.

Historia

Según una leyenda, en 1644 Olsen Åsen disparó contra un reno en Storvola (Storwartz), a 13 km de Røros. Ante su agresor, la furiosa criatura pateó el suelo con sus pezuñas, revelando así el destello de una mena de cobre. Ese mismo año se fundó la Røros Kobberverk (Røros Copperworks) y 2 años más tarde se le concedió una Carta Magna, que le otorgaba derechos exclusivos para explotar todos los minerales, productos forestales y canales de agua (así como la mano de obra local) existentes en un radio de 40 km del descubrimiento original.

La compañía minera ubicó su cuartel general en Røros, dada la abundancia de madera (combustible) y los rápidos del río Hyttelva, que suministraban la energía eléctrica. Sin embargo, el uso del fuego para hacer estallar la roca de las minas resultaba una peligrosa actividad por la que la población pagó un alto precio, pues ardió por primera vez durante el conflicto de Gyldenløve contra los suecos entre 1678 y 1679, y la fundición volvió a resultar dañada por el fuego en 1953. En 1977, tras 333 años de funcionamiento, la compañía se declaró en bancarrota.

Puntos de interés

El **casco histórico** se caracterizada por la impactante arquitectura de madera de sus 80 edificios protegidos, que ocupan toda la zona central. Las dos calles principales, **Bergmannsgata y Kjerkgata,** están flanqueadas por casas y edificios históricos, preservados por real decreto. Para admirar una de las casas con techumbre vegetal de mayor encanto, hay que dirigirse a la parte alta de Kjerkgata, hasta la casa señalizada como **Harald Sohlsbergs Plass 59** (plano p. 146; Kjerkgata).

No es extraño que Røros resulte familiar, debido a las muchas películas que se han rodado allí, entre ellas *An-Magritt,* un clásico dirigido por Arne Skouen según la novela de Johan Falkberget, protagonizado por Liv Ullmann. Flanderborg gate aparece en varios episodios de la legendaria serie de Astrid Lindgren *Pippi Calzaslargas,* e incluso recreó Siberia en *Un día en la vida de Iván Denísovich.*

Además del sitio web principal del museo, www.worldheritageroros.no es un excelente recurso sobre lugares históricos de Røros.

★ Smelthytta — MUSEO

(plano p. 146; www.rorosmuseet.no; Malmplassen; adultos/estudiantes/niños incl. circuito guiado 100/80 NOK/gratis; ⏲10.00-18.00 med jun-med ago, 10.00-16.00 ppios jun y med ago-med sep, 10.00-15.00 med sep-may) Este museo construido en el lugar de una antigua fundición de cobre que se quemó en 1975, dota de vida al pasado minero del pueblo. Hay intricadas maquetas en funcionamiento que muestran los procesos de fundición con energía hidráulica y caballos y, si se quiere ver cómo era de verdad, hay demostraciones diarias en vivo de fundición de cobre (15.00, jul-ago).

Fuera del museo, en la entrada, se extiende una zona abierta conocida como **Malmplassen** (depósito del mineral; plano p. 146), donde se amontonaban y pesaban montañas de cobre en la gran báscula de madera. Al otro lado del río, frente al museo, están las protegidas **Slegghaugen** (escombreras; plano p. 146), desde las cuales hay vistas preciosas del pueblo.

Casas de mineros (Flanderborg Gate) — ZONA

(plano p. 146) En la esquina suroeste de la escombrera, el histórico barrio de la fundición, con sus diminutas **cabañas de mineros con tejado de paja,** dispuestas a lo largo de la calle Sleggveien, es uno de los rincones de mayor simbolismo y belleza de Røros.

Røros Kirke — IGLESIA

(plano p. 146; Kjerkgata; adultos/niños 50 NOK/gratis; ⏲10.00-16.00 lu-sa, 12.30-14.30 do med jun-med ago, 11.00-13.00 lu-sa ppios jun y med ago-med sep, 11.00-13.00 sa resto del año) La industria del cobre de Røros estaba en pleno auge cuando las personas importantes del pueblo decidieron financiar la construcción de esta gran iglesia luterana en 1784, por un coste de 23 000 *riksdaler* (en la época, los mineros ganaban unos 50 *riksdaler*/año). Es enorme, con espacio para 1600 feligreses; un grandioso monumento acorde a las fortunas mineras de la localidad.

Mina de Olavsgruva — MUSEO

(☎72 40 61 70; www.rorosmuseet.no/olavsgruva; adultos/niños/jubilados y estudiantes 120 NOK/gratis/100 NOK; ⏲circuitos cada 2 h 11.00-17.00 jun-ago, horario del circuito variable resto del año)

Røros

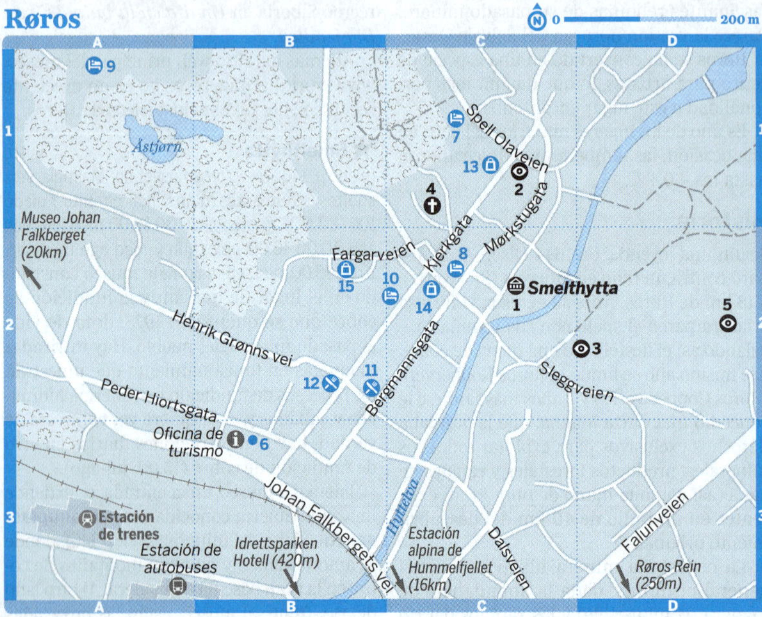

Røros

Principales puntos de interés
1 Smelthytta C2

Puntos de interés
2 Harald Sohlsbergs Plass 59 .... C1
Malmplassen (Ore Place) .... (véase 1)
3 Casas de mineros (Flanderborg Gate) .. D2
4 Røros Kirke C1
5 Slegghaugen D2

Actividades, cursos y circuitos
6 Circuitos guiados a pie B3

Dónde dormir
7 Erzscheidergården C1
8 Frøyas Hus C2
9 Røros Hotell A1
10 Vertshuset Røros C2

Dónde comer
Frøyas Hus .... (véase 8)
11 Kaffestugu Cafeteria B2
12 Trygstad Bakeri B2
Vertshuset Røros .... (véase 10)

Dónde beber y vida nocturna
Berkel og Bar .... (véase 10)

Ocio
Recitales de órgano .... (véase 4)

De compras
13 Galleri Thomasgården C1
14 Hartzgården Sølvsmie C2
15 Potteriet Røros B2

Para ver una cruda perspectiva del pasado minero de Røros, hay que ir 13 km al norte de la ciudad a esta histórica mina, donde se extrajo mineral de cobre desde 1650. Las visitas descienden 50 m bajo tierra por lóbregos túneles hasta la sala principal de los mineros. El suelo puede estar resbaladizo, así que es esencial llevar buen calzado, así como una chaqueta de abrigo (la temperatura ronda los 5°C todo el año).

Museo Johan Falkberget MUSEO
(www.falkberget.no; Ratvolden; adultos/niños 100 NOK/gratis; ⏲circuitos guiados 13.00 ma y ju-do jul-ppios ago, con reserva resto del año) Las obras del hijo predilecto de Røros, el autor Johan Falkberget (1879-1967), se han traducido a 19 lenguas y abarcan 300 años de la historia minera de la región. Su obra más famosa, *An-Magritt,* cuenta la historia de una muchacha campesina que transportaba mineral de co-

bre en el barrio minero de Røros. La entrada a los preciosos terrenos que rodean el museo es gratuita.

El museo está en Ratvolden, junto al lago Rugelsjø, 20 km al norte de Røros. Para llegar, se toma el tren local a la estación de Rugeldalen, donde empieza un pequeño camino peatonal que lleva al museo.

Actividades

Røros es un destino que invita a disfrutar del piragüismo, la equitación y, en invierno, los paseos en trineo y la pesca en hielo. La oficina de turismo (p. 149) dispone de una lista completa de operadores.

Røros Husky TRINEOS CON PERROS
(☎915 15 228; www.roroshusky.no; 1250 NOK; ⌚nov-abr) Esta empresa de huskies regentada por los lugareños Torgeir Oren y Mary Amundsen, organiza excursiones en invierno que duran desde 90 min hasta varios días. Queda 10 km al norte de Røros, pero se puede reservar a través de la oficina de turismo (p. 149).

Husky Point TRINEOS CON PERROS
(☎977 38 903; www.huskypoint.no; Kopparleden 9001, Os; trineo de perros invierno/verano adultos desde 1200/1100 NOK, niños todo el año 600 NOK) Esta empresa de trineos con perros tiene su base cerca de la localidad de Os, unos 20 km al sur de Røros, y organiza paseos de 90 min en trineo tirado por huskies en cualquier época del año: en invierno, los trineos van sobre esquís, y en verano sobre ruedas. Si uno quiere, puede hasta tomar las riendas.

Circuitos

Røros Rein FAUNA
(☎979 74 966; www.rorosrein.no; Hagaveien 17; ⌚nov-abr) Si uno siempre ha querido aprender a manejar un trineo de renos, esta empresa que solo opera en invierno puede ayudar. La gestiona una familia sami de la zona, los Nordfjell, que enseñan todo sobre el reno y hasta permiten arrear a la manada si se desea. Después se sirve una comida tradicional en una *lavvo* (cabaña sami).

Circuitos guiados a pie PASEOS
(plano p. 146; adultos/niños 100 NOK/gratis; ⌚circuitos 11.00, 13.00 y 15.00 med jun-med ago, 11.00 ppios jun y med ago-med sep, 11.00 ju y sa med sep-may) Estos interesantes circuitos a pie los organiza la oficina de turismo e ilustran el pasado de la localidad, así como algunos de los personajes importantes que modelaron su historia. Duran poco más de 1 h, empiezan en Smelthytta/Malmplassen y terminan en la iglesia de Røros. Hay que inscribirse en la oficina de turismo (p. 149).

Fiestas y celebraciones

Rørosmartnan CULTURAL
(Røros Market; ⌚feb) El mayor acontecimiento de invierno es el Rørosmartnan (mercado de Røros), que comenzó en 1644 como cita de los cazadores que llegaban a la localidad para vender sus productos a los mineros y comprar provisiones.

Un decreto real emitido en 1853 estipulaba que debía celebrarse un gran mercado anualmente a partir del penúltimo martes de febrero y hasta el siguiente sábado, evento que se sigue celebrando hoy día. Actualmente propone programas culturales, mercados callejeros y actuaciones en directo.

Elden ARTES ESCÉNICAS
(www.elden-roros.no; entradas desde 290 NOK; ⌚finales jul-ppios ago) A finales de julio y principios de agosto, se representa una ópera *rock* nocturna de 3 h que relata la invasión de Trøndelag por los suecos en 1718, con la ocupación de Røros y la subsiguiente muerte de miles de soldados durante el gélido regreso a sus hogares en Suecia. Se celebra en las escombreras de la parte alta de la ciudad.

Fermund Race DEPORTES
(www.femundlopet.no; ⌚feb) Una de las carreras más largas de Europa de trineos con perros empieza y termina en Røros la primera semana de febrero.

Festival de música de cámara de invierno MÚSICA
(www.vinterfestspill.no; ⌚mar) Los conciertos se celebran en la iglesia de Røros durante la primera semana de marzo.

Dónde dormir

Røros se llena de excursionistas de un día en verano y sufre mucho la sobrecarga de circuitos en autobús, así que si se planea pernoctar, hay que reservar con antelación y esperar precios bastante más caros que en otras partes.

La oficina de turismo (p. 149) dispone de un listado de bungalós y pensiones, algunos a un paseo del centro.

★**Erzscheidergården** PENSIÓN **$$**
(plano p. 146; ☎72 41 11 94; www.erzscheidergaarden.no; Spell Olaveien 6; i 900-1150 NOK, d 1250-

MERECE LA PENA

PARQUES NACIONALES DEL CENTRO NORTE DE NORUEGA

Parque Nacional de Breheimen Uno de los más recientes del país, Breheimen se creó en el 2009 y comprende 1691 km². Está encajado entre los parques nacionales de Jotunheimen y Jostedalsbreen y ofrece algunas de las mejores rutas de senderismo de la mitad sur de Noruega, si bien no son indicadas para principiantes, pues las señalizaciones son más difíciles de seguir que en otros parques más concurridos y ninguno de sus refugios (del DNT) cuenta con personal. Es, en definitiva, un lugar para una aventura sin multitudes. Para más información, visítese la oficina de turismo de Lom (p. 158).

Parque Nacional de Reinheimen Creado en el 2006, este parque de 1969 km² se extiende desde Lom, en el sureste, hasta Åndalsnes, en el noroeste. Muy variado y poco explorado, presenta una orografía escarpada y montañosa al oeste y una moderada meseta alpina al este, y sirve de refugio al reno salvaje, el glotón y el águila real. Para más información, visítese la oficina de turismo de Lom (p. 158).

Parque Nacional de Dovre (plano p. 156; www.nasjonalparkriket.no) Al norte del Parque Nacional de Rondane, se estableció este parque de 289 km² en el 2003. Es famoso por albergar casi todas las especies de flora noruega. El punto más alto es el Fokstuhøe (1716 m).

1350 NOK; P 🛜) Esta acogedora pensión es el mejor alojamiento en relación calidad-precio de Røros. Tiene el ambiente de un mesón tradicional de montaña, con madera, alfombras, muebles rústicos y camas antiguas, pero todo con mucho gusto y muy cómodo. El desayuno de bufé cocinado ahí mismo es un auténtico festín y casi vale la pena ir solo por él.

Frøyas Hus B&B $$

(plano p. 146; ☎72 41 10 10; www.froyashus.no; Mørkstugata 4; i/d 950/1050 NOK; 🛜) Con solo dos habitaciones, esta preciosa pensión ofrece una intimidad que no se encuentra en otros sitios. Sus únicas dos pequeñas habitaciones apenas han cambiado desde hace tres siglos. El servicio amable, el café habilitado en un patio y las agradables zonas comunes suman encanto.

Vertshuset Røros HOTEL HISTÓRICO $$

(plano p. 146; ☎72 41 93 50; www.vertshusetroros.no; Kjerkgata 34; h 1100-1700 NOK; 🛜) Situado en una pensión del s. XVII en la principal vía peatonal, es una opción maravillosa. Las habitaciones forradas de madera tienen tamaños generosos y numerosos toques de época, como vigas originales de madera. Las más caras cuentan con pequeñas cocinas americanas, y los apartamentos de dos camas son perfectos para familias. Al igual que en todos los edificios antiguos, el ruido puede ser un problema.

Hay que tener en cuenta que en épocas muy concurridas pueden reservar habitaciones en su hotel 'hermano', el **Røros Hotell** (plano p. 146; ☎72 40 80 00; www.roroshotell.no; An Magritveien 10; h 1250-1400 NOK; P 🛜 🏊), un lugar muy diferente.

Idrettsparken Hotell HOTEL $$

(☎72 41 10 89; www.idrettsparken.no; Øra 25; bungalós desde 550 NOK, hotel h desde 900 NOK; P) Encontrar habitaciones a precio económico es difícil en Røros, pero este establecimiento asequible y familiar es una opción decente. Tiene habitaciones de varios tamaños, desde cuádruples y bungalós hasta dobles, y aunque la decoración parece algo ajada en alguna zona, está todo impecable. Tienen una colección de cerámica antigua en la sala del desayuno.

Dónde comer

Frøyas Hus CAFÉ $

(plano p. 146; ☎928 83 530; Mørkstugata 4; tentempiés 50-100 NOK; ⊙10.00-17.00) Estupendo café con un patio ajardinado donde sirven buenos gofres y *rømmegrøt,* unas gachas tradicionales ligeramente agrias que se toman para cenar y se acompañan de jamón curado.

Trygstad Bakeri PANADERÍA $

(plano p. 146; ☎72 41 10 29; www.trygstadbakeri.no; Kjerkgata 12; tentempiés 30-80 NOK; ⊙8.30-19.00 lu-vi, 9.00-16.00 sa, 12.00-17.00 do) Muy popular por su delicioso café y repostería.

Cafetería Kaffestugu NORUEGA $$

(plano p. 146; www.kaffestuggu.no; Bergmannsgata 18; principales 129-250 NOK; ⊙10.00-23.00) Situada en uno de los edificios clásicos de madera de Røros, con un pequeño patio al aire libre, este café siempre popular tiene el aire de un antiguo salón de té noruego, y es un buen lugar, sin duda, para tomar café, bizcocho y pasteles. Las comidas principales son abundantes y sustanciosas: *smørbrød* (bocadillo abierto), bistec de reno, salchichas y guisos, a menudo servidos con montones de patata y repollo.

★ Vertshuset Røros NORUEGA **$$$**
(plano p. 146; ☎72 41 93 50; Kjerkgata 34; principales almuerzo 110-190 NOK, cena 295-340 NOK, menú 3/6 4 platos 50/798 NOK; ⏲10.00-22.00) La mejor comida de la localidad se sirve en la pensión Vertshuset, muy centrada en sabores locales: trucha alpina, ternera local, cerdo y una estupenda selección de quesos. Destaca el menú de la noche, de entrante, cuatro platos y postre, un festín de sabores de montaña servido en el acogedor comedor de la pensión. Los platos principales del almuerzo son sabrosos pero menos ambiciosos.

Dónde beber y ocio

Berkel og Bar PUB
(plano p. 146; ☎72 41 93 50; www.vertshusetroros.no/en/berkel-og-bar; Kjerkgata 34; ⏲10.00-23.00) Este *gastropub* es un buen añadido al establo de Vertshuset. Debe su nombre al *berkel,* un cortador de carne inventado en 1898 y que aún se usa para cortar los fiambres de las excelentes fuentes de carne y queso (459 NOK). Por lo demás, sirve sobre todo comida de *pub*: hamburguesas, panecillos con tiras de ternera, etc.

El *pub* fabrica cervezas propias y también ofrece una buena selección de otras cervecerías noruegas.

Recitales de órgano MÚSICA CLÁSICA
(plano p. 146; Kjerkgata; ⏲18.00-18.45 lu-sa ppios jul-med ago) Durante cinco semanas de principios de julio a principios de agosto, la iglesia ofrece recitales de órgano, a veces acompañado de músicos de orquesta de toda Europa.

De compras

Potteriet Røros CERÁMICA
(plano p. 146; ☎72 41 17 10; www.potteriet-roros.no; Fargarveien 4; ⏲9.00-16.00 lu-vi, 10.00-15.00 sa) Combina piezas de cerámica de Trøndelag con motivos tradicionales y creativas interpretaciones modernas. El taller contiguo abre al público y su personal siempre está dispuesto a explicar la historia inherente a cada diseño; para verles trabajar, se recomienda ir por la mañana.

Galleri Thomasgården CERÁMICA
(plano p. 146; ☎482 19 008; Kjerkgata 48; ⏲11.00-17.00 lu-mi, vi y sa, 11.00-23.00 ju, 12.00-17.00 do) Destacable galería donde el ceramista Torgeir Henriksen ha creado un tipo de cerámica rústica y porcelana. También se encontrarán las maravillosas esculturas de madera, inspiradas en la naturaleza, de Henry Solli. La pianola es una de las dos únicas que existen en Noruega y data de 1929.

Hartzgården Sølvsmie JOYERÍA
(plano p. 146; ☎72 41 05 50; Kjerkgata 35; ⏲10.00-18.00 lu-vi, 10.00-16.00 sa, 12.00-17.00 do) En esta tienda se venden joyas de plata manufacturada en la localidad, con énfasis en los temas vikingos. Hay una pequeña exposición histórica sobre este arte.

Información

Oficina de turismo (plano p. 146; ☎72 41 00 00; www.roros.no; Peder Hiortsgata 2; ⏲9.00-15.30 lu-vi, 10.00-16.00 sa) Visita obligada para obtener información sobre la ciudad.

World Heritage Roros (www.worldheritageroros.no) Información detallada sobre lugares históricos de Røros.

Cómo llegar y salir

AVIÓN

Widerøe (www.wideroe.no) vuela de Oslo un par de veces al día salvo el sábado. No hay autobuses al aeropuerto; un taxi a la ciudad cuesta unas 100 NOK.

AUTOBÚS

Hay autobuses diarios de Røros a Trondheim (319 NOK, 4 h, 2-4 diarios) que salen de la **estación de autobuses** (plano p. 146; Johan Falkbergets vei). Los horarios están en el sitio web de ATB (www.atb.no).

TREN

Røros está en la línea de ferrocarril del este, entre Oslo (249 NOK-810 NOK, 5 h, 4-5 diarios) y Trondheim (249 NOK-304 NOK, 2½ h).

Parque Nacional de Femundsmarka

Creado en 1971 para proteger el lago, los bosques, pantanos y picos de montaña de la zona de Femunden, este parque de 573 km² suelen pasarlo por alto los turistas extranjeros, a pesar de que la asociación de excursionismo noruega lo ha nombrado una de las tres mejores zonas para el excursionismo en el país.

Si se tiene suerte, pueden verse renos salvajes pastando en las alturas y, en verano, una manada de unos 30 bueyes almizcleros ronda la zona de los ríos Røa y Mugga (en invierno emigran a la zona de Funäsdalen). Se cree que este grupo se escindió de un antiguo rebaño de Dovrefjell y erró hasta llegar a este paraje. Entre la fauna del lugar también se cuentan un puñado de especímenes sumamente raros de osos pardos, así como linces –aún más raros– y, en ocasiones, lobos procedentes de otras zonas.

Actividades

Esta zona es magnífica para la práctica del senderismo y el eficiente centro de información del parque, en Elgå, puede ofrecer sugerencias de rutas y mapas.

M/S 'Fæmund II' NAVEGACIÓN
(☎963 92 017; www.femund.no; ida adultos/niños 255/170 NOK) El histórico ferri M/S *Fæmund II* zarpa a diario a las 9.00 entre mediados de junio y mediados de agosto de Synnervika (también se escribe Søndervika), en la orilla norte del lago Femunden, hacia Elgå (6½ h i/v). Desde mediados de junio a finales de agosto, los autobuses salen de la estación de trenes de Røros en dirección a Synnervika, 45 min antes de la salida del barco. Los autobuses a Røros conectan con el barco después en Synnervika.

Dónde dormir

En la parte oeste del lago, los dos alojamientos principales son **Johnsgård Turistsenter** (☎62 45 99 25; www.johnsgard.no; Langsjøveien 631; bungalós 195-795 NOK, *camping* 200 NOK), 9 km al oeste de Buvika, y **Langen Gjestegård** (☎72 41 37 18; www.langen-gjestegaard.no; i/d desde 550/900 NOK), una acogedora granja cerca del lago, con el tejado cubierto de paja.

En la orilla este del lago se halla la aldea de **Elgå,** que es la principal base para visitar el parque, con *campings* (con bungalós) y un centro de información.

Cómo llegar y salir

El ferri M/S *Fæmund II* (véase arriba) ofrece un precioso servicio clásico en el lago Femunden entre Synnervika y Elgå, y autobuses que conectan con Røros.

Oppdal

6691 HAB.

Situado al norte del Parque Nacional de Dovrefjell-Sunndalsfjella, el pequeño Oppdal es una práctica base desde la que explorar las zonas naturales del sur. No hay mucho que hacer en el pueblo, pero el campo es precioso y ofrece muchas actividades.

Actividades

★ Oppdal Safari OBSERVACIÓN DE NATURALEZA
(☎986 93 200; www.moskussafari.no; Olav Skasliens veg 1; adultos/niños 425/300 NOK; ⊙may-sep) Esta experimentada empresa ofrece fantásticos safaris para observar bueyes almizcleros, alces y otros animales salvajes de Dovrefjell-Sunndalsfjella. Los recorridos duran unas 7 h y hace falta buen calzado, ropa de abrigo y prismáticos. El punto de encuentro para los circuitos es la estación de ferrocarril de Oppdal. También alquilan canoas y barcas.

Oppdal Skisenter ESQUÍ
(www.oppdalskisenter.no; Kjerkvegen 112; pase 1 día de esquí adultos/niños 410/340 NOK) El Oppdal Skisenter, de tres partes, asciende por las laderas de Hovden, Stølen y Vangslia, todo muy cerca del pueblo. La zona de esquí de Ådalen, más pequeña, está cerca y tiene dos remontes. Vangslia suele ser la más fácil, con un par de pistas para principiantes; Stølen ofrece esquí intermedio; y Hovden tiene tres desafiantes pistas avanzadas. La temporada dura de finales de noviembre a finales de abril.

Opplev Oppdal CIRCUITOS
(☎72 40 41 80; www.opplevoppdal.no; Granmo Camping, Dovre Rd 638; ⊙*rafting* ppios jun-med ago) Esta empresa con múltiples actividades está especializada en *rafting* en aguas bravas en el río Driva. El recorrido estándar de medio día y 14 km cuesta 840 NOK, más 50 NOK los sábados. El circuito de 4 km, más tranquilo y apropiado para familias, cuesta 440 NOK. También ofrecen otras actividades como barranquismo y tirolina. Las actividades de *rafting* empiezan en el Granmo Camping.

Dónde dormir y comer

Granmo Camping CAMPING $
(☎996 42 947; www.granmocamping.no; Dovre Rd 638; *camping* 150 NOK, caravanas 230 NOK, tiendas 400-1050 NOK; P 📶) *Camping* bien gestionado, 6 km al sur de Oppdal, que ofrece espaciosas plazas de acampada y bungalós sin servicio de comidas, por un gran campo de hierba. Hay una zona de juegos infantil y un pequeño zoo de mascotas. Está junto al río Driva, y aquí empiezan las expediciones de *rafting* de Opplev Oppdal.

★**Quality Hotel Skifer** HOTEL EJECUTIVO **$$**
(☎73 60 50 80; www.skiferhotel.no; Olav Skasliens vei 9; d desde 1130 NOK; P 📶) Hotel sorprendentemente elegante en medio de Oppdal que ofrece las mejores habitaciones de la ciudad con diferencia, con elegantes tonos grises, muebles de estilo y un restaurante estupendo que de noche ofrece un bufé con buena relación calidad-precio (310 NOK). Algunas habitaciones dan a las montañas, otras a la calle principal, pero todas son muy cómodas.

Møllen Restaurant og Pizzeria INTERNACIONAL **$$$**
(☎72 42 18 00; Dovrevegen 2; *pizzas* desde 189 NOK, principales desde 240 NOK; ⏲13.00-22.00 do-vi, 13.00-23.00 sa) En pleno centro, saliendo de la E6, esta versátil propuesta ofrece una extensa carta que comprende desde platos de pasta y pescado a bistecs, *pizzas* y hamburguesas.

Oficina de turismo (☎72 40 04 70; www.oppdal.com; ⏲9.00-16.00 lu-vi, 10.00-13.30 sa y do med jun-med ago, 9.00-16.00 lu-vi resto del año) Pequeña oficina en la estación de trenes.

ℹ Cómo llegar y salir

AUTOBÚS

Nor-Way (p. 142) tiene líneas entre Bergen (793 NOK, 12½ h) y Trondheim (271 NOK, 2 h) a diario.

Los autobuses de Lavprisekspressen (p. 142) también pasan una o dos veces al día en su ruta entre Oslo y Trondheim.

TREN

Hay trenes a Oslo (839 NOK, 5 h, 4 diarios), que paran en estaciones como Dombås (206 NOK, 50 min) y Otta (303 NOK, 1½ h). Hacia el norte, hay trenes a Trondheim (236 NOK, 1½ h, 4 diarios).

Trollheimen

A esta pequeña zona montañosa, con numerosos senderos entre colinas y lagos, se accede más fácilmente desde Oppdal: hay que ir por la carretera 70 al oeste durante 15 km hasta el pueblo de Albu, donde una carretera de peaje (automóvil 50 NOK), que indica "Gjevilvasshytta", sigue 8,8 km hasta **Osen,** un pequeño conjunto de bungalós junto a un lago y entrada principal a los páramos. Se puede caminar por la carretera de peaje, si bien los fines de semana está bastante concurrida y se pierde parte de la diversión. El mejor mapa del parque es *Turkart Trollheimen,* de Statens Kartverk (1:75 000), disponible en la oficina de turismo de Oppdal.

INDISPENSABLE

EXCURSIÓN AL ELGÅHOGNA

Una caminata espectacular y de exigencia moderada es la ruta de 3½ h (i/v 10,5 km) al **monte Elgåhogna** (1403 m). Desde Elgå, el pueblo principal (y único punto de acceso por carretera al parque), hay que dirigirse al sur durante 4 km hasta una pequeña granja a la izquierda; 100 m más al sur se llega a un aparcamiento donde comienza la caminata. El trazado está señalizado con puntos rojos pintados en las rocas y los árboles. Primero atraviesa una raquítica zona boscosa para más tarde emerger en un estéril paisaje de tundra en ligera pendiente. El último tramo es más pronunciado, con pedregales cerca de la cumbre. Según se avanza, las vistas sobre el lago, al oeste, mejoran paulatinamente. Aunque lo increíble es el final, la vista desde la cumbre, que se dilata hasta Suecia y abarca la inmensidad del paisaje de páramos y tundra subárticos.

Actividades

Vassendsetra EXCURSIONISMO
Una sencilla ruta de senderismo conduce al refugio y la granja histórica de Vassendsetra. Desde Osen (en la desembocadura del río Gjevilvatnet), 3 km al norte de la carretera principal a Sunndalsøra, se puede tomar el barco *Trollheimen II* hasta Vassendsetra; zarpa desde Osen diariamente a las 12.00 y desde Vassendsetra a las 15.30 de julio a mediados de agosto.

Dónde dormir

Refugio de Vassendsetra CABAÑAS **$**
(☎Oslo 40 00 18 68; www.tt.no; dc miembros/no miembros DNT 255/365 NOK; ⏲todo el año) No hay personal pero es un refugio de montaña cómodo. Hay que llevar comida.

Gjevilvasshytta CABAÑAS **$$**
(☎Oslo 40 00 18 68; www.tt.no/booking-gjevilvasshytta; dc incl. desayuno y cena miembros/no miembros DNT 815/1630 NOK) Este refugio de montaña de 1819 es de los más bonitos de Noruega y está muy bien organizado, con camas en pequeños dormitorios o habitaciones de dos camas. Abre todo el año, pero en invierno no hay personal. También sirve cenas.

Cómo llegar y salir

No hay ningún transporte público útil a la cordillera de Trollheimen, así que hace falta transporte propio, ya sea automóvil o bicicleta.

Dombås

1200 HAB.

Compuesto por poco más que un par de gasolineras y un complejo comercial, Dombås es un popular centro de deportes de aventura y de invierno, superado por su bello entorno. Es, además, una oportuna parada en el viaje entre los parques nacionales de montaña y los fiordos occidentales. Dicho esto, en el norte de Oppdal existen más opciones de actividades, mientras que Sjoa es una región ideal para la práctica del *rafting*. Pero hay una razón de peso para venir, y es la ocasión de ver el excepcional ferrocarril de Rauma (p. 152), de Dombås a Åndalsnes, sin duda uno de los viajes en tren más hermosos de Noruega.

Actividades

Bjorli Skisenter ESQUÍ

(☎61 24 55 77; www.bjorliskisenter.no; Bjorlivegen 84;) Desde principios de otoño a Semana Santa, se puede practicar el esquí alpino en Bjorli Skisenter, que cuenta con 11 pistas, 6 remontes y una zona infantil.

Dombås Skisenter ESQUÍ

(www.trolltun.no; Skitrekkvegen 18) En Dombås Skisenter se esquía de octubre a mayo, aunque con nieve artificial durante gran parte de la temporada.

Dónde dormir y comer

Bjørkhol Camping CAMPING $

(☎61 24 13 31; www.bjorkhol.no; Bjørkhol; tienda/caravana 150/180 NOK, bungalós 2/4 camas con baño compartido desde 375/475 NOK, bungalós 2 camas con baño 700-850 NOK) Enclavado 6 km al sur de Dombås, es uno de los *campings* más agradables y con mejor relación calidad-precio del país. Las instalaciones son excelentes y un autobús cubre el trayecto varias veces al día desde Dombås. Lástima que esté tan cerca de la carretera principal.

Trolltun Gjestegård y Dombås Vandrerhjem ALBERGUE, PENSIÓN $$

(☎61 24 09 60; www.trolltun.no; tiendas 110 NOK, albergue dc/i/d 600/895/1150 NOK, bungalós desde 1095 NOK; P) Esta atractiva propuesta se encuentra 1,5 km al noreste del pueblo, colina arriba desde la E6. El marco es estupendo, las habitaciones están impecables y las comidas tienen precios razonables. Se halla en un lugar ideal para practicar deportes de invierno y excursionismo en verano, con el Parque Nacional de Dovrefjell-Sunndalsfjella a tiro de piedra. Afiliado a la red Fjordpass.

Dombås Hotell HOTEL $$$

(☎61 24 10 01; www.dombas-hotell.no; Domaasgrendi 1; i/d 1195/1475 NOK; P) Este hotel en medio de la carretera es de lo más sencillo y soso que hay, pero está decorado en un estilo moderno con escaleras de vidrio, suelos de madera y muebles neutros. Las habitaciones grandes tienen sofá y sala de estar. Es práctico para ir a la estación de esquí de Dombås, pero no tiene mucha personalidad.

Moskusgrillen CASA DE COMIDAS $$

(☎61 24 01 00; www.moskusgrillen.no; Kyrkjevegen 1; principales 119-189 NOK; ⌚8.30-22.00 lu-vi, 10.00-23.00 sa, 10.00-22.00 do) La mejor de las pocas opciones gastronómicas de Dombås es el Moskusgrillen, que sirve buenos platos como hamburguesas de alce, trucha asada, cordero con sal y croquetas de patata, así como tropecientos tipos de *pizza*. La decoración es del estilo de una casa de comidas, y abre a todas horas, así que no se pasa hambre.

Cómo llegar y salir

AUTOBÚS

Los autobuses de Lavprisekspressen (p. 142) atraviesan la localidad una vez al día en su ruta entre Oslo (580 NOK) y Trondheim (400 NOK).

TREN

Dombås está en la línea de ferrocarril entre Oslo (449 NOK-713 NOK, 4¼ h, 4 diarios) y Trondheim (349 NOK-466 NOK, 2½ h). También es el punto de inicio de la espectacular **línea férrea de Rauma** (Raumabanen; www.nsb.no; 230 NOK), que conecta Romsdalen con Åndalsnes (1½ h, 4 diarios).

Parque Nacional de Dovrefjell-Sunndalsfjella

Inhóspito y sobrecogedor, este parque nacional de belleza embriagadora se extiende por una meseta de suaves montañas onduladas, cubiertas por un grueso manto de nieve durante buena parte del año. Su pico más alto es el Snøhetta (2286 m) y proporciona el hábitat ártico perfecto para el zorro, el reno, el glotón y el buey almizclero, la especie estelar del parque, que puede verse fácilmente con un safari estival.

La sección del parque que corresponde al macizo de Knutshøene (1690 m), al este de la E6, protege el ecosistema alpino virgen más diverso de Europa.

Puntos de interés

★ Mirador de Snøhetta MIRADOR

(Centro de la Fundación de Renos Salvajes) Este impresionante edificio de madera ondulada y vidrio espejado lo encargó la Fundación de Renos Salvajes como centro educativo y mirador. Ofrece unas vistas asombrosas del valle hasta el monte Snøhetta. Se llega en un paseo de 1,5 km por un camino de grava desde el aparcamiento; el desvío está señalizado en la E6 a la altura de Hjerkinn.

Pantanos de Fokstumyra RESERVA NATURAL

Estos pantanos naturales acogen una increíble variedad de aves. Aproximadamente 87 especies anidan en la zona y se han avistado un total de 162. Entre ellas, se encuentra la serreta de pico rojo, el pato havelda, la gavia ártica, el zarapito trinador, el andarríos bastardo y el búho campestre.

Snøhetta MONTAÑA

La montaña más alta del parque es Snøhetta (2286 m) y fue un importante paso comercial en siglos pasados. Además aparece en muchos mitos y leyendas noruegos. Casi todo el mundo la ve desde lejos, pero se puede ascender desde Snøheim (unas 6 h), aunque es solo para excursionistas experimentados, con equipo apropiado para climas extremos.

Actividades

Casi todos los viajeros visitan el parque como parte de un safari de un día para ver bueyes almizcleros o para hacer excursionismo: hay montones de sendas para caminar, muchas de ellas claramente señalizadas. Los senderistas más curtidos deberían conseguir el mapa *Dovrefjell* de Statens Kartverk (1:100 000), aunque no incluye la sección correspondiente a Knutshøene, para lo cual se precisan las hojas topográficas *Einunna 1519-I* y *Folldal 1519-II*, también de Statens Kartverk.

Moskusopplevelse OBSERVACIÓN DE FAUNA

(www.moskusopplevelse.no; adultos/niños 395/195 NOK; ⌚may-sep) Esta empresa de guías con base en la Furuhaugli Touristhytter, ofrece a diario excursiones para observar bueyes almizcleros (adultos/niños 395/195 NOK) y alces (295/145 NOK). De mayo a septiembre, hay safaris para ver bueyes almizcleros a diario, y safaris vespertinos para ver alces, así que es posible hacer dos en un día. En temporada baja también organizan circuitos privados.

Dónde dormir

Hjerkinnhus Vanderhjem ALBERGUE $

(☎464 20 102; www.hjerkinnhus.no; N-2661 Hjerkinn; h 600-750 NOK; P📶) Este sencillo albergue de montaña está pensado sobre todo para peregrinos que siguen el camino de san Olaf, que pasa casi por la puerta delantera. Con exterior de madera, ofrece dormitorios sencillos, casi todos cuádruples con baños compartidos y cocina. Las vistas de las montañas son su principal baza. El desayuno se paga aparte (110 NOK).

Furuhaugli Touristhytter CABAÑAS $$

(☎61 24 00 00; www.furuhaugli.no; Furuhauglie 80; cabaña 2/3 camas 1200/1300 NOK, cabaña 2/4 camas con baño compartido 450/650 NOK) A medio camino entre Dombås y Hjerkinn, este complejo de cabañas es una buena base en Dovrefjell. Hay 28 forradas de madera repartidas por el complejo, con capacidad para entre dos

EL BUEY ALMIZCLERO

Desgreñado, de cuernos largos y con media tonelada de peso, el buey almizclero lleva vagando por las inmensidades nevadas del Ártico desde la época del mamut lanudo. Dovrefjell es uno de los únicos lugares de Europa donde aún se pueden ver en libertad, aunque en realidad no son autóctonos, ya que se introdujeron en el s. XX por su lana y su carne. Actualmente viven en el parque unos 250 ejemplares y, si bien suelen ser dóciles, pueden tener mal genio, especialmente si uno se entromete entre una madre y una cría. El consejo oficial es no acercarse a más de 300 m, y si uno de ellos empieza a bufar y patear el suelo, es hora de retirarse: hay que hacerse a un lado lentamente y retroceder, ya que el buey almizclero ve mal y si uno se va directamente hacia atrás, no siempre pueden distinguir que uno se está retirando.

La opción más segura es ver el buey almizclero en un safari: contáctese con Oppdal Safari (p. 150) o Moskusopplevelse, situados en la Furuhaugli Touristhytter.

y ocho personas; las más baratas comparten un bloque de servicios, y las más caras tienen baño dentro. También hay espacio para acampar y un sencillo restaurante.

★ **Kongsvold Fjeldstue** CABAÑAS $$$
(☎72 40 43 40; www.kongsvold.no; Kongsvold; i/d 1275/1850 NOK, con baño compartido 1075/1450 NOK; P📶) Formado por fascinantes edificios de madera de principios del s. XVIII, este encantador alojamiento se halla 13 km al norte de Hjerkinn por la E6. Cada habitación es diferente aunque todas son cálidas y acogedoras. Los lugareños conducen kilómetros para venir a disfrutar de las excelentes cenas (menús de 495 NOK-995 NOK) y los demás que pasan por aquí paran a tomar café y gofres.

Cómo llegar y salir

Hay tren de Dombås a Hjerkinn (103 NOK, 30 min), desde donde hace falta vehículo propio.

Dentro del parque no hay transporte público.

Otta

1677 HAB.

El pueblo de Otta, situado en la confluencia de dos rápidos ríos, el Otta y el Lågen, es conocido por el *rafting* de aguas bravas. Hay muchas empresas, casi todas establecidas en torno a Sjoa, que lideran expediciones de *rafting* para todos los niveles. En el pueblo en sí no hay gran cosa, pero es útil para entrar en el cercano Parque Nacional de Rondane.

Dónde dormir y comer

Otta Camping CAMPING $
(plano p. 156; ☎473 67 501; www.ottacamping.no; Ottadalen; tienda y automóvil 170 NOK, parcelas de caravana para 2 personas 170 NOK, más electricidad 40 NOK, bungalós 4 camas 350-550 NOK; ⏲may-med oct; 📶) *Camping* ribereño práctico y popular. Para llegar, hay que cruzar el puente de Otta desde el centro, torcer a la derecha y seguir 1 km río arriba.

Thon Hotel Otta HOTEL $$
(plano p. 156; ☎61 21 08 00; www.thonhotels.no/otta; Ola Dahls gate 7; d 1195 NOK; P📶) Es grande, moderno y terriblemente soso, pero este hotel de cadena en el centro de Otta es de lo mejor que tienen. La decoración es estudiadamente inofensiva (casi todas las habitaciones tienen suelos de madera y decoración beis) y el restaurante sirve buenas comidas, aunque por alguna razón solo abre de lunes a jueves.

Pillarguri Kafé CAFÉ $$
(plano p. 156; ☎61 23 01 04; www.pillarguricafe.no; Storgata 7A; principales 169-249 NOK; ⏲11.00-19.00 lu-ju, 11.00-21.00 vi y sa, 14.00-18.00 do) Esta casa de comidas en medio de Otta es el mejor lugar para comer aquí, y sirve una carta decente de hamburguesas de alce, ensaladas, pollo a la brasa, *pizzas* y cosas por el estilo, además de platos noruegos como albóndigas y guiso de reno. La pequeña terraza al aire libre es estupenda para una tarde de verano.

Información

Oficina de turismo (plano p. 156; ☎61 24 14 44; www.nasjonalparkriket.no/en/otta-tourist-information-centre; Ola Dahls gate 1; ⏲8.00-16.00 lu-vi med jun-med ago) La pequeña oficina de turismo de Otta está dentro de la estación de trenes, y ofrece numerosa información sobre actividades en la región del parque nacional.

Cómo llegar y salir

El autobús NW431 Fjordexpressen de Nor-Way (p. 142) para una vez al día en Otta y Sjoa de camino a/desde Trondheim (456 NOK, 4¾ h) y Bergen (699 NOK, 9¼ h).

Hay trenes que paran en Otta de camino Oslo (633 NOK, 3½ h, 5 diarios) a Trondheim (557 NOK, 3 h). Para viajar a Bergen hay que apearse en Oslo.

Parque Nacional de Rondane

Henrik Ibsen describió los paisajes que ahora conforman el **Parque Nacional de Rondane** (www.nasjonalparkriket.no), de 963 km^2, como un "palacio alzado sobre otro palacio". Se creó en 1962 como el primer parque nacional de Noruega con el objetivo de proteger el fabuloso macizo de Rondane. Los antiguos emplazamientos de caza de renos y los túmulos funerarios sugieren que la zona ha estado habitada durante miles de años. La mayor parte del paisaje, glaciar y cubierto de liquen, se encuentra por encima de los 1400 m y 10 cumbres agrestes y pedregosas superan los 2000 m, de las cuales, las de mayor altitud son Rondslottet (2178 m) y Storronden (2138 m). La variedad de fauna y flora abarca 28 especies de mamíferos y 124 de aves. En la actualidad, el parque es uno de los últimos refugios del caribú.

Actividades

La temporada de excursionismo se limita a julio y agosto. La ruta más accesible hasta el parque comienza en el aparcamiento de

Spranghaugen y transcurre a lo largo de unos 13 km de subida desde Otta, por una carretera que pasa por el peaje (20 NOK). Desde allí, un trayecto sencillo de 6,2 km (1½ h) va hasta **Rondvassbu**, donde hay una popular cabaña del DNT. Desde Rondvassbu, se inicia un ascenso de 5 h hasta la cima de **Storronden**. También se puede emprender el camino hasta la espectacular vista que se obtiene desde la cima de **Vinjeronden** (2044 m), menos accesible, y enfrentarse después a la angosta cresta que lleva al pico contiguo de **Rondslottet** (6 h aprox. desde Rondvassbu). Los mejores mapas son *Rondane* (1:100 000; 99 NOK) y *Rondane Sør* (1:50 000), de Statens Kartverk.

★ **Excursiones por Rondvassbu** EXCURSIONISMO
(plano p. 156; ☎Oslo DNT oficina 22 82 28 00; www.rondvassbu.com) Este refugio de montaña es una base fantástica para excursiones. Ofrece circuitos guiados tres veces a la semana a varios picos de la zona, como el Trolltinden (2018 m), el Storronden (2138 m) y el Rondslottet (2178 m).

Alquiler de bicicletas CICLISMO
(plano p. 156; aparcamiento Spranghaugen; adultos/niños bicicleta por día 100/50 NOK) Punto automático de alquiler de bicicletas para circular exclusivamente por la ruta a Rondvassbu.

Dónde dormir

Rondvassbu DNT ALBERGUE $
(plano p. 156; ☎Oslo DNT oficina 22 82 28 00; https://rondvassbu.dnt.no; dc 250-410 NOK, *camping* 90 NOK; ⏲mar-Semana Santa y jul-sep) Este magnífico y antiguo albergue de montaña construido en 1903 y gestionado por la DNT está a 6 km del aparcamiento de Spranghaugen, subiendo por una pista, en la parte sur del lago de Rondevatnet. Hay 128 camas, repartidas en habitaciones de dos y cuatro camas y un gran dormitorio. Ofrecen edredones y almohadas, pero hay que llevar fundas o sacos de dormir.

★ **Rondane Høyfjellshotell** CABAÑAS $$
(plano p. 156; ☎61 20 90 90; www.rondane.no; Mysusæter; h 795-1095 NOK; P 📶) Cómoda opción exclusiva con un buen *spa*, que incluye pedicuras para los cansados pies de los excursionistas, y habitaciones que ofrecen buena relación calidad-precio. El restaurante sirve sustanciosos platos noruegos e internacionales (menú fijo de cena 475 NOK). Huelga decir que las vistas son formidables. Está en la carretera que va de Otta al aparcamiento de Spranghaugen.

MERECE LA PENA

SJØA Y RAFTING EN AGUAS BRAVAS

Situada en las orillas del rápido río Sjøa, la pequeña localidad de **Sjøa** es uno de los mejores lugares de Noruega para *rafting*. Hay recorridos para todos, desde trayectos de introducción hasta montañas rusas por los rápidos con el corazón en un puño. Hay numerosas empresas y ofrecen paquetes similares. Algunas también tienen *camping* y albergue en su complejo. Estos son algunos operadores recomendados:

Sjøa Rafting (☎900 71 000; www.sjoarafting.com; Nedre Heidal; medio día 775-825 NOK, día completo 1050-1150 NOK)

Sjøa Kajakksenter (☎900 66 222; www.kajakksenteret.no; Nedre Heidal; excursión 1 día 140 NOK)

Go Rafting (☎61 23 50 00; www.gorafting.no; medio día/día completo 770/1040 NOK)

Smuksjøseter Fjellstue ESTANCIA EN GRANJA $$
(plano p. 156; ☎61 23 37 19; www.smuksjoseter.no; Høvringen; i/d 680/1320 NOK; P 📶) Habitaciones sencillas y apartamentos en una *seter* tradicional de Høvringen, regentada por la familia Skaugen, que lleva aquí desde los años cuarenta. Las habitaciones son bastante modernas, y hay apartamentos mayores, ideales para familias. El desayuno y la cena están llenos de sabores tradicionales de montaña.

Rondetunet ALBERGUE $$
(plano p. 156; ☎904 15 149; www.rondetunet.dk; bungalós 430-1580 NOK, *camping* 125 NOK; P) Este centro de montaña ofrece bungalós básicos y un *camping* fabuloso en el límite meridional del Parque Nacional de Rondane. También organizan cursos de destrezas de montaña y excursiones guiadas. El centro está junto a la Rv27, a medio camino entre Folldal y Ringebu.

Información

La oficina de turismo de Otta (p. 156) es el mejor lugar para información sobre el parque.

Cómo llegar y salir

Dos carreteras flanquean el Parque Nacional de Rondane: la principal (E6) al oeste, y al este la más pintoresca Rv27, que se ha declarado Ruta Turística Nacional.

Casi todo el mundo accede al parque por el oeste, por la carretera secundaria de

Parque Nacional de Rondane

Parque Nacional de Rondane

Puntos de interés
1 Parque Nacional de Dovre A1

Actividades, cursos y circuitos
2 Bicycle Hire B4
Rondvassbu Hikes .... (véase 6)

Dónde dormir
3 Otta Camping A4
4 Rondane Høyfjellshotell B4
5 Rondetunet D3
6 Rondvassbu DNT B4
7 Smuksjøseter Fjellstue A3
8 Thon Hotel Otta A4

Dónde comer
9 Pillarguri Kafé A4

Mysusæter; el desvío está unos kilómetros al sur del pueblo de Otta. Una vez que se llega a Mysusæter, hay un peaje (20 NOK) y quedan 4 km hasta el aparcamiento de Spranghaugen.

Hay otra carretera que lleva de la E6 al lado norte del parque por Høvringen.

En verano, el autobús 538 circula dos veces al día entre Otta y Mysusæter, desde donde quedan 4 km hasta el aparcamiento de Spranghaugen.

Ringebu

4540 HAB.

Es la comunidad más meridional de Gudbrandsdalen, el estrecho valle que se extiende 200 km entre el lago Mjøsa y Dombås. Merece un desvío para visitar su encantadora iglesia de madera.

Puntos de interés

Iglesia medieval de Ringebu IGLESIA
(Ringebu Stavkyrkje; www.stavechurch.no; adultos/niños 60/40 NOK, entrada conjunta con Samlingene 90/50 NOK; ⏲9.00-17.00 jun-ago) En este lugar

ha existido una iglesia desde la llegada del cristianismo en el s. XI. La actual, que sigue ejerciendo de iglesia parroquial, data de 1220 aprox., pero fue restaurada en el s. XVII, cuando se le añadió su característica torre roja. En su interior hay una estatua de san Lorenzo (c. 1250) y algunas inscripciones rudimentarias en rúnico.

Información

Oficina de turismo (☎61 28 47 00; www.ringebu.com; ⏲8.00-18.00 lu-ju, 8.00-20.00 vi, 10.00-13.00 sa, 17.00-20.00 do med jun-med ago, 8.00-15.30 lu-vi resto del año) En la estación de trenes.

Cómo llegar y salir

Hay un autobús diario de Lavprisekspressen (p. 142) a Lillehammer (300 NOK, 55 min) y Oslo (460 NOK; 3½ h), así como a Trondheim (520 NOK; 5 h) en sentido opuesto.

Hay trenes a Oslo (249 NOK-428 NOK, 3¼ h, 4 diarios) y Trondheim (499 NOK-653 NOK, 3¾ h, 4 diarios)

CENTRO OESTE DE NORUEGA

Lom

2410 HAB.

Se halla en el corazón de uno de los paisajes montañosos más espectaculares de Noruega. Los rápidos discurren por el centro del pueblo, las casas de madera oscura escalan las escarpadas montañas y las carreteras avanzan hacia Geiranger (74 km), junto a los famosos fiordos noruegos, pasando por la impresionante carretera de Sognefjellet, que atraviesa las cumbres del Parque Nacional de Jotunheimen. Además de su ubicación, la principal atracción de Lom es una preciosa iglesia de madera.

Puntos de interés

Lom Stavkyrkje IGLESIA
(www.lomstavechurch.no; adultos/niños 70/30 NOK; ⏲9.00-19.00 med jun-ago, 10.00-16.00 may-med jun y sep) Esta encantadora iglesia de madera de estilo normando es una de las más notables de Noruega. Construida en 1170, fue ampliada en 1645 y adquirió su actual planta de cruz en 1663, al añadírsele dos nuevas naves; sigue en funcionamiento.

Norsk Fjellmuseum MUSEO
(Museo Noruego de la Montaña; ☎61 21 16 00; www.norskfjellsenter.no; Brubakken 2; adultos/niños 12-16 años 80/50 NOK; ⏲9.00-19.00 lu-vi, 9.00-17.00 sa y do med jun-med ago, 9.00-16.00 lu-vi, 10.00-15.00 sa y do med ago-med jun) Este recomendable museo de montaña que hace las veces de centro de visitantes del Parque Nacional de Jotunheimen, contiene objetos de montañismo y exposiciones sobre historia natural (destaca el mamut lanudo) y la actividad cultural e industrial en las montañas noruegas. También hay una presentación de diapositivas de las montañas (10 min) y arriba una maqueta a escala del parque.

Fossheim Steinsenter MUSEO
(Museo de Rocas y Minerales; ☎61 21 14 60; www.fossheimsteinsenter.no; Bergomsvegen 30; ⏲10.00-18.00 lu-do jul y ago, 10.00-16.00 lu-sa may-jun y sep) GRATIS Este fascinante museo combina una impresionante selección de rocas preciosas y singulares, minerales, fósiles, gemas y joyas en venta y, además, exhibe muestras geológicas de todo el país y del resto del mundo; no hay que perderse la exposición de fósiles de la planta inferior. Los entendidos propietarios están orgullosos de la piedra nacional noruega, la thulita (variedad de la zoisita), que fue descubierta en 1820 y ahora se extrae en Lom. Su color rojizo se debe a las trazas de manganeso.

Actividades

La oficina de turismo (p. 158) informa sobre excursiones, rutas glaciares y escalada en hielo en el Parque Nacional de Jotunheimen.

Lom & Skjåk Adventure DEPORTES DE AVENTURA
(☎472 61 672; www.lsadventure.no; ⏲may-oct) Lom & Skjåk Adventure está a 10 min en automóvil al noroeste de Lom por la E15. Organiza *rafting* en aguas bravas, escalada, kayak, espeleología, barranquismo, excursionismo e *hydrospeed*.

Excursionismo

Aunque las rutas más complicadas suelen encontrarse en el vecino Parque Nacional de Jotunheimen, hay varios senderos cercanos a la localidad. Muchos son transitables durante más tiempo, una vez entrado el invierno, que los que surcan las montañas nevadas; la oficina de turismo proporciona mapas, direcciones y el excelente folleto *Walks in Lom*, con un mapa y descripciones de las rutas.

Las tres rutas más populares son:

Lomseggen (1289 m) Ruta de 5 h que pasa por el centenario caserío de piedra denominado Smithbue, con excelentes vistas de Ottadalen, Bøverdalen y del pico más alto de Noruega, el Galdhøpiggen (2469 m).

Tronoberget Ascenso de 3 h por la montaña desde Lom en dirección oeste, atravesando el río, con fabulosas vistas de las cumbres del Parque Nacional de Reinheimen.

Soleggen y Læshø (1204 m) Ruta de 5 h por encima de Lom, con vistas de los macizos de Rondane, Dovrefjell, Reinheimen, Breheimen y Jotunheimen.

Rafting

Además de la fantástica Sjoa, también se pueden realizar excursiones de *rafting* desde Skjåk, 18 km río arriba desde Lom.

Dónde dormir

Nordal Turistsenter HOTEL $$

(☎61 21 93 00; www.nordalturistsenter.no; h 990-1490 NOK, bungalós 450-1170 NOK, tienda 250 NOK; ⊙abr-med dic; 📶) Este concurrido complejo de alojamientos en pleno centro urbano cubre casi todas las necesidades: un agradable edificio principal estilo motel, bungalós en los terrenos, y plazas para tiendas de campaña y caravanas. Para cenar hay un sencillo *pub* y un restaurante-cafetería informal.

Fossheim Turisthotell HOTEL $$$

(☎61 21 95 00; www.fossheimhotel.no; Bergomsvegen 32; hotel i 1195 NOK, d 1440-1795 NOK; P📶) Este histórico hotel familiar, en el extremo este de Lom, ofrece habitaciones revestidas de madera en el edificio principal (a los autores les agradaron las nº 401 y 402 por sus terrazas y vistas), además de lujosos bungalós de troncos con modernos interiores y, en el anexo, habitaciones más sencillas y económicas (algunas con vistas), aunque sufren más el ruido.

Dónde comer

★ **Panadería Lom** PANADERÍA $

(☎61 21 18 60; www.bakerietilom.no; Sognefjellsvegen 7; barras desde 35 NOK, sándwiches/*pizzas* 66/170 NOK; ⊙9.00-17.00) La otra estrella culinaria de Lom es el maestro panadero Morten Schakenda, que hace todos sus panes usando solo ingredientes naturales y hornos de leña. Pueden comprarse baguetes recién horneadas, rollitos de canela y hogazas rústicas por docenas; también hay deliciosos bollos y sándwiches, así como las *pizzas* más crujientes. La cola suele salir hasta la calle. Quizá esta sea la mejor panadería de Noruega.

★ **Brimi-Bue** CAFÉ $$

(☎468 54 262; www.brimiland.no/brimibue; Fossheim Turisthotell; principales alrededor de 180 NOK; ⊙9.00-21.00) Este llamativo local es la nueva base del mejor chef de la localidad, Arne Brimi, y todo el mundo quiere comer aquí. Es claramente escandinavo (grandes ventanales, madera natural y planta abierta), el entorno perfecto para tomar la especialidad: fuentes *gourmet* de jamón, queso y pescado, además de perfectas carnes a la brasa.

Restaurante del Fossheim Turisthotell NORUEGA $$$

(☎61 21 95 00; www.fossheimhotel.no; Fossheim Turisthotell; principales 295 NOK, 2/3 menús 395/465 NOK; ⊙13.00-15.30 y 19.00-22.00) La carta de este restaurante ofrece especialidades como trucha salvaje, reno, alce y perdiz nival, y aunque es una comida memorable para Noruega, realmente no destacaría en el sur de Europa. Aun así satisface; puede elegirse solo un plato principal o pedir el contundente menú de entrante, seis platos y postre.

Información

La principal fuente de información es el Norsk Fjellmuseum (p. 157), pero también hay una pequeña **oficina de turismo** (☎61 21 29 90; www.visitjotunheimen.com; ⊙9.00-17.00 lu-sa, 9.00-16.00 do jul-med ago, 9.00-16.00 lu-sa med ago-ppios sep; 📶) nada más entrar al supermercado Co-op.

Cómo llegar y salir

Hay dos autobuses exprés a diario de Oslo a Lom (477 NOK, 6¼ h) y varios autobuses al día a/desde Otta (136 NOK, 1½ h, 4-6 diarios).

El autobús de Valdresekspressen (solo en verano) conecta Lom con varios puntos del Parque Nacional de Jotunheimen, como el popular comienzo de la senda de Gjendesheim (126 NOK, 80 min).

Parque Nacional de Jotunheimen

Los altos picos y glaciares del **Parque Nacional de Jotunheimen** (www.jotunheimen.com; 17 km al suroeste de Lom) (1151 km²), cuyo nombre significa la "casa de los gigantes", ofrecen el destino natural más apreciado, concurrido y, posiblemente más espectacular de Noruega. Cientos de rutas de senderismo se abren paso a través de valles y barrancos, dejando atrás lagos profundos, cascadas atronadoras y 60 glaciares, hasta alcanzar la cima de todos

MERECE LA PENA

GRANJAS DE UN MASTER CHEF

Brimi-Fjellstugu (☎61 23 98 12; www.brimiland.no/brimi-fjellstugu; h por persona desde 600 NOK) Este renombrado alojamiento de montaña está especializado en estancias de varios días, que combinan actividades al aire libre con suntuosas cenas concebidas por su propietario, el chef Arne Brimi. El edificio original es de 1949 y ofrece un encanto rústico mezclado con un estilo contemporáneo, mientras que el restaurante sirve tres menús diferentes de dos platos y postre (450 NOK-600 NOK). Una auténtica delicia se mire por donde se mire.

Brimi sæter (☎911 37 558; www.brimi-seter.no; dc por noche 800 NOK; ⊙jun-sep; 🅿📶) La reinvención de una granja de montaña estival de Arne Brimi es un placer. Ofrece alojamiento sencillo repartido por edificios de granja, como un granero, un establo y un par de *lavvu* montadas al estilo de los tipis en el jardín. Hay habitaciones privadas, así como alojamiento más "animado" en dormitorios con literas construidas a lo largo de una pared. Como es de esperar, las cenas son rústicas y deliciosas.

los picos que superan los 2300 m; entre los que se cuentan el Galdhøpiggen (el techo del norte de Europa, de 2469 m), el Glittertind (2452 m) y el Store Skagastølstind (2403 m). En resumen, que el parque alberga más de 275 cimas que superan los 2000 m.

Puntos de interés

★ Mímisbrunnr Klimapark 2469 TÚNEL

(plano p. 160; ☎61 21 16 00; www.mimisbrunnr.no; adultos/niños 345/175 NOK; ⊙circuitos guiados 10.30 y 14.00 finales jun- finales ago, sa y do finales ago-med sep) Esta impresionante experiencia permite aprender todo o casi todo sobre las maravillas del hielo. Hay circuitos guiados que descienden 60 m bajo el hielo a través de un túnel creado al efecto que revela la estructura y colores del hielo, y documenta más de seis milenios. Es una experiencia sorprendente y conmovedora, con el tema del cambio climático siempre presente de fondo.

Actividades

Las posibilidades de excursionismo en Jotunheimen son prácticamente infinitas y todas espectaculares. Los mejores mapas son *Jotunheimen Aust* y *Jotunheimen Vest* de Statens Kartverk (1:50 000).

La oficina de turismo (p. 158) y el Norsk Fjellmuseum (p. 157) en Lom ofrecen consejos, descripciones de rutas y excursiones guiadas por el parque.

★ Sognefjellet RUTA PANORÁMICA

(plano p. 160) Puede que el mundo esté surcado por incontables carreteras a cual más útil, pero quizá ninguna sea tan espectacular como esta vía panorámica (Rv55), conocida como "la carretera sobre el tejado de Noruega", que conecta Lustrafjorden con Lom, atraviesa el Parque Nacional de Jotunheimen (y da acceso a la mayoría de las cabeceras de las rutas de senderismo) y es uno de los recorridos más bellos del país.

Construida en 1939 por jóvenes desempleados, se eleva hasta una cota de 1434 m, lo que la convierte en la carretera de montaña a mayor altura del norte de Europa. Es, además, una de las 18 Rutas Turísticas Nacionales de Noruega.

El acceso desde el suroeste se lleva a cabo por curvas serpenteantes que ascienden y sobrepasan la línea de árboles hasta Turtagrø, ofreciendo a la derecha una fascinante vista de las montañas de **Skagastølstindane.** Desde Lom, el ascenso es más gradual y continúa por el maravilloso **Bøverdalen,** el valle del río Bøvra, con sus lagos, glaciares, cabañas con tejados de paja y pinares. El punto más alto, en **Sognefjell,** ofrece magníficas vistas.

Los metros de nieve que se amontonan a ambos lados hacen que en ocasiones resulte muy angosta; a veces, la nieve no se derrite hasta principios de julio.
A pesar de que por ella transcurre transporte motorizado, la carretera de Sognefjellet es también legendaria para los ciclistas y, con frecuencia, aparece en las listas de las rutas de cicloturismo más espectaculares. Suele estar abierta de mayo a septiembre y la flanquean numerosas opciones para acampar y otros alojamientos. De mediados de junio a finales de agosto, hay un autobús diario entre Lom y Sogndal (290 NOK, 3½ h) por la carretera de Sognefjellet.

★ Besseggen EXCURSIONISMO

(plano p. 160) La excursión por esta cadena montañosa es la más popular de Noruega:

Parque Nacional de Jotunheimen

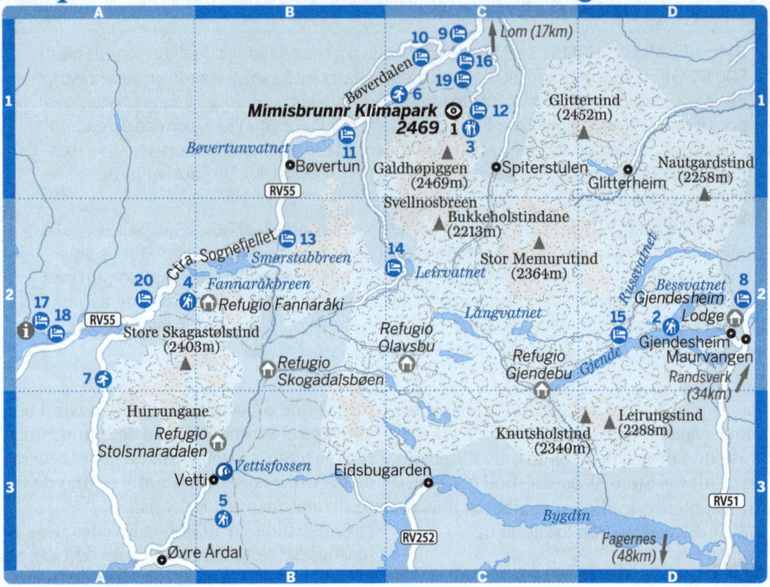

Parque Nacional de Jotunheimen

Principales puntos de interés
1 Mímisbrunnr Klimapark 2469 .... C1

Actividades, cursos y circuitos
2 Besseggen D2
3 Pista de esquí de verano de Galdhøpiggen C1
4 Hurrungane A2
5 Øvre Årdal B3
6 Sognefjellet C1
7 Tindevegen A2

Dónde dormir
8 Bessheim D2
9 Bøverdalen Vandrerhjem C1
10 Elvesæter Hotell C1
11 Jotunheimen Fjellstue B1
12 Juvasshytta C1
13 Krossbu Turiststasjon B2
14 Leirvassbu Lodge C2
15 Memurubu Lodge D2
16 Røisheim Hotel C1
17 Skjolden Hotel A2
18 Skjolden Vandrerhjem A2
19 Storhaugen C1
20 Turtagrø Hotel A2
Vassbakken Kro & Camping .... (véase 18)

30 000 excursionistas visitan la zona durante los tres meses del año en que es posible transitarla. La excursión de un día entre el refugio de Memurubu (p. 163) y Gjendesheim (p. 162) dura unas 6 h y asciende hasta una altura de 1743 m. Hay que aparcar en Gjendesheim, tomar el ferri MS *Gjende* y cruzar el lago para comenzar la excursión.

La mayor parte de los senderistas realizan la excursión en este sentido, pero nada impide hacerla a la inversa, salvo que si se prevé volver a la cabecera del sendero (donde estará aparcado el automóvil), habrá que calcular bien el tiempo para tomar el último ferri de regreso (16.30). En las fechas de más movimiento (casi todo julio y agosto), se pueden formar grandes colas para embarcar y los barcos prestan servicio de forma casi ininterrumpida.

La ruta es bastante clara y sería difícil perderse. Después, el sendero deja atrás el Bjørnbøltjørn, un pequeño lago glaciar, y ofrece unas vistas increíbles del lago Gjende, mucho más grande y de color turquesa, resultado de las 20 000 toneladas de limo que cada año vierte en sus aguas el río Memuru. Al cabo de un par de horas se encara el tramo más pronunciado de la ascensión, ya en la cresta de Besseggen. Desde lejos, cabría pensar que es muy angosta y peligrosa, pero aunque exige escalar bastante y no tener vértigo, en verdad no entraña tal dificultad. Una vez en lo alto de la cresta, la ruta asciende suavemente por una ladera de rocas sueltas hasta la cima de la meseta de Veslefjellet. Finalmente, una caminata relativamente sencilla lleva de regreso a Gjendesheim.

Es una ruta apta para cualquiera que goce de una condición física razonable. De hecho, es habitual ver a familias con niños realizar la excursión, aunque en algunos tramos hay que cargar con ellos, incluido el ascenso a la cresta de Besseggen, que siempre resultará más difícil con un niño a la espalda.

En palabras de Henrik Ibsen, Besseggen "se extiende como un filo de guadaña durante infinidad de kilómetros... Y sus huellas y glaciares caen 490 m en vertical hasta los lagos cristalinos que hay a cada lado". Suena emocionante, y es la pura verdad.

Tindevegen — RUTA PANORÁMICA

(plano p. 160; www.tindevegen.no; por automóvil 80 NOK; ⏲may-nov) Conocida como el atajo de Jotunheimen, esta es otra de las carreteras más excepcionales de Noruega. Va de Turtagrø a Ovre Årdal y más allá, hasta Sognefjorden. Mide 32 km y ofrece vistas de cine de varias de las montañas más altas de Noruega (casi todas con nieves perpetuas), entre ellas Fanaråken (2069 m), Skagastølstindane (2405 m) y Austabotntindane (2203 m). Aunque no es una de las Rutas Turísticas oficiales del país, es absolutamente increíble. No hay que perdérsela. La carretera suele estar abierta de mayo a noviembre, aunque depende de la nieve.

De Randsverk a Fagernes — RUTA PANORÁMICA

Entre Randsverk y Fagernes, la Rv51 asciende a través de la accidentada y boscosa región de Sjodalen hasta llegar a un amplio altiplano con vistas muy alejadas de las cumbres y los glaciares. La recorren los senderistas que se dirigen a la parte oriental de Jotunheimen y pasan por el refugio del DNT de Gjendesheim (p. 162), el punto de partida para la famosa excursión de un día por la cresta de Besseggen.

Jotunheimvegen — RUTA PANORÁMICA

(www.jotunheimvegen.no; por automóvil 100 NOK; ⏲med jun-oct) La tranquila y pintoresca ruta de 45 km entre Jotunheimvegen y Skåbu se bifurca de la Rv51 en Bygdin. Suele estar abierta desde mediados de junio hasta octubre, dependiendo del clima, y hay que pagar un peaje de 100 NOK; las motocicletas pasan gratis. Esta ruta no dispone de transporte público, pero hay zonas de acampada en Beitostølen y Skåbu. Conecta, además, con Peer Gynt Vegen (p. 142).

Øvre Årdal — EXCURSIONISMO

(plano p. 160) Desde la ciudad de Øvre Årdal, hay que dirigirse 12 km al noreste y ascender el valle de Utladalen hasta llegar a la granja Vetti, donde varias rutas conducen a Vettisfossen, la mayor cascada en caída libre de Noruega (275 m), y al refugio **Stolsmaradalen** (p. 162), sin personal. Es una ruta de acceso alternativa, por la parte superior de Utladalen, a otras más largas de Jotunheimen.

Hurrungane — EXCURSIONISMO

(plano p. 160) El fabuloso macizo de Hurrungane se eleva sobre la parte más occidental del parque. Aunque algunos de estos prominentes picos son accesibles para montañeros experimentados y, en algunos casos, diestros motociclistas de motocrós, casi todos los excursionistas van al este desde el Turtagrø Hotel (p. 163). Desde ahí, hay una caminata de 4 h hasta el refugio de DNT más alto de Noruega, Fannaråki (p. 162), en la cima de Fannaråken (2068 m).

Pista de esquí de verano de Galdhøpiggen — ESQUÍ

(plano p. 160; ☎61 21 17 50; www.gpss.no; pase diario con telesilla adultos/niños 405/325 NOK) Esta estación de esquí, a 1850 m sobre la helada montaña más elevada de Noruega, es un lugar fabuloso para practicar esquí en verano. Desde Galdesand, en la Rv55, hay que seguir la carretera de Galdhøpiggen (peaje 100 NOK) hasta el final, en una cota de 1841 m, el punto accesible por carretera más alto del país. La temporada alta va de junio a mediados de noviembre.

También es el punto de partida de Galdhøpiggen, una excursión de un día bastante dura (1470 m de ascenso, 8 h) desde Spiterstulen, donde empieza la carretera de peaje. Aunque la senda está bien señalizada, hacen falta mapa y brújula.

Dónde dormir

El DNT mantiene albergues con personal en la mayor parte de las rutas, y también se puede optar por otros refugios en las carreteras principales. Casi todos los alojamientos se reparten por la carretera de Sognefjellet. En la Rv51, las opciones se limitan a zonas de acampada, aunque hay varios albergues de montaña en los alrededores de Gjendesheim, muy prácticos para partir a primera hora de la mañana hacia la cresta de Besseggen. Casi todos abren de mayo a septiembre.

Juvasshytta CABAÑAS $
(plano p. 160; ☎61 21 15 50; www.juvasshytta.no; dc por adultos/niños 250/200 NOK) Con un nombre que suena a *La guerra de las galaxias,* y a más de 1800 m de altura, cerca del techo de Noruega, Juvasshytta es una base magnífica. Está a la sombra del Galdhøpiggen, el pico más alto de Noruega, y organizan caminatas guiadas, excursiones por los glaciares y ascensos a la cima. Para alojarse hay cabañas básicas y algunas bastante cómodas.

Krossbu Turiststasjon CABAÑAS $
(plano p. 160; ☎61 21 29 22; www.krossbu.no; dc desde 410 NOK, i 510 NOK, d desde 610 NOK; 🅿📶) Con un total de 85 camas divididas entre un alojamiento principal y un anejo, este venerable hotel ofrece habitaciones con paneles de madera que, aunque rústicas, tienen una buena decoración de montaña. Está destinado sobre todo a caminantes: hay varias rutas que pasan cerca y el hotel puede organizar excursiones guiadas por el glaciar de Smørstabbreen. El desayuno cuesta 125 NOK y una comida de dos platos y postre 345 NOK; la media pensión sale a buen precio.

Refugio de Gjendesheim CABAÑAS $
(plano p. 160; ☎61 23 89 10; www.gjendesheim.no; Gjendesheim; dc adultos/niños 210/105 NOK, h 1-3 camas 350/175 NOK, 4-6 camas 300/150 NOK; 📶) Junto a la cabecera de la ruta de Besseggen, en la zona este del parque, es un lugar muy bien gestionado con alojamientos y comidas de categoría. Fundamental reservar.

Bessheim CABAÑAS $$
(plano p. 160; ☎61 23 89 13; www.bessheim.no; h por persona 585 NOK, cabinas 460-1420 NOK, *camping* 220-250 NOK; 🅿📶) Este alojamiento de montaña elegantísimo, solo 3 km al este de Gjendesheim, es el mejor lugar para dormir cerca de la cordillera de Besseggen. Las habitaciones rústicas se complementan con un restaurante igual de sencillo; las cenas de dos platos y postre cuestan 370 NOK. Es muy popular; es esencial reservar en verano.

Storhaugen HOTEL $$
(plano p. 160; ☎472 92 720; www.storhaugengard.no; Bøverdalen; bungalós 775-3300 NOK; 🅿📶) La familia Slettede ofrece alojamiento en su granja tradicional, ya sea en modernos bungalós bien equipados o en apartamentos con vistas a las cumbres de Jotunheimen y Bøverdalen. Cuenta con animales que harán las delicias de los peques y, no sirven comidas, por lo que hay que ir provisto de alimentos.

Refugio de Leirvassbu CABAÑAS $$
(plano p. 160; ☎61 21 12 10; www.ton.no/en/leirvassbu-mountain-lodge; i/d/tr con baño 755/1190/1725 NOK; 🅿📶) Este típico refugio de montaña noruego gestionado por la misma familia que el Elvesæter Hotel está a 1400 m de altitud, resguardado junto al lago Leirvatnet. Es sobre todo una base para excursiones y esquí, y sus ciento y pico de habitaciones se llenan en temporada alta. Se ahorran unas coronas si comparte el baño.

Refugio de Fannaråki CABAÑAS $$
(plano p. 160; www.ut.no; dc no miembros DNT 970-1130 NOK) Desde el Turtagrø Hotel, una excursión de 4 h lleva al refugio más alto de la DNT de Noruega, Fannaråki, en la cumbre del Fannaråken (2068 m). Aunque la cabaña en sí es la típica de la DNT (limpia y sencilla), las vistas son de las mejores que pueda tener cualquier alojamiento de Noruega.

Refugio de Stolsmaradalen CABAÑAS $$
(plano p. 160; ☎22 82 28 00; www.ut.no/hytte/3.2201; dc no miembros DNT 970-1130 NOK) Los excursionistas que se aventuran hasta Hurrungane y las cascadas de Stølsmaradalsfossen y Vettisfossen suelen usar este pequeño y sencillo refugio de la DNT. Es básico, con sencillas literas con colchones y algunos utensilios para cocinar. No hay electricidad, aunque suele haber leña a mano. Por lo demás, es mejor llevar todo lo necesario, incluido el saco de dormir.

Refugio de Skogadalsbøen CABAÑAS $$
(plano p. 160; ☎975 69 094, móvil 979 85 828; www.ut.no/hytte/3.2004; dc no miembros DNT 970-1130 NOK) Con las ocho cabañas construidas por la DNT en 1888, este albergue de montaña tiene mucha historia. El alojamiento es muy sencillo, con 87 camas repartidas en habitaciones dobles, cuádruples y un par de dormitorios grandes. No hay personal y lo frecuentan excursionistas que exploran la zona de Fannaråken.

Refugio de Gjendebu CABAÑAS $$
(plano p. 160; ☎61 23 89 44; www.gjendebu.com; dc no miembros DNT 970-1130 NOK; ⏲jun-sep) El refugio más antiguo de la DNT, construido en 1871, es este albergue de 119 camas, a una altitud de 995 m, a orillas del lago Gjende. Es

una base ideal para excursiones, con sendas a Gjendetunga, Bukkelægeret y Svartdalspiggen a la vuelta de la esquina.

Refugio de Olavsbu CABAÑAS $$
(plano p. 160; ☎22 82 28 00; www.ut.no/hytte/3.1982; dc no miembros DNT 970-1130 NOK) Esta cabaña de 52 camas está en la intersección de dos sendas: la excursión de 4 h desde Leirvassbu y la senda de 5 h entre Gjendebu y Fondsbu. Está a unos 1440 m de altura; no hay personal permanente; hay que cocinar.

Refugio de Memurubu CABAÑAS $$
(plano p. 160; ☎460 16 100, 61 23 89 99; www.ut.no/hytte/3.2002; dc no miembros DNT 970-1130 NOK) Este remoto refugio de la DNT lo usan excursionistas de la cordillera de Besseggen. Hay unas 150 camas repartidas por varios dormitorios, y espacio para campistas.

Jotunheimen Fjellstue CABAÑAS $$
(plano p. 160; ☎61 21 29 18; www.jotunheimen-fjellstue.no; i/d/tr desde 996/1355/1764 NOK) Desde fuera, este moderno alojamiento parece superado por la espectacular localización. Pero su interior depara habitaciones amplias y luminosas, mejores que muchas por estos lares. Tiene un concurrido café-restaurante.

Bøverdalen Vandrerhjem ALBERGUE $$
(plano p. 160; ☎61 21 20 64; www.hihostels.no; Bøverdalen; i/d 600/960 NOK; P 📶) Este albergue junto al río tiene un pequeño café, habitaciones pulcras, buenas cabañas y un entorno precioso para disfrutar cuando se van los excursionistas de un día. Es popular; resérvese con antelación en verano.

★Elvesæter Hotell HOTEL $$$
(plano p. 160; ☎61 21 99 00; www.ton.no/en/elveseter-culture-and-art-hotel; Bøverdalen; i/d desde 1100/1550 NOK; P 📶) 🍃 Este extraordinario hotel antiguo parece sacado del cuaderno de Tolkien. Se accede por puertas de madera, los edificios de madera del hotel albergan un revoltijo de habitaciones que parecen de un libro de cuentos, con murales pintados, camas en trineos, antigüedades y obras de arte. Las cañerías son frágiles, no está para nada insonorizado y está muy concurrido, pero sin duda tiene mucho encanto.

Lo regenta la sexta generación de la familia Elvesæter y está junto a la Sagasøyla, una columna de madera tallada de 32 m de altura que describe la historia de Noruega desde la unificación en 872 hasta la constitución de 1814. Hay cenas tradicionales de dos platos y postre (325 NOK).

★Turtagrø Hotel CABAÑAS $$$
(plano p. 160; ☎57 68 08 00; www.turtagro.no; Fortun; i/d/f 1610/2200/3200 NOK, tiendas por persona y noche 135 NOK; P 📶) Interesante mezcla de patrimonio montañero antiguo y nuevo. Este hotel alpino tiene dos edificios: el chalé suizo original de 1888 y el impactante y moderno alojamiento principal, una estructura en zigzag del 2002. Las habitaciones reflejan su época: las modernas son elegantes y limpias, con pino y vidrio, las antiguas tienen un aire más tradicional. De noche sirven cenas excelentes.

Røisheim Hotel HOTEL HISTÓRICO $$$
(plano p. 160; ☎61 21 20 31; www.roisheim.no; Bøverdalen; d desde 1550 NOK; P 📶) 🍃 Este encantador lugar combina la impresionante arquitectura de edificios de 1858 con todas las comodidades modernas, aunque no haya TV. Algunas habitaciones disponen de sensacionales bañeras hechas con viejos barriles. La gastronomía corre a cargo de Ingrid Hov Lunde, una de las cocineras más apreciadas del país.

ℹ Información

Para información general sobre el parque, contáctese con el Norsk Fjellmuseum (p. 157) o con la pequeña oficina de turismo (p. 158), ambos en Lom.

ℹ Cómo llegar y salir

De junio a septiembre, el autobús de Valdresekspressen conecta Lom con diversas zonas del parque, como Gjendesheim (126 NOK, 1 h 20 min).

HARDANGERVIDDA

La inhóspita pero hermosa meseta de Hardangervidda, integrada en los 3430 km² del **Parque Nacional de Hardangervidda,** el mayor del país, se extiende por un etéreo paisaje de tundra que constituye la morada del zorro polar (cuya población natural ha aumentado gracias a los programas de readaptación) y de la manada de renos salvajes más grande de Noruega. Antigua ruta comercial y de transporte, que conecta el este y el oeste de Noruega, hoy día la atraviesa por la red principal de ferrocarriles y varias carreteras entre Oslo y Bergen. En los últimos años, el número de renos ha decrecido de 19 000 en 1998 a 7000 en la actualidad. Esta reducción forma parte del programa de gestión de recursos de las autoridades del parque, al igual que la prohibición de su caza.

Además de Finse y Geilo, son puntos de acceso al parque Rjukan y Eidfjord; en este último hay un excelente centro de información.

EXCURSIONES POR HARDANGERVIDDA

Solo es posible visitar el oeste de Hardangervidda en julio y agosto; el resto del año, la nieve y la posibilidad de cambios repentinos en las condiciones climáticas lo hacen peligroso, pues en cualquier momento puede nevar. Antes de explorar el parque, conviene visitar el Hardangervidda Natursenter (p. 192) para comprar un mapa. Este centro ofrece asesoramiento sobre las diferentes rutas y posee una bonita exposición en el parque. Los excursionistas y esquiadores encontrarán que los mapas de Turkart (149-279 NOK), a escala 1:100 000, son los mejores. Consúltese con Hardangerviddanett Hytteringen (www.hardangerviddanett.no), que ofrece una lista de refugios de montaña. La oficina del DNT de Bergen Turlag (p. 184) es otra buena fuente de información.

Hay muchas opciones, como las cascadas de Vøringfoss, Finse o Geilo. Entre las rutas favoritas se incluyen:

De Finse a Vøringfoss (2 días) Por los caminos más empinados de Hardangervidda, bordeando el glaciar Hardangerjøkulen y pernoctando en Rembesdalsseter; también es posible tomar un desvío de 4 o 5 h (ida) hasta la granja Kjeåsen (p. 192).

De Vøringfoss a Kinsarvik pasando por Harteigen (3 días) Hacia la pintoresca montaña de Harteigen, con vistas de Hardangervidda, descendiendo luego por la "escalera del monje" hasta Kinsarvik.

De Halne a Dyranut pasando por Rauhelleren (2 días) Los senderos conducen al sur desde la Rv7. Hay muchas posibilidades de encontrarse con manadas de renos.

Actividades

La ruta para bicicletas de 83 km de Rallarvegen (p. 215) cruza Hardangervidda en Finse, entre Haugastøl y Flåm; de Finse a Flåm hay 56 km. Finse 1222 (p. 165) alquila bicicletas.

Geilo

2363 HAB.

Se encuentra a mitad de camino entre Oslo y Bergen y es posible bajarse del tren y prácticamente subirse a un telesilla. En verano, pueden hacerse numerosas y espectaculares excursiones por la zona. Un destino popular en las proximidades es la enorme altiplanicie montañosa de Hallingskarvet, donde se podrán apreciar pequeños glaciares. Aparte de las excursiones por Hardangervidda, también es posible caminar por el glaciar en Hardangerjøkulen (1862 m), montar a caballo, practicar *rafting* en aguas bravas e hidrotrineo y realizar safaris de alces. Para más información, contáctese con la oficina de turismo (p. 165).

Dónde dormir y comer

Øen Turistsenter og Geilo Vandrerhjem ALBERGUE $
(☎32 08 70 60; www.oenturist.no; Lienvegen 137; dc 350 NOK, bungalós 500-950 NOK; P📶) Situado 1 km al este del centro por la Rv7, dispone de cabañas y dormitorios colectivos limpios y agradables, aunque flaquea en cuanto a ambiente. Se encuentra a una buena caminata de la estación (2,5 km aprox.) y al estar junto a la carretera, no es ideal.

Ro Hotell HOTEL $$
(☎32 09 08 99; www.rohotel.no; Geilovegen 55; i/d 790/1000 NOK; 📶) De entrada, este hotel económico cerca de la estación de trenes no resulta especialmente alentador, pero sus grandes e impolutas habitaciones, el buen aislamiento acústico, las cómodas sillas y escritorios, el eficiente personal y la rápida conexión wifi (que llega a todas partes) lo convierten en uno de los alojamientos con mejor relación calidad-precio de toda Noruega.

★**Dr Holms Hotel** HOTEL $$$
(☎32 09 57 00; www.drholms.no; Timrehaugvegen 2; i/d desde 995/1490 NOK; P📶🏊) El centenario Dr Holms lleva más de cien años ofreciendo un lugar de relajación y recuperación en medio del paisaje de montaña, y tiene un innegable esplendor. Se divide en dos partes: una histórica, con habitaciones de estilo inglés llenas de antigüedades y muebles pulidos, y un anejo moderno con habitaciones más contemporáneas, de líneas limpias.

También hay un restaurante tradicional y, algo inexplicable, la bolera a mayor altitud de Noruega.

★Halling-Stuene NORUEGA $$$
(☎32 09 12 50; www.hallingstuene.no; Geilovegen 56; principales 320-415 NOK; ⊙13.00-22.00 lu-vi y do, hasta 23.00 sa) Este restaurante decorado de carmesí es de lo más tradicional que hay en Noruega, pero es un éxito desde hace 25 años y ahora parece más popular que nunca. Lo regenta el célebre chef Frode Aga, que cocina suculentos platos clásicos como *skårapølse* (salchicha de cordero en salsa de mantequilla), pechuga de urogallo a la brasa, trucha con hierbas al horno y filete de reno con salsa cazadora. Sin duda, la comida es demasiado pesada para algunos paladares, pero hay pocos lugares mejores para probar el verdadero sabor de la antigua Noruega. Algunos platos llevan ballena de Minke.

Información

Oficina de turismo de Geilo (☎32 09 59 00; www.geilo.no; Vesleslåttveien 13; ⊙9.00-18.00)

Cómo llegar y salir

Casi todos los visitantes llegan en el tren de Oslo (249 NOK-618 NOK, 3½ h, 5 diarios) a Bergen (249 NOK-517 NOK, 3 h).

Finse

Situado a 1222 m de altitud y cerca del glaciar de Hardangerjøkulen, Finse solo es accesible en tren, en bicicleta o a pie, y es un destino inmejorable para disfrutar de una experiencia natural al más puro estilo del Ártico. Su inhóspita y remota ubicación, a orillas de un lago, cautiva, tanto si se muestra deslumbrante bajo un cielo azul con un manto de nieve o en un día frío y gris, cuando el viento barre la tundra y los glaciares.

Basta caminar durante unos minutos desde la pequeña estación de trenes para hallar un silencio absoluto. Pero si al viajero le atraen más las emociones, en esta región se practica esquí alpino en invierno y senderismo en verano, por no hablar de lo que tal vez sea la ruta en bicicleta por la montaña más pronunciada del país.

Actividades

Finse es el punto de inicio de varias caminatas excepcionales, entre ellas la popular ruta de 4 h a Blåisen, la punta del glaciar de Hardangerjøkulen. Es una excursión espectacular, pero, por tentadora que resulte, solo debería realizarse en compañía de un guía experimentado. Las escenas ambientadas en el planeta Hof de la película *El imperio contraataca* se rodaron en la zona del glaciar.

La maravillosa excursión de tres días entre Finse y Aurland pasa por Aurlandsdalen, desciende hasta Aurlandsfjorden y cuenta con cabañas, del DNT y privadas, a las que se puede acceder en un día de marcha.

Paseos por el glaciar de Jøklagutane PASEOS
(☎993 31 222; www.glaciertoursnorway.com; por persona 650 NOK) Se ofrecen emocionantes excursiones de 7 h (incl. 2 h sobre el hielo) que llevan al glaciar para ver grietas y quizá gatear por cuevas de hielo, además de escalar la vasta cumbre abovedada del casquete glaciar. Se sale de la estación de trenes a las 11.00.

Sykkel 1222 CICLISMO
(☎919 10 140; www.finse1222.no/en/rallarvegen-the-navvy-road; por día desde 695 NOK) La concurrida oficina de alquiler de bicicletas del hotel Finse 1222 ofrece vehículos con los que afrontar la senda de Rallarvegen (además de amortiguadores para soportar el abrupto y rocoso camino). Es esencial reservar en verano y las bicicletas pueden devolverse en Myrdal o en Flåm para no tener que hacer todo el camino de vuelta (no lo quiera Dios).

Dónde dormir

Finsehytta CABAÑAS $
(☎56 52 67 32; www.finsehytta.dnt.no; dc 250-410 NOK; ⊙med mar- finales sep; 📶) Excursionistas, ciclistas y mochileros se congregan en este refugio con personal de la DNT, a un paseo de la estación, en una pequeña península que se adentra en el lago. Hay dormitorios de tres a seis personas (los más pequeños son perfectos para familias) y muchos tienen vistas estupendas del lago. Las cenas (395 NOK) y el desayuno (170 NOK) salen mejor de precio en media pensión.

★Finse 1222 CABAÑAS $$$
(☎56 52 71 00; www.finse1222.no; i/d/f desde 1300/1400/1550 NOK; 📶) Este hotel a gran altitud es prácticamente la única opción de precio alto en Hardangervidda y, por suerte, es precioso. Hay mucho ambiente de montaña, y las modernas habitaciones, pulcras y bien aisladas, tienen vistas increíbles del lago y el glaciar. Algunas secciones integran antiguos vagones de tren reconvertidos.

Cómo llegar y salir

Hay cinco trenes diarios entre Oslo (706 NOK, 4½ h) y Bergen (desde 413 NOK, 2½ h) vía Finse.

Bergen y fiordos suroccidentales

Incluye »

Los mejores restaurantes

- Lysverket (p. 178)
- Colonialen Restaurant (p. 179)
- Renaa Matbaren (p. 209)
- Egget (p. 209)
- Tre Brør (p. 187)

Los mejores alojamientos

- Hotel Park (p. 175)
- Stalheim Hotel (p. 188)
- Utne Hotel (p. 195)
- Myrkdalen Hotel (p. 187)
- Energihotellet (p. 197)

¿Por qué ir?

Es la mejor opción si solo se va a visitar una región y se quiere captar la esencia del país.

Bergen, cultural y atractiva, es una de las ciudades más bellas del mundo, con casas de madera encalada que trepan por las colinas desde el bullicioso puerto de Vågen. Es, además, un punto de partida perfecto para explorar el espléndido Hardangerfjord, con sus preciosas aldeas costeras, o el amplio entramado del Sognefjorden. Por el camino, Voss es ideal para quien busque emociones.

Al sur, la floreciente ciudad de Stavanger es una divertida base para visitar Lysefjord, donde se encuentran dos de las imágenes más reconocibles del país, a una tremenda altura sobre las aguas azul hielo del fiordo: Preikestolen (el Púlpito) y Kjeragbolten.

Cuándo ir

Bergen

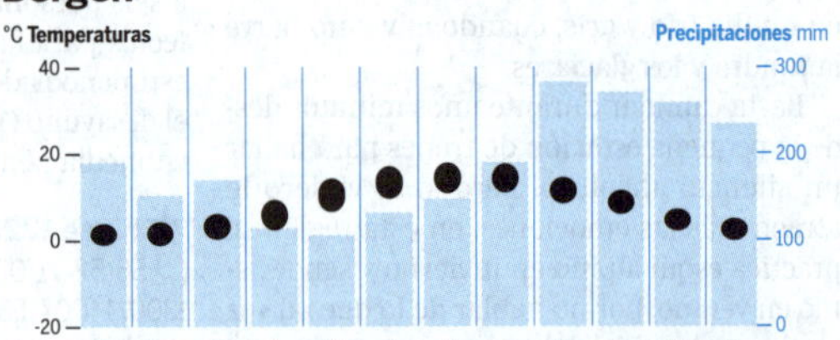

Jun Festival International de Bergen y Veko en Voss, de música y deportes extremos.

May Florecen los frutales en las granjas de los fiordos de Hardanger.

Ago y sep Perfecto para ir de excursión a Preikestolen o a Trolltunga.

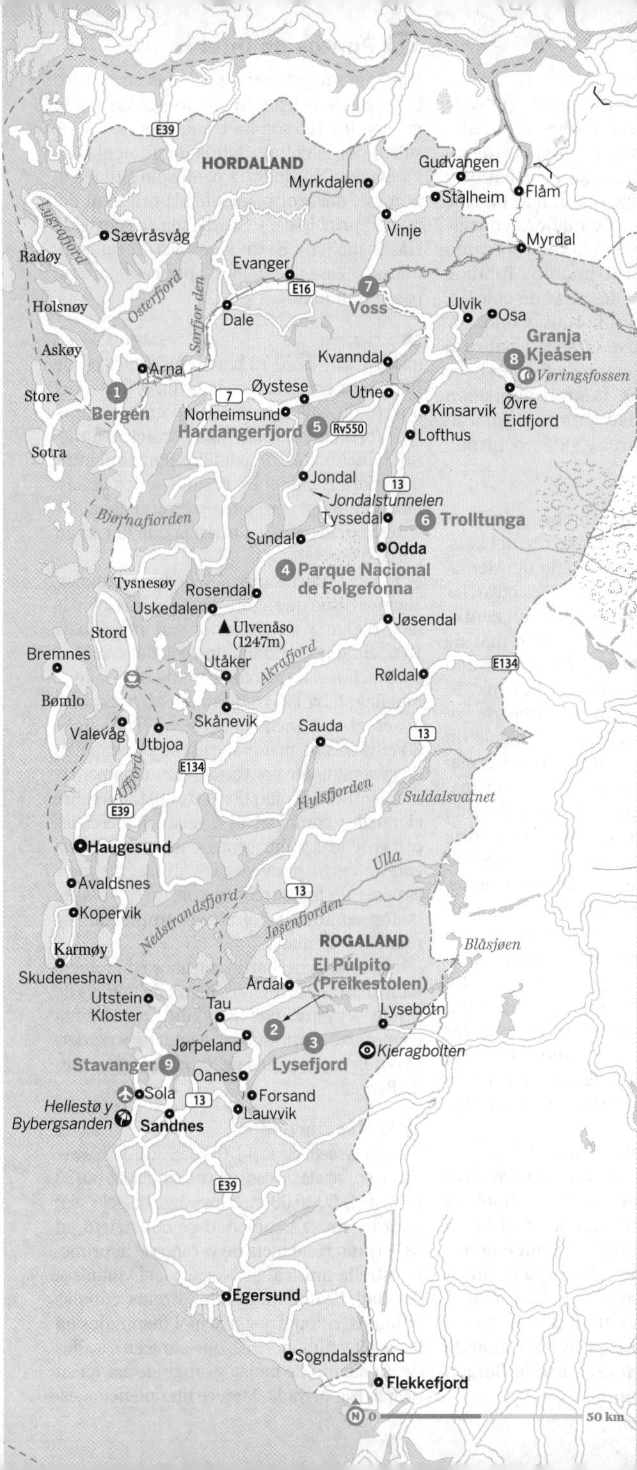

Imprescindible

1 **Bergen** (p. 168) Empaparse de la herencia hanseática del puerto más hermoso de Noruega.

2 **El Púlpito (Preikestolen)** (p. 211) Subir caminando al borde del mareante y altísimo precipicio.

3 **Lysefjord** (p. 211) Hacer un crucero tranquilo por este impresionante fiordo.

4 **Folgefonna** (p. 198) Cruzar el hielo, con cuidado, en un paseo guiado por los glaciares.

5 **Hardangerfjord** (p. 189) Conducir a través de los huertos y granjas de este tranquilo fiordo.

6 **Trolltunga** (p. 196) Colgar los pies al borde de esta cornisa que revuelve el estómago.

7 **Voss** (p. 172) Kayak, paracaidismo o escalada en el núcleo de la zona para actividades llenas de adrenalina.

8 **Granja Kjeåsen** (p. 192) Subir la montaña desde Eidfjord hasta esta remota y antigua granja.

9 **Stavanger** (p. 203) Disfrutar de la vida nocturna en la cara ciudad petrolera de Noruega.

BERGEN

278 121 HAB.

Bergen es una ciudad encantadora rodeada por siete colinas y siete fiordos. En la Alta Edad Media fue un importante puerto marítimo, miembro de la Liga Hanseática y capital de Noruega, algo que aún se percibe en las preciosas casas de madera conservadas en Bryggen, actualmente protegido por la Unesco como Patrimonio Mundial. Las laderas cubiertas de casas de colores, los ferris que surcan los fiordos, y unos excelentes museos de arte ofrecen un desvío genial si el variable tiempo de Bergen hace de las suyas. Además, la gran población estudiantil de la ciudad garantiza un animado ambiente de bares y vida nocturna.

Historia

Durante los ss. XII y XIII, fue la capital noruega y la ciudad más importante del país. En el s. XIII, las ciudades-estado de Alemania se aliaron en ligas comerciales, entre las que destacó la Liga Hanseática con centro en Lubeca. En su cénit, contó con más de 150 ciudades miembros y fue la entidad económica más poderosa de Europa. El puerto de Bryggen atrajo a hordas de comerciantes hanseáticos, que establecieron su primera oficina hacia 1360 y transformaron Bryggen en una de sus cuatro principales sedes del extranjero, pues acogió hasta 2000 comerciantes residentes, la mayoría alemanes, que importaban grano y exportaban pescado curado, entre otros productos.

Durante más de 400 años, Bryggen estuvo dominada por la comunidad de mercaderes alemanes, a quienes no se permitía mezclarse o casarse con los noruegos. En el s. XV, la competición por parte de compañías navieras holandesas e inglesas, las disputas internas y, sobre todo, la peste negra (que mató al 70% de la población de Bergen) provocaron el declive de la Liga Hanseática.

Sin embargo, a principios del s. XVII, Bergen era de nuevo el núcleo mercantil de Escandinavia y la ciudad más poblada de Noruega, con 15 000 habitantes. Durante los ss. XVII y XVIII, muchos comerciantes hanseáticos decidieron solicitar la nacionalidad noruega y unirse a la población local. Bryggen siguió siendo un importante centro comercial marítimo hasta 1899, cuando las oficinas la Liga Hanseática de Bergen cerraron definitivamente.

Puntos de interés

Hay que sacar tiempo para pasear por los barrios históricos. Aparte de Bryggen, lo más pintoresco son las tranquilas calles que suben por la colina, detrás del funicular de Fløibanen; Nordnes (la península situada al noroeste del centro, incluida la orilla sur del puerto principal); y Sandviken (al norte de Håkonshallen). Es un laberinto de calles sinuosas y casas de madera, perfecto para un paseo tranquilo.

★ Bryggen BARRIO HISTÓRICO

(plano p. 180) GRATIS El barrio más antiguo de Bergen se extiende por la orilla oriental del puerto de Vågen (conocido como "el muelle") formando largas filas paralelas, a menudo inclinadas, de edificios con cimientos de piedra o madera y tejados a dos aguas. Es encantador, pero puede resultar agotador si se coincide con los turistas que llegan en barco o autobús.

Los 58 edificios (un 25% de los originales, algunos dicen que ahora son 61) abarcan más de 13 000 m² y son posteriores al incendio de 1702, aunque el trazado procede del s. XII. Las excavaciones arqueológicas sugieren que el muelle estaba 140 m tierra adentro respecto al actual. A principios del s. XIV había unos 30 edificios de madera, cada uno compartido generalmente por varias *stuer* (compañías mercantiles). Tenían dos o tres plantas sobre el muelle y combinaban espacios comerciales con viviendas y almacenes. Cada uno contaba con una grúa para cargar y descargar mercancías de los barcos, y con un *schøtstue* (salón comunal) donde los empleados se reunían y comían.

Las callejas del barrio son ahora un refugio para artistas y artesanos, llenas de tiendas de bisutería y *boutiques*. El ambiente de íntima comunidad marítima sigue intacto, y perderse por Bryggen es uno de los grandes placeres de Bergen.

★ Museo Ole Bull MUSEO

(Museet Lysøen; plano p. 170; ☎56 30 90 77; www.lysoen.no; adultos/niños incl. circuito guiado 60/30 NOK; ⏲11.00-16.00 med may-ago, do solo sep) Esta hermosa propiedad se construyó en 1873 como residencia de verano de la primera estrella musical de Noruega, el violinista Ole Bull. Es una mezcla de torretas, cúpulas bulbosas, columnas y mármol inspirados en la arquitectura morisca, que parecen sacados de un cuento de hadas y languidecen en su propia isla privada. Merece una mención especial la altísima sala de música de madera de pino: cuesta no imaginarse a Bull ensayando aquí sus conciertos. En el exterior, 13 km de preciosos paseos se entrecruzan por los terrenos, y hay un pequeño café.

La mejor forma de llegar es a bordo de un ferri de pasajeros (adultos/niños 60/30 NOK, 8 min, cada hora 11.00-15.00) que va del muelle de Buena a la isla.

★Museo Edvard Grieg MUSEO

(Troldhaugen; plano p. 170; ☎55 92 29 92; http://griegmuseum.no; Troldhaugvegen 65, Paradis-Bergen; adultos/niños 100 NOK/gratis; ⏲9.00-18.00 may-sep, 10.00-16.00 oct-abr) El compositor Edvard Grieg y su esposa, Nina Hagerup, pasaron los veranos en esta preciosa villa de madera de estilo suizo, desde 1885 hasta la muerte del músico en 1907. Está rodeado de fragantes jardines en pendiente, en el entorno semirrural de una península junto al lago costero de Nordåsvatnet, al sur de Bergen. Es un lugar precioso.

Aparte de la casa original de Grieg, hay un moderno centro de exposiciones, una sala de conciertos con aforo para 200 personas y quizá lo más cautivador de todo, la diminuta Cabaña del Compositor, junto al lago. Aquí el músico siempre encontró silencio garantizado, y quizá también a su musa.

Hay un circuito diario en autobús (jun-med sep, adultos/niños/estudiantes y jubilados 250/100/200 NOK) que sale de la oficina de turismo (p. 184) a las 11.30. Incluye transporte, entrada y un breve concierto de piano; es buena idea comprarlo con antelación. También se puede visitar la web o la oficina de turismo para ver los detalles de los recitales de verano. Hay un autobús de enlace gratuito para las representaciones nocturnas. La mejor forma de llegar en transporte público es tomar el tranvía que va del centro de la ciudad a Nesttun (billete de 2 h 36 NOK), y bajar en la parada de "Hop"; desde allí hay 2 km a pie por un camino señalizado.

★KODE GALERÍA

(plano p. 176; ☎53 00 97 04; www.kodebergen.no; Rasmus Meyers allé; adultos/niños 100 NOK/gratis, incluye 4 museos, válido 2 días) KODE es una organización encargada de todos los museos de arte de Bergen. Posee una de las mayores colecciones de arte y diseño de Escandinavia. Cada uno de los cuatro edificios se centra en un tema: KODE 1 (p. 170) alberga una colección nacional de plata y la afamada colección de arte Singer; KODE 2 (p. 171) es para exposiciones cotemporáneas; KODE 3 (p. 171) se centra en Edvard Munch; y KODE 4 (p. 171), en arte moderno.

BERGEN EN...

Dos días

Dar un paseo matutino temprano por el corazón de Bergen, el puerto histórico, hasta llegar al viejo puerto de **Bryggen** (p. 168) y sus preciosos almacenes de madera. Pasarse por el **Museo de Bryggen** (p. 172) para conocer la historia de la zona, y almorzar luego en el **mercado de pescado de Torget** (p. 209), donde se come estupendamente con las capturas del día. Pasar la tarde explorando la fantástica colección de arte de **KODE** (p. 169), y terminar con una cena igual de estupenda en **Lysverket** (p. 178).

El segundo día, se comienza con un café y un pastel en **Kaffemisjonen** (p. 181), y luego se hace un **recorrido gastronómico** (p. 174) por la mañana y, si aún queda hambre, se almuerza en **Colonialen Litteraturhuset** (p. 178). Después de comer, se toma el teleférico hasta lo alto del **monte Fløyen** (p. 173), y se camina por algunas de las sendas cercanas. Para cenar, un tradicional guiso de reno o pasteles de pescado en **Pingvinen** (p. 178).

Cuatro días

Con más tiempo, pueden ampliarse los paseos fuera del centro de la ciudad, con visitas al **Museo Edvard Grieg** (p. 169) el tercer día, y una memorable excursión en barco al **Museo Ole Bull** (p. 179) el cuarto día. Los restaurantes a los que no hay que dejar de ir son **Colonialen** (p. 168), con una comida magnífica, y el tranquilo bistró de **Marg & Bein** (plano p. 176; ☎55 32 34 32; www.marg-bein.no; Fosswinckels gate 18; principales 255-279 NOK; ⏲17.00-21.30 ma-ju, 17.00-22.00 vi y sa, 17.00-21.30 do), y quizá una delicia insólita, el restaurante isleño **Cornelius Sjømat** (p. 179) para comer marisco.

Región de Bergen

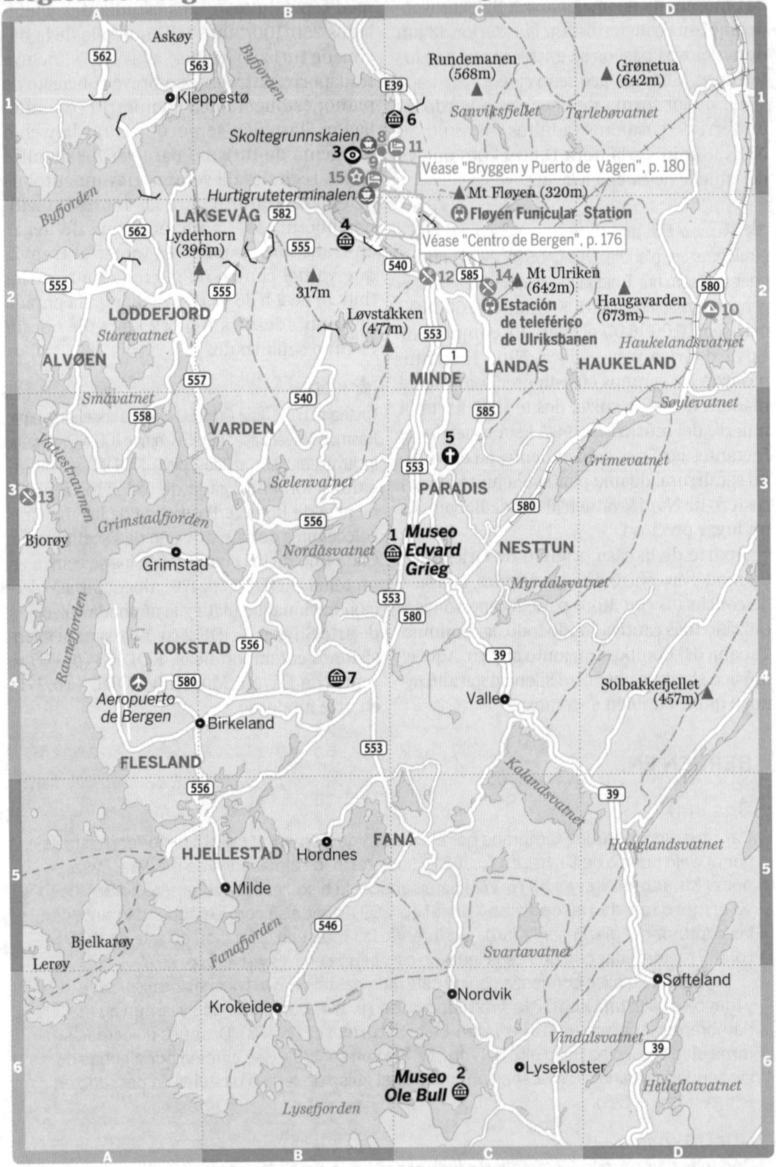

➡ **KODE 1**
(plano p. 176; Nordahl Bruns gate 9; ⏲11.00-17.00)
Este impresionante museo reabierto en el 2017 tras dos años de renovación, es un buen lugar para empezar a explorar la colección de KODE. Se han estrenado dos nuevas exposiciones para la reapertura: una de orfebrería noruega de oro y plata, y otra que explora las eclécticas artes y antigüedades atesoradas por los coleccionistas del s. XIX William y

Región de Bergen

Principales puntos de interés
1 Museo Edvard Grieg C3
2 Museo Ole Bull C6

Puntos de interés
3 Akvariet i Bergen B1
4 Damsgård B2
5 Iglesia medieval de Fantoft C3
6 Museo de la Pesca C1
7 Museo Harald Sæverud B4

Actividades, cursos y circuitos
8 Bergen Segway B1
Ulriken643 .... (véase 14)

Dónde dormir
9 Klosterhagen Hotel B1
10 Lone Camping D2
11 Skuteviken Gjestehus C1

Dónde comer
12 Bien C2
13 Cornelius Sjømat Restaurant A3
14 Sky:Skraperen C2

Dónde beber y vida nocturna
Kippers Bar & Kafe .... (véase 15)

Ocio
15 USF Vertfet B1

Anna Brugh Singer. También hay otra exposición nueva que incluye piezas de arte de la reina Sonia de Noruega, artista aficionada y coleccionista empedernida.

➡ KODE 2

(plano p. 176; Rasmus Meyers allé 3) Alberga varias exposiciones temporales al año, así como una colección de arte contemporáneo centrada en artistas noruegos y escandinavos de los años ochenta en adelante. El café **Smakverket** (KODE 2, Rasmus Meyers allé 3; principales 179-289 NOK; ⏲11.00-17.00) y la estupenda tienda de la galería están al nivel de la calle.

Mientras se escribía esta guía, el museo estaba cerrado por reforma.

➡ KODE 3

(plano p. 176; Rasmus Meyers allé 7; ⏲10.00-18.00) KODE 3 está dedicado a Edvard Munch: en general, podría decirse que esta colección es incluso mejor que el Museo de Munch en Oslo. Las salas son muy íntimas: destacan varias obras de su *Friso de la vida*, una serie de cuadros que representan diversos aspectos de la psique: *Celos, Melancolía, Mujer en tres etapas, Atardecer en la avenida Karl Johan* y *Junto al lecho de muerte*.

➡ KODE 4

(plano p. 176; Rasmus Meyers allé 9; ⏲11.00-17.00; 👪) Los aficionados al arte moderno querrán ir directos a KODE 4, que alberga una gran colección permanente de obras modernistas europeas incluidas algunas de Klee, Picasso y Miró, y tiene una galería dedicada al pintor noruego de paisajes Nikoli Astrup. El impresionante edificio de los años treinta fue la sede de la empresa de energía eléctrica de Bergen. Quizá lo más destacado sean los cuadros de Astrup. Sus cuadros, dibujos y tallas de madera neorrománticos, casi naif, representan los fiordos, los campos y las montañas de su región, Jølster, así como la vida tradicional a principios del s. xx. Contemplar su obra proporciona un contexto evocador para explorar el oeste del país.

Para los pequeños amantes del arte, el **KunstLab** es el primer museo de Noruega diseñado para que los niños exploren las obras de Gauguin, Miró, Picasso y Slettemark mediante el juego y la experimentación.

El restaurante y bar Lysverket (p. 178) está en la planta baja.

Museo de la Pesca MUSEO

(Norges Fiskerimuseum; plano p. 170; ☎53 00 61 60; http://fiskerimuseum.museumvest.no; Sandviksboder 23; adultos/niños 90 NOK/gratis; ⏲10.00-18.00 jun-ago) Ubicado en una serie de almacenes del s. XVIII situados junto al muelle, este museo indaga en la industria que mantuvo a Bergen (junto al resto de Noruega) durante gran parte de su historia: la pesca. La colección es amplia, sobre la pesca de bacalao, focas y ballenas, con equipo antiguo como escafandras de buzo y arpones de aspecto inquietante.

Bergen Kunsthall GALERÍA

(plano p. 176; ☎940 15 050; www.kunsthall.no; Rasmus Meyers allé 5; adultos/niños 50 NOK/gratis, desde 17.00 ju gratis; ⏲11.00-17.00 ma-do, hasta 20.00 ju) El mayor centro de arte contemporáneo de Bergen tiene exposiciones de artistas noruegos e internacionales, y una sola pieza de un autor suele llenar todo el espacio. La elegante limpieza de su arquitectura de la década de 1930 es digna de atención. En el salón bar anejo, Landmark (p. 179), también hay muestras de arte electrónico y de vídeos, conciertos, películas, actuaciones y conferencias.

Damsgård EDIFICIO HISTÓRICO

(plano p. 170; www.bymuseet.no; Alleen 29, Laksevåg; adultos/niños 80 NOK/gratis; ⌚12.00-16.00 jun-ago, circuitos a las 12.00 y 14.00) Esta casa solariega de 1770, situada 3 km al oeste de la ciudad, puede que sea el mejor ejemplo de arquitectura de madera rococó del s. XVIII de Noruega (si no de Europa). El soberbio jardín incluye esculturas, estanques y plantas de hace 200 años. Para llegar, hay que tomar el autobús nº 19 desde el centro de Bergen.

Museo de Bryggen MUSEO

(plano p. 180; ☎55 30 80 30; www.bymuseet.no; Dreggsallmenning 3; adultos/niños 80 NOK/gratis; ⌚10.00-16.00 med may-ago, horario reducido resto del año) Este museo arqueológico se construyó en el lugar donde se alzaba el primer asentamiento de Bergen, y los cimientos de 800 años que se descubrieron durante la construcción se han incorporado a la exposición, que incluye herramientas medievales, cerámica, cráneos y runas. La exposición permanente sobre Bergen en torno al 1300 es especialmente fascinante.

Museo Hanseático MUSEO

(Hanseatisk Museum y Schøtstuene; plano p. 180; Finnegårdsgaten 1a y Øvregaten 50; adultos/niños 160/60 NOK; ⌚9.00-18.00 jul-ago, 11.00-14.00 ma-sa, hasta 16.00 do sep-may) Este interesante museo da una idea de la vida de los comerciantes hanseáticos. Ocupa un edificio de madera sin desbastar de 1704 y revela el contraste entre la austeridad y las condiciones de trabajo de los marineros y aprendices, y las comodidades de los mercaderes.

Los lugares más interesantes son la oficina del gerente, con mueble bar y dormitorio de verano, los alojamientos de los aprendices, con dos personas por cama, el almacén de pescado y la *fiskeskrue* (prensa de pescado), que procesaba más de 450 000 kg al mes.

Un complemento esencial al Museo Hanseático es **Schøtstuene** (plano p. 180; Øvregaten 50; adultos/niños 160/60 NOK incl. Museo Hanseático; ⌚9.00-18.00 jul-ago, 11.00-14.00 ma-sa, hasta 16.00 do sep-may), una reconstrucción de uno de los salones de actos originales donde se reunía antaño la fraternidad de comerciantes hanseáticos para tratar de negocios y beber cerveza.

La entrada incluye también el Museo de la Pesca (p. 171) y transporte en el autobús gratuito que sale cada media hora de Bryggen.

Salón del rey Haakon EDIFICIO HISTÓRICO

(Håkonshallen; plano p. 180; www.bymuseet.no; Bergenhus; adultos/niños/estudiantes 80 NOK/gratis/40 NOK; ⌚10.00-16.00 med may-ago, 12.00-15.00 sep-med may) Los aficionados a los vikingos se sentirán como en casa en este impresionante salón ceremonial, construido por el rey Haakon IV en 1247-1261 y terminado para la boda y coronación de su hijo. Ocupa tres plantas y se ha restaurado mucho, pero lo más destacado es el gran salón de la planta de arriba, donde se celebraban fastuosos banquetes.

SALVAR BRYGGEN

Tan hermoso y popular es Bryggen que parece inconcebible que los ecologistas pasaran gran parte del s. XX luchando contra los planes de demolerlo.

El fuego ha destruido Bryggen como mínimo siete veces (sobre todo en 1702 y en 1955, cuando se destruyó un tercio de la ciudad). Los edificios quedaron inclinados en 1944, cuando explotó en el puerto un barco de artillería holandés, que hizo saltar por los aires los tejados y desplazó los cimientos. La explosión y el incendio de 1955 aumentaron el ya considerable clamor para demoler Bryggen de una vez por todas; no solo se consideraba un peligroso riesgo de incendio, sino que además su deteriorado estado se tenía por una vergüenza. Los planes de reurbanizar la zona incluían modernos edificios de ocho pisos, una estación de autobuses, un centro comercial y un aparcamiento.

Lo que salvó a Bryggen fueron las excavaciones arqueológicas que tardaron 13 años en terminarse tras el incendio de 1955, y que desenterraron más de un millón de objetos. En 1962 se constituyeron la **Fundación Bryggen** (http://stiftelsenbryggen.no) y los Amigos de Bryggen; la fundación supervisa la protección y restauración, aunque los edificios son de propiedad privada.

Uno de los mayores desafíos es que Bryggen se hunde a unos 8 mm al año. En 1979 la Unesco incluyó a Bryggen en su lista del Patrimonio Mundial. Para más información, visítese el Centro de visitantes de Bryggen (p. 184).

Akvariet i Bergen ACUARIO
(plano p. 170; www.akvariet.no; Nordnesbakken 4; adultos/niños 270/185 NOK; ⏲9.00-18.00;) Merece la pena visitar este acuario al final de la península de Nordnes, sobre todo para las familias. Hay unos 60 acuarios individuales, con numerosas especies marinas interesantes, desde pulpos hasta peces de arrecife, aunque es probable que los niños prefieran ver el túnel de tiburones o las focas y pingüinos. También hay una zona tropical con serpientes, cocodrilos y otros reptiles.

A pie, se llega desde Torget en 20 min; otras opciones son tomar el ferri de Vågen o el autobús 11.

Iglesia medieval de Fantoft IGLESIA
(Fantoft Stavkirke; plano p. 170; Paradis; adultos/niños/estudiantes 60/30/45 NOK; ⏲10.30-18.00 med may-med sep) Esta iglesia de madera, en el boscoso barrio de Paradis, se construyó en Sognefjord alrededor de 1150 y la trasladaron aquí en 1883. Es una reconstrucción, ya que la original fue destruida en un incendio a principios de la década de 1990, provocado por seguidores neopaganos o *black metal*. La **cruz** adjunta, original de Sola en Rogaland, es de 1050. Desde Bergen, hay que tomar un tranvía hasta Fantoft (billete 2 h 36 NOK).

Museo Theta MUSEO
(plano p. 180; ☎55 55 20 80; Enhjørningsgården; adultos/niños 20/10 NOK; ⏲14.00-16.00 ma, sa y do jun-ago) Esta excelente reconstrucción de la sede de la Resistencia noruega lleva el nombre del grupo clandestino que la ocupó de 1940 a 1945. Fue descubierta por los nazis en 1942 y ahora es el museo más diminuto de Bryggen. Es una experiencia evocadora, con radios antiguas y objetos de la guerra.

Catedral de Bergen CATEDRAL
(Domkirke; St Olav's Church; plano p. 180; ☎55 31 58 75; Domkirkeplass 1; ⏲11.00-16.00 lu-vi med jun-med ago, 11.00-12.30 ma-vi resto del año) GRATIS La entrada de la catedral de Bergen tiene mampostería tallada por los mismos artesanos que decoraron la sala capitular de la abadía de Westminster en Londres. De mediados de junio a finales de agosto, hay recitales de órgano gratuitos los domingos y jueves. Está previsto que la renovación acabe en el 2018.

Rosenkrantztårnet TORRE
(Torre Rosenkrantz; plano p. 180; ☎479 79 578; www.bymuseet.no; Bergenhus; adultos/niños 60 NOK/gratis; ⏲9.00-16.00 med may-ago, 12.00-15.00 do sep-med may) Construida en la década de 1560 por el gobernador Erik Rosenkrantz, sirvió de residencia y de puesto defensivo. También incorpora partes de la torre del homenaje (1273) del rey Magnus VI y la fortaleza de la década de 1520 de Jørgen Hansson.

BERGEN CARD

La **Bergen Card** (www.visitbergen.com/bergencard; adultos/niños pase 24 h 240/90 NOK, 48 h 310/1120 NOK, 72 h 380/150 NOK) ofrece entrada gratuita a los museos principales de Bergen, además de entrada con descuento al resto. También se puede viajar gratis en transporte público, hacer recorridos de ida y vuelta gratuitos o con descuento en el funicular de Fløibanen (p. 173), según la época del año; circuitos guiados gratuitos por Bergen; y descuentos en circuitos por la ciudad y en barcos turísticos, conciertos y actuaciones culturales. Está disponible en la oficina de turismo (p. 184), algunos hoteles, la terminal de autobuses y en línea.

Actividades

Ulriken643 TELEFÉRICO
(plano p. 170; ☎53 64 36 43; www.ulriken643.no; adultos/niños/familias ida y vuelta 170/100/460 NOK; ⏲9.00-21.00 may-sep, 9.00-17.00 ma-do oct-abr) Si se mira a las montañas desde el puerto, se ve una torre de radio rodeada de antenas de satélite. Es la cima del monte Ulriken (643 m) y, si está despejado, ofrece una panorámica impresionante de la ciudad, los fiordos y las montañas. Por suerte ya no hay que subir a pie; un teleférico sube en 7 min.

Funicular de Fløibanen FUNICULAR
(plano p. 180; ☎55 33 68 00; www.floibanen.no; Vetrlidsalmenning 21; adultos/niños ida y vuelta 90/45 NOK; ⏲7.30-23.00 lu-vi, 8.00-23.00 sa y do) Desde este funicular, que llega a la cima del monte Fløyen (320 m), hay una vista insuperable de la ciudad; efectúa salidas cada 15 min. Las sendas para excursionistas, bien señaladas, parten de la cima y llevan al bosque. Las distintas posibilidades están marcadas en el *Walking Map of Mount Fløyen* (mapa de senderismo del monte Fløyen), gratuito en la oficina de turismo de Bergen (p. 184).

Circuitos

Bergen Guide Service (plano p. 180; ☎55 30 10 60; www.bergenguideservice.no; Holmedalsgården

INDISPENSABLE

CIRCUITOS POR LOS FIORDOS DESDE BERGEN

Hay docenas de circuitos por los fiordos desde Bergen; la oficina de turismo (p. 184) tiene una lista y se pueden comprar las entradas en el lugar o en línea. La mayoría de las empresas ofrecen descuentos con la Bergen Card (p. 173). Para verlo mejor, hay folletos de *Round Trips-Fjord Tours* en la oficina de turismo, que incluye circuitos de empresas privadas. Fjord Tours (p. 174) y Rodne Fjord Cruises son los operadores más reconocidos.

4; adultos/niños 130 NOK/gratis; ⏲oficina 9.00-15.00 lu-vi) ofrece circuitos guiados a pie por la ciudad durante todo el año, y en verano **Bryggen Guiding** (plano p. 180; ☎55 30 80 30; www.bymuseet.no; museo Bryggens, Dreggsallm 3; adultos/niños 150 NOK/gratis) (gestionado por el Bryggen Museum) organiza circuitos históricos a pie por la zona de Bryggen.

★Bergen Food Tours COMIDA
(plano p. 176; ☎960 44 892; www.bergenfoodtours.com; adultos/niños 800/700 NOK) Estos circuitos gastronómicos (3 h) son una forma estupenda de introducirse en la cocina nórdica. El paseo clásico incluye paradas en unos ocho lugares diferentes de toda la ciudad, donde pueden probarse, p. ej., marisco, reno, pasteles, cervezas artesanas y *trekroneren* (perritos calientes), así como sopa de pescado hecha por el mejor chef de Bergen, Christopher Håtuft de Lysverket (p. 178).

Los circuitos suelen salir de cerca del Museo KODE.

★Fjord Tours CIRCUITOS
(☎81 56 82 22; www.fjordtours.com) Bergen es un lugar estupendo para una excursión de un día a los fiordos, sobre todo si se tiene poco tiempo. Hardangerfjord y Sognefjord se visitan fácilmente en un día desde Bergen, o incluso desde Oslo gracias al popular circuito **Norway in a Nutshell**, que incluye más de lo que pueda parecer posible en un solo día.

El billete clásico de un día (adultos/niños 1440/740 NOK desde Bergen) combina el tren matinal de las 6.52 a Voss, un autobús al Stalheim Hotel y luego a Gudvangen, un ferri por el espectacular Nærøyfjord hasta Flåm, el ferrocarril de montaña a Myrdal, y el tren de vuelta a Bergen a tiempo para una cena a las 18.55. También se puede cambiar el tramo en ferri por un barco más lujoso por 1710/875 NOK.

Además puede ampliarse la excursión estándar de un día hasta Oslo con un viaje de ida que llega sobre las 22.00 (1890/980 NOK adultos/niños).

De mayo a septiembre, Fjord Tours organiza también diversas excursiones en tren, autobús y barco desde Bergen, como p. ej. **Hardangerfjord in a Nutshell** (adultos/niños 1430/890 NOK, i/v, 10 h), que va por Voss, Ulvik, Eidfjord y Norheimsund; por su parte, **Sognefjord in a Nutshell** (adultos/niños 1610/810 NOK), que explora más zonas de Sognefjord en barco.

Hay multitud de excursiones, que incluyen Oslo, Sognefjord, Geiranger, Ålesund y otras zonas; véase el sitio web para más información.

Si se planean varios circuitos y actividades, quizá merezca la pena comprar el FjordPass (150 NOK), que ofrece descuentos en actividades y lugares de interés de Noruega, y vale para dos adultos y dos niños.

Bergen Segway CIRCUITOS
(plano p. 170; ☎471 47 100; www.bergensegway.no; Bontelabo 2; circuito estándar 645 NOK, circuito nocturno 945 NOK) Si uno no se ve subiendo las empinadas cuestas de Bergen, una solución es subir a un Segway y dejar que el motor haga el trabajo. El circuito estándar incluye Bryggen, el centro de la ciudad, el mercado de pescado y una vista panorámica desde lo alto del monte Fløyen. También hay una opción nocturna más atrevida. Es una locura, pero es divertida.

Rodne Fjord Cruise NAVEGACIÓN
(plano p. 180; ☎55 25 90 00; www.rodne.no; Torget; adultos/niños/familias 550/350/1250 NOK; ⏲10.00 y 14.30 lu-do mar-oct, 10.00 mi-vi, 12.00 sa y do nov-feb) Esta experimentada compañía ofrece un circuito por los fiordos (3½ h) hasta Osterfjord y el estrecho de Mostraumen, al norte de Bergen. De camino se pasa por varias cascadas, así que hay que ir preparado para mojarse la cara. Los barcos salen del muelle, junto al mercado de pescado. Los billetes se pueden comprar a bordo, en la terminal de ferris antes de salir, o por adelantado en la oficina de turismo (p. 184).

Fonnafly VUELOS PINTORESCOS
(☎55 34 60 00; www.fonnafly.no; desde 5500 NOK para 3 pasajeros) Este grupo nacional organiza excursiones panorámicas a medida en heli-

cóptero. Las vistas aéreas de los fiordos son irrepetibles, pero no son baratas.

Fiestas y celebraciones

Festival de la Cerveza de Bergen CERVEZA
(Bergen Ølfestival; www.bergenolfestival.no; ⌚sep) Los bebedores de cerveza de Bergen pueden probar cervezas de todo el mundo en esta animada celebración de dos días. Al fin y al cabo, esta es una nación vikinga.

Festival Internacional de Bergen CULTURAL
(www.fib.no; ⌚finales may) Dura 14 días a finales de mayo y es el festival cultural del año, con espectáculos de baile, música, teatro y artes visuales por toda la ciudad.

Night Jazz Festival MÚSICA
(www.nattjazz.no; ⌚may) Festival de *jazz* en mayo, muy popular entre los estudiantes.

Festival Gastronómico de Bergen COMIDA Y BEBIDA
(www.matfest.no; ⌚sep) Muestra de productores locales de comida en septiembre (también ballena, por si alguien quiere evitarla).

Festival Internacional de Cine de Bergen CINE
(www.biff.no; ⌚finales sep) Celebración cinematográfica a finales de septiembre.

Dónde dormir

Bergen tiene una buena variedad de hoteles, pero siempre es mejor reservar antes de llegar a la ciudad, sobre todo en verano y para los festivales. La oficina de turismo (p. 184) tiene un servicio de reserva de alojamiento en línea y en persona.

Citybox ALBERGUE, HOTEL $
(plano p. 176; ☎55 31 25 00; www.citybox.no; Nygårdsgaten 31; i desde 799 NOK, d 899-999 NOK, f 1545 NOK; 📶) La primera minicadena de albergues-hoteles de Noruega comenzó en Bergen, y el negocio aún lleva buen ritmo, sobre todo desde la ampliación de un ala nueva en el 2017. No se parece nada a los albergues económicos, es más bien un hotel elegante, con paredes blancas y despejadas, camas mullidas y edredones esponjosos. La decoración es sencilla, pero es una auténtica ganga para Bergen.

Lone Camping CAMPING $
(plano p. 170; ☎55 39 29 60; www.lonecamping.no; Hardangerveien 697, Haukeland; parcelas automóvil para 2 personas 230 NOK, bungalós 645-1355 NOK) A este *camping* junto a un lago, a 20 km de Bergen, entre Espeland y Haukeland, se llega en transporte público; el autobús 900 va y viene de la ciudad (53 NOK, 30 min).

Marken Gjestehus ALBERGUE $
(plano p. 176; ☎55 31 44 04; www.marken-gjestehus.com; Kong Oscars gate 45; dc 290 NOK, i/d con baño compartido 695/995 NOK) A mitad de camino entre el puerto y la estación de tren, es un albergue dentro de un hotel, con habitaciones sencillas y modernas. Las paredes blancas y los suelos de madera aportan luz y amplitud; la decoración es alegre y las zonas comunes tienen más estilo del que cabría esperar por su precio. A la recepción se va en ascensor.

Bergen Vandrerhjem YMCA ALBERGUE $
(plano p. 180; ☎55 60 60 55; www.bergenhostel.no; Nedre Korskirkealmenning 4; dc/i/d 215/600/850 NOK) Este albergue a buen precio tiene muchos puntos a favor: los dormitorios ofrecen una estupenda relación calidad-precio, el interior está impoluto, la cocina bien equipada y hay una azotea genial con vistas al puerto. Y lo mejor, todas las habitaciones tienen baño y nevera. Las desventajas: la ubicación puede ser ruidosa y los precios suben en verano.

★ **Hotel Park** HOTEL HISTÓRICO $$
(plano p. 176; ☎55 54 44 00; www.hotelpark.no; Harald Hårfagresgate 35; i/d 1290/1790 NOK; 📶) Dos casas del s. XIX combinadas componen este precioso lugar familiar, que aún gestionan las hijas del que fue su dueño durante mucho tiempo. Es un alojamiento precioso y acogedor, lleno de curiosidades y antigüedades. Las 33 habitaciones son algo diferentes, con una distribución peculiar y sorprendentes toques de diseño; las habitaciones esquineras tienen las mejores vistas de las azoteas de Bergen y el monte Fløyen.

Zander K HOTEL $$
(plano p. 176; ☎55 36 20 40; www.zanderk.no; Zander Kaaesgate 8; i/d desde 1050/1690 NOK; ❄📶) Este hotel moderno de fachada blanca es una adición de postín a los alojamientos de Bergen, en general sobrios. Ofrece habitaciones espaciosas en tonos grises y de varios tamaños: desde las dobles a las familiares. El vestíbulo, bar y restaurante dan el toque de diseño sin artificios, con sus ventanas altas y sus elegentes sofás y lámparas esféricas, una decoración moderna presente en todo el hotel. Además está muy cerca de la estación. Hay bicicletas de uso gratuito para huéspedes.

Centro de Bergen

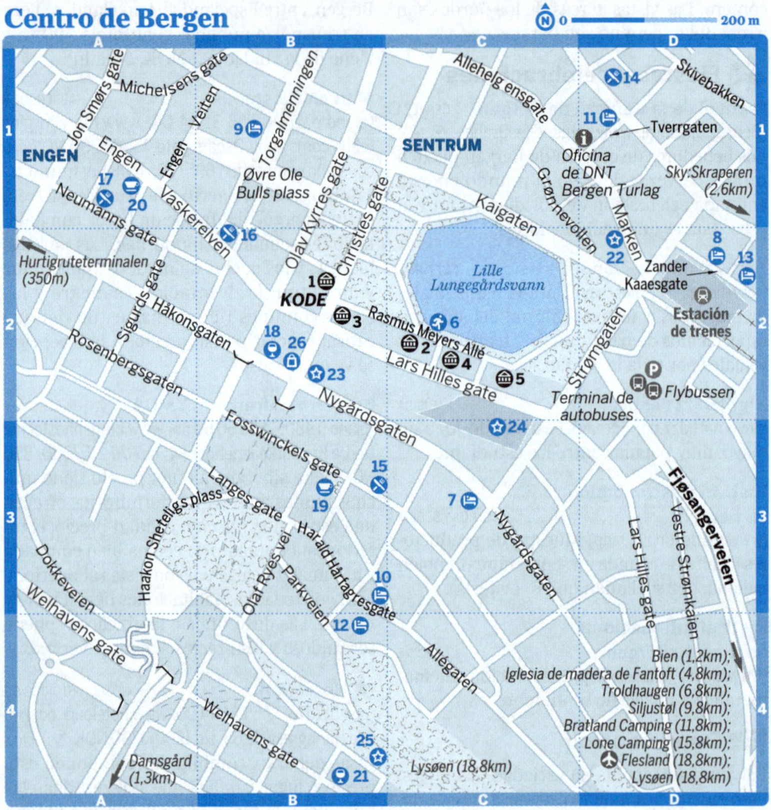

Klosterhagen Hotel
HOTEL $$

(plano p. 170; ☎53 00 22 00; www.klosterhagen-hotell.no; Strangehagen 2; i/d 990/1390 NOK; 📶) Este pequeño hotel de 15 habitaciones en el bonito barrio de Nordnes es ideal si uno está cansado de las cadenas impersonales. Las habitaciones son luminosas, coloridas y de estilo moderno, con toques atractivos como baños alicatados con pizarra y elegantes muebles escandinavos. Hay un agradable jardín, y está rodeado de las clásicas casas adosadas de Nordnes y de cuidados jardines.

Grand Hotel Terminus
HOTEL HISTÓRICO $$

(plano p. 176; ☎55 21 25 00; www.ght.no; Zander Kaaesgate 6; d 1590-1990 NOK, ste desde 2090 NOK; 📶) Si se quiere historia, el Terminus es el lugar ideal. Este magnífico hotel antiguo justo enfrente de la estación, se remonta a 1928, la época del auge de los viajes en tren. El distinguido vestíbulo y el bar de *whisky* con elegantes paneles de madera ofrece una estupenda primera impresión; por desgracia las habitaciones son menos rutilantes, sobre todo las más baratas, por lo que aquí vale la pena pedir una mejor.

Skuteviken Gjestehus
PENSIÓN $$

(plano p. 170; ☎934 67 163; www.skuteviken guesthouse.com; Skutevikens smalgang 11; apt 2 personas 1100-1200 NOK; 📶) Pensión de madera, en una pequeña calle empedrada en Sandviken, decorada con muebles de mimbre, cojines de encaje y algunos detalles modernos. Las habitaciones se anuncian como apartamentos, con sala de estar separada, cocina americana y baño en la habitación, pero en realidad no son más que habitaciones grandes. Los precios son por persona; desde 450 NOK en invierno y 550 NOK en verano.

Steens Hotell
HOTEL HISTÓRICO $$

(plano p. 180; ☎55 30 88 88; www.steenshotel.no; Parkveien 22; i 890-1390 NOK, d 1090-1890 NOK;

Centro de Bergen

Principales puntos de interés
1 KODE B2

Puntos de interés
2 Bergen Kunsthall C2
KODE 1 ..... (véase 1)
3 KODE 2 ..... B2
4 KODE 3 ..... C2
5 KODE 4 ..... C2

Actividades, cursos y circuitos
6 Bergen Food Tours C2

Dónde dormir
7 Citybox C3
8 Grand Hotel Terminus D2
9 Hotel No.13 ..... B1
10 Hotel Park B3
11 Marken Gjestehus D1
12 Steens Hotell B4
13 Zander K D2

Dónde comer
14 Colonialen Restaurant D1
Lysverket ..... (véase 5)
15 Marg & Bein B3
16 Pingvinen B2
17 Royal Gourmetburger og Gin A1

Dónde beber y vida nocturna
18 Apollon B2
19 Blom B3
20 Café Opera A1
Landmark ..... (véase 2)
21 Nobel Bopel B4
Terminus Bar ..... (véase 8)

Ocio
22 Café Sanaa D2
Fincken ..... (véase 18)
23 Garage B2
24 Grieghallen C3
25 Hulen B4

De compras
26 Pepper B2

P) Construido originalmente como casa privada en la década de 1890, este lugar tiene muchísimo interés histórico, desde sus ventanas originales con vidrieras hasta una escalera curva que lleva a la planta de arriba. Las habitaciones no son tan impresionantes; son de estilo sencillo, pero las de la planta de arriba tienen una vista agradable. Lo mejor es que tiene aparcamiento.

Skansen Pensjonat PENSIÓN $$
(plano p. 180; 55 31 90 80; www.skansen-pensjonat.no; Vetrlidsalmenning 29; i/d/apt 550/900/1100 NOK;) Este lugar divino de siete habitaciones tiene una ubicación inmejorable en lo alto, tras la estación inferior del funicular. La casa conserva un aire tradicional, las habitaciones son luminosas y amplias (aunque nada sofisticadas), y la "habitación con balcón" tiene una de las mejores vistas de Bergen. Está en una callejuela empinada y serpenteante, y cuesta mucho encontrarlo la primera vez; llámese antes para más seguridad.

Hotel No.13 HOTEL-BOUTIQUE $$$
(plano p. 176; 55 36 13 00; www.nordicchoicehotels.no/nordic-resort/hotel-no13; Torgalmenningen 13; d 2160-2540 NOK, ste 5580 NOK;) No se puede pedir mejor ubicación que la de este elegante edificio gris pálido, en una calle peatonal, a un paseo del muelle. Ahora pertenece a la cadena Nordic Choice, y es una opción elegante, con una decoración atrevida (quizá demasiado) que combina suelos negros con muebles morados y granates y toques artísticos. La suite tiene un tragaluz curvo de vidrio.

Det Hanseatiske Hotel HOTEL HISTÓRICO $$$
(plano p. 180; 55 30 48 00; www.dethanseatiskehotell.no; Finnegårdsgaten 2; d desde 1890 NOK;) Es el único hotel ubicado en una casa de madera original de Bryggen. Ocupa dos edificios unidos por una pasarela acristalada, donde los llamativos rasgos arquitectónicos de los tiempos en que Bryggen era puerto hanseático se mezclan con el lujoso equipamiento moderno. Su estilo es innegable, aunque la combinación es mejor en unas habitaciones que en otras.

Clarion Hotel Admiral HOTEL $$$
(plano p. 180; 55 23 64 00; www.nordicchoicehotels.no; C Sundts gate 9; i/d desde 1690/1940 NOK;) No se puede pedir una vista mejor que esta: casi todas las habitaciones dan a Bryggen, al otro lado del puerto. Con habitaciones elegantes y suelos de madera o enmoquetados, una paleta bien elegida de colores tenues, y un buen restaurante, esta es una base totalmente adecuada para Bergen, aunque anda un poco corta de vitalidad.

Dónde comer

El panorama culinario de Bergen es diverso, con una corriente local pequeña pero reconocida, con muchos locales informales que alimentan a la población estudiantil y algunos bastiones de la tradición costera occidental. El pescado y el marisco son algo especial.

El café se toma en serio en Bergen; hay un par de lugares especializados para los entendidos en cafeína.

★ Mercado de pescado de Torget

PESCADO $

(plano p. 180; Torget; comidas 99-169 NOK; ⏲7.00-19.00 jun-ago, 7.00-16.00 lu-sa sep-may) Durante casi toda su historia, Bergen ha sobrevivido gracias a los productos del mar, así que no hay mejor lugar para almorzar que el animado mercado de pescado de la ciudad, donde se encuentra de todo: salmón, calamares, pescado con patatas fritas, baguetes rellenas de gambas y ensaladas de marisco. Si entran en el presupuesto, las lonchas de salmón ahumado son de las mejores de Noruega.

Royal Gourmetburger og Gin

HAMBURGUESERÍA $

(plano p. 180; ☎56 90 12 33; www.royalburger.no; Neumanns gate 2a; hamburguesas 169-219 NOK; ⏲15.00-24.00 do-ju, hasta 1.00 vi y sa; ✎) Toda ciudad necesita su hamburguesería, y en Bergen se trata de Royal, un simpático bar de barrio con una generosa variedad de hambuguesas con salsas, ensaladas, encurtidos y quesos. Los vegetarianos están sorprendentemente bien atendidos; pueden probar la Beirut, con falafel y *hummus* picante, o la Forest King, con champiñones, *comté* y aceite de trufa. El menú de ginebra es estupendo.

Bastant Bryggen

CAFÉ $

(plano p. 180; ☎400 72 247; Jacobsfjorden 4, Bryggestredet; sopas 99-129 NOK, sándwiches desde 119 NOK; ⏲11.00-17.00) 🍃 Cafeteria ecológica muy popular, en el corazón de Bryggen, donde se puede comer o comprar la comida y llevársela. Las sopas siempre incluyen opciones veganas, vegetarianas y con carne, y los sándwiches son sustanciosos. Hay limonada casera y granizados de fresa en verano, un estupendo chocolate caliente cuando hace frío y un café excelente todo el año.

Pølse Kiosk

PERRITOS CALIENTES $

(plano p. 180; Kong Oscars gate 1; perritos calientes desde 55 NOK; ⏲10.00-2.00) Auténticas salchichas (de caza, reno, cordero y guindillas, entre otras) y un surtido de salsas por encima de la media.

Bien

BISTRÓ $$

(plano p. 170; ☎55 59 11 00; www.bienbar.no; Fjøsangerveien 30, Kronstad; almuerzo 109-149 NOK, cena 189-285 NOK; ⏲12.00-24.00) Es fácil llegar en tranvía a Danmarks plass, o si se entra o sale de la ciudad por carretera. Este bar-restaurante es de los favoritos de los lugareños. Los muebles de los años treinta de esta antigua farmacia siguen intactos y son impresionantes. El menú, corto y reconfortante, se basa en su famoso ragú a la boloñesa, y en pescado y carne cocinados con sencillez, pero con talento y una materia prima excelente.

Colonialen Litteraturhuset

NORUEGA $$

(plano p. 180; ☎55 90 16 00; www.colonialen.no/litteraturhuset; Østre skostredet 5-7; almuerzo 145-245 NOK, cena 180-280 NOK; ⏲21.00-23.00 ma-vi, 11.00-24.00 sa) Este bistró tranquilo, hermano del Colonialen Restaurant (p. 179), es uno de los favoritos de los habitantes de Bergen que quieren un almuerzo relajado pero refinado. Es un espacio tranquilo y elegante, con paredes neutras y mesas de madera clara que crean ese esencial ambiente nórdico de alto copete, y los platos son muy sabrosos: sopa de pescado y puerros o fuentes de carne y queso para el almuerzo; trucha de montaña o confit de pato para cenar.

Pingvinen

NORUEGA $$

(plano p. 176; ☎55 60 46 46; www.pingvinen.no; Vaskerelven 14; especial del día 119 NOK, principales 159-269 NOK; ⏲12.00-3.00) Dedicado a la cocina casera noruega, Pingvinen es el viejo local favorito de todo el mundo en Bergen. La gente va a comer lo que cocinaban sus madres y abuelas, y la carta siempre incluye al menos uno de estos platos: bocadillos de pastel de pescado, reno, empanada de pescado, salmón, pata de cordero y *raspeballer* (también llamadas *komle*), unas bolas de patata de la costa oeste. Sirven ballena.

★ Lysverket

NORUEGA $$$

(plano p. 176; ☎55 60 31 00; www.lysverket.no; KODE 4, Rasmus Meyers allé 9; almuerzo principales 165-195 NOK, menú compartido de almuerzo con/sin postre 295/395 NOK, menú 4/7 platos 745/995 NOK; ⏲11.00-1.00 ma-sa) Si uno se va a saltar el presupuesto en una comida en Noruega, que sea aquí. El chef Christopher Haatuft es pionero con su propia marca de cocina nórdica, que él denomina "neofiórdica"; en otras palabras, combinar técnicas modernas con los mejores productos de los fiordos. Es una comida de temporada, increíblemente creativa y llena de sorprendentes texturas, combinaciones y sabores. Hay que degustar cada bocado.

El restaurante está en las oficinas de la compañía eléctrica de la ciudad (el nombre significa "trabajos de luz"), y conserva muchos toques de estilo industrial: lámparas colgantes de latón y enormes ventanas tipo *art déco*. Si no se quiere probar el menú degustación completo, también sirven comidas de bar como sopa de pescado o ragú de cereales y vieiras con emulsión de nabo. Una opción intermedia y perfecta en cuanto a precio y sabor es el menú para compartir *smorgasbord* del almuerzo.

Colonialen Restaurant NORUEGA **$$$**
(plano p. 180; ☎55 90 16 00; www.colonialen.no/restaurant/; Kong Oscars gate 44; menú degustación 6/8 platos 895/1195 NOK; ⊙lu-sa 18.00-23.00) Parte de un imperio culinario en constante expansión, este buque insignia de la gastronomía muestra lo mejor de la nueva cocina nórdica. Es vanguardista, claro, pero los sabores subyacentes son clásicos, y emplean los mejores ingredientes noruegos, sobre todo de la costa occidental. La presentación es impecable: flores comestibles e ingredientes inesperados en abundancia. Lo extraño es que está en el lado sórdido de la ciudad.

Cornelius Sjømat Restaurant PESCADO **$$$**
(plano p. 170; ☎56 33 48 80; www.cornelius-restaurant.no; Måseskjæret 18, Holman; menús 3/5 platos incl. transporte 895/1095 NOK; ⊙18.00-22.30) Este restaurante isleño ofrece mariscadas para recordar. Sus tanques están llenos de todo, de vieiras a erizos de mar, que aparecen en su "menú meteorológico", acompañados de algas silvestres, salmón ahumado por ellos mismos y microhierbas. Está en un precioso edificio con fachada de vidrio, en la costa de la isla; el viaje en barco de 25 min está incluido, sale a las 18.00 y vuelve a las 22.30.

Sky:Skraperen NORUEGA **$$$**
(plano p. 170; ☎55 32 04 04; http://ulriken643.no/; Ulrikens topp; principales 155-250 NOK; ⊙9.00-21.00 may-sep, 10.00-16.00 oct-abr) Este elegante restaurante en lo alto del monte Ulriken sirve una mezcla de buenos platos sencillos en su "menú de la montaña", desde la clásica sopa de pescado hasta trucha de montaña servida con encurtidos y patatas, pero la comida solo cuenta la mitad. Aquí se viene por las increíbles vistas.

Potetkjelleren NORUEGA **$$$**
(plano p. 180; ☎55 32 00 70; Kong Oscars gate 1a; principales 315-355 NOK; ⊙16.00-22.00 lu-sa) La "Bodega de patatas" es uno de los restaurantes clásicos de Bergen, con un menú mensual basado en ingredientes de temporada y tradiciones noruegas. Como sugiere el nombre, está en una evocadora bodega del s. xv. Suele haber platos sustanciosos: bacalao con crema de alcachofas, mejillones y manzana, o pata de cordero con reducción de balsámico.

Bryggen Tracteursted NORUEGA **$$$**
(plano p. 180; Bryggestredet 2, Bryggen; almuerzo principales 185-215 NOK, cena principales 285-385 NOK; ⊙11.00-22.00 may-sep) En un edificio de 1708 que ocupa los antiguos establos, la cocina (el suelo de piedra indica que era el único edificio de Bryggen donde se podía hacer fuego) y el único *schøtstuene* (comedor) que queda en Bergen, sirven platos tradicionales que cambian habitualmente. De día es informal, con ambiente de *pub*, pero por la noche es más sofisticado.

Dónde beber y vida nocturna

Hay numerosos bares, y sus habitantes son entusiastas de la bebida. La mayoría prefiere los bares del centro o el suroeste de la Øvre Ole Bulls plass, donde también se encuentran los grandes locales nocturnos de varios pisos. Son fáciles de encontrar, a menudo muy vulgares, y solo admiten a los mayores de 24 años.

★**Landmark** BAR, CAFÉ
(plano p. 176; ☎940 15 050; Bergen Kunsthalle, Rasmus Meyers allé 5; ⊙cafetería 11.00-17.00 ma-do, bar 19.00-1.00 ma-ju, hasta 3.30 vi y sa) Esta sala grande y espaciosa es un precioso ejemplo de diseño noruego de los años treinta y debe su nombre al arquitecto Ole Landmark. Hace las veces de café, sala de conferencias y de proyecciones por el día; y de espacio de actuaciones en vivo, bar y local de las mejores noches de baile de Bergen. Le encanta a la gran población creativa de la ciudad. El café sirve almuerzos deliciosos, con diversos bocadillos abiertos y uno semanal de queso fundido (995-1295 NOK).

★**Terminus Bar** BAR
(plano p. 176; Zander Kaaesgate 6, Grand Terminus Hotel; ⊙17.00-24.00) Votado como una de las mejores whiskerías del mundo, este local antiguo dentro del Grand Hotel Terminus es perfecto para tomar una copa tranquila de sus más de 500 variedades, la más añeja de 1960. La sala de 1928 tiene un aspecto magnífico.

Bryggen y Puerto de Vågen

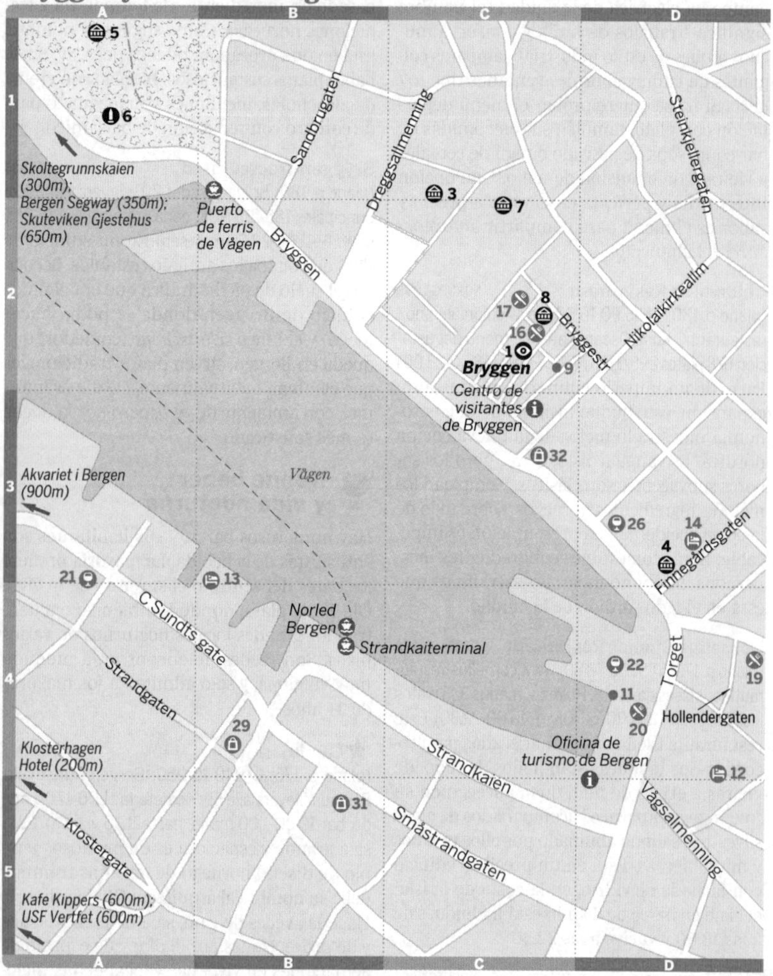

Bryggeriet MICROCERVECERÍA

(plano p. 180; ☎55 55 31 55; www.bryggeriet.biz; Torget 2; ⏲16.00-22.00 ma-ju, 18.00-22.30 vi y sa) Los aficionados y locos de la cerveza de Bergen aprecian mucho esta microcervecería del centro por sus cervezas creativas, casi todas elaboradas según la tradición alemana, y en colaboración con el chef principal para que combine con la comida de sabor teutón. En la 3ª planta cerca del mercado de pescado, hay un rústico y acogedor espacio con magníficas vistas al agua. Las cervezas son arrolladoras.

Vågen CAFÉ

(plano p. 180; ☎93 96 34 50; Kong Oscars gate 10; ⏲9.00-19.00 do-ju, 9.00-20.00 vi y sa) Granos de café de Etiopía, Brasil y Colombia son solo algunos de los que disponen en este café-bar deliberadamente desaliñado, con una ubicación ideal para una dosis de cafeína después de pasear por Bryggen o el puerto. Hay un precioso jardín en la parte de atrás y muchos pasteles que probar, además de degustaciones de café gratuitas los viernes a las 9.00.

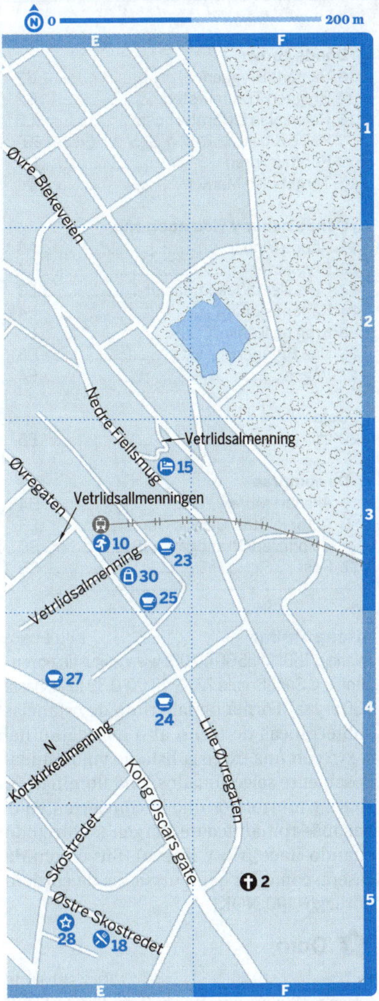

Apollon
BAR

(plano p. 176; 55 31 59 43; www.apollon.no; Nygårdsgaten 2a; 10.00-24.00 lu-sa, 12.00-24.00 do) Uno puede tomar una cerveza mientras curiosea discos de vinilo antiguos en esta excelente tienda de discos y local nocturno, que lleva en el negocio desde principios de los años ochenta. Las estanterías con discos ocupan un lado del local, mientras que el otro tiene una barra bien abastecida que sirve cervezas locales. La tienda suele acoger actuaciones.

Blom
CAFÉ

(plano p. 176; John Lunds plass 1; 8.30-17.00 lu-vi, 11.00-17.00 sa y do;) Es conocida por su excelente café (acuden otros *baristas* en sus días libres) y atrae a gente joven y a la moda. Es un lugar sencillo y cálido, con buen servicio, espacio para sacar el portátil, grandes sándwiches y porciones de *muesli, brownies* y *crumbles* de fruta, todo casero. Lo llevan los dueños de Kaffemisjonen.

Nobel Bopel
BAR

(plano p. 176; Welhavens gate 64, Møhlenpris; 11.30-23.00 ju y vi, 11.30-18.00 sa y do) Este café es uno de los favoritos de los *hipsters* de Bergen para el fin de semana. Está en Møhlenpris, un barrio estudiantil, y es popular por su ambiente tranquilo y relajado. Casi toda la comida es ecológica, el pan lo suministra a diario la panadería Colonialen (destacan los platos del *brunch*), y hay una estupenda selección de cervezas artesanas noruegas y vinos por copas.

Una Bryggeri
FÁBRICA DE CERVEZA

(plano p. 180; 919 00 923; Bryggen 7; 12.00-1.00 do-ju, hasta 2.30 vi y sa) Los aficionados a la cerveza artesana querrán pasar aquí unas horas para adentrarse en la amplia variedad de cervezas disponible en esta cervecería de ladrillo rojo junto al puerto. Hay excelentes cervezas artesanas de grifo noruegas, incluida la propia del local; el personal, muy entendido, está encantado de orientar en la selección. También sirven comida de *pub*.

Kaffemisjonen
CAFÉ

(plano p. 180; Øvre Korskirkealmenning 5; 7.30-18.00 lu-vi, 10.00-18.00 sa y do) Los bebedores de café de Bergen llevan más de una década bien servidos por este exclusivo café, y sigue siendo el lugar al que ir a tomar excelentes *flat whites* y cafés de filtro por goteo. Es una elegante combinación de azulejos, acero y minimalismo; los dueños también regentan Blom (p. 181), en el barrio de estudiantes, al otro lado de la ciudad.

Det Lille Kaffekompaniet
CAFÉ

(plano p. 180; Nedre Fjellsmug 2; 10.00-20.00 lu-vi, 10.00-18.00 sa y do) Una de las primeras cafeterías de la tercera oleada de Bergen, con gran ambiente. Todos se sientan en las escaleras cercanas cuando sale el sol y ya nadie está seguro de cuál es su mesa.

Bryggen y Puerto de Vågen

Principales puntos de interés
1 Bryggen ... C2

Puntos de interés
2 Catedral de Bergen ... F5
3 Museo de Bryggen ... C1
4 Museo Hanseático ... D3
5 Salón del rey Haakon ... A1
6 Rosenkrantztårnet ... A1
7 Schøtstuene ... C2
8 Museo Theta ... C2

Actividades, cursos y circuitos
9 Bergen Guide Service ... C2
Bryggen Guiding ... (véase 3)
10 Fløibanen Funicular ... E3
11 Rodne Fjord Cruises ... D4

Dónde dormir
12 Bergen Vandrerhjem YMCA ... D4
13 Clarion Hotel Admiral ... B3
14 Det Hanseatiske Hotel ... D3
15 Skansen Pensjonat ... E3

Dónde comer
16 Bastant Bryggen ... C2
17 Bryggen Tracteursted ... C2
18 Colonialen Litteraturhuset ... E5
Pølse Kiosk ... (véase 19)
19 Potetkjelleren ... D4
20 Torget Fish Market ... D4

Dónde beber y vida nocturna
21 Altona Vinbar ... A3
22 Bryggeriet ... D4
23 Det Lille Kaffekompaniet ... E3
24 Kaffemisjonen ... E4
25 Krog og Krinkel ... E3
26 Una Bryggeri ... D3
27 Vågen ... E4

Ocio
28 Østre ... E5

De compras
29 Aksdal i Muren ... B4
30 Antonio Stasi Classic Cameras ... E3
31 Colonialen Strandgaten 18 ... B5
32 Røst ... C3

Kippers Bar & Kafe BAR
(USF; plano p. 170; Georgernes Verft 12; ⌚11.00-23.00 lu-ju, 12.00-24.00 vi y sa, 12.00-23.00 do) Para beber algo, con vistas al agua, hay que ir a Kippers, un café luminoso y colorido con una vista incomparable del puerto, los muelles y las montañas. También hay comidas ligeras.

Krog og Krinkel CAFÉ
(plano p. 180; ☎458 36 332; Lille Øvregaten 14; ⌚11.00-19.00 lu-sa, 12.00-17.00 do) Este lugar pequeño y con encanto está fuera de lo más conocido, pero vale la pena el esfuerzo de encontrarlo; no hay mejor lugar para merendar té y bizcocho en Bergen. Hay que seguir los adoquines de la preciosa Lille Øvregaten, y bajar los escalones hasta el sótano, lleno de chismes y botellas antiguos, muebles reutilizados y libros.

Café Opera CAFÉ, CLUB
(plano p. 176; www.cafeopera.org; Engen 18; ⌚10.00-12.30 lu-mi, hasta 15.00 ju y vi, 11.00-15.00 sa, hasta 24.00 do) Este café lleva décadas en Bergen. Es un atractivo espacio de dos plantas, muy agradable y alejado del jaleo del puerto. De día sirve bocadillos, café y bizcocho; de noche se vuelve más elegante, con cócteles, conciertos de folk y DJ. Las mesas de la acera son preciosas en un día soleado.

Altona Vinbar BAR DE VINOS
(plano p. 180; ☎55 30 40 00; www.augustin.no/en/altona; C Sundts gate 22; ⌚18.00-0.30 lu-ju, hasta 1.30 vi y sa) Forma un laberinto de estancias subterráneas de techo alto que datan del s. XVI, con una extensa lista de vinos cuidadosamente seleccionados, una iluminación suave y murmullos que lo convierten en el bar más romántico de Bergen (sobre todo cuando hace frío y llueve). Sirve comida casera, como las hamburguesas de cordero noruego (190 NOK).

☆ Ocio

Østre MÚSICA EN DIRECTO
(plano p. 180; www.oestre.no; Østre Skostredet 3) Ofrece actuaciones de los artistas electrónicos noruegos más innovadores e internacionales importantes, con tres o más a la semana; hay que consultar el calendario en la web.

USF Vertfet MÚSICA EN DIRECTO
(USF; plano p. 170; ☎55 31 00 60; www.usf.no; Georgernes Verft 12; ⌚11.00-23.00) Este enorme complejo de arte y cultura en un almacén renovado acoge un variado programa de exposiciones de arte contemporáneo, teatro, danza, conciertos y otros acontecimientos culturales, y tiene además un excelente café, Kippers (p. 182).

Garage MÚSICA EN DIRECTO
(plano p. 176; ☎55 32 19 80; www.garage.no; Christies gate 14; ⏲15.00-3.00 lu-sa, 17.00-3.00 do) Garage es casi mítico para los amantes de la música de toda Noruega. Hay alguna que otra actuación de *jazz* y acústica, pero en el fondo es un local de *rock* y metal, con actuaciones de famosos grupos noruegos e internacionales en el sótano. Hay *jam sessions* los domingos de verano.

Hulen MÚSICA EN DIRECTO
(plano p. 176; ☎55 32 31 31; www.hulen.no; Olaf Ryes vei 48; ⏲21.00-3.00 ju-sa) Otra leyenda menor del panorama musical noruego es este club en un sótano, que lleva acogiendo bandas de *rock* e *indie* de primera desde que abrió sus puertas en 1968. *Hulen* significa "cueva" y sin duda el local es *underground*, en un refugio antiaéreo reconvertido.

Fincken CLUB
(plano p. 176; www.fincken.no; Nygårdsgaten 2a; ⏲19.00-1.30 mi y ju, 20.00-3.00 vi y sa) Viene a ser el único club gay en Bergen, lo que garantiza que esté a reventar los fines de semana. Es un lugar alegre y animado, con una variedad musical que abarca *R&B*, *reggae* tropical, música latina y pop. Los fines de semana el mínimo de edad son 20 años.

Café Sanaa MÚSICA EN DIRECTO
(plano p. 176; www.sanaa.no; Marken 31; ⏲20.00-3.00 vi y sa) Este café al lado del lago se extiende por los adoquines y atrae a un público divertido y alternativo con música en directo y, más tarde, DJ que pinchan ritmos de África occidental, tango, *blues* o *jazz*.

Grieghallen MÚSICA CLÁSICA
(plano p. 176; ☎55 21 61 50; www.grieghallen.no; Edvard Griegs plass; ⏲ago-jun) La respetada Orquesta Filarmónica de Bergen actúa en esta impresionante sala de vidrio.

De compras

★Colonialen Strandgaten 18 DELICATESEN
(plano p. 180; ☎55 90 16 00; www.colonialen.no; Strandgaten 18; ⏲8.00-18.00 lu-vi, 10.00-18.00 sa) La última novedad de Colonialen es este moderno e impecable café que sirve suntuosos sándwiches para almorzar, y una selección irresistible de fiambres, quesos, aceites, pescado ahumado y mucho más. Es además el mejor lugar de la ciudad para probar panes y bollería de su propia panadería de Colonialen, como sus rollos de canela, que están de morirse.

CONCIERTOS DE MÚSICA CLÁSICA

Bergen tiene un programa de conciertos todo el verano, muchos de ellos centrados en su hijo favorito, el compositor Edvard Grieg. Casi todos tienen lugar en evocadores lugares al aire libre como el Museo Edvard Grieg (p. 169), el Museo **Harald Sæverud** (Siljustøl; plano p. 170; ☎55 92 29 92; www.siljustolmuseum.no; Siljustølveien 50, Råda; adultos/niños 60 NOK/gratis; ⏲12.00-16.00 do finales jun-med ago), en lo alto del monte Fløyen y en el parque situado junto a Håkonshallen. Para más información, horarios y venta de entradas, visítese la oficina de turismo (p. 184); para algunas series de conciertos clásicos, la Bergen Card (p. 173) ofrece buenos descuentos. La catedral de Bergen (p. 173) también acoge recitales gratuitos de órgano los domingos y jueves de mediados de junio a finales de agosto.

★Aksdal i Muren ROPA
(plano p. 180; ☎55 24 24 55; www.aksdalimuren.no; Østre Muralmenning 23; ⏲10.00-17.00 lu-vi, 10.00-18.00 sa) Esta atractiva tienda situada en un edificio histórico vende desde 1883 la mejor selección de ropa impermeable, que incluye marcas de culto suecas como Didriksons, nombres famosos como Helly Hansen y Barbour, pero también joyas locales como Blæst por Lillebøe.

Røst REGALOS Y RECUERDOS
(plano p. 180; ☎488 94 499; www.butikkenrost.no; Bryggen 15; ⏲10.00-20.00 lu-vi, 10.00-19.00 sa y do) Si no se dispone de tiempo para comprar recuerdos y se quiere algo mejor que el típico muñeco troll, esta tienda en el centro de Bryggen tiene una amplia gama de artículos de hogar noruegos y escandinavos, además de moda local para mujeres, niños y bebés.

Pepper MODA Y ACCESORIOS
(plano p. 180; ☎55 32 82 60; Christies gate 9; ⏲10.00-19.00 excepto vi, hasta 18.00 sa) Si se siente la necesidad de lucir el informal pero estudiado "aspecto de Bergen", este es el mejor sitio de venta de moda . Tiene una amplia selección de marcas suecas como Filippa K y Acne, la ropa masculina estilosa pero resistente de la danesa Norse Projects y marcas

francesas informales de alta calidad como A.P.C. y Maison Kitsune.

Antonio Stasi Classic Cameras FOTOGRAFÍA (plano p. 180; ☎55 32 47 42; www.antoniostasi.com; Lille Øvregaten 4; ⏲10.00-17.00 lu-vi, 11.00-16.00 sa) Es el sueño de un anti-Instagram. La tienda de Antonio Stasi es un himno a la fotografía análoga, con una enorme colección de Leicas, Contax, Rolleiflex y Polaroid. Se puede ir a charlar de cámaras clásicas y técnicas de revelado, y acabar retratado en la colección de fotos de clientes hechas con Polaroid.

Información

ATENCIÓN MÉDICA

Hospital universitario Haukeland (☎05300; Jonas Lies vei 65; ⏲24 h) Abierto 24 h para accidentes y urgencias.

INFORMACIÓN TURÍSTICA

Oficina del DNT Bergen Turlag (plano p. 176; ☎55 33 58 10; www.bergen-turlag.no; Tverrgaten 4; ⏲10.00-16.00 lu-mi y vi, hasta 18.00 ju, hasta 15.00 sa) Mapas e información sobre excursionismo y alojamiento en cabañas en Noruega occidental.

Centro de visitantes de Bryggen (plano p. 180; Jacobsfjorden, Bryggen; ⏲9.00-17.00 med may-med sep) Planos y actividades del barrio de Bryggen.

Oficina de turismo (plano p. 168; ☎55 55 20 00; www.visitbergen.com; Strandkaien 3; ⏲8.30-22.00 jun-ago, 9.00-20.00 may y sep, 9.00-16.00 lu-sa oct-abr) Una de las mejores y más visitadas del país, distribuye el útil folleto gratuito *Bergen Guide* (Guía de Bergen) y mucha información de toda la región. También vende billetes de tren. Si se quiere reservar o hacer alguna pregunta, hay que ir temprano o hacer cola.

Cómo llegar y salir

AVIÓN

Al **aeropuerto de Bergen** (plano p. 170; www.avinor.no/en/airport/bergen-airport), en Flesland, unos 18 km al suroeste del centro, llegan las siguientes aerolíneas:

Norwegian (www.norwegian.com) Vuelos a Oslo y Tromsø.

SAS (www.sas.no) Conecta con Oslo y Stavanger.

Widerøe (www.wideroe.no) Vuela a Oslo, Haugesund, Stavanger y muchos destinos costeros tan al norte como Tromsø.

BARCO

Los ferris internacionales a/desde Bergen atracan en **Skoltegrunnskaien** (plano p. 170; Skoltegrunnskaien), al noroeste de la torre de Rosenkrantz, mientras que el ferri costero de Hurtigruten sale de la **Hurtigruteterminalen** (plano p. 170; Nøstegaten 30), al suroeste del centro.

Varios operadores ofrecen barcos exprés, que salen de la **Strandkaiterminal** (plano p. 180).

Norled (plano p. 180; ☎51 86 87 00; www.norled.no; Kong Christian Frederiks plass 3) ofrece al menos un ferri diario a Sogndal (adultos/niños 705/353 NOK, 5 h) y Flåm (adultos/niños 825/415 NOK, 5½ h).

AUTOBÚS

Flybussen (plano p. 176; www.flybussen.no; ida/ida y vuelta adultos 90/160 NOK, niños 50/80 NOK) Circula hasta cuatro veces por hora entre el aeropuerto, el Radisson Blu Royal Hotel, la estación principal de autobuses y frente a la oficina de turismo de Vågsallmenningen.

La **terminal de autobuses** de Bergen (plano p. 176; Vestre Strømkaien) está en Vestre Strømkaien. Varias empresas tienen rutas de larga distancia por toda Noruega; **Nor-Way** (www.nor-way.no) ofrece un útil planificador de viaje.

TREN

El espectacular viaje en tren entre Bergen y Oslo (349-905 NOK, 6½-8 h, 5 diarios) atraviesa el corazón de Noruega. Otros destinos incluyen Voss (204 NOK, 1 h, cada hora) y Myrdal (299-322 NOK, 2¼ h, hasta 9 diarios) para conexiones en ferrocarril de Flåmsbana. Si se reserva pronto, se consiguen grandes descuentos.

Cómo desplazarse

BICICLETA

Sykkelbutikken (www.sykkelbutikken.no; Kong Oscars gate 81; bicicletas turismo por día/

AUTOBUSES DESDE BERGEN

DESTINO	TARIFA (NOK)	DURACIÓN (H)	FRECUENCIA (DIARIOS)
Lillehammer	646	8½	1
Oslo	498-577	10	4
Stavanger	475	5½	6
Voss	190	1½	1

semana 250/850 NOK; ⏲10.00-20.00 lu-vi, 10.00-16.00 sa) Alquila bicicletas cerca de la estación de trenes.

Bergen Bike (☎400 04 059; www.norwayactive.no; Bontelabo 2; adultos por 2 h/día 200/500 NOK) Bicicletas de alquiler cerca del muelle.

BARCO

El **ferri del puerto de Vågen** (Beffen; plano p. 180; ☎55 56 04 00; www.beffenfergen.no; adultos/niños 25/15 NOK; ⏲cada 10 min, 19.30-16.00 lu-vi todo el año, 11.00-16.00 sa may-ago) circula entre Bryggen y Tollbodhopen, en Nordnes (cerca del acuario de Bergen).

AUTOBÚS Y TRANVÍA

Skyss (☎177; www.skyss.no) tiene autobuses y tranvías ligeros por todo Bergen. Los precios siguen un sistema de zonas; los billetes de ida (37-62 NOK) se compran en las máquinas de las paradas de tranvía. También hay billetes de 10 viajes, y puede viajarse gratis con la Bergen Card (p. 173).

AUTOMÓVIL Y MOTOCICLETA

Aparcar en Bergen es caro y difícil. Pocos hoteles tienen aparcamiento propio, por lo que hay que recurrir a uno de los públicos del centro. El mayor y más barato es **Bygarasjen** (150 NOK/24 h) junto a la terminal de autobuses, que también tiene una pasarela peatonal cubierta que lleva directamente a la estación de trenes. En los demás sitios se paga más de 200 NOK/día. La oficina de turismo (p. 184) tiene dos folletos que también informan de dónde aparcar en Bergen.

VOSS Y ALREDEDORES

Aunque casi todos los visitantes pasan corriendo por el campo que rodea Voss, hay unos cuantos pueblecitos en los que merece la pena parar, como el pequeño Evanger, la estación de esquí de Myrkdalen y la población de Myrdal, una intersección donde el ferrocarril de Flåmsbana gira para bajar por la ladera hasta Flåm en Aurlandsfjorden, un brazo de Sognefjorden.

Voss

14 168 HAB.

Voss (o Vossevangen) está a orillas de un lago resplandeciente no muy lejos de los fiordos y esta ubicación le ha valido fama mundial como la capital noruega de los deportes de aventura. No es bonita, pero todo el mundo acude para descender rápidos, saltar con cuerda elástica y practicar casi cualquier cosa que se pueda hacer con un paracaídas, la mayoría en los fiordos.

Puntos de interés

Voss Folkemuseum MUSEO
(http://www.vossfolkemuseum.no/aktuelt; Mølstervegen 143; adultos/niños 90 NOK/gratis; ⏲10.00-17.00 med may-ago, 12.00-15.00 lu-vi sep-abr) Este museo está compuesto por varias viviendas y granjas históricas. La pieza principal es una granja situada sobre una colina en Mølster, muy por encima de Voss. Los edificios que componen la serie de 16 granjas fueron típicos de la región y datan de 1600 a 1870. Hay circuitos cada hora en punto.

Vangskyrkja IGLESIA
(Uttrågata; adultos/niños 20 NOK/gratis; ⏲10.00-16.00 ma-sa) La iglesia de piedra de Voss ocupa la sede de un antiguo templo pagano. Una iglesia gótica se construyó en el lugar a mediados del s. XIII; aunque se conservan el altar de piedra y la aguja de madera, la Reforma luterana de 1536 fue testigo del expolio de muchos elementos originales. La vidriera de colores de 1923 conmemora los 900 años de cristianismo en Voss.

Cerca está el importante monumento de la Cruz de San Olaf.

Cruz de San Olaf MONUMENTO
En un campo, unos 150 m al sureste de la oficina de turismo está la erosionada piedra erigida en el 1023 para conmemorar la conversión de la zona al cristianismo.

Actividades

Voss vive para sus actividades al aire libre, y hay montones para elegir. Puede reservarse directamente o en la oficina de turismo (p. 187).

Aunque normalmente se hace desde Oslo o Bergen, el circuito Norway in a Nutshell de Fjord Tours (p. 174) puede hacerse desde Voss.

Voss Vind PARACAIDISMO
(☎401 05 999; www.vossvind.no; Oberst Bulls veg 28; adultos/niños 765/565 NOK; ⏲10.00-20.00 med jun-med ago, 12.00-20.00 mi-do resto del año) Si uno siempre ha querido saber qué se siente al tirarse en paracaídas, pero la idea de saltar de un avión le crea un terror mortal, este lugar increíble es útil. Tiene un túnel del viento que simula la experiencia de la caída libre pero

sin el peligro de convertirse en una plasta de vaca. La edad mínima son cinco años.

Voss Resort ESQUÍ, CICLISMO
(☎470 04 700; www.vossresort.no; Bavallstunet 26) La temporada de esquí en Voss suele ser de principios de diciembre a abril. En invierno la actividad se concentra en este complejo de Bavallen, 5 km al norte del centro. Se usa para competiciones internacionales de esquí alpino y tiene parque de *snowboard* y escuela de esquí.

En la meseta y valle de Raundalen arriba, en Mjølfjell, hay excelentes lugares para el esquí de fondo. También hay varias pistas en torno al monte Hangur. En verano, se abren las sendas para el descenso en bicicleta de montaña.

Vossafjell EXCURSIONISMO
(☎991 51 500; www.vossafjell.no) Esta empresa de excursionismo organiza diversos paseos guiados, también a lo alto del Horndalsnuten y un paseo histórico por el fiordo que incluye pueblos agrícolas y un crucero. Suele haber un mínimo de cinco personas para organizar las excursiones, pero se les puede llamar y ver si hay algún grupo al que unirse.

Voss Active DEPORTES DE AVENTURA
(☎56 51 05 25; www.vossactive.no; Nedkvitnesvegen 25; ⊙9.00-21.00 med may-sep) Esta empresa de actividades al aire libre está especializada en organizar excursiones de *rafting* por ríos de la zona como el Stranda, el Raundalen y el Vosso, pero hace poco se ha diversificado con muchas otras actividades, desde barranquismo y rápel hasta pesca, excursiones guiadas y, la favorita de los niños, un circuito de tirolinas.

Nordic Ventures DEPORTES DE AVENTURA
(☎56 51 00 17; www.nordicventures.com; en el agua, cerca del Park Hotel; adultos/niños 1095/750 NOK; ⊙abr-med oct) Puede irse en kayak con guía por los fiordos desde Voss, o reservar una aventura de varias noches. Tienen una oficina flotante en el agua, cerca del Park Hotel, ya que también organizan circuitos desde Gudvangen.

Reserva Natural y Recreativa de Prestegardsmoen EXCURSIONISMO
Se extiende hacia el sur desde el Voss Camping en una serie de senderos a través de bosques de olmos, abedules y pinos, con centenares de especies de plantas y aves.

Fiestas y celebraciones

Festival de Deportes Extremos DEPORTES
(Veko; www.ekstremsportveko.com; ⊙jun) Una semana a finales de junio que combina toda clase de deportes extremos (paracaidismo, parapente y salto base) con actuaciones musicales de grupos locales e internacionales.

Festival Gastronómico Cabeza de Oveja COMIDA Y BEBIDA
(www.smalahovesleppet.no; ⊙fin sep) Celebración de las delicias locales con cabezas de oveja para todos, además de diversión.

Vossajazz MÚSICA
(www.vossajazz.no; ⊙finales mar-ppios abr) Innovador festival anual de *jazz*, folk y músicas del mundo.

Dónde dormir

Voss Vandrerhjem ALBERGUE $
(☎56 51 20 17; www.vosshostel.com; Evangervegen 68; dc/d/c desde 375/1050/1500 NOK; P@🛜) Este moderno albergue está en un lugar estupendo a orillas del lago Vangsvatnet, con vistas del monte Gråsida desde muchas de sus 40 habitaciones. La decoración es la típica de un albergue (habitaciones sencillas y literas) aunque las dobles tienen dos camas individuales. Alquilan bicicletas, canoas y equipo para surf de remo, y hay un camino peatonal junto al lago hasta el pueblo.

Tvinde Camping CAMPING $
(Tvinde; ☎56 51 69 19; www.tvinde.no; salida Afdalsvegen; tiendas 250 NOK, bungalós desde 770 NOK; ⊙todo el año; P🛜) Este tranquilo *camping* está en un entorno glorioso, junto a una cascada. Hay mucho espacio para plantar una tienda, y todo es muy silvestre. Está unos 12 km al norte del pueblo; el autobús Voss-Sogndal pasa por la entrada.

Fleischer's Hotel HOTEL HISTÓRICO $$
(☎56 52 05 00; www.fleischers.no; Evangervegen; d 1495-2095 NOK; P🛜) Este venerable hotel se construyó en 1889, y parece antiguo, con su impresionante fachada y torretas, pero tiene una ampliación moderna. Por desgracia las habitaciones parecen haberse quedado ancladas en el pasado también: alfombras de flocado, cortinas pesadas y muebles antiguos. Aun así, tiene un encanto singular, y el comedor es majestuoso.

★ **Store Ringheim** B&B $$$
(☎954 06 135; www.storeringheim.no; Mølstervegen 44; d/f 1590/3390 NOK; P🛜) Esta antigua gran-

ja se ha renovado de forma impecable con estilo, elegancia y buen gusto para ofrecer seis habitaciones preciosas. Se puede elegir entre un acogedor ático, una elegante habitación que antiguamente era la cocina y un romántico escondrijo en la casa antigua que tiene su propia chimenea y un mueble-cama abatible pintado a mano que parece sacado de *La bella durmiente*.

Dónde comer

★Tre Brør CAFÉ $

(☎951 03 832; www.trebror.no; Vangsgata 28; sándwiches y comidas ligeras 85-185 NOK; ⏲cafetería 11.00-20.00 lu-mi, 11.00-2.30 ju-sa, 11.00-20.00 do; 📶) El Tres hermanos es el núcleo de la vida social de Voss, y con razón, porque tiene todo lo que puede pedirse al café de una localidad pequeña. Hay un café fantástico de Tim Wendleboe, en Oslo, y de Jacu Roastery, en Ålesund, una gran variedad de cervezas artesanas de Voss Brewery, situada en la misma calle, y una carta a la moda con ensaladas, sopas, hamburguesas y platos de toques asiáticos. Gusta a todos.

Los jueves, viernes y sábados por la noche hay actuaciones regulares y DJ. También hay una preciosa tienda llena de tentadoras delicias como mermeladas locales, chocolate, bocados picantes y café.

Ringheim Kafé NORUEGA $$

(☎56 51 13 65; www.ringheimkafe.no; Vangsgata 32; principales 160-220 NOK; ⏲10.00-18.00 lu-vi, 10.00-17.00 sa, 12.00-18.00 do) Si se quiere comer algo rápido como hamburguesa de alce o un cuenco de *hjortekoru* (salchicha ahumada con guiso de patata y repollo), este café de la calle principal es una opción razonable, pero culinariamente no es para tirar cohetes. Los pasteles y postres son caseros, y suelen ser buenos.

Dónde beber y vida nocturna

Voss Bryggeri MICROCERVECERÍA

(☎975 40 517; www.vossbryggeri.com; Kytesvegen 396; ⏲con reserva) Esta respetadísima cervecería ha hecho furor en los últimos años, con cervezas destacadas como la Oregonian *pale ale*, la Natabjødn ("cerveza de nuez"), una cerveza *brown ale* de estilo inglés, y la tradicional Vossaøl, elaborada con infusión de enebro. Está unos 6 km al norte de Voss; pueden concertarse visitas guiadas o, si no, pueden probarse las cervezas en Tre Brør.

Información

Oficina de turismo de Voss (☎406 17 700; www.visitvoss.no; Skulegata 14; ⏲9.00-18.00 lu-sa, 10.00-17.00 do med jun-ago, 9.00-16.00 lu-vi sep-med jun)

Cómo llegar y salir

AUTOBÚS

Los autobuses paran en la estación de trenes, al oeste del centro. Hay autobuses frecuentes a:

Bergen (186 NOK, 2 h)

Flåm (121 NOK, 1¼ h)

Sogndal (149 NOK-229 NOK, 3 h) vía Gudvangen y Aurland.

TREN

Voss tiene conexiones de tren rápidas y prácticas. En Myrdal se conecta con el ferrocarril de Flamsbåna (p. 218). Hay ofertas fantásticas si se reserva con antelación.

Bergen (204 NOK, 1 h, cada hora)

Oslo (249 NOK a 860 NOK, 5½-6 h, 5 diarios)

Myrkdalen

Esta meca de los deportes de invierno, y principal estación de esquí cerca de Voss, también merece una visita en verano por las excursiones que ofrece.

La temporada de esquí va de mediados de noviembre a mediados de abril y caen de media 5 m de nieve. Durante el verano pueden seguirse muchas de las sendas de alta montaña señalizadas que comienzan en el hotel, tiene un programa infantil de actividades en la naturaleza y facilita el acceso a la lista de actividades al aire libre de Voss.

Dónde dormir

★Myrkdalen Hotel HOTEL $$$

(☎56 52 30 40; www.myrkdalen.no/en/myrkdalen-hotel; Myrkdalen; h/apt desde 1490/1805 NOK) La estación de esquí gira en torno a este gran hotel elegante de madera, con habitaciones estupendas en un ambiente *retro* y moderno: lámparas poco convencionales, muebles de mediados de siglo, y marrones y grises acentuados por notas de color. Hay tres restaurantes que sirven de todo, desde *pizza* hasta pata de cordero, salmón y *fondue*, además de dos bares elegantes; pero el verdadero atractivo es el exterior: unas vistas geniales de las montañas desde todas las ventanas.

MERECE LA PENA

EVANGER

Esta diminuta aldea, al salir de la autopista, 12 km al oeste de Voss, parece un encantador pueblo de juguete, con casas de madera restauradas y una ubicación preciosa junto a un lago. No hay nada que hacer aquí aparte de relajarse o ir a remar tranquilamente, pero es una gozosa parada tras un día en Voss durante el frenesí de la temporada alta.

Patina (☎909 57 388; http://patinasimpleliving.blogspot.co.uk; Knute Nelson gata 17; apt 2 camas 1200 NOK; ⏲cafetería y tienda 11.00-17.00 ma-sa jul-med ago, 11.00-17.00 sa sep-jun) es una pensión-café-tienda de antigüedades regentada con mucho cariño por tres mujeres de la zona.

ℹ Cómo llegar y salir

Myrkdalen está 26 km al norte de Voss por la E16 y la Rv13. No hay transporte público.

Stalheim

200 HAB.

Muy por encima del valle, es un lugar de extraordinaria belleza con un pasado interesante y animado. Entre 1647 y 1909, Stalheim fue una parada para los viajeros de la ruta del Correo Real entre Copenhague, Cristianía (Oslo) y Bergen. En 1780 se construyó una carretera para jinetes y carruajes. Los carteros descansaban y cambiaban de caballos tras ascender el valle y atravesar el cañón de Stalheimskleiva, flanqueado por las estruendosas cascadas de Stalheim y Sivle. Aunque una carretera moderna serpentea a través de dos túneles desde el pie del valle, la **antigua carretera del correo** (Stalheimskleiva) asciende por una increíble pendiente del 18%. Como hay autobuses turísticos que la usan, es una vía de una sola dirección: se puede bajar pero no subir.

Puntos de interés y actividades

Stalheim Folkemuseum MUSEO

(☎56 52 01 22; Stalheimsvegen 132; adultos/niños 60 NOK/gratis; ⏲previa petición) Cercano al Stalheim Hotel, exhibe artesanía tradicional, objetos rústicos y 30 edificios de troncos, dispuestos como una granja tradicional. Solo abre a partir de 10 visitantes. Para más información, hay que preguntar en el hotel (p. 188).

Husmannsplassen Nåli EXCURSIONISMO

Esta granja, situada en la cornisa de Stalheim que domina el Nærøydalen, estuvo ocupada hasta 1930. La ruta (2 h i/v) no es para débiles. El sendero a los pies de la pared del acantilado es muy angosto en algunas partes y nada separa al caminante del fondo del valle. Hay que descartar la visita si ha llovido.

Brekkedalen EXCURSIONISMO

Esta excursión de 3 h (i/v) sube por el valle situado sobre Stalheim. Según los lugareños es el paseo más bonito de la región, y las vistas son magníficas. Es bastante fácil dejar atrás el gentío en el hotel y disfrutar de esta espectacular altiplanicie en solitario. La oficina de turismo de Voss (p. 187) tiene guías de ruta; otra opción es pedir indicaciones en el Stalheim Hotel (p. 188).

Dónde dormir

Stalheim Fjord og Fjellhytter CABAÑAS $

(☎56 51 28 47; www.stalheim.no; Brekkedalen 16-24; bungalós 4-6 personas/semana 4200-7200 NOK) Si uno realmente quiere alejarse de todo, estas cabañas de madera al estilo de Heidi son ideales. Revestidas de pino y provistas de instalaciones sencillas pero prácticas (cocina, baño, etc), son maravillosas para relajarse. Se puede cambiar de las cabañas Flash Harries a las Standard Plus, que tienen *jacuzzi,* sauna y hasta calefacción bajo el suelo.

★ **Stalheim Hotel** HOTEL HISTÓRICO $$$

(☎56 52 01 22; www.stalheim.com; i/d/superior desde 1160/1880/2350 NOK; ⏲med may-med sep; P@📶) Hay una razón para alojarse en este extenso y altísimo hotel, y no es la decoración anticuada, sino las vistas: vastas panorámicas de las montañas nevadas se despliegan tras las ventanas, tan irresistibles que probablemente uno ni se dé cuenta de los muebles horteras. Las zonas comunes son magníficas, llenas de objetos de diseño noruegos y cuadros históricos.

Inevitablemente el hotel es una parada para los circuitos en autobús, y puede estar lleno a mediados de verano, sobre todo a la hora de la comida. Aunque uno no se aloje aquí, vale la pena asomarse a la terraza para ver los increíbles paisajes de Nærøydalen.

ℹ Cómo llegar y salir

Stalheim está unos 34 km al norte de Voss. Se llega por un empinado desvío de la E16, que va al noreste, hacia Gudvangen.

Para llegar a Stalheim desde Voss, se toma cualquier autobús (110 NOK, 1 h, cada hora) hacia las ciudades de Gudvangen y Aurland, pero quizá haya que subir 1,3 km a pie desde la carretera principal a menos que se pueda convencer al conductor de que haga un pequeño desvío.

HARDANGERFJORD

Es la clásica tierra noruega de fiordos, que abarca desde el Atlántico hasta la escarpada pared de la meseta de Hardangervidda, en el centro del país. Tiene muchos rincones hermosos, aunque los preferidos de los autores son Eidfjord, Ulvik y Utne, mientras que el Parque Nacional de Folgefonna ofrece excursiones por glaciares y senderismo de alto nivel. También es famosa por sus numerosas granjas de frutales, especialmente manzanos; Hardanger es conocida como la huerta de Noruega. Se puede explorar fácilmente desde Bergen; www.hardangerfjord.com es un buen recurso.

Norheimsund

2224 HAB.

Hay lugares más bonitos entre los fiordos, pero este bello y tranquilo pueblecito es la puerta de entrada a Hardangerjord. Desde aquí zarpan ferris a Eidfjord, lo que la convierte en una práctica parada si se viaja en transporte público.

Puntos de interés

Museo Marítimo de Hardanger MUSEO
(Hardanger Fartøyvernsenter; ☎474 79 839; www.fartoyvern.no; Sandvenvegen 50; adultos/niños 100/60 NOK; ⏲10.00-17.00 ppios may-ppios sep;) Este interesante museo mantiene viva la tradición local de la construcción naval y acoge antiguos barcos de madera, exposiciones sobre técnicas de restauración y fabricación de cuerdas, así como exposiciones temporales. Los niños pueden construir un barco y practicar otras habilidades náuticas. El museo también alquila barcas de remos.

Steinsdalfossen CASCADA
Esta cascada de 50 m de altura, 1 km al oeste de Norheimsund en la Rv7, no es la más alta de Noruega, pero ofrece la oportunidad de caminar por detrás del agua. En verano suele llenarse de grupos turísticos y es una de las atracciones naturales más visitadas del país.

Dónde dormir y comer

Oddland Camping CABAÑAS $
(☎56 55 16 86; www.oddlandcamping.no; cabañas pequeñas/familiares 700/1450 NOK; ⏲cabañas pequeñas abr-oct, familiares todo el año;) Aquí no hay espacio para acampar, pero las cabañas verde pálido son muy acogedoras, y todas tienen vistas del fiordo, aunque solo hay una cabaña de tamaño familiar, así que hay que reservar con tiempo. Es un lugar tranquilo junto a una granja con frutales, con acceso a la orilla del lago y a una playa de guijarros; además hay un par de barcas de remos. Está unos 4 km al sureste de Norheimsund.

★ **Sandven Hotel** HOTEL HISTÓRICO $$
(☎56 55 20 88; www.sandvenhotel.no; Kaien 28; i/d desde 1180/1440 NOK; P) En el paseo marítimo del centro de Norheimsund, este evocador hotel de 1857, repleto de encanto, tiene amplios balcones y excelentes vistas desde las habitaciones que dan al fiordo. Sus espacios comunes son estupendos y muy luminosos. Aparte de los grandes comedores, hay un agradable café junto al fiordo y un bar que ofrece una excelente selección de cervezas. En la suite Príncipe de la Corona se alojó una vez el futuro rey de Noruega.

La Fiesta PIZZERÍA $$
(☎56 55 10 77; Nedstegata 12; *pizzas* 189-279 NOK; ⏲15.00-22.00 lu-sa, 13.00-21.00 do) Esta pizzería es probablemente la mejor opción de la ciudad para cenar; nada revolucionario, pero las *pizzas* son buenas, con una buena selección de ingredientes, y cerveza de grifo.

Información

Información turística de Norheimsund (☎56 55 31 84; www.visitkvam.no; Steinsdalsfossen; ⏲10.00-18.00 jun-ago, hasta 16.00 lu-vi may y sep) El centro de visitantes de Steinsdalsfossen es también el punto de información para Norheimsund y Kvam.

Cómo llegar y salir

Bergen está 78 km al oeste de Norheimsund por la Fv7.

El autobús de Skyss (p. 185) 925/930 va de Bergen a Norheimsund (124 NOK, 85 min, 10 diarios). El autobús de las 7.25 llega a Bergen a tiempo para tomar el ferri de las 9.00 que va a Eidfjord.

Norled (p. 226) tiene dos barcos diarios solo de pasajeros de Norheimsund a Eidfjord (316 NOK, 2¾ h), que paran en Utne, Lofthus, Kinsarvik y Ulvik de camino.

Øystese

1881 HAB.

Situado muy cerca de la costa de Norheimsund, tiene un excepcional museo de arte que nadie espera encontrar en un pueblecito de los fiordos. Brinda escapadas interesantes, como la excursión a las famosas fincas de frutales de Hardangerfjord.

Puntos de interés

Hardanger Skyspace ESCULTURA

(www.hardangerskyspace.no; Hardangerfjordvegen; adultos/niños 120/40 NOK; ⏲anochecer) El artista de la luz estadounidense James Turrell es famoso por su fascinación por la luz, y ha creado una serie de "espacios celestiales" por el mundo, que son cámaras de visión geométrica con una apertura en el tejado que deja pasar la luz. El Hardanger Skyspace se construyó en el 2011 junto al fiordo; solo abre a la puesta de sol, y las plazas son limitadas; hay que reservar.

Kunsthuset Kabuso GALERÍA

(☎474 79 987; www.kabuso.no; Hardangerfjordvegen 626; incl. entrada hasta museo Ingebrigt Vik adultos/niños 90 NOK/gratis; ⏲10.00-17.00 ma-do jun-ago, horario reducido resto del año) Su fascinante programa recoge grandes nombres de artistas contemporáneos (Damien Hirst, Matthew Barney y James Turrell han expuesto aquí) durante casi todo el año, con espectáculos de verano que se centran en la identidad noruega y el trabajo tradicional, a menudo local. El museo también da conciertos de todo tipo de música; el pequeño teatro tiene una acústica fantástica.

Museo Ingebrigt Vik MUSEO

(☎474 79 987; www.kabuso.no; Hardangerfjordvegen 626; incl. entrada hasta Kunsthuset Kabuso adultos/niños 90 NOK/gratis; ⏲10.00-17.00 ma-do jun-ago, horario reducido resto del año) Bajo la dirección de la Kunsthuset Kabuso, esta colección permanente de la obra de Ingebrigt Vik (1867-1927), uno de los escultores más queridos de Noruega, se encuentra en un precioso e inusual pabellón modernista temprano diseñado por Torgeir Alvsaker. Sus impresionantes obras de bronce, escayola y mármol se exponen aquí.

Steinstø Fruktgard GRANJA

(☎922 52 637; www.steinsto.no; Steinstø; ⏲11.00-18.00 do-vi, 11.00-17.00 sa) Un peregrinaje estival a esta granja, al este de Øystese, recompensa con fresas maduras en junio y abundantes frambuesas, cerezas, ciruelas y manzanas en julio. La cafetería sirve zumo y tarta de manzana, así como *lefse* (pan sin levadura) y gofres. Los domingos por la tarde se puede disfrutar de un almuerzo casero tardío (platos principales 165 NOK).

Dónde dormir

Hardangerfjord Hotel HOTEL $$$

(☎56 55 63 00; www.hardangerfjord-hotell.no; i/d desde 1500/1790 NOK; P 🛜 ≋) Este amplio y moderno hotel en el fiordo tiene vistas a las montañas coronadas por la capa de hielo de Folgefonna. Las 87 habitaciones se han renovado y son cómodas, pero algo sosas. Tiene restaurante, piscina climatizada y minigolf, y puede organizar otras actividades.

Cómo llegar y salir

Øystese está 6 km al noreste de Norheimsund, en la Hardangerfjordvegen. Hay como mínimo cinco autobuses diarios entre Øystese y Bergen (159 NOK, 1¾ h) vía Norheimsund.

Ulvik

1129 HAB.

En lo más íntimo de Hardangerfjord, en el corazón de los pomares noruegos, surge Ulvik entre montañas y con espléndidas vistas del fiordo. Al encontrarse en el centro del impresionante país de los fiordos y entre granjas, hay muchas oportunidades de practicar ciclismo y senderismo en las colinas de alrededor. La localidad queda en silencio una vez que los barcos de turistas se van.

Puntos de interés

Hardanger Saft og Suderfabrikk GRANJA

(Fábrica de zumo y sidra de Hardanger; ☎901 22 835; www.hardangersider.no; Lekve Gard; ⏲10.00-17.00 lu-sa) Granja tradicional de frutas con huertos de manzanas y ciruelas, e instalaciones donde producen zumo y sidra.

Ulvik Frukt & Cideri GRANJA

(☎911 02 215; www.hakastadsider.no; Hakastad; ⏲10.00-17.00 lu-sa) En esta acogeora granja de frutas pueden probarse sidras y zumos de manzana caseros, además de manzanas y cerezas frescas.

Actividades

La oficina de turismo (p. 191) aconseja excursiones por los alrededores, incluida una senda de 5 km que pasa por cuatro **granjas de frutas** en las montañas, por encima del pueblo. Las visitas se hacen en grupos, pero se puede si es posible unirse a uno ya organizado.

B-Nature AIRE LIBRE
(☎479 71 484; www.bnature.com; Tyssevikvegen 31; ⏲9.00-20.00 jun-ago) Esta divertida empresa de actividades ofrece infinitas formas de explorar el paisaje circundante: kayak, ciclismo, excursiones y navegación, por supuesto, además de otros pasatiempos más inusuales como arquería, observación de aves, hacer fuego, talla de sílex, orientación y atado de nudos. También organizan visitas a las granjas sidreras de la zona, y fabulosas excursiones en hidroavión.

Alquilan bicicletas/kayaks por 210/290 NOK al día.

Dónde dormir y comer

Ulvik Fjord Hotel HOTEL, CAMPING $$
(☎56 52 61 70; www.ulvikfjord.no; Eikjeledbakkjen 2; d/tr/f 1090/1490/1790 NOK, *camping* 140-200 NOK, bungalós 500-600 NOK; P wifi) Una buena opción más pequeña y personal en Ulvik si se quiere evitar las hordas del verano es este sencillo hotel regentado por un matrimonio. Las habitaciones con vistas y balcón sobre el río son las mejores, pero todas están bastante bien, con suelos de parqué, muebles sencillos y baños bastante antiguos. También tienen *camping*.

Brakanes Hotel HOTEL $$$
(☎56 52 61 05; www.brakanes-hotel.no; Promenaden 3; i 1250 NOK, d 2100-2500 NOK, f 2600 NOK; P wifi piscina) Este enorme edificio frente al fiordo es el lugar favorito de los circuitos en autobús, así que uno nunca estará solo. Es moderno, con muchos balcones y vidrio, y aprovecha al máximo las vistas del agua, aunque las habitaciones son un poco desangeladas. Se puede cenar de bufé o a la carta.

Drøs Bakeri & Kafé CAFÉ $$
(☎916 25 771; www.dros.no; Tyssevike 36; ⏲13.00-18.00 lu, 10.00-18.00 ma-mi, 11.00-20.00 ju, 11.00-24.00 vi, 11.00-1.00 sa, 13.00-18.00 do) Concurrido y animado café con una sencilla carta de *wraps*, tacos, sándwiches y platos surtidos, así como un buen café y pasteles caseros. Los fines de semana, los lugareños vienen a beber algo; hay una buena selección de cervezas embotelladas y vinos.

Información

Oficina de turismo de Ulvik (☎56 52 62 80; www.visitulvik.no; Tyssevike 15; ⏲10.00-18.00 lu-vi, 10.00-17.00 sa, 10.00-16.00 do jul y ago, horario reducido resto del año) Tiene mapas para rutas a pie, alquila bicicletas (medio día/un día 150/200 NOK) y consigue licencias de pesca y esquí acuático (desde 200 NOK).

Cómo llegar y salir

Ulvik está en la Rv572, unos 43 km al este de Voss.

Hay autobuses entre Voss y Ulvik (139 NOK, 1¼ h, 4-6 diarios).

También hay un barco turístico diario, el *Tedno*, que sale de Norheimsund y para en Lofthus, Kinsarvik, Utne y Ulvik de camino a Eidfjord.

Eidfjord

950 HAB.

Es uno de los pueblos más hermosos de esta parte de Noruega, empequeñecido por montañas escarpadas y cascadas. Sin embargo, su belleza tiene un precio. Aunque es solo accesible por ferri o túneles en espiral, en verano los cruceros llegan casi a diario y el pueblo se satura.

Puntos de interés

Vøringsfossen CASCADA
En la cima, tras un abrupto ascenso de 20 km y en el punto en que empieza Hardangervidda, se halla la imponente cascada de **Vøringfoss**, de 182 m de altura; de hecho, se trata de muchas cascadas. Descienden por el borde de la meseta hasta el cañón, algunas con una caída vertiginosa de 145 m, y pueden verse desde una serie de miradores de la carretera.

Las mejores vistas las ofrecen el mirador que está junto al Fossli Hotel (aparcamiento 40 NOK) o varios miradores a los que se llega desde la **Vøringsfossen Cafeteria** volviendo al valle por la Rv7.

Es una de las atracciones naturales más populares, con un sinfín de autobuses turísticos en verano (el récord es de 43 simultáneos). Los que circulan entre Geilo y Odda pasan junto a las cataratas.

Túmulos funerarios vikingos YACIMIENTO ARQUEOLÓGICO
(Hæreid; tren turístico 90/40 NOK; ⏲tren turístico cada hora 10.00-17.30 jun-ago) Sus 350 túmulos vikingos lo convierten en el mayor yacimiento de la Edad del Hierro al oeste de Noruega, de los años 400 al 1000. La oficina de turismo orienta y suministra un mapa básico con una ruta marcada para caminar 90 min.

Granja Kjeåsen GRANJA

Situadas 600 m sobre Eidfjord hay dos granjas que hasta 1974 eran completamente inaccesibles por carretera. Hasta entonces, los residentes no tenían otra opción que cargar con todos sus enseres y provisiones montaña arriba, una tarea agotadora (se dice que uno de los edificios tardó en construirse 30 años). Hoy en día la visitan sobre todo turistas, por sus impresionantes vistas.

El desvío a la granja empieza en Simadal, a unos 8 km de Eidfjord y la Rv7. Desde ahí, la estrecha carretera continúa 5 km, la mitad a través de un túnel construido a finales de los años setenta. Debido a lo angosto de la carretera, solo se permite tráfico en cada sentido una vez por hora; se sube a la hora en punto y se baja a la media. Por desgracia, debido a la reciente popularidad de Kjeåsen, no es tan tranquila como antaño.

El complejo de la granja está desierto ahora, salvo por una mujer, Bjørg Wiik, que lleva viviendo aquí las las últimas cuatro décadas. Aunque el túnel está abierto las 24 h, no se debe subir a la granja pasadas las 17.00, para respetar la intimidad de la última habitante de Kjeåsen.

La otra opción es subir a pie (4 h i/v), pero el camino es empinado y peligroso, y hay que pasar por un puente de cuerdas; la ruta parte de Sæ en Simadal, con aparcamiento junto al Sima Poder Plantask. En la oficina de turismo (p. 193) dan las indicaciones. El folleto *Kjeåsen en Eidfjord,* de Per A. Holst, disponible en la oficina de turismo de Eidfjord (20 NOK), cuenta la historia de la granja y sus habitantes.

Skytjefossen CASCADAS

Estas cascadas, que recorren casi 300 m desde la meseta de Hardangervidda hasta el fondo del valle, se hallan 12 km al norte de Eidfjord, en el valle de Simadalen, y se cuentan entre las más altas de Noruega. Para llegar al origen del sendero, hay que conducir hasta Tveit y aparcar después de la última casa. La caminata a las cascadas es de 3 km, y se tarda hora y media en ir y volver, incluido algo de tiempo en la cascada.

Hardangervidda Natursenter MUSEO

(☎53 67 40 00; www.hardangerviddanatursenter.no; Øvre Eidfjord; adultos/niños 130/65 NOK; ⏰9.00-19.00 med jun-med ago, 10.00-18.00 abr-med jun y med ago-oct) Para tener una visión global del Parque Nacional de Hardangervidda, este excelente centro de visitantes debería ser la primera parada obligada. Las exposiciones interactivas exploran la flora y fauna del parque, mientras que el personal ofrece copiosa información sobre las numerosas actividades que pueden hacerse, desde excursionismo hasta esquí.

Actividades

★ **Flat Earth** DEPORTES DE AVENTURA

(☎476 06 847; www.flatearth.no) Esta excelente empresa de actividades al aire libre ofrece casi todas las formas de explorar el paisaje del fiordo que uno pueda imaginar. Destaca, por supuesto, la oportunidad de remar en un kayak de mar por el excepcional fiordo: puede elegirse entre salidas de 3 h (adultos/niños 590/450 NOK) o expediciones de un día (1150/1000 NOK) que incluyen un almuerzo de barbacoa. También ofrecen escalada, *rafting* y ciclismo de montaña.

Dónde dormir y comer

★ **Eidfjord Gjestegiveri** PENSIÓN $

(☎53 66 53 46; www.ovre-eidfjord.com; Øvre Eidfjord; cabañas 400 NOK, i/d 600/890; ⏰may-ago; 🅿📶) Si se atraviesa el túnel hasta Øvre Eidfjord no se puede dejar de ver esta preciosa pensión, una antigua belleza blanca, con gabletes y un porche delantero cubierto. Dentro, las ocho habitaciones dobles son sencillas y agradables, con muebles antiguos; todas comparten un baño en el pasillo. También hay unas cuantas cabañas estilo *camping* en el jardín delantero, y un fantástico café que sirve tortitas.

Los desayunos son buenos (el secreto está en el pan casero) y el café tiene unas 20 variedades de fantásticas y sustanciosas tortitas holandesas dulces y saladas, con ingredientes que van de la trucha de montaña a la compota de manzana de Hardanger; a los niños les encantan. También tiene un buen surtido de comida deshidratada para los excursionistas. Los precios suben unas 200 NOK en verano.

Sæbø Camping CAMPING $

(☎53 66 59 27; www.saebocamping.com; Øvre Eidfjord; tienda para 2 personas 230 NOK, bungalós 500-1120 NOK; ⏰med may-med sep; 🅿📶) Este espacioso y bien equipado *camping* junto al lago tiene una bonita ubicación en Måbødalen, a 500 m del Hardangervidda Natursenter. Los dueños sirven pan recién horneado por las mañanas y alquilan canoas.

Fossli Hotel HOTEL HISTÓRICO $$

(☎53 66 57 77; www.fossli-hotel.com; Vøringfossen; i/d desde 790/1050 NOK; ⏰may-sep; 🅿📶) Si uno quiere dormirse con el ruido del agua, este venerable hotel está en una situación privilegiada con vistas a la cascada de Vøringfossen. Es un lugar realmente increíble, y aunque las habitaciones parecen un poco antiguas (cortinas y colchas de flores), tienen bastante encanto a su manera, y uno tiene la cascada para sí solo una vez que se van los autobuses.

Lo dirige Erik, un anfitrión tranquilo con muchas historias de la región de Hardangervidda. Su bisabuelo lo construyó hacia 1890 y en él compuso Edvard Grieg su *Opus 66*. Está bien señalizado en un desvío de la Rv7 a 1,3 km. El restaurante del hotel (platos principales 190-280 NOK) prepara magnífica comida noruega, como cordero, salmón al horno y ciervo salvaje; abajo hay un café que sirve gofres.

Fjell & Fjord Eidfjord Hotel HOTEL **$$**
(☎53 66 52 64; www.effh.no; Lægreidsvegen 7; i/d 1195/1495 NOK; P 📶) Si se quieren vistas del fiordo, este hotel moderno situado encima de la carretera principal de Eidfjord es una buena opción. Las habitaciones son algo sosas, pero aquí lo que importa es el paisaje que se ve por la ventana. Abajo hay un agradable salón y restaurante con vistas igual de magníficas. Las habitaciones interconectadas son útiles para familias.

Vik Pensjonat PENSIÓN **$$**
(☎53 66 51 62; www.vikpensjonat.com; Eidfjord; i/d con baño compartido 650/1200 NOK, ste 1200/1600 NOK, cabañas 800-1450 NOK; P) Una opción atractiva si lo que importa es estar junto al fiordo. Con sus gabletes cubiertos de pizarra y su exterior de madera, parece una pensión noruega tradicional, pero por dentro es pulcra y moderna: habitaciones despejadas, suelos de madera y las esenciales vistas del fiordo. Las habitaciones con balcón son las mejores, o puede optarse por las cabañas junto al río en el jardín.

El café anejo es un lugar estupendo para almorzar o cenar, con precios razonables (platos principales 165-240 NOK) y ofrecen de todo, desde sopas y sándwiches a platos principales como trucha de montaña y bistec de alce.

ℹ Información

Oficina de turismo de Eidfjord (☎53 67 34 00; www.visiteidfjord.no; Simadalsvegen 3; ⊙9.00-19.00 lu-vi, 10.00-18.00 sa y do med jun-med ago, 10.00-17.00 lu-vi med ago-med jun)

ℹ Cómo llegar y salir

AUTOBÚS

El autobús de Skyss (p. 185) 991/990 (7-9 diarios lu-vi, 5-7 fines de semana) va de Øvre Eidfjord a Eidfjord (19 NOK, 10 min), Kinsarvik (93 NOK, 50 min), Lofthus (115 NOK, 1 h) y Odda (195 NOK, 1½ h).

En sentido opuesto, hay autobuses que van a Geilo (242 NOK, 80 min, 1-2 diarios), donde se puede tomar un tren a Bergen.

AUTOMÓVIL Y MOTOCICLETA

El espectacular, a menudo ventoso, puente de Hardanger (el puente colgante más largo del mundo que enlaza dos túneles) une Bruravik y Brimnes, al oeste de Eidford por la RV7/13.

Kinsarvik

3382 HAB.

Ambos pueblos están a la orilla del Sørfjorden, un ramal de Hardangerfjord en el corazón de la región conocida como Ullensvang, que cuenta con aproximadamente medio millón de árboles frutales.

Kinsarvik no siempre fue tan tranquilo: hasta 300 vikingos lo habitaron entre los ss. VIII y XI. La pequeña zona verde en forma de U frente a la oficina de turismo es lo que queda del antiguo puerto vikingo. Kinsarvik tiene una buena pista de acceso más allá de las cuatro cascadas de Husedalen, por la llamada Escalera del Monje, y la red de caminos que atraviesa el bosque del Parque Nacional de Hardangervidda.

Si se conduce hasta aquí por el lado norte del fiordo, se pasa por el **puente de Hardanger,** que se terminó en el 2013 y es el puente colgante de túnel a túnel más largo del mundo. De lo contrario, casi todo el mundo llega en crucero.

⊙ Puntos de interés

Iglesia de piedra de Kinsarvik IGLESIA
Construida en torno a 1180, es una de las iglesias de piedra más antiguas de Noruega. Restaurada en los años sesenta, las paredes aún conservan restos de pinturas que representan al arcángel san Miguel pesando almas mientras el diablo trata de inclinar la balanza. Según una leyenda, la iglesia fue construida por invasores escoceses en el lugar donde antes se alzaba otra de madera.

Dónde dormir y comer

Ringøy Camping CAMPING $$
(☎53 66 39 17; www.ringoy-camping.no; Ringøy; tiendas para 2 personas 200 NOK, cabañas 800-950 NOK; ⏰may-sep; P Wi-Fi) Magnífico *camping* en un espacioso lugar con césped y vistas a Hardangerfjord, 10 km al norte de Kinsarvik. Hay leña gratuita para hacer hogueras, y se puede tomar prestada la barca de remos del *camping* para explorar el fiordo. También hay una bonita cabaña de un antiguo granjero, ladera arriba, con capacidad para seis personas, una buena cocina, lavadora y baño con calefacción.

First Hotel Kinsarvik HOTEL $$
(☎53 66 74 00; www.firsthotels.com; Kinsarvik; h 1295-1845 NOK) Este enorme hotel parece desproporcionado en el pequeño Kinsarvik, pero es un pilar de los circuitos en autobús. En total hay 68 habitaciones, la mitad con vistas al fiordo, y la otra mitad a las montañas. Está decorado en inofensivos tonos crema y beis; es lo bastante cómodo como para pasar una noche, pero no más.

★ **Gløyp** CAFÉ $$
(☎928 55 094; www.gloyp.no; Kinsarvik; principales 189-289 NOK; ⏰11.30-22.00) Esta casa de comidas junto al fiordo es un gran hallazgo; ofrece comida fresca y bien preparada en un espacio luminoso, lleno de muebles coloridos, y con cocina de planta abierta. Los platos principales cambian regularmente; hay una buena selección de ensaladas, pescado, bistecs, hamburguesas y *pizzas*, con deliciosos postres y helados italianos.

Información

Oficina de turismo de Kinsarvik (☎53 66 31 12; www.visitullensvang.no; Kinsarvik Brygge; ⏰8.30-17.30 lu-vi, 10.00-16.30 sa, 11.30-16.30 do jul y ago, horario reducido resto del año)

Cómo llegar y salir

La Rv7 y la Rv13 van directas de Eidfjord a Kinsarvik.

BARCO

Norled (p. 226) ofrece un ferri regular de vehículos entre Kinsarvik y Utne (adultos/niños 42/21 NOK, automóvil 115 NOK, cada hora lu-vi, 6 en fines de semana). El cruce dura unos 30 min.

También hay un barco turístico de pasajeros diario en verano a Eidfjord, Ulvik y Norheimsund, aunque es más para turismo que para llegar rápido, ya que para 3 h en Eidfjord.

AUTOBÚS

El autobús de **Skyss** (p. 185) 991/990 (81 NOK, 35-50 min, 7-9 diarios lu-vi, 5-7 en fines de semana) viaja de Eidfjord a Kinsarvik, antes de continuar a Odda (93 NOK, 55 min-1¼ h).

Lofthus

556 HAB.

Hay realmente poco que ver en el pueblo de Lofthus, salvo una bonita iglesia y un exceso de granjas de frutales. Aun así, es una base útil al viajar por el fiordo entre Eidfjord y Odda, y si hace sol, el camino es bonito.

Puntos de interés

Iglesia de Lofthus IGLESIA
(⏰10.00-19.00 finales may-med ago) Se remonta al año 1250, aunque la torre fue añadida en la década de 1880, y tiene bellas vidrieras. Está rodeada por un fascinante cementerio con algunas tumbas de la Edad Media.

Cabaña de Grieg EDIFICIO RELEVANTE
(⏰24 h) El antiguo retiro del compositor noruego Edvard Grieg está en el jardín del Hotel Ullensvang.

Dónde dormir y comer

Hardanger Hostel B&B ALBERGUE $
(☎53 67 14 00; www.hardangerhostel.no; h 650-950 NOK) Con banderas al viento fuera, una fachada impresionante llena de ventanas y una magnífica vista aérea de Hardangerfjord, este gran albergue es una buena base económica. Por dentro resulta convencional: las habitaciones (todas de dos camas) son escasas, pero las del lado del fiordo tienen una vista magnífica. No obstante, solo las más caras tienen baño, y en el antiguo edificio puede haber ruido y corrientes de aire.

Lofthus Camping CAMPING $
(☎53 66 13 64; www.lofthuscamping.com; Lofthus; parcelas para tienda o caravana para 2 personas 225 NOK, cabañas 2/4 camas desde 495/625 NOK; P Wi-Fi) *Camping* bien equipado con vistas en primera línea del fiordo; hay mucho espacio para *camping* y caravanas. Las cabañas más antiguas son tradicionales y muy bonitas, y también hay apartamentos más modernos para seis personas. Pueden recogerse las cerezas, ciruelas, peras y manzanas de los huertos del *camping*.

Ullensvang Gjesteheim PENSIÓN $$
(☎53 66 12 36; www.ullensvang-gjesteheim.no; Ullensvang; i/d/f con baño compartido desde

540/1090/1490 NOK; ⌚may-med sep; P 📶) Esta casa de labranza junto al fiordo, renovada con mucho gusto, resuta muy acogedora. Revestida de madera y salpicada de ventanitas blancas, es una preciosidad y, aunque las habitaciones son sencillas, la relación calidad-precio es buena. Cinco habitaciones tienen baño, y las otras seis lo comparten; también hay una casa de vacaciones.

El **restaurante** de abajo sirve una pequeña carta tradicional (platos principales 159-240 NOK), así como una estupenda selección de platos tailandeses (125-165 NOK), para comer o llevar.

Hotel Ullensvang HOTEL HISTÓRICO **$$$**
(☎53 67 00 00; www.hotel-ullensvang.no; Lofthus; h 1550-2555 NOK, ste 3455 NOK; P 📶 🏊) Este enorme establecimiento frente al fiordo data de 1846, aunque ahora es básicamente un complejo hotelero moderno. Tiene vistas espectaculares, habitaciones comodísimas y un buen restaurante. No hay casi nada que no se pueda hacer aquí: sauna, piscina, gimnasio, simulador de golf, canchas de tenis y *squash*, y alquiler de barcas. Pero parece un poco desangelado.

Información

Oficina de turismo de Lofthus (☎457 85 822; www.visitullensvang.no; Rv13, Lofthus; ⌚11.00-19.00 med jun-med ago)

Cómo llegar y salir

La Rv13 cruza Lofthus al ir de Eidfjord a Odda. El autobús de **Skyss** (p. 185) 991/990 va de Eidfjord a Lofthus (104 NOK, 1 h, 7-9 diarios lu-vi, 5-7 los fines de semana) antes de continuar a Odda (69 NOK, 35 min). Se tarda más o menos una hora en cada sentido, pero mientras se escribía esta guía, había obras importantes en la carretera, al sur de Lofthus, así que puede haber retrasos hasta que se terminen.

Utne

Utne, uno de los pueblos más tranquilos y pintorescos de Hardangerfjord, es famoso por su recogida de fruta y sus impolutas calles tradicionales. También es el punto de partida para uno de los trayectos en coche más encantadores de la región.

Puntos de interés

Hardanger og Voss Museum MUSEO
(☎474 79 884; www.hardangerogvossmuseum.no; Fergekai; adultos/niños 90 NOK/gratis; ⌚10.00-17.00 may-ago, 10.00-15.00 lu-vi sep-abr) Buen museo al aire libre, depósito del patrimonio cultural de la región de Hardanger. Lo integra una colección de casas históricas, barcos, tiendas, letrinas y una escuela, con exposiciones que documentan el exquisito traje popular local, bordados, rituales de boda, el famoso violín Hardanger y su fabricación, la pesca y el mantenimiento de la huerta. También tiene una cafetería con pasteles caseros.

Dónde dormir

Hardanger Gjestegård PENSIÓN **$$**
(☎53 66 67 10; www.hardanger-gjestegard.no; Alsåker; i/d 895/1290 NOK) Dormir en esta pensión de 1898, que parece de postal, es como hacerlo en un museo, con muebles pintados a mano, paredes de madera y camas en cabañas que parecen sacadas de un cuento de los Grimm. Esta antigua fábrica de zumos de frutas es un precioso alojamiento; hay habitaciones en la casa original, otras están en un anejo. Se encuentra 10 km al oeste de Utne, en la Fv550.

★**Utne Hotel** HOTEL HISTÓRICO **$$$**
(☎53 66 64 00; www.utnehotel.no; Utne; i/d 1520/1930 NOK; P) 🍃 Este histórico hotel de madera se construyó en 1722 después de la Gran Guerra Nórdica, lo que lo convierte en el más antiguo de Noruega, dirigido por un interesante linaje de hoteleras. Las habitaciones tienen una elegancia sencilla que recuerda a otra época; los baños son refinados y modernos. El restaurante es excelente; se recomienda la media pensión (525 NOK).

Cómo llegar y salir

Utne está en la Rv550, 45 km al norte de Odda y 35 km al noreste de Jondal.

Hay ferris regulares de Utne a Kinsarvik (adultos/niños 42/21 NOK, automóvil con conductor 115 NOK, cada hora lu-vi, 6 los fines de semana) y Kvanndal (38/19 NOK, automóvil con conductor 102 NOK, 20 min, cada media hora do-vi, cada hora sa).

Odda

7006 HAB.

Tras unos días callejeando por los bonitos pueblos del fiordo, la postindustrial Odda resulta algo chocante. Históricamente fue una importante población dedicada a la fundición de hierro, y su pasado industrial ha hecho de la ciudad un lugar algo desastrado, pero es una base práctica para explorar el Parque

Nacional de Folgefonna (p. 198) o embarcarse en la ascensión a Trolltunga, y hay muchas empresas que ayudan en esas aventuras.

Puntos de interés

★ Trolltunga MIRADOR

Trolltunga, un esbelto espolón rocoso que se proyecta al vacío sobre el lago Ringedalsvatnet, es uno de los lugares más fotografiados de Noruega y, junto al Púlpito (Preikestolen), una de las metas más populares para las excursiones. La Lengua del Trol ofrece una vista magnífica, pero requiere una difícil caminata de 23 km (o 10 h i/v) desde el principio de la senda en Skjeggedal, 13 km al noreste de Odda.

La excursión suele ser factible de finales de mayo a principios de septiembre, en función de la nieve. La senda está bien señalizada desde el aparcamiento, con hitos a lo largo de la ruta que indican la distancia a la cima; pero el ascenso es brutal en algunos lugares, en total unos 1000 m, así que hay que estar totalmente en forma y contar con el equipo apropiado. De camino se pasa por la **cascada de Tyssestrengene** (646 m).

Si se quiere emprender la marcha a principios de temporada, o se prefiere caminar con un profesional, Trolltunga Active (p. 196) ofrece excursiones guiadas. En la cumbre no se está solo (el Trolltunga es uno de los lugares de Noruega que más aparecen en Instagram) pero llegar a la roca y contemplar las vistas merece cada paso hasta lo alto.

Si se continúa más allá de Trolltunga, se llega a otro magnífico punto de observación, **el Púlpito (Preikestolen),** una versión más pequeña del famoso mirador del mismo nombre con vistas a Lysefjord, cerca de Stavanger.

En julio y agosto, Tide (www.tide.no) ofrece un autobús exprés una vez al día entre Tyssedal y el aparcamiento del auténtico Preikestolen cerca de Stavanger, lo que permite subir a las dos cimas más famosas de Noruega en un par de días (695 NOK ida).

Museo Noruego de la Energía e Industria Hidroeléctricas MUSEO

(Estación de Energía Hidroeléctrica de Tyssedal; ☎53 65 00 60; www.nvim.no; Naustbakken 7, Tyssedal; adultos/niños 90 NOK/gratis; ⌚10.00-17.00 med may-ago, 10.00-15.00 ma-vi sep-med may) Puede que una visita a una estación de energía hidroeléctrica no suene muy prometedora, pero este es un punto de referencia industrial que merece la pena. La planta hidroeléctrica Tysso 1 fue construida entre 1906 y 1918 por Thorvald Astrup, que mezcló la arquitectura europea clásica con líneas austeras y funcionalistas. Es un monumento impresionante a la ambición industrial, y puede explorarse en una visita guiada.

Actividades

Para excursiones de hasta 6 h por la ciudad, se aconseja hacerse con el práctico folleto *Hikes in Odda*, o el más detallado *Hiking and Biking: Odda, Røldal, Seljestad, Tyssedal*, en la oficina de turismo.

Trolltunga Active ACTIVIDADES AL AIRE LIBRE

(☎908 24 572; www.trolltunga-active.com) Esta excelente empresa de actividades al aire libre ofrece una enorme variedad de emocionantes actividades por Odda. El circuito básico es una excursión guiada hasta Trolltunga (900 NOK), que también puede hacerse al amanecer o al atardecer (2900 NOK). Tienen una tirolina que pone los pelos de punta y, de vez en cuando, organizan un *puenting* de infarto.

Si a uno no le va lo de caminar, también ofrecen excursiones en kayak, bicicleta de montaña y *rafting*, así como salidas en lancha motora y acampada nocturna en la naturaleza.

Dónde dormir

Odda Camping CAMPING $

(☎413 21 610; www.oddacamping.no; Eide; parcelas para tienda/caravana 150/160 NOK, cabañas 590-1790 NOK; ⌚med may-ago; 📶) Aquí ofrecen plazas de *camping*, habitaciones y cabañas, en un lugar agradable en las playas del lago Sandvinvatnet, un ascenso a pie de 20 min al sur del centro (1 km, aprox.).

Trolltunga Hotel PENSIÓN $$

(☎55 09 28 00; www.trolltungahotel.no; Vasstun 1; dc 450 NOK, i 820-1105 NOK, d 1045-1570 NOK, tr 1475 NOK; 🅿📶) Hay sitios mucho peores que este hotel sencillo pero limpio, que ofrece una gran variedad de habitaciones: dormitorios, individuales, dobles y triples, todas con atractivos acabados en tonos azul fiordo, y toques como mesitas de noche hechas con troncos y pequeñas imágenes enmarcadas en las paredes. Vale la pena pedir las Petite Lofts y Double Plus, habitaciones mejores por sus impresionantes vistas al lago. Algunas tienen baño.

Hay buenas comidas desde las 17.00 en el restaurante (platos principales desde 189 NOK).

Tyssedal Hotel HOTEL **$$$**
(☎53 64 00 00; www.tyssedalhotel.no; Tyssedal; i 1190-1290 NOK, d 1690-2290 NOK, f 2490-3390 NOK; P 📶) Construido en 1913, el Tyssedal Hotel, de estilo *art déco* tiene estupendas habitaciones con suelos de parqué y accesorios elegantes. Los fantasmas noruegos parecen tener predilección por los hoteles, pues el artista de Eidfjord, Nils Bergslien, visita el sótano y la 3ª planta. Su legado terrenal, algunos fantásticos cuentos de hadas y pinturas de paisajes de Hardangerfjord, también adornan el hotel.

El restaurante es el mejor de Odda, y sirve sencillos platos noruegos (platos principales 199-329 NOK).

Información

Oficina de turismo (☎53 65 40 05; www.visitodda.com; Torget 2; ⌚9.00-19.00 med jun-med ago, horario reducido may y sep)

Cómo llegar y salir

Odda está 70 km al sur de Eidfjord en la Rv13.

El autobús de **Skyss** (p. 197) 991/990 (7-9 diarios lu-vi, 5-7 los fines de semana) va a Eidfjord (195 NOK, 1½ h) y Voss (207 NOK, 2 h).

Para viajar a Oslo, hay que tomar el autobús 930 Haukeliekspressen de **Nor-Way** (p. 184) (477 NOK, 3 diarios, 7 h). Se transborda en Seljestad.

Røldal

359 HAB.

Vale la pena parar en el pueblecito de Røldal, situado 22 km al sureste de Odda, por su magnífica iglesia medieval, pero no hay mucha actividad fuera de la temporada de esquí.

Puntos de interés y actividades

Iglesia medieval de Røldal IGLESIA
(www.roldal.com; Røldal; ⌚9.00-17.00 jul y ago) La cruz de madera de esta iglesia medieval del s. XIII, según la leyenda local, transpira cada Víspera de San Juan; se dice que el sudor tiene poderes curativos. Fue un importante lugar de peregrinaje en la Edad Media.

Røldal Skisenter ESQUÍ
(www.roldal.com; Rv13; ⌚dic-abr) Esta estación de esquí ofrece nieve profundísima y una temporada larga para el esquí alpino, de fondo y fuera de pista; en verano hay sendas para excursionismo y ciclismo.

MERECE LA PENA

VIAJE A JONDAL

No hay curvas vertiginosas, desfiladeros o fiordos oscuros y profundos que emocionen el alma, pero el suave recorrido a lo largo de la **Rv550** de Utne a Jondal es una de las rutas más encantadoras de Noruega, sobre todo a finales de primavera o principios de verano. La carretera se pega al fiordo todo el camino y pasa a través de huertos, cabañas de pescadores y playas diminutas. Hay muchos salientes rocosos donde tomar una merienda o tumbarse al sol e, incluso, chapotear. En Hereiane, la roca pulida se alza desde el mismo fiordo hasta las cimas, con un pequeño edificio de servicio construido con piedras naturales sobre un llamativo plinto amarillo. El ferri de Jondal lleva de vuelta a Norheimsund, pero antes hay que tener tiempo para tomar un gofre en el quiosco y almacén de botes, y luego pasear entre las casitas de estilo suizo del pueblo, o continuar hasta Rosendal u Odda por el Jondalstunnelen.

Dónde dormir

★**Energihotellet** HOTEL-BOUTIQUE
(☎51 20 05 55; www.energihotellet.no; Øvre Kilen, Nesflaten; h desde 1475 NOK; P ❄ 📶) Aquí se ofrece algo que no se hace todos los días, dormir en una central eléctrica de los años sesenta en desuso. Este edificio brutalista diseñado por el arquitecto Geir Grung como parte de la planta hidroeléctrica de Røldal-Suldal se ha reinventado como hotel-*boutique*, con un diseño limpio y minimalista que se hace eco de la austera estructura de hormigón. Las habitaciones son elegantes y casi todas dan al lago Suldalsvatnet.

Hay un excelente restaurante de nueva cocina nórdica, así como sauna y una piscina climatizada al aire libre en verano. El hotel está cerca del pueblo de Nesflaten, unos 28 km al sur de Røldal.

Hordatun Hotel HOTEL **$$**
(☎93 45 02 93; www.hordatun.no; i 1190-1550 NOK, d 1390-1890 NOK; P 📶) Es imposible no ver este impresionante hotel curvo de hormigón en forma de herradura con balcones que dan al lago Røldalsvatnet. Es un edificio claramente moderno que no gusta a todo el mundo, pero las vistas son fantásticas, y las habitaciones

son elegantes, aunque algo funcionales: muebles básicos, suelos de madera, ventanas de vidrio plano. Las suites y las habitaciones del ático tienen estupendos entresuelos. También hay un buen restaurante en la planta baja (platos principales 199-299 NOK).

Cómo llegar y salir

El autobús 930 Haukeliekspressen de **Nor-Way** (p. 184) (447 NOK, 3 diarios, 7 h) para en Røldal de camino al sur, a Oslo.

Parque Nacional de Folgefonna

Con 545 km², se fundó en el 2005 y abarca el tercer campo de hielo más grande de Noruega continental. La capa de hielo de Folgefonn ocupa 168 km² y alcanza los 400 m de espesor en algunos puntos. Es un sitio imponente y hermoso donde los glaciares serpentean desde las cimas de los valles.

Actividades

La forma más popular de explorar Folgefonna es caminar por el glaciar. Flat Earth (p. 192), con sede en Øvre Eidfjord, y Folgefonni Breførarlag, con sede en Jondal son las empresas más recomendables. Las excursiones son apropiadas para cualquiera en buenas condiciones físicas, con ropa de abrigo y calzado adecuado.

Hay una excelente guía en línea sobre el senderismo en torno a Folgefonna en www.visitsunnhordland.no, en la entrada "Fancy a Walk?" (¿Te apetece un paseo?) con enlaces a rutas y mapas para descargar.

★Folgefonni Breførarlag EXCURSIONISMO
(☎55 29 89 21; www.folgefonni-breforarlag.no; Jondal; ⊙med jun-med ago, previa petición en otro horario) El profesionalísimo Folgefonni Breførarlag ofrece varias excursiones por los glaciares que salen en verano del Fonna Glacier Ski Resort (p. 198). La ventaja de esta ruta radica en las vistas excepcionales, aunque hay que caminar por la nieve hasta llegar al glaciar.

Fonna Glacier Ski Resort ESQUÍ
(☎461 72 011; www.folgefonn.no; Jondal; ⊙9.00-16.00 may-oct) Se puede practicar esquí de verano, *snowboard* y trineo de mayo a octubre, aunque la temporada puede acabar antes. Se llega en transporte público desde Bergen, Jondal o Norheimsund; consúltese la web para más detalles.

Información

Centro del Parque Nacional de Folgefonna (☎53 48 42 80; www.folgefonna.info; Skålakaien, Rosendal; ⊙10.00-19.00 jun-ago)
Oficina de turismo de Jondal (☎53 66 85 31; www.visitjondal.no; Fv550, Jondal; ⊙9.30-16.00 jun, 9.30-18.00 jul y ago)

Cómo llegar y salir

La forma más fácil de acceder al parque nacional es desde Jondal.

Hay dos autobuses directos de Odda a Jondal; el 980 (173 NOK, 2½ h, 2 diarios), que recorre el borde del fiordo vía Utne, y el matutino 930 (104 NOK, 45 min, diario), que atraviesa el túnel de Jondal. Para llegar al parque nacional, hay un autobús diario, solo en verano de Jondal al Fonna Glacier Ski Resort, que sale de Jondal a las 9.45; si se toma el primer 930 o 980 del día, se llega a tiempo a Jondal.

Rosendal

944 HAB.

Separado del resto de Hardanger por altas montañas y por el Parque Nacional de Folgefonna, se asienta de modo pintoresco en el fiordo con un telón de fondo montañoso. El acceso al parque es más fácil desde Odda y Jondal, pero Rosendal tiene un buen centro alusivo y es un destino interesante.

Puntos de interés

Baroniet Rosendal EDIFICIO HISTÓRICO
(☎53 48 29 99; www.baroniet.no; Rosendal; entrada con circuito guiado adultos/niños 150/50 NOK, solo jardines 75/25 NOK; ⊙10.00-17.00 jul-med ago, 11.00-16.00 med may-jul y med ago-med sep) La única residencia construida por un barón en el país, sobre una suave elevación, data de 1665. La decoración interior incluye una colección de tapices, una biblioteca intacta y bellos ejemplos de porcelana real danesa y de Meissen. En el exterior hay una impresionante rosaleda renacentista. La entrada a la mansión incluye una visita guiada, y hay conciertos las noches de verano.

Para pasar el día completo, se puede parar a comer en el precioso invernadero restaurado (platos principales 179-289 NOK). Para tomar algo especial, puede reservarse también un festín de dos platos y postre o entrante, tres platos y postre en el lujoso Salón Azul de la casa, la cual ofrece también alojamiento en la granja aneja.

MERECE LA PENA

ALREDEDORES DE ROSENDAL

Sundal

En Sundal, 4 km al oeste del túnel, se toma la carretera que sigue el valle de Sundal (1 km en automóvil), y luego se camina 2 km por una buena pista hasta el lago de Bondhusvatnet, donde hay una vista maravillosa del glaciar de **Bondhusbreen.** También es el origen de un sendero para hacer algunas excursiones bonitas.

Uskedalen

Situado 14 km al oeste de Rosendal, alberga el extraordinario monte Ulvenåso (1247 m), que brinda unas de las mejores oportunidades para escalar en Noruega. Para más información, hay que contactar con la oficina de turismo (p. 200) de Rosendal.

Møsevatnet

Una de las más bellas (y tranquilas) carreteras de esta zona de Noruega asciende hasta el embalse de Møsevatnet, donde hay buenas vistas de uno de los glaciares de la capa de hielo de Folgefonna. Hay que tomar la Rv48 al sur de Rosendal y desviarse al suroeste en Dimmelsvik; en la carretera se verán carteles a Fjellhaugen, Matre y Åkra. Desde la intersección que indica Matre y Åkra a la derecha, hay que seguir los indicadores a la izquierda hasta Blådal y el Fjellhaugen Skisenter, que solo abre en invierno. Más adelante hay que ignorar las señales a este centro de esquí. Desde esta intersección, la estrecha pero bien asfaltada carretera atraviesa preciosas montañas boscosas y rocosas, salpicadas de lagos y presas.

Steinparken PARQUE

Señalizada en la carretera que lleva al Baroniet Rosendal (p. 198), esta pequeña y curiosa galería al aire libre contiene monolitos de la región de Folgefonna, que se han esculpido y pulido con un efecto asombroso para mostrar la diversidad geológica. Algunos son obra del artista contemporáneo Bård Breivik. Desde un antiguo aserradero parte un sendero que atraviesa el parque.

Circuitos

Rødne Fjord Cruise NAVEGACIÓN

(☎51 89 52 70; www.rodne.no; Skalafjæro; adultos/niños 870/440 NOK) Esta empresa de ferris ofrece un crucero diario desde Bergen, incluida una visita a Baroniet Rosendal y un almuerzo de dos platos en el restaurante del invernadero.

Entre semana, el ferri sale de Bergen a las 8.50 y llega a Rosendal a las 10.45, para volver a las 14.25 y llegar a las 16.20. Los fines de semana, sale a las 11.00 de Bergen, llega a las 12.55, vuelve a las 16.35 y llega a las 18.00.

Fiestas y celebraciones

Rosendal Mat & Kunstfestival COMIDA Y BEBIDA

(Festival gastronómico y de arte de Rosendal; www.rosendalmatogkunstfestival.no; ⏲ppios-med jul) Festival local de arte y alimentación, celebrado los años pares.

Dónde dormir

Sundal Camping CAMPING $

(☎53 48 41 86; www.sundalcamping.no; Sunndalsvegen 641; tiendas para 2 adultos 190 NOK, cabañas 480-680 NOK; P 📶) Rosendal no tiene *camping* propio, así que la mejor opción es este agradable lugar de Sundal, 28 km al noreste. Si uno ha estado antes en un *camping* noruego, ya sabe lo que hay: cabañas pequeñas, medianas y grandes, y plazas para tiendas y caravanas.

Rosendal Turisthotell PENSIÓN $$

(☎53 47 36 66; www.rosendalturisthotell.no; Skålagato 17; i/d con baño compartido desde 850/990 NOK; P 📶) Esta preciosa casa frente al muelle data de 1887, y parece sacada de una postal noruega, con sus gabletes, balcones, revestimiento de madera, y el fondo de las montañas. Pero el interior es sorprendentemente moderno: las habitaciones son blancas y luminosas, con muebles elegidos con esmero, camas antiguas y tejidos rústicos, aunque todas comparten un baño. Las habitaciones esquineras ofrecen más espacio y vistas.

Baroniet Rosendal ESTANCIA EN GRANJA $$

(☎53 48 29 99; www.baroniet.no; Rosendal; i/d con baño compartido 700/980 NOK; ⏲may-ago; P) A las puertas del recinto del Baroniet Rosendal, esta laberíntica granja tiene bonitas habitaciones con camas de hierro forjado y baños compartidos. Sirve cenas en la gran cocina; el menú de tres platos (490 NOK) cambia a diario y utiliza frutas, verduras y hierbas del jardín.

Dónde comer

Martha Meidell NORUEGA **$$**

(☎53 47 36 66; Rosendal Touristhotel; platos almuerzo 169-189 NOK, principales 255-325 NOK; ⏲almuerzo 13.00-16.00, cena 19.00-22.00) Es difícil encontrar cenas en Rosendal, así que es una suerte que haya un estupendo restaurante en el Rosendal Turisthotell. La carta ofrece mucho pescado, carne y caza, combinados con frutas y verduras locales. Suele haber un par de platos principales para elegir en la cena, y un menú más sencillo para almorzar: albóndigas de carne y de pescado y cosas así.

Påfyll Snikkeriet NORUEGA **$$**

(☎414 06 991; www.snikkeriet.no; principales 150-220 NOK; ⏲12.00-22.00 do-ju, 12.00-1.00 vi y sa Semana Santa-ago) Es conocido por sus comidas caseras noruegas a buen precio, como la trucha del fiordo y las salchichas de la casa. También acoge populares conciertos por la noche.

Información

Oficina de turismo de Rosendal y centro del Parque Nacional de Folgefonna (☎53 48 42 80; www.visitsunnhordland.no; Skålakaien; ⏲10.00-18.00 jun-ago, 10.00-15.00 may y sep)

Cómo llegar y salir

Rødne Fjord Cruise (p. 199) ofrece un servicio diario de ida y vuelta con almuerzo y circuito desde Bergen.

El autobús 770 (47 NOK, 1 h, 6 diarios) va a Odda vía Sunndal.

Se llega a Rosendal a través de un túnel de 11 km (automóvil 90 NOK, gratis de 24.00 a 6.00) bajo el campo de hielo de Odda; la población está a 32 km por la costa desde la entrada/salida del túnel. También hay una conexión por túnel desde Jondal.

Si se va al sur, hacia Haugesund o Stavanger, la E39 es la ruta más rápida e incluye el ferri Rannavik-Skjersholmane (automóvil con conductor 167 NOK). No obstante, la ruta en el ferri Utåker-Skånevik (115 NOK) es más barata.

HAUGALANDET

Al norte y este de Stavanger se abre una zona de colinas bajas, ensenadas e islas que recuerdan a las del norte de Escocia. Haugesund es la capital de la región.

Haugalandet tiene una gran importancia histórica para los noruegos. Fue en el cercano Hafrsfjord donde tuvo lugar la decisiva batalla del 872 y Noruega se unificó por primera vez. De ahí que la zona se anuncie como "Cuna de Noruega".

Haugesund

36 538 HAB.

El puerto de Haugesund, en el mar del Norte, queda más allá de las transitadas rutas costeras del oeste. En el pasado fue un importante puerto para la pesca del arenque, y un lugar seguro para los barcos que circulaban por el estrecho. Actualmente, como muchas poblaciones de la costa oeste, tiene relación con la industria del petróleo, pero eso no debe ser un freno; es una ciudad atractiva y animada, cuyo mayor interés gira en torno al puerto. Hay buenos bares y restaurantes junto al agua, y la preciosa isla de Karmøy queda muy cerca.

Puntos de interés

Utsira ISLA

Unos 18 km al oeste de Haugesund, la diminuta isla de Utsira apenas ocupa 6 km² y en ella viven solo 235 personas, pero su tamaño contrasta con su reputación para la observación de aves, con más de 310 especies; los aficionados viajan desde toda Europa, en especial durante las temporadas migratorias. Un ferri (www.rutebaatenutsira.no; adultos/niños 79/40 NOK) sale a diario del puerto de Haugesund.

Haraldshaugen MONUMENTO

(Haraldshaugvegen) El lugar donde está enterrado el rey vikingo Harald Cabellera Hermosa, primer rey de una Noruega unificada, está 1,5 km al norte de Haugesund. El obelisco conmemorativo, erigido en 1872, recuerda la decisiva batalla del año 872 en Hafrsfjord, que llevó a Harald a la conquista del oeste de Noruega.

Monumento conmemorativo a Marilyn Monroe MONUMENTO

Curiosamente, Haugesund dice ser el hogar ancestral de Marilyn Monroe, cuyo padre, un panadero de la zona, emigró de aquí a EE UU. Esta estatua en el muelle, junto al Scandic Maritim Hotel, es coqueta, aunque no se le parezca mucho. Conmemora el 30º aniversario de su muerte en 1962.

Circuitos

La oficina de turismo (p. 202) organiza muchas excursiones, desde un paseo guiado por el Ayuntamiento hasta viajes en barco por la costa para ver los faros históricos y visitar las comunidades insulares más lejanas.

Circuito en RIB por las islas de Ravnafloke NAVEGACIÓN
(☎52 80 43 98; www.ravnafloke.no; Smedasundet 77; 540 NOK por persona) Esta es una gran forma de explorar la costa, islas y faros en torno a Haugesund, a alta velocidad en un barco hinchable de casco rígido (RIB). Los circuitos se organizan con un mínimo de 12 personas: puede preguntarse en la oficina de turismo (p. 202) o llamar para ver cuándo es el siguiente circuito al que apuntarse.

Fiestas y celebraciones

Silda Jazz MÚSICA
(Festival Internacional de Jazz de Haugesund ; www.sildajazz.no; ⊙ppios-med ago) Respetado festival de música con actuaciones internacionales de *jazz*, soul, *folk* e *indie*.

Festival Internacional de Cine de Noruega CINE
(www.filmweb.no/filmfestivalen; ⊙med-fin ago) El principal festival de cine del país, considerado el Cannes nórdico.

Dónde dormir

★ **Clarion Collection Hotel Banken** HOTEL DE DISEÑO $$
(☎52 70 00 30; www.nordicchoicehotels.com; Strandgata 161; i 960 NOK, d 1190-1690 NOK, ste 1990 NOK; 📶) Este es, sin duda y con diferencia, el mejor alojamiento de Haugesund. Situado en un magnífico edificio de piedra de principios de siglo, las habitaciones son elegantes, espaciosas y cómodas: los suelos de madera y las preciosas vistas de Smedasundet le dan un aire de *boutique*, aunque esté pensado sobre todo para viajeros de negocios. Se recomiendan las dobles de lujo, con claraboyas inclinadas y vistas al puerto.

Scandic Maritim Hotel HOTEL $$
(☎52 86 30 00; www.hotelmaritim.no; Åsbygaten 3; i 875-1175 NOK, d 1175-1575 NOK, f 1325-2500 NOK; P📶) Este enorme Scandic tiene un gran atractivo: la mejor ubicación de todos los hoteles de la ciudad, junto al puerto y sus animados bares y restaurantes. No es el edificio más bonito, pero las habitaciones son agradables, con colores marítimos y balcones con cristaleras que se cierran si hay vientos fuertes.

Scandic Haugesund HOTEL $$
(☎21 61 41 00; www.scandichotels.com; Kirkegata 166; h 1199-1699 NOK; 📶) Fiable hotel con fachada de cristal, frecuentado por viajeros de negocios, aunque eso no lo hace menos cómodo. Las habitaciones están cortadas por el patrón escandinavo: elegantes, despejadas y contemporáneas; los baños están bien y las plantas superiores tienen vistas a la ciudad.

Dónde comer

Brasserie Brakstad GASTROPUB $$
(☎52 70 00 50; www.brasseriebrakstad.no; Kaigata 2; almuerzo principales 119-295 NOK, cena principales 245-335 NOK; ⊙11.00-13.30 lu-vi, 12.00-1.30 sa, 13.00-23.00 do) El mejor de los lugares para comer en el puerto es este animado *gastropub*, con un interior industrial, de ladrillo visto y muchas mesas alineadas a lo largo del muelle por si brilla el sol. Es estupendo para una comida sencilla de *gastropub:* ternera a la pimienta, cuencos de mejillones y salmón al horno con verduras a la brasa.

Lothes Mat & Vinhus HAMBURGUESERÍA $$$
(☎52 71 22 01; www.lothesmat.no; Skippergata 4; menú de 3 platos 585 NOK; ⊙18.00-22.00 ma-sa) En un pequeño local frente al agua, este restaurante con paneles de madera es uno de los viejos favoritos de Haugesund para una comida noruega sustanciosa, en parte gracias a su preciosa terraza con vistas al puerto. Al lado tiene al informal **Himla Godt,** donde sirven hamburguesas, carne a la parrilla, sopa de pescado y cosas parecidas (platos principales 119-89 NOK).

To Glass ESCANDINAVA $$$
(☎52 70 74 00; www.toglass.no; Strandgata 169; principales 260-350 NOK; ⊙15.00-23.00 lu-vi, hasta 24.00 sa) Este pequeño restaurante en una planta alta es popular después del trabajo entre los hambrientos de Haugesund, y queda algo retirado del puerto. Sirve comida abundante y tapas para compartir en un espacio elegante y exclusivo.

Dónde beber y vida nocturna

Totalen CAFÉ
(☎482 48 577; www.totalen.no; Haraldsgata 173; ⊙9.00-18.00 lu-sa, 10.30-16.00 do) Sirve el mejor café de la ciudad, a partir de granos procedentes de Jacu, con deliciosos bollos y galletas. La peculiar fachada es la de un antiguo teatro utilizado por los Pionerkirken para los servicios dominicales.

Skapåbar VINOTECA
(☎472 58 088; www.skapaabar.no; Strandgata 169; ⊙11.00-22.00 lu-ju, hasta 1.30 vi y sa, 18.00-22.00

do) Concurrido bar, café y tienda de estilo clásico, ubicado en un sótano, el lugar idóneo para conocer a los autóctonos mientras se degusta su amplia selección de cervezas locales y sus sándwiches abiertos (115 NOK), elaborados con ingredientes frescos y ecológicos. Si se necesita algo más contundente a lo largo de la noche, desde To Glass en la planta de arriba servirán los platos sin que nadie tenga que levantarse de su taburete en la barra.

De compras

Amundsen Spesial COMIDA

(☎916 30 816; www.amundsenspesial.no; Skippergata 5; ⊙9.00-17.00 lu-sa) Esta exclusiva tienda de delicatesen está llena hasta los topes de tentadoras delicias: salmón ahumado casero, quesos noruegos, salchichas curadas y toneladas de chocolates y nueces, así como una variedad de productos importados, como aceite de oliva italiano y vino francés.

Información

Oficina de turismo de Haugesund (☎52 01 08 30; www.visithaugesund.no; Strandgata 171; ⊙9.00-17.00 lu-vi, 10.00-16.00 sa y do med jun-ago, 10.00-16.30 lu-vi sep-may)

Cómo llegar y salir

Haugesund está 82 km al norte de Stavanger y 18 km al sur de Bergen. La carretera principal E39 conecta las tres ciudades, mediante varios ferris para automóviles.

AVIÓN

El **aeropuerto de Haugesund** (☎52 85 79 00; www.avinor.no/en/airport/haugesund-airport; Helganesvegen 350, isla Karmøy) está 13 km al suroeste de la ciudad.

SAS (p. 184) y **Norwegian** (p. 184) vuelan de forma regular desde Oslo.

Ryanair (www.ryanair.com) ofrece vuelos directos a Londres, Bremen y otras ciudades europeas.

Widerøe (p. 184) tiene vuelos desde Bergen (lu-vi), y un vuelo directo a Copenhague.

Flybussen (Flybussen; www.flybussen.no/haugesund; ida adultos 100 NOK) ofrece un autobús al aeropuerto que coincide con las llegadas de los vuelos.

BARCO

Hay ferris diarios a la isla de Utsira desde el muelle de Haugesund.

AUTOBÚS

Kystbussen/Nor-Way (www.kystbussen.no) ofrece un autobús exprés cada hora a Stavanger (300 NOK; 2 h, 10 min).

AUTOMÓVIL Y MOTOCICLETA

En Haugesund hay muchos aparcamientos en la calle, que funcionan con parquímetro hasta las 15.00; después son gratuitos.

Si se viaja al sur hacia Stavanger, hay que tomar el ferri entre Arsvågen y Mortavika (www.fjord1.no; adultos/niños/automóviles 6/23/185 NOK; cada media hora).

Isla Karmøy

Es una isla poco conocida pero dotada de una belleza natural, con muchas playas de arena clara, bosques, pantanales abiertos, altiplanos cubiertos de brezo y lagos. Culturalmente tampoco se queda atrás, con una serie de lugares de importante tradición histórica, preciosos pueblos de madera y, a principios de junio, el Festival Vikingo (p. 203).

Historia

La isla de Karmøy tiene fuertes lazos con el pasado vikingo de Noruega. Fue en la población de Avaldsnes donde Harald I de Noruega (Harald Cabellera Hermosa) estableció su corte real tras ganar una importante batalla en Hafrsfjord en el año 872, que puso los cimientos para el reino unificado de Nordvegen. Avaldsnes siguió siendo sede del poder hasta 1450.

Puntos de interés

Iglesia de San Olaf IGLESIA

(www.olavskirken.no; Avaldsnes; adultos/niños 100/50 NOK; ⊙13.00-15.30 do-ma jun-ago) Esta antigua iglesia de piedra se construyó durante el reinado del rey Haakon IV de Noruega. Las obras comenzaron en 1250, aunque se cree que aquí había existido durante muchos años una capilla de madera muy anterior. Dedicada a san Olaf, es una fascinante reliquia de la arquitectura vikinga, y un importante punto de orientación para navegantes. Los circuitos guiados visitan el interior en verano.

La iglesia estaba rodeada de varios obeliscos de piedra, aunque ahora solo queda uno en pie, una impresionante losa de 7,2 m conocida como la Aguja de la Virgen María. Se inclina peligrosamente hacia la pared de la iglesia, y la leyenda sugiere que cuando llegue a tocar la pared el Día del Juicio Final estará cerca.

Nordvegen Historiesenter MUSEO

(☎52 81 24 00; www.vikinggarden.no; Avaldsnes; adultos/niños 110/50 NOK, 150/50 NOK jun-ago; ⊙10.00-16.00 lu-vi, 11.00-16.00 sa, 12.00-17.00 do jun-ago, horario reducido resto del año) Bajando por un caminito desde el aparcamiento de la iglesia de San Olaf (p. 202), este centro recrea la historia de Harald Cabellera Hermosa y otros monarcas de la recién unificada Nordvegen desde el s. x en adelante. Cerca, en una pequeña isla boscosa, hay una granja vikinga reconstruida, genial para los niños, con los empleados vestidos de época.

Skudeneshavn LUGAR HISTÓRICO

Esta hermosa ciudad, 37 km al sur de Haugesund, se enriqueció con el comercio del arenque en el s. xix y es conocida por sus casas de madera 'estilo imperio', su sinuosa calle principal, Søragadå, y sus preciosos jardines. Hay varios cafés que abren todo el año y una oficina de turismo junto al muelle.

Granja vikinga de Avaldsnes GRANJA

(☎52 81 24 00; www.opplevavaldsnes.no; Avaldsnes; adultos/niños 150/50 NOK incl. Nordvegen Historiesenter; ⌚12.00-16.30 finales jun-med ago; 👪) Este centro de historia viva resucita la cultura vikinga, con diversos edificios vikingos reconstruidos, y exposiciones de artesanía, metalurgia, agricultura y carpintería durante el verano (por no hablar de los guías vestidos con galas vikingas). Solo abre en verano.

Visnes Grubeområde MUSEO

(☎906 02 472; visnes.gruvemuseum@gmail.com; Visnes; adultos/niños 60 NOK/gratis; ⌚12.00-16.00 lu-vi y do jul-med ago, do solo finales jun y ppios sep) De 1865 a 1972, el pueblo de Visnes, 4 km al oeste de Avaldsnes, acogió la mayor y más sofisticada mina de cobre de Noruega. Durante su existencia se extrajeron de aquí más de 4 millones de toneladas de cobre, zinc y azufre, algunas de las cuales se usaron para construir la Estatua de la Libertad. Este pequeño museo explora la historia de la mina.

Museo de la Pesca de Karmøy MUSEO

(Karmøy Fiskerimuseum; ☎413 34 389; www.fiskerimuseum.net; Vedavågen; adultos/niños 30/10 NOK; ⌚11.00-16.00 lu-vi, 14.00-18.00 do jun-med ago) Este impresionante museo en la costa oeste de la isla de Vedavågen, exhibe la moderna industria pesquera de la región y también tiene un acuario de agua salada. Está proyectado por el estudio de arquitectura Snøhetta, que también diseñó la Ópera de Oslo y el mirador Snøhetta del Parque Nacional de Dovrefjell-Sunndalsfjella.

Fiestas y celebraciones

Festival vikingo CULTURAL

(www.vikingfestivalen.no; ⌚jun) Una vez al año, este festival de temática vikinga lleva a la costa este de Avaldsnes banquetes, carreras de barcos y exposiciones de artesanía, armas y cultura vikingas. Tiene lugar en la granja vikinga de Avaldsnes.

Dónde dormir

Norneshuset B&B $$

(☎900 59 007; www.norneshuset.no; Nordnes 7, Skudeneshavn; i/d 990/1190 NOK) Situado en el puerto, tiene habitaciones con mucha personalidad y un buen servicio; ocupa un antiguo almacén llegado por barco desde Riga, en Letonia, en la década de 1830.

Información

Oficina de turismo de Skudeneshavn (☎52 85 80 00; www.visitkarmoy.no; Kaigata 5, Torget; ⌚10.00-16.00 lu-sa, 12.00-16.00 do jun-ago, abierto hasta 17.00 jul y ago)

Oficina de turismo de Avaldsnes (☎52 81 24 00; www.opplevavaldsnes.no; Kong Augvaldsvei 101; ⌚10.00-16.00 lu-vi, 11.00-16.00 sa, 12.00-17.00 do jun-ago, horario reducido resto del año)

Cómo llegar y salir

La E134 va directa de Haugesund a la isla; Avaldsnes está 9 km al sur de la ciudad. La población más meridional de Skudeneshavn está otros 28 km más al sur, y puede llegarse a ella o bien por la Rv47, en la costa oeste, o por la Rv511, en la este.

AUTOBÚS

Para llegar a Avaldsnes desde el centro de Haugesund, hay que tomar el autobús 209 o 210 (35NOK, 22 min, cada media hora), al lado de la oficina de correos. El autobús 210 continúa al sur, hasta Skudeneshavn (1¼ h) por el mismo precio.

STAVANGER

123 369 HAB.

Hay una razón por la que esta ciudad costera está hermanada con Houston y Aberdeen: a veces se la conoce como la "Ciudad del Petróleo" de Noruega por su importancia en las prospecciones petrolíferas en el mar del Norte desde los años setenta (la mayor empresa de petróleo de Noruega, Statoil, tiene aquí su sede). Pero aunque gran parte de las afueras son modernas, no hay demasiados rascacielos; el casco viejo de Stavanger posee algunos de los edificios de madera más hermosos y bien conservados del país, muchos del s. XVIII. Todo es precioso, y en verano, el puerto cobra vida al mejor estilo de las ciudades portuarias.

No obstante, el auge del petróleo en Stavanger ha ocasionado que crezcan las afueras y se disparen los precios, incluso respecto a Noruega. Es famosa por ser uno de los lugares más caros del país, y encontrar cama y algo de comer sale a precios muy altos.

Pese a todo, es una base perfecta para explorar el cercano Lysefjorden, y para iniciar la clásica excursión a al Púlpito (Preikestolen).

Puntos de interés

Varios museos de Stavanger ofrecen entrada conjunta: una entrada (adultos/niños 90/50 NOK) sigue siendo válida todo el día para entrar al Museo de Stavanger (p. 205), al Museo de Arte de Stavanger, al Museo de la Conservería, al Museo Noruego de la Infancia, al **Museo Marítimo de Stavanger** (Sjøfartsmuseet; plano p. 206; ☎51 84 27 00; www.museumstavanger.no; Nedre Strandgate 17-19; adultos/niños 90/50 NOK; ⏲11.00-15.00 ma-mi y vi, 11.00-19.00 ju, 11.00-16.00 sa y do), en Breidablikk (p. 205) y en Ledaal (p. 205).

Museo del Petróleo — MUSEO

(Norsk Oljemuseum; plano p. 206; www.norskolje.museum.no; Kjeringholmen; adultos/niños 120/60 NOK; ⏲10.00-19.00 lu-do jun-ago, 10.00-16.00 lu-sa, hasta 18.00 do sep-may; 👪) Sin duda, la perspectiva de un "museo del petróleo" no suena de lo más prometedor para una tarde de fuera. Pero vale la pena visitar este lugar vanguardista, tanto por su impresionante arquitectura de acero como por sus exposiciones de alta tecnología que exploran la historia de las prospecciones petrolíferas del mar del Norte. Destacan la mayor broca del mundo, plataformas petrolíferas simuladas, documentales, testimonios de archivo y una sala enorme con maquetas de plataformas petrolíferas. También hay exposiciones sobre la historia natural, el uso de la energía y el cambio climático.

El museo equilibra muy bien el lado ténico de la exploración y extracción del petroléo, al tiempo que homenajea a aquellos que han pasado su vida laboral en la industria. Esto último se hace a través de fascinante material de archivo que destaca momentos significativos de la historia del petróleo noruego, incluida la tragedia de la plataforma de extracción *Alexander L. Kielland* en 1980, cuando murieron 123 trabajadores, y la decisión de 1972 del parlamento noruego de que Statoil tuviera su sede en Stavanger.

Esta visita llevará más tiempo del planeado, especialmente si se va con niños.

★Gamle Stavanger — ZONA

(plano p. 206) Gamle (antigua) Stavanger, por encima de la orilla occidental del puerto, es una delicia. Las calles adoquinadas del casco antiguo atraviesan hileras de casas de madera encalada de finales del s. XVIII, todas inmaculadas y adornadas con alegres jardineras. Compensa pasar 1 o 2 h paseando.

★Museo de la Conservería — MUSEO

(plano p. 206; ☎51 84 27 00; www.museumstavanger.no; Øvre Strandgate 88a; adultos/niños 90/50 NOK incl. otros museos de Stavanger; ⏲11.00-17.00 ma-vi, 11.00-16.00 sa y do) Hay que ir a este museo situado en una antigua conservera: es de los más entretenidos de Stavanger. Antes del petróleo había sardinas, y Stavanger fue, en su día, la sede de más de la mitad de las fábricas conserveras de Noruega. En 1922 generaban el 50% del empleo de la urbe. Las exposiciones hacen un recorrido por el proceso de 12 fases, como el salado, ensartado, ahumado, decapitación y envasado. Cuenta con guías dispuestos a responder cualquier pregunta o poner en marcha algunas de las máquinas antiguas.

El 1er domingo de cada mes (y los martes y jueves desde mediados de junio hasta mediados de agosto), se encienden los fuegos y se pueden probar sardinas ahumadas recién sacadas del horno. Un edificio contiguo alberga un café y una casa de trabajadores magníficamente restaurada y amueblada en el estilo de la década de 1920 (piso inferior) y en el de los sesenta (piso superior).

Museo Noruego de la Infancia — MUSEO

(Norsk Barnemuseum; plano p. 206; www.stavangermuseum.no/en/samling/samling-norsk-barnemuseum; Muségata 16; adultos/niños 90/50 NOK incl. otros museos de Stavanger; ⏲10.00-16.00; 👪) Arrastrar a los niños por un museo puede ser difícil, pero este es un lugar diseñado para ellos. Recorre la cambiante historia de la infancia a lo largo de diferentes épocas, con especial énfasis en los juguetes: hay más de 6000 objetos individuales expuestos aquí, desde antiguos juegos de trenes y peonzas a muñecas gigantescas y mecanos. Muchos se hicieron en la mayor fábrica de juguetes de Noruega, Lærdal, a las afueras de Stavanger.

Museo de Arte de Stavanger GALERÍA

(Stavanger Kunstmuseum; ☎51 84 27 00; www.stavangerkunstmuseum.no; Henrik Ibsensgate 55; adultos/niños 90/50 NOK incl. incl. otros museos de Stavanger; ⊙10.00-16.00 ma-do) Este museo, situado 2,5 km al sur del centro, exhibe arte noruego desde el s. XVIII hasta el presente, incluido el cautivador *Gamle Furutrær* y otros cuadros paisajistas del artista de Stavanger Lars Hertervig (1830-1902). También hay una gran colección de artistas importantes noruegos, como Frida Hansen, Kitty Kielland y Olaf Lange. Hay un pequeño jardín escultórico fuera.

Jernaldergarden MUSEO

(www.jernaldergarden.no; Ullandhaugvn 3, Ullandhaug; adultos/niños 100/50 NOK, incl. entrada al museo Arqueológico; ⊙11.00-16.00 med jun-med ago, 11.00-16.00 do may-med jun y med ago-oct) Si uno siempre ha querido experimentar la vida en una granja de la Edad del Hierro en torno al 350-550, esta exposición viviente 4 km al sur de la ciudad es lo más parecido. El personal, vestido de época, hace un recibimiento con bizcochos cocidos en el hogar, y pueden verse exposiciones sobre agricultura, preparación de comida, curtiduría, artesanía, etc. Es informativo y divertido.

Stavanger Domkirke CATEDRAL

(plano p. 206; Håkon VIIs gate; 30 NOK; ⊙9.00-18.00 jul y ago, 9.00-16.00 may-jun y sep, horario reducido resto del año) Es una catedral de piedra, impresionante pero sencilla, que data de 1125 aproximadamente. Se sometió a una renovación total tras un incendio en 1272 y tiene influencias góticas, barrocas, románicas y anglonormandas. Pese a su restauración en la década de 1860 y en 1940, y a que durante la reforma se desmontaron algunos elementos, según varias fuentes de información, es la catedral medieval más antigua de Noruega que conserva su forma original.

El interior, con maravillosas columnas de piedra, tapices, un elaborado púlpito barroco y una vidriera que representa los principales eventos del calendario cristiano, es conmovedor.

Museo de Stavanger MUSEO

(plano p. 206; ☎51 84 27 00; www.museumstavanger.no; Muségata 16; adultos/niños 90/50 NOK incl. incl. otros museos de Stavanger; ⊙10.00-16.00 lu-do) El museo principal de Stavanger se fundó en el s. XIX, y abarca muchos temas, desde la historia de la ciudad y la cultura vikinga, pasando por un despliegue de animales disecados en la sección de historia natural. Está en un enorme edificio bastante lúgubre en Muségata, que se renovó en el 2017 para acoger el Museo Noruego de la Infancia (p. 204).

Museo Arqueológico MUSEO

(Arkeologisk museo; plano p. 206; ☎51 84 60 00; www.am.uis.no; Peder Klows gate 30a; adultos/niños 50/20 NOK; ⊙10.00-17.00 lu-vi, 10.00-16.00 sa y do jun-ago, 11.00-15.00 mi-sa, hasta 20.00 ma sep-may; 👪) Sigue las huellas de 11 000 años de historia de la humanidad, incluida la era vikinga. Entre sus piezas se incluyen esqueletos, herramientas, una piedra rúnica y una descripción de la simbiosis entre los humanos prehistóricos y su entorno. Tiene un programa de actividades para los niños (como cazas de tesoros y vikingos errantes) en verano.

Breidablikk EDIFICIO HISTÓRICO

(plano p. 206; ☎51 84 27 00; www.breidablikkmuseum.no; Eiganesveien 40a; adultos/niños 90/50 NOK; ⊙10.00-16.00 sa-ju) Esta opulenta casa solariega fue construida por el comerciante y armador Lars Berentsen. Sus auténticos interiores de finales del s. XIX incluyen antiguos aperos de labranza, libros y objetos decorativos.

Ledaal EDIFICIO HISTÓRICO

(plano p. 206; ☎51 84 27 00; www.ledaalmuseum.no; Eiganesveien 45; adultos/niños 90/50 NOK incl. otros museos de Stavanger; ⊙10.00-16.00 sa-ju) De estilo imperial, se construyó entre 1799 y 1803 para el rico armador Gabriel Schanche

MERECE LA PENA

PLAYAS DE LA CIUDAD

Al sur de Stavanger, a 20 min en coche, hay una serie de playas de arena suave. Con el trasfondo de unas dunas salpicadas de algas y cabañas de madera para las vacaciones, todas tienen un ambiente increíble, aunque a menudo son un poco frescas. Sola está al lado del aeropuerto y dispone de aparcamiento y de un quiosco, además del histórico **Sola Strand Hotel** (p. 208). Un poco más allá, Hellestø y Bybergsanden se suceden en una maravillosa continuidad de lo más pacífica, perfecta para pasear sin medir el tiempo o retozar en el agua en verano.

Stavanger

Kielland. Restaurada hace poco y decorada con raros muebles antiguos, es la residencia y casa de veraneo de la realeza.

Actividades

Stavanger es una base estupenda para actividades de aventura en Lysefjord. Los cruceros en barco y las excursiones salen del muelle principal de la ciudad, Fiskespiren.

NuArt Street Art Tour CIRCUITOS

(plano p. 206; www.streetarttours.no; adultos/niños 150 NOK/gratis; ⏲13.00) Estos circuitos a pie exploran 15 años del festival NuArt (p. 207), así como algunos de los murales clave de arte callejero y obras más escondidas repartidas por Stavanger. Duran 90 min, y pueden reservarse en línea o a través de la oficina de turismo de Stavanger (p. 210). El punto de encuentro está en Nedre Strandgate.

Geoparken PARQUE INFANTIL

(plano p. 206; Norsk Oljemuseum; ⏲10.00-19.00 jun-ago, 10.00-16.00 lu-sa, hasta 18.00 do sep-may) GRATIS Los niños de todas las edades disfrutarán de Geoparken, un parque infantil construido con equipos procedentes de prospecciones petrolíferas en el Norsk Oljemuseum.

Stavanger

Principales puntos de interés
- 1 Museo de la Conservería A2
- 2 Gamle Stavanger A1
- 3 Museo del Petróleo C1

Puntos de interés
- 4 Museo de Arqueología C5
- 5 Breidablikk A5
- 6 Ledaal A4
- 7 Museo Noruego de la Infancia C5
- 8 Stavanger Domkirke C3
- 9 Museo Marítimo de Stavanger B2
- Museo de Stavanger .... (véase 7)

Actividades, cursos y circuitos
- 10 Geoparken D1
- 11 Lysefjord Safari D2
- Norled .... (véase 11)
- 12 NuArt Street Art Tour B2
- 13 Rødne Fjord Cruises B2

Dónde dormir
- 14 Clarion Collection Hotel Skagen Brygge B2
- 15 Comfort Hotel Square B3
- 16 Darby's Inn B5
- 17 Havly Hotel C2
- 18 Skansen Hotel B1
- 19 Stavanger B&B D4

Dónde comer
- 20 Bølgen & Moi C1
- 21 Døgnvill C2
- 22 Egget C2
- 23 NB Sørensen's Damskibsexpedition B2
- 24 Renaa Matbaren C2
- Renaa Restauranten .... (véase 24)
- 25 Renaa Xpress Sølvberget C2
- 26 Torget Fish Market B2

Dónde beber y vida nocturna
- B.broremann B.bar .... (véase 18)
- 27 Bøker & Børst C1
- 28 Café Sting C2
- 29 Cardinal C2
- 30 Checkpoint Charlie B3

Circuitos

Guide Companiet PASEOS
(☎51 85 09 20; www.guidecompaniet.no; circuito 2 h adultos 450 NOK) Las excursiones salen al lado de la oficina de turismo (p. 210) y recorren la parte antigua de Stavanger, la catedral y las casas del muelle que se enumeran.

Fiestas y celebraciones

NuArt ARTE
(www.nuartfestival.no; 🕑ppios sep) Festival internacional de arte urbano con exposiciones, circuitos y actuaciones en directo.

NuMusic MÚSICA
(www.numusic.no; 🕑ppios sep) Festival de larga duración de música electrónica, con grandes nombres y locales íntimos e interesantes.

Festival Internacional de Música de Cámara MÚSICA
(www.icmf.no; 🕑ppios ago) Respetado festival de música clásica, con lugares inusuales y una programación interesante.

Festival de Jazz de Mayo MÚSICA
(www.maijazz.no; 🕑ppios may) Grandes actuaciones de *jazz*, con al menos un par de leyendas internacionales cada año.

Stavanger Vinfest VINO
(www.stavangervinfest.no; 🕑med abr) Fiesta del vino de una semana de duración, que se celebra en los mejores restaurantes de la ciudad.

Gladmat COMIDA Y BEBIDA
(www.gladmat.no; 🕑med jul) Al parecer, el mayor festival de comida escandinava.

Dónde dormir

Es una ciudad petrolera y los precios se disparan de lunes a viernes. No es extraño que todo esté ocupado, pero los precios caen y hay disponibilidad los fines de semana y en verano. Hay que evitar el final del mes de agosto los años pares, cuando el espectáculo de la Offshore Northen Foundation (ONS) toma toda la ciudad.

La web de la oficina de turismo (p. 210) tiene una lista de pequeños alojamientos que ofrecen B&B dentro y fuera de Stavanger, aunque estos también son utilizados por los asistentes a la conferencia. Hay que reservar con antelación.

Mosvangen Camping CAMPING $
(☎51 53 29 71; www.stavangercamping.no; Tjensvoll 1b; tiendas 150-250 NOK, cabañas 400-600 NOK; P 📶 🏊) Unos 3 km al sur de Stavanger en la carretera de Ullandhaugveien, este magnífico *camping* parece muy alejado de la ciudad. Las plazas de acampada con hierba y una selección de cabañas de dos y cuatro camas (ninguna con baño) cubren casi todas las posibilidades, y todo ello en un lugar muy verde.

★Thompsons B&B B&B $

(☎51 52 13 29; www.thompsons-bed-and-breakfast.com; Muségata 79; i/d con baño compartido 400/500 NOK; Ⓟ) No hay mayor ganga en Stavanger que este hogareño B&B de cuatro camas, situado en una villa de 1910 en una tranquila zona residencial. El ambiente casero se debe a la cálida y acogedora dueña Sissel Thompson. Las habitaciones son cómodas y acogedoras, y el tradicional desayuno noruego, servido en la mesa de comedor de la planta baja, es generoso.

Comfort Hotel Square HOTEL $

(plano p. 206; ☎51 56 80 00; www.nordicchoicehotels.no; Løkkeveien 41; i 799 NOK, d 999-1499 NOK; ❄📶) Sí, forma parte de una cadena enorme, pero este lugar de Gamle Stavanger ofrece más personalidad que la mayoría. Por fuera, una ondulada fachada de madera y una estupenda azotea; dentro, habitaciones de colores, hormigón visto y gigantescos murales. Los precios bajan los fines de semana (a menudo a la mitad que entre semana), e incluyen el desayuno. Los domingos se puede dormir hasta tarde y dejar la habitación a las 18.00.

Skansen Hotel HOTEL, PENSIÓN $

(plano p. 206; ☎51 93 85 00; www.skansenhotel.no; Skansegata 7; h lu-ju 995 NOK, vi-do 770 NOK) Este hotel es la única opción económica en el centro de la ciudad. Las habitaciones son sencillas y limpias, con unos cuantos detalles agradables, como té, café y dulces noruegos gratuitos. También hay una terraza en la parte de atrás y un bar que encanta a los lugareños en la planta de abajo, B.broremann B.bar (p. 210).

★Darby's Inn B&B $$

(plano p. 206; ☎476 25 248; www.darbysbb.com; Oscars gate 18; h 1180-1280 NOK; Ⓟ❄📶) Las dos habitaciones delanteras de este discreto B&B podrían ser las más bonitas de Stavanger, incluso sin vistas al mar. Los interiores tradicionales de esta casa histórica combinan la madera oscura con muebles antiguos, cuadros, alfombras persas y un piano de cola en la sala de estar y comedor. Las amplias habitaciones son más sencillas, pero tienen lujosas sábanas, mullidos cojines y pesadas cortinas.

Havly Hotel HOTEL $$

(plano p. 206; ☎51 93 90 00; www.havly-hotell.no; Valberggata 1; i/d 1030/1390 NOK; 📶) Algo retirado de la calle principal del puerto, este hotel perteneciente a Best Western, para gente de negocios, es mejor que los habituales hoteles de cadena. Parece un barco de crucero visto de lado, con sus uniformes ventanas cuadradas y su fachada blanca. Las habitaciones, amplias y bien equipadas, son algo aburridas.

Stavanger B&B B&B $$

(plano p. 206; ☎51 56 25 00; www.stavangerbedandbreakfast.no; Vikedalsgata 1a; i 690-790 NOK, d 790-890 NOK; Ⓟ📶) Este minihotel de precio razonable es diferente a los hoteles de cadena. Bastante sencillo, tiene una decoración espartana y algunas de las habitaciones son muy pequeñas (sobre todo las sencillas, con duchas y lavabos embutidos junto a las camas). Los precios incluyen el desayuno, y por las noches sirven café, té y gofres gratuitos.

Sola Strand Hotel CENTRO VACACIONAL $$$

(☎51 94 30 00; www.sola-strandhotel.no; Axel Lunds veg 27, Sola; h desde 1460 NOK; ❄📶🏊) Este hotel familiar, que data de 1914, da a las dunas de arena de la playa de Sola y ofrece 135 habitaciones, casi todas con magníficas vistas del mar. Son muy variadas, en general son modernas, con muebles bastante comunes, estilo cadena. Pero las ventajas adicionales como el fantástico Nordsjøbadet Spa y un estupendo restaurante hacen que valga la pena para los amantes de la playa.

Por desgracia, la proximidad del aeropuerto de Stavanger suele quitar un poco de paz.

Clarion Collection Hotel Skagen Brygge HOTEL $$$

(plano p. 206; ☎51 85 00 00; www.nordicchoicehotels.com; Skagenkaien 30; lu-vi h 2010-2990 NOK, sa y do 1290-1910 NOK; ❄📶) Construido para que parezcan modernas casas adosadas junto al puerto, este lugar elegante es el preferido de los ejecutivos del petróleo que pernoctan aquí. Posee un lujo discreto, grandes habitaciones con vistas al agua, lujosas sillas de *velour* turquesa y chocolate. Hay un gimnasio, bizcochos y gofres gratuitos por la tarde, así como un magnífico salón. Los precios casi caen a la mitad los fines de semana.

Dónde comer

★Renaa Xpress Sølvberget NORUEGA $$

(Stavanger Kulturhus; plano p. 206; ☎51 55 11 11; www.restaurantrenaa.no; Sølvberggata 2; *panini* 89-98 NOK, ensaladas 170 NOK, *pizzas* 180-199 NOK; ⏲10.00-22.00 lu-ju, hasta 24.00 vi y sa, 12.00-22.00 do) Este exclusivo café es uno de los tres restaurantes Renaa de Stavanger, y prácticamente acapara el mercado a la hora del almuerzo. Se recomienda el menú del día de sopa, una enorme ensalada, un *panino* cubierto de *Parmaskinke* (jamón de Parma) o *røkelaks* (salmón ahumado), o puede pedirse una *pizza* de levadura salvaje al horno de leña (disponible desde las 15.00). Huelga decir que el bizcocho, los pasteles y el café son también deliciosos. Las colas pueden ser largas a la hora del almuerzo.

★Renaa Matbaren INTERNACIONAL **$$**
(plano p. 206; ☎51 55 11 11; www.restaurantrenaa.no; Breitorget 6, éntrese desde Bakkegata; platos pequeños 59-125 NOK, principales 165-395 NOK; ⌚16.00-1.00 lu-vi, 11.00-1.00 sa, 14.00-24.00 do) Regentado por el exclusivo chef Sven Erik Renaa, este elegante bistró ofrece una degustación a precios razonables. La carta es clásica: mejillones a la cerveza, entrecot con patatas fritas al romero, sepia con hinojo y chalotas, y todo con un toque nórdico. El vidrio y la madera le dan un aire muy escandinavo, y la colección de arte es estelar (hay una estatua de Antony Gormley).

Døgnvill HAMBURGUESERÍA **$$**
(plano p. 206; ☎51 89 10 00; www.dognvillburger.no; Skagen 13; hamburguesas 139-199 NOK; ⌚11.00-23.00 lu-mi, 11.00-24.00 ju-sa, 12.00-23.00 do; 📶) 🍃 El lugar preferido de los *hipsters* de Stavanger (y de cualquier otra persona, en realidad) es esta elegante hamburguesería que hace todo bien, desde los panecillos artesanos hasta las carnes, quesos y ensaladas de la zona. Se puede pedir una Classic, especiarla con chipotle, y añadir queso azul o *taleggio*, o una vegetariana con remolacha al horno o berenjena ahumada y champiñones. Ñam, ñam.

NB Sørensen's Damskibsexpedition NORUEGA **$$**
(plano p. 206; ☎51 84 38 00; www.herlige-stavanger.no; Skagen 26; principales 149-295 NOK; ⌚16.00-24.00 lu-mi, hasta 1.00 ju y vi, 11.00-1.00 sa, 13.00-23.00 do) La herencia marítima destaca en este local divertido y agradable, una de las numerosas opciones del puerto. Está cubierto de objetos náuticos, y la carta abarca pescado, bistecs, hamburguesas, parrilladas y ensaladas, además de un plato del día tradicional noruego (169 NOK) que se sirve hasta las 19.00. Hay comida más sofisticada en Andre Etage, en la 1ª planta.

Bølgen & Moi NORUEGA **$$**
(plano p. 206; ☎51 93 93 51; www.bolgenogmoi.no; Kjerringholmen, museo del Petróleo; almuerzo principales 189-239 NOK, cena principales 229-369 NOK; ⌚11.00-16.00 lu, 12.00-21.30 ma-sa, 12.00-17.00 do) Aneja al Museo del Petróleo, esta es una buena apuesta para platos básicos como *pizzas*, hamburguesas, ensaladas y mejillones, además de los menús de temporada por la noche. Las ventanas que dan al agua y el rápido servicio añaden puntos positivos, aunque forme parte de una gran cadena nacional de restaurantes.

★Egget BISTRÓ **$$$**
(plano p. 206; ☎984 07 700; Steinkargata 23; platos desde 800 NOK; ⌚18.00-23.00 ma-sa) En un edificio de madera cerca de Steinkargata, este destartalado y humilde restaurante es pequeño de tamaño pero con mucha ambición: la comida es moderna, creativa y da en el clavo de las tendencias, con un énfasis en los sabores frescos y de temporada, de inspiración asiática. No hay carta; los platos se escriben con tiza encima de la barra, desde trucha salvaje a *kimchi*, pasando por costillas guisadas o ensaladas de col asiática. La única pega es que es caro.

Renaa Restauranten NORUEGA **$$$**
(plano p. 206; ☎51 55 11 11; www.restaurantrenaa.no; Steinkargata 10; menú degustación 1400 NOK; ⌚18.00-hasta tarde ma-sa) Para una experiencia culinaria realmente exclusiva, hay que ir al restaurante principal del chef Sven Erik Renaa, premiado por Michelin. Con solo unas cuantas mesas y un número limitado de platos, Renaa se inspira en el lugar y la temporada; pescado, marisco, carne y caza se combinan con microhierbas, ingredientes silvestres y flores comestibles.

Mercado de pescado de Torget PESCADO **$$$**
(plano p. 206; Rosenkildetorget; ⌚mercado 9.00-16.30 lu-sa, restaurante 11.00-21.00 lu-mi, 11.00-24.00 ju-sa) El pequeño mercado de pescado de Stavanger no es de la categoría del de Bergen. Aun así, puede escogerse pescado fresco, y probar ostras, mejillones, almejas, langostas y cangrejos de la zona; el restaurante del mercado prepara buenos platos, como un majestuoso surtido de crustáceos, aunque de precio exorbitante (1550 NOK/2 personas). Aunque no se coma, es divertido mirar.

🍷 Dónde beber y vida nocturna

★Bøker & Børst BAR
(plano p. 206; ☎51 86 04 76; www.bokerogborst.webs.com; Øvre Holmegate 32; ⌚10.00-2.00) Con toda la elegancia decorativa de un salón muy usado, con estanterías llenas de libros, lám-

paras de pie *retro* y empapelado antiguo, este precioso café-bar es un lugar magnífico para matar unas horas. Hay muchas cervezas de grifo, además de aperitivos tipo *pub* y pasteles, y un patio cubierto en la parte de atrás.

Checkpoint Charlie CLUB
(plano p. 206; ☎51 53 22 45; www.checkpoint.no; Nedre Strandgate 5; ⏲20.00-2.00) Con unos 30 años a sus espaldas, es más viejo que muchos de sus clientes habituales. Aún así, todo el mundo acaba aquí en algún momento de su vida y tiene una historia de 'puesto de control' que contar. La web enumera los actos en directo internacionales y locales (desde *indie* a *rock and roll*).

Cardinal PUB
(plano p. 206; ☎982 04 200; www.cardinal.no; Skagen 21; ⏲15.00-1.30 do-mi, desde 12.00 ju-sa) Este *pub* tradicional es el que eligen los aficionados a la cerveza artesana; según dicen, sirven la mayor selección de cervezas de Noruega. Pueden probarse cinco de una vez si se pide una "Planken" (surtido de cinco medias pintas de cerveza).

Café Sting CAFÉ
(plano p. 206; ☎51 89 32 84; www.cafesting.no; Valbergjet 3; ⏲12.00-22.00 lu-mi, 12.00-24.00 ju y vi, 11.00-24.00 sa, 13.00-22.00 do) Gran apuesta si se quiere esquivar el jaleo del puerto. Esta antigua casa blanca atrae a un público cultivado con sus conciertos, noches de *jazz* y exposiciones. Hay una pequeña azotea con vistas al parque cercano.

B.broremann B.bar BAR
(plano p. 206; ☎406 36 783; www.broremann.no; Skansegata 7; ⏲18.00-2.00 ma-ju y do, 16.00-2.00 vi y sa, cerrado lu) Uno de los bares más queridos de Stavanger, este tranquilo lugar atrae a un exigente público mayor de 30 años y, después, a personal de hostelería de la zona que toma cervezas y cócteles al terminar el turno.

Información

Oficina de turismo (plano p. 206; ☎51 85 92 00; www.regionstavanger.com; Strandkaien 61; ⏲9.00-20.00 jun-ago, 9.00-16.00 lu-vi, 9.00-14.00 sa sep-may) Información local y asesoramiento sobre Lysefjord y Preikestolen.

Stavanger Turistforening DNT (plano p. 206; ☎51 84 02 00; www.stf.no; salida Muségata; ⏲10.00-16.00 lu, mi, vi y sa, 10.00-18.00 ma y ju) Información sobre excursiones y refugios de montaña.

Cómo llegar y salir

AVIÓN

El **aeropuerto de Stavanger** (☎51 65 80 00; https://avinor.no/en/airport/stavanger airport) está en Sola, 14 km al sur del centro de la ciudad. Además de las líneas internacionales, hay servicios de líneas nacionales. También hay vuelos de temporada a destinos de Europa.

Norwegian (www.norwegian.com) Vuelos a Oslo, Bergen y Trondheim.

SAS (www.sas.no) Vuelos a Oslo y Bergen, además de destinos internacionales como Londres y Aberdeen.

Widerøe (www.wideroe.no) Vuela a Bergen, Kristiansand, Sandefjord, Florø y Aberdeen.

BARCO

Hay ferris internacionales y circuitos en barco por **Lysefjord** (p. 211) desde Stavanger.

Kolumbus (plano p. 206; ☎81 50 01 82; www.kolumbus.no; Verksgata) también tiene un ferri exprés a Lysebotn (adultos/niños/automóviles 160/80/567NOK, 1 diario lu, mi y vi), así como ferris de automóviles a varios destinos.

AUTOBÚS

La mayoría de las líneas a Oslo transbordan en Kristiansand.

AUTOMÓVIL Y MOTOCICLETA

Stavanger está unos 210 km al sur de Bergen, y 138 km al sur de Haugesund, ambos vía la E39. Es una ruta cara por los ferris y peajes de carretera y de ciudad.

TREN

La mayoría de los trenes a Oslo transbordan en Kristiansand. A menudo se consiguen billetes más baratos que los anunciados reservando con una semana o más de antelación.

AUTOBUSES DESDE STAVANGER

DESTINO	TARIFA (NOK)	TIEMPO (H)	FRECUENCIA (DIARIOS)
Bergen	475	5½	cada hora
Haugesund	241	2	cada hora
Kristiansand	406	4½	4
Oslo	742-811	9½	3

Cómo desplazarse

De primera hora de la mañana a última hora de la tarde o por la noche, **Flybussen** (plano p. 206; ☎51 52 26 00; www.flybussen.no/stavanger; adultos ida/ida y vuelta 120/180 NOK) ofrece de tres a cuatro salidas por hora entre la **terminal de autobuses** (plano p. 206; Jernbaneven) y el aeropuerto de Sola.

LYSEFJORD

A lo largo de los 42 km de Lysefjord (fiordo claro), la roca de granito brilla con una luz etérea e incluso en días grises lo impregna una neblina casi luminosa. Es el fiordo favorito de muchos, y no hay duda de que tiene una belleza cautivadora.

Hay dos razones de peso para explorar este lugar maravilloso: un crucero por el fiordo, o la excursión de 4 h a lo alto del Púlpito (Preikestolen), el acantilado saliente que ha adornado un millón de postales de Noruega. Los temerarios quizá también quieran subir a **Kjeragbolten,** una roca encajada entre dos acantilados verticales.

El trayecto en ferri desde Stavanger lleva hasta el origen del fiordo en Lysebotn, donde una carretera estrecha y muy fotografiada asciende en espiral durante 1000 m hacia Sirdal con 27 curvas muy cerradas. Desde Lysebotn, la carretera sube retorciéndose por la montaña y continúa hasta la región de Setesdalen y Oslo.

Actividades

★El Púlpito (Preikestolen) EXCURSIONISMO

Ver a la gente en lo alto de esta extraordinaria formación rocosa de granito es una de las imágenes más emblemáticas de Noruega. A 604 m por encima del fiordo, enmarcada por precipicios por los tres lados, el Púlpito (Preikestolen) es uno de los lugares más destacados del país. Hay una empinada excursión (4 h, i/v) desde Preikestolhytt a Vandrerhjem, y suele ser accesible de abril a septiembre, en función de la nieve.

La senda de 2 h y 3,8 km comienza por una ruta empinada pero bien señalizada, luego asciente pasando por una serie de tramos alternos empinados y pantanosos hasta el ascenso final por losas de granito y a lo largo de ventosos y desprotegidos precipicios hasta Preikestolen. Los tramos más empinados se hallan al principio y en el medio del camino y pueden resultar un desafío para quien no esté en forma. En teoría puede hacerse en invierno, pero no es aconsejable debido a la probabilidad de mal tiempo y a que hay menos transporte público.

Al igual que en muchos otros atractivos naturales de Noruega, no hay vallas ni barreras de ningún tipo, y pese a la alarmante grieta donde se une con las montañas, es probable que continúe ahí unos cuantos siglos más. La roca recibe más de 200 000 visitantes al año, aunque solo ha habido un muerto por accidente, en el 2013; aun así, hay que tener cuidado, a pesar de que otras personas no parezcan tenerlo. Para quienes padecen vértigo, solo ver a otros con las piernas colgadas sobre el abismo puede hacer que el corazón se les pare. Unos senderos rocosos conducen hasta las montañas de detrás, con vistas todavía más maravillosas.

La zona ofrece otras excursiones fabulosas –el **circuito por la cresta de Vatnerindane** (2 h), **Ulvaskog** (3 h), el **circuito de Refsvatnet** (3 h) y la cima de **Moslifjellet** (3 h) e incluso una excursión de dos días hasta **Lysebotn**–, todas accesibles desde el aparcamiento de Preikestolhytta. Para más información sobre posibles rutas y cabañas del DNT a lo largo de los senderos, hay que visitar el Stavanger Turistforening DNT (p. 210) antes de salir de Stavanger.

Fjord Expedition KAYAK

(☎942 75 439; www.fjordexpedition.com; Rådhusgata 7, Jorpeland; 2950 NOK) Magnífica forma de explorar el luminoso Lysefjord, en kayak, sin nada más que silencio y naturaleza alrededor. Esta empresa de actividades al aire libre ofrece excursiones guiadas de dos días para ver los animales de Lysefjord, además de bahías escondidas e islas a las que los barcos de crucero nunca llegan. De noche, se acampa en tiendas o en un *lavuu* tradicional (tienda sami).

Outdoor Life EXCURSIONISMO

(☎97 65 87 04; www.outdoorlifenorway.com; ⏲1 día senderismo 1290 NOK/persona) Excursiones guiadas a diversos lugares de Lysefjord, incluidos muchos apartados de la senda estándar de Preikestolen, así como expediciones a Kjerag y otros lugares. También hay excursiones en las que se pernocta, y otras en bicicleta y barco. Además organizan excursiones en invierno, cuando es probable que se tenga la roca para uno solo, una experiencia rara y preciosa.

PLANIFICACIÓN PARA LYSEFJORD Y PREIKESTOLEN

Cruceros a Lysefjord

Dos empresas, incluida **Rødne Fjord Cruises** (plano p. 206; ☎51 89 52 70; www.rodne.no; Skagenkaien 35-37, Stavanger; adultos/niños/familias 490/300/1300 NOK, billete Preikestolen barco y senderismo 720 NOK), ofrecen cruceros de tres horas de Stavanger a Lysefjord. De camino, se visitan entre otros la **Cueva del Vagabundo** y la **cascada de Hengjane,** y se ven cabras por las laderas.

Lysefjord y el Púlpito

Si se quiere ir de excursión al Púlpito (Preikestolen) sin automóvil, la opción más barata es reservar un billete con **Norled** (plano p. 206; www.norled.no; Lysefjord crucero adultos/niños/familias 450/280/1100 NOK, billete Preikestolen barco y autobús 320 NOK), o con Tide (www.tide.no). El viaje cuesta 320/150 NOK adultos/niños, incluido el billete de ida y vuelta en el ferri Stavanger-Tau, y el autobús de ida y vuelta entre Tau y el comienzo de la senda en Preikestolhytta.

Rødne Fjord Cruises ofrece sus propias excursiones en crucero y a pie (adultos 780/500 NOK); están incluidos el billete del crucero a Tau y el billete de autobús entre Tau y Preikestolhytta, pero hay que añadir el billete del ferri de vuelta a Stavanger (adultos/niños 56/28 NOK).

Tener automóvil propio facilita las cosas. Puede tomarse el **ferri Stavanger-Tau** (p. 213) desde el muelle de Fiskespiren y seguir la Rv13 durante 13 km hasta el desvío de Preikestolhytta Vandrerhjem, situado a 6 km (1½ h en automóvil).

Lysefjord Safari NAVEGACIÓN
(plano p. 206; ☎913 59 132; www.fjordevents.no; excursión en lancha motora 900 NOK; ⊙may-sep) Si uno encuentra los cruceros demasiado tranquilos, probablemente estas improvisadas excursiones en lancha motora son más apropiadas. Salen de Stavanger y recorren todo Lysefjord en solo un par de horas. Proporcionan chalecos salvavidas, pero no pastillas para el mareo. Hay excursiones diarias desde el muelle de Fiskespiren.

Kjeragbolten EXCURSIONISMO
Es probable que se haya visto una foto de esta roca, encajada entre dos precipicios verticales separados unos 2 m y con una caída de infarto debajo. La excursión (10 km, 5 h, i/v) incluye un extenuante ascenso de 700 m desde el aparcamiento de Øygardsstølen Café (aparcamiento 30 NOK), cerca de la curva pronunciada más alta sobre Lysebotn.

De mediados de mayo a finales de agosto, **Tide** (http://fjords.tide.no/hikingtour-kjerag) también organiza excursiones (13½ h, i/v, autobús-barco-a pie) a la roca encajada de Kjeragbolten (adultos/niños 590/450 NOK), a la que por lo demás es difícil llegar. Incluye tiempo para la caminata (5 h, i/v).

La ruta a pie es dura, asciende con dificultad y pasa tres crestas, además de empinadas laderas embarradas. Una vez que se llega a Keragbolten, es complicado bajar hasta la roca; entre otras cosas hay que atravesar una cornisa sobre un precipicio de 1000 m. Desde ahí se puede caminar, o arrastrarse, para bajar a la roca y hacerse la foto definitiva.

Dónde dormir

Cabaña turística de Lysefjord ALBERGUE
(☎948 26 602; www.lysefjordenturisthytte.dnt.no; Lysebotn; dc/c 380/1520 NOK; ⊙jun-ago) A 50 m metros del muelle está la antigua cantina Lyse. La Asociación de Senderismo de Stavanger ofrece habitaciones con ducha y aseos, o un alojamiento más barato en dormitorios comunes. El café contiguo y el salón están abiertos para el desayuno, el almuerzo y la cena, y está autorizado para vender cerveza y vino. Se pueden alquilar la ropa de cama y las toallas.

★ **Preikestolen Fjellstue** REFUGIO $
(☎51 74 20 74; www.preikestolenfjellstue.no; Jørpeland; hostel dc/i/d/c 325/530/770/1420 NOK, *lodge* i/d 1150/1520 NOK) Remodelado hace poco, este refugio de montaña y albergue del DNT al inicio del sendero implica que Preikestolen ya dispone de un alojamiento digno de su esplendor natural. Hay una amplia variedad de alojamientos para todos los presupuestos, incluso un albergue (con comida y ropa de cama incluidos), habitaciones de estilo sencillo y casas familiares. También hay un café

para comidas antes y después de la caminata (platos principales 98-288 NOK).

En verano, el campamento acuático Basecamp dispone de hamacas colgadas en un muelle techado a la orilla del lago. Se puede ir en canoa o paseando junto al lago Refsvant. El alquiler de la canoa está incluido en el precio y se puede usar durante toda la estancia. En torno a la hoguera se preparan desayunos calientes. Cuesta 3500 NOK para 10 personas, o 2500 NOK si son miembros de DNT.

Preikestolen Camping
CAMPING $

(☎481 93 950; www.preikestolencamping.com; Jørpeland; tienda y parcela para automóvil y 2 adultos 280 NOK; ⏲abr-oct, puertas abiertas 7.00-22.00) El *camping* más cercano a Preikestolen está a 1 km del desvío de la Rv13 de camino a Preikestolen Fjellstue. Está rodeado de bosque, bien gestionado y tiene buenas instalaciones, incluida una tienda-restaurante. Es perfecto para sacar ventaja a las multitudes, aunque quedan otros 5 km antes de llegar al principio de la senda.

Kjerag Restaurant
CAFÉ $

(Øygardsstølen; ☎975 11 651; Fv500, Lysebotn; tentempiés y comidas ligeras 79-189 NOK; ⏲7.30-20.00 med jun-med sep) Situado en la parte este de Lysefjord, cerca de Lysebotn, este café que casi toca el cielo está al final de una serie de curvas, pero ofrece una vista increíble del fiordo a través de sus ventanas al estilo de la proa de un barco. La comida es básica (sándwiches, ensaladas y aperitivos) pero uno no lamenta parar aquí.

ℹ Información

Lysefjordsenteret (☎51 70 31 23; www.lysefjordsenteret.no; Oanes; granja de salmón adultos/niños 60/30 NOK; ⏲12.00-17.00 med jun-med ago, 12.00-17.00 do solo resto del año) Un entorno de ensueño al norte de la terminal del ferri en Oanes, con información turística, piscifactoría de salmones, restaurante y exposiciones geológicas y etnológicas.

Para información sobre la región, véanse www.lysefjordeninfo.no y www.visitlysefjorden.no.

ℹ Cómo llegar y salir

Lysefjord está a unos 45 km de Stavanger por la Rv13. Hay dos opciones para llegar allí en automóvil: en el ferri directo a Tau desde Stavanger, o en la ruta más enrevesada del ferri de Solvorn-Oanes.

La pequeña población de Oanes está en la boca occidental del fiordo, mientras que Lysebotn está en su parte este, 46 km directos en los ferris del fiordo.

BARCO

El **ferri Stavanger-Tau** (www.tide.no; adultos/niños 56/28 NOK, automóvil incl. conductor 167 NOK; ⏲cada 40-45 min) recorre al menos una vez por hora el fiordo de Stavanger a Tau, desde donde se puede seguir hasta el principio de Preikestolen.

La otra opción es tomar el más rápido pero menos frecuente **ferri Solvorn-Oanes** (www.lustrabaatane.no; adultos/niños 40/20 NOK, automóvil incl. conductor 110 NOK; ⏲4-8 diarios) por la Rv13.

Fiordos occidentales

Incluye »

Los mejores restaurantes

- Maki (p. 254)
- Restaurant Arven (p. 219)
- Knutholmen (p. 240)
- Sødahl-Huset (p. 244)
- Ciderhuset (p. 227)

Los mejores alojamientos

- Juvet Landscape Hotel (p. 245)
- Hotel Aak (p. 244)
- Villa Norangdal (p. 249)
- Hotel Brosundet (p. 253)
- Walaker Hotell (p. 224)
- Sveggvika (p. 258)

Por qué ir

Forjados al paso de glaciares antiguos y modernos, los profundos valles occidentales de Noruega, sumergidos bajo el mar y flanqueados por relieves agrestes y escarpados, conforman un paisaje tan singular y bello que se ha convertido en uno de los destinos más deseados del mundo.

Si bien los sublimes fiordos le restan protagonismo, la costa no es menos extraordinaria, batida por un océano a menudo indomable y respaldada por el verde intenso de las cumbres montañosas. Los ferris están indefectiblemente ligados al oeste. No solo navegan por la descabellada geografía, sino que permiten disfrutar del viaje y ofrecen cautivadoras vistas que sería imposible contemplar de otro modo.

La zona es excelente para hacer senderismo, ya sea por libre, siguiendo uno de los muchos caminos señalizados, o en un glaciar mediante un circuito guiado. Y, si después de tanta naturaleza apetece una ciudad con algo de sofisticación, ningún sitio mejor que la pequeña joya de Ålesund.

Cuándo ir

Ålesund

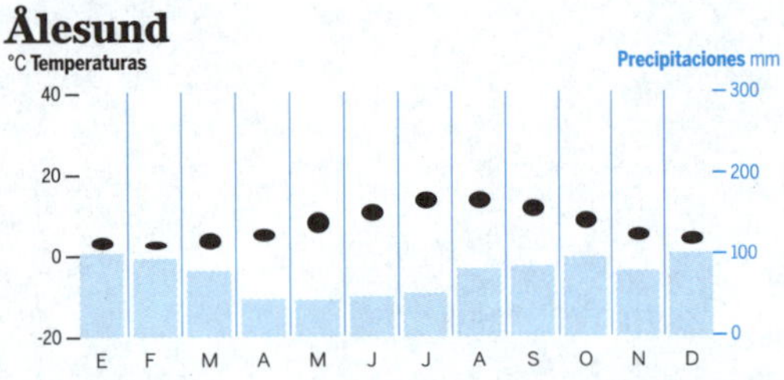

Ppios jul Se celebra el Norsk Fjellfestival, una fiesta popular al aire libre, en la impresionante Åndalsnes.

Med jul Una semana de fiestas en Molde durante el Moldejazz.

Finales ago Se saborea el marisco de Ålesund durante el Festival Gastronómico de Noruega.

SOGNEFJORDEN

El segundo fiordo más largo del mundo (203 km) y el más profundo de Noruega (1308 m) hace un hondo surco en el mapa del oeste del país. En algunos sitios, las paredes verticales se elevan más de 1000 m sobre el agua, y en otros, el litoral menos empinado da sostén a granjas, huertos y pueblos.

La ancha vía marítima principal es espectacular, pero adentrarse en sus ramales más estrechos, como el profundo y encantador Nærøyfjord, permite disfrutar de vistas idílicas a abruptos acantilados y cascadas.

El sitio web www.sognefjord.no ofrece una completa guía de la zona.

Puntos de interés

★Iglesia de madera de Borgund IGLESIA
(www.stavechurch.com/en/borgund; Borgund; adultos/niños 90/70 NOK; ⌚8.00-20.00 may-sep, 10.00-17.00 oct-abr) Esta iglesia de madera del s. XII, 30 km al sureste de Lærdalsøyri por la E16, fue erigida junto a una de las grandes rutas comerciales entre el este y el oeste de Noruega. Dedicada a san Andrés, es la mejor conservada de todo el país y está entre las más conocidas y fotografiadas. Su sencillo y oscuro interior y el rústico altar resultan conmovedores. Junto a ella se alza el único campanario exento de madera que se mantiene en pie en el país.

Cómo llegar y salir

BARCO

Norled (www.norled.no) ofrece un barco diario de Bergen a Flåm (adultos/niños 825/415 NOK, 5½ h), que en el trayecto para en varios pueblos pequeños como Vik, Balestrand y Sogndal.

Fjordtours (www.fjordtours.no) también ofrece el circuito Sognefjord in a Nutshell desde Bergen (1610 NOK, 10 h), con un desvío opcional por Nærøyfjorden.

También hay varios ferris locales que cruzan el Sognefjord y que permiten a pasajeros y coches evitar el gran rodeo a la cabeza del fiordo.

AUTOBÚS

Varios servicios de autobús recorren los pueblos alrededor del fiordo, como Flåm, Vik y Sogndal.

TREN

El panorámico ferrocarril de Flåmsbana (p. 218) recorre la ladera desde Myrdal, y enlaza con la línea de ferrocarril principal Oslo-Bergen.

AURLANDSFJORDEN

El profundo y estrecho Aurlandsfjorden, un ramal del curso principal de Sogneforden, tiene unos 29 km de largo, pero tan solo 2 km en su punto más ancho, por lo que abarca una gran cantidad de paisajes en un espacio relativamente pequeño. La mejor vista de este fiordo la ofrece el impresionante mirador de Stegastein, que sobresale en la ladera de la asombrosa carretera Aurlandsfjellet.

Aurland y Flåm están cerca de la cabeza del fiordo y son los mejores lugares para alojarse y avituallarse.

Flåm

450 HAB.

Con un emplazamiento espectacular al final del Aurlandsfjorden, junto al Sognefjord. Su principal atractivo es el magnífico ferrocarril de montaña que asciende hacia los picos circundantes y ofrece vistas realmente sorprendentes. Por desgracia, es muy popular, y este pequeño pueblo queda inundado de miles de visitantes los días más concurridos del verano. Lo mejor es venir en primavera y otoño, épocas más tranquilas, o a principios de verano como mucho. El circuito Norway in a Nutshell también para aquí.

Puntos de interés

Museo del Flåmsbana MUSEO
(⌚9.00-20.00 may-sep, reducido resto del año) GRATIS Aunque está situado junto al andén del ferrocarril de Flåmsbana, este pequeño museo no se centra en los trenes: hay fotos fascinantes de las brigadas de construcción y de la vida en Flåm antes de que coches y autobuses se abrieran paso hasta aquí.

Actividades

La oficina de turismo (p. 219) ofrece folletos gratuitos con senderos locales, que van de 45 min a 5 h. Hay varios sitios para alquilar bicicletas en el pueblo, también para el sendero Rallarvegen.

★Rallarvegen CICLISMO
(Navvies' Road; www.rallarvegen.com) La Rallarvegen es la ruta de servicio que empleaban los peones que construyeron el ferrocarril de Flåmsbana. Hoy es una gran ruta de ciclismo de 83 km desde Haugastøl (1000 m) o de 56 km desde Finse (más fácil). También se puede hacer como una excursión de un día muy asequible desde Myrdal, 18 km al sur de Flåm.

Imprescindible

1 **Geirangerfjord** (p. 246) Hacer un crucero por el fiordo más famoso y visitado de Noruega.

2 **Carretera de Trollstigen** (p. 243) Atreverse con las cerradas curvas y caídas de vértigo de esta locura de carretera.

3 **Nigardsbreen** (p. 232) Navegar en kayak por un lago glacial y hacer crujir el vetusto hielo.

4 **Loen Skylift** (p. 235) Subir en teleférico a las montañas para disfrutar de una magnífica vista del fiordo.

5 **Ferrocarril de Flåmsbana** (p. 218) Disfrutar de un viaje en tren por los paisajes más bellos de Noruega.

6 **Carretera del océano Atlántico** (p. 258) Cruzar los numerosos e increíbles puentes de esta clásica ruta del norte.

7 **Stegastein** (p. 220) Zigzaguear por la

Aurlandsfjellet para hacerse una *selfie* desde este alucinante mirador.

8 **Ålesund** (p. 250) Admirar la elegante arquitectura *art nouveau* de la ciudad y las islas de la costa.

9 **Iglesia de madera de Borgund** (p. 215) Pensar en el pasado medieval de Noruega en esta bonita iglesia de madera, una de las muchas que hay en los fiordos.

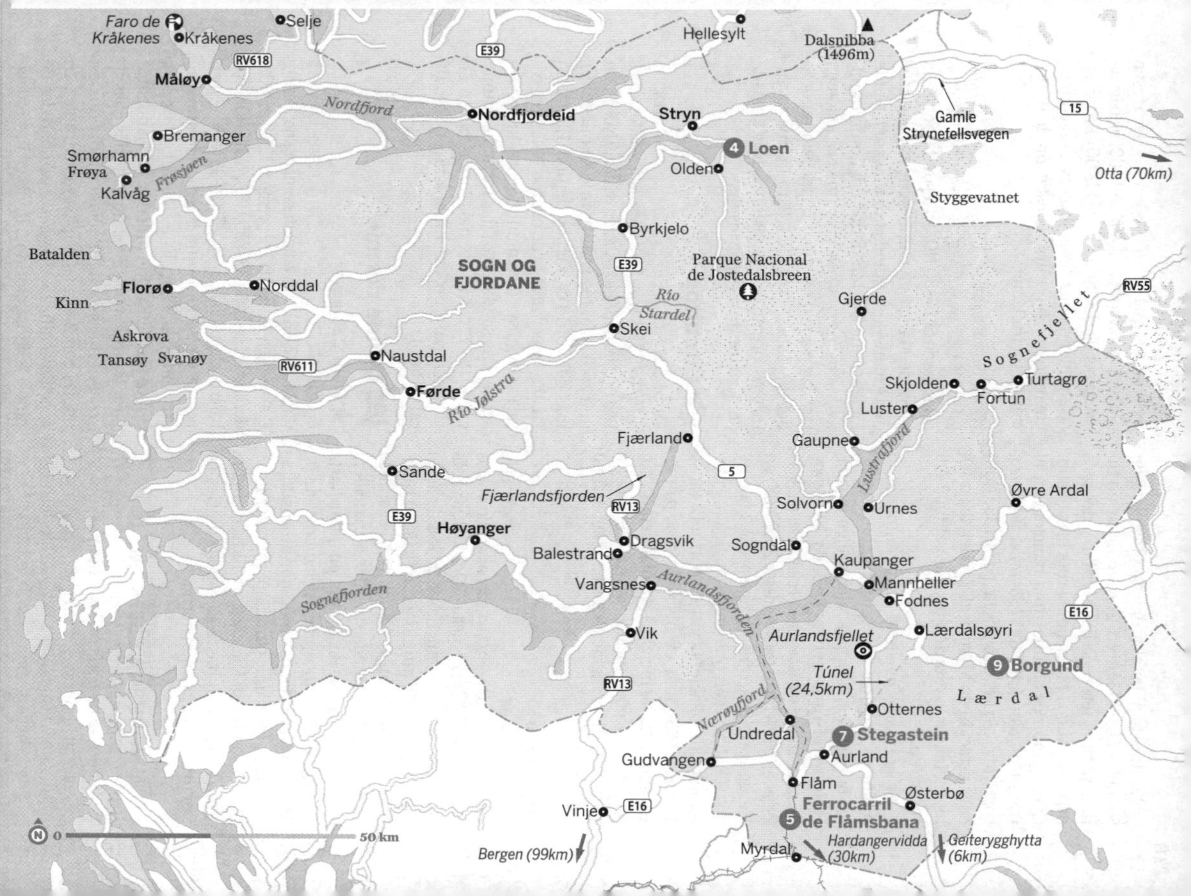

Lo más fácil es alquilar una bicicleta en Sykkelutleige i Flåm (p. 218), comprar un billete para el ferrocarril a Myrdal, y después descender unos 18 km por la ruta hasta Flåm. Otra opción es alquilar una bicicleta en el **Cafe Rallaren** (☎57 63 37 56; www.caferallaren.no; Myrdal; alquiler de bicicletas por día 350 NOK) en la estación de Myrdal; se pueden dejar las bicicletas en la estación de Flåm al final del recorrido.

Si se quiere hacer la ruta completa, lo mejor es ponerse en contacto con uno de los hoteles que hay más adelante en la ruta. **Haugastøl Turistsenter** (☎32 08 75 64; www.haugastol.no; Haugastølvegen, Haugastøl; paquete 2 días en bicicleta por persona desde 2850 NOK) en Hardangervidda, ofrece paquetes de 2 noches en el Rallarvegen que incluyen alojamiento, alquiler de bicicletas y transporte. El Finse 1222 (p. 165), más exclusivo, ofrece paquetes similares de bicicleta y alojamiento y un trayecto un poco más corto. Ambos hoteles permiten dejar las bicicletas en Flåm al final de la ruta.

★Ferrocarril de Flåmsbana FERROCARRIL
(www.visitflam.com/en/flamsbana; adultos/niños ida 360/180 NOK, ida y vuelta 480/240 NOK) Esta maravilla de la ingeniería de 20 km de largo sube a 864 m de altitud a través de 20 túneles. Con una inclinación del 18%, es la línea de tren más empinada sin cable o cremallera del mundo. Se tarda 45 min en subir hasta Myrdal por la inhóspita y pelada meseta de Hardangervidda, pasando por atronadoras cascadas (hay una parada para hacer fotos en la asombrosa Kjosfossen). El tren circula todo el año, con hasta 10 salidas diarias en verano, y menos en invierno.

NORUEGA ESENCIAL

Aunque la mayoría de los visitantes realizan el clásico circuito Norway in a Nutshell desde Oslo o Bergen, también puede hacerse una versión reducida (adultos/niños 775/400 NOK). Esta ruta circular desde Flåm –en barco a Gudvangen, en autobús hasta Voss, en tren a Myrdal y otra vez en tren por la espectacular línea de Flåmsbana hasta Flåm– es lo esencial y comprende lo más bonito. El barco de Gudvangen zarpa de Flåm a las 9.00 y el tren Flåmsbana sale a las 16.55.

Sykkelutleige i Flåm CICLISMO
(Rallar Road Cycle Hire; ☎57 63 14 00; alquiler bicicleta por día 350 NOK; ⊙9.00-18.00) Empresa de alquiler de bicicletas situada en el edificio amarillo que hay entre la estación de trenes y el Fretheim Hotel.

Njord Sea Kayak KAYAK
(☎913 16 628; www.seakayaknorway.com; adultos/niños desde 660/480 NOK) Desde la pequeña playa de Flåm, esta empresa de kayak ofrece dos excursiones guiadas diarias: una salida en kayak de 3 h alrededor del fiordo (adultos/niños 660/480 NOK) y una excursión en kayak y a pie de 4 h por el antiguo sendero del Rey (800/580 NOK). Para los más aventureros, organiza expediciones de acampada en la naturaleza de varios días.

Circuitos

Fjord Safari AVENTURA
(☎57 63 33 23; www.fjordsafari.com; adultos/niños 1½h circuito 640/440 NOK, 3 h 890/610 NOK) Con una zódiac/barco semirrígido se puede ver más del fiordo en menos tiempo. El equipo facilita impermeable de cuerpo entero, necesario para esta fascinante incursión por las aguas. Las salidas, paradas incluidas, duran entre 1½ h y 3 h; las más largas paran en Unredal para probar limonada y queso de cabra local.

Dónde dormir

★Flåm Camping & Hostel ALBERGUE, CAMPING $
(☎940 32 681; www.flaam-camping.no; Nedre Brekkevegen 12; tienda 1/2 personas 120/205 NOK, dc/i/tw/c con baño 335/550/920/1315 NOK, con baño compartido 260/450/720/995 NOK; ⊙mar-nov; P📶) Para los que buscan alojamiento económico en Flåm. Este albergue y *camping* ofrece una ubicación práctica y alojamientos para todos los bolsillos: dormitorios colectivos con literas y habitaciones individuales, dobles con 2 camas, triples y cuádruples, en sencillos edificios tipo *lodge* con paredes de pino y tejidos coloridos. También hay mucho espacio con hierba para caravanas y tiendas, y está a poca distancia a pie del puerto deportivo.

Flåm Marina & Apartments APARTAMENTOS $$
(☎57 63 35 55; www.flammarina.no; i/tw 1095/1295 NOK, apt 1150-2450 NOK) Este establecimiento junto al agua ofrece algo diferente en Flåm: varios apartamentos independientes para entre 1 y 5 personas, amueblados con sen-

cillez pero con la gran ventaja de tener un pequeño salón y una cocina de verdad. Ideal para familias (algunos apartamentos tienen habitaciones con literas). Muchos tienen vistas al fiordo desde el salón. También hay habitaciones de hotel estándar.

Alberga el restaurnte Bryggerestaurant (abajo).

Heimly Pensjonat PENSIÓN **$$**
(☎57 63 23 00; www.heimly.no; i/d desde 945/1295 NOK; ⊙jun-med sep; 📶) El exterior no promete mucho, pero las habitaciones de esta pensión de gama media no están mal, aunque sin florituras. Hay un pequeño jardín en la parte de delante y la ubicación es agradable, lejos del barullo del puerto. Algunas habitaciones tienen vistas al fiordo.

Flåmsbrygga HOTEL **$$$**
(☎57 63 20 50; www.flamsbrygga.no; h 1295-2590 NOK; ❄📶) Moderno hotel justo al lado del muelle. Ofrece una estética rústica preciosa, con revestimiento de madera, alfombras, vigas y detalles del estilo. Todas las habitaciones menos dos tienen balcón y magníficas vistas al fiordo. Está en un sitio concurrido, pero muy cerca de todo, incluido el *pub* y restaurante contiguo, el Ægir Bryggeri.

Fretheim Hotel HOTEL **$$$**
(☎57 63 63 00; www.fretheim-hotel.no; Nedre Fretheim; i 1045-1145 NOK, d 1400-2190 NOK; P📶) Frecuentado por la aristocracia inglesa que acudía a pescar con mosca en el s. XIX, este enorme hotel de 122 habitaciones es, pese a su tamaño, acogedor e íntimo. En el edificio original de 1870 se han restaurado 17 habitaciones a imagen de las originales, pero con todas las comodidades modernas; las alas americanas son puro lujo contemporáneo.

Dónde comer y beber

Flåm Bakery PANADERÍA **$**
(pasteles y pastas 25-40 NOK; ⊙8.00-17.00) Esta pequeña panadería vende magdalenas, pastas danesas, cruasanes y pasteles, además de algunos deliciosos panes noruegos tradicionales.

Bryggerestaurant NORUEGA **$$**
(☎57 63 35 55; www.flammarina.no/bryggerestaurant; principales 150-330 NOK; ⊙9.00-22.00 lu-sa, 10.00-22.00 do) Una buena opción para comida sencilla (*fish and chips*, hamburguesas de alce, guiso de cordero y *klippfisk*) servida en un agradable espacio frente al agua del Flåm Marina & Apartments (p. 218).

★ **Restaurant Arven** NORUEGA **$$$**
(☎57 63 63 00; www.fretheimhotel.no; Fretheim Hotel; principales 165-315 NOK, bufé 495 NOK; ⊙18.30-21.30) Este buen restaurante está en la 2ª planta del Fretheim Hotel y ofrece magníficas vistas al puerto y al fiordo. Su cocina no es muy neonórdica, pero pone un gran énfasis en los productos de temporada y proximidad y se interesa por reinterpretar los platos noruegos clásicos con un toque más moderno, como reno ahumado, ceviche de fletán o helado de queso marrón.

Ofrece servicio a la carta o un bufé de cena.

Ægir Bryggeri FÁBRICA DE CERVEZA
(☎57 63 20 50; www.flamsbrygga.no/aegir-bryggeripub; Flåmsbrygga; ⊙12.00-22.00 may-med sep, 18.00-22.00 med sep-abr) Con aspecto de iglesia de madera y decorado con atractiva carpintería y baldosas, ofrece seis clases diferentes de cerveza de barril de fabricación propia. También prepara sabrosos platos caseros noruegos con un toque creativo, así como hamburguesas y *pizzas* (160-210 NOK).

Información

La **oficina de turismo** (☎57 63 33 13; www.visitflam.com; Stasjonsvegen; ⊙8.30-20.00 jun-ago, hasta 16.00 may y sep) de temporada está dentro de la estación de trenes.

Cómo llegar y salir

AUTOBÚS

Hay autobuses desde Flåm a los siguientes destinos.

DESTINO	TARIFA (NOK)	DURACIÓN	FRECUENCIA (DIARIA)
Aurland	38	15 min	4-8
Bergen	285-350	3 h	2-6
Gudvangen	45-56	20 min	4-8
Lærdalsøyri	101	45 min	2-6
Sogndal	165	1¾ h	2-6

BARCO

Desde Flåm zarpan barcos a ciudades cercanas a Sognefjorden.

El viaje más pintoresco desde Flåm lo hace el ferri de pasajeros (p. 222) que va por el Nærøyfjord hasta Gudvangen (5 diarios), con un autobús de conexión a Voss, de donde salen trenes a Oslo o Bergen. En la oficina de turismo (p. 219) se venden billetes.

De mayo a septiembre, Norled (p. 212) ofrece un ferri directo a Bergen (adultos/niños 825/415

NOK, 5½ h). Hay al menos un barco exprés diario a Balestrand (280/143 NOK, 2 h) todo el año. Hay descuento si se compran los billetes en línea con antelación.

TREN

Flåm es el único pueblo de Sognefjorden con conexión de tren gracias al ferrocarril de Flåmsbana (p. 218). Hay conexiones de tren vía Myrdal a Oslo (1141 NOK, 5½ h) y Bergen (669 NOK, 2¾ h).

Aurland

1715 HAB.

El apacible Aurland ofrece un ambiente mucho más calmado que el de su vecino Flåm, solo 10 km al sur, en el mismo fiordo. También es famoso por ser uno de los extremos del Lærdalstunnel (24,5 km), el túnel terrestre más largo del mundo. Es un enlace básico en la E16 que une Oslo y Bergen (antes de su finalización, los vehículos tenían que desplazarse en ferri entre Lærdal y Gudvangen), y una alternativa rápida a la sinuosa Aurlandsfjellet, de 45 km y conocida como la "carretera de la nieve", que sube por uno de los puertos de montaña más altos de Noruega. Esta carretera solo suele ser transitable de junio a octubre.

Se puede elegir: rapidez y practicidad por el Lærdalstunnel, o un trayecto divertido en coche con vistas impresionantes por la carretera de montaña.

Puntos de interés

★Stegastein MIRADOR

Esta maravilla de la ingeniería moderna sobresale sobre el fiordo a una altitud de 630 m y es uno de los mejores miradores de Noruega. Revestido de pino y balanceándose sobre unas patas de acero alarmantemente finas, parece querer rodar hacia el fiordo, con solo una barandilla de cristal que separa de una larga caída. Es popular, así que vale la pena levantarse temprano o ir tarde para disfrutarlo en soledad.

Está a unos 8 km de Aurland por una estrecha carretera sinuosa.

★Aurlandsfjellet CARRETERA PANORÁMICA

(SnøVegen; www.nasjonaleturistveger.no/en/routes/aurlandsfjellet; ⏲jun-med oct) Esta carretera de 45 km es una de las más fabulosas del país. Asciende desde el nivel del mar hasta la alta y desolada meseta salpicada de rocas que separa Aurland y Lærdalsøyri (Lærdal). Aunque no se recorra entera, vale la pena hacer los primeros 8 km desde Aurland hasta el magnífico mirador de Stegastein.

Solo está abierta en verano: en invierno es intransitable, e incluso en pleno verano pueden verse bancos de nieve a los lados. De ahí que se la conozca con el nombre de Snøvegen, la carretera de la nieve.

Otternes LUGAR HISTÓRICO

(☎57 63 11 32; www.visitflam.com/en/se-og-gjorel/se/otternes; ⏲10.00-18.00 may-med sep) Aldea restaurada encaramada en lo alto del fiordo, entre Flåm y Aurland. Las 27 construcciones diseminadas –la más antigua, de principios del s. XVII– estuvieron habitadas hasta la década de 1990. Prácticamente son obra de una sola persona, la entusiasta Laila Kvellestad, que encabeza un circuito guiado de entre 30 min y 1 h (en inglés, 4 diarios) por las casas y la granja en activo. Después, se puede hacer un descanso y saborear un helado ecológico, un zumo de manzana recién exprimido o unas tortitas hechos allí. Se puede llegar por el sendero (p. 220) que hay entre Flåm y Aurland.

Actividades

Las oficinas de turismo de Aurland y Lærdal han elaborado seis folletos de senderos locales, con una foto aérea con la ruta marcada.

Ruta de Geiteryggen a Aurland EXCURSIONISMO

El clásico descenso a pie por Aurlandsdalen, desde Geiteryggen a Aurland, es una de las rutas comerciales más antiguas entre el este y el oeste de Noruega y sigue un río desde su nacimiento hasta el mar. Desde mediados de julio cabe la posibilidad de comenzar esta caminata de cuatro días en Finse, en la línea férrea Oslo-Bergen, con paradas nocturnas en Geiterygghytta, Steinbergdalen y Østerbø.

El último tramo entre Østerbø (820 m) y Vassbygdi (95 m) es el más pintoresco y constituye una magnífica excursión de un día (entre 6-7 h); suele estar abierto de principios de junio a finales de septiembre. Hay dos autobuses diarios entre Aurland y Vassbygdi (15 min) y Østerbø (1 h).

Sendero de Flåm a Aurland EXCURSIONISMO

El sendero de 12 km que sigue la vieja carretera entre Aurland y Flåm, pasando por Otternes, ofrece excelentes vistas y soledad casi total. Hasta 1919 con la construcción de la carretera litoral, era la única comunicación terrestre entre los dos pueblos. Se tardan unas 3 h.

Dónde dormir

Lunde Gard & Camping CAMPING $

(☎997 04 701; www.lunde-camping.no; parcela, coche y 2 adultos 210 NOK, cabaña 650-850 NOK; ⊙may-sep; 📶) Este *camping*, bastante tranquilo y popular entre familias, está en una zona verde junto al río y ofrece todos los servicios necesarios: una buena zona de duchas, sala de TV y tomas de corriente para campistas y caravanas.

Vangsgaarden Gjestegiveri HOTEL $$

(☎57 63 35 80; www.vangsgaarden.no; i 1350 NOK, d 1395-1590 NOK, f 1890 NOK, cabaña 4 camas desde 1350 NOK; P📶) Este hotel encalado es una alternativa tranquila a los lugares más agitados de la cercana Flåm, y brinda una imagen de postal, con su fachada de listones y su arquitectura del s. XVIII. Las habitaciones son sencillas pero preciosas, y al menos dos tienen vistas al fiordo. También hay 6 cabañas a nivel del agua.

El restaurante y *pub* Duehuset del hotel está bien para cenar.

Aurland Fjordhotell HOTEL $$$

(☎57 63 35 05; www.aurland-fjordhotel.com; i/d/f desde 1190/1590/1890 NOK; P📶) Con su exterior de madera blanca y su tejado a dos aguas, este lugar llama la atención. Por desgracia, sus habitaciones impresionan bastante menos y dan más la sensación de estar en un motel de carretera que en un hotel histórico. Aún así, es una buena opción si todos los alojamientos de Flåm están llenos.

Dónde comer

Aurlandskafeen CAFÉ $

(☎57 63 36 66; principales 110-180 NOK; ⊙10.00-17.00 lu-sa) Bonito café perfecto para tomar un café, pastas y pasteles caseros por la mañana y sándwiches para el almuerzo. Hay una pequeña terraza con vistas al río.

Duehuset PUB, CAFÉ $$

(☎57 63 35 80; www.vangsgaarden.no; principales 140-330 NOK; ⊙15.00-23.00 jun-ago) El Dovecot, que forma parte del Vangsgaarden Gjestegiveri (p. 221), es genial para cenar pronto o tomar una cerveza al atardecer. La carta no es nada especial –principalmente hamburguesas, ensaladas y platos de pescado– pero no es caro en comparación con los precios en Noruega. Además, tiene una terraza fantástica con vistas al fiordo y un interior de estilo *pub* clásico.

Cómo llegar y salir

Hay autobuses entre Aurland y Flåm (38 NOK, 15 min, hasta 8 diarios). El autobús exprés a/desde Bergen (350 NOK, 3 h) para en Aurland de camino a Flåm.

Hay que tener cuidado con los radares en el Lærdalstunnelen, a lo largo de todo el tramo.

Nærøyfjord

El Nærøyfjord, de 17 km, está al oeste de Flåm y se ramifica hacia el sur desde el curso principal del Sognefjorden. Su nombre –fiordo angosto– está bien escogido: solo tiene 250 m de ancho en su punto más estrecho, y está enmarcado por altísimos precipicios de 1200 m a ambos lados, que a menudo son cortinas de cascadas tras las lluvias intensas y cuando se derrite la nieve del invierno. Se puede visitar fácilmente en una excursión de un día desde Flåm.

Aproximarse en barco es maravilloso, pero el pueblo principal del fiordo, Gudvangen, es algo decepcionante, ya que es poco más que una parada de servicio junto a la carretera y suele estar lleno de barcos y autocares.

Puntos de interés y actividades

Kjelsfossen CASCADA

La cascada de Kjelsfossen cae desde la ladera sur del valle de Nærøydalen, por encima del pueblo de Gudvangen, que cuenta con un interesante plan de protección de aludes, pues suelen tener aquí una fuerza de 12 Tm/m², se mueven a 50 m/s y, según cuenta la leyenda local, son capaces de arrastrar un rebaño de cabras al otro lado del fiordo.

★**Crucero por el Nærøyfjord** CRUCERO

(www.thefjords.no; ida/ida y vuelta 400/870 NOK) La mayoría ve por primera vez el Nærøyfjord desde el agua. Hay barcos que recorren el fiordo de forma regular de Flåm a Gudvangen. Hay cinco barcos diarios de mayo a septiembre, a elegir entre los ferris de estilo antiguo o el llamativo barco *Vision of the Fjords*.

Al llegar a Gudvangen, se puede tomar un autobús de conexión hacia Voss, de donde salen trenes a Bergen y Oslo. La oficina de turismo de Flåm (p. 219) vende los billetes, además de la combinación de ferri y autobús Flåm-Voss.

Dónde dormir

Vang Camping CAMPING $$

(☎57 63 39 26; www.vang-camping.no; parcela 190 NOK, cabaña 500-1200 NOK; ⊙may-med sep) A la izquierda de la E16, a 1 km saliendo de Gudvangen, ofrece parcelas y bungalós acurrucados entre la carretera y el río. A las cabañas antiguas se les notan los años, pero las más nuevas son bastante confortables.

Gudvangen Camping CAMPING $$
(☎993 80 803; www.visitgudvangen.com; parcela para 2 adultos 190 NOK, cabaña 460-1345 NOK; ⏲med abr-med sep) Este terreno amplio y con hierba está a 1 km del puerto de ferris y ofrece cabañas y parcelas de *camping* bajo imponentes acantilados boscosos. Está junto a una gasolinera.

Cómo llegar y salir

Además de los **cruceros de pasajeros** diarios (p. 221) desde Flåm, **Fjord 2** (www.fjord2.com) ofrece dos históricos ferris de vehículos desde Kaupanger (adultos/niños 350 NOK/gratis, coche con conductor 750 NOK, 2½ h), el MF *Skånevik* y el MF *Hardingen Sr.* Por sorprendente que parezca, estos dos monumentos históricos ofrecen esta ruta desde 1875.

En verano, los ferris panorámicos circulan cinco veces al día entre Gudvangen y Flåm (ida/ida y vuelta 295/400 NOK) pasando por Aurland.

Hasta ocho autobuses diarios conectan Gudvangen con Flåm (52 NOK, 20 min) y Aurland (65 NOK, 30 min).

Lærdal

2174 HAB.

Esta población, más conocida como Lærdal, es el lugar donde el valle del mismo nombre (cuyos fértiles tramos inferiores producen jugosas cerezas) y el fiordo se dan la mano. Hoy es un lugar tranquilo, pero antaño era un bullicioso puerto donde se cargaban los productos de la región en barcos con destino a Bergen. Un incendio arrasó las calles del suroeste a principios del 2014 y, aunque fue devastador para quienes perdieron sus casas y resultaron heridos, el encanto de la ciudad no se ha visto afectado.

Puntos de interés

El casco antiguo (Gamle Lærdalsøyri), de los ss. XVIII y XIX y bien conservado, constituye un agradable paseo por el corazón de la ciudad. Pueden explorarse más de 100 casas, almacenes y cabañas de pescadores cuidados al máximo. La oficina de turismo regala un plano de la ciudad que describe las mejores y marca una ruta a pie.

Centro del Salmón Noruego Salvaje RESERVA DE FAUNA
(Norsk Villaks Senter; ☎915 51 043; www.norsk-villakssenter.no; adultos/niños 90/60 NOK; ⏲10.00-18.00 jul-ago, 12.00-18.00 may y sep) El río Lærdalselvi es uno de los mejores sitios para pescar salmón salvaje en Noruega. La pesca del salmón ha sido parte de la cultura local desde tiempos inmemoriales, pero los aristócratas ingleses fueron los primeros en ver el potencial turístico de la zona en la década de 1850. Este museo explora la historia del salmón en la zona de forma muy entretenida, con películas y fotografías de archivo. Además, tiene un acuario de 20 m lleno de salmones y truchas marinas.

Actividades

Se puede pescar gratis en el fiordo, y los tramos superiores del río Lærdal son buenos para la trucha (la oficina de turismo o el *camping* más cercano expiden licencias diarias).

Para excursiones, en la **oficina de turismo** (☎57 66 67 71; www.sognefjord.no; Øyraplassen 7; ⏲11.00-18.00 jul y ago, horario reducido resto del año) hay un folleto gratuito con caminatas por la zona. Vende también un mapa local más detallado (139 NOK) a escala 1:50 000.

Dónde dormir y comer

★ **Sanden Pensjonat** PENSIÓN $
(☎57 66 64 04; www.sandenpensjonat.no; Øyragata 9; i/d con baño compartido desde 475/550 NOK, con baño 850/975 NOK; 📶) Esta encantadora casa histórica, que fue pensión durante casi 100 años, se restauró y recuperó su función original en 1994. Conserva la sencillez de la época, pero se ha amueblado con cuidado y acierto. El mobiliario *vintage*, los detalles de época, como lavamanos antiguos, y una decoración un tanto *retro* son muy divertidos.

Lærdal Ferie og Fritidspark CAMPING, MOTEL $
(☎57 66 66 95; www.laerdalferiepark.com; parcela 180-330 NOK, cabaña 800-1020 NOK, motel i/d 550/750 NOK; 📶) *Camping* que casi roza la orilla y ofrece vistas espléndidas del fiordo. El motel cuenta con cocina, una sala común con terraza y un ventanal que domina el fiordo.

Lindstrøm Hotell HOTEL $$
(☎57 66 69 00; www.lindstroemhotel.no; i/d 1100/1450 NOK; ⏲abr-oct; 🅿📶) Hotel central que lleva cinco generaciones regentado por una misma familia y lo conforman un precioso edificio de estilo suizo con tejado a dos aguas en un jardín y el bloque principal, de la década de 1960, al otro lado de la calle. Este es un encantador laberinto de salas y bibliotecas amueblado con espléndidos diseños

escandinavos originales de mediados del s. XX y algo de barroco noruego, cuyas cuidadas habitaciones siguen el ejemplo. Las del s. XIX también son elegantes.

Laksen Pub & Restaurant COMIDA DE PUB **$$**
(☎57 66 86 20; almuerzo platos 190 NOK, cena principales 210-290 NOK; ⏲10.00-18.00 jul y ago, mismo horario que el museo resto del año) El Laksen, de ambiente informal, está en el Centro del Salmón Noruego Salvaje (p. 222) y ofrece comidas abundantes. También vende algunos tentempiés, ensaladas, pasteles y sándwiches durante el día.

Información

Oficina de turismo de Lærdal Pequeña oficina situada en el edificio de listones que antes albergaba el banco del pueblo. Hace reservas de alojamiento y actividades.

Cómo llegar y salir

Si se conduce hacia el sur, se puede elegir entre el túnel de carretera más largo del mundo, que comunica Aurland y Lærdal (por suerte es gratis) o, en verano, subir por la carretera de montaña Aurlandsfjellet. Hay autobuses exprés a/desde Bergen (328 NOK, 3¾ h, 2-3 diarios) que van por el túnel.

El ferri de vehículos **Fjord 2** (www.fjord2.com) de Kaupanger a Gudvangen (adultos/niños 350 NOK/gratis, coche con conductor 750 NOK) para en Lærdal, en la ruta.

Lustrafjorden

Este fiordo apacible se ramifica hacia el noreste desde el ramal principal del Sognefjorden y tiene unos 40 km, desde el pueblo de Solvorn a Skjolden. También es un práctico acceso a otras zonas: por la carretera Rv55 que discurre por su orilla oriental, se pasa por el desvío hacia el glaciar Nigardsbreen y el lado sur del Parque Nacional de Jotunheimen. Si se sigue la carretera más allá de Skjolden, se llega a la épica carretera Sognefjellet, que atraviesa la elevada meseta de montaña hacia los paisajes del Parque Nacional de Hardangervidda.

Undredal

112 HAB.

Este pequeño pueblo tradicional es realmente precioso y tranquilo, hasta que llegan los primeros barcos del día. Es famoso por sus quesos, elaborados con leche de unas 500 cabras que pastan libremente por las laderas del fiordo que rodean el pueblo. Hay dos tipos: el queso amarillo firme de Undredal y su variante marrón, ligeramente dulce, hecha a partir del suero de la leche hervido y concentrado. Se puede comprar un trozo de cada uno en las queserías del pueblo.

Puntos de interés

Iglesia de Undredal IGLESIA
(adultos/niños 40 NOK/gratis; ⏲12.00-17.00 med may-med sep) Originariamente construida en 1147 y con 40 asientos, es el centro de culto en funcionamiento más pequeño de Escandinavia. Alzando la vista al techo se ven unas cándidas pinturas de ángeles, a Cristo en la cruz y otros personajes bíblicos rodeados de estrellas.

Dónde dormir

Undredal Camping CAMPING **$**
(☎57 63 30 80; www.visitundredal.no; parcelas para automóvil, tienda y 2 personas 230 NOK) El pequeño *camping* de Undredal está en el centro el pueblo y es un lugar tranquilo para acampar. No tiene muchos servicios, tan solo un bloque con duchas y lavabos, pero es perfecto si se busca paz y tranquilidad.

Cómo llegar y salir

Undredal está 6,5 km al norte de la E16 por una carretera estrecha y empinada (hasta su construcción en 1988, el único acceso era por mar). Si se viaja en autobús, hay que bajarse en el extremo este del túnel de 11 km que conduce hasta Gudvangen. Aún mejor sería tomar el autobús, descender el espectacular valle por la carretera y regresar en barco (para alertar al siguiente ferri que pase, hay que pulsar el interruptor que está al lado de la lámpara amarilla de la pared del café que hay al lado del embarcadero).

Urnes

Puntos de interés

★**Iglesia de madera de Urnes** IGLESIA
(www.stavechurch.com/en/urnes; adultos/niños 90/70 NOK; ⏲10.30-17.45 may-sep) Si solo se dispone de tiempo para visitar una iglesia de madera, la de Urnes debe ser la primera de la lista (junto con la de Borgund). Este Patrimonio Mundial de la Unesco data del s. XII y es el lugar de culto más antiguo de Noruega. Situada en un lugar tranquilo a orillas del Lustrafjorden, rodeada de altas montañas y cubierta con elaboradas tallas de madera de vides entrelazadas y bestias enfrentadas, parece un escenario de *El Señor de los Anillos*.

La iglesia actual se construyó en su mayor parte alrededor del 1170 donde se alzaba la capilla original, construida unos 100 años antes.

La entrada incluye una interesante visita de 45 min en inglés.

Dónde comer

Gamlefjøsen Cafe CAFÉ $
(www.urnes.no; 11.00-17.30 jun-sep) Pequeño café de granja, maravilloso para sentarse y admirar el fiordo. Ofrece zumos de fruta caseros, limonada de frambuesa y miel, además de una carta de sándwiches, pasteles y los que probablemente sean los mejores gofres a este lado del Sognefjord, con una generosa porción de mermelada de arándanos de la granja.

Cómo llegar y salir

El **ferri Lustrabaatene** (www.lustrabaatane.no; adultos/niños/automóvil 40/20/110 NOK) va a Urnes desde Solvorn a partir de las 7.45 en verano; el último ferri de vuelta sale a las 18.00. Puede transportar coches, pero si solo se va a visitar la iglesia, es mejor aparcar el coche en el lado de Solvorn y ahorrarse el dinero.

Solvorn

El diminuto Solvorn ofrece todo lo que cabría esperar de un pueblo junto a un fiordo: ubicación espectacular, belleza de postal, ambiente tranquilo y habitantes cálidos y acogedores. Por si fuera poco, cae a un tiro de piedra de las mejores zonas de la región para practicar senderismo, bicicleta y remo.

Hay dos opciones de alojamiento muy diferentes pero igual de tentadoras, por lo que es una estupenda base de operaciones para unos días.

Actividades

Circuito de Mollandsmorki BICICLETA DE MONTAÑA
Este circuito de 25 km que parte de Solvorn pasa por carreteras asfaltadas, pistas de grava y caminos de tierra, y ofrece unas vistas de ensueño en casi todo el recorrido. No es sencillo y hay tramos de tierra difíciles que obligan a bajarse de la bici, pero compensa con creces. Hay quien dice que es mejor que la ruta ciclista de Rallarvegen (p. 215), aunque su longitud sea más modesta.

FjordSeal KAYAK
(plano p. 231; 957 74 196; www.fjordseal.com; Marifjøra; adultos/niños 700/550 NOK; circuitos 9.30 may-sep) Si se desea pasar 4 h placenteras remando en la quietud de las aguas de Lustrafjord y toparse quizá con una colonia de focas, hay que apuntarse a uno de los circuitos de kayak guiados de esta empresa con base en Marifjøra, al salir de la Rv55, 17 km al norte de Svolvorn.

Dónde dormir

★ **Eplet** ALBERGUE $
(416 49 469; www.eplet.net; *camping* por persona 110 NOK, dc/i/d 220/640/740 NOK; may-sep; @) Situado en medio de un manzanar y rodeado de frambuesos y arándanos, este albergue ofrece habitaciones en dos edificios rústicos de madera, además de algunas parcelas de *camping*. Desde las ventanas hay magníficas vistas del Lustrafjord (que parecen aún mejores desde una hamaca en el jardín). La decoración de las habitaciones es muy agradable, con toques locales. El desayuno no está incluido.

Hay cocinas completamente equipadas, además de una pequeña fábrica de zumos ecológicos, un campo de *croquet*, corderos que se pueden acariciar y bicis que prestan gratis.

Bestebakken B&B $$$
(901 68 449; www.bestebakken.no; Hafslo; i/d/tr 1300/1900/2850 NOK; P) Esta preciosa granja está en la aldea de Hafslo, junto al lago, unos 7 km al noroeste de Solvorn, y ofrece un aislamiento espléndido. Su exterior es de madera amarilla y está rodeada por una verja de postes blancos. Sus 16 habitaciones son bonitas, acogedoras y con mucho encanto: algunas tienen camas hechas a mano, y otras cuentan con muebles antiguos, todas apretadas en la desastrada arquitectura de la casa. Se sirve una cena abundante todos los días.

También tiene un *jacuzzi* exterior y organiza tratamientos de *spa* o masajes.

★ **Walaker Hotell** HOTEL $$$
(57 68 20 80; www.walaker.com; casa histórica d 2400-2900 NOK, anexo d 1900 NOK; may-sep; @) Este magnífico hotel de color limón es el hotel familiar más antiguo de Noruega. Este tesoro histórico de 1640 ofrece un sinfín de detalles de época, antigüedades preciosas, camas clásicas y bañeras de pie. Tiene tres edificios: dos históricos, además de una ampliación sin sentido de estilo motel de la década de 1960. La parte antigua es el ala Tingstova, con cuatro habitaciones con muebles pintados a mano.

Fuera hay una preciosa zona de césped y un jardín con lilas, rosas, manzanos y cerezos. La media pensión incluye una cena formal de cuatro platos servida en el comedor.

Cómo llegar y salir

El autobús 153 va de Sogndal a Solvorn (48 NOK, 15 min, 4-5 diarios).

Skjolden

500 HAB.

Este pueblo tranquilo está en un lugar magnífico en el extremo norte de Lustrafjord, enmarcado entre montañas, y sirve sobre todo como parada en la épica carretera de Sognefjellet. Casi todo lo que ofrece está bajo el mismo techo, en el Fjordstova: la oficina de turismo, una cafetería, una piscina, un rocódromo e incluso una barraca de tiro. El cachivache con aspecto industrial que se expone fuera es una turbina de la central hidroeléctrica de Norsk.

Aquí vivió el filósofo austriaco Ludwig Wittgenstein entre 1913 y 1914. Y los fiordos obraron maravillas, pues fue uno de los años más productivos de su vida.

Más o menos a medio camino entre Solvorn y Skjolden está el pequeño pueblo de **Luster**, que vale la pena por su bonita iglesia (¡por fin una de piedra, no de madera!) y una panadería fantástica.

Puntos de interés y actividades

Al este de Skjolden, la Rv55 pasa junto al lago glacial de **Eidsvatnet.** El valle que queda al norte del pueblo, **Mørkridsdalen,** es ideal para hacer excursiones.

Dale Kyrkje IGLESIA

(plano p. 231; Luster; ⌚10.00-20.00) Si bien las espectaculares iglesias de madera acaparan toda la atención, no debería pasarse por alto esta iglesia parroquial medieval de piedra, una pequeña joya. Erigida en torno a 1250, su estilo es principalmente gótico, con una torre de madera y una entrada occidental con elaboradas pinturas (de un artista religioso casi anónimo, conocido como Nils el Pintor) que se añadieron a principios del s. XVII. El crucifijo sobre el arco del cancel y el exquisito púlpito policromado son de los primeros tiempos de la iglesia.

Las cándidas pinturas del s. XVI del presbiterio no quedaron al descubierto hasta la década de 1950, cuando se retiró la cal que las cubría.

Dónde dormir y comer

Skjolden Vandrerhjem ALBERGUE

(plano p. 160; ☎57 68 61 88; www.hihostels.no/skjolden; dc/i/d/f 280/790/990/1290 NOK, incl. desayuno; P📶) Este albergue pequeño comparte instalaciones y la misma bonita ubicación que el *camping* que lo rodea (p. 225); ofrece habitaciones privadas modernas, pero con poca personalidad. La conexión wifi puede interrumpirse fuera del edificio principal.

Vassbakken Kro & Camping CAMPING $

(plano p. 160; ☎57 68 61 88; www.vassbakken.com; parcela para automóvil, tienda y 2 adultos 200 NOK, cabaña 690-990 NOK; ⌚may-med sep) Este *camping*, más bien pequeño, está a 3 km de Skjolden por la Rv55, bajo una potente cascada. Tiene un popular café restaurante, The Tavern, que sirve platos noruegos con brío.

El Skjolden Vandrerhjem (p. 225), afiliado a HI, también está aquí.

★ **Skjolden Hotel** HOTEL $$

(plano p. 160; ☎57 68 23 80; www.skjoldenhotel.no; Skjolden; i 800 NOK, d 1150-1350 NOK, tr 1550 NOK; P❄📶) La estructura de este hotel es de la década de 1970, pero su exterior es contemporáneo, gracias a una reforma que ha llenado el salón principal de muebles modernos, lámparas de diseño, tejidos a la moda y libros para ojear. Las habitaciones no logran ocultar del todo su origen (los baños son anticuados), pero las impresionantes vistas al Lustrafjord lo compensan. La terraza con vistas al fiordo y el cuidado césped son fantásticos.

También sirve buena comida: la carta del bar incluye hamburguesas, filetes y pollo a la parrilla; el restaurante de la planta baja sirve platos más sofisticados y creativos.

Lustrabui PANADERÍA

(plano p. 231; ☎469 48 845; www.lustrabui.no; Luster; ⌚7.00-17.00 lu-vi, hasta 15.00 sa) Las dos señoras al otro lado del mostrador de esta tradicional panadería se formaron con Morten Schakenda, de Bakeriet i Lom, considerado el mejor panadero de Noruega. La masa madre se hace a mano con ingredientes mínimos, aunque lo que atrae al público en kilómetros a la redonda son los dulces. Tiene mesas donde degustar sus *skillingsbollar* (panecillos dulces) y caracolas de canela y tomar un café exprés.

Información

Oficina de turismo (plano p. 160; ☎992 31 500; www.skjolden.com; ⌚11.00-19.00 med jun-med ago;) Eficiente oficina de turismo dentro del edificio Fjordstova que alquila bicicletas y kayaks y ofrece mucha información de rutas locales.

Cómo llegar y salir

El autobús 153 conecta Skjolden con Sogndal (150 NOK, 1½ h, 3-5 diarios).

Si se va hacia el norte por la Rv55 hacia la carretera Sognefjellet (p. 159), mejor comprobar el nivel de combustible, ya que las gasolineras de Skjolden son las últimas en 77 km.

Vik

2731 HAB.

Posee dos pequeñas y espléndidas iglesias que datan de la Alta Edad Media y que fueron cuidadosamente restauradas por el arquitecto del s. XIX Peter Blix (quien, entre otras cosas, diseñó muchas de las estaciones de la línea férrea Oslo-Bergen). La restauración de estas dos iglesias fue la pasión de Blix durante toda su vida, ya que invirtió muchos años en devolverles su esplendor original.

Puntos de interés

Iglesia de piedra de Hove IGLESIA

(www.stavechurch.com/en/hove-2; adultos/niños 50/40 NOK; 11.00-16.00 finales jun-med ago) El edificio de piedra más antiguo de la región (fin s. XII) conserva su forma original, aunque Peter Blix llevó a cabo una profunda remodelación de la pintura mural abstracta de la nave y el presbiterio, de las tallas de personajes de leyendas nórdicas en las vigas de madera del techo y del tejado a dos aguas.

Iglesia de madera de Hopperstad IGLESIA

(www.stavechurch.com/en/hopperstad-2; adultos/niños 70/50 NOK; 10.00-17.00 finales may-finales sep) En la periferia sur del pueblo se alza esta bella iglesia de madera. Construida en 1130 y la segunda más antigua de Noruega, se libró por los pelos de ser demolida a finales del s. XIX. Se cree que consta de unas 2000 partes individuales, que habrían sido creadas por artesanos de paso y unidas con la ayuda de los aldeanos. El exterior está adornado con vides, hojas y animales mitológicos, y el interior alberga coloridas pinturas en la bóveda.

Cómo llegar y salir

BARCO

Hay un ferri de pasajeros a/desde Balestrand (86 NOK, 15 min, 2 diarios).

AUTOBÚS

El autobús 970 de Skyss lleva a Voss (124 NOK, 1 h, 2 diarios).

AUTOMÓVIL Y MOTOCICLETA

Un práctico ferri de vehículos de Norled cruza el fiordo de Dragsvik a Vangsnes (123 NOK, varios cada hora), unos 11 km al norte de Vik. Si se va hacia el sur a Voss o Bergen, permite ahorrar mucho tiempo.

Balestrand

1337 HAB.

Parece otro más de los numerosos pueblos bonitos junto a un fiordo del país, pero vale la pena acercarse hasta Balestrand por su arquitectura de época del s. XIX, de particular belleza pese a la construcción de algunos edificios modernos bastante horribles. Además de una iglesia divina, el pueblo alberga un museo del viaje y, aunque es una parada popular para los barcos de cruceros, los días tranquilos en temporada baja es realmente apacible.

Puntos de interés

Museo Noruego del Viaje y el Turismo MUSEO

(Norsk Reiselivsmuseum; 57 69 14 57; www.reiselivsmuseum.no; adultos/niños 80/30 NOK; 10.00-18.00 jun-ago, hasta 16.00 ma-do may y sep, hasta 15.00 lu-vi oct-abr) Este museo sobre el turismo puede no parecer muy atractivo, pero la historia de cómo la gente ha viajado por los fiordos y cómo el paisaje y la cultura han cambiado en el proceso es una parte importante de la historia de Noruega. Es un museo impresionante construido con cemento y cristal junto al muelle de Balestrand, y merece una visita.

Iglesia de San Olaf IGLESIA

Esta encantadora capilla de madera, conocida en la zona como la "iglesia inglesa", fue erigida en 1897 en el estilo de una iglesia de madera tradicional. Recibe su apodo por la mujer que la hizo construir, Margaret Green, una inmigrante inglesa que se casó con un hotelero del pueblo. Si estuviera cerrada, el propietario del Midtnes Hotel tiene la llave. A veces se hacen visitas guiadas.

Túmulos vikingos YACIMIENTO ARQUEOLÓGICO

A menos de 1 km al sur por el fiordo, la excavación de estos dos túmulos puso al descubierto restos de un barco, dos esqueletos, joyas y varias armas. Un túmulo está coronado por la estatua del legendario Rey

Bele, erigida por el káiser alemán Guillermo II. Obsesionado con la mitología nórdica, solía pasar sus vacaciones en el lugar antes de la I Guerra Mundial (al otro lado del fiordo desde Vangsnes hay un monumento similar, también sufragado por el káiser, que rinde homenaje a Fridtjof, el amante de la hija del rey Bele).

Acuario de Sognefjord ACUARIO
(www.kringsja.no/eakvainfo.html; adultos/niños 70/35 NOK; ⌚10.00-19.00 may-sep) Este modesto acuario bastante anticuado se centra en las criaturas marinas del Sognefjord, con unos 24 tanques llenos de crustáceos, peces y plancton. Es lo bastante interesante como para refugiarse un par de horas en un día lluvioso.

La entrada incluye 1 h de alquiler de canoa o barca de remos.

Dónde dormir

Sjøtun Camping CAMPING $
(☎950 67 261; www.sjotun.com; parcela y 2 adultos 210 NOK, cabaña 320-420 NOK; ⌚jun-med sep) Lo mejor de este *camping* relajado son sus vistas fantásticas al Sognefjord y su amplio espacio con hierba. Está 1 km al sur del centro de Balestrand y lo bastante cerca del agua como para darse un chapuzón en la playa privada antes de desayunar. Los servicios también son excelentes, con una cocina de verdad, lavadora, secadora y zona de comedor interior.

Vandrerhjem Kringsjå ALBERGUE $
(☎57 69 13 03; www.kringsja.no; Laerargata 9; dc 290 NOK, i/d/f con baño 800/990/1200 NOK, incl. desayuno; ⌚med jun-med ago; ᯤ) Albergue de gestión familiar de la red HI, situado colina arriba desde el muelle. Durante el año escolar hace las veces de centro de actividades al aire libre. Empezó siendo un hotel y es un buen establecimiento de estilo rústico con cómodas habitaciones y cocinas correctas.

★ **Midtnes Hotel** HOTEL $$
(☎57 69 42 40; www.midtnes.no; i 890-1100 NOK, d 950-1390 NOK; Pᯤ) Antigua y preciosa casa familiar cerca de la iglesia de San Olaf, con una fachada encalada, tejado a dos aguas y vistas a una zona de césped impecable. En comparación con la mayoría de los alojamientos de Noruega, las habitaciones ofrecen una relación calidad-precio excelente, sobre todo si se tiene en cuenta su arquitectura histórica. La terraza es ideal para disfrutar del generoso desayuno o una cena de tres platos (325 NOK).

Balestrand Hotell HOTEL $$
(☎57 69 11 38; www.balestrand.com; i 950-110 NOK, d y tw 1290-1640 NOK; ⌚med may-med sep; ᯤ) Por fuera, este moderno hotel de cemento tiene tan poco encanto como un bloque de oficinas, pero sus habitaciones son agradables y coloridas, aunque algo básicas. Las mejores tienen impresionantes vistas al fiordo.

Kviknes Hotel HOTEL $$$
(☎57 69 42 00; www.kviknes.no; d 1420-1750 NOK; ⌚may-sep; P❄ᯤ) Es difícil creer que se puedan llegar a ocupar todas las habitaciones de este gigantesco hotel. Tiene dos partes: el bonito edificio original de madera amarillo claro y un anexo de la década de 1960 sin ningún encanto, pero con las mejores vistas. Destaca el salón, lleno de cuadros y muebles de época.

Dónde comer

★ **Ciderhuset** NORUEGA $$
(☎984 77 765; www.ciderhuset.no; Sjøtunsvegen 32; tapas 65-100 NOK, menú almuerzo 250 NOK, menú cena 295 NOK; ⌚12.00-22.00 finales jun-med ago) En una granja de frutas que produce sidra, zumos y mermeladas, el Ciderhuset ofrece visitas y catas en su destilería. Luego se puede entrar en el restaurante del invernadero y degustar un almuerzo a base de pasteles y ensaladas, tapas variadas o el plato del día para la cena. Los postres se elaboran con fruta de la granja y se sirven con nata ecológica de la zona.

Pilgrim CAFÉ $$
(☎915 62 842; www.detgylnehus.no; comidas 140-190 NOK; ⌚16.00-21.00) Este restaurante acogedor se encuentra en un edificio importante cerca del puerto, conocido como Det Gylne Hus (la casa dorada), que ahora alberga una galería y estudio de arte. Sirve comida casera de estilo clásico, como salchichas de reno, albóndigas de la abuela, salmón escalfado y sopa de trol (sopa de setas con verduras), en un interior ecléctico o en la terraza exterior.

Gekkens CAFÉ $$
(☎57 69 14 14; Holmen 15; principales 120-190 NOK) Este pequeño café de listones amarillos lleva 25 años en marcha y está bien para un almuerzo noruego práctico: sopa de pescado, salmón a la parrilla, albóndigas con mermelada de arándanos rojos y otros platos del estilo. Su interior es bonito y tiene una pequeña terraza en la acera.

Información

Oficina de turismo (☎992 31 500; www.visitbalestrand.no; ⌚9.00-16.00 lu-vi, 10.00-16.00 sa y do jul y ago, horario reducido resto del año) Pequeña oficina de turismo cerca del muelle, donde ayudan a reservar cruceros y actividades locales.

Cómo llegar y salir

AUTOBÚS

Hay autobuses que conectan Balestrand y Sogndal (145 NOK, 1 h, 3 diarios).

BARCO

Hay barcos exprés a/desde Bergen (600 NOK, 3¾ h, 2 diarios) y Sogndal (190 NOK, 45 min, 1 diario).

Un ferri de pasajeros de Norled cruza a/desde Vik (86 NOK, 15 min, 2 diarios).

De junio a agosto, un ferri diario (ida/ida y vuelta 480/950 NOK, 1¾ h) recorre el angosto Fjærlandsfjorden hasta Fjærland, puerta de entrada al maravilloso mundo glacial de Jostedalsbreen.

AUTOMÓVIL Y MOTOCICLETA

Para llegar a Balestrand, hay que cruzar en el ferri de vehículos desde Hella a Dragsvik (94 NOK, varios cada hora). También hay un servicio de ferri de vehículos que cruza el fiordo desde Dragsvik hasta Vangsnes (123 NOK, varios cada hora), y que ofrece un práctico atajo para ir a Vik, Myrkdalen y Voss.

La pintoresca Gaularfjellsvegen (Rv13) es una emocionante ruta hacia el norte que cruza las montañas hasta Førde, en el Førdefjord, circulando por curvas cerradas y bordeando la mayor concentración de cascadas junto a la carretera del país.

Sogndal

7477 HAB.

Sogndal, construido en gran parte con funcional cemento, no es el pueblo más bonito de la zona, pero tiene un agradable ambiente de comunidad y está bien para hacer noche o como base para actividades al aire libre. Se encuentra lo bastante cerca para conducir hasta el lado sur del Parque Nacional de Jotunheimen, situado a unos 60 km por la orilla del Lustrafjord.

Puntos de interés y actividades

Iglesia de madera de Kaupanger IGLESIA
(www.stavechurch.com/en/kaupanger; Kaupanger; adultos/niños 70/50 NOK; ⌚10.00-17.00 jun-ago) El lugar más impresionante de la zona es esta iglesia de madera, construida en 1184. Casi todo lo que se ve es producto de una gran reforma del s. XVII. Las pinturas de la nave representan escritura musical, mientras que los motivos de ramas y flores envuelven el presbiterio, cuyo arco de estilo celta es único.

Sogn Folkmuseum MUSEO
(☎57 67 82 06; www.dhs.museum.no; adultos/niños 80/30 NOK; ⌚10.00-15.00 may y sep, hasta 17.00 jun-ago, 10.00-15.00 lu-vi oct-abr; 👪) Amplio museo etnográfico al aire libre entre Sogndal y Kaupanger, junto a la Rv5. Más de 30 construcciones (entre ellas granjas, una escuela y un molino) han sido trasladadas de sus emplazamientos originales hasta el bosque. Cada una está bien documentada en noruego e inglés. Hay tres senderos temáticos cortos con paneles informativos (en recepción tienen hojas traducidas al inglés).

También hay una colección de objetos de pesca y barcos de carga en uno de los edificios.

Los niños pueden acariciar a los animales, construir una cabaña de madera y disfrutar de otras actividades rurales; además, hay sitios ideales para hacer un pícnic.

Sogndal Guiding AIRE LIBRE
(☎57 62 99 88; www.sogndallodge.no; Almenningen 10) Ofrece cualquier actividad al aire libre que se pueda imaginar: excursionismo, kayak, escalada, caminatas por glaciares y esquí, o excursiones más largas que incluyen todo lo anterior. Se pueden alquilar kayaks de mar, bicicletas de montaña y tablas de surf con remo.

Está en el medio del pueblo, en el Sogndal Lodge (p. 229), que ofrece alojamiento de tipo albergue.

Dónde dormir

Sogndal Vandrerhjem ALBERGUE $
(☎57 62 75 75; www.hihostels.no/sogndal; Helgheimsvegen 9-10; i/d desde 510/850 NOK; ⌚med jun-med ago) Este albergue está junto a un concurrido cruce cerca del puente que lleva a la Rv5; es grande y muy práctico. Tiene habitaciones individuales y dobles, y sirve el desayuno en un comedor amplio. Solo abre durante las vacaciones escolares, ya que el resto del año es un internado.

Kjørnes Camping CAMPING $
(☎57 67 45 80; www.kjornes.no; parcela 270 NOK, cabaña 500-1625 NOK; 📶) El espacio en este *camping* junto al fiordo escasea, sobre todo cuando llegan las caravanas, así que vale la

MERECE LA PENA

CIRCUITO DE SOGNEFJELLET

Esta espectacular ruta circular de un día para hacer en coche discurre junto a uno de los fiordos más bonitos de Noruega. Sube una parte importante de la impresionante **carretera de Sognefjellet** (p. 159), serpentea por una solitaria carretera poco transitada de un carril que entrelaza las alturas, para luego descender de forma vertiginosa al nivel del fiordo. El viaje no puede hacerse en transporte público y los ciclistas deben estar muy en forma para afrontarla en pocos días.

Desde Sogndal, hay que dirigirse al noreste por la Rv55 que, en gran parte, abraza el encantador Lustrafjord hasta Skjolden, en la cabeza de las aguas. Unos 5 km después de este pequeño asentamiento, la carretera empieza a retorcerse y ascender de verdad. Se trata de una vieja ruta por la que, durante siglos (cuando no era más que un sendero agreste), se transportaba pescado y sal desde la costa para cambiarlo por hierro, mantequilla y pieles de las comunidades del interior.

En Turtagrø se puede seguir el viaje por la Rv55, que atraviesa el Parque Nacional de Jotunheimen y el puerto de montaña más alto de Noruega (1434 m) hasta Lom.

De vuelta a Sogndal, se gira a la derecha para salir de la Rv55 en dirección a Årdal. La estrecha carretera conocida como **Tindevegen** (p. 161), o ruta de las cumbres, asciende por encima del límite del bosque hasta el puerto (1315 m) y la caseta de peaje. Después hay un pronunciado descenso por bosques de abedules hasta las aguas esmeraldas de Årdalsvatnet y el pueblo de Øvre Årdal. Desde allí, la Rv53 conduce a Sogndal después de tomar el ferri entre Fodnes y Mannheller.

pena reservar una de las cabañas junto a la orilla, que ofrecen suelos calefactados, una minicocina y una terraza privada sobre el fiordo. Está a 3 km de Sogndal por la Rv5, en dirección a Lærdal.

★ Sogndal Lodge ALBERGUE $$

(☎57 62 99 88; www.sogndallodge.no; Almenningen 10; d/tr/c 850/1260/1600 NOK, *lodge* entero desde 3500 NOK) Este excelente albergue tiene cuatro habitaciones modernas de estilo escandinavo sencillo, pero con objetos *vintage* que les dan carácter. Hay un magnífico salón con sofás, libros de excursionismo y una pizarra, y un total de 12 camas entre las cuatro habitaciones.

Quality Hotel Sogndal HOTEL $$$

(☎57 62 77 00; www.nordicchoicehotels.com; Gravensteinsgata 5; i/tw 1550/1850 NOK; [P][wifi]) Hotel fiable de la cadena Quality, con una llamativa fachada de vidrio curvada y una decoración moderna. Las habitaciones están bien equipadas y tienen suelo de madera, ventanas grandes y buenos baños, aunque el mobiliario es un poco escaso. Hay dos restaurantes: uno de cocina italiana y otro de platos noruegos habituales.

Hofslund Fjord Hotel HOTEL $$$

(☎57 62 76 00; www.hofslund-hotel.no; Fjørevegen 37; i/d 1195/1495 NOK; [P][@][wifi][piscina]) Enorme edificio que ofrece un completo alojamiento de hotel, el mejor del pueblo. Este lugar tradicional con una decoración también tradicional data de 1912, pero sabe aprovechar su ubicación, con balcones con vistas al fiordo, un buen restaurante y zonas de césped que descienden hasta la orilla. Además, tiene piscina exterior climatizada.

Dónde comer

Kafe Krydder CAFÉ $

(☎908 43 828; www.gallerikrydder.no; Parkvegen 6; ensaladas 80-140 NOK, sándwiches 70-95 NOK; ⏲11.00-17.00 lu-sa, 10.00-16.00 do) Es el lugar más frecuentado del pueblo para el almuerzo y ofrece magníficas ensaladas *gourmet*, sándwiches y bocadillos, magdalenas por la mañana y pasteles por la tarde. Hay una gran terraza exterior y una pequeña zona de juegos para niños. El edificio es una de las pocas construcciones de época que quedan en Solvorn.

Cómo llegar y salir

AVIÓN

Sogndal tiene el único aeropuerto del Sognefjord, con un par de vuelos diarios a/desde Bergen y Oslo.

AUTOBÚS

Algunos destinos desde Sogndal son:

Bergen (400-460 NOK, 4½-5 h, 5 diarios) Netbuss NX450.

Flåm (220-300 NOK, 2 h, 4 diarios)
Kaupanger (35 NOK, 10 min, 8-10 diarios)
Balestrand (105 NOK, 1¼ h, 3 diarios)

BARCO

Hay barcos exprés a/desde Bergen (600 NOK, 3¾ h, 2 diarios) y Balestrand (190 NOK, 45 min, 1 diario).

PARQUE NACIONAL DE JOSTEDALSBREEN

Durante años, el formidable Jostedalsbreen, el glaciar más extenso de la Europa continental, se desplazaba a contracorriente, pues mientras los glaciares del resto del mundo retrocedían, él avanzaba despacio. En la actualidad también ha sucumbido y se halla en retroceso.

Aun así, se calcula que erosiona 400 000 Tm de roca al año. Con una superficie de 487 km² y un espesor de hasta 600 m, preside las tierras altas de Sogn og Fjordane. El glaciar principal y otros secundarios forman parte del Parque Nacional de Jostedalsbreen.

El lado norte y el lado sur del parque están bastante alejados, por lo que hay que visitarlos por separado, y es difícil si no se dispone de coche propio. Para acceder al lado sur, los puntos de entrada más útiles son los pueblos de Solvorn, Sogndal y Fjærland; para el lado norte, Stryn, Loen y Olden están a poca distancia en coche y ofrecen mucho alojamiento.

Fjærland

310 HAB.

Si se busca el pueblo perfecto junto a un fiordo, este es uno de los principales aspirantes. Con una bella ubicación al final del Fjærlandsfjorden, es un tranquilo pueblo de una sola calle flanqueada por edificios de madera y rodeado de enormes acantilados por todas partes. Casi todo el mundo viene para admirar dos de las lenguas glaciales más accesibles: Supphellebreen y Bøyabreen. Pero Fjærland también es conocido como el Pueblo de los Libros de Noruega (www.bokbyen.no), y cuenta con 10 librerías que venden ejemplares de segunda mano, la mayoría en noruego, pero también en inglés y otros idiomas.

El pueblo prácticamente hiberna a partir de octubre y recupera el pulso a principios de mayo, cuando vuelve a funcionar el ferri.

Puntos de interés

★ Museo Noruego de los Glaciares MUSEO

(Norsk Bremuseum; plano p. 231; ☎57 69 32 88; www.bre.museum.no; adultos/niños 125/65 NOK; ⏲9.00-19.00 jun-ago, 10.00-16.00 abr-may, sep y oct) Sorprendente museo de visita obligada. Es una cuña de cemento rodeada de un mar de césped de camino a Fjærland, y tiene incluso un par de figuras de mamuts lanudos afuera. Ofrece una gran visión general de la geología de los glaciares, así como del proceso de formación de los fiordos y de la ecología, fauna y flora de Jostedalsbreen. Lo más destacado es el túnel de hielo simulado y el colmillo de un mamut lanudo siberiano que pereció en el hielo hace 30 000 años.

Bøyabreen GLACIAR

(plano p. 231) La más espectacular de las dos lenguas glaciales accesibles desde Fjærland se acerca majestuosamente al final del valle boscoso. Desde el aparcamiento, junto al centro de visitantes y cafetería, hay un corto paseo hasta el lago y una amplia panorámica del glaciar. Sin duda, un pedazo de hielo asombroso.

Supphellebreen GLACIAR

(plano p. 231) Este pequeño glaciar, al que se llega por un desvío de la carretera principal al norte de Fjærland, se desliza por la ladera hacia un aislado valle. Hay senderos que van del pequeño aparcamiento hasta un rápido arroyo alimentado por el agua del deshielo del glaciar. Según la época del año y como esté el terreno, es incluso posible acercarse al hielo, pero con cuidado.

De aquí se extrajeron bloques de hielo que se utilizaron como podios en los Juegos Olímpicos de Lillehammer de 1994.

Actividades

Fjærland Guiding ofrece excursiones guiadas y paseos por el glaciar a petición.

La oficina de turismo (p. 232) ofrece gratis la guía *Escape the Asphalt* (Escapa del asfalto), con 12 rutas marcadas para pasear, que van de 30 min a 3 h. Para más información, se puede complementar con *Turkart Fjærland* (80 NOK, escala 1:50 000), que aporta descripciones de las rutas y senderos. La mayor parte de los paseos siguen sendas que los pastores utilizaban hasta hace poco para conducir sus rebaños a pastos más altos en verano.

Parque Nacional de Jostedalsbreen

Parque Nacional de Jostedalsbreen

Principales puntos de interés
1 Museo Noruego de los Glaciares.......B4

Puntos de interés
2 Bødalsbreen.......C1
3 Bøyabreen.......B3
4 Briksdalsbreen.......B2
5 Dale Kyrkje.......D4
6 Kjenndalsbreen.......C2
7 Glaciar Melkevollbreen.......B2
8 Supphellebreen.......B4

Actividades, cursos y circuitos
9 FjordSeal.......C4
10 Ice Troll.......C2
Jostedalen Breførarlag.......(véase 10)

Dónde dormir
Bøyum Camping.......(véase 1)
11 Briksdalsbre Fjellstove.......B2
Melkevoll Bretun.......(véase 11)
12 Sande Camping.......B1
13 Skjolden Hotel.......D3
14 Skjolden Vandrerhjem.......D3
Vassbakken Kro & Camping.......(véase 14)

Dónde comer
15 Brævasshytta.......B3
Lustrabui.......(véase 5)

Fjærland Guiding KAYAK
(☎oficina de turismo 57 69 32 33; www.fjaerland.org/fjaerland-guiding; Sandaneset; senderismo guiado desde 500 NOK, senderismo por glaciar desde 800 NOK) Organiza excursiones y visitas a los glaciares con guías de aventura bajo petición. Las opciones incluyen un paseo por el glaciar Haugabreen, una excursión al monte Skeids-

nipa y una excursión en altura que permite ver el Supphellebreen desde arriba. Se pueden hacer reservas en la oficina de turismo (p. 232).

Dónde dormir y comer

Bøyum Camping CAMPING $
(plano p. 231; ☎57 69 32 52; www.boyumcamping.no; dc 225 NOK, parcelas 230 NOK, h 390-590 NOK, cabañas 810-1490 NOK; ⏲may-sep; P📶) A 3 km del muelle de ferris de Fjærland, este *camping* tiene opciones para todos los bolsillos y preferencias de alojamiento, además de una vista maravillosa al glaciar Bøyabreen al final del valle. Las parcelas son amplias y con hierba, y hay una pequeña tienda y un café.

★**Hotel Mundal** HOTEL $$$
(☎57 69 31 01; www.hotelmundal.no; i/d desde 1045/1650 NOK; ⏲may-sep; P📶) Magnífico hotel histórico con gablete y tejado de pizarra, regentado por la misma familia desde 1891. Es un ejemplo clásico del esplendor de finales del s. XIX, con un maravilloso interior de época lleno de cuadros al óleo, alfombras, sillones de cuero y muebles lustrados. Las habitaciones tienen un encantador aire antiguo, con suelos de madera, camas de metal y muchas antigüedades. Lo mejor son las vistas al fiordo.

Por 500 NOK más puede pasarse la noche en la única suite de la torre, que ofrece vistas panorámicas del fiordo y el glaciar (como hicieron el exvicepresidente de EE UU Walter Mondale, cuya familia proviene de Mundal, o la actual reina de Noruega). Para comer, ofrece el relajado Kafe Mikkel o el más exclusivo restaurante del hotel, que sirve cenas tradicionales noruegas de cuatro platos (380 NOK). Los que no se alojen en el hotel deben reservar antes de las 18.00.

Fjærland Fjordstove Hotel HOTEL HISTÓRICO $$$
(☎410 00 200; www.fjaerlandhotel.com; i/d/f/ste 1050/1490/1990/2390 NOK; P📶) Esta preciosa pensión antigua algo desvencijada es tan pintoresca que casi parece una exposición de museo. Revestida de madera blanca, ofrece una ubicación magnífica y mucha historia. Las habitaciones tienen un aire antiguo, con muebles con motivos florales y acuarelas *kitsch*. En la planta baja hay un salón con muchos libros y una vista espléndida al agua.

La comida es excelente y sorprendentemente moderna para ser un establecimiento de antaño. El almuerzo es a la carta, pero la cena de tres platos (550 NOK, o 650 NOK para los no huéspedes) es un festín de sabores creativos de temporada.

Brævasshytta CAFÉ $
(plano p. 231; ☎57 69 32 96; www.facebook.com/brevasshytta; principales 1400-2100 NOK; ⏲8.00-20.00 may-sep) Aunque solo sea para tomar un café, conviene visitar este lugar, construido en la morrena del más reciente avance del Bøyabreen. Con el glaciar ahí mismo, uno se siente como si estuviera en un cine Imax, pero de verdad. Ofrece comidas sencillas, como albóndigas, pollo a la parrilla, sándwiches y hamburguesas, durante todo el día y por la noche.

De compras

Varios lugares en el pueblo venden libros, algunos con tan solo unas pocas estanterías y otros con una amplia selección, como el Bøk & Bilde, donde está la oficina de turismo. La mayoría de los libros están en noruego, pero de vez en cuando se encuentra alguno en inglés.

Información

Oficina de turismo (☎57 69 32 33; www.fjaerland.org; ⏲10.00-18.00 jun-ago, hasta 16.00 sep-may) Esta pequeña oficina de turismo, dentro de la librería Bok & Bilde, organiza reservas de alojamiento y alquila bicicletas.

Cómo llegar y salir

AUTOBÚS

Varios autobuses pasan por el pueblo y paran en la Rv5, cerca del Museo Noruego de los Glaciares. Hay de 4 a 6 servicios diarios a/desde Sogndal (90 NOK, 30 min) y Stryn (230 NOK, 2 h). Los horarios se pueden consultar en Kringom (www.kringom.no).

BARCO

Solo en verano, de junio a agosto, hay un ferri (ida/ida y vuelta 480/950 NOK, 1¾ h, 2 diarios) de Balestrand a Fjærland, vía Hella.

Jostedalsbreen y Nigardsbreen

El estrecho valle de Jostedalen serpentea hacia el norte desde las orillas del Lustrafjord hasta otro impresionante glaciar, el Nigardsbreen, quizá el más accesible y sin duda el mejor si se quiere pasear por un glaciar. Este valle remoto y hermoso se encuentra entre los límites de dos parques nacionales, Jostedalsbreen y Breheimen.

Actividades

Los excursionistas experimentados que prefieran ir solos pueden subir un poco más por la carretera, pasados los arroyos helados en Fåbergstølsgrandane hasta la presa que forma el Styggevatnet, un gran lago glacial. De camino hay varias lenguas glaciales y valles fantásticos para hacer senderismo.

Se pueden organizar fácilmente excursiones guiadas en el centro de visitantes de Breheimsenteret (p. 233).

★Ice Troll CIRCUITOS POR EL GLACIAR

(plano p. 231; ☎970 14 370; www.icetroll.com; senderismo glaciar adultos/niños 800/650 NOK) Sin duda ofrece la mejor oferta de excursiones al glaciar en la zona del Nigardsbreen. Está en manos del neozelandés Andy, que ofrece excursiones inolvidables con un tramo en kayak por el lago, seguido de un completo paseo por el hielo. También existe la opción de hacer un recorrido en lancha inflable por el lago. Para los más aventureros, ofrece escalada en hielo, raquetas de nieve y *rafting* en el río.

También hay la opción de dormir en el glaciar para los más atrevidos, o de hacer *rafting* en aguas bravas en el río glacial (desde 450 NOK). Se puede reservar en línea, o preguntar por la disponibilidad en el centro de visitantes de Breheimsenteret (p. 233).

Jostedalen Breførarlag CIRCUITOS POR EL GLACIAR

(plano p. 231; ☎57 68 31 11; www.bfl.no; senderismo glaciar por persona 660 NOK) Organiza paseos guiados por los glaciares en Nigardsbreen de entre 1 y 5 h. El más fácil, indicado para familias, es el paseo hasta el morro del glaciar haciendo una breve incursión por su lengua (1 h aprox. sobre el hielo; adultos/ niños 300/150 NOK). También se ofrece el Blue Ice Hike (660 NOK/persona), de un día completo y más exigente. Se puede reservar en línea o en el centro de visitantes (p. 233).

Dónde dormir

★Jostedal Camping CAMPING $

(☎57 68 39 14; www.jostedalcamping.no; parcela para automóvil y 2 adultos 220 NOK, cabaña 460-1650 NOK; P 📶) Este es, probablemente, uno de los *campings* con la ubicación más espectacular de toda Noruega. Se encuentra en un maravilloso lugar aislado, en un prado junto al río al sur del Breheimsenteret. Su propietaria, Astrid, lo gestiona a la perfección y ofrece unas instalaciones fantásticas, como la terraza, la cocina, el salón y la zona de comedor compartidos.

Jostedal Hotel HOTEL $$

(☎57 68 31 19; www.jostedalhotel.no; i/d/f 920/1190/1440 NOK; P 📶) Este es prácticamente el único hotel del valle. Es un lugar agradable gestionado por la misma familia durante tres generaciones, y ahora a cargo de Laila. Las habitaciones son cómodas y luminosas y ofrecen vistas muy bonitas al valle. El restaurante está muy bien para cenar y sirve platos noruegos elaborados con productos de la granja familiar cercana.

Información

Breheimsenteret (plano p. 231; ☎57 68 32 50; www.jostedal.com/en/breheimsenteret; ⏲9.00-18.00 med jun-ago, 10.00-17.00 may-med jun y sep), el llamativo centro de visitantes con forma de pirámide de Jostedal tiene un pequeño museo con exposiciones de geología, una tienda y un café con vistas espectaculares al valle y a la azul lengua glacial. El sitio web incluye información de las diversas empresas que ofrecen circuitos y actividades en Jostedalen y Breheimen.

Cómo llegar y salir

AUTOBÚS

Solo en verano, **Jostedalsbrebussen** (Nº 160; Glacier Bus; www.jostedal.com/brebussen; adultos/niños 158/79 NOK) circula desde Sogndal hasta los pies del glaciar de Nigardsbreen vía Solvorn, con salidas a las 8.35 y las 13.35, y con vuelta desde Nigardsbreen a las 16.55 y desde Breheimsenteret a las 17.00. El trayecto dura entre 2½ y 3 h.

BARCO

De mediados de junio a principios de septiembre, el ferri *Jostedalsrypa* (70 NOK ida y vuelta, de 10.00 a 18.00 aprox.) navega por la laguna glacial Nigardsvatnet desde un embarcadero situado cerca del aparcamiento. Desde el muelle hay un duro paseo por las rocas hasta la cara del glaciar.

Si el viajero pierde el último ferri de vuelta, siempre dejan un bote de remos en el embarcadero para los tardones.

AUTOMÓVIL Y MOTOCICLETA

La forma más fácil de llegar a Jostedalsbreen es seguir la Rv55 hacia el oeste por el Lustrafjord desde Sogndal, y después desviarse hacia la Rv604 al llegar a la pequeña aldea de Gaupne.

Desde el centro de visitantes de Breheimsenteret, la carretera de peaje de Brevegen (60 NOK/vehículo) recorre 3,5 km hasta el aparcamiento de Nigardvatnet, junto al lago. Suele estar abierta de abril a octubre.

Los que quieran ahorrarse el peaje, pueden ir a pie; hay paneles explicativos por el camino.

Briksdalsbreen y Kjenndalsbreen

Para explorar la parte norte del parque nacional, lo mejor es hacerlo a través de sus dos valles principales, el Oldendalen y el Lodalen. Ambos discurren más o menos paralelos y llegan a una lengua diferente del glaciar Jotunheimen: el Oldendalen lleva al Briksdalsbreen, mientras que el Lodalen lleva al Kjenndalsbreen. Briksdalbreen recibe la mayor parte de los visitantes (y autobuses turísticos); Kjenndalsbreen es mucho más tranquilo.

Puntos de interés

Kjenndalsbreen GLACIAR
(plano p. 231) Hay un pintoresco trayecto de unos 21 km por el valle de Lodalen hasta llegar a esta lengua del glaciar, quizá la menos visitada de las cuatro lenguas principales. La carretera pasa por el resplandeciente lago glacial color turquesa de Lovatnet, y después llega a una barrera de peaje (40 NOK), donde se puede parar en una bonita zona de pícnic y alquilar una bicicleta, una canoa o un bote de remos, antes de recorrer los últimos 5 km hasta el mirador del glaciar.

Briksdalsbreen GLACIAR
(plano p. 231) El principal objetivo de los que visitan el lado norte del parque es este impresionante glaciar, al que se puede llegar por una preciosa carretera de 23 km desde Olden. Una vez en el aparcamiento, hay un paseo de 5 km (ida y vuelta) por un sendero algo empinado hasta la cara del glaciar; hay una opción más suave, pero más larga, por un camino de carros. Actualmente no se ofrecen excursiones guiadas por el hielo debido a grietas peligrosas, pero se ofrecen salidas en barca inflable (p. 235) por el lago.

Durante más de 100 años, la forma tradicional de subir hasta el glaciar era en carros de ponis, que hoy han sido sustituidos por los "coches de troles" de Oldedalen Skyss (p. 234), que parecen más bien carritos de golf gigantes (195 NOK/persona). Desde el punto de regreso hay todavía un recorrido de 15 min por un agreste sendero para ver el hielo. Se puede reservar el transporte en el centro de visitantes de Brikksdalsbreen (p. 233); vale la pena hacerlo con antelación, ya que la demanda suele superar la oferta.

Bødalsbreen GLACIAR
(plano p. 231) Cerca de Kjenndalsbreen se encuentra esta lengua glacial más pequeña que ofrece un par de buenas excursiones.

Dónde dormir

Briksdalsbre Fjellstove REFUGIO $$
(plano p. 231; ☎57 87 68 00; www.briksdalsbre.no; i/d 990/1290 NOK, cabaña 4 camas 1390 NOK) Este sencillo complejo de bungalós y refugio está cerca del centro de visitantes de Briksdalsbreen y es el alojamiento más cercano al glaciar. De día no es el lugar más tranquilo, pero cuando se van los autobuses turísticos, el valle queda desierto. Hay un agradable restaurante que sirve trucha de montaña, hamburguesas de alce y platos del estilo (principales 180-300 NOK).

Melkevoll Bretun CAMPING $$
(plano p. 231; ☎57 87 38 64; www.melkevoll.com; parcela y 2 adultos 220 NOK, cabaña 400-850 NOK, y por persona 70 NOK; ⏲may-sep) Ninguna de sus zonas es mala. Según la parcela, se puede disfrutar de una vista magnífica al glaciar Melkevollbreen, a Volefossen, al lago Oldevatnet o al glaciar Briksdalsbreen. Las parcelas son amplias, y los bungalós ofrecen diferentes estilos: básicos y antiguos o más modernos y mejor equipados.

Información

Centro del Parque Nacional de Jostedalsbreen (Jostedalsbreen Nasjonalparksenter; plano p. 231; www.jostedalsbre.no; Oppstryn; adultos/niños 80/40 NOK; ⏲10.00-16.00 o 18.00 may-med sep) Este excelente centro de visitantes está en el pueblo de Oppstryn. Ofrece un vídeo informativo de 10 min sobre el glaciar que vale la pena, además de exposiciones que ilustran avalanchas y desprendimientos y algunos animales disecados. Fuera hay un jardín único con más de 300 especies de plantas autóctonas, todas etiquetadas en noruego, inglés y francés. También hay varias mesas de pícnic con vistas espectaculares al lago.

Cómo llegar y salir

Entre junio y agosto, **Oldedalen Skyss** (☎57 87 68 05; www.oldedalenskysslag.com) ofrece un autobús desde los glaciares de Stryn a Briksdal (101 NOK, 1 h, diario), que para en Loen y Olden.

NORDFJORD

Para muchos, el Nordfjord, de 100 km de largo, es solo un lugar de paso entre los fiordos de Sognefjorden y Geirangerfjord, mucho más populares. En el extremo oriental del fiordo, los pequeños pueblos de Loen Olden y Stryn son prácticos para hacer noche, especialmente si el viajero se dirige al lado sur del Parque Nacional de Jotunheimen.

Olden

498 HAB.

Realmente no hay mucho que hacer en este pequeño pueblo, pero es práctico como lugar de paso para los que se dirigen al norte desde Nordfjord o al oeste, hacia el glaciar de Brikdalsbreen. La mayoría de los visitantes llegan en un crucero, ya que Olden es una de las 10 paradas más visitadas de Noruega, así que puede estar hasta la bandera si se programa la llegada en mal momento.

Actividades

Briksdal Adventure EXCURSIONISMO

(☎918 44 474, 901 38 308; www.briksdaladventure.com; Olden; senderismo glaciar por persona 500 NOK; ⏲may-sep) Este servicio de guías de Olden ofrece excursiones a Brikdalsbreen seguidas de un trayecto en barca inflable por el lago glacial. Para los que quieran pisar el hielo, se ofrecen excursiones por el glaciar Tystigbreen, en Strynefjellet, cerca de la estación de esquí de Stryn (800 NOK).

Dónde dormir

Olden Fjordhotel HOTEL $$$

(☎57 87 04 00; www.olden-hotel.no; i/d desde 1390/1690 NOK; ⏲may-med sep; P📶) Este enorme hotel de fiordo, cerca del minúsculo pueblo de Olden, acecha en la orilla como un buque de guerra. Es un edificio horrible, pero las habitaciones están bien, con alegres tejidos florales y balcones en casi todas.

Información

Oficina de turismo (☎57 87 40 54; www.nordfjord.no; ⏲10.00-16.00 med jun-med ago) Pequeña oficina de turismo que ofrece información de la zona del Nordfjord, incluido un mapa gratis con sugerencias de paseos.

Cómo llegar y salir

El NW431 de Nor-Way Fjordexpressen (www.norway.no) va a Bergen (533 NOK, 6¾ h, 2 diarios).

Loen

398 HAB.

Esta minúscula aldea junto al fiordo es básicamente una puerta de entrada a los glaciares. Desde Loen, una carretera asciende el valle de Lodalen hasta las espectaculares lenguas glaciales de Bødalen y Kjenndalen.

Actividades

Loen también es una buena base para senderistas. El mapa *Walking in Loen & Lodalen* (50 NOK; 1:50 000) describe 20 paseos de un día. Los hoteles locales que ofrecen actividades y las oficinas de turismo, como la de Olden, suelen tener ejemplares.

Una fantástica pero dura excursión conduce a la torre Skålatårnet, en la cima del Skåla, a 1848 m. La ruta empieza en un aparcamiento señalizado 2,5 km al este de Loen. Se tardan entre 7 y 8 h, bastante más que el récord de La Sportiva Skaala, una carrera anual (menos de 70 min).

★Loen Skylift TELEFÉRICO

(☎57 87 59 00; www.loenskylift.com; Mt Høven; adultos/niños ida y vuelta 485/240 NOK; ⏲9.00-22.00 jul-med ago, 9.00-19.00 do-ju y 9.00-21.00 vi y sa may-jun y med ago-oct, 12.00-16.00 vi y 10.00-16.00 sa y do nov-abr) La mejor atracción de Loen es este elegante teleférico, uno de los más empinados del mundo, que lleva desde el límite del fiordo hasta la cima del monte Høven, a 1011 m, en unos 5 min. Las vistas desde arriba son fantásticas, pero también hay muchos senderos para recorrer y, en invierno, para esquiar. Hay un buen restaurante (platos principales 140-365 NOK) con una de las mejores vistas de Noruega para admirar mientras se cena.

★Loen Active AIRE LIBRE

(☎57 87 58 00; www.loenactive.no) Esta empresa de Loen ofrece esta actividad destacada, que consiste en una vertiginosa escalada por varias vías ferratas (1270 NOK, Loen Skylift incluido), sistemas de cuerdas y escaleras atornilladas en la pared de roca vertical del monte Høven. No es apta para los que sufran (ni tan solo un poco) de vértigo. También se ofrecen excursiones guiadas a pie y en bicicleta, y alquiler de botes a pedales.

Dónde dormir

Sande Camping CAMPING $

(plano p. 231; ☎57 87 45 90; www.sande-camping.no; parcela para automóvil, tienda y 2 adultos 250 NOK, cabaña 4 personas desde 1050 NOK) El precioso entorno de este *camping* es perfecto para disfrutar de un par de días de actividades. Está pocos kilómetros al sureste del pueblo y ofrece parcelas y cabañas tradicionales junto al lago, además de alquiler de bicicletas, kayaks y cañas de pescar. Tiene una tienda junto a la recepción y un café agradable (se recomienda la trucha local). La zona de aseos se ha renovado.

LOS DESASTRES DE LOVATNET

Subiendo Lodalen, se ve lo que parecen ser islas que casi han partido el lago en dos. Son grandes rocas que se desprendieron del Ramnefjell y cayeron hasta el lago en tres catástrofes diferentes. En 1905, la ola gigante que se produjo se llevó por delante 63 personas –de las que solo se encontraron nueve– y arrastró el barco de vapor *Lodalen* 400 m tierra adentro. En 1936 se calcula que se desprendieron 1 millón de m^3 de roca, provocando una ola que causó 72 víctimas y alejó aún más el barco. La tercera, en 1950, dejó una marca mayor todavía en la montaña, pero no se cobró ninguna vida.

Un sendero llamado Pilgrimsstí ("sendero de los peregrinos", señalado con marcas azules), desciende con fuerte pendiente entre abedules hasta una sencilla cruz de madera que marca la ubicación del monumento conmemorativo a las víctimas del desastre de 1905 (que se llevó por delante el cataclismo de 1936). Se halla 100 m antes de las señales de la carretera de peaje de Kjenndalsbreen. De camino, aparte de una serie de textos bíblicos, pueden verse los oxidados restos del *Lodalen*, el barco de vapor del lago, que llegó hasta este punto a caballo de las olas de las dos primeras hecatombes. El paseo de ida y vuelta lleva entre 35 y 45 min.

Hotel Alexandra HOTEL **$$$**
(☎57 87 50 00; www.alexandra.no; i/d incl. desayuno desde 2000/3000 NOK; P❄📶🏊) Este enorme y caro complejo junto al fiordo ofrece casi todo lo que se pueda necesitar, con varios restaurantes, dos cafés, un lujoso *spa*, piscinas cubierta y exterior e incluso una discoteca. Las habitaciones son bastante normales, cómodas pero insulsas. Hay como mínimo ocho categorías, con suplementos para las que tienen vistas al fiordo y las más amplias.

Cómo llegar y salir

El autobús NW431 de Nor-Way Fjordexpressen (www.nor-way.no) para en Loen en su ruta desde Bergen (533 NOK, 6¾ h, 2 diarios).

Stryn

2300 HAB.

La capital de facto del tramo superior de Nordfjord es un centro neurálgico regional, bastante diseminado, pero que conserva algunas de las casas originales de madera a lo largo del río. Se agradece el ambiente animado tras haber pasado unos días en estado silvestre.

Actividades

Centro de esquí de verano de Stryn ESQUÍ
(Stryn Sommerskisenter; www.stryn.no/sommerski; adultos/niños 370/300 NOK) Se encuentra a 9 km por la Gamle Strynefjellsvegen. Desde finales de mayo hasta algún día de julio, ofrece la mayor superficie de esquí de verano del país. La mayoría de las fotografías con esquiadores en traje de baño se han tomado aquí. Es un lugar desolado fuera de su corta temporada.

Dónde dormir

Stryn Camping CAMPING **$**
(☎57 87 11 36; www.stryn-camping.no; Bøavegen 6; parcela para automóvil, tienda y 2 adultos 260 NOK, cabaña 400-1700 NOK; ⊙todo el año) Este agradable *camping* situado a solo dos manzanas de la calle principal de Stryn ofrece un ambiente de campamento de verano cuando está lleno. Hay muchas caravanas y bungalós, por lo que los campistas pueden sentirse un poco excluidos si está muy concurrido.

Las instalaciones son buenas e incluyen una zona de juegos, minigolf y camas elásticas para los niños, además de lavadora y secadora. La proximidad al pueblo facilita las compras.

Stryn Vertshus B&B B&B **$$**
(☎57 87 05 30; www.strynvertshus.no; i/d 800/1300 NOK; 📶) Encima del mejor café del pueblo, en los aleros de esta casa centenaria, hay cinco habitaciones preciosas y acogedoras, con mucho más encanto que algunos de los enormes hoteles de este extremo del Nordfjord. Pequeños detalles, como lámparas de latón e imágenes en blanco y negro, les dan carácter. Ofrece algunas vistas al fiordo y un desayuno fantástico.

★ **Visnes Hotel** HOTEL **$$$**
(☎57 87 10 87; www.visneshotel.no; Prestestegen 1; i/d/f 1295/1495/1950 NOK; ⊙med may-sep; P📶) Dirigido por la misma familia durante seis generaciones, ocupa dos magníficos edificios catalogados, cada uno con su propio carácter.

MERECE LA PENA

GAMLE STRYNEFJELLSVEGEN

Este espectacular trayecto de 130 km dura fácilmente 4 h. La ruta se dirige al este desde Stryn por la **Rv15**, paralela al río que baja por el lago Strynevatnet y luego sigue por la misma orilla. El viaje es inspirador y las vistas de la montaña, de las más impresionantes del país.

Después de 20 km, la primera parada puede ser el **Centro del Parque Nacional de Jostedalsbreen** (p. 234), en el pueblo de **Oppstryn**, que ofrece información del glaciar y vistas fantásticas del lago, y alberga animales disecados y un jardín único.

A la altura de un panel informativo, 17 km después del Centro del Parque Nacional, hay que girar a la derecha para tomar la **Rv258**. Un equipo de trabajadores autóctonos e inmigrantes tardó más de 10 años en construir la **Gamle Strynefjellsvegen** (vieja carretera de montaña de Stryn) sobre la montaña. Considerada una obra maestra de la ingeniería civil del momento, se abrió al tráfico en 1894 y, durante más de 80 años, fue la principal ruta este-oeste a este lado del país. Hasta bien entrada la década de 1950, un equipo de unos 200 trabajadores, armados solo con palas, la mantenían limpia de nieve en invierno.

La subida hasta lo alto de la meseta es espectacular, en parte gracias a los hilos de agua que caen de las alturas y a tres torrentes a pie de carretera que llevan hielo fundido del glaciar. Según se asciende por este tramo estrecho, hay varias paradas. Cabe destacar el mirador sobre Videfossen, donde el agua se revuelve debajo.

Pasados 9 km por la Gamle Strynefjellsvegen, se llega al **centro de esquí de verano de Stryn** (p. 236), desolado casi todo el año salvo de finales de mayo a julio, cuando se convierte en la estación de esquí de verano más grande de Noruega; la mayoría de las fotos de esquiadoras en bikini se han tomado aquí.

Dejando atrás la empinada ascensión, hay que seguir por una carretera de un carril, sin asfaltar, que corre por encima de unos lagos de montaña de color turquesa, dominados por grandes cantos rodados. En esta meseta la escasa vegetación se abraza al suelo.

Tras cruzar la vertiente 10 km después del centro de esquí, empieza un descenso mucho más suave para reincorporarse a la Rv15. Girando a la izquierda se llega a un tramo rápido de dos carriles, paralelo al **lago Breidalsvatn**, antes de atravesar el primero de los tres largos túneles que llevan de vuelta al Centro del Parque Nacional para regresar a Stryn.

Al finalizar estos tres túneles conectados en 1978, la vieja carretera quedó relegada por la alternativa más moderna: 12 km de ancha calzada frente a los 27 serpenteantes de un carril. Pero la Gamle Strynefjellsvegen siempre atrajo a los viajeros que disponían de tiempo y a los amantes de la naturaleza. Acaba de ser designada Ruta Turística Nacional, por lo que vuelve a disfrutar de protagonismo.

Entre junio y octubre, no está cubierta de nieve. Letreros electrónicos en la Rv15 indican si la Strynfjellet (su nombre oficial) está abierta.

La mayor parte de las habitaciones están en el más grande, construido en 1850, decorado con muebles de época pero con una contención rústica. Las más caras ofrecen impresionantes vistas del fiordo y hay un par de habitaciones familiares grandes. Para sentirse como la realeza, hay que solicitar una en el edificio pequeño "estilo dragón", de 1890, ocupado por el rey Rama V de Siam durante su viaje de 1908, u otra donde durmió el rey Óscar de Suecia y Noruega en 1913. El restaurante, en el edificio grande, sirve platos tradicionales preparados con productos locales.

Dónde comer

★Stryn Vertshus CAFÉ $$

(☎57 87 05 30; www.strynvertshus.no; Tonningsgata 19; principales 100-195 NOK; ⏲9.00-23.00 lu-sa, 11.00-20.00 do) Es justo lo que se espera de un café en una aldea junto a un fiordo: con un personal amable y muy, muy acogedor. La carta ofrece comida sencilla –hamburguesas, pasta, sándwiches y *pizza*– pero bien preparada y abundante. El café y la tarta son deliciosos.

Bryggja PESCADO $$

(☎901 68 134; www.bryggja.info; Perhusvegen 11; principales 180-320 NOK; ⏲18.00-24.00 lu-sa, desde

16.00 do med jun-ago) Se recomienda cenar en la minúscula terraza para sacar el mayor provecho de la preciosa ubicación junto al río. Si llueve, el personal pone el toldo en forma de vela. El pescado se prepara de forma sencilla, al igual que los postres, como el delicioso *fondant* de chocolate. El interior náutico conforma un espacio íntimo (solo para 30 comensales, por lo que conviene reservar).

Cómo llegar y salir

El autobús NW431 de Nor-Way Fjordexpressen conecta Stryn con Bergen (533 NOK, 6¾ h, 2 diarios), y para en Loen y Olden. El servicio exprés NX146 de Nettbuss va a Oslo (349-609 NOK, 7-8 h, 2 diarios) y Ålesund (319 NOK, 2¾ h, 2 diarios), con cambio en Ørsta.

LA COSTA DE LOS FIORDOS

Pocos viajeros se aventuran a llegar hasta la lejana costa occidental, y la mayoría se limitan a recorrer los fiordos famosos más en el interior. Pero esta costa quebrada y fisurada ofrece muchos atractivos, especialmente para los amantes de los paisajes salvajes barridos por el viento. Faros solitarios y campos eólicos salpican la costa, y un sinfín de islas remotas la bordean, incluida la de Selja, con su inquietante monasterio medieval.

Florø

8450 HAB.

La ciudad más occidental de Noruega, de ambiente agradable y tranquilo, tiene un escudo en el que figuran tres arenques rampantes. Como gran parte de la costa de Noruega, antiguamente vivía casi únicamente de la pesca. Hoy en día, ha sido sustituida en gran medida por el petróleo. La gran Fjord Base, al noreste de la ciudad, surte a la gigantesca plataforma petrolífera marítima de Snorreankeret.

Frente a la costa hay un grupo de islas a las que es fácil llegar en ferri. Es una excursión de un día muy pintoresca que permite visitar lugares históricos desde los que admirar la belleza del paisaje.

Puntos de interés

En Strandgata (la calle principal) y sus alrededores, las casas del s. XIX más relevantes están bien señalizadas y documentadas en noruego y en inglés. Para obtener una vista panorámica bastan los 10 min que se tarda en subir a la **colina de Storåsen** desde Florø Ungdomsskule, en Havrenesveien.

★Isla de Kinn ISLA

Los que dispongan de poco tiempo podrán hacerse una idea de cómo es la costa de Florø con una visita a esta pequeña isla. Tras un rápido trayecto en barco desde el muelle, un guía recibe a los visitantes y les conduce por un recorrido de 1 km y 40 min hasta la famosa iglesia de piedra de la isla, mientras explica historias del lugar y de la tradición pesquera de Florø. La robusta iglesia de piedra, que data del s.XII, es impresionante.

Museo de la Costa MUSEO

(Sogn og Fjordane Kystmuseet; ☎57 74 22 33; www.kyst.museum.no; Brendøyvegen; adultos/niños 70 NOK/gratis; ⏲11.00-18.00 lu-vi, 12.00-16.00 sa y do jun-ago, 10.00-15.00 lu-vi, 12.00-15.00 sa y do sep-may) Este completo museo abarca la totalidad de la provincia de Sogn og Fjordane y explora la costa en todas sus formas. Está distribuido en varios edificios. Uno dedicado a la pesca incluye una maqueta de una casa familiar de pescadores de 1900 y explica la fundación de la isla como pequeño centro de comercio del arenque hace 150 años. Otro alberga una colección de barcos costeros. La exposición Snorreankeret ilustra la exploración y explotación de los campos de petróleo y gas del mar del Norte.

Está unos 2 km al sur del centro de la ciudad.

Islas frente a la costa

Los ferris que zarpan del muelle de Fugleskjærskaia conectan la península con varias islas pequeñas, que son magníficas opciones para excursiones de un día. La oficina de turismo (p. 240) puede reservar ferris y aconsejar sobre alojamiento.

Askrova tiene una "caverna de troles" prehistórica, cuyas profundidades nunca se han explorado. En la isla de **Batalden,** destacan la galería y el pequeño museo en Batalden Havbu. Se puede pernoctar en el B&B, una casita restaurada con mimo.

En **Kinn** hay una iglesia del s. XII bellamente restaurada, supuestamente construida por celtas británicos para refugiarse de las persecuciones religiosas.

En **Svanøy** se puede disfrutar de caminatas y pasar por un pequeño centro de ciervos.

A 233 m, el punto más alto de **Tansøy,** hay excelentes panorámicas del archipiélago.

Actividades

Paseos en barca

Florø Rorbu y el Efinor Camping Krokane alquilan barcas de remos y a motor para explorar la costa.

Senderismo y ciclismo

La oficina de turismo (p. 240) vende el práctico folleto *Cycling in Flora* (10 NOK) y tiene mapas de rutas locales.

Dónde dormir

★Efinor Camping Krokane CAMPING $

(☎57 75 22 50; www.efinor.no/camping; parcela 150 NOK, cabaña 450-1100 NOK;) Este *camping* está en una recóndita península unos 2,5 km al este de la ciudad y ofrece la oportunidad de alejarse de la multitud. Los bungalós están distribuidos bajo los árboles, y el prado de la orilla es una delicia para los campistas. Se alquilan barcas de remos (200 NOK/día) y a motor (desde 390 NOK/4 h).

★Quality Hotel Florø HOTEL $$

(☎57 75 75 75; www.nordicchoicehotels.no; Hamnegata 11; h 1295-1695 NOK; P@) La ubicación junto al mar es una de sus mejores bazas. Está junto al puerto deportivo y muchas de sus habitaciones ofrecen bonitas vistas a los barcos meciéndose. La parte antigua del edificio fue un almacén de arenques, y se ha ampliado con un anexo moderno. Vale la pena gastar un poco más en las habitaciones más caras, que ofrecen mucho más espacio y algunas tienen balcones y vigas originales.

Florø Rorbu APARTAMENTOS $$

(☎913 92 888; www.florbu.com; Krokane Kai; apt 950-1250 NOK;) Excelentes apartamentos totalmente amueblados, propiedad de una familia. Están al lado de una pequeña ensenada y tienen amarradero propio. Están bien equipados y los precios bajan para estancias de más de una noche. Se ofrece alquiler de barcas a motor (400 NOK/día) y kayaks de mar (200 NOK/día), y se prestan trampas para cangrejos y equipamiento de pesca.

Comfort Hotel Florø HOTEL $$

(☎57 75 25 52; www.nordicchoicehotels.com; i 1050 NOK, d 1150-1650 NOK;) Una buena opción en el centro de la ciudad, con algo más de carácter de lo que se espera de un hotel grande de cadena. Su diseño moderno y actual, con murales y muebles de diseño, da vida al vestíbulo y se extiende hasta las habitaciones de las plantas superiores. El *pub* restaurante del hotel, el **Kysten**, solo abre los viernes y sábados.

Dónde comer y beber

Bistro To Kokker CAFÉ $

(☎57 75 22 33; http://bistro.bistrotokokker.no; Strandgata 33; platos 140-175 NOK; ⏲9.00-22.00) Este local de tipo cantina no tiene mucho encanto, pero ofrece raciones abundantes a buen precio. Sirve bacalao crujiente, salmón frito, filetes, chuletas de cerdo y brochetas de pescado acompañados de una generosa porción de puré y verduras. Además, siempre ofrece un plato del día.

Hjørnevikbua COMIDA DE PUB $$

(☎57 74 01 22; www.hjornevikbua.bistrotokokker.no; Strandgata 23; cena principales 280-320 NOK, menú de 3 platos 475 NOK; ⏲17.00-22.00 lu-sa) Este local ocupa un bonito edificio de listones y tiene dos zonas: un animado *pub* abajo y un restaurante en la parte de arriba que sirve buenos pescados, además de otros principales como solomillo y filetes de reno. Los platos habituales no son muy sofisticados, pero satisfacen, y las vistas son bonitas.

Vesle Kinn PUB

(☎cervecería 473 39 047; www.kinn.no; Strandgata 58; ⏲16.00-23.00 mi-ju, hasta 24.00 vi y sa) Esta fantástica cervecería artesana inició su andadura en el 2009, y sus cervezas creativas han tenido mucho éxito en Noruega y Europa. Su bar del centro de la ciudad ofrece unas 12 cervezas, además de varias ginebras y una *stout* blanca.

LA MESA DE ARENQUES MÁS LARGA DEL MUNDO

De acuerdo, es posible que no tenga mucha competencia, pero una mesa de arenques de 400 m de largo es un logro realmente impresionante. Cada año, Florø y Haugesund, un poco más al sur en la costa, competían por tener la mesa más grande y larga del año, pero ahora que Haugesund se ha retirado, ya no existe esta rivalidad norte-sur y Florø se lleva toda la atención.

El tercer viernes de junio, se monta la mesa en el centro de Florø. Para hacerse una idea, basta imaginar la típica pista de atletismo de 400 m llena de platos con arenques, patatas, pan y bebidas, todo gratis. Después de desmontar la mesa, la fiesta continúa todo el fin de semana.

En el bar o en la oficina de turismo (p. 240) se ofrece información sobre las visitas a la cervecería.

Información

Oficina de turismo (57 74 30 00; www.fjordkysten.no; Strandgata 30; 9.00-18.00 lu-vi, 10.00-16.00 sa, 11.00-15.00 do jun-ago) Esta oficina de turismo bien gestionada ofrece reservas de actividades, incluidas excursiones a la isla de Kinn y visitas a la cervecería Kinn. También ofrece información de senderismo y circuitos guiados.

Cómo llegar y salir

AVIÓN

El aeropuerto de Florø está 2 km al sur del centro de la ciudad. Widerøe (www.wideroe.no) tiene vuelos directos a Florø desde Oslo, Bergen y Stavanger.

BARCO

Florø es la primera parada del ferri costero de Hurtigruten en su recorrido hacia el norte desde Bergen.

Los barcos exprés de Norled paran aquí 2 veces al día en la ruta entre Bergen (718 NOK, 3½ h) y Måløy (253 NOK, 1 h).

AUTOMÓVIL

Si se va en coche, la ruta más pintoresca hacia el norte hasta Måløy es pasando por la isla de Bremanger.

Kalvåg

453 HAB.

Si se viaja entre Florø y Måløy pasando por la isla de Bremanger, conviene desviarse 5 km desde el muelle del ferri en Smørhamn hasta el pequeño pueblo pescador de Kalvåg. Hoy hay una sola planta procesadora de pescado gigante en las afueras, que funciona cuando se aproximan los bancos de arenques y caballas, pero en su apogeo Kalvåg tenía más de 50 fábricas de salazón de arenque que daban trabajo a unos 10 000 temporeros.

Dónde comer

★ Knutholmen PESCADO $$$

(57 79 69 00; www.knutholmen.no; principales 298-350 NOK, platos de marisco 695 NOK; 8.00-24.00) Uno de los mejores lugares para comer pescado fresco en la costa occidental. Gambas, pinzas de cangrejo y langosta y generosas bandejas de marisco, todo servido en la terraza junto al muelle, frente a los barcos pesqueros. Un lugar maravilloso para matar el tiempo entre ferris.

Ofrece alojamiento atractivo en el piso de arriba (doble entre 1390-1890 NOK), con suelos de madera y temática marítima.

Información

Oficina de turismo (481 40 488; www.fjordkysten.no; 10.00-18.00 lu-vi, hasta 16.00 sa, 12.00-16.00 do jul-med ago, 10.00-16.00 lu-vi resto del año) La oficina de turismo del muelle puede organizar visitas a las fábricas de salazón de arenque.

Cómo llegar y salir

No es muy fácil llegar ni explorar Kalvåg a menos que se disponga de coche propio.

Måløy

3500 HAB.

En un crudo día de invierno en pleno temporal atlántico, el solitario puerto pesquero de Måløy parece el fin del mundo, pero si se visita en uno de esos raros días de sol sin viento, es una pequeña ciudad tranquila y agradable. Como la mayoría de las ciudades de esta zona de Noruega, tiene una larga tradición pesquera que en la actualidad se ha visto eclipsada por el petróleo.

Se encuentra en la boca del Nordfjord, en una isla separada, Vågsøy, conectada a tierra firme por el elegante puente de Måløybrua, en forma de S. Los buques mercantes surcan las aguas en esta población trabajadora de ambiente auténtico.

Puntos de interés

Refviksanden PLAYA

Esta maravillosa playa de arena blanca de más de 1,5 km es uno de los mejores lugares para bañarse en el agitado mar de la costa occidental, siempre que se pueda soportar su gélida temperatura. En un día soleado es un lugar espectacular, pero es muy raro que no haya viento. Está a unos 10 km de Maløy y hay un *camping* sencillo con aseos y duchas cerca de la playa.

Kannesteinen ELEMENTO NATURAL

A escasos 10 km al oeste de la ciudad se encuentra la extraña roca de Kannesteinen, retratada para Instagram hasta la saciedad, que se alza sobre el mar como la cola de una ballena. Es totalmente natural, aunque parezca una escultura abstracta.

MERECE LA PENA

LA SINUOSA CARRETERA HASTA EL FARO DE KRÅKENES

Este viaje circular de 42 km puede hacerse en un par de horas, paradas incluidas. Por la Rv617 desde Måløy, hay que seguir los letreros a Kråkenes Fyr. De ida o de regreso, merece la pena desviarse para visitar **Refviksanden** (p. 240), un tramo de 1,5 km de arena blanca designado como la mejor playa de Noruega en una encuesta realizada por internet en el 2010.

La desarbolada carretera pasa por una larga hilera de molinos (basta bajar del coche para darse cuenta de por qué están ahí) y brinda magníficas vistas de las montañas.

El **faro de Kråkenes** (p. 241), al final de la carretera, se sujeta precariamente sobre una roca. Llueva o haga sol, es un romántico lugar con impresionantes vistas de las montañas y el océano. Se puede pasar la noche en el *Bed and Breakfast* o en la suite nupcial con una cama redonda en la casa principal. Además hay cinco habitaciones dobles en un antiguo refugio.

Dónde dormir

Steinvik Camping CAMPING $
(☎57 85 10 70; www.steinvik-camping.no; parcelas 250 NOK, cabañas 400-1200 NOK, apts 550-800 NOK; ⏲todo el año) Es el *camping* más cercano a Måløy, con vistas espectaculares a la concurrida ruta marítima y una sala común muy acogedora. Para llegar hay que cruzar el puente hacia la orilla este, andar 2 km, girar a la derecha junto a una escuela y seguir el camino colina abajo durante 1,2 km. No aceptan tarjetas de crédito.

Torget Hotell HOTEL $$
(☎953 33 133; www.torgethotell.no; Gate 1 49; i/d 1090/1290 NOK; P wifi) Este hotel elegante ubicado en una antigua fábrica de conservas es, de lejos, el mejor alojamiento de Maløy. Las habitaciones, elegantes y sofisticadas, ofrecen suelo de madera y tonos neutros, y la mitad tienen balcón con vistas al mar. Hay un gran espacio diáfano en el desván con mansardas a través de las que se puede ver cómo atracan los barcos.

Faro de Kråkenes PENSIÓN $$$
(www.krakenesfyr.com; d con baño 3150 NOK, con baño compartido 2000 NOK, ste 3950 NOK, estancia mínima 3 noches; P wifi) Este remoto faro está al final de una espectacular carretera, a 42 km de Maløy. Aquí, uno se siente realmente lejos de todo. Ofrece una bonita suite nupcial (con una cama redonda) y cinco habitaciones acogedoras en un refugio cercano. La suite tiene instalaciones privadas. Las habitaciones comparten una cocina y hay dos con baño propio.

Dónde comer

Snorre Sjømat CAFÉ $
(Havfruen; ☎57 85 23 36; ⏲10.00-16.30 lu-vi, hasta 14.00 sa) Este bar práctico y sin florituras es el lugar al que hay que ir si se quiere degustar pescado y marisco sin servilletas almidonadas a la vista. Pasteles de pescado con puré, bacalao con patatas fritas, sándwiches de cangrejo, raciones de gambas y un sinfín de variedades de *klippfisk*. También venden pescado fresco para llevar, para los que tengan cocina.

Kraftstasjonen PESCADO $$
(☎57 85 12 60; Gate 1; cena principales 250-350 NOK; ⏲11.00-22.00 lu-ju, hasta 1.00 vi y sa) Este moderno bistró de la calle principal sirve platos para todos los gustos para un *brunch*, almuerzo o cena. Normalmente ofrece varios pescados, platos de estilo tapas, ensaladas de quinoa, hamburguesas y cosas del estilo, así como la sopa de pescado especial de la casa, que tiene leales seguidores en la ciudad.

Información

Oficina de turismo (☎57 84 50 77; www.nordfjord.no; Gate 1; ⏲8.00-16.00 o 17.00 lu-vi, 10.00-16.00 sa jul y ago, variable resto del año) Este pequeña oficina de turismo puede ayudar a reservar barcos, salidas de observación de aves y otras actividades.

Cómo llegar y salir

BARCO

El barco exprés de Norled a/desde Bergen (865 NOK, 4½ h, 2 diarios) para en Maløy de camino a Selje. El ferri costero de Hurtigruten también para aquí.

AUTOBÚS

El autobús exprés NX146 de Nettbuss hace el trayecto a/desde Oslo (719 NOK, 11 h, 2 diarios) vía Stryn.

Selje e isla Selja

700 HAB.

Pocos son los turistas que llegan a **Selje,** y aquí radica el encanto de este pueblo en el límite occidental de Noruega, con su impoluta playa blanca. **Vestkapp,** a 32 km por carretera desde Selje, no es el punto más occidental del país a pesar de su nombre, pero ofrece magníficas vistas del mar y cerca hay varios lugares populares entre los aguerridos surfistas en aguas frías de Noruega. Pero la principal razón para venir aquí es visitar el monasterio de Selja, del s. XII, situado en una isla rocosa cerca de la costa.

Puntos de interés

★ **Monasterio de Selja** SITIO HISTÓRICO

(www.seljekloster.no) Las evocadoras ruinas del monasterio y la iglesia de Santa Sunniva, en la isla de Selja, datan de los ss. XI y XII respectivamente, por lo que este ha sido lugar de peregrinaje desde hace más de 1000 años. La torre de 40 m sigue intacta y se puede subir para disfrutar de las magníficas vistas. Está a unos 15 min en barco desde Selje; hay excursiones regulares en barco (adultos/niños 275/120 NOK) desde el muelle del pueblo.

Dónde dormir y comer

Doktorgarden B&B **$$**

(☎909 29 771; www.doktorgarden-selje.no; i 750 NOK, d con baño compartido 1090 NOK; ⌚Semana Santa-oct; P 📶) Ideal para despertarse con vistas al mar y el aroma de pasteles recién hechos. La 2ª planta de esta encantadora casa antigua, situada colina arriba desde el puerto, la ocupan cuatro habitaciones amplias, decoradas con esmero, que comparten un baño grande impecable y una cocina. En la parte de abajo hay una galería en el sótano, una librería y un café luminoso (p. 242).

Doktorgarden Cafe CAFÉ **$**

(☎909 29 771; pasteles 35-50 NOK; ⌚9.00-18.00 jun-ago, 10.00-15.00 sa y do resto del año) En este espacio luminoso y acogedor, en el *Bed and Breakfast* Doktorgarden, la especialidad son los pasteles: *plum cake*, tarta de queso, tarta de zanahoria y el clásico bizcocho noruego relleno de mermelada y nata.

Información

Oficina de turismo (☎57 85 66 06; www.nordfjord.no; ⌚9.00-16.45 lu-vi med jun-med ago) Está en el puerto y ofrece una lista de bungalós y apartamentos en la zona, así como datos sobre artesanos y productores locales de alimentos, o sugerencias de senderos y playas. Son una mina de información sobre la abundante herencia cultural de la región, desde rutas de peregrinaje a túneles y fortificaciones de la II Guerra Mundial.

Cómo llegar y salir

Desde Måløy, hay dos formas realmente magníficas de llegar a Selje: la espléndida carretera Rv618 que bordea el fiordo, o con el barco exprés de Nordfjord (91 NOK, 25 min, 2 diarios).

FIORDOS SEPTENTRIONALES

A medida que se viaja hacia el norte desde Nordfjord, se puede apreciar una serie de profundos y escarpados fiordos que recortan la costa y crean un sinfín de islotes y ensenadas en todo el litoral. El paisaje es realmente asombroso.

Lo más llamativo es, sin duda, el imponente Geirangerfjord, Patrimonio Mundial de la Unesco y el preferido de muchos visitantes. Es una visión espectacular, pero su encanto se ve tristemente arruinado por la cantidad de gente que quiere verlo, con un tráfico infinito de barcos turísticos y de cruceros recorriendo el canal.

Pero lejos de este fiordo, el viajero podrá disfrutar de paisajes muy poco visitados, casi en exclusiva. Más al norte, vale la pena recorrer las elegantes ciudades de Ålesund y Kristiansund, y hay dos carreteras magníficas, la Trollstigen y la Atlantiksvegen, que son un sueño para los amantes de la conducción.

Åndalsnes

2244 HAB.

Existen dos formas igualmente espectaculares de acceder a Åndalsnes: por carretera a través del puerto de montaña de Trollstigen o con el ferrocarril Rauma que recorre el pintoresco e impresionante valle de Romsdalen. El ferrocarril sale desde Dombås y se abre paso a través de un escarpado valle glacial, flanqueado por precipicios y cascadas que caen en picado. Muy dañada por los bombardeos de la II Guerra Mundial, la villa actual, junto a Romsdalfjord, puede resultar algo anodina, pero sus habitantes son encantadores y los paisajes, magníficos.

Puntos de interés

★ Trollstigen CARRETERA DE MONTAÑA

(www.trollstigen.net; ⌚may-oct) Esta zigzagueante carretera en espiral que sube hacia el cielo es el tramo de asfalto más famoso de Noruega. La "escalera del trol", cuya construcción finalizó en 1936 después de ocho años de trabajo, es una impresionante proeza de la construcción vial que serpentea por la ladera de la montaña con 11 curvas cerradas y una pendiente del 12%. Después de las lluvias intensas, las cascadas se desploman por la ladera empapando a los coches a su paso. Para añadir aún más emoción, la mayor parte tiene un solo carril, por lo que los atascos y los adelantamientos son parte de esta escalofriante experiencia.

En la cima del puerto, se han construido, con acero y cemento, una plataforma que desafía a la gravedad y una serie de miradores cuya artificialidad contrasta con el paisaje natural y las rocas que los rodean. Este lugar, que se balancea vertiginosamente sobre el profundo precipicio y ofrece unas vistas impresionantes montaña abajo, fue diseñado por el arquitecto Reiulf Ramstad y se ha convertido en uno de los lugares más famosos de la red de Rutas Turísticas Nacionales. No hay que perdérselo.

Se puede recorrer la carretera en cualquier sentido, desde Valldal o Andalsnes, y tiene unos 38 km. Pasa por el Parque Nacional de Reinheimen, el tercero más grande del país, creado en el 2006 y donde los renos aún pacen y se alimentan de musgo y hierba. El puerto normalmente está despejado y abierto de finales de mayo a mediados de octubre, aunque siempre depende de las nevadas de la temporada.

★ Ferrocarril de Rauma FERROCARRIL PANORÁMICO

(i 297 NOK, 1 niño gratis por adulto; ⌚4 diarios) Este clásico trayecto hará las delicias de los aficionados a los trenes. El ferrocarril de Rauma, de 114 km de longitud, va de Åndalsnes a Dombås por las altas montañas del centro de Noruega. Es una excursión genial que pasa por fiordos, bosques, valles, lagos y montañas, además de seis túneles y 32 puentes. En verano, de junio a agosto, hay un tren turístico con una ruta más corta y explicaciones a bordo dos veces al día, que va de la estación de Åndalsnes que está junto al lago hasta Bjorli, a 600 m.

Trollveggen ELEMENTO NATURAL

(Muro de Troll) Desde Dombås, la E136 y la línea férrea discurren en paralelo hacia el noroeste hasta Romsdalen (el valle aparece en *Harry Potter y el misterio del príncipe*). Cerca de Åndalsnes, la espectacular Trollveggen, conquistada por primera vez en 1958 por un equipo anglo-noruego, se alza por detrás. Es la montaña vertical más alta de Europa y su escarpada cumbre (1800 m desde el pie del valle), que suele estar envuelta en nubes, se considera el máximo reto entre los montañeros.

Actividades

Pesca

Circuitos de pesca John Kofoed PESCA

(☎971 79 442; www.rauma-jakt-fiskesafari.no; adultos/niños 380/180 NOK, caña 120 NOK) Ofrece circuitos de pesca de 3 h por el Romsdalsfjorden, tres veces al día en verano. Se reserva directamente con ellos o a través de la oficina de turismo (p. 244). En el fiordo hay 68 especies de peces diferentes, como carbonero, abadejo, bacalao, merluza, rodaballo, halibut, pescadilla, arenque o caballa.

Excursionismo

El folleto *Geiranger Trollstigen* (30 NOK) describe siete senderos señalizados en la zona de Trollstigen, pero debe completarse con el mapa *Romsdals-Fjella* a escala 1:80 000, ambos disponibles en la oficina de turismo (p. 244), que también organiza caminatas por la montaña con guía cualificado de 4 a 6 h.

★ Aksla/Nesaksla EXCURSIÓN

(www.romsdal.com) Esta excelente caminata de medio día comienza en la misma población, siguiendo la carretera de Romsdalsvegen, 50 m al norte de la rotonda anterior a la gasolinera Esso. Se tarda entre 1 h y 90 min en llegar a la cima del Nesaksla (715 m), que se alza sobre Åndalsnes. El ascenso se ve premiado con unas vistas increíbles de los Alpes de Romsdal, el río Rauma y el fiordo de Romsdal.

Escalada

Los mejores son los tramos menos extremos de la ruta a 1500 m de altura de Trollveggen, y el Romsdalshorn (1550 m), pero hay muchos más. Los buenos escaladores harán bien en comprar *Klatring i Romsdal* (300 NOK), con información sobre escalada en roca y hielo, en noruego e inglés.

Esquí

La cordillera de Romsdalen está considerada una de las mejores zonas de esquí del país, donde puede disfrutarse de nieve intacta, vistas inabarcables de los fiordos y agrestes cumbres que esperan a los que aceptan el reto de descender por ellas.

Kirketaket (1439 m) es una de las cimas clásicas de Romsdalen, con descensos por empinadas laderas verticales de 1000 m (tras subir durante 3-5 h), desde donde se esquía fiordo abajo. Se puede esquiar en primavera y principios del verano, en cuanto abre la carretera de Trollstigen.

Las webs www.romsdal.com y www.kirketaket.com ofrecen más información. Para detalles sobre esquí, véase www.skiromsdal.no o contáctese con el **Hotel Aak,** que también organiza salidas de esquí guiadas.

Fiestas y celebraciones

Rauma Rock MÚSICA
(www.raumarock.com; ago) La mayor congregación de *rock* del centro de Noruega se celebra durante dos días a principios de agosto.

Norsk Fjellfestival DEPORTE
(Festival Noruego de la Montaña; www.norsk-fjellfestival.no; jul) Encuentro de una semana para los amantes de la vida al aire libre, con muchos actos folclóricos. Se celebra a principios de julio.

Dónde dormir

Åndalsnes Camping CAMPING $
(71 22 16 29; www.andalsnes-camping.com; parcela, coche y 2 adultos 190 NOK, cabaña 400-975 NOK;) A menos de 2 km de Åndalsnes, este agradable *camping* disfruta de una ubicación espectacular bajo los riscos y junto al río Rauma. Hay un buen café y una acogedora sala de TV y ocio, y se puede encargar pan recién hecho que traen cada mañana. En recepción alquilan canoas, bicicletas y tablas de surf con remo.

Trollstigen Resort CAMPING $
(71 22 68 99; www.trollstigenresort.com; parcela 210 NOK, cabaña 980-1040 NOK;) Reconocible por el corpulento trol de madera de la entrada, este *camping* muy cuidado está a 2 km por la carretera Rv63 de Åndalsnes a Geiranger. La bienvenida es cálida y la ubicación, con vistas al río Rauma y rodeado de montañas, pintoresca y apacible. Todos los bungalós tienen baño, salvo uno, y los de dos camas se han redecorado con estilo. Abierto todo el año, es popular entre los esquiadores en invierno.

Åndalsnes Vandrerhjem ALBERGUE $
(71 22 13 82; www.hihostels.no/hostels/andalsnes; dc/i/d/f 365/760/860/1160 NOK; mar-nov; P) Un albergue fantástico formado por varios edificios y rodeado de césped, vegetación y naturaleza. Está a 1,5 km de Åndalsnes. Como es de esperar, las habitaciones no son nada del otro mundo, pero están bien para un par de noches. Hay una bonita zona donde charlar con otros huéspedes. También se ofrece un bufé de desayuno particularmente generoso.

★ **Hotel Aak** HOTEL $$$
(71 22 17 00; www.hotelaak.no; i/d 1300/1600 NOK; med may-sep; P) Este histórico hotel de montaña es una belleza y ha sido reformado cuidadosamente y con gusto por la joven familia Rønning. La decoración de las habitaciones es escasa pero bonita, y las mejores habitaciones tienen mucho espacio y preciosas vistas a las montañas. Sin embargo, aún se puede percibir el pasado rústico del edificio. El desayuno es un auténtico festín de montaña. También se pueden pedir cenas.

Grand Hotel Bellevue HOTEL $$$
(71 22 75 00; www.grandhotel.no; Åndalgata 5; i/d 1195/1650 NOK; P) Este hotel grande en la parte alta de la ciudad data de 1800, pero ha sido reformado y modernizado con buen gusto. Las 86 habitaciones, blancas y luminosas, están decoradas con murales de montañas; no son muy grandes, pero casi todas tienen vistas. El restaurante sirve cenas con bastante fécula (platos principales 275-345 NOK) de lunes a sábado.

Dónde comer

★ **Sødahl-Huset** CAFÉ $$
(400 66 401; Romsdalsvegen 8; principales 120-200 NOK; 11.00-19.00 do-vi, hasta 2.00 sa, horario reducido en invierno) Este lugar es lo que debería ser cualquier café de una ciudad pequeña. Muebles de diferentes estilos, catas de cerveza y actuaciones de forma regular, y una completa carta en la pizarra con deliciosa comida casera elaborada con productos locales, desde la tentadora tarta de chocolate y hamburguesas con *kraftkar* (queso azul), a opciones más saludables, como la ensalada de salmón asiática. Como dice el cartel, lo llevan tres señoras encantadoras, y es muy acogedor.

Información

Oficina de turismo (71 22 16 22; www.visitandalsnes.com; 9.00-20.00 jun-ago, hasta 15.00 lu-vi sep-may) Oficina de turismo situada junto a la estación de tren. Ofrece mucha información sobre cómo explorar la zona, y puede hacer reservas para excursiones guiadas, clases de escalada, surf con remo y mucho más. Alquila bicicletas (100/400 NOK hora/día), tanto comunes como eléctricas.

Cómo llegar y salir

AUTOBÚS

Åndalsnes está en la Ruta de Oro que lleva al impresionante puerto de Trollstigen. Hay autobuses que recorren la ruta hasta Geiranger (ida/ida y vuelta 239/478 NOK, 3 h, 2 diarios) de mediados de junio hasta agosto.

También hay autobuses a Molde (169 NOK, 1½ h, hasta 8 diarios) y Ålesund (345 NOK, 2¼ h, 4 diarios).

TREN

Los trenes a/desde Dombås (249-297 NOK, 1½ h, hasta 4 diarios) enlazan con la ruta Oslo-Trondheim.

Valldal

La mayoría de los viajeros pasan por el pequeño pueblo de Valldal en su camino al famoso puerto de montaña de Trollstigen o tras haber saboreado el idílico viaje en ferri desde Geiranger. Encaramado al Norddalsfjord, es un lugar espectacular, con ríos rápidos rodeados de altos picos envueltos en nubes. Varias cascadas bajan hacia el valle, como las de Holsfossen, Gudbrandsjuvet y Skjerdsura, todas ellas visibles desde la carretera Rv63.

Valldal también tiene los huertos más septentrionales de Europa. Aquí florecen manzanas, peras e incluso cerezas y también se encontrará profusión de fresas, conmemoradas en el **Festival de las Fresas,** que se celebra el último fin de semana de julio.

Puntos de interés y actividades

Gudbrandsjuvet ELEMENTO NATURAL

A 15 km por el valle desde Valldal, este popular mirador ofrece vistas a un torbellino de agua espumosa que se estrella cuando el río se precipita por un cañón de 5 m de ancho y 20 m de profundidad. Es un panorama impresionante, realzado por una pasarela-mirador de acero oxidado, construida como parte del proyecto Rutas Turísticas Nacionales. Hay un café cerca.

Antigua iglesia de Stordal IGLESIA

(Rosekyrka; Stordal; adultos/niños 30/15 NOK; 11.00-16.00 med jun-med ago) Esta iglesia de madera, construida en 1789, está 25 km al noroeste de Valldal por la Rv650 en dirección a Ålesund. Donde se alza la iglesia había antes una capilla de la que se conservaron algunos elementos. Dentro, el techo, las paredes y cada columna están suntuosamente decorados con escenas de la Biblia y retratos de santos, con un derroche de color que le da su apodo: la iglesia rosa.

Valldal Naturopplevingar DEPORTES DE AVENTURA

(900 14 035; www.valldal.no) Esta empresa de actividades al aire libre está en el borde del fiordo, cerca del muelle de ferris y la oficina de turismo. Esta especializada en deportes acuáticos, sobre todo en *rafting* en ríos (adultos 950 NOK/día) y kayak (1050 NOK), pero también ofrece barranquismo, escalada y acampadas.

Dónde dormir

Fjellro Turisthotell HOTEL $$

(70 25 75 13; www.fjellro.no; Syltegata; i/d 1140/1820 NOK; café restaurante 12.00-22.00 may-sep; P) Este bonito hotel con tejado rojo lleva décadas ofreciendo sus servicios; es un lugar agradable, aunque un tanto anticuado, para hacer una pausa en el viaje. Además, es el único alojamiento real que existe. Las habitaciones son prácticas, aunque antiguas. En la planta baja hay un restaurante especializado en pescado, y atrás hay un jardín tranquilo con una pequeña zona de juegos.

★ **Juvet Landscape Hotel** HOTEL DE DISEÑO $$$

(950 32 010; www.juvet.com; Alstad; pajarera i/d 1650/2100 NOK, cabaña 3300 NOK; mar-sep;) Este increíble complejo de bungalós futuristas repartidos junto a un río es probablemente uno de los hoteles con la arquitectura más audaz de toda Noruega. Es creación de su dueño, Knut Slinning, quien compró la granja vecina y encargó hacer estas cápsulas con estructura de acero y cubiertas de madera con amplios ventanales panorámicos que parecen invitar a la naturaleza. Aparecen en la película de ciencia ficción *Ex Machina*.

Los bungalós principales se han complementado con dos 'pajareras' más básicas un poco más arriba, bastante menos llamativas (solo tienen baños básicos y una ducha de mano), pero considerablemente más baratas.

Los desayunos y cenas (500 NOK/persona) se sirven en la larga mesa común del rústico establo. También hay un *spa* junto al río con un *jacuzzi* y una sauna desde donde se pueden contemplar las nubes.

Para garantizar la privacidad, no se permiten visitantes que no sean huéspedes.

Jordbærstova CAFÉ $$

(☎70 25 76 58; principales 140-210 NOK; ⊙12.00-17.00 may-sep) En este café junto a la carretera para casi todo el mundo para almorzar en Valldal. Es un lugar acogedor, con un comedor largo con paneles de madera donde se sirve comida noruega, como albóndigas y guiso de reno. El domingo se ofrece un enorme bufé de almuerzo, y los postres de fresas son legendarios. Está unos 5 km al noroeste del pueblo por la Rv63.

De compras

Valldal Safteri COMIDA

(Syltetøysbutikken; www.baer.no; ⊙10.00-17.00 mi-vi, 11.00-16.00 sa) Fabricante de mermeladas artesanas en la carretera que pasa por detrás y al este de la iglesia de Valldal, tiene una enorme selección de mermeladas y zumos elaborados en la pequeña fábrica de la trastienda. Los ingredientes provienen en su mayoría de agricultores autóctonos.

Información

Oficina de turismo (☎917 80 746; www.visitalesund-geiranger.com; ⊙10.00-18.00 med jun-med ago, hasta 17.00 lu-vi resto del año) Está en una cabaña junto al fiordo, cerca del muelle de ferris. Se alquilan bicicletas (25/100 NOK por hora/día).

Cómo llegar y salir

AUTOBÚS

Valldal es una parada del servicio de autobús Ruta de Oro (adultos/niños 956/478 NOK, 2 diarios) que va de Åndaslnes a Geiranger por el puerto de montaña de Trollstigen.

BARCO

El crucero en ferri (adultos/niños ida 240/130 NOK, ida y vuelta 370/190 NOK, 2¼ h, 2 diarios) que va de Valldal a Geiranger de mediados de junio a mediados de agosto es espectacular.

AUTOMÓVIL Y MOTOCICLETA

La Rv63 sube por la ladera de la montaña directamente hacia el puerto de Trollstigen, que suele estar abierto de mayo a octubre, dependiendo de las nevadas. El punto más alto del puerto está a unos 37 km de Valldal.

Geirangerfjord

250 HAB.

Este famoso y muy fotografiado fiordo, Patrimonio Mundial de la Unesco, está en la ruta de todo el que visite Noruega. En términos meramente panorámicos, es imposible discrepar con su inclusión en la lista de sitios por visitar, ya que es uno de los parajes naturales más maravillosos del mundo, una majestuosa combinación de enormes acantilados, cascadas y profundas aguas azules que perdura en la memoria.

Por desgracia, el prestigio va unido a la popularidad. Cada año lo admiran unas 600 000 personas y montones de cruceros atracan en el puerto todos los días de verano. Es poco probable poder disfrutarlo con paz y tranquilidad, especialmente alrededor del puerto principal de Geiranger.

Por suerte, fuera del fiordo se puede encontrar esa paz, y un recorrido en el ferri Geiranger-Hellesylt es parte esencial de una aventura en Noruega.

Puntos de interés

Flydalsjuvet MIRADOR

Probablemente el viajero habrá visto esa clásica foto de la roca colgante de Flydalsjuvet, a menudo con alguien que mira un barco de crucero en Geirangerfjord. El aparcamiento, con el cartel de Flydalsjuvet, a unos 5 km cuesta arriba desde Geiranger, en la carretera de Stryn, ofrece una fantástica vista del fiordo y del valle, pero no hasta el último detalle. Para eso hay que descender 150 m por la colina y bajar por un sendero resbaladizo y difícil de distinguir hasta el borde. El intrépido protagonista de la foto deberá gatear con total cautela hasta el saliente que hay 50 m más adelante; se recomienda precaución.

Dalsnibba MIRADOR

(www.dalsnibba.no) Para disfrutar de la vista más alta y hermosa de las muchas que ofrecen el valle de Geiranger y el fiordo, hay que tomar la carretera de peaje de 5 km (130 NOK por coche) que sube desde la Rv63 hasta el mirador de Dalsnibba (1500 m). A partir de agosto del 2016, se puede contemplar la vista desde una nueva plataforma, la pasarela elevada de Geiranger, con suelo transparente y barandilla de cristal, que hace sentir que uno camina en el aire.

Varios autobuses llevan hasta el mirador, incluido el Nibbebus (adultos/niños 310/200 NOK ida y vuelta, 3 diarios med jun-ago).

También se puede ir en el autobús público 211 (adultos/niños ida y vuelta 335/273 NOK, 2 diarios med jun-ago), pero solo para unos 20 min para disfrutar de la vista desde la cima.

Una opción más lujosa y pausada es el Panorama Bus (adultos/niños 450/300 NOK ida y vuelta, 3 diarios med jun-ago), que dura unas 3 h de ida y vuelta a Geiranger.

Norsk Fjordsenter MUSEO

(☎70 26 38 10; www.verdsarvfjord.no; adultos/niños 120/60 NOK; ⏲10.00-18.00) El Centro Noruego de los Fiordos ofrece una visión en contexto de la zona de Geiranger, con exposiciones de aludes, inundaciones, la construcción de las primeras carreteras y el auge del turismo. Está colina arriba por la Rv63. Aunque no se entre, vale la pena visitar el edificio.

Actividades

Saliendo de la bulliciosa terminal de ferris, la vida es mucho más tranquila. Por todo Geiranger hay fantásticas rutas señalizadas hasta granjas abandonadas, cascadas y miradores. El mapa de la oficina de turismo *Hiking Routes* (10 NOK), fotografiado desde el aire, propone 18 paseos marcados de 1,5 a 5 km.

Hay una excursión popular que empieza con un viaje en el barco turístico de Geiranger Fjordservice. Una empinada ascensión de 45 min desde el embarcadero lleva hasta Skageflå, una granja precariamente encaramada en la ladera. Es posible volver por donde se ha llegado hasta el embarcadero (hay que indicarlo a la tripulación a la salida o simplemente hacer señales con la mano). Para estirar más las piernas, se puede seguir al otro lado de la montaña y regresar a Geiranger pasando por Preikestolen y Homlung.

Circuitos

★Geiranger Fjordservice BARCO

(☎70 26 30 07; www.geirangerfjord.no; Homlong; circuitos 1½h adultos/niños 250/135 NOK) Esta veterana compañía ofrece excursiones turísticas en barco por el fiordo desde Geiranger. La excursión estándar de 1½ h sale hasta 5 veces al día en pleno verano y solo una vez en abril y octubre. El resto del año, de noviembre a marzo, no funciona.

De mediados de junio a agosto, también ofrece un barco inflable más pequeño de 15 plazas (adultos/niños 695/395 NOK) y excursiones en kayak (525/469 NOK), todo ello desde su base de Homlong, a 2 km de Geiranger.

Dónde dormir

Grande Hytteutleige & Camping CAMPING $

(☎70 26 30 68; www.grande-hytteutleige.no; Rv63; parcela para coche, tienda y 2 adultos 200 NOK, cabaña 550-1290 NOK; ⏲abr-oct; P 📶) Si se va a acampar, conviene escoger la parcela más pequeña y al norte de las dos que hay, pues brinda las mejores vistas del fiordo. Ofrece buenas ventajas: lavandería, duchas y una pequeña cocina con hornillo, además de wifi gratis. Alquilan kayaks de mar y material de pesca, y pueden disponer un barco-taxi para visitar las granjas del fiordo, solo accesibles por mar o a pie.

Geirangerfjorden Feriesenter CAMPING $

(☎951 07 527; www.geirangerfjorden.net; Grande; parcela frente al lago para automóvil, tienda y 2 adultos 255 NOK, cabaña desde 990 NOK; ⏲finales abr-med sep; P 📶) Una opción más tranquila que acampar en el pueblo es ir por la orilla norte hasta este bonito lugar, con parcelas amplias, instalaciones cuidadas y bungalós particularmente bonitos y bien decorados. Si no le importa no estar al lado del agua, el viajero se podrá ahorrar 300 NOK.

Geiranger Camping CAMPING $

(☎70 26 31 20; www.geirangercamping.no; parcela para automóvil, tienda y 2 adultos 185 NOK; ⏲med may-fin sep; P @ 📶) A un breve paseo de la terminal de ferris, está dividido por un torrente. Aunque escaso de sombra, es agradable y cómodo para quienes tengan que tomar un ferri temprano, pero puede ser ruidoso durante el día.

★Westerås Farm BUNGALÓS $$

(☎932 64 497; cabaña 2 camas 870-1040 NOK, apt 1250 NOK; ⏲may-sep) Preciosa granja antigua, a 4 km por la Rv63 a Grotli, al final de una estrecha carretera que se alza sobre el bullicio del pueblo. Se puede escoger entre dos apartamentos en la granja y cinco bungalós de pino. El granero de 1603 alberga un restaurante donde sirven platos preparados con ingredientes de cosecha propia.

Hotel Utsikten HOTEL $$$

(☎70 26 96 60; www.clasicnorway.no/hotell/hotell utsikten-geiranger; i/d 1290/1590 NOK; ⏲may-sep; P 📶) "Un templo para levantar el ánimo", observó el rey Rama V de Siam cuando se alojó aquí durante su gran viaje. En lo alto de la colina sobre Geiranger (hay que tomar la Rv63 hacia Grotli), este hotel familiar de 1893 aún ofrece maravillosas vistas de la localidad y el fiordo. Las habitaciones, sin embargo, son pequeñas y algo más prosaicas.

Hotel Union HOTEL $$$
(☎70 26 83 00; www.hotelunion.no; d 1495-2690 NOK; ⏲feb-med dic; P❄📶🏊) La ubicación es espectacular, en lo alto de una colina sobre la villa. Su historia se remonta tiempo atrás, pero hoy adopta la forma de un amplio y moderno complejo con *spa*, un par de piscinas y sauna. Si bien las zonas comunes tienen un toque lujoso digno del mejor hotel, las habitaciones no destacan.

Dónde comer

Olebuda & Cafe Olé INTERNACIONAL $
(☎70 26 32 30; www.olebuda.no; Maråkvegen 19, Geiranger; restaurante principales almuerzo 155-255 NOK, cena 310-355 NOK; ⏲cafetería 9.00-19.00, restaurante 18.00-22.00) Escaleras arriba, este bonito restaurante ocupa la antigua tienda de comestibles de Geiranger y ofrece varios platos de estilo internacional, como rollo de salmón escalfado o cabrito ahumado; las carnes y pescados son de la tierra. En la planta de abajo hay una cafetería informal y pintoresca que sirve pasteles, tentempiés todo el día y buen café.

Brasserie Posten BRASERÍA $$
(☎70 26 13 06; www.brasserieposten.no; almuerzo principales 140-250 NOK, cena principales 195-290 NOK; ⏲12.00-23.00 abr-sep, horario reducido resto del año) Su sencillo menú de ensaladas, hamburguesas, bistecs, pescado y *pizza* sobresale gracias a un fervoroso chef local que obtiene los productos lácteos ecológicos de Røros y saca el máximo partido de las hierbas y verduras frescas. El moderno interior de diseño escandinavo es luminoso y evocador, pero lo que destaca es la terraza con vistas al fiordo.

De compras

★**Geiranger Sjokolade** CHOCOLATE
(☎967 25 205; www.geirangersjokolade.no; ⏲10.00-20.30 may-sep, nov y dic) El aroma de este comercio llega hasta el puerto cuando Bengt Dahlberg prepara sus chocolates en el sótano de un antiguo cobertizo para botes. Uno debe seguir su olfato y escoger entre las inspiradas creaciones, como trufas al aroma de queso marrón o rellenas de mora, o bien optar por una gratificación inmediata en forma de helado o chocolate caliente. En temporada baja, si la tienda está cerrada, se puede bajar al sótano y llamar.

Información

Oficina de turismo (☎70 26 30 99; www.geiranger.no; ⏲9.00-18.00 med may-med sep, horario reducido resto del año) Esta eficiente y a veces abrumada oficina de turismo reserva billetes de barco y cruceros, ofrece folletos de excursionismo e intenta hacer la estancia de los visitantes lo más agradable posible. Está al lado del muelle.

Cómo llegar y salir

BARCO

El ferri de coches entre Geiranger y Hellysylt es una maravilla. Ofrece de 4 a 8 travesías diarias de mayo a principios de octubre (adultos/niños ida 260/130 NOK, ida y vuelta 360/180 NOK, 1½ h). Con un coche, la tarifa de ida es de 530 NOK para un pasajero o de 1040 NOK con un máximo de 5 personas. Los billetes se pueden comprar en línea a través de la web de Visit Flåm (www.visitflam.com).

De mediados de abril a mediados de octubre el ferri costero de Hurtigruten hace un desvío desde Ålesund (zarpa 9.30) a Geiranger (zarpa 13.30) solo en su trayecto hacia el norte.

AUTOBÚS

De mediados de junio a mediados de agosto hay autobuses turísticos que hacen la espectacular ruta de Geiranger a Åndalsnes (ida 478/239 NOK, 3 h, 2 diarios), conocida como la Ruta de Oro.

Hellesylt

250 HAB.

Este viejo puerto vikingo, atravesado por una estruendosa cascada, es mucho más tranquilo, aunque menos impresionante que la cercana Geiranger. No hay mucho que ver, pero es un lugar tranquilo para pasar la noche.

Puntos de interés y actividades

La **oficina de turismo** (☎948 11 332; ⏲10.00-17.00 med jun-ago) ofrece el *Tafjardfjella*, un mapa de senderismo a escala 1:50 000, y el *Hellesylt Mountain Biking Map*.

Peer Gynt Galleriet CENTRO CULTURAL
(Galería Peer Gynt; ☎950 13 170; www.peergyntgalleriet.no; adultos/niños 120/60 NOK; ⏲10.00-18.00 jun-ago) El carpintero local Oddvin Parr ilustra la leyenda de Peer Gynt en una serie de bajorrelieves de madera –toda una fantasía que no podía darse más que en los fiordos–, apoyada por un espectáculo audiovisual de 35 min (3 diarios en inglés).

Hay también una cafetería con ventanas panorámicas y vistas al fiordo.

Dónde dormir

Hellesylt Camping CAMPING $

(☎902 06 885; Hellesyltvegen 64; parcela, coche y 2 adultos 230 NOK; 📶) Las caravanas suelen ocupar casi todo el espacio de este *camping* junto al fiordo, pero suele haber algunas parcelas para campistas. Está un poco expuesto, especialmente si hay viento, pero queda muy cerca del muelle de ferris. Las instalaciones son básicas y prácticas.

Hellesylt Hostel ALBERGUE $$

(☎70 26 51 28; www.hihostels.no/hellesylt; dc 265 NOK, i 430-550 NOK, d 690-790 NOK, tr 750-930 NOK, c 990-1140 NOK; ⏲todo el año; @📶) Este albergue afiliado a HI se encuentra en la ladera de la colina, con vistas a Hellesylt. No es impresionante, pero la ubicación es preciosa. Los dormitorios colectivos mixtos tienen 4 o 6 camas, y hay muchas habitaciones privadas, aunque no todas con baño propio. Si se llega en autobús, interesa solicitar al conductor que pare para ahorrarse una larga caminata en cuesta.

Cómo llegar y salir

El ferri de coches desde Geiranger (ida adultos/niños/coche con conductor 260/130/530 NOK, 1½ h, 4-8 diarios) funciona de mayo a principios de octubre. Se pueden reservar los billetes en www.visitflam.com.

Norangsdalen

Es uno de los rincones más inspiradores y aun así menos visitados de los fiordos del norte. El recóndito valle conecta Hellesylt con el ferri *Leknes-Sæbø* en el pintoresco Hjørundfjorden, pasando por el pueblo de Øye.

El paisaje repleto de rocas se despliega entre altísimas cumbres nevadas, granjas en ruinas y lagos de montaña. En la parte alta del valle de Urasætra, junto a un lago oscuro, se encuentran las ruinas de varias cabañas de minifundistas. Más adelante, todavía pueden verse los cimientos de antiguas granjas debajo de la superficie del lago Langstøylvatnet, formado en 1908 al desprenderse varias rocas por las colinas de Keipen.

Los excursionistas y los alpinistas disfrutarán en los espectaculares picos del Sunnmørsalpane, con la empinada ascensión del Slogen (1564 m) desde Øye y la soberbia Råna (1586 m), una dura marcha desde Urke.

Dónde dormir

★ **Villa Norangdal** HOTEL HISTÓRICO $$$

(☎70 26 10 84; www.norangdal.com; i/d 1450/1950 NOK; P📶) Encantador hotel de estilo "metropolitano de montaña" abrió sus puertas en 1885. Tras décadas de abandono, el actual propietario, descendiente del fundador, emprendió su restauración en el 2007. Seis habitaciones se dedican a sendas décadas del s. xx mediante el uso de emblemáticas piezas de diseño escandinavo, incluidas joyas noruegas de Nora Gulbrandsen y Grete Prytz Kittelsen.

Hotel Union Øye HOTEL HISTÓRICO $$$

(☎70 06 21 00; www.unionoye.no; h 1790-2290 NOK; ⏲may-sep; P📶) Construido en 1891, ha atraído a alpinistas, escritores, artistas y miembros de la realeza durante más de un siglo. Parece una casa rural de Austria transportada a los fiordos, una auténtica delicia con obras de arte y mobiliario de época, revestimiento de madera y el encanto de lo antiguo. El restaurante sirve un generoso almuerzo y cenas de varios platos en su elegante comedor.

Cómo llegar y salir

No hay transporte público para llegar aquí. La Rv665 atraviesa el valle, pasando por un desvío a la Rv60 al oeste de Hellesylt. Hay varios ferris de coches que cruzan el fiordo desde Leknes.

Runde

100 HAB.

Esta isla, 67 km al suroeste de Ålesund y conectada a la península por un puente, está habitada por medio millón de aves pertenecientes a unas 230 especies, incluidas 100 000 parejas de frailecillos migratorios que llegan en abril para aparearse y se quedan hasta finales de julio. También hay colonias de gaviotas tridáctilas, alcatraces, fulmares, paíños, alcas comunes, cormoranes y araos, además de otras 70 especies que anidan en el lugar. Las excursiones en barco para ver las colonias de aves y focas salen del muelle de la isla varias veces al día en verano.

Puntos de interés

Runde Miljøsenter CENTRO CIENTÍFICO

(Centro Ecologista de Runde; ☎70 08 08 00; www.rundecentre.no; exposición adultos/niños 85/35 NOK; ⏲10.00-18.00 jun-ago, hasta 16.00 may; P) Centro de investigación internacional dedicado al estudio de las aves de Runde y testigo de la importancia de la isla en el campo de la ornitología. Hay una pequeña exposición sobre el trabajo del centro y se ofrecen excursiones de observación de aves (3400 NOK hasta 12 personas) con uno de los biólogos del centro.

Hay alojamiento para los que quieran prolongar su estancia de observación de aves (individual/doble 900/1500 NOK, apartamento 5 camas 2000 NOK).

Dónde dormir

Goksöyr Camping CAMPING $

(☎70 08 59 05; www.goksoyr.no; parcela 190 NOK, cabaña 310-570 NOK; ⏲may-sep) Antes de que la carretera hacia el norte se extinga surge este *camping* junto al agua, con parcelas, bungalós básicos y habitaciones. Los propietarios, antiguos residentes de la isla, son acogedores y brindan información sobre ornitología y senderos.

Información

Oficina de turismo (☎901 83 455; www.rundecentre.no; Runde Miljøsenter; ⏲10.00-18.00 jun-ago, hasta 16.00 may) Está en la estación de investigación internacional.

Cómo llegar y salir

Salen barcos hacia Runde desde el muelle de Skateflukaia de Ålesund (adultos/niños 494/253 NOK) cada día en verano. La travesía dura unas 2 h.

También se puede llegar en coche a la isla, una distancia de unos 82 km con el ferri Sulesund-Hareid (adultos/con coche 42/115 NOK).

Ålesund

42 317 HAB.

Ålesund, el puerto más septentrional, puede estar lejos de las brillantes luces de la Noruega cosmopolita, pero ofrece alguno de los mejores ejemplos del país de arquitectura Jugendstil *(art nouveau)*, un legado del colosal proyecto de reconstrucción que tuvo lugar tras el devastador incendio de 1904. Se asienta en una península en forma de anzuelo y es la base de la flota bacaladera más grande de Noruega. Una ciudad bonita y llena de vida, que además ofrece pescado y marisco excelentes.

Puntos de interés

★ **Jugendstil Senteret** MUSEO

(Centro del Art Nouveau; plano p. 252; ☎70 10 49 70; www.jugendstilsenteret.no; Apotekergata 16; adultos/niños incl. KUBE 80 NOK/gratis; ⏲10.00-17.00 jun-ago, 11.00-16.00 ma-do sep-may, hasta 20.00 ju todo el año) El singular patrimonio arquitectónico de la ciudad queda documentado en una antigua farmacia, el primer monumento que fue calificado como Jugendstil en Ålesund. Además del exquisito interior, conservado casi intacto, donde destacan una sinuosa escalera y el recargado comedor, se exhiben telas, cerámicas, mobiliario, carteles y otros objetos. Resulta divertida la "cápsula del tiempo", donde una narración multimedia de 14 min llamada *De las cenizas al art nouveau*, describe la reconstrucción de Ålesund tras el gran incendio.

Mirador de Kniven MIRADOR

(plano p. 252) Está en la cima de la colina de Aksla, a la que se accede subiendo 418 escalones, y ofrece las mejores vistas de Ålesund y su península en forma de anzuelo, además de las montañas e islas vecinas. En un día soleado, el panorama es excepcional, y es bastante especial cuando las luces de la ciudad empiezan a brillar al atardecer.

Godøy ISLA

La isla más alejada de Ålesund permite experimentar esa sensación de estar fuera del mapa, especialmente en pleno invierno. Ofrece algunos senderos fantásticos, y el faro de la isla (p. 251), en Alnes, ha sido una importante señal para los marineros durante siglos. Se puede subir a la cima para admirar las maravillosas vistas de la costa.

KUBE MUSEO

(Museo Comarcal de Arte de Møre y Romsdal; plano p. 252; Apotekergata 16; adultos/niños incl. Jugendstil Senteret 80 NOK/gratis; ⏲10.00-17.00 jun-ago, 11.00-16.00 ma-do sep-may, hasta 20.00 ju todo el año) El principal espacio de arte contemporáneo de Ålesund hace hincapié en los artistas noruegos más destacados y acoge también alguna muestra centrada en diseño y arquitectura. La planta de arriba, el antiguo edificio del Banco de Noruega, brinda fantásticas vistas del puerto. La entrada permite también el acceso al vecino Jugendstil Senteret.

Museo de la Pesca MUSEO

(Fiskerimuseet; plano p. 252; ☎70 16 48 42; www.sunnmoremuseum.no/english/fisheries-museum; Molovegen 10; adultos/niños incl. museo de Aalesunds 60/30 NOK; ⏲9.00-16.00 lu-vi, 12.00-16.00 sa y do med may-med sep, con reserva feb-may) El almacén de Holmbua de 1861 (uno de los pocos edificios que sobrevivieron al incendio de 1904) alberga exposiciones sobre la evolución de la pesca a lo largo de los siglos, con secciones especiales dedicadas a la producción de *klippfisk* (bacalao en salazón) y aceite de hígado de bacalao. La zona de la entrada reproduce una antigua tienda de comestibles, todo un deleite. La entrada incluye el acceso al Museo de Aalesunds, que ilustra acerca de la historia de la caza de focas, la pesca, los astilleros y la industria de la región de Sunnmøre, el incendio de 1904, el renacimiento de la ciudad en estilo Jugendstil y la ocupación alemana en la II Guerra Mundial.

Faro de Alnes EDIFICIO HISTÓRICO
(☎70 18 50 90; www.alnesfyr.no; adultos/niños 25/10 NOK; ⏰12.00-18.00 may-oct) Este pintoresco faro de 1853 está en la estación pesquera de Alnes. Para experimentar la sensación de haber llegado al fin del mundo, hay que subir las cinco plantas de esta estructura de madera hasta el balcón circular; cada una muestra lienzos de Ørnulf Opdahl, un artista noruego que reside en Godøy.

Atlanterhavsparken ACUARIO
(Parque del Océano Atlántico; www.atlanterhavsparken.no; Tueneset; adultos/niños 180/80 NOK; ⏰10.00-18.00 do-vi, hasta 16.00 sa jun-ago, 11.00-16.00 ma-do sep-may; 👪) En el extremo más occidental de la península, a 3 km del centro de la ciudad, está este acuario, de 4 millones de litros, que puede ocupar un día entero. Supone una introducción al abundante mundo marino del Atlántico Norte y la extraordinaria riqueza de la vida submarina de la costa y los fiordos. Resulta atractivo para todos, especialmente para los niños que se divertirán sosteniendo una cuerda para pescar cangrejos o dando de comer a los peces en la piscina. Los jardines ofrecen fantásticos paisajes costeros y caminos para andar (que incluyen búnkeres de la II Guerra Mundial y artillería).

Sunnmøre Museum MUSEO
(☎70 16 48 70; www.sunnmore.museum.no; Borgundgavlen; adultos/niños 80/40 NOK; ⏰10.00-16.00 lu-vi, 12.00-16.00 do may-sep, 10.00-15.00 ma-vi, 12.00-16.00 do oct-abr) Este aclamado museo se encuentra 4 km al este del centro, en el lugar del viejo núcleo comercial de Borgundkaupangen, activo entre los ss. XI y XVI, donde se han recolocado más de 50 construcciones tradicionales. Los amantes de los barcos disfrutarán con la colección de unos 40 barcos históricos, con réplicas de naves vikingas y un buque mercante de alrededor del año 1000.

Iglesia de Ålesund IGLESIA
(Aspegata; ⏰10.00-16.00 ma-do) Construida en piedra en 1909, la iglesia parroquial cuenta con un ancho presbiterio cuyo arco está cubierto a cada centímetro por frescos. También destacan los vidrieras tintadas, especialmente las de la nave lateral, de temática náutica.

Actividades

Las cuatro islas junto a la costa, Valderøy, Vigra, Giske y Godøy, están comunicadas por puentes con tierra firme y ofrecen una agradable excursión de un día desde Ålesund, siempre que se disponga de vehículo propio.

62° Nord CIRCUITO
(plano p. 252; ☎70 11 44 30; www.62.no; Skansekaia) La principal empresa de actividades al aire libre de Ålesund es este impecable local junto al puerto. Ofrece excursiones en barco junto a la costa de manera regular, incluidos safaris por la naturaleza (950 NOK) y cruceros por el Hjørundfjord (950 NOK).

Kayak More Tomorrow KAYAK, EXCURSIONISMO
(plano p. 252; ☎911 18 062; www.kayakmoretomorrow.com/en; Notenesgata 3) 🍃 Esta empresa ofrece todas las maneras imaginables de adentrarse en el agua, entre otras, diversas expediciones diarias con kayak de mar y surf con remo (desde 515 NOK/persona aprox.) y alquiler de kayaks y tablas de surf con remo (desde 185 NOK/h). Fuera del agua, ofrece excursiones guiadas en bicicleta, alquiler de bicicletas y paseos por la ciudad.

Circuitos

Paseo guiado por la ciudad PASEO
(plano p. 252; adultos/niños 100 NOK/gratis; ⏰12.00-13.30 med jun-med ago) Para descubrir la arquitectura de Ålesund de la mano de un vecino bien informado hay que apuntarse a estos excelentes paseos guiados de 1½-2 h que organiza la oficina de turismo a diario en verano.

Fiestas y celebraciones

Festival de Gastronomía Noruega COMIDA Y BEBIDA
(www.matfestivalen.no; ⏰ago) Festival gastronómico con puestos y demostraciones de cocina. Se celebra la última semana de agosto.

Fiesta de los Barcos de Ålesund NAVEGACIÓN A VELA
(www.batfestivalen.no; ⏰jul) Una semana de placeres acuáticos en la primera quincena de julio.

Ålesund

Sommerfesten MÚSICA
(www.momentium.no/sommerfesten; ⏲jul) Divertido festival de música a finales de julio en la isla de Giske. Suele haber una mezcla de pop, *rock* y folk.

Midsummer Jazz MÚSICA
(www.midtsommerjazz.no; ⏲jun) Excelente festival de *jazz* que se celebra en varios locales de la ciudad durante un fin de semana de finales de junio.

Jugendfest MÚSICA
(www.jugendfest.no; ⏲ago) Grupos noruegos e internacionales actúan por toda la ciudad durante un fin de semana de la segunda mitad de agosto.

Dónde dormir

Ålesund Vandrerhjem ALBERGUE $
(plano p. 252; ☎70 11 58 30; www.hihostels.no; Parkgata 14; dc 295-345 NOK, i/d/tr/c 690/890/990/1290 NOK; ⏲todo el año; @📶) En una bonita zona residencial, a unos minutos andando del puerto, este atractivo edificio ofrece habitaciones amplias e impolutas. Dispone de una amplia cocina y el desayuno está incluido. Casi todas las dobles tienen baño y hay apartamentos con cocina y vistas al mar.

Volsdalen Camping CAMPING $
(☎70 12 58 90; www.volsdalencamping.no; Volsdalsberga; parcela 120-180 NOK, cabaña 550-2450 NOK; ⏲todo el año) En la costa, 2 km al este del centro, este acogedor *camping* es el más cercano a la ciudad. Aunque se orienta principalmente a caravanas, o a quien busque un bungaló, también tiene una zona verde apartada para campistas.

Scandic Scandinavie Hotel HOTEL $$
(plano p. 252; ☎70 15 78 00; www.scandichotels.com; Løvenvoldgata 8; h 1190-1490 NOK; P❄📶)

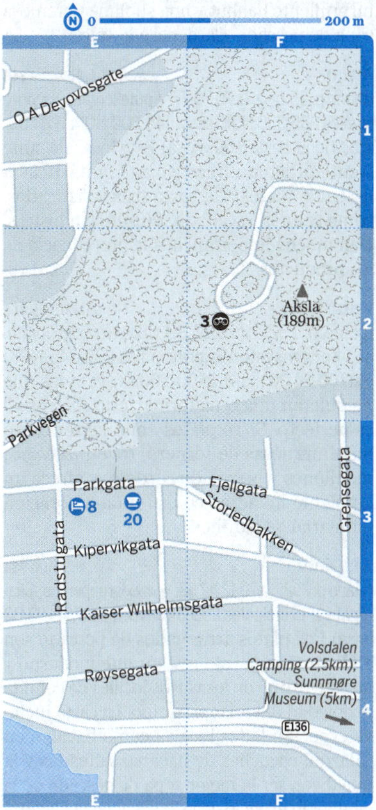

Ålesund

Principales puntos de interés
1 Jugendstil Senteret A4

Puntos de interés
2 Museo de la Pesca A2
3 Mirador de Kniven F2
4 KUBE B4

Actividades, cursos y circuitos
5 62° Nord B3
6 Guided Town Walk C2
7 Kayak More Tomorrow B4

Dónde dormir
8 Ålesund Vandrerhjem E3
9 Hotel Brosundet B3
10 Scandic Hotel Ålesund B2
11 Scandic Parken D2
12 Scandic Scandinavie Hotel D3

Dónde comer
13 Anno B4
14 Invit B3
15 Kabb C2
16 Lyspunktet D3
Maki .... (véase 9)
17 Nomaden B3
18 XL Diner C2

Dónde beber y vida nocturna
19 Apoteker'n A4
20 Jacu Coffee Roastery E3
21 Milk C2

De compras
22 Ingrids Glassverksted A2
Invit Interior .... (véase 14)
23 Trankokeriet Antikk A2

El hotel más antiguo de Ålesund, el primero en construirse tras el incendio de 1904, ofrece una hermosa estructura de estilo Jugendstil y, desde que está a cargo de la cadena Scandic, ha sido objeto de una más que necesaria renovación. A través de la preciosa entrada *art nouveau* se accede a un luminoso vestíbulo lleno de arte moderno; en las plantas superiores hay muchas habitaciones sobrias en tonos blanco, beis y gris. Tiene *parking* privado subterráneo.

★**Hotel Brosundet** HOTEL **$$$**
(plano p. 252; ☎70 11 45 00; www.brosundet.no; Apotekergata 5; i/d 1330/1530 NOK, d con vistas 1730 NOK; P❄📶) A pie de agua y diseñado por Snøhetta –los arquitectos estrella–, este antiguo almacén es uno de los hoteles más encantadores de Noruega. Preciosas vigas antiguas y paredes de ladrillo visto combinan con comodidad y estilo contemporáneos. En las habitaciones, el mobiliario es de roble blanco, los baños se sitúan tras paredes de cristal ahumado y las camas se envuelven en terciopelos y pieles de oveja.

Scandic Parken HOTEL DE NEGOCIOS **$$$**
(plano p. 252; ☎70 13 23 00; www.scandichotels.com; Storgata 16; h 1295-2250 NOK; ❄📶) Uno de los integrantes del trío Scandic de Ålesund. Es indudablemente corporativo: un edificio moderno y cuadrado con fachada de vidrio y un enorme vestíbulo en la planta baja que se une con la zona de desayunos. Muy de cadena, pero hay una buena razón para alojarse aquí: las magníficas vistas al centro histórico desde las plantas superiores.

Lo mejor es reservar una habitación en la planta más alta posible. En los sitios web de reservas, los precios oficiales ofrecen un descuento importante.

Scandic Hotel Ålesund HOTEL $$$
(plano p. 252; ☎21 61 45 00; www.scandichotels.com; Molovegen 6; i 1500 NOK, d 1600-1900 NOK, ste 2400 NOK;) Este eficiente hotel tiene muchos puntos a favor, como los suelos de madera, mucho espacio y una ubicación privilegiada en el puerto. Las dobles estándar están bien, pero las superiores extra y las suites ofrecen ventanas de tipo mirador perfectas para ver el puerto. En la planta baja hay un buen restaurante y un salón en el vestíbulo con muebles de color morado.

Dónde comer

Invit CAFÉ $$
(plano p. 252; ☎70 15 66 44; www.invit.no; Apotekergata 9; sándwiches 35-55 NOK, principales 85-165 NOK, bufé de marisco 300-450 NOK; 8.15-16.30 lu-vi, 18.00-24.00 ju, 10.00-16.30 sa) El mejor café del centro de Ålesund en el local más elegante para un almuerzo. La carta ofrece ensaladas y sándwiches frescos e imaginativos que cambian cada día, sopas saludables y reconfortantes y aromáticos pasteles caseros. Si la barra de la calle está llena, puede acudirse a una de las bonitas mesas grandes de madera de la planta de abajo.

Los jueves por la noche se puede participar del bufé de marisco con una copa de vino, elegida con criterio. También ofrecen cursos de formación de camarero.

Lyspunktet CAFÉ $$
(plano p. 252; ☎70 12 53 00; www.lyspunktet.as; Kipervikgata 1; principales 130-170 NOK; 12.00-17.00 sa-lu, 10.00-13.00 ma-vi, abierto hasta tarde fines de semana de verano) Este local de estilo desaliñado-chic, frecuentado por la gente más en la onda de la ciudad, ofrece café de primera, cervezas artesanas locales y una carta reconfortante que incluye *foccacias*, bocadillos de cerdo desmigado, sopa de pescado casera, tartas, hamburguesas y tacos. Tiene cómodos sofás, obras de arte en las paredes y una chimenea de ladrillo visto que da calidez en invierno. Sin duda, han dado en el clavo.

★ **Maki** PESCADO $$$
(plano p. 252; ☎70 11 45 00; Apotekergata 5; principales 150-360 NOK, menú 4/6 platos 600/780 NOK; 18.00-22.00) En un espacio náutico del sótano del moderno Hotel Brosundet, este restaurante de pescado de primera clase es el lugar más interesante y creativo de Ålesund para disfrutar de una cena de calidad. Pescado, crustáceos y marisco de la costa de Sunnmøre y Runde son los platos fuertes de la carta, desde delicados filetes de abadejo ahumado a un crujiente halibut y una sublime y cremosa sopa de pescado. Caro, pero lo vale.

Anno NORUEGA, PIZZERÍA $$$
(plano p. 252; ☎71 70 70 77; Apotekergata 9b; principales 235-335 NOK, *pizza* 145-200 NOK; 11.00-23.00 lu-ju, hasta 3.00 vi y sa) Este local elegante frente al agua ofrece *pizzas* fantásticas a la leña o platos a la carta más sofisticados, como salmón escalfado, *klippfisk* o bistecs. Dan mucha importancia a la procedencia de los productos.

Kabb GASTROPUB $$$
(plano p. 252; ☎70 12 80 08; www.xlgruppen.no; Kongensgate 19; principales 230-345 NOK; 17.00-24.00 ma-vi, 15.00-1.00 sa) Para los que no quieran una cena formal, este *gastropub* es perfecto. Sirve platos abundantes como hamburguesas de ternera, *fish and chips*, mejillones y pierna de cordero, y ofrece un ambiente moderno con su ruda decoración industrial de ladrillos.

XL Diner PESCADO $$$
(plano p. 252; ☎70 12 42 53; www.xlgruppen.no; Skaregata 1; principales 250-340 NOK; 17.00-23.00 lu-sa) Los platos arriesgados de pescado son el distintivo de este restaurante moderno y atractivo, uno de los varios locales de comida propiedad del mismo equipo. La carta incluye especialidades locales como bacalao en salazón, cocochas de bacalao salteadas y la que dicen ser la mejor sopa de pescado de la ciudad. El espacio de la 1ª planta con vistas al puerto es muy agradable para cenar.

Dónde beber y vida nocturna

★ **Jacu Coffee Roastery** CAFÉ
(plano p. 252; ☎997 28 802; www.jacu.no; Parkgata 18; 9.00-15.00 lu-vi, 10.00-14.00 sa) La empresa tostadora con mejor reputación de la costa oeste tiene su sede en este espacio industrial cuidadosamente remodelado. Hay que pasarse a probar su café exprés o el de filtro, preparado al gusto del cliente, así como la bollería del desayuno y los sándwiches del almuerzo. Los que deseen saber más sobre la escena cafetera en Noruega pueden acudir a sus catas y clases. Además de tostar los mejores granos, también alberga exposiciones de arte.

Milk BAR
(plano p. 252; ☎70 12 42 53; www.xlgruppen.no; Skateflua 1b; 15.00-1.00 ma-ju, hasta 2.30 vi y sa) Bar muy elegante con grandes ventanales, ubicado junto al agua, que abre hasta tarde.

Aunque se sabe que los adultos noruegos disfrutan de un buen vaso de leche, son los vinos de calidad, la cerveza de grifo y los cócteles lo que atrae a los lugareños; el nombre proviene del antiguo papel del edificio como cochera de furgonetas de reparto de leche.

Apoteker'n CAFÉ
(plano p. 252; ☎70 10 49 70; Apotekergata 16; sándwiches 50 NOK; ⌚10.00-17.00 jun-ago, 11.00-16.00 ma-do sep-may) Dentro del Jugendstil Senteret (p. 250), este pequeño local acogedor y con estilo ofrece excelente café y pasteles. También sirve un buen menú de almuerzo a base de sándwiches y ensaladas, preparados con ingredientes locales de la mejor calidad que obtienen de Matbuda, un proveedor de Stranda.

De compras

★ **Trankokeriet Antikk** ANTIGÜEDADES
(plano p. 252; ☎70 12 01 00; www.trankokeriet.no; Molovegen 6b; ⌚10.00-17.00 lu-sa) Este caótico anticuario es el sueño de todo coleccionista. Lleno hasta los topes de curiosidades y artículos de colección, desde objetos náuticos, como antiguos cascos y barómetros de buceo, artesanía tradicional noruega, cerámica, muñecas antiguas y piezas de diseño. No es barato, pero es muy divertido echar un vistazo y ver qué venden. También tiene un extravagante **café** (plano p. 252; ☎971 58 985; Apotekergata 10; sándwiches 79 NOK; ⌚11.00-17.00 mi-do).

★ **Ingrids Glassverksted** VIDRIO
(plano p. 252; www.ingridsglassverksted.no; Molovegen 15; ⌚10.00-17.00 lu-vi, hasta 15.00 sa) Esta curiosa vidriería está en el barrio del puerto antiguo, cerca del Museo de la Pesca, y vende todo tipo de creaciones curiosas, desde estrafalarias jarras en forma de pollo multicolor a delicados boles, cristales y casas en miniatura. Se puede ver el proceso de creación en el estudio. También tienen una tienda en el centro de la ciudad, en Løvenvoldgata.

Invit Interior MENAJE
(plano p. 252; ☎70 15 66 44; Apotekergata 9; ⌚11.00-16.25 ma-sa) Como corresponde en una ciudad tan orientada al diseño, esta tienda exhibe las mejores creaciones de mobiliario moderno así como menaje y electrodomésticos escandinavos.

Información

Oficina de turismo (plano p. 252; ☎70 15 76 00; www.visitalesund.com; Skaregata 1; ⌚8.30-18.00 jun-ago, 9.00-16.00 lu-vi sep-may) Esta eficiente y moderna oficina está llena de ideas divertidas para hacer en la región de Sunnmore. Su folleto *Along the Streets of Ålesund* (30 NOK) detalla los ejemplos arquitectónicos más destacados de la ciudad en un paseo a pie.

Cómo llegar y salir

AVIÓN

Ålesund está muy bien comunicado en avión con el resto de Noruega, con vuelos frecuentes a Bergen, Oslo, Trondheim y Stavanger. Los destinos europeos incluyen Ámsterdam, Copenhague y Londres.

BARCO

En su recorrido hacia el norte, el Hurtigruten ofrece un popular desvío (med abr-med oct) a Geiranger, y zarpa desde la **terminal de ferris de Hurtigruten** (plano p. 252).

En verano, hay barcos turísticos, incluido uno a la isla de Runde (adultos/niños 494/253 NOK), que zarpan del muelle de Skateflukaia de Åndaslnes.

AUTOBÚS

Para ir a Oslo y Trondheim, es más barato (y por supuesto más rápido) volar que tomar un autobús, pero el que va a Bergen (700 NOK, 9¼ h, 1-2 diarios) es competitivo, aunque terriblemente lento.

También hay autobuses a Molde (69 NOK, 1½ h, hasta 8 diarios) y Åndalsnes (345 NOK, 2¼ h, 4 diarios).

Cómo desplazarse

El aeropuerto de Ålesund está en la isla de Vigra, conectada con la ciudad por un túnel submarino.

El **autobús del aeropuerto** (www.frammr.no; 113/57 NOK; 25 min aprox.) para en la terminal de ferris de Skateflukaia y en la **estación de autobuses** (plano p. 252).

Molde

25 936 HAB.

Abrazando la costa en la boca ancha de Romsdalsfjorden, Molde es conocida como la "ciudad de las rosas" por su tierra fértil, rica vegetación y clima suave. Pero el principal reclamo es el festival anual de *jazz*, celebrado en julio.

En la moderna Molde, sosa arquitectónicamente, los paisajes costeros recuerdan a Nueva Zelanda o el estrecho de Puget en Seattle (EE UU). Para comprobarlo, basta con conducir o pasear por el sendero señalizado (1 h) hasta el **mirador de Varden**, 400 m por encima de la ciudad.

Puntos de interés

Ona ISLA

En este hermoso islote, con sus desnudos paisajes rocosos y un pintoresco faro, aún reside una comunidad pescadora de unas 25 personas. Constituye una popular excursión de un día desde Molde. Los autobuses Fram (adultos/niños 318/161 NOK) salen de Molde pronto por la mañana y van (con un rápido trayecto en ferri) a Aukra y al puerto de ferris de Småge, donde zarpan los barcos a Ona.

Romsdalmuseet MUSEO

(www.romsdalsmuseet.no; Per Amdamsveg 4; adultos/niños 100/80 NOK; ⏲parque 8.00-22.00) En este museo al aire libre se alzan cerca de 50 construcciones antiguas procedentes de toda la región de Romsdal. Entre los establos, las granjas y los almacenes, hay una pequeña calle con casas unifamiliares típicas y una pequeña capilla reconstruida con adornos recuperados de iglesias abandonadas. Después de pasear por los amplios jardines, se puede hacer una pausa en **Bygata**, una casa que, en verano, funciona como café. En verano, se ofrecen buenas visitas guiadas desde el centro de la ciudad (150 NOK).

Fiestas y celebraciones

Moldejazz MÚSICA

(www.moldejazz.no; ⏲jul) Cada mes de julio, el Moldejazz atrae a unos 100 000 fans y acoge a grandes del *jazz*. El cartel es sobre todo escandinavo, aunque cada pocos años incluye estrellas internacionales.

Dónde dormir

Kviltorp Camping CAMPING $

(☎71 21 17 42; www.kviltorpcamping.no; Fannestrandveien 142; parcela 275 NOK, cabaña 450-1000 NOK) Este *camping* junto al fiordo ocupa un terreno potencialmente ruidoso al final de la pista del aeropuerto, pero por suerte hay muy poco tráfico aéreo. Los bungalós son luminosos, con una decoración agradable, y están disponibles todo el año. El autobús Flybussen del aeropuerto pasa por delante.

Molde Fjordstuer HOTEL-BOUTIQUE $$$

(☎71 20 10 60; www.claseicnorway.com; Julsundvegen 6; i/d 1115/1440 NOK; P📶) Este hotel moderno y elegante es una base genial en Molde. Intenta recrear de manera moderna los almacenes del muelle adosados. Las habitaciones no son nada especial, pero ofrecen vistas al puerto y a los barcos que pasan. El restaurante (platos principales 285-360 NOK) es muy bueno y sirve principalmente pescado y marisco de la zona.

Scandic Seilet Hotel HOTEL $$$

(☎71 11 40 00; www.rica.no; Gideonvegen 2; h 1050-1350 NOK, ste 2059-3050 NOK; P📶) Es imposible no ver este prominente hotel que se eleva hacia el cielo como una vela de cristal. Ofrece una decoración en beis aburrida, pero la mayoría de las habitaciones tienen ventanas panorámicas y magníficas vistas. No puede negar su carácter empresarial, pero es bastante acogedor. El Masta Skybar, en la planta 15, es genial para hacer fotos.

Quality Hotel Alexandra HOTEL $$$

(☎71 20 37 50; www.choice.no; Storgata 1-7; h 1240-1840 NOK; P@📶) El exterior tiene poco interés, pero las habitaciones son sorprendentes, con suelo de madera, camas cómodas, TV grande y poco mobiliario, aunque si se quiere una de las mejores habrá que pagar por las de lujo. Está en la calle principal, por lo que queda cerca de varios restaurantes.

Dónde comer

Kneippen CAFÉ $

(☎71 21 94 00; Storgata 28; pasteles 350-500 NOK, sándwiches 660-900 NOK; ⏲21.00-18.00 lu, 8.00-20.00 ma-sa) Es casi imposible entrar en este bonito café y pastelería y no sucumbir ante algo dulce y cremoso: una clásica *skolebrød* (tarta de crema), un capricho de almendras dulces, una deliciosa tarta de fresa y un sinfín de otros dulces riquísimos. Para aplacar la culpa, también se puede pedir un sándwich *gourmet*, igual de rico.

Fole Godt CAFÉ, PANADERÍA $

(☎930 91 333; Storgata 61; sándwiches y ensaladas 120-180 NOK; ⏲7.45-17.00 lu-sa) Es difícil conseguir una mesa a la hora del almuerzo en la sala principal de este popular café, pero por suerte hay un segundo espacio en la parte de atrás, junto a la cocina. Vale la pena esperar por una mesa, porque los sándwiches, ensaladas y tartas que sirve son la mejor opción de la ciudad para almorzar.

Rød CAFÉ $$

(☎71 20 30 00; Storgata 19; principales 140-190 NOK; ⏲11.00-23.00 lu-ju, hasta 2.00 vi y sa, 13.00-21.00 do) Este café de estilo *pub* ofrece comida básica para llenar el estómago, sobre todo hamburguesas, bistecs y pasta. Es económico, pero sin florituras culinarias.

★ Glass ITALIANA $$$
(☎90 41 30 89; www.glassmolde.no; Torget 1; *pizzas* 150-230 NOK, principales 180-340 NOK; ⏲16.00-22.00 lu-vi, 14.00-22.00 sa, 15.00-21.00 do) Este popular bistró cerca del agua es el lugar favorito de todo el mundo para comer en Molde, por lo que conviene reservar. Es un local elegante, más propio de una gran ciudad que de un pueblo costero: grandes ventanas, muebles cromados, música actual y una buena carta de entrantes, pasta, bistecs y *pizzas* finas y crujientes.

Dónde beber y vida nocturna

Syd Vin & Matbar BAR DE VINOS
(☎415 66 028; Fjordgata 3; ⏲11.30-23.30 ma, hasta 24.00 mi y ju, hasta 1.00 vi, 12.00-1.00 sa) El nombre de este bar significa "sur" en Noruego, que es el punto cardinal al que está orientado. Con vistas al fiordo, la terraza brinda un panorama inspirador. Ofrece una buena selección de vinos franceses e italianos por copas, que acompañan a la perfección a las raciones de embutidos y quesos (145-165 NOK). La carta también incluye *bruschettas*, sopa de pescado y hamburguesas.

Información

Oficina de turismo (☎71 20 10 00; www.visitmolde.com; Torget 4; ⏲9.00-18.00 lu-vi, hasta 16.00 sa, 12.00-17.00 do med jun-med ago, 8.30-16.00 lu-vi resto del año) Está en Torget, la plaza principal cerca de la terminal de ferris exprés.

Cómo llegar y salir

AVIÓN

El **aeropuerto de Årø** (☎67 03 23 10; www.avinor.no/en/airport/molde-airport) de Molde está 5 km al este del centro de la ciudad, en la orilla. Widerøe ofrece vuelos diarios a Bergen y Kristiansund, y Norwegian y SAS tienen vuelos diarios a Oslo.

El autobús del aeropuerto (adultos/niños 35/18 NOK) se conecta con los vuelos.

BARCO

Algunos barcos turísticos de temporada paran aquí, por ejemplo desde Andaslnes y Kristiansund, pero el principal servicio es el ferri de coches Molde-Vastnes (adultos/niños/coche con conductor 50/25/146 NOK, 35 min, cada 15 min).

El ferri de Hurtigruten para en Molde todos los días.

AUTOBÚS

El autobús exprés 101/100 de Fram para cada hora en Molde en su ruta de Kristiansund (219 NOK, 1½ h) a Ålesund (232 NOK, 2¼ h).

AUTOMÓVIL Y MOTOCICLETA

Viajando hacia el norte por la Rv64, el Tussentunnelen evita un tramo malísimo y permite ahorrar al menos 15 min de viaje.

Bud

La carretera costera Rv664 entre Molde y Kristiansund es una ruta alternativa a la más rápida E89. De camino se encuentra el pequeño pueblo pesquero de Bud, acurrucado alrededor de su puerto; en los ss. XVI y XVII era el mayor centro comercial entre Bergen y Trondheim.

Puntos de interés

Drågen Smokehouse FÁBRICA
(☎958 64 425; www.draagensmokehouse.com; ⏲8.00-16.00) Cansado de la baja calidad del equivalente industrial, Petter Aune montó esta fábrica que ahúma salmón de Aukra recién capturado, con maderas y hierbas autóctonas. Es una de las pocas que quedan en Noruega y el salmón resultante ofrece esa característica tan difícil de conseguir: *"smakupplevelse"*, o la capacidad de deshacerse en la boca. En la fábrica se puede ver el proceso, catar y comprar.

Fuerte costero de Ergan FUERTE
(Ergan Kystfort; www.romsdalsmuseet.no; adultos/niños 90/50 NOK; ⏲10.00-17.00 med jun-finales ago, 11.00-15.00 ma-do finales ago-med sep y med may-med jun) Esta fortificación defensiva, que sirve como museo y monumento conmemorativo de la II Guerra Mundial, fue erigida por los nazis en 1940. Hay varios arsenales y una red de búnkeres y dormitorios de tropa dispersos por la colina, mientras que, hundidos en la montaña, hay una enfermería y un almacén.

Dónde comer

Bryggjen i Bud PESCADO $$
(☎71 26 11 11; www.bryggjen.no; principales 150-220 NOK; ⏲12.00-21.00 lu-sa, hasta 18.00 do jul-ago, 12.00-18.00 lu-ju, hasta 20.00 vi y sa resto del año) Este modesto local atrae a gente de kilómetros a la redonda por su comida casera de aire costero: sopa de pescado, dos variedades de albóndigas de pescado, abadejo en salazón y, por supuesto, *klippfisk* (los secaderos más grandes de Noruega están ahí al lado).

Cómo llegar y salir

No hay transporte público útil para llegar a Bud. El pueblo está unos 40 km al norte de Molde por la Rv64 y la Rv664.

Averøy

Captura todo el silencio y la belleza de las islas litorales, pero su ventaja es tanto la conexión por túnel con Kristiansund como el acceso directo a la excelente carretera del Atlántico. Para quienes estén recorriendo la costa en coche o hayan acudido hasta aquí para conocer esta carretera, los pueblos de Averøy, batidos por el mar, son una base más evocadora que Kristiansund.

Dónde dormir

Skjerneset Bryggecamping BUNGALÓS$
(☎71 51 18 94; www.skjerneset.com; Ekkilsøy; parcela para 2 adultos 230 NOK, cabaña 430-880 NOK, casa 4 camas 640-980 NOK) Estas *rorbuer* (cabañas de pescadores) reconvertidas en la isla de Ekkilsøy son un lugar muy pintoresco para dormir. Son rústicas, revestidas de madera y encantadoramente anticuadas; si se quiere algo más actual, también hay casas para alquilar. Los propietarios son pescadores y pueden organizar excursiones de pesca o proporcionar pescado fresco para que los huéspedes lo cocinen en su bungaló. También hay espacio para acampar.

★ **Håholmen Havstuer** HOTEL HISTÓRICO $$$
(☎71 51 72 50; www.haholmen.no; Håholmen; i/d/f 1090/1690/3290 NOK; ⏲finales jun-med ago; wifi) Este encantador hotel es, de hecho, una pequeña y antigua villa de pescadores que se alza en su propio islote frente a Averøy. Las habitaciones son cabañas de los ss. XVIII y XIX, casi todas dobles, aunque también hay algunas con varias habitaciones. Las de madera vista son más rústicas, pero todas destilan encanto. El restaurante de Ytterbrugga sirve el pescado más fresco. Se aparca en la isla de Geitøya, en el Atlanterhavsveien, desde donde un bote de motor realiza el traslado en 5 min. Sale del aparcamiento aledaño a la carretera a las horas en punto entre 11.00 y 21.00, o previa cita.

★ **Sveggvika** PENSIÓN, BUNGALÓS $$$
(☎400 18 192; www.sveggvika.no; Seivågneset; d 950-1600 NOK; P wifi) Tumbarse en la cama y observar el reflejo de pequeñas nubes rosas que se deslizan por las aguas tranquilas de la bahía o experimentar cómo se acerca una feroz tormenta del mar del Norte: las elegantes pero sencillas habitaciones de este almacén de *klippfisk* (bacalao en salazón) de 1920 reconvertido harán sentirse al viajero parte del paisaje costero, haga el tiempo que haga. Los desayunos y cenas también son excelentes. Se ofrecen barcas y bicicletas de alquiler.

Cómo llegar y salir

La Rv64 va por la costa hasta Kristiansund, unos 31 km al oeste de Averøy. El transporte público a las islas es irregular; la oficina de turismo (p. 261) de Kristiansund puede ofrecer información de autobuses locales.

Kristiansund

24 131 HAB.

Este histórico pueblo, que se dedicaba a la pesca y salazón de bacalao, sigue recurriendo al mar para buscar su sustento. Aunque las aguas ya no son tan ricas, la industria del proceso del bacalao sigue siendo importante. Una considerable cantidad del bacalao en salazón del mundo se cura en esta ciudad y sus alrededores, mientras que la descuidada y caótica Mellemværftet sigue ejerciendo como astillero. Kristiansund también tiene un importante papel al abastecer a las plataformas petrolíferas noruegas en el mar del Norte, pues los trabajadores del petróleo gastan sus salarios en los hoteles, bares y restaurantes de la ciudad.

La ciudad abarca tres islas; el puerto y el centro fueron intensamente bombardeados en la II Guerra Mundial y posteriormente se construyeron edificios de cemento de poco interés, aunque el alma del núcleo antiguo perdura en la isla de Innlandet, a un rápido trayecto en barco desde el puerto. La mayoría de los que pasan por Kristiansund van de camino o vuelven de la maravillosa Atlanterhavsveien, la impresionante carretera que une varias islas entre Kristiansund y Bud.

Puntos de interés

★ **Atlanterhavsveien** CARRETERA PANORÁMICA
(Carretera del océano Atlántico; www.nasjonaleturistveger.no/en/routes/atlanterhavsvegen) Los ocho puentes azotados por las tormentas de la carretera del Atlántico se retuercen como una serpiente marina, conectando 17 islotes entre Vevang y la isla de Averøya. El periódico británico *The Guardian* distinguió esta vía como "el mejor viaje por carretera del mundo", lo que quizá sea algo exagerado para un

tramo de apenas 8 km, aunque sí es enormemente pintoresco. Durante las tormentas de otoño se puede vivir realmente la ira de la naturaleza. En temporada, pueden divisarse ballenas y focas cerca de la costa.

Se puede recorrer la carretera en ambos sentidos: desde Molde, se alcanza la costa en Bud; desde Kristiansund y el norte, hay que ir por el nuevo túnel submarino que conecta con Bremsnes. En cualquier sentido, en lugar de ir por la Rv64, que atraviesa Averøya por el interior, es mejor elegir la carretera que va a Kvernes, más bonita y tranquila y que bordea la costa sur de la isla; se tarda lo mismo.

Hay varios miradores panorámicos a lo largo de la ruta, con llamativas estructuras construidas como parte del proyecto Nasjonaleturistvegen, cuyo objetivo es promocionar 18 de las carreteras panorámicas de Noruega y mejorarlas con una arquitectura de vanguardia. Las paradas más importantes incluyen la zona de descanso y sendero de **Eldhusøya,** una isla al suroeste de Averøya, y el mirador con plataforma con panel frontal de cristal de **Askevågen,** poco más de 10 km al norte de Bud y que ofrece una panorámica de 360° del archipiélago, el océano y la costa. El puente más impresionante –y el más largo– es el **Storseisund,** una maravilla que desafía la gravedad y que parece retorcerse en su camino de Eide a la isla de Averøy. Aparece en numerosos anuncios de automóviles.

No es necesario disponer de coche propio para recorrer esta carretera, aunque es mucho más divertido. Los autobuses de **Eide Auto** (☎907 73 063; www.eideauto.no; billete ida y vuelta 1 día adultos/niños 150/100 NOK) unen Molde y Kristiansund todo el año. Hay cinco autobuses diarios de lunes a viernes, dos los sábados y uno el domingo. El viaje de ida y vuelta dura 2¼ h, pero si se compra el billete de un día se puede subir y bajar a voluntad.

Grip ISLA

(www.gripruta.no) A 14 km de la costa de Kristiansund, la isla de Grip tuvo una gran tradición de pesca del bacalao durante siglos, pero los últimos residentes permanentes la abandonaron en 1974. No obstante, se conserva gran parte de su arquitectura, y sus casas de colores pastel repartidas por la rocosa costa son muy pintorescas. De finales de mayo a finales de agosto, un barco (adultos/niños 350/150 NOK ida y vuelta, 40 min) zarpa hacia la isla desde el muelle de Piren de Kristiansund una o dos veces al día.

El viaje de ida y vuelta dura 3½ h (con 1½ h en la isla) e incluye una visita guiada, aunque también se puede recorrer por libre. Los lugares más destacados son la iglesia de madera del s. XV y el faro de Bratthårskollen, con una altura de 47 m, construido en 1888 en un *skerry* (islote) rocoso. Paseando por esta silenciosa isla, es difícil imaginar que un día fuese hogar de más de 1000 pescadores.

Gamle Byen LUGAR HISTÓRICO

El casco antiguo de Kristiansund se halla en la isla de Innlandet, cuyos edificios de madera datan del s. XVII. La majestuosa **Lossiusgården,** en su extremo este, era el distinguido hogar de un mercader del s. XVIII. El venerable Dødeladen Café (p. 260), de 300 años, es un lugar agradable donde beber o comer algo. La forma más amena de llegar hasta aquí es en el ferri de Sundbåten, que sale del muelle de Piren; también se puede llegar a pie en 15 min por el puente de Heinsgata.

Mellemværftet LUGAR HISTÓRICO

GRATIS Para llegar a Mellemværftet, una especie de chatarrería náutica, gratuita y accesible a cualquier hora, lo mejor es ir a pie por el muelle desde el restaurante Smia Fiskerestaurant (p. 261). Es difícil saber qué es qué entre tanta chatarra, pues incluye los restos del astillero de Kristiansund del s. XIX, una forja, un taller y los dormitorios de los trabajadores.

Norsk Klippfiskmuseum MUSEO

(☎71 58 70 00; www.nordmore.museum.no; Gomalandet; adultos/niños incl. circuito guiado 70 NOK/gratis; ⌚12.00-17.00 finales jun-ppios ago) Este Museo del Pescado, en un almacén del s. XVIII, explica todo lo que siempre se ha querido saber (y puede que mucho más) sobre la historia del bacalao en salazón de Kristiansund. Exhibe varias piezas de equipamiento, fotos antiguas y otros objetos relacionados con la pesca; a veces se puede ver el proceso de salazón del bacalao en directo. Desde el centro urbano, hay que tomar el ferri *Sundbåt* y solicitar parada.

Iglesia de Kirkelandet IGLESIA

(Langveien 41; ⌚9.00-15.00 do-vi) La inspiradora iglesia de Odd Østby fue construida en 1964 para sustituir a la que destruyeron las bombas nazis. Su exterior angular, que alterna cobre y cemento, es sobrio y comedido y, en el interior, todas las líneas orientan la vista a las 320 vidrieras del ábside. Detrás de la iglesia se encuentra el **parque de Vanndamman,** con muchas plantas, caminos para pasear y el mirador de la torre Varden.

Iglesia de madera de Kvernes IGLESIA
(www.stavechurch.com/en/kvernes-2; Fv247, Kvernes; adultos/niños 60 NOK/gratis; ⌚11.00-17.00 finales jun-med ago) Esta iglesia de madera está en un lugar precioso, unos 26 km al sur de Kristiansund, y data del s. XIV, aunque ha sido restaurada. El interior ofrece una decoración suntuosa y alberga una increíble maqueta de un barco de 300 años de antigüedad y un peculiar retablo del s. XV con la Virgen María. Mientras que muchos retablos de este tipo se destruyeron en tiempos de la Reforma, por suerte este se salvó, aunque se le añadió un marco de estilo luterano en 1695.

Fiestas y celebraciones

Operafestukene MÚSICA
(www.oik.no; ⌚feb) Festival de ópera de dos semanas a principios de febrero.

Festival de Fotografía Nordic Light ARTE
(www.nle.no; ⌚sep) Importante festival de fotografía artística que atrae a grandes nombres y a unos 70 000 visitantes a sus exposiciones y talleres en septiembre.

Tahiti Festivalen MÚSICA
(www.tahiti-festivalen.no; ⌚jun) Festival de música de una semana a finales de junio que se celebra en Innlandet. El cartel lo copan artistas noruegos de pop y *rock*.

Dónde dormir

Dala Bergan BUNGALÓS$
(☎71 67 30 25; www.havfiske-kristiansund.no; Dalabergan 1; h 600 NOK, cabaña 800-2100 NOK; P ᯤ) Estos bungalós de tipo caseta de pescador están en Dalaveien y ofrecen una ubicación rústica junto al mar. Todos tienen baño, TV y plataformas para tomar el sol. También hay un par de habitaciones sencillas y se ofrece alquiler de barcas. Está a unos 10 min a pie del centro.

Atlanten Camping & Motell CAMPING, MOTEL $
(☎71 67 11 04; www.atlanten.no; Dalaveien 22; parcela 150-190 NOK, cabaña 495-1295 NOK, motel i/d 595/795 NOK; P ᯤ) Este albergue y *camping* está 3 km al norte del centro. Es un lugar agradable y el motel tiene una cocina bien equipada, TV en las habitaciones y una gran pantalla en el salón donde se pueden ver retransmisiones deportivas. Las instalaciones del *camping* han sido reformadas y los precios de los apartamentos amueblados son fantásticos para grupos pequeños.

Thon Hotel Storgata HOTEL $$
(☎71 57 03 00; www.thonhotel.com; Storgata 17; i/d desde 890/990 NOK; P ᯤ) El principal atractivo de este hotel en la parte moderna de la ciudad son sus vistas al puerto y a Innlandet: por lo demás, es un hotel de cadena sin mucho interés. Aún así, la decoración es luminosa y ordenada, hay aparcamiento cubierto (100 NOK/noche), y el **Christian's Bar** (☎71 57 03 00; Storgata 17) es un lugar divertido para tomar una copa por la noche.

Thon Hotel Kristiansund HOTEL $$
(☎71 57 30 00; www.thonhotels.com; Fiskergaten 12; i/d desde 1195/1495 NOK; P ❄ ᯤ) Thon Hotel tiene dos ubicaciones en Kristiansund, una en Storkaia y ésta en Innlandet. Está a 20 min largos a pie del centro, por lo que suele ofrecer precios más bajos y más habitaciones disponibles. Se encuentra en un almacén reformado de 1915, lo que le da carácter, con líneas modernas que se combinan con vigas antiguas, grandes ventanas y una terraza con vistas al puerto.

Scandic Hotel Kristiansund HOTEL $$$
(☎71 57 12 00; www.rica.no; Storgata 41; ⌚h 1300-1700 NOK; P @ ᯤ) Este enorme hotel se alza sobre el puerto como un bloque de oficinas gris y acoge sobre todo a huéspedes de la industria petrolera, aunque también es una buena opción para turistas. Es funcional, no bonito, pero las habitaciones son bastante agradables y ofrecen más espacio cuanto mayor es su precio. También hay sauna, gimnasio y aparcamiento.

Dónde comer

Plan A CAFÉ $$
(☎475 12 949; Nedre Enggate 9; principales almuerzo 140-180 NOK; ⌚9.00-18.00 lu, ma y ju, hasta 22.00 mi, vi y sa) Este popular café del centro de la ciudad se llena a la hora del almuerzo de señoras, dependientes y otra gente de la ciudad que vienen por sus generosos sándwiches, buenas *pizzas* y tentadores pasteles. Es un espacio moderno y luminoso de ambiente muy relajado, ideal para sentarse con el portátil mientras se toma un café por la tarde.

Dødeladen Café NORUEGA $$
(☎71 67 50 30; www.dodeladen.no; Innlandet; principales 160-290 NOK; ⌚14.00-23.00 ma-ju, hasta 2.00 vi y sa) Aquí los pasteles se acompañan de una

pequeña porción de historia. Este café revestido de madera data de principios de 1700 y encaja a la perfección con el resto de edificios antiguos del centro histórico. Sirve platos clásicos acordes con la arquitectura de antaño: la típica sopa cremosa de pescado, bacalao en salazón con salsa de tomate, *svele* (crepes), gofres y sándwiches de estilo *smorrebrød*. Se puede llegar con el ferri de Sundbåten.

★Bryggekanten RESTAURANTE, BAR **$$$**
(☎71 67 61 60; www.fireb.no; Storkaia 1; almuerzo 150-200 NOK, cena principales 290-340 NOK; ⏲11.30-22.00 o 24.00 lu-sa) Esta *brasserie* junto al agua es perfecta para un *brunch* o para almorzar o cenar. Tiene una terraza fantástica con cerramiento de cristal y sirve un buen menú variado para el almuerzo con platos de pasta, hamburguesas, ensaladas, mejillones y *bruschettas*. Por la noche se vuelve un poco más sofisticado, con platos creativos de pescado y carne.

Smia Fiskerestaurant PESCADO **$$$**
(☎71 67 11 70; www.smia.no; Fosnagata 30b; principales almuerzo 145-195 NOK, cena 285-345 NOK; ⏲11.00-22.00 lu-sa, 14.00-20.00 do) Ubicado en una antigua herrería de la calle adoquinada de Fosnagata (aún está decorado con herramientas de herrero), este respetado restaurante de pescado es un buen lugar para pedir *klippfisk* (bacalao en salazón) si aún no se ha probado, además de sopa de pescado, salmón y el pescado del día. También sirve ballena minke, lo que puede influir en la decisión de si cenar ahí o no.

Sjøstjerna PESCADO **$$$**
(☎71 67 87 78; www.sjostjerna.no; Skolegata 8; principales 245-295 NOK; ⏲12.00-24.00 lu-sa) *Klippfisk* servido de varias formas, además de otros platos de pescado, son las especialidades de este divertido restaurante de temática marinera un tanto *kitsch*. Las vieiras y los mejillones son particularmente buenos. No está en la parte más bonita de la ciudad, con vistas a una plaza de cemento bastante desoladora.

ℹ Información

Oficina de turismo (☎71 58 54 54; www.visitkristiansund.com; Kongens plass 1; ⏲9.00-18.00 lu-vi, 10.00-16.00 sa y do med jun-med ago, 9.00-16.00 lu-vi resto del año; 📶) En el centro, colina arriba desde el paseo marítimo. Ofrece acceso gratuito a internet.

ℹ Cómo llegar y salir

AVIÓN

El **aeropuerto de Kvernberget** (☎71 68 30 50; Nordlandet) de la ciudad está en la isla de Nordlandet. Hay vuelos diarios frecuentes a/desde Oslo y Bergen.

Hay autobuses regulares a/desde el aeropuerto (80 NOK, 15 min, hasta 8 diarios) que coinciden con los vuelos.

BARCO

Barcos rápidos conectan Kristiansund con Trondheim (3½ h, hasta 3 diarios desde Nordmørskaia). El ferri costero de Hurtigruten para a diario en Holmakaia.

AUTOBÚS

Hay autobuses por el interior cada hora a Molde (67 NOK, 1½ h) y Ålesund (159 NOK, 3¾ h).

Hacia el norte, hay servicios a Trondheim (510 NOK, 4¾ h, 3 diarios).

ℹ Cómo desplazarse

Se dice que el **ferri de Sundbåten** (www.sundbaten.no; billete día adultos/niños 100/35 NOK) ofrece sus servicios desde 1876, lo que lo convertiría en el sistema de transporte público más antiguo del mundo en uso de forma ininterrumpida. En cualquier caso, el viaje merece la pena, por sí mismo y por la perspectiva que ofrece de todo el puerto. Los barcos salen del muelle de Piren, al pie del altozano de Kaibakken, y conectan el centro de la ciudad con las islas de Innlandet, Nordlandet y Gomelandet cada media hora (lu-sa). El circuito completo dura 20 min.

Trøndelag

Incluye »

Los mejores restaurantes

- Baklandet Skydsstasjon (p. 271)
- Restaurant Norveg (p. 278)
- Mercado de pescado de Ravnkloa (p. 271)
- Brod & Cirkus (p. 276)
- Vertshuset Tavern (p. 272)

Los mejores alojamientos

- Scandic Nidelven Hotel (p. 270)
- Radisson Blu Royal Garden Hotel (p. 270)
- Pensjonat Jarlen (p. 269)
- Scandic Stiklestad Hotell (p. 275)
- Scandic Rock City (p. 277)

Por qué ir

Puede que Trøndelag, donde Noruega comienza a estrecharse y subir hacia el Ártico, sea pequeño pero alberga mucho. Es la pieza central, una seductora ciudad repleta de arquitectura histórica, como la catedral de Nidaros, la construcción medieval más grande de Escandinavia, pero el presente de Trondheim atrae tanto como su pasado, con una animada vida estudiantil, restaurantes y bares junto al mar. No muy lejos y al noroeste, en un desvío de la carretera del Ártico, se encuentra Stiklestad, famosa por ser donde martirizaron al rey Olaf (san Olaf), centro de la identidad nacional. En todo lo demás, Trøndelag es pura Noruega, una región de colinas agrestes, salpicada de granjas rojizas por el ganado y verdes por el trigo y la cebada. Aquí, siempre hay agua, ya sea mar, lago o fiordo, con unos fascinantes poblados costeros donde parar.

Cuándo ir

Trondheim

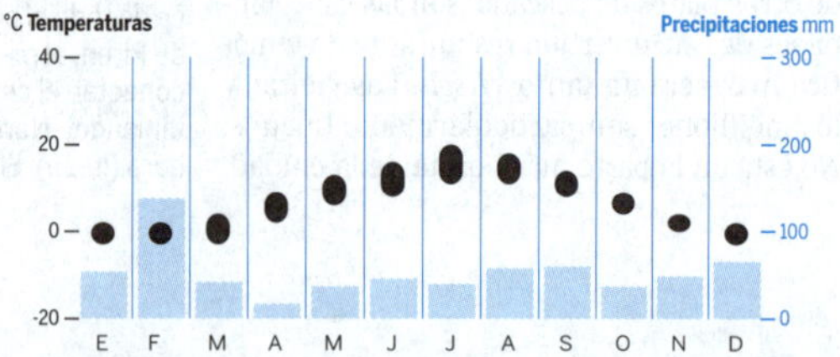

Med-finales jun El invierno ha terminado y hay relativamente pocos visitantes.

Finales jul En Trondheim y Stiklestad, se celebran las festividades en honor de san Olaf.

Sep Trondheim se ve animado cuando vuelve la bulliciosa población estudiantil.

TRONDHEIM

190 464 HAB.

Con sus almacenes de colores, vías navegables y colinas boscosas, Trondheim es sin duda una de las ciudades más fotografiadas de Noruega. Es un placer explorar la tercera ciudad más grande del país, que es además su capital histórica. Posee calles amplias, un núcleo semipeatonal, algunos cafés, restaurantes y museos estupendos, así como la catedral gótica más septentrional de Europa. Los barcos de pesca matan el tiempo en el puerto, las gaviotas revolotean y chillan en las alturas y, pasadas

Imprescindible

❶ **Catedral de Nidaros** (p. 263) Contemplar el edificio más sagrado de Noruega y uno de los más hermosos.

❷ **Stiklestad** (p. 275) Retroceder a los orígenes de Noruega en el lugar donde fue martirizado san Olaf.

❸ **Baklandet Skydsstasjon** (p. 271) Cruzar el Gamle Bybro de Trondheim para comer en este maravilloso restaurante, y bajar luego a Solsiden para beber algo.

❹ **Bymarka** (p. 270) Caminar por la naturaleza a las afueras de Trondheim.

❺ **Norveg** (p. 278) Aprender sobre la vida costera en este impresionante museo multimedia, en Rørvik.

❻ **Leka** (p. 278) Dejar atrás las rutas principales y dirigirse a esta preciosa isla de misterioso pasado, situada frente a la costa.

❼ **Hell** (p. 274) Sacarse un *selfie* en el cartel de “Bienvenidos al infierno”, que impresionará a los de casa.

las afueras de la ciudad, hay innumerables zonas naturales que explorar.

Historia

En el año 997, el rey Olaf Tryggvason echó amarras junto a un extenso banco de arena en Nidaros (que significa "desembocadura del río Nid") y montó allí su granja. Una teoría bastante plausible es que Leif Erikson visitó al rey allí antes de zarpar hacia Islandia y Groenlandia y convertirse posiblemente en el primer europeo que pisó Norteamérica. A los visitantes procedentes de EE UU, el **vikingo** (plano p. 266; Hurtigrutenkai, Havnegata) que mira al mar cerca del muelle de Hurtigruten quizá les resulte familiar, porque es una réplica exacta de la estatua de Erikson que hay en Seattle, que conmemora las decenas de miles de emigrantes noruegos que marcharon al Nuevo Mundo.

En 1030 el rey Olaf II el Santo fue martirizado en la batalla de Stiklestad, unos 90 km al noreste, y posteriormente canonizado. La tumba de Olaf, en Nidaros, atrajo a peregrinos de toda Europa, con un obispado que abarcaba Noruega, las Orcadas, la isla de Man, las islas Feroe, Islandia y Groenlandia. Nidaros ejerció de capital de Noruega hasta 1217, controlando un imperio que se extendía desde la actual Rusia occidental hasta, quizá, las costas de Terranova. El culto a san Olaf continuó hasta la Reforma de 1537, cuando Noruega pasó a formar parte del obispado luterano de Dinamarca.

Después de que un incendio arrasara la mayor parte de la ciudad en 1681, Trondheim fue rediseñada con anchas calles y disfrutó de su máximo esplendor en el s. XVIII, cuando los comerciantes competían por tener la casa más opulenta. Volvió a desempeñar un papel clave en la II Guerra Mundial, cuando la Marina alemana la convirtió en su base de operaciones en el norte de Noruega, aunque afortunadamente la ciudad no sufrió grandes daños. En la actualidad, Trondheim, con su Universidad Noruega de Ciencia y Tecnología y un instituto de investigación que cuenta con una plantilla de más de 2000 personas, es considerada la capital tecnológica de Noruega.

Puntos de interés

★Nidaros Domkirke CATEDRAL
(plano p. 266; ☎73 89 08 00; www.nidarosdomen.no; Kongsgårdsgata; adultos/niños/familias 90/40/220 NOK, torre 40 NOK, con Palacio Arzobispal y las joyas de la corona 180/90/440 NOK; ⏲9.00-18.00 lu-vi, hasta 14.00 sa, hasta 17.00 do med jun-med ago, horario reducido resto del año) La catedral de Nidaros es el mayor edificio medieval de Escandinavia, y la iglesia gótica más septentrional de Europa. En el exterior, la pared occidental, parecida a un altar, muestra estatuas de personajes bíblicos y reyes y obispos noruegos, esculpidas a principios del s. XX. Algunas son copias de originales medievales que se encuentran hoy en el museo. Destacan los vivos y brillantes colores de la moderna vidriera del rosetón occidental, en destacado contraste con la penumbra del interior.

El altar descansa sobre la tumba original de san Olaf, el rey vikingo que abandonó la religión pagana por el cristianismo. La catedral original de piedra fue construida en 1153, cuando Noruega pasó a ser un arzobispado independiente. El crucero y la sala capitular actuales se construyeron entre 1130 y 1180 con influencias anglonormandas (muchos de los artesanos fueron traídos de Inglaterra), mientras que el coro gótico y el deambulatorio se completaron a principios del s. XIV. La nave, asolada por varios incendios a lo largo de los siglos, es en su mayor parte una fiel reproducción del s. XIX.

En la cripta hay una exposición de lápidas medievales talladas (casi todas restauradas a partir de fragmentos, puesto que muchas fueron destruidas y retiradas para ser reutilizadas en edificios civiles). Una de ellas, inscrita en inglés, está dedicada al capitán William Miller, de Dundee, Escocia, que halló su final cerca de Trondheim en el s. XVIII.

Se puede pasear libremente pero, de junio a principios de agosto, merece la pena unirse a un circuito (de 15 o 45 min; también en inglés). Los amantes de la música quizá quieran escuchar un **recital** del magnífico órgano (recién restaurado).

De mediados de junio a mediados de agosto, se puede subir los 172 escalones de la **torre** de la catedral (40 NOK) y disfrutar de la estupenda vista de la ciudad. Hay subidas guiadas cada media hora desde la base en el transepto sur, con un límite de 20 personas cada vez. Para los aficionados al *black metal:* esta es la iglesia de la portada del álbum de Mayhem *De Mysteriis Dom Sathanas*.

★Palacio arzobispal MUSEO, EDIFICIO HISTÓRICO
(plano p. 266; Kongsgårdsgata; adultos/niños/familias 90/40/220 NOK, joyas de la corona 90/40/220 NOK, con catedral y joyas de la corona 180/80/440 NOK; ⏲10.00-17.00 lu-vi, 10.00-15.00 sa, 12.00-16.00 do med jun-med ago, horario reducido resto del año) La residencia del arzobispo (Erkebispegår-

den), del s. XII, junto a la catedral, es el edificio secular más antiguo de Escandinavia, comisionado en torno al 1160. En su ala oeste, se encuentran las relucientes **joyas de la corona** de Noruega y el **museo.** Tras visitar las bien expuestas estatuas, gárgolas y tallas de la catedral, hay que ir a la planta de abajo para ver una selección de la infinidad de objetos encontrados durante la construcción del museo a finales de los años noventa.

El palacio también tiene un entretenido programa audiovisual (15 min). Si se visita la catedral de Trondheim, es más barato comprar la entrada combinada, que incluye los tres lugares (palacio arzobispal, joyas de la corona y catedral).

★Stiftsgården PALACIO

(plano p. 266; www.nkim.no/stiftsgarden; Munkegata 23; adultos/niños 90/50 NOK; ⌚10.00-16.00 lu-sa, 12.00-16.00 do jun-finales ago) Con 140 habitaciones, es el palacio de madera más grande de Escandinavia, de estilo barroco tardío, y se construyó para uso privado a finales del s. XVIII, en plena edad de oro de Trondheim. Hoy es la residencia real oficial. Solo se puede entrar con visita guiada, a las horas en punto. El jardín, accesible al público por el lado este (por Dronningens gate), es uno de los rincones más encantadores de la ciudad.

★Rock Kheim MUSEO

(Rockheim; plano p. 266; www.rockheim.no; Brattørkaia 14; adultos/reducida/niños 130/100/gratis; ⌚11.00-18.00 ma-do) Genial museo dedicado a la música pop y *rock*, noruega sobre todo, de 1950 hasta hoy. Situado junto al muelle, es un templo del R&B en el que un enorme tejado protector, que semeja las carátulas de los discos noruegos, se extiende sobre un almacén remodelado e igualmente amplio. En el interior hay acción e interacción a raudales y es posible, por ejemplo, mezclar una grabación propia de *hip-hop*. La Casa del Rock se encuentra en el muelle, muy cerca de Pirbadet y del muelle del ferri rápido. De mediados de junio a mediados de agosto hay una visita gratuita al museo en inglés.

Museo Militar Nacional MUSEO

(Ruskammeret; plano p. 266; ☎73 99 52 80; Kongsgårdsgata; ⌚10.00-16.00 lu-sa, 12.00-16.00 do med may-ppios sep) GRATIS Situado en el mismo patio del Palacio Arzobispal, lleno de cañones, espadas y armaduras antiguas, narra la historia de 1700 a 1900, cuando era una instalación militar danesa. En el piso superior se encuentra el museo **Hjemmefront,** dedicado al papel que Trondheim desempeñó en la resistencia durante la II Guerra Mundial.

Gamle Bybro PUENTE

(Puente del Barrio Antiguo; plano p. 266) Desde 1681 hay aquí un puente que conecta la ciudad con el fuerte de Kristiansten (p. 267) y está guardado a cada lado por una garita (aunque solo queda una, ocupada actualmente por una guardería). El hermoso puente actual se construyó en 1861, es peatonal y está revestido de madera. Es el mejor lugar de la ciudad para contemplar los preciosos almacenes junto al río. Asimismo es la forma más rápida de llegar a Bakklandet desde el centro.

Museo de Arte de Trondheim GALERÍA

(Trondheim Kunstmuseum; plano p. 266; ☎73 53 81 80; www.trondheimkunstmuseum.no; Bispegata 7b; adultos/niños 100/50 NOK; ⌚10.00-16.00 jun-ago, 12.00-16.00 ma-do sep-may) El Museo de Arte de Trondheim, muy cerca de la catedral, alberga una colección permanente de arte moderno noruego y danés desde 1800, con una sala de litografías de Munch. También tiene exposiciones temporales.

Sinagoga SINAGOGA

(Jødisk Museum; plano p. 266; ☎401 69 801; www.jodiskemuseum.no/english; Arkitekt Christies gate 1b; circuito guiado museo adultos/niños 60/30 NOK; ⌚circuitos 10.30, 12.30 y 14.30 lu-vi, 13.00 do med jun-med ago, con reserva resto del año) La sinagoga de Trondheim destaca por ser la más septentrional del mundo. Tiene un pequeño **museo** sobre la historia de la comunidad judía local, que fue diezmada durante el Holocausto. Se entra en visita guiada. Para quienes tengan más interés, un panel informativo y un mapa en el exterior muestran lugares de la ciudad con vínculos históricos con la comunidad judía de Trondheim.

Museo Nacional de Artes Decorativas GALERÍA

(Nordenfjeldske Kunstindustrimuseum; plano p. 266; ☎73 80 89 50; www.nkim.no; Munkegata 5; adultos/niños 100 NOK/gratis; ⌚10.00-16.00 lu-sa, 12.00-16.00 do jun- finales ago, 10.00-15.00 ma, mi, vi y sa, 12.00-20.00 ju, 12.00-16.00 do finales ago-may) La colección permanente de este espléndido museo exhibe lo mejor del diseño escandinavo; hay dos salas de joyería *art nouveau*. Toda una planta está dedicada a las obras pioneras de tres elogiadas artistas: los tapices de Hannah Ryggen y Synnøve Anker Aurdal, y las innovadoras cristalerías de Benny Motzfeldt.

Trondheim

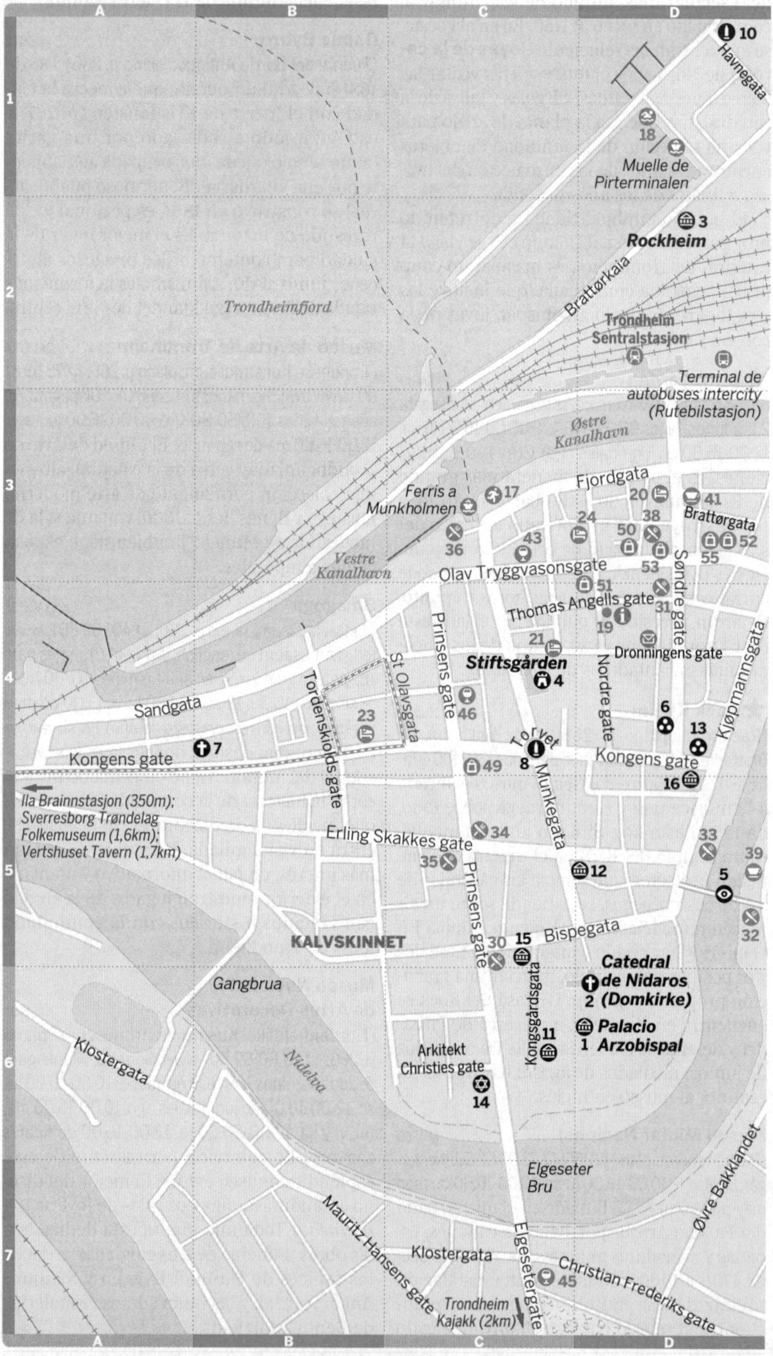
A
B
C
D
1
2
3
4
5
6
7
Havnegata
10
18
Muelle de Pirterminalen
3
Rockheim
Brattørkaia
Trondheimfjord
Trondheim Sentralstasjon
Terminal de autobuses intercity (Rutebilstasjon)
Østre Kanalhavn
Fjordgata
Ferris a Munkholmen
17
20
41
Brattørgata
24
38
50
52
55
36
43
53
Vestre Kanalhavn
Olav Tryggvasonsgate
51
Søndre gate
Thomas Angells gate
31
19
21
Dronningens gate
Stiftsgården
4
Nordre gate
Kjøpmannsgata
St Olavsgata
Prinsens gate
Sandgata
Tordenskiolds gate
23
46
6
13
Torvet
8
Kongens gate
7
49
Munkegata
16
Ila Brainnstasjon (350m); Sverresborg Trøndelag Folkemuseum (1,6km); Vertshuset Tavern (1,7km)
Erling Skakkes gate
34
33
39
35
12
5
32
KALVSKINNET
30
15
Bispegata
Catedral de Nidaros (Domkirke)
2
Gangbrua
Kongsgårdsgata
11
Palacio Arzobispal
1
Klostergata
Nidelva
Arkitekt Christies gate
14
Elgeseter Bru
Øvre Bakklandet
Mauritz Hansens gate
Klostergata
Elgesetergate
45
Christian Frederiks gate
Trondheim Kajakk (2km)

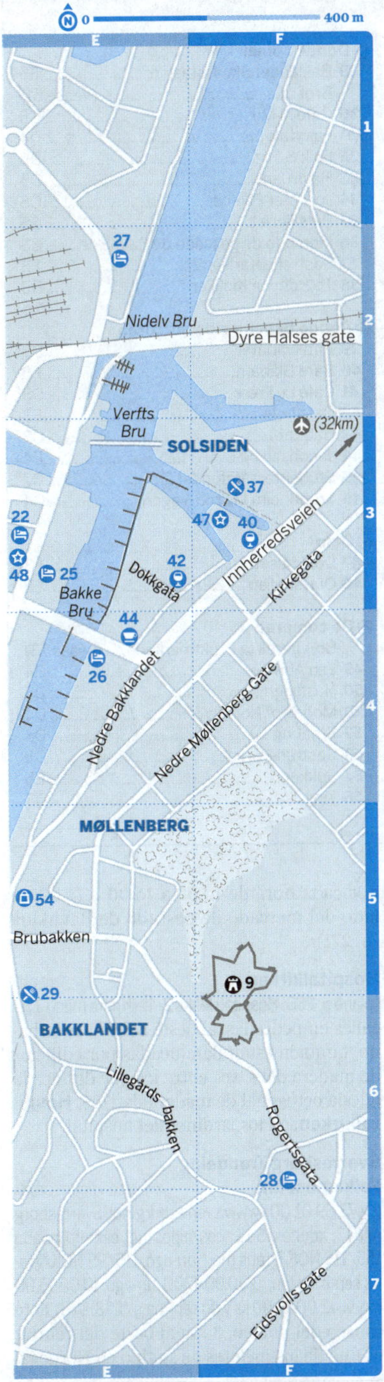

Vitensenteret MUSEO

(Centro de Ciencias; plano p. 266; www.vitensenteret.com; Kongens gate 1; adultos/niños/familias 95/50/330 NOK; ⌚10.00-17.00 lu-vi, 11.00-17.00 sa y do finales jun-med ago, 10.00-16.00 lu-vi, 11.00-17.00 sa y do resto del año;) Los más pequeños disfrutarán de los experimentos prácticos de este activo centro, con unas 150 maquetas a elegir.

Museo de la Música de Ringve MUSEO

(☎73 87 02 80; www.ringve.no; Lade Allé 60; adultos/niños 120 NOK/gratis; ⌚10.00-17.00 may-ago, 11.00-16.00 ma-do sep-abr; 🚌3, 4) Es el museo nacional de la música y los instrumentos musicales. El propietario era un coleccionista ruso de instrumentos raros y antiguos, que hoy tocan estudiantes de música. También se puede visitar el viejo granero con su gran colección de instrumentos de todo el mundo. El jardín botánico, dentro de la gran propiedad del s. XVIII, es un entorno verde y tranquilo para dar un paseo. Hay que tomar el autobús nº 3 o 4 y subir la colina.

Estatua de Olaf I de Noruega ESTATUA

(plano p. 266; Torvet) El epicentro de la ciudad es Torvet, la plaza central (también llamada Torget) con su estatua del rey Olaf I en lo alto de una columna que hace las veces de enorme reloj de sol. La plaza algo descuidada iba a recibir una necesitada reforma a finales del 2017.

Ruinas de Olavskirken RUINAS

(plano p. 266; Kongens gate; ⌚10.00-19.00 lu-ju, 10.00-18.00 vi, 11.00-16.00 sa) GRATIS Durante las excavaciones para la biblioteca de Kongens gate, los arqueólogos encontraron las ruinas de una iglesia del s. XII, que se cree que era la de Olavskirken, ahora visible debajo del patio, junto con los esqueletos de dos adultos y un niño.

Ruinas de Gregorius Kirke (Sparebanken) RUINAS

(plano p. 266; Søndre gate 4; ⌚8.15-15.00 lu-mi y vi, hasta 17.00 ju) GRATIS En el sótano de Søndre gate 4 se encuentran las ruinas de la iglesia medieval Gregorius Kirke (Sparebanken), descubiertas durante excavaciones anteriores.

Fuerte de Kristiansten FORTALEZA

(Festning; plano p. 266; Festningsgata; ⌚circuitos guiados 12.00 y 14.00 lu-do jun-ago) GRATIS Para contemplar la ciudad a vista de pájaro, se puede caminar 10 minutos desde el Gamle Bybro (p. 265) hasta el fuerte de Kristiansten,

Trondheim

Principales puntos de interés

1 Palacio Arzobispal D6
2 Catedral de Nidaros (Dormkirke) D6
3 Casa del Rockhein D2
4 Stiftsgården C4

Puntos de interés

5 Gamle Bybro D5
6 Ruinas de Gregorius Kirke (Sparebanken) D4
7 Hospitalkirken B4
8 Estatua del rey Olaf I de Noruega C4
9 Fuerte de Kristiansten F5
10 Estatua de Leif Erikson D1
11 Museo Militar Nacional C6
12 Museo Nacional de Artes Decorativas D5
13 Ruinas de Olavskirken D4
14 Sinagoga C6
15 Museo de Arte de Trondheim C5
16 Vitensenteret D5

Actividades, cursos y circuitos

17 Turismo por el puerto C3
18 Pirbadet D1
19 Circuitos a pie D4

Dónde dormir

20 Chesterfield Hotel D3
21 City Living Hotel & Apartments C4
22 Clarion Collection Hotel Grand Olav E3
23 Pensjonat Jarlen B4
24 P-Hotel D3
25 Radisson Blu Royal Garden Hotel E3
26 Scandic Bakklandet E4
27 Scandic Nidelven Hotel E2
28 Singsaker Sommerhotel F6

Dónde comer

29 Baklandet Skydsstasjon E5
Bror .... (véase 51)
30 Café ni Muser C5
31 Fairytale D4
32 Folk & Fe D5
33 Havfruen D5
34 Jordbær Pikene C5
35 Persilleriet C5
36 Mercado de pescado de Ravnkloa C3
37 Søstrene Karlsen F3
38 To Rom og Kjøkken D3

Dónde beber y vida nocturna

39 Antikvariatet D5
40 Bare Blåbær F3
41 Café Le Frère D3
42 Cafe Løkka E3
43 Habitat C3
44 Jacobsen og Svart E4
45 Studentersamfundet C7
46 Trondheim Microbryggeri C4

Ocio

47 Dokkhuset F3
48 Olavshallen E3

De compras

Bryggerekka Bruktmarked .... (véase 13)
49 Elin Aune C4
50 Husfliden D3
51 Moods of Norway D4
52 Småting D3
53 Søstrene Grene D3
54 Sukker E5
55 Ting D3

construido tras el gran incendio de Trondheim de 1681. Durante la II Guerra Mundial los nazis lo usaron como prisión y lugar de ejecución para los miembros de la resistencia noruega. El recinto abre todo el año sin coste alguno, cuando la bandera está izada.

Munkholmen ISLA

(Isla de Munkholmen) Durante los primeros años de Trondheim, en el islote de Munkholmen, a 2 km de la orilla, se levantaba el patíbulo. A lo largo de los siglos ha sido un monasterio benedictino, una prisión, un fuerte y por último, la aduana. Hoy es una popular zona de pícnic y la mejor playa de la ciudad. De mediados de mayo a septiembre, salen **ferris** (plano p. 266; www.trippsbatservice.no; ida y vuelta adultos/niños 90/40 NOK; ⏲10.00-18.00 jun-med ago, horario reducido med finales may y med ago-sep) al menos cada hora de 10.00 a 16.00 o 18.00, al lado del mercado de pescado de Ravnkloa (p. 271).

Hospitalkirken IGLESIA

(plano p. 266; Hospitalsløkka 2-4; ⏲para misa) Las calles empedradas, al oeste del centro urbano, también están flanqueadas por edificios de madera del s. XIX, entre los que destaca la iglesia octogonal de madera de 1705, **Hospitalkirken,** en los jardines del hospital.

Sverresborg Trøndelag Folkemuseum MUSEO, ARQUITECTURA

(☎73 89 01 00; www.sverresborg.no; Sverresborg Allé 13; adultos/5-15 años/niños incl. circuito guiado 155/115 NOK/gratis med jun-ago, 115/95 NOK/gratis sep-med jun; ⏲10.00-17.00 jun-ago, 10.00-15.00 ma-vi, 12.00-16.00 sa y do sep-may; 🚌18, 🚌8) Este museo del pueblo, 3 km al oeste del centro, es uno de los mejores de su tipo en Noruega.

La exposición del interior, Livsbilder (Imágenes de la Vida), muestra objetos usados durante los últimos 150 años (ropa, material escolar, bicicletas...). El resto del museo está al aire libre, y abarca más de 60 edificios de época, lindantes con las ruinas del castillo de Sverre I de Noruega, que ofrece magníficas vistas de la ciudad.

Actividades

Trondheim Kajakk KAYAK
(☎483 38 318; www.trondheimkajakk.no; circuito 2 h incl. alquiler por persona 400 NOK, alquiler por día 400 NOK; ⏱8.00-23.00; 🚌3, 4, 9, 46) Una magnífica forma de obtener una perspectiva alternativa de Trondheim son estos circuitos en kayak de la parte moderna a la vieja de la ciudad a lo largo del río Nidelven hasta su desembocadura en el fiordo. Los precios varían según el número de personas.

Casi todos los viajes salen del campo de fútbol de Tempe, en Bostadvegen, unos 4 km al sur de la estación de tren. Hay que pedirle al autobusero que permita bajar en Valøyvegen. El precio varía según el número de participantes.

Turismo por el puerto NAVEGACIÓN
(Tripps; plano p. 266; ☎950 82 144; www.trippsbatservice.no; adultos/niños 170/60 NOK; ⏱cruceros 11.00, 12.30 y 15.00 ma-do med jun-med ago, 12.00 ju-do med may-jun y med ago-sep) Tripps ofrece un recorrido de una hora (11.00) por el estuario del río Nidelva, con dos versiones más largas de 90 minutos (12.30 y 15.00) por el fiordo. Se sale al lado del mercado de pescado de Ravnkloa (p. 271) y los billetes se compran en el pequeño quiosco situado junto al embarcadero.

Pirbadet NATACIÓN
(plano p. 266; ☎73 83 18 00; www.pirbadet.no; Havnegata 12; adultos/niños 175/150 NOK; ⏱6.30-20.00 lu, mi y vi, 10.00-20.00 ma y ju, 10.00-18.00 sa y do finales jun-med ago, horario reducido resto del año) En el muelle de Pirterminalen, Pirbadet es el parque acuático cubierto más grande de Noruega, con abundantes placeres líquidos, entre ellos una piscina de olas, una sauna y un tobogán de 100 m.

Circuitos

Circuitos a pie PASEOS
(plano p. 266; ☎73 80 76 60; www.visittrondheim.no; circuitos 130-2540 NOK; ⏱14.00 lu-do finales jun-med ago, 14.00 sa resto del año) Además de su circuito estándar guiado por la ciudad (2 h, 185 NOK/persona), la oficina de turismo organiza una selección fascinante de paseos, con y sin guía, de temáticas que van desde el café o la música hasta experiencias de comida *gourmet*.

Fiestas y celebraciones

★**UKA** CULTURAL
(www.uka.no; ⏱oct/nov) Los 25 000 universitarios de Trondheim organizan el mayor festival cultural de Noruega, que dura tres semanas. Los años impares, en octubre y noviembre, hay una fiesta continua de conciertos, obras de teatro y otras celebraciones en el redondo y rojo Studentersamfundet (p. 273) (centro estudiantil).

★**Olavsfestdagene** CULTURA
(www.olavsfestdagene.no; ⏱jul-ago) Se celebra durante la semana del 29 de julio en honor a san Olaf. Hay un mercado medieval y un variado programa de música clásica, folk, pop y *jazz*.

★ **Festival de Blues de Nidaros** MÚSICA
(www.nidarosbluesfestival.com; ⏱abr) Acuden los artistas internacionales de *blues* más relevantes y artistas locales.

Pstereo MÚSICA
(www.pstereo.net; ⏱finales ago) Gran festival pop y *rock* que dura un fin de semana a finales de agosto; hasta 300 artistas llegan a Trondheim.

Kosmorama CINE
(www.kosmorama.no; ⏱mar-ppios may) El festival internacional de cine de Trondheim ocupa una intensa semana de primavera, entre marzo y primeros de mayo.

Dónde dormir

★**Pensjonat Jarlen** PENSIÓN $
(plano p. 266; ☎73 51 32 18; www.jarlen.no; Kongens gate 40; i/d/tr 540/690/960 NOK, gato o perro 100 NOK; 📶) Precio, comodidad y buena relación calidad-precio son la combinación perfecta. Tras una reforma en el 2010, las habitaciones de este lugar céntrico tienen un aspecto moderno y son excelentes, aunque a algunos baños les vendría bien un nuevo toque. Algunas tienen suelos de tarima flotante; otras, alfombras; y la mayoría disponen de frigorífico y un hornillo.

Flakk Camping CAMPING $
(☎940 54 685; www.flakk-camping.no; parcela automóvil/caravana 240/330 NOK, cabaña 525-695 NOK; ⏱may-ago; 🅿) Buen *camping* a unos 10 km

del centro urbano, al lado de Trondheimfjord (apenas se nota el cercano ferri). Hay que tomar la Rv715 desde Trondheim. También tiene tiendas para alquilar si uno no tiene y no quiere dormir en una cabaña.

Singsaker Sommerhotel HOTEL $
(plano p. 266; ☎73 89 31 00; www.sommerhotell.singsaker.no; Rogertsgata 1; dc/i/d 300/880/950 NOK, i/d con baño compartido 535/745 NOK; ⏲med jun-med ago; P ☎) Situado en una colina de un barrio tranquilo, este imponente edificio fue construido como club para los oficiales alemanes de ocupación. Gran relación calidad-precio. Pasa por aquí el autobús nº 63 desde la estación de trenes. En coche, hay que tomar Klostergata hacia el este, desde el Studentersamfundet, y seguir las indicaciones. El aparcamiento gratuito es un punto a favor y las habitaciones están bien cuidadas.

★Radisson Blu Royal Garden Hotel HOTEL $$
(plano p. 266; ☎73 80 30 00; www.radissonblu.com; Kjøpmannsgata 73; i/d desde 895/1245 NOK; P ❄ @ ☎ ≋) Este hotel moderno de primera clase está junto al río. En algunas habitaciones se puede pescar desde la ventana, aunque la mayor parte da a un patio interior arbolado. Se ve que es un lugar abierto y espacioso desde el momento en que se llega al patio, al que entra la luz por las paredes acristaladas. Las habitaciones son comodísimas.

EXCURSIONES POR TRONDHEIM

Dos rutas sencillas dentro de la ciudad son el empinado pero corto ascenso por los callejones peatonales de Bakklandet hasta el fuerte Kristiansten y las sendas, a orillas del Nidelva, entre los puentes de Bakke Bru y Gangbrua.

Al oeste de Trondheim se extiende **Bymarka**, una espléndida zona boscosa con rutas para practicar senderismo y esquí. Puede tomarse el tranvía de Gråkallbanen, un encantador recorrido panorámico a través de los arbolados barrios periféricos, desde la parada de St Olavsgata hasta **Lian**, para admirar las excelentes vistas de la ciudad y darse un chapuzón en el lago **Lianvannet**.

Al este de Trondheim, **Ladestien** (la senda de Lade) sigue la línea costera de la península de Lade y comienza a solo 1 km del centro urbano.

City Living Hotel & Apartments HOTEL, APARTAMENTOS $$
(Schøllers Hotel; plano p. 266; ☎73 87 08 00; www.cityliving.no; Dronningens gate 26; h/apt desde 637/922 NOK) Elegantes habitaciones modernas en el centro de la ciudad, frente al jardín más bonito de la ciudad, y con una mezcla adecuada de estilo y comodidad. Casi todas las habitaciones tienen suelos de parqué y muebles modernos, otras tienen moqueta. Ofrecen una estupenda relación calidad-precio.

Clarion Collection Hotel Grand Olav HOTEL $$
(plano p. 266; ☎73 80 80 80; www.nordicchoicehotels.no; Kjøpmannsgata 48; h desde 1245 NOK; @ ☎) Es un alojamiento elegante y lujoso, por encima de un espacioso centro comercial y de la sala de conciertos Olavshallen. Tiene 27 estilos diferentes entre más de 100 habitaciones, para que nadie se queje. La ubicación es práctica; el paseo fluvial de Solsiden y la catedral de Nidaros están a un paseo.

P-Hotel HOTEL $$
(plano p. 266; ☎73 80 23 50; www.p-hotels.no; Nordre gate 24; i/d desde 695/895 NOK; @ ☎) Este práctico hotel está a un paseo de la estación de tren y de la principal calle comercial. Pertenece a la cadena noruega P-Hotels, así que no es muy creativo, pero las habitaciones son cómodas y están decoradas con sencillez. Es mejor escoger las plantas de arriba, para escapar del ruido del restaurante que hay abajo. Dejan en la puerta una bolsa con el desayuno: una botella de zumo y un sándwich.

Chesterfield Hotel HOTEL $$
(plano p. 266; ☎73 50 37 50; www.cht.no; Søndre gate 26; i/d desde 715/895 NOK; @ ☎) Las 43 habitaciones de este venerable hotel son espaciosas y ofrecen una estupenda relación calidad-precio, tratándose de Noruega. Son un soplo de aire fresco, con muebles modernos que combinan bien con el estilo más antiguo de las zonas comunes. Los alojados en la 7ª (y última) planta disponen de una amplia panorámica de la ciudad.

★Scandic Nidelven Hotel HOTEL $$$
(plano p. 266; ☎73 56 80 00; www.scandichotels.com; Havnegata 1-3; h 1449-2149 NOK, ste desde 3995 NOK; P @ ☎) Gran hotel de negocios con más de 340 habitaciones y todos los servicios (salas de conferencias y de reunión, gimnasio, etc). Se divide en varias alas de forma cúbica que se proyectan sobre el agua. Muchas

habitaciones tienen vistas al agua, y son algo pequeñas pero atractivas. El desayuno es genial; Twinings lo declaró el "mejor desayuno de hotel de Noruega" durante 10 años seguidos, desde el 2006 hasta el 2015. En el 2016 fue tercero, pero sigue mereciendo la pena por su barra de zumos frescos, un camarero de carne y hueso y una sorprendente selección de todos los desayunos que uno pueda concebir...

Scandic Bakklandet HOTEL **$$$**
(plano p. 266; ☎72 90 20 00; www.scandichotels.no; Nedre Bakklandet 60; h/ste desde 1349/1799 NOK; P 📶) Este lugar exclusivo en la parte norte de Bakklandet tiene mucho a su favor: una estupenda ubicación junto al agua, con vistas al río, un excelente restaurante noruego y un bar muy decente. Las habitaciones no emocionan mucho: muebles genéricos y paletas de colores neutros, combinadas con algún que otro empapelado más osado. Las mejores son las habitaciones con vistas al río.

Dónde comer

★ Mercado de pescado de Ravnkloa PESCADO **$**
(plano p. 266; ☎73 52 55 21; www.ravnkloa.no; Munkegata; tentempiés desde 50 NOK, principales 140-215 NOK; ⏲10.00-17.00 lu-vi, hasta 16.00 sa) Todo tiene buena pinta en este mercado que también es una cafetería con terraza. Los pasteles de pescado son excelentes y ofrecen sándwiches de gambas, mejillones y una estupenda sopa de pescado. Además del marisco, venden una gran gama de quesos y otras delicias de *gourmet.*

Bror CASA DE COMIDAS **$**
(plano p. 266; ☎458 31 526; www.brorbar.no; Olav Tryggvasons gate 29; hamburguesas 98-119 NOK, tacos 139-149 NOK; ⏲11.00-0.30 lu-ju, 11.00-2.30 vi y sa, 12.00-2.30 do) Hay dos opciones en este moderno *pub*-cervecería (hamburguesas asadas sobre carbón o tacos) pero la variedad de sabores es impresionante, e incluye desde pollo con *chutney* de mango y mahonesa de pimiento ahumado hasta tacos de bacalao con rábano, limón y nueces especiadas con cayena. Entregan un busca digital que avisa cuando el pedido está listo para recogerlo en la ventanilla.

Fairytale NORUEGA, INTERNACIONAL **$**
(plano p. 266; ☎400 56 108; www.fairytalecupcakes.blogspot.no; Thomas Angells gate 10b; ensaladas 89 NOK, sándwiches pequeños/grandes 129/169 NOK; ⏲10.00-18.00 lu-sa, 11.00-17.00 do) Lo mejor de este café son los fantásticos *smørbrød* (bocadillos abiertos) del almuerzo, con opciones tentadoras como pato crujiente o reno salteado. Además, el local es precioso, decorado con elegantes verdes y rosas, y gigantescas bombillas colgantes.

Café ni Muser CAFÉ **$**
(Galleriet Cafe; plano p. 266; ☎73 53 63 11; www.nimuser.no; Bispegata 9; principales 119-175 NOK; ⏲11.00-22.00 do-ju, hasta 1.00 vi y sa) Para comidas ligeras y baratas y un público cultureta, hay que ir al café del Museo de Arte de Trondheim (p. 265). Hay hamburguesas de pavo, sopas del día, ensaladas y baguetes. En las tardes soleadas, la terraza se convierte en el patio de un bar.

Persilleriet VEGETARIANA **$**
(plano p. 266; ☎73 60 60 14; www.persilleriet.no; Erling Skakkes gate 39; almuerzo desde 119 NOK; ⏲14.00-18.00 lu-vi y 12.00-18.00 sa jul, 11.00-19.00 lu-vi, 14.00-18.00 sa ago-jun; 🌶) Este pequeño rincón, solo para almorzar, elabora sabrosos platos vegetarianos también para llevar. El menú cambia regularmente y la cocina es ecléctica. En un día cualquiera puede haber, por ejemplo, elementos de la cocina tailandesa, de Oriente Próximo o platos mexicanos.

Jordbær Pikene CAFÉ **$**
(plano p. 266; ☎73 92 91 80; www.jordbarpikene.no; Erling Skakkes gate esq. Prinsens gate; principales 135-185 NOK; ⏲9.00-20.00 lu-vi, hasta 18.00 sa) Se sirve pasta, ensaladas y sándwiches en un ambiente agradable e informal. También es ideal para tomar un zumo. No tiene nada especialmente original, pero ofrece una cocina de confianza y a buen precio.

★ Baklandet Skydsstasjon NORUEGA **$$**
(plano p. 266; ☎73 92 10 44; www.skydsstation.no; Øvre Bakklandet 33; principales 158-275 NOK; ⏲11.00-1.00 lu-vi, 12.00-1.00 sa y do) Si aún se está buscando la comida noruega por antonomasia, no hay sitios mucho más tradicionales que este. Originalmente fue una posada en el s. XVIII, y ahora es el lugar casero donde a toda la gente de Trondheim le gusta quedar, con salas laberínticas repletas de muebles antiguos y decoradas con papel flocado, así como una carta llena de platos reconfortantes como sopa de pescado o de reno, salmón al horno y paté de hígado. También ofrece un magnífico bufé de arenques (188 a 239 NOK) y reno salvaje a la cazuela, además de una lista impresionante de *aquavits*. La comida destaca más por ser casera y reconfortante

que por la presentación, y por eso es aún más recomendable.

Søstrene Karlsen NORUEGA, INTERNACIONAL **$$**
(plano p. 266; ☎73 60 00 25; www.sostrenekarlsen.no; Tmv-kaia 25; almuerzo principales 145-275 NOK, cena principales 195-365 NOK; ⊙11.00-24.00 lu-ju, 11.00-2.00 vi y sa, 12.00-22.00 do) A pesar de la irresistible energía de Solsiden, la mayoría de los restaurantes de la zona son franquicias y la gente acude por el ambiente, no por la calidad de la comida. Søstrene Karlsen está a un nivel ligeramente superior al resto, y sirve de todo, desde sándwiches hasta platos principales sustanciosos de carne y pescado.

★ **Folk & Fe** NORUEGA **$$$**
(plano p. 266; ☎975 18 180; www.folkogfe-bistro.no; Øvre Bakklandet 66; menú 3/5 platos 525/815 NOK; ⊙12.00-16.00 y 17.00-23.00 ma-do) La elegancia rústica es el *modus operandi* en Folk & Fe. Alabado por la *White Guide* (el equivalente escandinavo de la *Guía Michelin*), ofrece una cocina nueva nórdica con un toque antiguo, una presentación minimalista y platos de temporada que aprovechan al máximo los ingredientes locales. La carta cambia constantemente, pero suele haber pescado ahumado, carpacho de reno, quesos de granja y bayas silvestres, todo ello servido en tablas de madera.

★ **Vertshuset Tavern** NORUEGA **$$$**
(☎73 87 80 70; www.tavern.no; Sverresborg Allé 11; principales 175-315 NOK; ⊙16.00-21.00 lu, hasta 22.00 ma-vi, 14.00-22.00 sa, hasta 21.00 do) Esta taberna histórica (1739), que se encontraba en el corazón de Trondheim, fue levantada y transportada, hasta la última tabla, al Sverresborg Trøndelag Folkemuseum (p. 268), a las afueras de la ciudad. Hay que probar las especialidades tradicionales o simplemente degustar las gofres con café en una de las 16 diminutas estancias de techo bajo y suelo inclinado, candelabros, estufas de hierro y manteles de encaje.

Havfruen PESCADO **$$$**
(plano p. 266; ☎73 87 40 70; www.havfruen.no; Kjøpmannsgata 7; principales 189-315 NOK; ⊙16.00-22.00 lu-sa) Pescado, pescado y más pescado, eso es lo que ofrecen en este exclusivo restaurante, situado en un magnífico almacén antiguo con vigas de madera, y vistas al río y al puente del casco viejo. El listón está alto, y se nota en los precios, pero no hay lugar en la ciudad que sirva un pescado más fresco ni mejor. Los platos, entre ellos ballena, son tradicionales y llevan mucha salsa. El bar de al lado es más tranquilo. Si uno quiere capturar su propia comida, tienen cañas de pescar disponibles a partir de las 15.00.

To Rom og Kjøkken NORUEGA **$$$**
(Dos Habitaciones y una Cocina; plano p. 266; ☎73 56 89 00; www.toromogkjokken.no; Carl Johans gate 5; principales 255-395 NOK; ⊙16.00-1.00 lu-ju, hasta 2.00 vi y sa) El servicio es amable, hay obras de arte originales que van cambiando en las paredes, y el ambiente es radiante y animado. Sirven desde rape al horno hasta solomillo de ternera de Trøndelag, con ingredientes de la zona. Para probar sus sutiles platos a precios menos impactantes, se puede saborear el plato del día en el bar (179 NOK).

Dónde beber y vida nocturna

★ **Ila Brainnstasjon** BAR, MÚSICA EN DIRECTO
(☎489 55 036; www.ilabrainnstasjon.no; Ilevollen 32b; ⊙16.00-23.00 ma-ju, hasta 1.00 vi, 12.00-1.00 sa, hasta 21.00 do) Esta institución de Trondheim es el mejor lugar de la ciudad para escuchar música en directo (casi todas las noches sobre las 21.00; ju 18.00), pero es un pequeño y magnífico café-bar hasta cuando no hay conciertos. Destaca especialmente su *jam session* (14.00 do) en la que tocan músicos de la zona. Es uno de los mejores lugares de Trondheim. Para ver la programación visítese el sitio web y pínchese en "Hvar Skjer".

★ **Jacobsen og Svart** CAFÉ
(plano p. 266; ☎902 44 226; www.jacobsenswart.no; Ferjemannsveien 8; ⊙7.00-18.00 lu-vi, 9.00-18.00 sa, 11.00-18.00 do) Jacobsen og Svart, uno de los bares más de moda de Trondheim, prepara, según muchos, el mejor café de la ciudad. Con una música genial y rollos de canela recién horneados y casi perfectos, es lo más parecido al paraíso de los cafés.

★ **Antikvariatet** CAFÉ, BAR
(plano p. 266; ☎942 20 557; Nedre Bakklandet 4; bebidas desde 79 NOK; ⊙14.00-1.30 ma-vi, 12.00-1.30 sa y do) Lugar de lo más recomendable, con cervezas artesanas de grifo, estanterías llenas de libros, preciosas vistas del agua y conciertos habituales para dar ambiente. Como es natural, está lleno de estudiantes y gente moderna, y se encuentra en un lugar precioso entre las casas de madera de Bakklandet. Para lograr una mesa en el balcón hay que tener suerte.

★Trondheim Microbryggeri MICROCERVECERÍA
(plano p. 266; ☎73 51 75 15; www.tmb.no; Prinsens gate 39; ⏲15.00-24.00 lu, 15.00-2.00 ma-vi, 12.00-2.00 sa) Este espléndido *pub* que hace cervezas caseras merece una peregrinación devota como las de san Olaf por parte de los bebedores consumados de *øl* (cerveza). Tras una renovación en el 2014 y con hasta ocho cervezas de grifo propias y buenas comidas ligeras, es un placer comer aquí, beber y hacer sobremesa. Se llega por una pequeña calle que sale de Prinsens gate.

★Cafe Løkka BAR
(plano p. 266; ☎400 00 974; www.cafelokka.no; Dokkgata 8; ⏲11.00-24.00 do-ma, hasta 2.00 mi-sa) Mucho antes de su reciente reforma, el Cafe Løkka, de color mostaza, era un taller de reparación de barcos. Ahora ofrece una buena variedad de cervezas, de barril y de botella, y también hace batidos. Es más un local para la tarde que para beber hasta altas horas de la noche. También prepara una buena selección de comidas.

Café Le Frère CAFÉ
(plano p. 266; ☎900 90 989; Søndre gate 27; ⏲8.00-17.00 lu-vi, 10.30-16.30 sa, 11.30-16.00 do) Este pequeño y agradable café de barrio tiene macetas con flores en el exterior y dentro su historia se cuenta con dos lemas: "probablemente el mejor café exprés del mundo" y "todos los cafés son dobles si no se pide lo contrario". También sirve excelentes pasteles y tentempiés, pero lo que importa aquí de verdad es el café.

Habitat BAR
(plano p. 266; ☎955 22 669; www.facebook.com/habitattrondheim; Olav Tryggvasons gate 30; ⏲11.00-23.00 lu-ju, hasta 2.00 vi y sa) Este pequeño y magnífico *pub* y cervecería artesana sirve una interesante variedad de cervezas agrias (o lo que ellos llaman "cervezas experimentales") y *pizzas* artesanas a un público agradecido de nivel algo superior al estudiantil. Hay que probar la Berliner Weisse.

Bare Blåbær BAR
(plano p. 266; ☎73 53 30 32; www.barebb.no; Innherredsveien 16; ⏲11.00-1.00 do-ju, hasta 2.00 vi y sa) Local popular, siempre abarrotado, tanto en el interior como en la terraza del muelle cercano a Solsiden. Es famoso por sus cócteles, y por preparar las que, según muchos, son de las mejores *pizzas* de la ciudad, incluida alguna de nombre misterioso.

Studentersamfundet BAR
(Centro Estudiantil; plano p. 266; www.samfundet.no; Elgesetergate 1) Durante el año académico, dispone de 10 animados bares, un cine y, a menudo, música en directo. Cierra en verano, una gran pena para Trondheim.

☆ Ocio

★Dokkhuset CENTRO CULTURAL
(plano p. 266; ☎911 59 045; www.dokkhuset.no; Dokkparken 4; ⏲15.00-22.30 lu-ju, 12.00-2.00 vi y sa) En una antigua estación de bombeo artísticamente reconvertida (bajo el suelo de vidrio se ven los antiguos motores), este lugar es a la vez auditorio (algunas noches se oye *jazz* experimental o música de cámara), restaurante y café-bar. Merece la pena tomar algo en el embarcadero o contemplar la ciudad desde la terraza de la azotea. Es muy tranquilo, tanto que cierra en verano.

Olavshallen SALA DE CONCIERTOS
(plano p. 266; ☎73 99 40 50; www.olavshallen.no; Kjøpmannsgata 44) La principal sala de conciertos se encuentra en el interior del centro cultural Olavskvartalet. Sede de la Orquesta Sinfónica de Trondheim, también ofrece conciertos de *rock* y *jazz*, normalmente entre septiembre y mayo.

De compras

★Bryggerekka Bruktmarked MERCADO
(plano p. 266; www.midtbeyn.no/bruktmarked; Kjøpmannsgata; ⏲10.00-16.00 do med may-ppios sep) A orillas del río, cerca de donde Kongens gate llega al agua, los coloridos almacenes del muelle ofrecen un precioso escenario para este mercadillo dominical de verano. Hay sobre todo antigüedades, objetos de segunda mano y alguno que otro *vintage*, con café y gofres a intervalos regulares.

★Ting MENAJE
(plano p. 266; ☎452 00 700; www.ting.no; Olav Tryggvasonsgate 10; ⏲10.00-18.00 lu-sa) El menaje de diseño moderno domina esta tienda de genialidades escandinavas con un precio magnífico. Un par de puertas más arriba, **Småting** (plano p. 266; ☎47 48 92 88; www.ting.no; Olav Tryggvasonsgate 6; ⏲10.00-18.00 lu-sa), de los mismos propietarios, aporta esa visión creativa a los juguetes infantiles.

Sukker DISEÑO
(plano p. 266; ☎476 53 637; www.sukkerdesign.no; Nedre Bakklandet 9; ⏲14.00-17.00 vi, 23.00-16.00 sa y do) Diseño de casi todo tipo es lo que ofre-

VETE AL INFIERNO (GO TO HELL)

Puede que sea un cliché, pero ¿quién no ha tenido la tentación de hacerse una foto bajo el rótulo de la estación de trenes de Hell (infierno en inglés)? Si se cede a la tentación, se tendrá la respuesta perfecta cuando alguien diga "¡vete al infierno!": "Ya he estado y he vuelto"... El aeropuerto de Værnes está al lado, pero llamar a la principal puerta de entrada a Trondheim "aeropuerto internacional de Hell" fue demasiado para las autoridades, a pesar de que en noruego significa "prosperidad".

ce esta pequeña y preciosa *boutique*: joyas y otros complementos, ropa, arte, cerámica, menaje... Gestionada por los diseñadores, dan ganas de pasar mucho tiempo aquí y gastar dinero. Es una pena (o quizá sea mejor) que no abra más horas.

Elin Aune CERÁMICA
(Trønderkeramikk; plano p. 266; ☎73 51 74 10; www.elinaune.no; Prinsens gate 21; ⌚10.00-17.00 lu-vi, hasta 15.00 sa) Esta familia lleva haciendo cerámica desde 1797 y se nota; esta cerámica artesanal con motivos pintados a mano tiene el encanto de la industria y el diseño locales que la producción en serie nunca igualará. Hay cazuelas, cuencos, tazas, etc. Aunque existe una entrada por Prinsens gate, también puede entrarse desde Torvet por el centro comercial Trondheim Torg.

Søstrene Grene PAPELERÍA, MENAJE
(plano p. 266; ☎73 51 02 00; www.sostrenegrene.com; Olav Tryggvasons gate 14; ⌚10.00-18.00 lu-mi, vi y sa, hasta 19.00 ju) Artículos geniales de papelería y unos cuantos de menaje en tonos pastel; casi todo lo que venden aquí tiene ese estilo escandinavo moderno pero sutil.

Moods of Norway MODA Y ACCESORIOS
(plano p. 266; ☎924 25 722; www.moodsofnorway.com; Olav Trygvassonsgate 29; ⌚10.00-18.00 lu-sa) La moda estrafalaria de este sorprendente éxito noruego hace de la excentricidad virtud. Los colores brillantes y la diversión son temas recurrentes.

Husfliden ARTE Y ARTESANÍA, ROPA
(plano p. 266; ☎73 83 32 30; www.norskflid.no; Olav Tryggvasonsgate 18; ⌚9.00-18.00 lu-vi, hasta 16.00 sa) Si se necesita un *bunda* para el día nacional de Noruega o un *lokout* para un regalo tradicional, este es el lugar.

ℹ Información

INTERNET

Hay conexión gratuita a internet en la oficina de turismo (p. 274) y en la **biblioteca** (☎72 54 75 00; Kongens gate; ⌚10.00-18.00 lu, 10.00-16.00 ma-vi, 11.00-16.00 sa).

INFORMACIÓN TURÍSTICA

Oficina de turismo (plano p. 266; ☎73 80 76 60; www.visittrondheim.no; 1er piso, Nordre gate 11; ⌚9.00-18.00 med jun-med ago, hasta 18.00 lu-sa resto del año) En el centro de la ciudad con un servicio de reserva de alojamiento.

ℹ Cómo llegar y salir

AVIÓN

El aeropuerto de Værnes está 32 km al este de Trondheim, con vuelos de SAS (www.sas.no), Norwegian (www.norwegian.no) y Widerøe (www.wideroe.no). Hay vuelos a las principales ciudades noruegas, así como a Copenhague y Estocolmo. Norwegian vuela a/desde Londres (Gatwick) y Berlín, y KLM a/desde Ámsterdam.

A/desde el aeropuerto

Flybussen (www.flybussen.no; adultos ida/ida y vuelta 130/220 NOK) circula cada hora (con menos frecuencia los fines de semana), y para en los lugares principales, como la estación de trenes (35 min aprox. a/desde la estación de trenes).

Værnes Ekspressen (☎905 74 475; www.vaernesekspressen.no; adultos/niños ida 120/60 NOK, ida y vuelta 210/105 NOK) también lleva del aeropuerto a Solsiden y al Radisson Blu Hotel, entre otras paradas del centro.

Es más barato tomar el tren, que conecta la estación del aeropuerto de Værnes (82 NOK, 30-40 min, cada hora) con la Sentralstasjon de Trondheim. Pero no todos los trenes terminan en Trondheim; hay que leer con atención los carteles.

BARCO

Trondheim es una parada importante en la ruta costera del ferri de Hurtigruten. Los barcos exprés de pasajeros entre Trondheim y Kristiansund (3½ h) salen del **muelle de Pirterminalen** (plano p. 266; Havne) hasta tres veces al día.

Ferris a Munkholmen (p. 268): de mediados de mayo a septiembre, salen ferris como mínimo cada hora de 10.00 a 16.00 ó 18.00 desde al lado del mercado de pescado de Ravnkloa (p. 271).

AUTOBÚS

La **terminal de autobuses interurbanos (Rutebilstasjon)** (plano p. 266; Fosenkaia) linda con la Sentralstasjon de Trondheim (estación de trenes, también conocida como Trondheim S).

Como nexo principal entre el norte y el sur de Noruega, muchas de las rutas pasan por Trondheim. Los Nor-Way Bussekspress (p. 97) van a/desde estos destinos entre otros:

Bergen (808 NOK, 14 h) Autobús nocturno.

Namsos (413 NOK, 3¾ h) Cuatro diarios vía Steinkjer (273 NOK, 2¼ h).

Si se viaja en transporte público hasta Narvik y otros puntos del norte, es más rápido (aunque todo es relativo) tomar el tren hasta Fauske o Bodø (final de la línea) y, a partir de ahí, continuar en autobús.

TREN

Hay de dos a cuatro trenes diarios a/desde Oslo (937 NOK, 6½ h). Dos van al norte, a Bodø (1088 NOK, 9¾ h) vía:

Fauske (1052 NOK, 9 h)

Mo i Rana (908 NOK, 6½ h)

Mosjøen (817 NOK, 5½ h)

Como siempre, un billete *minipris* rebaja considerablemente los precios.

También puede irse en tren a Steinkjer (241 NOK, 2 h, cada hora).

RUTA NORTE

Stiklestad

Cuesta exagerar la importancia de esta población en la historia noruega. Gracias a la batalla de Stiklestad en el s. XI que aún se conmemora, muchos historiadores afirman que en este lugar se hizo posible la Noruega moderna.

Stiklestad, por la mayor parte de la cual se puede pasear libremente, está distribuida más bien como un parque temático disperso, con exposiciones sobre la batalla, un museo etnográfico al aire libre y, anterior al resto, la iglesia de Stiklestad, del s. XII.

Puntos de interés

Iglesia de Stiklestad IGLESIA
(⏲11.00-18.00 lu-sa, 12.30-18.00 do med jun-med ago) La preciosa iglesia se construyó entre 1150 y 1180 sobre la piedra en la que, según la tradición, se apoyó san Olaf, moribundo. Se creía que la piedra original tenía poderes curativos, pero fue retirada durante la Reforma y no se ha vuelto a ver.

Centro Cultural Nacional de Stiklestad MUSEO
(Stiklestad Nasjonale Kultursenter; ☎74 04 42 00; www.stiklestad.no; adultos/niños/familias 180/90/450 NOK; ⏲9.00-18.00 sep-jun, hasta 20.00 jul y ago) Este grandioso edificio de madera alberga **Stiklestad 1030,** una evocadora exposición sobre la batalla de Stiklestad, con dioramas y multitud de gritos como banda sonora; un vídeo de 15 minutos sobre san Olaf; un circuito guiado que incluye una visita a la iglesia; y un pequeño museo de la resistencia durante la II Guerra Mundial. En el recinto hay más de 30 edificios históricos (entrada gratuita), desde humildes talleres de artesanos hasta la **Molåna,** una grandiosa casa de labranza. En verano los edificios cobran vida gracias a actores vestidos de época.

Fiestas y celebraciones

Fiesta de san Olaf CULTURAL
(www.stiklestad.no/english/the-saint-olav-festival; ⏲jul) Todos los años durante la semana del día de san Olaf (29 de julio) Stiklestad acoge la fiesta del santo con un mercado medieval, aspirantes a vikingo disfrazados y una gran variedad de actividades. El clímax es un espectáculo al aire libre (últimos cinco días, 19.00) en el que se representa los conflictos entre el rey y los caciques locales.

Algunos de los mejores actores y actrices de Noruega interpretan tradicionalmente los papeles principales, mientras que los vecinos se ocupan de los secundarios y las escenas multitudinarias. Las entradas cuestan 500/450 NOK adultos/niños.

Dónde dormir y comer

Aunque casi todos los viajeros vienen a pasar el día o están de paso entre Trondheim y el norte, hay una opción excelente para quienes quieran dormir entre los fantasmas de batallas pasadas.

El Stiklestad Hotell tiene un buen restaurante. Si se prefiere otra cosa, hay más opciones en Steinkjer o Namsos.

Scandic Stiklestad Hotell HOTEL $$
(☎74 04 42 00; www.stiklestad.no/hotell; i/d desde 950/1250 NOK; P❄📶) Este magnífico hotel dentro del Centro Cultural Nacional de Stiklestad está supervisado por la cadena Scandic pero conserva su forma de hacer las cosas. Las habitaciones combinan un aspecto moderno (tonos oscuros y suelos de parqué) con símbolos de la historia de Stiklestad.

Cómo llegar y salir

El campo de batalla está 5 km al este de la E6, en la Rv757. No hay transporte público.

LA BATALLA DE STIKLESTAD

Lo que se sabe de la batalla de Stiklestad se debe a la gran saga nórdica *Heimskringla*, escrita por Snorri Sturluson unos dos siglos después de que se librara. Según Sturluson, en 1030 Olaf II el Santo, de regreso a Noruega tras un período de exilio, marchó por las montañas que separan Noruega de Suecia con unos 3600 soldados. El 29 de julio de 1030, unos 80 km al norte de Trondheim y en una granja conocida como Stiklestad, el ejército de Olaf se enfrentó a un ejército de unos 15 000 campesinos, liderados por señores feudales paganos. El ejército de Olaf fue derrotado y él murió asesinado. Sus partidarios llevaron el cuerpo a Trondheim, donde fue enterrado.

Según Sturluson, un año después, se abrió el cofre de Olaf y su cuerpo no se había descompuesto en absoluto (incluso le habían crecido el pelo y las uñas de las manos). Sea cual sea la verdad, fue tal el impacto de la historia de Olaf que su martirio se convirtió en el pilar que definiría el relato histórico de Noruega.

La batalla de Stiklestad marca la transición de la época vikinga a la medieval. Aunque Olaf fue asesinado, la batalla suele alabarse como una victoria para la cristiandad en Noruega y al héroe asesinado se lo recuerda como a un mártir y santo. Fue canonizado en Trondheim en el 1031 y el papa Alejandro III confirmó la santidad de Olaf en 1164. San Olaf consiguió muchos fieles en el norte de Europa y su tumba, en la catedral de Nidaros (Trondheim), se convirtió en un destino para peregrinos procedentes de todo el continente.

Steinkjer

21 151 HAB.

Las sagas medievales hablan de Steinkjer como un importante núcleo comercial. Poco queda de tan importante pasado, aunque sirve de cruce de caminos de las dos rutas principales al norte. Aun así, uno puede no darse cuenta de que ha pasado por la ciudad, porque hay poco que llame la atención, aparte del Egge Museum, una hacienda con varios edificios al aire libre, situada 2,5 km al norte.

Puntos de interés

Egge Museum MUSEO

(74 13 44 90; www.eggemuseum.no; Fylkesmannsgården; adultos/niños 70 NOK/gratis; 10.00-16.00 med jun-med ago, horario reducido resto del año) Si uno ya ha visitado este tipo de museo (edificios agrícolas tradicionales, con animales y voluntarios con ropa tradicional), aquí no hay muchas cosas nuevas, pero a los niños les encanta. En el mismo lugar, en lo alto de la colina, hay varios túmulos funerarios vikingos y crómlechs.

Dónde dormir y comer

Hay un par de alojamientos en Steinkjer, pero casi todos los visitantes pasan de camino entre Trondheim y el norte.

Føllingstua CAMPING $

(74 14 71 90; www.follingstua.com; E6, Følling; parcelas automóvil o caravana 240 NOK, cabañas 590-1500 NOK, d con baño compartido/privado 700/750 NOK) Este precioso y acogedor *camping* junto a la E6, 14 km al norte de Steinkjer, está cerca del lago de Snåsavatnet, y puede ser tentador para quedarse uno o dos días, pescar en el lago o alquilar alguno de sus barcos y canoas (200 NOK/día).

Tingvold Park Hotel HOTEL $$

(74 14 11 00; www.tingvoldhotel.no; Gamle Kongeveien 47; i/d desde 1100/1300 NOK; P@) Este lugar apartado y bien gestionado, situado junto a un antiguo enterramiento vikingo, es miembro del grupo Best Western. Tiene vistas a Steinkjer, un agradable jardín con césped, y las habitaciones están cuidadas aunque son algo sosas.

Brod & Cirkus NORUEGA $$$

(74 16 21 00; www.brodogcirkus.no; Kongens gate 33; principales desde 285 NOK, 3 platos comidas 495 NOK; 11.00-16.00 ma, 11.00-16.00 y 18.00-21.00 mi-vi, 18.00-22.00 mi-sa) En este magnífico restaurante sirven carne, pescado y marisco de la zona; el pan y los postres los hacen aquí mismo.

Información

Oficina de turismo (74 40 17 16; www.visitinnherred.com; Sjøfartsgata 2a; 9.00-18.00 lu-vi, 10.00-16.00 sa y do med jun-med ago, 9.00-16.00 lu-vi resto del año) Junto a la E6, frente al centro comercial Amfi. Desde la estación de trenes hay que seguir el túnel peatonal. Como centro de información de la

Kystriksveien, puede reservar alojamiento en la ciudad o en la ruta costera. También alquila bicicletas (75/200 NOK hora/día).

Cómo llegar y salir

Hay autobuses que conectan Steinkjer con Trondheim (273 NOK, 2½ h, 4 diarios), pero el tren es más rápido, con salidas más frecuentes a Trondheim (241 NOK, 2 h), el aeropuerto de Vaernes en Trondheim (183 NOK, 1½ h) y Mosjøen (602 NOK, 3½ h).

Si se va en automóvil hacia el norte, en Steinkjer, la carretera se bifurca; hay que tomar la Autopista del Ártico (E6; síganse los carteles hasta Narvik) o la más bonita Rv17, la Kystriksveien hacia Namsos.

Namsos

12 906 HAB.

Namsos es la primera ciudad portuaria de importancia en la ruta costera hacia el norte, entre Trondheim y Bodø; representa una agradable parada nocturna y tiene unos cuantos atractivos, pero como casi todas las ciudades costeras noruegas, lo que queda en la memoria es el entorno y el paisaje que se ve de camino.

Puntos de interés

Lysstøperiet TALLER

(☎951 04 995, 74 21 29 00; www.facebook.com/lysstoperietnamsos; Finn Christiansens Vei 14; ⏲10.00-17.00 lu-vi, 11.00-15.00 sa) GRATIS Las dueñas han transformado una antigua nave para trenes en una artística fábrica de velas donde cada año convierten unas 15 Tm de parafina de primera calidad en calabazas y pimientos, botas, gatos, flores y velas de colores.

Rock City MUSEO

(☎950 84 939; adultos/niños 120/60 NOK; ⏲17.00-21.00 do-vi, 16.30-18.00 sa) El gran cubo blanco es un templo del *rock and roll* (y un homenaje a la gran cantidad de artistas de Namsos que han triunfado en el panorama de la música popular escandinava. A los aficionados a la música les encanta. Los demás pueden disfrutar con la banda sonora.

Actividades

Bjørumsklumpen PASEOS

Un sencillo paseo panorámico de 20 min, desde el centro hasta Kirkegata, conduce a un mirador en lo alto de una prominente piedra (114 m) en forma de barra de pan. Ofrece buenas vistas del Namsfjorden, la ciudad y los alrededores. A un tercio del ascenso, un indicador señala el sendero que lleva a unos impresionantes búnkeres de la II Guerra Mundial excavados en la roca.

> **VIAJE AL NORTE DE STEINKJER**
>
> Dejando atrás Steinkjer, la E6 sigue la orilla norte del estrecho lago **Snåsavatnet,** de 45 km de longitud, limitado por majestuosos bosques de hoja perenne. También es posible tomar la Rv763 por la orilla sur, más tranquila, para ver el **Bølarein,** la escultura de piedra de un reno de entre 5000 y 6000 años de antigüedad, y algunas otras esculturas destacadas.

Oasen NATACIÓN

(www.oasen-namsos.no; Jarle Hildrums veg; adultos/niños 120/70 NOK; ⏲9.00-20.00 lu, ma y ju, 10.00-20.00 mi y vi, 10.00-16.00 sa y do sep-jun, 10.00-18.00 lu-vi, hasta 16.00 sa y do jul y ago) Este centro de natación, situado aproximadamente 1 km al este de la ciudad y construido en lo más profundo de la montaña, tiene tres piscinas climatizadas y un tobogán de 37 m, una gran recompensa para los niños que han aguantado largos viajes de carretera por Noruega.

Dónde dormir y comer

Namsos Camping CAMPING $

(☎74 27 53 44; www.namsos-camping.no; Flyplassvegen 10; tiendas/caravanas 150/300 NOK, cabinas 4 camas con baño exterior desde 525 NOK con baño privado 850-1150 NOK) Este *camping* de primera calidad tiene una cocina y un comedor grandes, patio y minigolf. Los bungalós básicos son una ganga y los más caros están bien equipados. Está a orillas de un lago poco profundo, perfecto para los niños, que también disfrutarán de los *karts* y la convivencia con las ardillas. Desde Namsos, se toma la Rv17 en dirección a Grong y luego se siguen las señales hacia el aeropuerto.

★ **Scandic Rock City** HOTEL $$

(☎74 22 40 00; www.scandichotels.no; Sverres gate 35; h desde 1149 NOK; 📶) Está junto a Rock City (p. 277), es elegante y contemporáneo como casi todos los hoteles Scandic, y uno de los mejores alojamientos de la ciudad. Las habitaciones están decoradas con atrevidas obras de arte y paletas de colores intensos, y resultan comodísimas. Asimismo destacan los excelentes desayunos.

Tino's Hotell HOTEL $$

(☎74 21 80 00; www.tinoshotell.no; Verftsgata 5; i/d desde 1095/1300 NOK; 📶) En este hotel, a tiro de piedra de la orilla, las habitaciones son amplias y cómodas. Un excelente restaurante (p. 278) y un cálido servicio completan este magnífico paquete.

★**Tino's Restaurant** ITALIANA $$$

(Verftsgata 5; pasta/*pizza* desde 155/140 NOK, principales 275-305 NOK; ⏲12.00-23.00) El propietario, Tino, italiano de pura cepa, a pesar de sus muchos años en Noruega, dirige un gran restaurante y sirve tanto comida internacional como estupenda gastronomía italiana (con 24 variedades de *pizza*), a gran distancia de los habituales lugares de *pizza* y pasta de Noruega.

De compras

Aakervik COMIDA

(☎74 27 20 90; www.facebook.com/maakervik; Havnegata esq. Herlaugs gate 16; ⏲9.00-16.30 lu-mi, hasta 17.00 ju y vi, hasta 16.30 sa) Esta tienda *gourmet* es el lugar perfecto para encontrar salmón salvaje y otros pescados, además de reno, corzo y alce. El interior es una minirreserva de animales y pájaros disecados que observan desde todos los ángulos. El viajero podrá presentarle sus respetos al afable oso pardo.

Información

La **oficina de turismo** de temporada (☎74 22 66 04; www.visitnamdalen.com; Havnegata 9; ⏲9.00-17.00 lu-vi, 10.00-16.00 sa med jun-med ago, horario reducido resto del año) alquila bicicletas (60/150 NOK hora/día) y ofrece información sobre la Kystriksveien.

HERLAUGSHAUGEN

A poca distancia a pie de la zona del puerto de Leka está Herlaugshaugen, el segundo mayor túmulo funerario vikingo de Noruega. Sus orígenes se remontan al s. x cuando, según las sagas islandesas, Harald I (Harald Cabellera Hermosa), el primer rey de Noruega, marchó a lo largo de la costa. Cuando se acercaba a Leka, el rey de la isla, Herlaug, decidió enterrarse vivo con 11 de sus hombres, en vez de enfrentarse a los ejércitos todopoderosos de Harald. Las excavaciones del s. xviii dejaron al descubierto esqueletos humanos y animales, armas y hasta los restos de un barco.

Cómo llegar y salir

Los Bussekspress de Nor-Way circulan cuatro veces al día entre Namsos y Trondheim (413 NOK, 3½ h) vía Steinkjer (186 NOK, 1½ h).

Rørvik

2949 HAB.

Esta diminuta localidad es un hervidero cuando coinciden los ferris costeros de Hurtigruten del norte y del sur, todos los días alrededor de las 21.30. Lo que levanta pronto a los pasajeros de la mesa es el espléndido Norveg.

Puntos de interés

★**Norveg** MUSEO

(☎74 36 07 70; www.kystmuseetnorveg.no; Strandgata 7; adultos/niños incl. audio guía 80/40 NOK; ⏲10.00-22.00 med jun-ago, 11.00-15.00 resto del año y cuando el Hurtigruten está en el puerto) Con una arquitectura emocionante que recuerda a un barco velero, repasa 10 000 años de vida costera mediante diversas herramientas multimedia. También alberga un prestigioso restaurante *gourmet*.

Dónde dormir y comer

No hay alojamientos en Rørvik; casi todos los visitantes vienen del Hurtigruten, que pasa por aquí, o de camino a otra parte.

★**Restaurant Norveg** NORUEGA $$$

(☎488 80 025; www.kystmuseetnorveg.no/restaurant-norveg; Strandgata 7, Kystmuseet; principales desde 295 NOK; ⏲10.00-22.00) El restaurante del museo Norveg es de los mejores de Trøndelag, con chefs visitantes que ostentan estrellas Michelin, y una carta de primera clase que cambia con cada temporada. Hay que vestir bien y reservar con antelación.

Cómo llegar y salir

Aparte del ferri costero de Hurtigruten, la forma más rápida de viajar entre Rørvik y Namsos es en barco exprés de pasajeros (245/124 NOK adultos/niños, 1½ h, 1-3 diarios).

Por carretera, Rørvik está 320 km al norte de Trondheim.

Leka

589 HAB.

Merece la pena hacer un pequeño desvío hasta esta preciosa y salvaje isla; para los caminantes, el paisaje desértico barrido por el viento resulta mágico. En el pasado, las rocas erosionadas por el viento formaban parte del lecho marino, que ahora está elevado, ofreciendo maravillosas tonalidades rojas y amarillas. Aparte de la fascinante historia geológica, en Leka hay túmulos funerarios vikingos, pigargos europeos y pinturas rupestres de la Edad de Piedra. Para más información, visítese www.visitleka.no.

Actividades

En Leka hay 34 sendas para caminar muy bien señalizadas, de entre 500 m y 9 km de longitud. Varias rutas ciclistas rodean también la isla (28 km en total), y en Lekamøya Spiseri alquilan bicicletas.

Para obtener breves descripciones de rutas a pie y en bicicleta, puede tomarse el folleto *Leka Tourist Guide-Cycling & Hiking,* disponible en las oficina de turismo regionales.

Lekamøya Spiseri CICLISMO
(☎417 68 615; Skeismyrveien 29; niños/adultos/bicicleta tándem por día 125/225/350 NOK) Muy práctica por estar cerca de donde llegan y salen los ferris de Gutvik, alquila bicicletas para explorar la isla.

Dónde dormir

Leka Motell og Camping CAMPING $
(☎74 39 98 23; www.leka-camp.no; tienda/caravana parcelas 140/240 NOK, h 400-850 NOK, cabañas o apt 1100-1900 NOK) Se puede acampar en Leka Motell og Camping, pero para más comodidad se puede reservar una de sus bien equipadas habitaciones del motel, de precios razonables. Para algo diferente y más espartano, hay cabañas de piedra con tejado de paja (400 NOK), con capacidad para cuatro personas en literas.

Leka Brygge APARTAMENTOS $$
(☎957 93 318; www.lekabrygge.no; apt desde 1375 NOK; P 📶) Estos apartamentos atractivos y modernos en un edificio de madera blanca de la costa este de Leka son la mejor opción de la isla. Cada uno de los 13 apartamentos tiene suelos de parqué, cocina, vistas al mar y acceso a una lavandería común.

Cómo llegar y salir

Se llega a Leka en ferri desde Gutvik (37/18/94 NOK adultos/niños/automóviles, cada hora), a 20 minutos en automóvil de la carretera costera Rv17. El primer ferri sale de Gutvik a las 7.30, el último a las 22.55.

PIGARGOS ESCALOFRIANTES

A los amantes de las aves les encanta Leka por la oportunidad de ver al majestuoso pigargo europeo, pero antiguamente, a los padres no les agradaba verlos. Fue aquí donde, en 1932, un espécimen particularmente descarado agarró a una niña de tres años llamada Svanhild y se la llevó. Según dicen los lugareños, la depositó en lo alto de una cornisa en la montaña, de donde fue rescatada...

Nordland

Los mejores restaurantes

- Fiskekrogen (p. 289)
- Børsen (p. 302)
- Anitas Sjømat (p. 313)
- Krambua (p. 314)
- Umami (p. 323)

Los mejores alojamientos

- Svinøya Rorbuer (p. 302)
- Henningsvær Bryggehotel (p. 306)
- Lofoten Suite Hotel (p. 302)
- Lovund RorbuHotell (p. 295)
- Fru Haugans Hotel (p. 282)
- Hotell Marena (p. 320)

Por qué ir

Para los enamorados de lo ártico, aquí es donde Noruega se empieza a poner interesante. Viajando hacia el norte a través de la interminable y estrecha provincia de Nordland, los exuberantes campos dan paso a bosques y lagos, se amplían las vistas, las cumbres se hacen más escarpadas y la línea de árboles desciende aún más sobre las laderas. Sobre la frontera imaginaria del círculo polar ártico, se observa por primera vez la luz del sol de medianoche en verano, mientras que en invierno las auroras boreales bailan en el cielo nocturno.

Hay que detenerse por la espectacular ruta costera de Kystriksveien o recorrer la carretera del Ártico por el interior: más directa, pero igual de preciosa. En las Lofoten, los afilados picos apuñalan el cielo y aún sobreviven aldeas de pescadores intemporales. Las islas, conectadas por puentes, son muy accesibles, y, mientras que el ciclismo es para débiles, el excursionismo puede tornarse tan suave o tan duro como cada cual lo desee.

Cuándo ir

Bodo

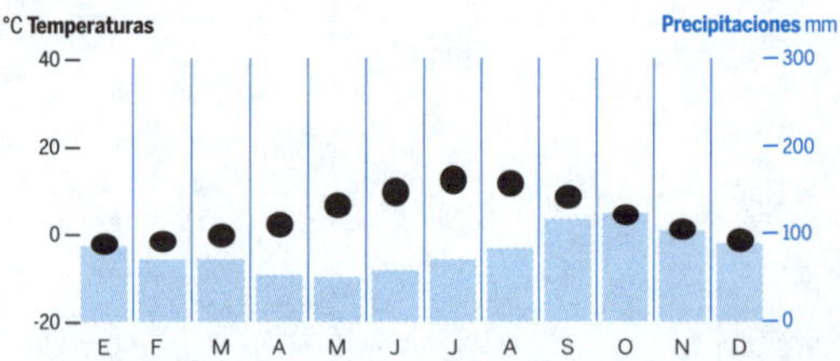

Finales mar Visitar las Lofoten y participar de los campeonatos mundiales de pesca de bacalao de Svolvær.

Finales may-med jul Sol de medianoche en Lofoten y otros lugares; buen tiempo.

Nov-ene Noches largas y muchas ocasiones de ver la aurora boreal.

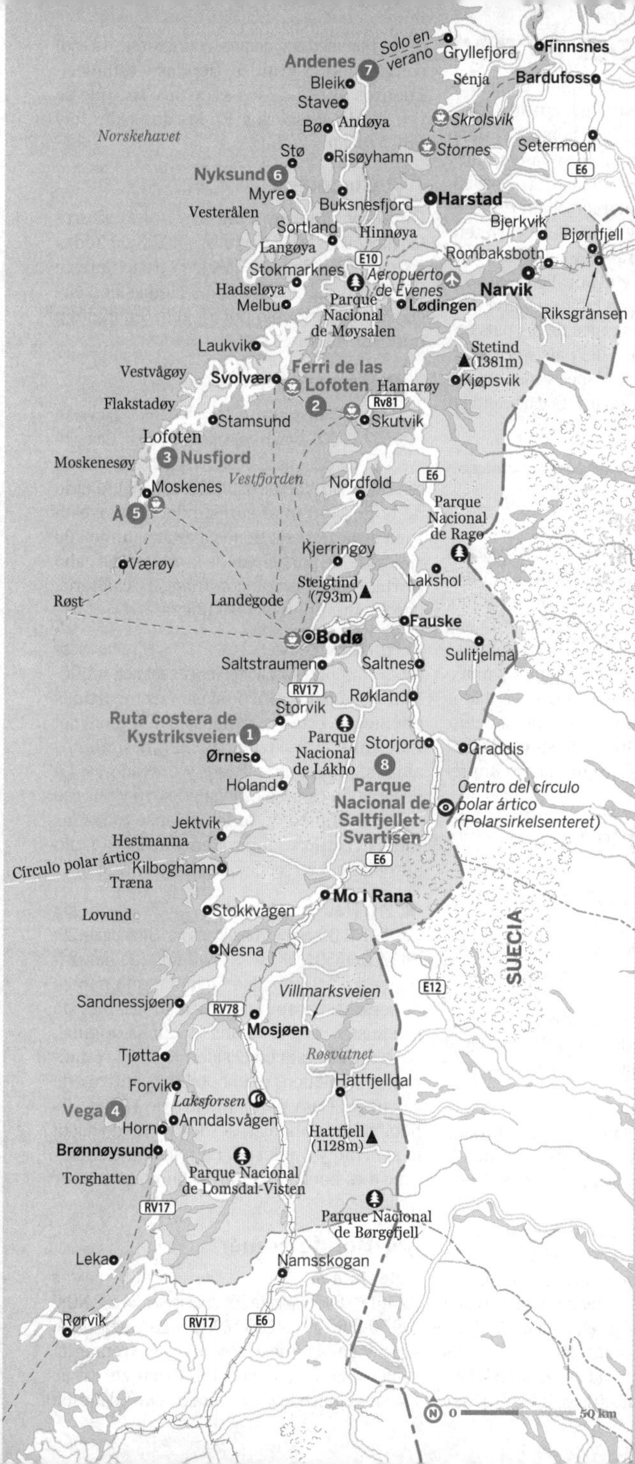

Imprescindible

1 Ruta costera de Kystriksveien (p. 289) Conducir por una de las costas más hermosas del mundo, de Sandnessjøen a Storvik.

2 Ferri de las Lofoten (p. 304) Tomar el ferri de Skutvik a Svolvær, uno de los mejores viajes en ferri del mundo.

3 Nusfjord (p. 311) Volver al pasado pesquero de las Lofoten en este precioso pueblo de postal.

4 Vega (p. 291) Conocer la economía del pato eíder y dejar atrás el clamor del mundo moderno en Vega, protegida por la Unesco.

5 Å (p. 312) Quedarse sin prisa en este diminuto pueblo pesquero bien conservado y situado en el profundo sur de las Lofoten.

6 Nyksund (p. 317) Descubrir el maravilloso aislamiento de este pueblo recuperado, y caminar luego por la costera Ruta de la Reina hasta Stø, en Vesterålen.

7 Andenes (p. 318) Echarse a la mar para avistar ballenas y frailecillos y conducir luego por la costa oeste hasta Andøya.

8 Parque Nacional de Saltfjellet-Svartisen (p. 285) Enfriarse los pies en uno de los glaciares de este espectacular parque.

CARRETERA DEL ÁRTICO

La carretera del Ártico, vía principal del interior entre el norte y el sur de Noruega (conocida de forma más prosaica como E6) tiene algo de mala reputación. Si se la compara con la preciosa ruta costera de Kystriksveien, que deja a todos boquiabierto, sin duda se queda corta. Pero es relativo. Sí, la carretera del Ártico tiene más tráfico y es la ruta más rápida entre el norte y el sur. Pero esta vía que va de una Noruega a la otra es una ruta bonita, y permite ver algunos de los paisajes más hermosos del norte del país y cruzar el círculo polar ártico. Si se planea viajar en ambos sentidos, hay que tomar esta carretera en uno de ellos.

Mosjøen

9820 HAB.

Al llegar a Mosjøen por la E6, tal vez se sienta una ligera decepción ante el aspecto industrial de esta ciudad productora de aluminio, sobre todo si se viene del norte. Pero no hay que dejarse engañar. A lo largo de la costa de Vefsnfjorden, el histórico Sjøgata y una o dos calles cercanas son de lo más encantador del norte de Noruega y vale la pena echar un vistazo. La pared montañosa vertical al otro lado del fiordo ofrece un marco impresionante.

Puntos de interés

★ Sjøgata ENCLAVE HISTÓRICO

Es una calle con más de 100 edificios protegidos, donde se suceden galerías de arte, cafés, restaurantes y casas particulares emplazadas en antiguos almacenes, talleres y naves, atractivamente reformados. En el museo y en la oficina de turismo puede comprarse un pequeño libro (en inglés), *The History of a Town*, sobre la historia de Mosjøen.

Vefsn Museum MUSEO

(adultos/niños 50 NOK/gratis; ⌚10.00-18.00 lu-vi, hasta 15.00 sa y do) El Vefsn Museum se divide en dos secciones. En Sjøgata, el **Almacén de Jakobsensbrygga** (Sjøgata 31b; entrada combinada para Vefsn Museum; ⌚10.00-20.00 lu-vi, hasta 15.00 sa jun-ago, horario reducido resto del año) es un excelente museo que muestra, mediante evocadoras fotografías, la historia de Mosjøen desde principios del s. XIX en adelante. Al noreste del centro, la **colección de edificios rurales** (Bygdesamlinga; entrada combinada para Vefsn Museum; ⌚10.00-15.00 lu-vi, 11.00-15.00 sa y do med jun-med ago, horario reducido resto del año) comprende 12 granjas, tiendas y establecimientos afines de los ss. XVIII y XIX, que se ven desde el exterior. En las dos sedes hay útiles folletos en inglés.

Circuitos

Circuitos guiados a pie PASEOS

(adultos/niños 50 NOK/gratis; ⌚10.00 jul) Todas las mañanas de julio, desde la parte noreste del jardín del Fru Haugans Hotel salen circuitos guiados a pie por Sjøgata (en inglés y noruego, 45 min-1 h).

Dónde dormir

Mosjøen Camping CAMPING $

(☎75 17 79 00; www.mosjoencamping.no; Campingvegen 1; parcelas tienda/caravana 180/255 NOK, cabaña 4 personas desde 650-1350 NOK;) Al lado de la E6, 500 m al sureste del centro, esta zona de acampada tiende a estar saturada de viajeros que participan de la 'fiebre' del cabo Norte. Posee piscina con tobogán, cafetería, parque infantil e incluso bolera.

Kulturverkstedet PENSIÓN $$

(☎75 17 27 60; www.kulturverkstedet.net; h 1100-1600 NOK) Estas cinco pensiones repartidas por Sjøgata están regentadas por la gente del Café Kulturverkstedet (p. 283), y son unos alojamientos maravillosos y evocadores. La decoración es preciosa y algo *retro* y por eso no es del gusto de todos. Véanse todas las fotos del sitio web para encontrar el estilo apropiado. La recepción está en el café.

★ Fru Haugans Hotel HOTEL $$$

(☎75 11 41 00; www.fruhaugans.no; Strandgata 39; i/d 1250/1650 NOK; @) No hay que desanimarse ante la insulsa fachada, que parece habérseles escapado a los responsables de urbanismo. Fru Haugans (la dueña original, cuyo retrato está en el salón junto al restaurante Ellenstuen) es el hotel más antiguo de Noruega. Data parcialmente de 1794 y sus habitaciones abarcan desde lo antiguo hasta lo sencillo y moderno. La relación calidad-precio es buena y la ubicación no puede ser mejor.

Dónde comer

Cafe Umami CAFÉ $

(☎461 89 840; Sjøgata 35; principales 74-183 NOK; ⌚9.00-17.00 lu-vi, 11.00-17.00 sa) La carta tiene sándwiches, abiertos o no, una tremenda sopa caliente de pollo y ensaladas creativas. Este magnífico lugar cuenta con una delicada decoración moderna tras el caparazón de un edificio antiguo de Sjøgata, una alternativa a las predominantes mesas de madera y cortinas de volantes que abundan en la calle. En verano a veces abre los domingos de 11.00 a 15.00.

★Gilles Cafe & Musikk CAFÉ, NORUEGA **$$**
(☎75 17 54 54; www.gilles.no; Sjøgata 6; principales 145-245 NOK; ⊙8.00-23.00 lu-vi, 10.00-23.00 sa) Este lugar excelente cerca de la parte norte de Sjøgata sirve tentempiés, como tempura de scampi, *pizzas* y platos principales tradicionales. Además preparan una estupenda sopa de pescado y es el lugar más animado del pueblo, con música en directo a las 21.00 casi todas las noches de verano, y menos a menudo el resto del año. A veces incluso organizan conciertos en lo alto de una montaña cercana.

Café Kulturverkstedet CAFÉ **$$**
(☎75 17 27 60; www.kulturverkstedet.net; Sjøgata 22-24; principales desde 125 NOK; ⊙8.00-16.00 lu-sa) Regentado por la sociedad de patrimonio cultural local, este encantador café ocupa unos de los edificios renovados más amplios de Sjøgata. Hay libros y se puede beber y tapear en su galería de arte.

★Ellenstuen NORUEGA **$$$**
(☎75 11 41 00; Strandgata 39; principales 255-365 NOK; ⊙18.00-23.00) También en el hotel Fru Haugans (p. 282), es un lugar íntimo que conserva gran parte del mobiliario original. Tiene un menú muy creativo (filete de venado asado y pechuga de urogallo ligeramente ahumada con salsa de frambuesas).

Información

Oficina de turismo (☎75 01 80 00; www.visithelgeland.com; ⊙9.00-19.00 lu-vi, 11.00-17.00 sa y do med jun-ppios ago, 10.00-16.00 lu-vi resto de ago, 10.00-15.00 lu-vi resto del año) Está en la parte norte de Sjøgata.

Cómo llegar y salir

Widerøe (www.wideroe.no) tiene vuelos a Bodø (vía Mo i Rana) y Trondheim.

Hay autobuses de Mosjøen a Brønnøysund (325 NOK, 3 h, 1-2 diarios excepto sa) y Sandnessjøen (215 NOK, 1¾ h, 3-5 diarios excepto sa). También hay autobuses a/desde Mo i Rana (190 NOK, 1¾ h, 2-4 diarios), pero en tren se tarda menos.

Mosjøen está en la línea de ferrocarril entre Trondheim (817 NOK, 5½ h, 2-3 diarios), Fauske (577 NOK, 3½ h, 3 diarios) y Bodø (675 NOK; 4¼ h, 3 diarios).

MERECE LA PENA

UN DESVÍO POR HATTEN

Quienes vayan en coche pueden tomar un desvío precioso que rodea Mosjøen y sigue la pintoresca carretera Villmarksveien, que discurre paralela a la E6, al este de la ciudad, y se acerca al extraño pico de Hatten (o Hattfjell), de 1128 m. Desde el final de la carretera más próxima, la caminata hasta la cima dura unas 2 h.

Mo i Rana

26 314 HAB.

Es la tercera ciudad más grande del norte de Noruega y la puerta hacia los bosques de abetos, las cuevas y los glaciares de la región del círculo polar ártico. La reputación de "Mo" como ciudad amable se atribuye a su rápida expansión, provocada por la construcción de la ya desaparecida planta siderúrgica, que en su apogeo empleó a más de 100 trabajadores. Casi todos los de por aquí han sabido alguna vez lo que es sentirse forastero en la ciudad. No es lo más bonito de Noruega, pero hay unas cuantas razones para parar aquí.

Puntos de interés

Estatua de Havmannen ESTATUA
(plano p. 284) La escultura *Havmannen* ("hombre del mar") se interna en el agua hasta las rodillas, da la espalda a la ciudad y observa el fiordo. Sus líneas definidas y su redondeado perfil son el resultado del trabajo del escultor inglés Antony Gormley.

Dónde dormir

Stålkameratøne ALBERGUE **$**
(☎419 26 215; Stålbrakka, Søderlundmyra; dc 300 NOK, i/d con baño compartido 450/700 NOK; ⊙med jun-med ago; P@?) La mayor ganga de Mo está junto a la primera curva a la izquierda de la E6, en sentido norte. Este albergue cuenta con cuatro habitaciones sencillas de muebles austeros, ocupadas por estudiantes durante el año escolar, un dormitorio de ocho camas y un par de dobles.

★Fjordgaarden Mo HOTEL **$$**
(plano p. 284; ☎75 12 10 50; www.fjordgaarden.no; Søndre gate 5; ⊙i/d desde 790/940 NOK) Práctico para ir a la estación de trenes, cerca del agua y bastante elegante, tiene habitaciones sencillas y las más nuevas muestran magníficas

Mo i Rana

Mo i Rana

Puntos de interés

1 Estatua de Havmannen A2

Dónde dormir

2 Fjordgaarden Mo A3
3 Meyergården Hotell B1

Dónde comer

4 Abelone... B3
Søilen ....(véase 3)

fotos en las paredes. Los precios son buenos; está muy bien en general.

Meyergården Hotell HOTEL **$$**
(plano p. 284; ☎75 13 40 00; www.meyergarden.no; Fridtjof Nansens gate 28; h 915-1595 NOK; P@) El hotel más veterano de Mo pertenece a la cadena Scandic, tiene magníficas habitaciones, casi todas recién reformadas, y un estilo elegante y contemporáneo.

Dónde comer

Abelone ESCANDINAVA **$$**
(plano p. 284; ☎75 15 38 88; www.facebook.com/abelonemoirana; Ole Tobias Olsens gate 6; principales 124-231 NOK; 13.00-23.00) La mejor opción para cenar fuera de los hoteles parece poco atractiva desde la calle, pero su agradable interior, que simula una cabaña de troncos, crea el ambiente propicio. Hay que tomar uno de sus platos de carne de calidad como el cornero al horno. También tiene kebabs, pescado y algunos platos griegos.

Søilen BISTRÓ **$$$**
(plano p. 284; ☎75 13 40 00; Fridtjof Nansens gate 28; principales almuerzo 145-165 NOK, cena 145-365 NOK; 13.00-23.00 lu-sa, hasta 22.00 do) El apreciado menú ártico del restaurante del Meyergården Hotell obtiene sus carnes, lácteos e incluso la miel de productores locales. Guárdese espacio para su famoso flan de caramelo con nata montada.

Información

Oficina de turismo (plano p. 284; ☎75 01 80 00; www.arctic-circle.no; Ole Tobias Olsens gate 3; 9.00-19.00 lu-vi, 11.00-17.00 sa y do finales jun-ppios ago, horario reducido resto del año) Tiene conexión gratuita a internet.

Cómo llegar y salir

El aeropuerto de Røssvoll, 14 km al noreste de Mo i Rana, ofrece vuelos a/desde Bodø y Trondheim. Se obtienen excelentes vistas de los casquetes de hielo de Svartisen, salvo en días nublados.

En **autobús** (plano p. 284), las opciones son bastante limitadas. Hay de uno a tres diarios a/desde Sandnessjøen (340 NOK, 2¾ h, 1-3 diarios) y Mosjøen (190 NOK, 1¾ h, 2-4 diarios). Como mínimo un autobús de Länstrafiken (www.tabussen.nu) circula a diario entre la estación de autobuses de Mo i Rana y Umeå (8 h) y otros destinos de Suecia.

La mayoría de los visitantes llega a la **estación de trenes** (☎75 15 01 77; www.nsb.no) de Mo i Rana, con su atractiva forma octogonal, desde donde parten hacia los siguientes destinos:

DESTINO	TARIFA (NOK)	TIEMPO (H)	FRECUENCIA (DIARIOS)
Bodø	507	3	3
Fauske	395	2¼	3
Mosjøen	218	1½	4
Trondheim	908	7½	3

Parque Nacional de Saltfjellet-Svartisen

Este parque de 2102 km² es uno de los accidentes geográficos más espectaculares de la Noruega continental. Al oeste, abraza los escarpados picos del casquete de hielo de Svartisen, el segundo glaciar más grande del país, cuyas lenguas son visibles desde la ruta costera de Kystriksveien, al norte del paso de ferris de Forøy. Al este, los altos e inhóspitos páramos del macizo de Saltfjellet se extienden hasta la frontera con Suecia. También se pueden ver glotones, linces euroasiáticos, alces y una población reproductora de zorros polares, pero la mayoría son esquivos.

Si se viaja al norte en el ferri costero de Hurtigruten, se podrá visitar el glaciar Svartisen.

Puntos de interés

Polarsirkelsenteret PUNTO DE INTERÉS

(☎75 12 96 96; www.polarsirkelsenteret.no; exposición opcional adultos/niños 80/40 NOK; ⊙10.00-20.00 jun-ago, hasta 18.00 may) La latitud 66° 33' N marca el alcance más meridional del sol de medianoche en el solsticio de verano y el irregular borde de la noche polar en el solsticio de invierno. El Polarsirkelsenteret (centro del círculo polar) está en un precioso entorno natural donde la carretera del Ártico, entre Mo i Rana y Fauske, cruza esa línea imaginaria, en un valle alto y ancho que permanece nevado casi todo el año.

Actividades

Svartisen

Los dos casquetes de hielo de Svartisen, separados por el valle de Vesterdalen, bordean el círculo polar ártico entre Mo i Rana y la península de Meløy. En su parte más profunda, el hielo alcanza unos 600 m. La altitud media es de 1500 m, pero algunas lenguas discurren por los valles para formar los glaciares más bajos de la Europa continental. Se puede apreciar el Svartisen desde su costado oriental o desde el occidental, más espectacular. La mayoría de los visitantes prefiere un rápido paseo en barco, pero los senderistas tendrán una experiencia más rica si llegan desde el este.

El glaciar oriental **Østisen** es más accesible desde Mo. Al final de la carretera de Svartisdalen, 20 km valle arriba desde el aeropuerto de Mo i Rana, los **ferris** (adultos/niños ida y vuelta 170/60 NOK; ⊙med jun-med ago) cruzan el lago Svartisen (Svartisvatnet) cuatro veces diarias. Al llegar, hay que caminar 3 km hasta el comienzo de la lengua del glaciar Austerdalsisen. Al pie del lago hay un quiosco y una zona de acampada.

Desde el final de la carretera, se puede ascender hasta el refugio ubicado a orillas del lago de montaña Pikhaugsvatnet. Es una base excelente base para subir al valle de Glomdal o ir al glaciar Flatisen.

Saltfjellet

Las amplias mesetas de este macizo atraviesan el círculo polar ártico y conectan las cimas que rodean el casquete glaciar de Svartisen y la frontera con Suecia. En este inhóspito entorno existen vestigios de cercas laponas y lugares de sacrificio, algunos del s. IX.

Una ruta de 15 km al este conduce a Graddis, cerca de Suecia, y al venerable **Graddis Fjellstue og Camping** (p. 286).

El acceso a Saltfjellet en automóvil se realiza por la E6 o la Rv77, que sigue la pendiente sur del valle de Junkerdalen. Quienes viajen en tren pueden apearse en Lønsdal, entre Fauske y Trondheim; pregúntese si es necesario solicitar dicha parada.

Circuitos

Svartisen Moose NATURALEZA

(☎465 13 892; www.svartisenmoose.no; avistamiento alces adultos/niños 90/50 NOK, circuito guiado adultos/niños 175/90 NOK; ⊙10.00-15.00 jun-med ago, circuitos guiados 10.45 y 14.45) Al cautivo y manso alce le gusta el contacto personal. Se puede pasear solo por los recintos o hacer

MERECE LA PENA

UNA GRANJA DE QUESO

Esta vaquería en funcionamiento de **Strandli Gård** (☎472 37 246; www.strandligard.no; Fv273; ⏲con reserva) ofrece una bonita excursión desde la E6. Además de vender quesos y yogures maravillosos producidos en la granja, también tiene alojamiento y es de lo más acogedora.

una visita guiada para acercarse lo suficiente y hacerse unos *selfies* y, por qué no, darse besos. Por aquí dicen que quien besa a un alce se vuelve irresistible. Cada uno, que haga lo que quiera.

Dónde dormir

Graddis Fjellstue og Camping CAMPING, PENSIÓN $
(☎75 69 43 41; graddis@c2i.net; i/d desde 550/750 NOK; ⏲med jun-med ago) Este pequeño y agradable alojamiento lleva regentado por la misma familia desde su fundación en 1867. Es una excelente base para adentrarse en una de las zonas de excursionismo menos concurridas de Noruega. También se puede acampar y visitar el Matusalén, un pino milenario.

Información

MAPAS

El mejor mapa para senderismo es *Saltfjellet* de Statens Kartverk (escala 1:100 000).

INFORMACIÓN TURÍSTICA

Información turística de Svartisen (☎416 30 365; www.visitmeloy.no; Rv 17, Holand; ⏲10.00-17.00 lu-vi jun-med ago) Oficina de turismo de temporada con buena información sobre el parque nacional. Está en la aldea de Holand, 14 km al este del muelle de ferris de Forøy y 25 km al suroeste de Glomfjord.

Cómo llegar y salir

Hace falta vehículo propio para acercarse de verdad a los límites del parque. En el lado oeste, cualquier transporte por la Rv17 puede dejar al viajero en el puerto de barcos, al norte del cruce de vehículos de Forøy.

Fauske

9508 HAB.

Casi todos los viajeros que van al norte terminan atravesando Fauske, acceso de la carretera del Ártico a Bodø (para ir a las Lofoten), Sulitjelma y el Parque Nacional de Rago, aunque tiene poco encanto; es un mero cruce de carreteras. Pocos se quedan más de lo que tardan en repostar o en cambiar de autobús o tren.

Puntos de interés

Esta ciudad es famosa por su fino mármol. Su "rosa noruega" se puede apreciar en grandes edificios como el Oslo Rådhus (ayuntamiento de Oslo), la sede de la ONU en Nueva York y el palacio del Emperador en Tokio. Su principal punto de interés, muy apropiado, es la **plaza principal,** de mármol.

Hay que ver la colección de edificios históricos de la sede de Fauske del **Salten Museum** (☎75 50 35 00; Sjøgata; adultos/niños 60/10 NOK; ⏲11.00-17.00 med jun-med ago, hasta 15.00 lu-vi resto del año) cuyos terrenos son preciosos para hacer un pícnic.

Dónde dormir

Lundhøgda Camping og Motell CAMPING $
(☎97 53 98 94; www.lundhogdacamping.no; Lundveien 62; parcelas automóvil/caravana 100/200 NOK, d/c cabaña 600/800 NOK, i/d 500/600 NOK; ⏲may-sep) Este complejo, 3 km al oeste de la ciudad, tiene unas vistas magníficas sobre el fiordo y los picos circundantes. No tiene nada especial, pero la ubicación es genial.

★ **Fauske Hotell** HOTEL $$
(☎75 60 20 00; www.fauskehotell.no; Storgaten 82; d 890-1140 NOK; 📶) La única opción exclusiva que abre todo el año en Fauske ha renovado hace poco las habitaciones con toques de color y arte contemporáneo. Hay un buen restaurante, música en directo de vez en cuando y un bar muy animado para ser de hotel.

Información

Oficina de turismo (☎75 50 35 15; www.visitbodo.com; Sjøgata; ⏲11.00-18.00 lu-vi, 11.00-17.00 sa, 12.00-18.00 do med jun-med ago) Abre en temporada y comparte instalaciones con el Salten Museum, en el centro de la ciudad.

Cómo llegar y salir

AUTOBÚS

Hay autobuses a/desde Bodø (105 NOK; 1½ h, 3-6 diarios) y Narvik (315 NOK, 5½ h, 2 diarios).

TREN

Hay trenes que van y vienen por la Nordlandsbanen entre Trondheim (1052 NOK, 9½ h) y Bodø (138 NOK, 45 min), vía Fauske, dos veces al día y otros trenes (hasta 4 diarios) entre Fauske y Bodø. Reservar por internet puede suponer un enorme ahorro. Para continuar hacia el norte, se debe tomar un autobús.

Narvik

18 787 HAB.

Tiene doble personalidad: por un lado, su emplazamiento es espectacular, entre islas al oeste y montañas en las demás direcciones, y unos fiordos espectaculares hacia el norte y el sur; al mismo tiempo, la industria pesada proyecta un sombrío velo sobre la zona central, bastante desangelada. Se fundó en 1902 como puerto de la ciudad minera de Kiruna, en la Laponia sueca, y el sistema de transbordo que divide la localidad aún carga en barcos toneladas de mineral procedentes de vagones de tren.

Pero sus atractivos son las estupendas actividades deportivas y de observación que ofrecen sus majestuosos alrededores y la espectacular vía férrea de Ofotbanen a Suecia.

Puntos de interés

Museo de Guerra de la Cruz Roja MUSEO

(Krigsminnemuseum; ☎76 94 44 26; www.warmuseum.no; Kongens gate; adultos/niños 100/50 NOK; ⏲10.00-19.00 lu-vi, 10.00-18.00 sa, 12.00-18.00 do med jun-med ago, 10.00-16.00 lu-sa y 12.00-16.00 do resto del año) Este pequeño pero revelador museo pone de manifiesto las campañas militares de la zona en los primeros años de la II Guerra Mundial. Puede que la presentación no sea muy llamativa, pero es emocionante. Hay un folleto que explica cada una de las partes.

Actividades

★Narvikfjellet TELEFÉRICO

(☎905 40 888; www.narvikfjellet.no; Mårveien; adultos ida/ida y vuelta 120/180 NOK, niños menores 7 años gratis; ⏲13.00-1.00 jun-med jul, 13.00-20.00 med jul-med ago, horario reducido resto del año) Este teleférico, que sube 656 m por encima de la ciudad, ofrece unas vistas increíbles de las cimas y fiordos de los alrededores, incluso de Lofoten, si el cielo está despejado. De su estación superior salen diversos senderos señalizados, para caminar o ir en bicicleta. Desde febrero hasta abril es utilizado para practicar esquí alpino, fuera de pista o de fondo, con extraordinarias vistas.

Es un lugar especial para contemplar el sol de medianoche. Si se quiere subir aún más, pregúntese por las excursiones guiadas que van más allá de la estación superior (645/445 NOK adultos/menores de 15). También hay un parque de escalada (250/200 NOK adultos/niños) muy divertido.

Ferrocarril de Ofotbanen TREN

(☎76 92 31 21; www.nsb.no/en/our-destinations/our-regional-railway-lines/ofotenrailway; ida adultos/niños 160 NOK/gratis) El espectacular ferrocarril de Ofotbanen abraza la montaña circulando junto a los acantilados de los fiordos, bosques de abedules y mesetas rocosas en su ascenso hacia la frontera sueca. La ruta de Narvik a Riksgränsen, la estación de esquí que está en Suecia, tiene unos 50 túneles y refugios para avalanchas. Hacia el extremo de Narvik, se distingue al borde del fiordo los restos del barco alemán *Georg Thiele*.

Esta ruta supone una excursión de un día o de medio, saliendo de Narvik a las 10.26. El tren de vuelta de Riksgränsen, a las 11.39, permite tomar un café y dar una vuelta por las tiendas; también se puede esperar el de las 16.02 para así dar un paseo por este sensacional territorio. Para disfrutar las mejores vistas, hay que situarse en el lado izquierdo al salir de Narvik.

Inaugurado en 1903, el ferrocarril fue construido por inmigrantes, a finales del s. XIX, para conectar Narvik con las minas de hierro de Kiruna, al norte de Suecia. Actualmente transporta alrededor de 15 millones de toneladas de mena de hierro al año y es una atracción para los visitantes.

MERECE LA PENA

HAMSUNSENTERET

Más o menos a mitad de camino entre la E6 y el cruce del ferri de las islas Lofoten, en Skutvik, yendo por la Rv81, el **Hamsunsenteret** (☎75 50 34 50; www.hamsunsenteret.no; Presteid, Hamarøy; adultos/niños 100/50 NOK; ⏲11.00-18.00 jun-med ago, 11.00-15.30 ma-vi y 11.00-17.00 sa y do resto del año, cerrado ene) es imprescindible para cualquiera que tenga un mínimo de interés por la literatura. Su osada arquitectura es uno de los ejemplos más sorprendentes del diseño contemporáneo del norte de Noruega y el museo está dedicado a la vida de Knut Hamsun, el ganador del Nobel de Literatura en 1920. Trata su vida y obra con exposiciones bien presentadas y su atento personal se muestra siempre dispuesto a promocionar las obras del escritor.

En Suecia, varias rutas de larga distancia parten radialmente, como la famosa Kungsleden, desde la norteña Abisko hasta el corazón del país.

La oficina de turismo de Narvik (p. 289) organiza excursiones guiadas (900 NOK/persona).

Narvik Golfklubb GOLF
(☎971 46 082; www.narvikgolf.no; pase todo el día/9 hoyos 400/250 NOK) El trayecto paralelo al fiordo hasta el campo de golf de Skjomendalen es maravilloso (síganse las indicaciones hacia Skjomdal justo antes del puente de Skjomen en la E6, 18 km al sur de la ciudad). Las escarpadas y peligrosas paredes hacen dudar que pueda existir allí un campo de golf. Sin embargo, la naturaleza obra milagros y hay un valle escondido entre las cimas. Buena zona para excursiones.

Narvik og Omegns Turistforening EXCURSIONISMO
(NOT; Narvik Trekking Association; ☎915 52 908, 402 40 987; www.turistforeningen.no/narvik) Es una excelente fuente de información sobre excursiones. Tiene más de 15 refugios, casi todos entre Narvik y la frontera sueca. Las llaves se recogen en la oficina de turismo (p. 289) previo pago de una fianza (150 NOK).

Fiestas y celebraciones

Vinterfestuka MÚSICA, FESTIVAL
(☎76 95 03 50; www.vinterfestuka.no; ⌚mar) En marzo, Narvik celebra el Vinterfestuka, una semana invernal llena de acontecimientos, en parte para conmemorar a los trabajadores que construyeron el ferrocarril.

Dónde dormir

Narvik Camping CAMPING $
(☎76 94 58 10; www.narvikcamping.com; Rombaksveien 75; parcelas tienda/caravana 150/250 NOK, cabaña 2 camas 450 NOK, cabaña 4/6 camas con baño 800/1000 NOK) No se les garantiza un sueño profundo a los que duerman en tiendas, por el ruido de los camiones y el traqueteo de los trenes. Aparte de eso, la única zona de acampada de Narvik, 2 km al nordeste del centro, no está nada mal y tiene vistas al fiordo y a la E6.

★**Breidablikk Gjestehus** PENSIÓN $$
(☎76 94 14 18; www.breidablikk.no; Tore Hunds gate 41; dc 350 NOK, i 600-1150 NOK, d 1195-1750 NOK; P@📶) Aunque algo empinado, merece la pena el paseo desde el centro hasta esta agradable pensión, con habitaciones para todos los presupuestos y buenas vistas de la ciudad y el fiordo. Tiene un precioso salón comunal y dormitorios colectivos de 6 camas.

Scandic Hotel Narvik HOTEL $$
(☎76 96 14 00; www.scandichotels.no/hotell/norge/narvik; Kongens gate 33; d 895-1495 NOK; 📶) Este sorprendente edificio de cristal que se alza sobre la zona centro alberga el hotel más elegante de Narvik. Las habitaciones son relajantes y contemporáneas, y las de los pisos superiores tienen unas vistas fabulosas. Posee un buen restaurante y un bar en la 16ª planta (p. 289).

Dónde comer

Arild's Grillbar COMIDA RÁPIDA $
(☎76 94 56 00; Torgsvingen 9; principales 60-180 NOK; ⌚11.00-23.00 lu-vi, 12.00-23.00 vi y sa) Hay comida rápida en toda Noruega, pero si uno

NARVIK, SUMINISTRO DE HIERRO Y GUERRA

Durante la II Guerra Mundial el control de este puerto estratégico era esencial para la maquinaria bélica nazi, que intentaba interrumpir el suministro de hierro a los Aliados y apropiarse de él. En abril de 1940, 10 destructores alemanes se abrieron paso a través de una ventisca hasta entrar en el puerto y hundir dos acorazados noruegos. Al día siguiente llegaron cinco destructores británicos y la feroz batalla naval acabó con la pérdida de dos barcos por cada bando. En mayo, desembarcaron tropas británicas, noruegas, francesas y polacas, y recuperaron la ciudad.

No obstante, los nazis no se retiraron y Narvik quedó diezmada, como muestran los restos de los soldados en los cementerios y 34 barcos de cinco naciones (Noruega, Gran Bretaña, Francia, Países Bajos y Alemania) en el puerto. El 8 de junio de 1940 los Aliados rodearon Narvik, pero esta siguió bajo dominio alemán hasta el 8 de mayo de 1945.

A lo largo de la E6, en ambos sentidos, hay carteles de "Narvik 1940" que indican monumentos conmemorativos junto a la carretera y paneles informativos sobre momentos clave de la batalla por Narvik y la marcha del general noruego Carl Gustav Fleischer en un intento de recuperar la ciudad.

va con presupuesto ajustado y no puede tolerar otro perrito caliente de gasolinera, este lugar hace bien las cosas sencillas. Las *pizzas*, las hamburguesas, las ensaladas y las mesas para sentarse a comer hacen que sea una buena opción. Está bajando los escalones, junto al mercado de pescado.

Fiskekroken CAFÉ **$**
(☎76 94 36 60; Kongens gate 42; principales 80-190 NOK; ⏲12.00-18.00 ma-ju, 13.00-21.00 vi y sa) Este diminuto café, filial de la pescadería aneja, ofrece sabrosos platos listos para comer, como pasteles de pescado y pescado con patatas fritas para comer ahí o llevar. El pescado no podría ser más fresco.

Kafferiet INTERNACIONAL **$$**
(☎76 96 00 55; Dronningensgate 47; comidas ligeras 109-179 NOK, principales 159-309 NOK; ⏲10.30-1.30 ma-ju, hasta 3.00 vi y sa) El local más impecable de Narvik es un lugar elegante y moderno con mesas en los escalones de afuera. Pasta, pescado y carnes a la brasa dominan una carta extensa aunque no muy creativa. Al cerrar la cocina se convierte en un bar/club nocturno.

Dónde beber y vida nocturna

Tøtta Bar BAR DE CÓCTELES
(16ª planta, Kongens gate 33, Scandic Hotel Narvik; ⏲11.00-1.00 lu-vi, 11.00-2.00 sa, 18.00-1.00 do) Este elegante bar de cócteles embutido en vidrio en la planta 16ª del Scandic Hotel Narvik (p. 288) tiene vistas fabulosas y no es solo para huéspedes.

Información

En el centro de la ciudad, la **oficina de turismo** (☎76 96 56 00; www.destinationnarvik.com; Kongens gate 41-43; ⏲10.00-19.00 lu-vi, hasta 18.00 sa y do med jun-med ago, 10.00-16.00 lu-sa y 12.00-16.00 do resto del año) guarda llaves de los refugios de Narvik og Omegns Turistforening (fianza 150 NOK), tiene wifi gratuito y alquila bicicletas (250 NOK/día).

Cómo llegar y salir

AVIÓN

Casi todos los vuelos salen del aeropuerto de Harstad/Narvik Evenes, a 1¼ h por carretera. Frammeslia, el diminuto aeropuerto de Narvik, unos 3 km al oeste del centro, solo tiene vuelos a Bodø, Tromsø y Andenes.

AUTOBÚS

Hay autobuses exprés desde la **estación de autobuses** hacia el norte, a Tromsø (280 NOK, 4¼ h, 3 diarios) y hacia el sur, a Bodø (325 NOK, 6½ h, 2 diarios) vía Fauske (315 NOK, 5½ h, 2 diarios). Para las Lofoten, hay dos autobuses diarios de Lofotekspressen entre Narvik y Svolvær (desde 280 NOK, 4¼ h), que continúan hasta Å.

Entre finales de junio y principios de septiembre, el autobús nº 91 sube dos veces al día a la E10 hacia Riksgränsen (45 min), en Suecia, y hacia Abisko y Kiruna (3 h).

TREN

En dirección a Suecia hay dos servicios diarios entre Narvik y Riksgränsen (1 h), en la frontera, y Kiruna (3 h). Continúan hacia Lulea (7¼ h) por Boden, desde donde hay conexiones a Estocolmo. La ruta lleva al espectacular ferrocarril de Ofotbanen, en Suecia, pasando por el Parque Nacional de Abisko, que ofrece magníficas excursiones y un precioso paisaje ártico.

INDISPENSABLE

RALLAVEIEN

La Rallarveien es una concurrida ruta que discurre paralela al **ferrocarril de Ofotbanen** (p. 287), y sigue la antigua senda de los peones camineros que trabajaban en el ferrocarril. Pocos se atreven con toda la ruta entre el Parque Nacional de Abisko y el mar, y prefieren empezar en Riksgränsen o Bjørnfell, la siguiente estación al oeste. Hay un fácil descenso hasta Katterat, donde se puede tomar el tren nocturno a Narvik.

También es posible bajar a Rombaksbotn, en la parte superior del fiordo, que albergó el campamento principal cuando se estaba construyendo el ferrocarril (después fue abandonado). Desde aquí, un barco (adultos/niños 345/140 NOK) circula hasta Narvik en verano. Consúltese en la **oficina de turismo** (p. 289) para no caminar innecesariamente 10 km de más al final del día.

RUTA COSTERA DE KYSTRIKSVEIEN

Esta es una de las carreteras más espectaculares de Europa. Más larga y también más cara (los peajes del ferri no dejan de acumularse), pero si se le pueden dedicar uno o dos días, conviene desviarse de la carretera del Ártico y disfrutar de las carreteras vacías y las solitarias maravillas de Kystriksveien, la alternativa que sigue la costa durante 650 km. Si no se desea recorrerla en toda su extensión, es posible interrumpirla o acortarla por Steinkjer, Bodø o, a medio camino, por Mosjøen y Mo i Rana. Pero debe hacerse en automóvil.

Frente a la costa hay unas 14 000 islas. Algunas son poco más que rocas con algo de hierba; otras, como Vega, mantienen a comunidades enteras que llevan siglos viviendo de la pesca en la costa y la agricultura de subsistencia. Son desvíos maravillosos que merecen la pena.

Brønnøysund

5037 HAB.

Este pequeño asentamiento costero tiene, a un lado, un archipiélago de islotes y al otro, un ondulado paisaje agrícola. Es uno de los lugares más bonitos para ser un pueblo de este tamaño. Está en la parte sur de la Kystriksveien y vale la pena ya solo por las vistas.

Puntos de interés

★Torghatten MONTAÑA

En la isla de Torget, 15 km al sur de Brønnøysund, se yergue un importante monumento histórico local. A la cima de la montaña, atravesada por un agujero de 160 m de longitud, 35 de altura y 20 de ancho, se accede desde la base caminando 20 min. La mejor perspectiva se obtiene desde el Hurtigruten, el ferri costero que va hacia el sur, ya que da la vuelta a la isla.

Hildurs Urterarium JARDINES

(www.urterariet.com; Tilrem; adultos/niños 60 NOK/gratis; ⌚12.00-17.00 med jun-med ago) En el jardín de Hilde crecen 400 tipos de hierbas, 100 variedades de rosas y 1000 especies de cactus. Unos 6 km al norte de Brønnøysund, se produce vino propio. Hay algunas instalaciones agrícolas antiguas y rústicas, un pequeño museo de arte y una tienda con los productos cultivados en la zona. También es una bonita parada para comer.

Circuitos

La oficina de turismo (p. 291) vende los billetes para un espectacular **minicrucero** en el Hurtigruten, que sale a las 17.00, pasa por Torghatten en su camino hacia el sur y llega hasta Rørvik, en Trøndelag. Allí se cuenta con 1 h para explorar la ciudad y visitar el maravilloso Centro Norveg de Cultura e Industria Costeras, antes de subir a bordo del ferri en dirección norte y estar de vuelta en Brønnøysund a la 1.00. Los precios varían según la temporada y la disponibilidad.

Dónde dormir

Torghatten Camping CAMPING $

(☎75 02 54 95; www.visittorghatten.no; parcelas tienda/caravana 250/280 NOK, cabañas 1500-1950 NOK) Esta bonita alternativa, 10 km al suroeste de Brønnøysund, cerca de la subida a la cima del Torghatten (p. 290), cuenta con una playa junto a un lago artificial, estupenda para los niños.

Thon Hotel Brønnøysund HOTEL $$

(☎75 00 89 00; www.thonhotels.no/bronnoysund; Sømnaveien 98; h desde 1245 NOK; P 📶) Habitaciones modernas, buenos desayunos y vistas amplísimas desde las plantas superiores hacen de este lugar, de la fiable cadena Thon, el mejor alojamiento del pueblo.

Dónde comer

★Lokalmatbutikken DELI, CAFÉ $

(☎469 17 271; www.lokalmatbutikken.no; Storgata 68; tentempiés y comidas ligeras desde 80 NOK; ⌚11.00-17.00 lu-vi, hasta 15.00 sa) Es una charcutería y delicatesen que vende alimentos de producción local (quesos, especias o cer-

RECURSOS PARA PLANEAR LA KYSTRIKSVEIEN

El magnífico folleto *Kystriksveien*, distribuido en las oficinas de turismo y en muchos alojamientos del camino, es una pequeña biblia. Su sitio web (www.visitnorway.no/reisemal/trondelag/kystriksveien) da más detalles. Para profundizar aún más, puede consultarse *The Coastal Road: A Travel Guide to Kystriksveien* (La carretera costera: una guía de viaje a la Kystriksveien, 298 NOK) de Olav Breen.

Consúltense los enlaces de Cycle Touring del sitio web sobre un viaje de 12 días en bicicleta y ferri a lo largo de toda la Kystriksveien. Los folletos gratuitos *Cycling from Steinkjer to Leka* (En bicicleta de Steinkjer a Leka) o *Exploring the Islands by Bicycle* (Explorar las islas en bicicleta) tienen mapas detallados, y enumeran lo más destacado, así como alojamientos apropiados para ciclistas.

Para hacer más económica esta carísima ruta, visítese www.backpacker17.com.

vezas artesanas), y un pequeño y magnífico café donde se pueden probar los productos locales. Los viernes y sábados por la noche, abre incluso de 19.00 a 23.00 para lucir sus cervezas artesanas.

★**Restaurant Sagastua** NORUEGA **$$$**
(Hildurs Urterarium; ☎75 02 52 12; www.hildurs.no/restaurant; Tilrem; principales almuerzo sin/con postre 195/295 NOK, comida 2/3 platos desde 375/495 NOK; ⏲13.00-17.00) Sabores exquisitos, un servicio profesional y una presentación artística hacen de este restaurante uno de los mejores lugares para comer en esta parte del país. Destacan sobre todo los platos de pescado pero los bistecs también están hechos a la perfección. La carta cambia según la temporada.

Información

Oficina de turismo (☎75 01 80 00; www.visithelgeland.com; Sømnaveien 92; ⏲9.00-19.00 lu-vi, 11.00-17.00 sa y do med jun-med ago, horario reducido lu-vi y cerrado sa y do resto del año) A una manzana del muelle del Hurtigruten. Alquila bicicletas (200 NOK/día).

Cómo llegar y salir

Widerøe (www.wideroe.no) vuela a Brønnøysund desde Trondheim, Oslo y Bergen; la ruta más habitual sobrevuela Torghatten y los celestes mares que la rodean.

Hasta tres autobuses circulan entre Brønnøysund y Sandnessjøen (340 NOK, 3 h, diario excepto do) y a/desde Mosjøen (325 NOK, 3 h, 1-2 diarios excepto sa).

Brønnøysund es también una parada del ferri Hurtigruten.

Vega

900 HAB.

La isla de Vega sigue siendo un destino muy noruego (los autores de esta guía han sido los únicos extranjeros en sus numerosos viajes en ferri a/desde las islas). Esta y los más de 6500 *skerries* (islotes) y simplemente rocas grandes que forman el archipiélago de Vega son parte del Patrimonio Mundial de la Unesco. Tal distinción no se debe a ningún edificio o monumento, ni al paisaje (a pesar de ser impresionante), sino al esfuerzo humano, reconociendo que el archipiélago refleja el modo en que, durante los últimos 1500 años, generaciones de pescadores y agricultores han llevado una vida sostenible en este inhóspito ambiente marino. Este estilo de vida se basa en la práctica, actualmente única, de recogida del plumón de los patos eíder, realizado en su mayoría por mujeres. Para obtener más información sobre estos patos especiales y sus plumas, conviene visitar el maravilloso museo E-huset o consultar www.verdensarvvega.no.

Puntos de interés

★**E-huset** MUSEO
(☎75 11 01 00, 984 20 584; www.facebook.com/pg/ehuset/about; adultos/niños 60 NOK/gratis; ⏲12.00-16.00 jun-med sep) Este museo se encuentra en la diminuta aldea pesquera de Nes. Es un homenaje al pato eíder y a la forma en que fue domesticado, alimentándolo cuando volvía (cada uno a su mismo nidal) de su migración invernal. Ocupa un antiguo comercio que conserva el mostrador original y diversos alimentos que los bisabuelos solían comprar.

Actividades

Los aficionados a observar aves tienen aún más razones para recorrer el archipiélago de Vega. En él viven 228 especies documentadas, y es una zona extremadamente importante en invierno para las aves marinas. La barnacla cariblanca por la que es famoso Svalbard pasa un período de descanso aquí en su camino estival hacia el norte, mientras que la mayor colonia de cormoranes cría en uno de los *skerries* más occidentales.

Dónde dormir

Vega Camping CAMPING **$**
(☎943 50 080; www.vegacamping.no; Floa; parcelas automóvil/caravana 175/210 NOK, cabañas 600-850 NOK; ⏲todo el año) La hierba verde y corta que se extiende hasta la orilla de las tranquilas aguas hacen de esta zona de acampada una de las más bonitas de Noruega. Puede alquilarse un barco o bicicleta (350/175 NOK/día) o trotar un rato en la escuela de equitación de al lado.

★**Vega Havhotell** HOTEL **$$**
(☎75 03 64 00; www.havhotellene.no; Viksås; i/d/ste 1290/1390/1790 NOK; ⏲cerrado oct y lu nov-mar) Este hotel aislado en el límite septentrional de Vega es la tranquilidad en sí misma (no hay radio ni TV en ninguna de sus 21 impecables habitaciones). Es un lugar para relajarse, dar paseos y disfrutar de la brisa de la costa o simplemente observar cómo se entretienen la madre eíder y sus patitos. También tiene un excelente restaurante y Anna y Jon son unos anfitriones encantadores.

De compras

★ Utværet Lånan MENAJE, ACCESORIOS

(☎452 72 654; www.lanen.no; Lånen) En el archipiélago de Vega, en la isla de Lånen, unos 30 km al noroeste de la isla principal de Vega, Utværet Lånen vende mitones, almohadas, edredones y otros productos rellenos de plumón, que son muy cálidos y suaves como la seda. Si no se puede llegar a las islas, se puede comprar en línea.

Información

Oficina de turismo (☎75 03 53 88; www.visitvega.no; ⏲9.00-19.00 lu-vi, 9.30-15.30 sa y do med jun-med ago, 8.30-15.30 resto del año) Está en Gladstad, la aldea más grande de la isla.

Cómo llegar y salir

Hay barcos directos a/desde Brønnøysund y Sandnessjøen, mientras que los ferris de vehículos cruzan Vega desde la península de Horn y Tjøtta.

Sandnessjøen

5930 HAB.

La pequeña y tranquila Sandnessjøen es una ciudad pujante, al haberse descubierto petróleo mar adentro y confiar que se produzcan grandes cambios. Hasta que estos lleguen, se trata de un pequeño asentamiento costero algo desangelado, donde la vida gira en torno al puerto pesquero y al barrio peatonalizado de Torolv Kveldulvsons gate, a una manzana del puerto.

El principal atractivo es la imponente cordillera de **Syv Søstre** (Siete Hermanas), al sur del pueblo.

FERRIS DE SANDNESSJØEN A STORVIK

El largo día de automóvil de Sandnessjøen a Bodø se ralentiza considerablemente por los tres cruces en ferri que hay que hacer. Los horarios están en casi todas las oficinas de turismo del camino, incluidas las de Sandnessjøen y Bodø. Recuérdese que, incluso en pleno verano, casi ninguno de los ferris cruza más de una vez por hora, todo lo cual puede suponer muchísimo tiempo de espera si no se planea bien. Un buen recurso para muchos de los ferris es www.torghatten-nord.no. Estos son los tres ferris:

Levang-Nesna (pasajeros/automóvil 42/85 NOK, 20 min)

Jetvik-Kilboghamn (pasajeros/automóvil 65/206 NOK, 70 min-2 h)

Forøy-Ågskardet (pasajeros/automóvil 33/79 NOK, 15 min)

Puntos de interés

★ Museo Petter Dass MUSEO

(☎75 11 01 50; www.petterdass.no; por Fv17, Alstahaug; adultos/niños 85 NOK/gratis; ⏲10.00-18.00 lu-do med jun-med ago, 10.00-15.30 ma-vi y 11.00-17.00 sa y do resto del año) Aunque uno no haya oído hablar nunca del poeta medieval noruego Petter Dass (1647-1707), no hay que perderse este impresionante museo en Alstahaug, al sur de Sandnessjøen. Dass vivió aquí sus últimos 18 años y el museo ofrece a la vez una obra arquitectónica vanguardista y una fascinante perspectiva de la vida y obra de Dass.

Actividades

La oficina de turismo sugiere paseos por la cordillera de las **Syv Søstre (Siete Hermanas)**, adonde se llega por la Rv17 en Breimo o Sørra, unos 4 km al sur del pueblo. Desde allí hay que caminar un par de kilómetros hasta el comienzo de la senda, al pie de la montaña. También se puede ir en **taxi** (☎75 04 02 12) hasta la base. Los senderos están señalizados con puntos rojos y la oficina de turismo puede facilitar sencillos mapas y descripciones básicas de la ruta, aunque el más fiable es *Alstahaug*, un mapa a escala 1:50 000. Como medida de seguridad (por estos lares el tiempo puede cambiar de forma drástica y repentina), conviene decir en la oficina de turismo cuándo y dónde se va.

Los senderistas más experimentados pueden llegar a las siete cimas (de 910 a 1072 m) en un solo día. Cada año hay una competición que abarca todos los picos; el récord es de 3 h y 54 min, aunque la mayoría de los mortales deben contar con 15-20 h como mínimo. Para ascender al Botnkrona (1072 m), el más alto, la mayoría de los senderistas en buena forma tardan 3-4 h (solo ida), y para cada uno de los demás picos hacen falta 2-3 h (solo ida).

Si el viajero firma con su nombre en el libro que hay en cada cima, rellena una tarjeta de control y la deja en la oficina de turismo, recibirá un diploma por correo.

MERECE LA PENA

LA KYSTRIKSVEIEN, DE SANDNESSJØEN A STORVIK

Todo en esta franja costera resulta impresionante; si solo se va a hacer una parte de la ruta, se recomienda el tramo entre Sandnessjøen y la inverosímil playa arenosa de Storvik, 100 km al sur de Bodø. Gran parte es una Ruta Turística Nacional, denominación otorgada solo a las carreteras más pintorescas de las ya de por sí pintorescas carreteras de Noruega. Con tres cruces en ferri y numerosas razones para detenerse a mirar, es un día largo (especialmente si se quiere llegar a Bodø para la hora de la cena), pero también inolvidable, pues la carretera da vueltas y revueltas entre el mar y las montañas, cuyas cimas siguen salpicadas de nieve en verano.

La mejor vista desde la parte sur llega cuando la carretera asciende tras el cruce del ferri de Låvong-Nesna. A partir de ahí, al acercarse a Mo i Rana, se convierte en un recorrido espectacular junto al hermoso **Ranafjord** hasta Stokkvågen; poco después, se puede deambular por el fuerte costero nazi de **Grønsvik,** una de las más de 350 fortificaciones erigidas en la costa noruega. Alrededor de 1 km después del fuerte, un mirador ofrece más vistas asombrosas.

La ruta cruza el **círculo polar ártico** en algún momento del trayecto en ferri (1 h) de Kilboghamn-Jektvik. El capitán suele anunciarlo, y hay un globo plateado en la costa este. Cuanto más al norte, más espectaculares son las vistas, desde las montañas nevadas del desierto polar de Svartisen hasta innumerables islas, islotes y escollos. A lo largo del camino, el mar va rodeando al viajero y las flores silvestres de primavera lucen en todo su esplendor, gracias a un clima relativamente moderado, caldeado por los últimos coletazos de la corriente del Golfo. En tramos largos, la carretera discurre junto al agua.

Las mejores panorámicas de Svartisen aparecen tras el ferri Ågskardet-Forøy, al volcarse las lenguas glaciales sobre los campos de hielo que van hacia el agua desde la carretera que recorre Holandsfjorden.

Para acercarse aún más, un **ferri** (☎95 92 03 27; www.engenbreenskyss.no; adultos/niños ida y vuelta 170/60 NOK) cruza en 10 minutos el Holandsfjord desde la pequeña localidad de Holand (aprox. cada hora). Puede alquilarse una bicicleta (3/6 h 75/100 NOK) para recorrer la pista de grava de 3 km entre el muelle y la punta de la lengua de hielo del glaciar de Engebreen.

Un paseo de 15 minutos desde el lugar donde atraca el ferri lleva hasta un centro de información de temporada con café, tienda y restaurante. Organiza paseos guiados de 1 a 2 h por el glaciar (600 NOK) y caminatas más largas (4-5 h, 1100 NOK) desde el final del lago de Engabrevatnet. Hay que reservar con antelación. También se puede ascender por la orilla del glaciar hasta la cabaña Tåkeheimen (a 1171 m), próxima a la cumbre del Helgelandsbukken (1454 m). Hay que seguir las T marcadas y contar con 8 h para ir y volver. En el Turistsenter pueden asesorar sobre alojamiento en cabañas.

Si sobra tiempo, se puede hacer una parada en **Furøy Camping** (☎75 75 05 25; www.furoycamp.no; Forøy; parcela tienda/caravana 180/220 NOK, cabaña 500-950 NOK). Aparte de las magníficas vistas del glaciar de Svartisen al otro lado del fiordo, este lugar tiene una zona de juego infantil de cinco estrellas (con cama elástica y minicabañas). Está apenas a 1 km de la terminal de ferris de Ågskardet-Føroy, pero hay que reservar cabaña con antelación; en verano se forma una hilera de vehículos desde el ferri hasta la recepción.

Otra posibilidad es el ascenso al **Dønnmannen** (858 m), una excursión de 8 km (i/v) que está calificada como un reto y es solo para gente con experiencia. Las sendas empiezan en Hagen, en la isla que está frente a Sandnessjøen, al oeste. La oficina de turismo de Sandnessjøen tiene descripciones de rutas y proporciona horarios de ferris.

Dónde dormir

Sandnessjøen Camping CAMPING $
(☎975 62 050; www.ssj.no; Fv17; tiendas/caravanas 150/250 NOK, cabañas 600-1200 NOK) Unos 10 km al sur de Sandnessjøen hay un lugar bien organizado con vistas fabulosas, así como las habituales plazas de *camping* y cabañas sencillas.

★ **Scandic Syv Søstre** HOTEL **$$**
(☎75 06 50 00; www.scandichotels.no; Torolv Kveldulvsons gate 16; d desde 1350 NOK; 📶) Este gran hotel cercano a la terminal de ferris de Hurtigruten ofrece toda la comodidad que uno espera de un miembro de la cadena Scandic, con toques de estilo en las habitaciones, desayunos excelentes y magníficas vistas en casi todas las habitaciones.

Leinesodden Cabins CABAÑAS **$$**
(www.sandnessjoenovernatting.no; por Fv17; cabaña por noche/semana 1200/6000 NOK) Gestionadas por Sandnessjøen pero mucho más creativas, especialmente para familias o grupos, son las Leinesodden Cabins, al otro lado del agua y a 10 minutos del pueblo en automóvil. Tienen capacidad para entre 5 y 10 personas, están amuebladas con gusto y ofrecen una maravillosa sensación de aislamiento.

Clarion Collection Hotel Kysten HOTEL **$$**
(☎465 06 935; www.nordicchoicehotels.no; Havnegata 4; d desde 1295 NOK; 📶) Este fabuloso hotel tiene vistas al litoral y unas habitaciones elegantes de decoración contemporánea. El desayuno está por encima de la media y el precio de la habitación incluye un bufé vespertino ligero y excelente.

Dónde comer y beber

Restaurante Soprano ITALIANA **$$**
(☎407 00 006; www.restaurant-soprano.no; Torolv Kveldulvsons gate 33; principales 149-289 NOK; ⏲12.00-22.00 lu-ju, 12.00-23.00 vi y sa, 14.00-22.00 do) El Soprano, una buena alternativa a los restaurantes de hotel, no es nada especial pero sirve auténticos platos italianos de pasta y *pizza*. Tiene algo más de categoría que casi todos los restaurantes de este tipo en Noruega. Para almorzar, pruébense los manicotti, crêpes rellenos con salsa de carne y queso gratinado por encima.

Scandinavie CAFÉ **$$**
(☎970 11 132; Torolv Kveldulvsons gate 43; principales 80-165 NOK; ⏲9.00-17.00 lu-vi, 10.00-15.00 sa) En un atractivo edificio de madera de color mostaza, que destaca por ser uno de los más bonitos del centro, Scandinavie sirve sándwiches, baguetes, sopa y ensaladas, así como otras comidas ligeras. Las mesas de madera blanca y las cortinas con puntillas le añaden un encanto clásico.

Onkel Oskar BAR
(☎75 04 18 88; www.onkeloskar.no; Torolv Kveldulvsons gate 40; ⏲20.00-1.00 lu-ju, hasta 3.00 vi y sa) Con una maravillosa chimenea antigua y un aire clásico, este lugar organiza con cierta regularidad concursos de *pub*, y es sorprendentemente moderno para el pequeño y provinciano Sandnessjøen. Su lema es genial: "Puede que el alcohol sea el peor enemigo del hombre, pero la Biblia dice que ames a tu enemigo". Eso lo dice todo.

Información

Oficina de turismo (☎75 01 80 00; www.visithelgeland.com; Torolv Kveldulvsons gate 10; ⏲9.00-19.00 lu-vi, 11.00-17.00 sa y do med jun-med ago, 10.00-15.00 lu-vi resto del año) En pleno centro; un excelente recurso para toda la región de Helgeland.

Cómo llegar y salir

Widerøe (www.wideroe.no) tiene vuelos directos a Oslo, Bodø, Trondheim, Mo i Rana y Mosjøen.

Entre los destinos de autobús desde Sandnessjøen están Brønnøysund (340 NOK, 3 h, a diario excepto do), Mosjøen (215 NOK, 1¾ h, 3-5 diarios excepto sa) y Mo i Rana (340 NOK, 2¾ h, 1-3 diarios).

El ferri costero de Hurtigruten llega dos veces al día, y también llegan ferris desde Brønnøysund, Træna y Vega. La **oficina de turismo** (p. 294) tiene horarios actualizados.

Træna

Træna es un archipiélago de más de 1000 *skerries* pequeños y planos, y solo cinco de ellos están habitados. De estos, hay que ira a **Husøy,** que acapara casi toda la población y alojamientos de Træna, y a la isla de al lado, **Sanna.** Esta gota en el océano mide poco más de 1 km de longitud y tiene una cordillera montañosa en miniatura que recorre su espinazo y culmina en la parte norte de la aguja de 318 m de Trænstaven. El sentimiento recurrente aquí es el de estar en la parte más tranquila y alejada de Noruega, de espaldas a Europa y en un lugar olvidado por el tiempo.

Fiestas y celebraciones

Trænafestivalen MÚSICA
(www.trena.net; ⏲jul) Todos los años Træna acoge el que debe de ser uno de los festivales de música más remotos de Europa. Pese a ello, hay actuaciones noruegas e internacionales y el festival es una forma maravillosa de pasar cuatro días.

MERECE LA PENA

KJERRINGØY

Es fácil ver por qué esta tranquila península, unos 40 km al norte de Bodø, besada por aguas turquesa y con un fondo de altísimos picos de granito, es una localización habitual para los cineastas noruegos.

Aquí, la emprendedora familia Zahl fundó en el s. XIX un importante **puesto comercial** (Kjerringøy Handelssted; ☎75 50 35 05; www.nordlandsmuseet.no/kjerringoy_handelssted; Rv 834; adultos/niños 100/50 NOK; ⏰11.00-17.00 finales may-finales ago) que proporcionaba a las familias de pescadores suministros a cambio de su captura. Aún se conservan casi todas las estructuras de madera de esta comunidad autosuficiente. Los espartanos cuartos y cocinas de los pescadores contrastan con la lujosa decoración de la residencia de los comerciantes. El precio de la entrada incluye un pase audiovisual de 20 min; se accede al edificio principal mediante visita guiada.

El autobús nº 10 conecta Bodø y Kjerringøy dos veces al día. En verano es posible hacer en un mismo día una excursión de ida y vuelta que deja unas buenas 2½ horas para curiosear. En la oficina de turismo de Bodø pueden comprobarse los horarios.

Tanto en autobús como en automóvil, la excursión incluye un viaje de 10 min en el ferri que une Festvåg y Misten. De camino, se pasa por el característico perfil de la **isla de Landegode,** las playas de arena blanca de **Mjelle** (cuyo aparcamiento está a 20 min a pie) y el espectacular pico de **Steigtind,** que se eleva unos kilómetros al sur de Festvåg.

Dónde dormir

Træna Gjestegård PENSIÓN $

(☎75 09 52 28; www.trænagjestegård.com; Burmaveien; h por persona 500 NOK) Las habitaciones son sencillas, pero son las más baratas del archipiélago y los dueños preparan una comida fantástica para el almuerzo y la cena.

Træna Rorbuferie PENSIÓN $$$

(☎979 83 276; www.rorbuferien.no; h 1050-1300 NOK) Estas preciosas *rorbuer* (cabañas de pescadores) de tonos ocres ofrecen vistas magníficas, muebles sencillos y una sensación maravillosa de aislamiento. Cada una tiene una cocina pero también se pueden encargar comidas.

Cómo llegar y salir

Los barcos exprés de pasajeros que conectan Træna con Bodø, Sandnessjøen y Mo i Rana pasan una o dos veces al día. Los ferris del continente atracan en Husøy.

Lovund

Espectacular isla de una belleza austera, que ocupa solo 47 Ha, con unas cuantas casas rojas de madera apiñadas frente a los elementos del Atlántico, bajo un altísimo afloramiento rocoso que se eleva 623 m sobre el mar. En Lovund anidan prolíficas colonias de aves, y cada 14 de abril la isla (de apenas 250 habitantes) celebra el Lundkommardag, el día en que 200 000 frailecillos regresan para anidar hasta mediados de agosto.

Dónde dormir

★**Lovund RorbuHotell** HOTEL $$$

(☎75 09 20 30; www.lovund.no; Fv406; i/d desde 1345/1645 NOK) Uno no espera encontrar aquí un lugar así. Las habitaciones contemporáneas (ultramodernas), algunas en un elegante edificio moderno, otras en antiguas construcciones de pesca más tradicionales reformadas, hacen que este sea uno de los mejores establecimientos de la costa. La comida es tan buena como el alojamiento.

Cómo llegar y salir

Hay ferris que conectan Lovund con Stokkvågen (2 h) en el continente hasta un par de veces al día. Los precios varían según si el barco es exprés o de los que paran en todas partes.

Bodø

50 000 HAB.

El punto más boreal de la bella ruta costera de Kystriksveien, 63 km al oeste de Fauske por la carretera del Ártico, es la puerta de entrada al verdadero norte noruego. También es el final del recorrido más boreal del sistema de ferrocarriles del país y sirve de punto de partida para las islas Lofoten.

El principal atractivo de la ciudad son los lejanos y escarpados picos y la inmensidad de sus cielos. Las espectaculares

Bodø

Bodø

Puntos de interés

1 Nordlandmuseet B3

Dónde dormir

2 City Hotell D2
3 Opsahl Gjestegård D2
4 Scandic Havet A2
5 Skagen Hotel B3
6 Thon Hotel Nordlys A3

Dónde comer

7 Bjørk B2
8 Bryggeri Kaia A2
9 Løvolds B2
10 Paviljongen B2
Roast .... (véase 4)

Dónde beber y vida nocturna

11 Dama Di – Kunst, Kaos og Bar B2
12 Public B2

Ocio

13 Stormen Konserthuset A2

islas situadas al norte albergan la mayor concentración mundial de águilas pescadoras de cola blanca; por algo se conoce a Bodø como la capital de las águilas pescadoras.

Puntos de interés

Norsk Luftfartsmuseum MUSEO

(Museo de la Aviación de Noruega; www.luftfartsmuseum.no; Olav V gate; adultos/niños/familias 160/80/450 NOK; ⏲10.00-19.00) Es muy divertido pasear por el Museo de la Aviación, de 10 000 m², si se tiene algo de interés por el vuelo y la historia de la aviación; hace falta al menos medio día. Observado desde la altura, el moderno edificio principal, gris y con los cristales ahumados, tiene la forma de la hélice de un avión. La exposición incluye una torre de control y demostraciones prácticas. En el 2016, abrió la excelente e interactiva Galería Civil, sobre el sueño de volar.

Bodin Kirke IGLESIA

(Gamle riksvei 68; ⏲10.00-15.00 finales jun-med ago) GRATIS Preciosa iglesia de piedra con cúpula, a unos 3 km del centro de la ciudad, que data de 1240. La Reforma de Lutero provocó cambios importantes en el exterior, como la construcción de una torre. El interior está adornado con alegres elementos barrocos, en especial el altar tallado.

Nordlandmuseet MUSEO

(plano p. 296; ☎75 50 35 00; www.nordlandsmuseet.no; Prinsens gate 116; adultos/niños 60/10 NOK; ⏲11.00-17.00 med jun-ago, 9.00-15.00 lu-vi sep-med jun) Esta pequeña joya cuenta la breve historia de Bodø en una entretenida e informativa película de 25 min, con subtítulos en inglés. Destacan la reproducción de una *rorbu* de pescadores, una sección sobre la cultura sami que incluye una choza cubierta de paja y un tambor ritual, emblemas relativos al patrimonio pesquero de la ciudad y una pequeña parte del tesoro vikingo del s. IX descubierto en los alrededores en 1919.

Fiestas y celebraciones

Festival de Música de Nordland MÚSICA
(www.musikkfestuka.no; ⏲ago) Diez días de música clásica, *jazz* y ópera en la primera mitad de agosto. Puede preguntarse en la oficina de turismo (p. 298) por su aplicación "Musical Views", una herramienta genial con la que se puede oír música elegida especialmente para algunos de los mejores puntos panorámicos de la ciudad.

Parken Festivalen MÚSICA
(www.parkenfestivalen.no; ⏲ago) Un festival de *rock*, R&B y pop durante todo un fin de semana a finales de agosto. Franz Ferdinand fue el artista principal en el 2017.

Dónde dormir

Bodøsjøen Camping CAMPING $
(☎75 56 36 80; www.bodocamp.no; Kvernhusveien 1; parcelas tienda/caravana 180/250 NOK, 50 NOK/persona, cabañas 300-950 NOK) En esta ribereña zona de acampada, a 3 km del centro, los bungalós están muy bien equipados. Hay una superficie de hierba con mesas de pícnic exclusivas para los campistas. Los autobuses nº 12 y 23 paran a 250 m.

City Hotell HOTEL $
(plano p. 296; ☎75 52 04 02; www.cityhotellbodo.no; Storgata 39; dc 250 NOK, i/d desde 650/750 NOK, tw con baño compartido 695 NOK; @📶) Tiene 19 habitaciones estándar, pequeñas pero a buen precio, y muchísima flexibilidad. Los tres dormitorios colectivos, con cabida para 3-6 personas, son estupendos para mochileros. También cuenta con dos amplias habitaciones familiares y otras dos tienen minicocina.

★**Skagen Hotel** HOTEL $$
(plano p. 296; ☎75 51 91 00; www.skagen-hotel.no; Nyholmsgata 11; i/d desde 915/1135 NOK; @📶) Ocupa dos edificios enfrentados y conectados por un pasadizo bajo la calle. Las habitaciones son atractivas, muy distintas a las de las cadenas hoteleras. Tiene un bar, reparte café y gofres gratis por la tarde y sirve unos desayunos excelentes. El personal también puede aconsejar sobre una completa gama de actividades para realizar al aire libre.

★**Thon Hotel Nordlys** HOTEL $$
(plano p. 296; ☎75 53 19 00; www.thonhotels.no; Moloveien 14; i/d desde 995/1205 NOK; 📶) Posiblemente el hotel más elegante de Bodø, con toques de sutil diseño escandinavo por todas partes, vistas al puerto deportivo y un restaurante asequible. Son fantásticas las fotos de la aurora boreal que ocupan toda la pared en algunas habitaciones.

Opsahl Gjestegård B&B $$
(plano p. 296; ☎75 52 07 04; post@opsahl-gjestegard.no; Prinsens gate 131; i/d 1094/1300 NOK) En una tranquila calle residencial, posee 18 cómodas habitaciones con una decoración que va desde lo más florido hasta lo menos recargado, y un pequeño bar para los huéspedes. No es más barato que los de mayor tamaño, pero sigue siendo una alternativa atractiva a la vida en un hotel. También tiene cuatro apartamentos con minicocina.

Scandic Havet HOTEL $$$
(plano p. 296; ☎75 50 38 00; www.scandichotels.no/hotell/norge/bodo/scandic-havet; Tollbugata 5; i/d 1449/1649 NOK; 📶) Este lugar, candidato de la cadena Scandic al mejor hotel de diseño de Bodø, tiene unas vistas fabulosas de la ciudad y el agua (en días despejados se ven las islas Lofoten desde las habitaciones del lado oeste). Pero los enchufes inadecuados cerca del escritorio, la ausencia de minibar y otros detalles pequeños pero importantes sugieren un ligero triunfo del estilo sobre la sustancia.

Dónde comer

Paviljongen CAFÉ $
(plano p. 296; ☎75 52 01 11; Torget; principales 149-194 NOK; ⏲10.00-23.00 lu-vi, 13.00-23.00 sa, 12.00-23.00 do) Este estupendo lugar al aire libre en la plaza principal es ideal para tomar un café o una de sus tres cervezas de barril, y quizá comer un almuerzo económico mientras se mira la vida pasar. Sirve pasta, salmón frito con cuscús y hasta una hamburguesa para la resaca; muy considerados.

★**Roast** INTERNACIONAL $$
(plano p. 296; ☎75 50 38 35; www.roastfood.no/bodo; Tollbugata 5, 17ª planta; principales 189-350 NOK; ⏲11.00-1.00 lu-ju, hasta 2.30 vi y sa, hasta 17.00 do) Por encima de la ciudad, en la 17ª planta

del hotel Scandic Havet, Roast (Asado) hace honor a su nombre. Los hay para todos los gustos pero hay que pedir la tabla de asados, con sus diferentes carnes (chuletas, bistec...), muy bien presentadas. Y las vistas desde lo alto son maravillosas.

Bryggeri Kaia NORUEGA **$$**

(plano p. 296; ☎75 52 58 08; www.bryggerikaia.no; Sjøgata 1; tentempiés desde 150 NOK, principales 215-335 NOK; ⏲11.00-3.30 lu-sa, 12.00-3.30 do) Bryggeri Kaia es un claro favorito. Se puede comer bien, picar algo, disfrutar de un almuerzo de bufé entre semana (195 NOK), del bufé de arenques los sábados (195 NOK) o beber una de sus diversas cervezas. Todo ello, en el gran espacio interior, con aspecto de *pub,* en la terraza de la calle o, lo mejor de todo si hay sitio, en la veranda con vistas al puerto.

Bjørk CAFÉ **$$**

(plano p. 296; ☎75 52 40 40; www.restaurantbjork.no; Storgata 8, 1ª planta, Glasshuset; especiales almuerzo 149-179 NOK, *pizzas* desde 160 NOK, principales 295-329 NOK; ⏲10.00-22.00 lu-sa, 15.00-22.00 do) Este agradable local ha alcanzado gran popularidad, sobre todo entre la gente influyente más joven. Sirve distintos tentempiés creativos, *pizzas* al horno de leña, tapas y *sushi,* y ocupa parcialmente el puente cegado sobre el pasillo principal del centro comercial. Su especialidad es el pescado seco a la parrilla servido con puré de guisantes, huevo escalfado, mantequilla de beicon y patatas al alioli.

Løvolds CAFÉ **$$**

(plano p. 296; www.lovold.no; Tollbugata 9; principales 150-180 NOK; ⏲9.00-18.00 lu-vi, hasta 15.00 sa) Esta histórica cafetería del muelle es la opción con más solera para comer: bocadillos, platos a la plancha y abundante comida noruega. Además tiene buenas vistas al muelle.

Dónde beber y vida nocturna

Dama Di – Kunst, Kaos og Bar BAR

(plano p. 296; Sjøgata 18; ⏲22.00-3.30) Con un lema que se traduciría como "arte, caos y bar", Dama Di combina la sofisticación con un toque alternativo y moderno y una decoración ecléctica. Las exposiciones de arte y una mesa de billar continúan con las yuxtaposiciones extrañas, y su otro lema ("café feo y gente maja") está bien, siempre que no se vaya a beber algo caliente.

Public BAR

(plano p. 296; Sjøgata 12; ⏲20.00-3.30) Enormes fotos de conciertos de punk-*rock* cubren las paredes y un Elvis a tamaño natural se apoya en la barra de este local minimalista con taburetes de cuero. Dicen que abren todas las noches del año, pero los autores de la guía no se pasaron a comprobarlo el 25 de diciembre o el Viernes Santo.

Ocio

Stormen Konserthuset SALA DE CONCIERTOS

(plano p. 296; ☎75 54 90 00; www.stormen.no/konserthuset; Storgata 1b; ⏲taquilla 9.00-16.00 lu-vi, 12.00-15.00 sa) La excepcional sala de conciertos nueva de Bodø hay que tenerla controlada por sus conciertos clásicos de grandes artistas; aquí actúan la Ópera y Orquesta del Norte de Noruega (www.noso.no). Se pueden solicitar visitas guiadas.

Información

Oficina de turismo (plano p. 296; ☎75 54 80 00; www.visitbodo.com; Sjøgata 15-17; ⏲9.00-20.00 lu-vi, 10.00-18.00 sa y do med jun-ago, 9.00-15.30 lu-vi sep-med jun) Publica el excelente folleto *Bodø* y ofrece wifi gratuito.

Cómo llegar y salir

AVIÓN

Desde el aeropuerto de Bodø (www.avinor.no), al suroeste del centro, salen al menos 10 vuelos diarios hacia Oslo, Trondheim y Tromsø. Otros destinos del norte de Noruega son Leknes, Narvik, Harstad y Mo i Rana.

BARCO

Bodø es una de las paradas del **ferri costero de Hurtigruten** (plano p. 296; ☎97 05 70 30).

Hay cinco o seis **ferris de automóviles** (plano p. 296; www.torghatten-nord.no) al día en verano (con menos frecuencia el resto del año) entre Bodø y Moskenes en las Lofoten (conductores/adultos/niños 702/196/98 NOK automóvil incluido, 3-3½ h). Si se viaja en coche en verano, y para evitar largas esperas, conviene reservar antes (100 NOK extra aprox.; reservas en www.torghatten-nord.no).

Casi todos los días, llega como mínimo un ferri a las meridionales islas Lofoten de Røst y Værøy.

También hay un **ferri exprés de pasajeros** (plano p. 296; www.torghatten-nord.no) entre Bodø y Svolvær (adultos/niños 385/198 NOK, 3¾ h) cada día.

AUTOBÚS

Desde la **estación de autobuses** (plano p. 296; ☎177) salen dos autobuses diarios hacia/desde

Narvik (325 NOK, 6½ h) vía Fauske (105 NOK, 1½ h), y algunos más hacia/desde Fauske.

TREN

DESTINO	TARIFA (NOK)	TIEMPO (H)	FRECUENCIA (DIARIOS)
Fauske	138	¾	5
Mo i Rana	507	3	3
Mosjøen	675	4¼	3
Trondheim	1088	9¾	2

Cómo desplazarse

Los autobuses urbanos cuestan 50 NOK/trayecto. La **oficina de turismo** (p. 298) alquila bicicletas a 230 NOK/día.

Saltstraumen

Este es uno de los fenómenos naturales más inusuales de Noruega. El Saltstraumen Maelstrom es todo un espectáculo y vale la pena planear el día para ir a verlo si se está por la zona.

Puntos de interés

Remolino de Saltstraumen FENÓMENO NATURAL

El remolino de Saltstraumen está garantizado que ocurra cuatro veces cada 24 horas. En el estrecho de Saltstraumen, de 3 km de largo y 150 m de ancho, las mareas hacen que un fiordo desemboque en el otro, creando el equivalente de un remolino en el mar. El resultado es un caótico remolino, que desplaza a 20 nudos unos 400 millones de m^3 de agua, primero en un sentido y luego en el otro, cada 6 h. Para estar allí en el momento adecuado hay que planearlo bien.

Este remolino, al parecer el mayor del mundo, es en realidad una serie cinética de remolinos más pequeños que se forman, se elevan, se funden y luego se dispersan, y es un medio ideal para el plancton, que a su vez atrae abundantes peces y por lo tanto a pescadores. En primavera también se pueden ver las colonias de gaviotas que anidan en la isla de Storholmen, en medio de la corriente.

En su apogeo –la mayor parte del tiempo–, es todo un espectáculo. Si se tiene la mala suerte de ir en un día flojo, puede recordar al remolino que forma el agua en una bañera. La experiencia es más directa desde la costa, pero las mejores vistas se obtienen desde el puente de Saltstraumbrua, sobre el estrecho, donde puede contemplarse cómo se arremolinan las aguas como una nebulosa esmeralda.

Por regla general, cuando la marea llega del oeste, las mejores vistas se obtienen desde el lado este del puente. Cuando la marea se retira, se ve mejor desde el oeste. Hay que llegar pronto para ir al centro de visitantes a comprobar de qué lado viene la corriente.

Es aconsejable conseguir antes un horario de mareas en la oficina de turismo de Bodø o en el hotel; en el propio estrecho no hay.

Dónde dormir y comer

Pluscamp Saltstraumen CAMPING $

(75 58 75 60; Knaplund; parcela tienda/caravana 250/250 NOK, cabaña 500-1100 NOK; P) *Camping* rural bastante estándar, situado al norte del centro de visitantes y a un paseo cuesta arriba desde el borde del agua.

Saltstraumen Hotel HOTEL $$

(75 50 65 60; www.saltstraumenhotell.no; Fv17; h/cabañas desde 1295/1500 NOK; P) Este hotel junto al centro de visitantes y a un paseo de 2 min de los miradores del remolino es una buena opción si uno no quiere perderse el espectáculo o quiere verlo dos veces. Las habitaciones están cuidadas aunque no sean espectaculares, pero tiene gimnasio y *jacuzzi* al aire libre. También hay cabañas con cocina.

★**Kafe Kjelen** CAFÉ $$

(936 86 963; www.kafekjelen.no; Ripnesveien 40; principales 115-225 NOK; 10.00-22.00 lu-sa, 12.00-20.00 do) Este pequeño café acogedor y maravilloso, en un promontorio con vistas al remolino, es espléndido. Lo gestiona la misma familia desde 1955, prepara una sencilla carta que incluye pescado de la zona, pasteles y auténticas especialidades que vale la pena probar, como *møsbrømlefse* (pan plano servido con queso marrón, azúcar y mantequilla derretida). Uno podría pasarse toda una tarde aquí mirando cómo se arremolinan las aguas.

Cómo llegar y salir

Saltstraumen está 30 km al sur de Bodø por carretera (y mucho más cerca en barco). En la **oficina de turismo** de Bodø (p. 298) puede pedirse información de los circuitos/excursiones privados en barco que llegan aquí.

Hay siete autobuses diarios (2 sa y do, 1 h) entre Bodø y el puente de Saltstraumen. Si se va en automóvil, se tarda como mínimo 45 minutos en llegar.

Lofoten

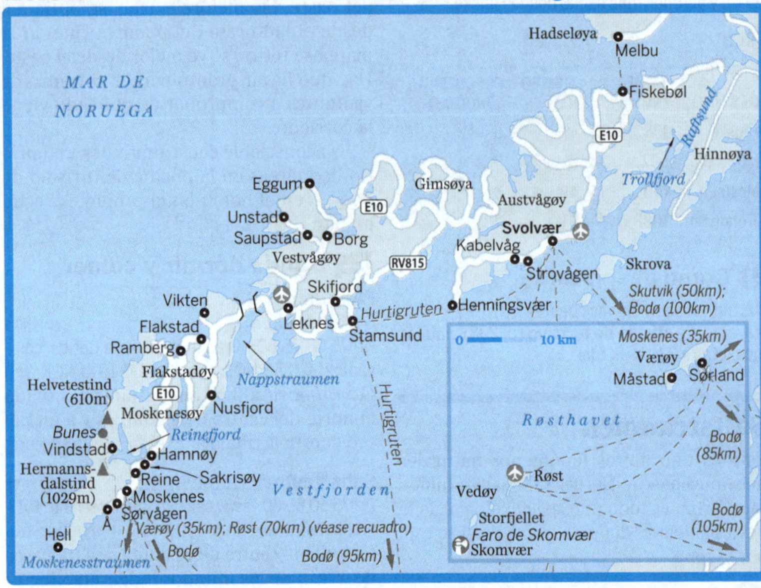

LOFOTEN

Imposible olvidar la primera vez que se llega a las islas. Las Lofoten se extienden altas y escarpadas, recortadas contra el cielo como un dragón marino con púas. La belleza del lugar es sobrecogedora.

Las islas principales, Austvågøy, Vestvågøy, Flakstadøy y Moskenesøy, están separadas de tierra firme por Vestfjorden, pero están todas conectadas entre sí por puentes y túneles. En cada una de ellas hay bahías resguardadas, praderas para ovejas y pueblos pintorescos. Hace mucho que las vistas y esa especial luz del Ártico atraen a los artistas, que exponen en galerías de todas las islas. Una de las mejores formas de apreciar el paisaje es seguir la carretera E10, que recorre las Lofoten de arriba abajo, y tomar todos los desvíos que se pueda por el camino.

Austvågøy

9150 HAB.

Muchos viajeros comienzan su visita a las Lofoten en Austvågøy, la isla más septentrional. Es muy bonita, con varios puntos de interés fascinantes, pero vale más como puerta de entrada al archipiélago.

Svolvær

4598 HAB.

Esta concurrida ciudad portuaria se expandió a través de una sucesión de islotes cuya separación se está rellenando en la actualidad para así crear una península que gane terreno al mar. Aunque el entorno es precioso, con un fondo de montañas altas, la mezcolanza de edificios modernos embarulla un poco. Es un buen lugar para comer y repostar, pero la magia de las Lofoten está en otro lugar.

Puntos de interés

★ Foto Galleri GALERÍA

(plano p. 303; ☎954 98 150; www.lofotfotografen.no; Vestfjordgata esq. Kirkegata; ⌚10.00-16.00 y 18.30-20.00 lu-vi, 10.00-15.00 y 18.30-20.00 sa med jun-med ago, cerrado tardes resto del año) GRATIS Las impresionantes fotos de las islas Lofoten en toda su perturbadora gloria, casi todas a la venta, son obra de Anders Finsland. Vale la pena parar aunque no se vaya a comprar.

★ Magic Ice ESCULTURA

(plano p. 303; ☎76 07 40 11; www.magicice.no; Fiskergata 36; adultos/niños 175/95 NOK; ⌚11.00-23.00 do-ju, hasta 24.00 vi y sa med may-med sep, 16.00-23.00 do-ju, hasta 24.00 vi y sa resto del año) Con una ubicación muy apropiada en una planta de congelación de pescado, este es un lugar de lo más refrescante, aunque quizá conviene tomar algo para templar el ánimo. Sus 500 m^2 están repletos de enormes esculturas de hielo que ilustran la vida en las Lofoten. Si no puede volverse al norte de Noruega en invierno, esta es una aproximación estupenda, aunque breve. La entrada incluye ropa de abrigo y una bebida en una copa de hielo.

Galleri Dagfinn Bakke GALERÍA
(plano p. 303; ☎76 07 19 98; www.dagfinnbakke.no; Richard Withs gate 4; ⊙11.00-15.00 lu-mi y vi, hasta 19.00 ju, hasta 14.00 sa) GRATIS Una de las pequeñas galerías privadas más interesantes de Svolvær expone obras del artista local Dagfinn Bakke, en las que la característica luz y las formaciones naturales de la Noruega ártica ocupan un papel primordial. También se exponen obras de otros pintores. Muchas de las piezas están a la venta.

Nordnorsk Kunstnersenter GALERÍA
(plano p. 303; ☎400 89 595; www.nnks.no; Torget 20; ⊙10.00-18.00 med jun-med ago, hasta 16.00 mado resto del año) GRATIS En la plaza principal, junto a la oficina de turismo, el Centro de Artistas del Norte de Noruega acoge exposiciones temporales de pintura, escultura, cerámica, etc, de artistas del norte del país. La tienda es un buen lugar para comprar recuerdos esta zona.

Lofoten Krigsminnemuseum MUSEO
(plano p. 303; ☎917 30 328; www.lofotenkrigmus.no; Fiskergata 12; adultos/niños 100/30 NOK; ⊙10.00-16.00 lu-sa, 12.00-15.00 y 18.00-22.00 do med jun-med ago, previa petición resto del año) Albergado en la antigua oficina de correos, el pequeño museo conmemorativo de guerra de las Lofoten explica el papel de las islas en el drama de la II Guerra Mundial, cuando las islas fueron ocupadas por los nazis. La colección incluye numerosas fotografías fascinantes de la época, además de uniformes y pertrechos originales, y hasta un par de minas desmanteladas.

Actividades

★ Svolværgeita EXCURSIONISMO, ESCALADA
Típico en todas las postales de las Lofoten: algún alma intrépida saltando entre dos dedos de roca muy por encima de Svolvær. Para subir en una excursión hasta un punto situado entre los dos pináculos (355 m), hay que caminar al noreste por la E10 hacia Narvik, pasar el puerto deportivo y girar a la izquierda en Nyveien y luego a la derecha en Blatind veg; la empinada escalera comienza detrás del parque infantil. El ascenso lleva unos 30 min, o 1 h si se sube hasta la cima de Floya. Para subir a Svolværgeita y dar el salto, hay que ir con un guía de escalada; se pueden pedir recomendaciones en la oficina de turismo o probar con Northern Alpine Guides (p. 308).

Lofoten Diving SUBMARINISMO, BUCEO, BUCEO CON TUBO
(plano p. 303; ☎400 48 554; www.lofoten-diving.com; Sjømannsgata 5; 3 h buceo con tubo por persona 850 NOK, submarinismo por persona 690-990 NOK) Para quienes quieran aventurarse por las aguas del Ártico, practicar submarinismo o buceo en las Lofoten es muy novedoso. Esta empresa tiene una oficina en Svolvær y otra en Ballstad, bastante al sur de Vestvagøy.

Circuitos

XX Lofoten KAYAK
(plano p. 303; ☎916 55 500; www.xxlofoten.no; JE Paulsens gate 12; desde 690 NOK; ⊙med may-ago) Montar en kayak por las aguas de Svolvær es una forma fabulosa de explorarlas, y esta empresa bien organizada ofrece excursiones guiadas de 3 h en kayaks dobles. También alquila bicicletas y organiza expediciones de pesca, y a veces cursos para cocinar marisco.

Lofoten Photo Tours CIRCUITOS
(☎951 38 505; www.lofotenphototours.no; 1395 NOK; ⊙10.00 lu-ju sep-abr con reserva) Circuitos fotográficos de 4 h fuera de la temporada alta (la mejor época para fotografiar la luz del Ártico). Los organiza el fotógrafo local Geir Nøtnes.

Fiestas y celebraciones

Campeonato Mundial de Pesca de Bacalao CULTURAL
(⊙mar) Esta celebración de todo lo que tenga que ver con la pesca tiene lugar el último fin de semana de marzo y atrae a cientos de participantes.

Dónde dormir

Scandic Hotel Svolvær HOTEL $$
(plano p. 303; ☎76 07 22 22; www.scandichotels.no; Lamholmen; h desde 995 NOK; P 📶) Se alza en una isla diminuta, sobre el agua y soportado por pilares. La habitación nº 121 tiene un agujero en el suelo para que los huéspedes puedan echar la caña directamente al agua.

Las habitaciones son más funcionales que memorables (conviene pedir una con balcón).

★Thon Hotel Lofoten HOTEL **$$$**
(plano p. 303; ☎76 04 90 00; www.thonhotels.no; Torget; d 1545-2695 NOK; 📶) Este hotel céntrico y elegante tiene muchos pisos y un exterior de vidrio espejado. Su principal gancho son las fabulosas vistas; hay que pedir la habitación en las plantas superiores (evítense la 2ª y la 3ª). Los prismáticos en cada habitación son un detalle bonito. El desayuno ganó el premio Twinings al mejor desayuno de Noruega en el 2016.

★Lofoten Suite Hotel HOTEL BOUTIQUE **$$$**
(plano p. 303; ☎476 70 100; www.lofoten-suitehotel.com; Havnepromenaden; ste 1450-3300 NOK; 📶) Este impresionante edificio de madera y vidrio parece cernirse sobre la parte frontal del puerto, Svolvær, así que es normal que casi todas sus estilosas suites tengan ventanales de arriba abajo y vistas al mar. Las láminas de madera y los tejidos de colores evocan un aire contemporáneo, y algunas habitaciones tienen cocina americana para preparar tentempiés.

★Svinøya Rorbuer CABAÑAS **$$$**
(plano p. 303; ☎76 06 99 30; www.svinoya.no; Gunnar Bergs vei 2; cabañas y stes 1600-3500 NOK) Hay diversos bungalós al otro lado del río, en el islote Svinøya, el primer asentamiento de Svolvær. Algunos son más antiguos pero en general son actuales, acogedores y cómodos. La recepción es un auténtico museo, una *krambua* (tienda tradicional) restaurada y reabastecida, construida en 1828, que fue la primera tienda de Svolvær. Tiene bungalós por toda la zona y algunas de las mejores *rorbuer* (cabañas de pescadores) de las Lofoten.

SH Rorbu Anlegget RORBUER **$$$**
(plano p. 303; ☎948 94 806; www.svolvaerhavn.no; Vesterøyveien 23; h desde 2500 NOK; P📶) Estas lujosas casas de madera de un blanco deslumbrante, una versión moderna de las *rorbuer* en una de las penínsulas de Svolvær, tienen tres habitaciones y mucho estilo. Son *rorbuer* de lujo, con muebles modernos, una elegancia impecable y una maravillosa tranquilidad.

Dónde comer

Hjerterommet Kafe CAFÉ **$**
(plano p. 303; Vestfjordgata; tentempiés desde 80 NOK; ⌚10.00-16.00 lu-vi, 11.00-16.00 sa) Más un lugar donde tomar un café y un dulce, este pequeño y ecléctico local sirve para una estupenda parada técnica. Decoración variada (desde un colchón de cama hasta preciosas maderas de colores), muy personal y acogedor.

Ni Hao ASIÁTICA **$$**
(plano p. 303; ☎76 07 79 00; www.ni-hao.no; Havnepromenaden; principales 155-275 NOK; ⌚12.00-23.00 lu-sa, 13.00-23.00 do) Ni Hao, uno de los mejores restaurantes asiáticos del norte de Noruega, está en un lugar precioso junto al agua, con mesas fuera, un elegante comedor interior y una cocina de calidad. Hay que destacar el solomillo de ternera.

★Børsen NORUEGA **$$$**
(plano p. 303; ☎76 06 99 30; www.svinoya.no; Gunnar Bergs vei 2; principales almuerzo 195-235 NOK, cena 295-345 NOK; ⌚11.30-15.30 y 18.00-22.00 med jun-med ago, 18.00-22.00 resto del año) Este restaurante situado en el complejo de Svinøya es de los mejores de la ciudad. Es una antigua pescadería, que llamaban "la Bolsa" por el banco de afuera, donde se reunían a debatir los abuelos del pueblo. En el comedor, con vigas y suelos de madera, las especialidades son el pescado seco y el cordero de las Lofoten.

Anker Brygge NORUEGA **$$$**
(Kjøkkenet; plano p. 303; ☎76 06 64 80; www.anker-brygge.no; Lamholmen; principales pub 159-300 NOK, restaurante principales 300-450 NOK; ⌚16.00-23.00) Originariamente una barraca para salar pescado y en la actualidad un lugar amueblado como una cocina antigua, es un acogedor sitio para cenar de maravilla. La cocina es tradicional y la recomendación de la carta por supuesto es pescado. Hay que probar el fletán con puré de tupinambo y salsa de champán. Fuera, la terraza del *pub* es mucho más informal, con *pizzas*, hamburguesas y bistecs.

Dónde beber y vida nocturna

Bryggabaren PUB
(plano p. 303; Lamholmen; ⌚10.00-hasta tarde) En el mismo complejo que Anker Brygge, este antro coqueto y de vigas bajas está adornado con herramientas de todo tipo. La barra es un bote salvavidas de un barco polaco de transporte de tropas de la II Guerra Mundial, que fue llevado por la corriente hasta Svolvær en 1946. Tiene un programa de música en directo de septiembre a mayo, e incluso en otras ocasiones.

Svolvær

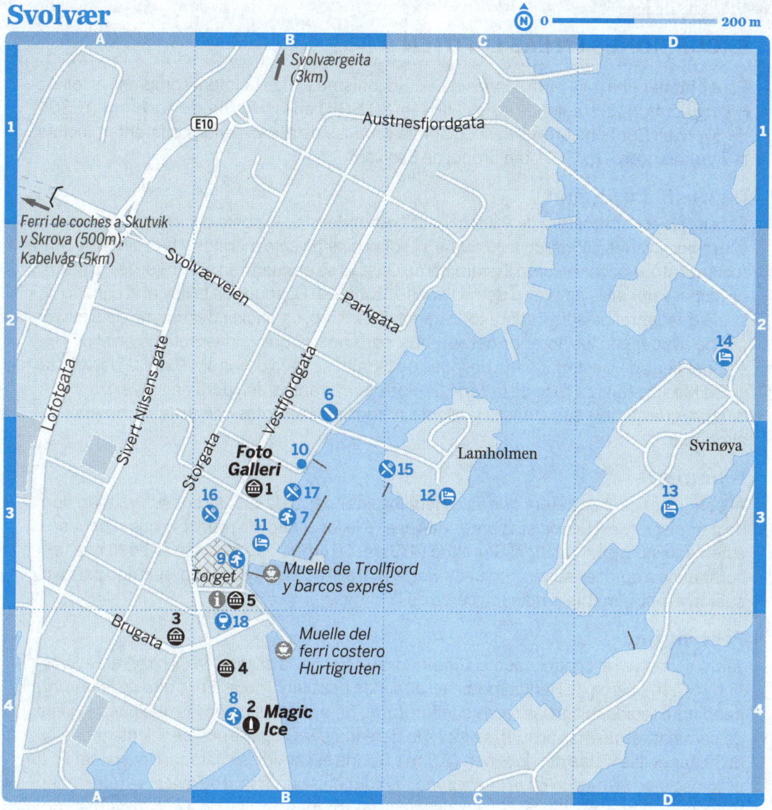

Svolvær

Principales puntos de interés
1 Foto Galleri....B3
2 Magic Ice....B4

Puntos de interés
3 Galleri Dagfinn Bakke....A4
4 Lofoten Krigsminnemuseum....B4
5 Nordnorsk Kunstnersenter....B3

Actividades, cursos y circuitos
6 Lofoten Diving....B2
7 Lofoten Explorer....B3
8 RiB Lofoten....B4
9 Trollfjord Cruise....B3
10 XX Lofoten....B3

Dónde dormir
11 Lofoten Suite Hotel....B3
12 Scandic Hotel Svolvær....C3
13 SH Rorbu Anlegget....D3
14 Svinøya Rorbuer....D2
Thon Hotel Lofoten....(véase 5)

Dónde comer
15 Anker Brygge....C3
Børsen....(véase 14)
16 Hjerterommet Kafe....B3
17 Ni Hao....B3

Dónde beber y vida nocturna
Bryggabaren....(véase 15)
18 Styrhuset....B4

Styrhuset PUB
(plano p. 303; ☎76 04 90 00; OJ Kaarsbøs gate 5; ⏲19.00-1.00 do-ju, 18.00-2.30 vi y sa) El *pub* más antiguo de Svolvær está lleno de oscuros huecos que recuerdan a los marineros que ya no están. Ponen el fútbol en la TV siempre que hay un partido importante.

INDISPENSABLE

EXCURSIONES EN LAS LOFOTEN

Para obtener una guía para sendas de excursionismo en las Lofoten, cómprese el folleto *Hiking Lofoton* (Excursiones en las Lofoten, 80 NOK) en la **oficina de turismo** (p. 304) de Svolvær. Contiene breves descripciones y mapas de nueve sendas diferentes, incluida la **Svolværgeita** (p. 301), tan propia de Svolvær.

De Unstad a Eggum

Esta popular ruta costera de 9 km conecta dos aldeas de la costa occidental de la isla, y atraviesa varios cabos, un faro solitario, soberbios paisaje marinos y las ruinas de un fuerte junto al océano. Tanto Eggum como Unstad se encuentran a 9 km de la carretera principal y por ellas no pasan demasiados autobuses. Después de la lluvia, el camino suele quedar resbaladizo, sobre todo cerca de Unstad. La oficina de turismo de Svolvær puede ayudar con los horarios del autobús, pero no hay que confiar mucho en ello.

Si se llega de Unstad, 1,5 km después de Eggum se ve la escultura *Cabeza* del artista suizo Markus Raetz. Parte de la serie Skulpturlandskap, es una obra de arte extraordinaria, que cambia con sutileza y adopta 16 formas diferentes mientras se camina alrededor.

Glomtind

Al conducir por la carretera que va a Henningsvær desde la E10, se encuentra todo tipo de campistas y excursionistas antes de llegar a la localidad. Es probable que muchos estén aquí para conquistar el Glomtind (419 m), un empinado ascenso (1-1½ h) que recompensa a quienes suben con unas vistas maravillosas. Hay que ir preparado para una subida especialmente empinada cerca de la cima.

Festvågtind

Tanto si uno ya ha conquistado el Glomtind como si no, la ascensión (3 h i/v) al Festvågtind (541 m), cerca de Henningsvær, es aún más popular si cabe. En lo alto de la primera pendiente (cuidado con las rocas sueltas, tanto bajo los pies como las que puedan venir de caminantes de más arriba), se gira a la derecha para llegar a una pendiente menor y disfrutar de las vistas desde Nipen (211 m). Donde el camino se bifurca, Heiavatnet es un precioso lago protegido en el que algunos excursionistas gustan refrescarse (literalmente) con un chapuzón. Desde el lago, hay un ascenso muy empinado a lo alto de Festvågtind, con vistas espectaculares de Henningsvær y más allá.

Kvalvika y Ryten

Al viajar más allá de Ramberg en dirección a Å, hay que seguir los carteles hasta Fredvang y continuar hasta Torsfjord. Desde el aparcamiento, el camino asciende hasta 170 m sobre el nivel del mar. Luego se sigue la senda claramente señalizada que baja hasta Kvalvika, donde otra senda sube empinada hacia el noreste, y luego al noroeste, a Ryten (543 m). Es un ascenso duro, de 3 h desde el aparcamiento, pero las vistas son de las mejores en las Lofoten.

ℹ Información

Oficina de turismo (plano p. 303; ☎76 07 05 75; www.lofoten.info; Torget; ⏲9.00-21.00 lu-vi, hasta 19.00 sa y do med jun-med ago, horario reducido resto del año) Ofrece información de todo el archipiélago.

ℹ Cómo llegar y salir

AVIÓN

Desde el pequeño aeropuerto de Svolvær hay hasta seis vuelos diarios a Bodø, y al menos un vuelo diario de Wideroe a Oslo.

No hay transporte al aeropuerto, hay que tomar un taxi.

BARCO

Svolvær es una parada del **ferri costero de Hurtigruten** (plano p. 303; Torget). Otras dos rutas marítimas conectan Svolvær con la península. En www.torghatten-nord.no se pueden consultar los horarios y reservar.

Skutvik (automóviles/pasajeros 383/112 NOK, 1¾-2¼ h, hasta 10 diarios) La travesía más regular y popular.

Bodø (adultos/niños 385/198 NOK, 3¾ h) Barco **exprés** diario (p. 305) solo de pasajeros.

AUTOBÚS

Leknes (143 NOK, 1½ h, 4-6 diarios) Con conexiones a Å (230 NOK, 3½ h).

Narvik (desde 280 NOK, 4¼ h, dos directos diarios).

Sortland (202 NOK, 2¼ h, 3-5 diarios) En Vesterålen, vía Stokmarknes (1¾ h).

Henningsvær

444 HAB.

Un precioso (y bastante estrecho) recorrido a lo largo de 8 km de costa hacia el sur desde la E10 lleva hasta el pueblo pesquero aún en activo de Henningsvær, situado en lo alto de un estrecho promontorio. Su apodo "la Venecia de las Lofoten" puede ser algo exagerado, pero sin duda es el lugar más luminoso, colorido y de moda del archipiélago.

Además lleva muchos siglos siendo un importante centro pesquero. Hasta hay un dicho local dedicado al patrimonio piscatorio de la localidad: "De las Lofoten soy un auténtico bacalao, pues nací en Henningsvær."

Puntos de interés

Kaviar Factory GALERÍA
(☎907 34 743; www.kaviarfactory.com; Henningsværveien; adultos/niños 100/80 NOK; ⊙10.00-19.00 do-ju, 14.30-19.00 vi y sa) Esta fabulosa galería de arte se encuentra en una llamativa fábrica restaurada de los años cincuenta, con un reparto variable de exposiciones vanguardistas. La tienda de diseño de la entrada también está muy bien y vale la pena echar un vistazo.

Engelskmannsbrygga GALERÍA
(☎481 29 870; www.engelskmannsbrygga.no; Dreyersgate 1; ⊙10.00-21.00 med jun-med ago, horario reducido resto del año) GRATIS Aquí, en el "muelle del inglés", está el estudio abierto y galería de tres talentosos artistas de la zona: la ceramista Cecilie Haaland, el fotógrafo de naturaleza y guía John Stenersen y la sopladora de vidrio Mette Paalgard, con quien a veces se puede probar a soplar vidrio.

Actividades

Kayak Lofoten KAYAK
(☎468 05 648; www.kayaklofoten.com; Gammelveien 6; kayak alquiler por día 450 NOK, 3 h circuito guiado 650 NOK) Hay circuitos de tres horas por el agua o se puede ir por libre. Se elija lo que se elija, las aguas que rodean Henningsvær son magníficas para remar.

Cursos & Circuitos

Escuela de Escalada del Norte de Noruega ESCALADA
(Nord Norsk Klatreskole; ☎905 74 208; www.nordnorskklatreskole.no; Misværveien 10; ⊙mar-oct) Este lugar ofrece una amplia variedad de cursos de escalada técnica y esquí por el norte de Noruega. Subir a los picos con un guía experimentado cuesta unas 2200 NOK/día, incluido el equipamiento, para entre una y cuatro personas.

Lofoten Oppleveiser AIRE LIBRE
(Lofoten Adventure; ☎905 81 475; www.lofotenopplevelser.no; Misværveien) Con sede en Henningsvær, esta empresa de deportes de aventura ofrece una enorme variedad de actividades marítimas. En verano, hay safaris para ver pigargos (adultos/niños 650/500 NOK, 1½ h), contemplar el sol de medianoche (900/750 NOK, 2½ h) y bucear (850/700 NOK, 2 h). En invierno, se puede ir a ver la aurora boreal (700 NOK, 2 h) y las orcas (y también bucear con ellas) en Andenes, cuatro horas al norte de Henningsvær por carretera.

INDISPENSABLE

VIAJES EN BARCO POR TROLLFJORD

Diversas empresas compiten por ofrecer excursiones en barco desde el puerto hasta los angostos límites de la cercana Trollfjord, escarpada y espectacular, que se estrecha hasta llegar a los 100 m. Puede hacerse una excursión de 2 h para ver pigargos, un crucero de 3 h o apuntarse a un viaje de 4 h que incluye la oportunidad de tirar el sedal y volver a casa con algo de pesca. Los billetes se compran junto al **muelle** (plano p. 303; Vestfjordgata) o en empresas como **Lofoten Explorer** (plano p. 303; ☎971 52 248; www.lofoten-explorer.no; adultos/niños 795/600 NOK; ⊙9.00, 11.30 y 14.00 jul, 11.30 y 14.00 jun y ago, 11.30 resto del año), **RiB Lofoten** (plano p. 303; ☎904 16 440; www.rib-lofoten.com; adultos/niños 750/600 NOK; ⊙11.00 y 13.00 may-ago) o **Trollfjord Cruise** (plano p. 303; ☎451 57 587; www.trollfjordcruise.com; adultos/niños 700/350 NOK).

INDISPENSABLE

CICLISMO Y OTRAS ACTIVIDADES EN LAS LOFOTEN

Las Lofoten son un terreno perfecto para pedalear, gracias a su combinación de carreteras generalmente planas, paisaje impresionante y tentadores desvíos a intervalos frecuentes.

Para recorrer en bicicleta los 83 km de esta ruta hay que ir hacia Holandshamn y retroceder hasta Svolvær por la Ruta Kaise. Una costa solitaria, montañas escarpadas y granjas abandonadas serán los compañeros de viaje. A diferencia del resto de las Lofoten, esta excursión recorre partes de la isla poco conocidas por los turistas. Un largo tramo corre paralelo a Trollfjord. Se recomienda preguntar en la oficina de turismo por el alquiler de bicicletas y cómo llegar a Holandshamn.

Otra posibilidad es la ruta de 63 km entre Henningsvær y Stamsund, con un poco de tráfico, que recorre paisajes fabulosos y playas tranquilas.

La **oficina de turismo** (p. 304) de Svolvær puede dar más sugerencias sobre ciclismo. Hay que consultar el folleto *Hjulgleder* para montar en bicicleta en las Lofoten.

Lofoten Links (☎76 07 20 02; www.lofotenlinks.no; Hov, Gimsøysand; tarifas 9/18 hoyos/24 h 550/850/1400 NOK; ⊙may-med oct) Lofoten Links, sin duda uno de los campos de golf más bonitos de Europa, da al mar y ofrece esa oportunidad única en la vida de jugar al golf bajo el sol de medianoche. Es un auténtico campo de golf, todo un desafío, y el par tres del segundo hoyo fue votado el mejor de Noruega en el 2016. Hay alojamiento de lujo allí mismo para quienes quieran contratar un paquete.

Lofothest (☎905 90 309; www.lofothest.no; Valbergsveien 966-981, Rolvsfjord; 3/5 h excursiones por persona desde 1550/2150 NOK; ⊙may-nov) Excursiones de 90 min a dos días por Vestvågøy, desde Rolvsfjord, en la carretera Rv815, al norte de Stamsund.

Hov Hestegård (☎76 07 20 02, 917 69 809; www.hovhestegard.no; Tore Hjortsvei 471, Gimsøysand; senderismo 1½h/2 h/medio día/día completo por persona desde 690/950/1350/1950 NOK; ⊙may-jul) Excelentes paseos por senderos en la pequeña isla de Gimsøya, entre Vestvågøy y Austvågøy y accesible por la E10.

Fiestas y celebraciones

Codstock COMIDA Y BEBIDA
(www.codstock.com; ⊙med may) Este festival celebra el patrimonio pesquero de Henningsvær, con tres días de cocina, pesca y salomas. Los músicos visitantes animan mucho el ambiente.

Dónde dormir

Johs H Giæver Sjøhus og Rorbuer PENSIÓN $
(☎76 07 47 19; www.giaever-rorbuer.no; Hellandsgata 79; rorbuer 650-1200 NOK, casa en la playa 500-750 NOK) Desde mediados de junio hasta mediados de agosto, una moderna casa en la playa que sirve de alojamiento a los trabajadores de la planta pesquera local se alquila a los visitantes a buen precio. Las cuidadas habitaciones (algunas para cuatro personas) comparten instalaciones, entre ellas una gran cocina y una zona para comer. La empresa tiene también 10 *rorbuers* con baño en el centro urbano.

Lofoten Arctic Hotel HOTEL $$
(☎76 07 07 77; www.lofotenarctichotel.no; Sauøya 2; h 1353 NOK) Las sencillas habitaciones estilo motel a la entrada del pueblo son una opción buena pero sosa; algunas son mejores que otras; conviene verlas antes. Las vistas son impresionantes desde muchas zonas del hotel.

★**Henningsvær Bryggehotel** HOTEL $$$
(☎76 07 47 19; www.henningsvaer.no; Hjellskjæret; d desde 1395-1895 NOK; 📶) En un hermoso edificio de madera junto al puerto, este hotel histórico es sin duda el mejor alojamiento de Henningsvær. Las habitaciones están decoradas con tonos grises y cremas; casi todas tienen vistas al agua, y algunas cuentan con camas en divertidos entresuelos para los niños. Su restaurante, el **Bluefish,** es excelente; la carta ofrece pescados de los que probablemente uno nunca ha oído hablar.

Dónde comer

★**Kafé Lysstoperiet** CAFÉ $
(☎905 51 877; www.henningsvarlys.no; Gammelveien 2; principales 98-149 NOK; ⊙10.00-20.00) Este lugar informal en pleno centro es muy popular (y se lo merece). La comida ecológica

va desde los mejores bizcochos de las Lofoten hasta comidas ligeras como sopa, bocadillos abiertos, empanadas, ensalada de pasta y *pizzas* caseras. Hay un par de mesas pequeñas en el exterior, mientras que el interior es cálido y con carácter. Además, el café es estupendo.

Klatre Kafeen CAFÉ **$$**

(☎909 54 619; www.nordnorskklatreskole.no/klatrekafeen; Misværveien; principales 140-210 NOK; ⌚11.00-1.00 do-ju, 11.00-2.30 vi y sa med jun-med ago, 18.00-1.00 mi y 18.00-2.00 vi y sa med ago-med jun) Con unas cuantas mesas junto al agua y un acogedor comedor interior, este lugar tranquilo lo lleva la vecina Escuela de Escalada del Norte de Noruega (p. 305). La comida va de los bocadillos abiertos de gambas a la ensalada de cuscús pasando por la sopa de bacalao. En verano hay música en directo los viernes y sábados por la noche. También ofrece alojamiento (dormitorios/sencillas/dobles 300/500/600 NOK).

★Fiskekrogen PESCADO **$$$**

(☎76 07 46 52; www.fiskekrogen.no; Dreyersgate 29; principales almuerzo 185-265 NOK, cena 245-325 NOK; ⌚12.30-22.00 jun-ago, horario reducido resto del año) Este restaurante junto al muelle, de los favoritos de la familia real noruega, es lo más destacado de Henningsvær, culinariamente hablando. Hay que probar, sobre todo, la espectacular sopa de pescado (198 NOK), pero hay de todo en la carta, desde pescado con patatas fritas a lenguas de bacalao fritas. De 16.00 a 17.00 en verano sirve solo sopa de pescado y guiso de marisco.

Al lado, **Bar Nord** (abierto desde las 19.00) es un lugar más informal, con preciosas vistas al agua. Y no está muy lejos para ir a tomar unas bebidas tras la cena.

De compras

Drops MENAJE

(☎948 60 514; www.drops-henningsvaer.no; ⌚10.00-20.00 med jun-med ago, horario reducido resto del año) Es divertido curiosear esta ecléctica colección de menaje informal y, en algún caso, elegante, de la calle principal. Como dice el cartel: "No somos una tienda de recuerdos, pero vendemos cosas buenas que les encantan a los noruegos".

Cómo llegar y salir

Hay un autobús regular a Henningsvær desde Svolvær (50 NOK, 40 min, mín. 6 diarios) vía Kabelvåg (35 min).

Kabelvåg

1733 HAB.

Situado 5 km al suroeste de Svolvær, es, en general, un lugar íntimo y acogedor. En el centro hay una plaza pequeña y un puerto diminuto, mientras que el distrito de Storvågen, a 2 km de la carretera E10 hacia el sur, posee varios museos y galerías de arte.

Puntos de interés

Una entrada combinada (adultos/niños 220/110 NOK) da acceso al Lofotmuseet, al Lofoten Aquarium y a la Galleri Espolin, todos en Storvågan. Es fácil caminar de uno a otro.

Galleri Espolin GALERÍA

(☎76 07 84 05; www.museumnord.no/galleri-espolin; adultos/niños 90/40 NOK; ⌚10.00-18.00 jun-med ago, horario reducido resto del año) Esta galería muestra los evocadores grabados y litografías de Kaare Espolin-Johnson (1907-1994), uno de los grandes artistas noruegos. Espolin –cuyo trabajo es aún más asombroso puesto que estuvo casi ciego durante la mayor parte de su vida–, adoraba Lofoten y a menudo retrató a pescadores junto con otros temas del Ártico.

Vågan Kirke IGLESIA

(Lofotkatedralen; ☎76 06 71 90; www.lofotkatedralen.no; Villaveien 9; 40 NOK; ⌚10.00-18.00 lu-sa, 12.00-18.00 do finales jun-med ago) Es la segunda iglesia de madera más grande de Noruega y se yergue sobre la E10, al norte de Kabelvåg. Fue construida en 1898 para atender la afluencia de pescadores temporales y su aforo de 1200 personas supera ampliamente la población habitual de Kabelvåg. Hay conciertos de órgano en verano.

Acuario de Lofoten ACUARIO

(Lofotakvariet; www.museumnord.no/lofotakvariet; Storvåganveien 28; adultos/niños 130/70 NOK; ⌚10.00-18.00 jun-ago, horario reducido feb-may y sep-nov) Si se quiere aprender todo sobre las aguas frías y profundas que rodean las Lofoten, este acuario es un buen punto de partida. Hay diversas exposiciones relacionadas con el *skrei* , la especie de bacalao del Atlántico este que emigra del mar de Barents a las Lofoten cada invierno para desovar, así como tanques llenos de centollos, salmones y otras especies, además de focas y nutrias juguetonas (les dan de comer a las 12.00, 15.00 y 18.00).

Lofotmuseet MUSEO

(☎76 15 40 00; www.museumnord.no/lofotmuseet; Storvåganveien; adultos/niños 90/40 NOK; ⌚10.00-

DE PRIMERA MANO

ESTATUA DEL REY ØYSTEIN

Un sendero sube por detrás de la antigua cárcel de Storvågen hacia la estatua del rey Øystein, quien en 1120 ordenó que se construyeran las primeras *rorbuer* para dar cobijo a los pescadores que dormían anteriormente bajo las barcas de remos volteadas. Necesitaba mantenerlos calientes, secos y contentos, ya que el impuesto sobre la exportación de pescado seco era la fuente principal de sus ingresos.

18.00 jun-ago, horario reducido resto del año) El importante museo de las islas está en el terreno de la que podría considerarse la primera población de la región polar, donde se han descubierto restos de las *rorbuer* (cabañas de pescadores) originales. La galería principal del museo fue antaño la mansión de un comerciante. Un cómodo, ondulado y pintoresco camino histórico de 2 km lleva del museo al centro de Kabelvåg.

Actividades y circuitos

Northern Alpine Guides DEPORTES DE AVENTURA
(☎942 49 110; www.alpineguides.no; Kalleveien 21) Ofrece expediciones de escalada y vela por las islas Lofoten en verano, y esquí en invierno. Grupo muy profesional y de lo más recomendable.

Lofoten Kajakk AVENTURAS
(☎76 07 30 00; www.lofoten-aktiv.no; Kabelvåg) Empresa fiable de deportes de aventura que ofrece diversas actividades de temporada. En verano se puede montar en kayak, navegar por los fiordos o hacer un circuito guiado en bicicleta de montaña, mientras que en invierno se puede ir a ver la aurora boreal, hacer esquí de fondo o caminar con raquetas de nieve. También alquila kayaks, bicicletas de montaña y equipo para otras actividades al aire libre.

Dónde dormir

Kabelvåg Feriehus og Camping CAMPING $
(☎76 07 86 20; www.kabelvag.com; Mølnosveien 19; tienda/caravana/automóvil 200/260/300 NOK, h 800-1500 NOK) Este impoluto y bien gestionado lugar en un entorno precioso es, según un viajero "el *camping* con las mejores instalaciones de Noruega".

Kabelvåg Vandrerhjem og Sommerhotell ALBERGUE $
(☎76 06 98 80; www.lofotensommerhotell.no/nb/hjem; Finnesveien 24; dc/i/d con baño compartido 335/650/850 NOK, d con baño 995 NOK; ⏰jun-ppios ago; 📶) A menos de 1 km del centro de Kabelvåg, la escuela Folkehøgskole de Lofoten se convierte en albergue y hotel fuera del año escolar. Hay cocina para los huéspedes y las habitaciones del hostal tienen una, dos o cuatro camas.

Nyvågar Rorbuhotell CABAÑAS $$$
(☎76 06 97 00; www.claseicnorway.no/hotell/nyvagar-rorbuhotell; Storvåganveien 22; rorbuer de 4 camas con vistas al mar/vistas interiores incl. desayuno 2450/2050 NOK) En Storvågan, este vistoso complejo de casas frente al mar es moderno casi en su totalidad, y sus *rorbuer* contemporáneas son bonitas y están totalmente equipadas. Las hay de varias formas y tamaños, y el hotel organiza actividades: desde ciclismo a pesca en el mar. Los precios bajan fuera de la temporada alta de verano.

Dónde comer

Præstengbrygga PUB, CAFÉ $$
(☎76 07 80 60; www.prestengbrygga.no; Torget 9; principales 130-175 NOK; ⏰10.30-1.00 lu-ju, 10.30-2.30 vi y sa, 12.00-1.00 do) Local multiusos, tan popular para almuerzos tranquilos de *pub* como para beber de noche. Es un espacio acogedor, con madera y una preciosa terraza junto al muelle. La comida es abundante y sustanciosa, con platos como guiso de reno, surtidos de marisco (a veces incluyen ballena) y *pizzas* grandes y generosas. De vez en cuando, en verano, hay música en directo; es un lugar estupendo para relajarse.

★**Lorchstua Restaurant** NORUEGA $$$
(☎76 06 97 00; www.claseicnorway.com/hotels/nyvagar-rorbuhotell/restaurant; Storvåganveien 26; principales almuerzo 105-205 NOK, cena 219-325 NOK; ⏰18.00-22.30 jun-med ago) Este afamado restaurante, dirigido por Nyvågar Rorbuhotell, sirve especialidades locales con un giro sutil, como filete asado de fletán en brandada de bacalao. El ambiente es formal y la comida, excelente.

Cómo llegar y salir

El autobús regular entre Henningsvær y Svolvær para en Kabelvåg (50 NOK, mín. 6 diarios).

Vestvågøy

11 000 HAB.

La norma general al recorrer esta isla central de las Lofoten es que las zonas más interesantes están lejos de la carretera principal, la E10. Y el Museo Vikingo es la excepción. Es posible atravesar Vestvågøy en 1 h conduciendo sin desviarse, pero se puede pasar gran parte del día explorándola.

Stamsund, un puerto del Hurtigruten, es un magnífico ejemplo de aldea tradicional de pescadores; hay unas vistas estupendas si se hace un desvío hacia Eggum y se deja atrás la ciudad.

Puntos de interés

★ Museo Vikingo de Lofotr MUSEO

(☎76 15 40 00; www.lofotr.no; adultos/niños incl. circuito guiado med jun-med ago 200/150 NOK, resto del año 140/100 NOK; ⏲10.00-19.00 jun-med ago, horario reducido resto del año; 👪) En 1981, en Borg, cerca del centro de Vestvågøy, el arado de un granjero golpeó las ruinas de la vivienda de un poderoso jefe vikingo. Con 83 m de longitud, es el edificio más grande de la época descubierto en Escandinavia. El museo, 14 km al norte de Leknes, ofrece un atisbo de la vida en la época vikinga. Se pueden recorrer 1,5 km de sendas sobre las colinas, desde la réplica de la enorme casa del jefe vikingo (el principal edificio, con forma de barco invertido), hasta la del barco en el agua. Guías ataviados según la temática dirigen visitas multilingües y los artesanos explican sus oficios en el interior de la casa vikinga. Es muy divertido y educativo, sobre todo para niños.

El museo también organiza un **festival vikingo** a principios de agosto, y en verano de 18.30 a 21.00 (incluido tiempo para visitar el museo) se puede participar en un banquete vikingo (adultos/niños 820/595 NOK) donde se sirve cordero de las Lofoten e hidromiel, y los vikingos entretienen a los comensales; es esencial reservar con antelación a través del museo o de la oficina de turismo (p. 304) de Svolvær.

El autobús Svolvær-Leknes pasa por la entrada.

Lofoten Gårdsysteri GRANJA

(☎76 08 96 31; www.lofoten-gardsysteri.no; Saupstadveien 235, Bøstad; ⏲10.00-21.00 lu-sa med jun-med ago, horario reducido resto del año) En la carretera a Saupstad, esta preciosa granja tiene cabras, cerdos y pollos que encantarán a los niños. Pero además es una explotación y fábrica de quesos ecológica que vende los productos que elabora, como queso, salchichas caseras y miel, ideales si se piensa hacer un pícnic, por ejemplo, al pasar Eggum.

Galleri 2 GALERÍA

(☎909 56 546; www.galleri2.no; JM Johansens vei 18, Stamsund; adultos/niños 40 NOK/gratis; ⏲12.00-18.00 ma-do jun-ago, con reserva resto del año) La galería del pintor local Scott Thoe está a 175 m del muelle del Hurtigruten en Stamsund, tras un breve desvío de la Rv185. Expone los trabajos de artistas noruegos contemporáneos, además de modelos a escala de sus propios y grandiosos proyectos al aire libre.

Actividades

Unstad Arctic Surf DEPORTES ACUÁTICOS

(☎970 61 201; www.unstadarcticsurf.com; Unstadveien 105; circuito 4 h SUP 1295 NOK) Si se quiere aprender a surfear en las Lofoten o se desea hacer un circuito costero de surf de remo, son posibles ambas opciones y más en este fantástico lugar de Unstad. Tienen diversos paquetes a modo de sugerencias, facilitan alojamiento en su *camping* y pueden recoger a los viajeros en Leknes o Svolvær.

Dónde dormir y comer

Brustranda Sjøcamping CAMPING $

(☎76 08 71 44, 916 28 682; www.brustranda.no; Rolvsfjord; parcelas automóvil/caravana 200/220 NOK, cabañas 4 camas 500-1600 NOK; ⏲med may-ago) Este *camping* cuidado y bien situado junto al mar se extiende por una preciosa ensenada. Está junto a la Rv815, 14 km al noreste de Stamsund, y es de esos lugares en los que uno quiere quedarse toda una semana.

Justad Rorbuer og Vandrerhjem ALBERGUE $

(☎76 08 93 34; dc/i/d con baño compartido 200/380/550 NOK, cabañas 4 camas desde 700 NOK; ⏲mar-med oct) El albergue de la isla, afiliado a HI, está a un paseo de 1,2 km del muelle del Hurtigruten y tiene una clientela regular que regresa año tras año (un huésped se ha hospedado unas 50 veces), por lo que conviene reservar. Está junto al agua, en un antiguo complejo pesquero.

★ Rebecca's NORUEGA $$$

(☎472 38 235; Valbergsveien; principales 330 NOK, do bufé almuerzo 330 NOK; ⏲12.00-17.00 med jun-

MERECE LA PENA

ESCAPAR DE LA E10

En lugar de continuar por la E10 a través del corazón de la isla Vestvågøy, se aconseja tomar la Rv815, más atractiva, mucho menos transitada y solo un poco más larga. Comienza nada más pasar el puente que enlaza con Austvågøy, continúa 28 km hacia el sur y se reencuentra con la E10 en Leknes. Transcurre en su mayor parte pegada a la costa, con escarpadas montañas que se precipitan hacia la tierra.

med ago) Este pequeño pero magnífico café junto a la carretera costera es un tesoro. Un precioso comedor de madera, una fantástica cocina local con énfasis en lo casero (los platos incluyen pescados y ballena) y la sensación de sentirse cuidado por una familia lo hacen irresistible. No hay más que ver los automóviles aparcados a montones en medio de la nada, cerca de Valberg.

La única pega es que el futuro del restaurante estaba en duda mientras se preparaba esta guía. Ojalá resistan.

Skjærbrygga Sjøhus CAFÉ $$$
(☎76 05 46 00; www.skjaerbrygga.no; Skjæret 2, Stamsund; cena principales 195-345 NOK; ⏱comida de *pub* desde 11.00, cena 17.00-22.00) Este lugar grande pero acogedor, con techo bajo de madera, está justo al borde del agua en Stamsund. Tiene un limitado menú de cena (tres primeros, tres segundos de pescado y dos segundos de carne) que incluye los ingredientes favoritos de la zona como tierno cordero de las Lofoten. Mientras se preparaba esta guía, el horario de apertura era algo fluctuante.

ℹ Información

Oficina de turismo (☎76 08 75 53; vti@online.no; Storgata 31, Leknes; ⏱9.00-17.00 lu y vi, 9.00-18.00 ma y mi, 9.00-19.00 ju, 9.00-16.00 sa y 12.00-16.00 do med jun-med ago, 10.00-16.00 lu-mi y vi, 9.00-18.00 ju, 10.00-14.00 sa resto del año) Está en la planta baja de Lofotsenteret, un gran centro comercial en la deslucida ciudad de Leknes.

ℹ Cómo llegar y salir

AVIÓN

Hay hasta ocho vuelos de Widerøe que conectan el aeropuerto de Leknes con Bodø.

BARCO

Stamsund es el puerto de la isla para el ferri costero de Hurtigruten. Al lado del muelle puede tomarse un autobús casi directo a Leknes.

AUTOBÚS

Algunos destinos desde Leknes son:

Å (145 NOK, 1¾ h, 4-5 diarios).

Stamsund (55 NOK, 25 min, 4-7 diarios).

Svolvær (145 NOK, 1½ h, 4-6 diarios).

Flakstadøy

1600 HAB.

La mayoría de los habitantes vive en la llana costa septentrional, alrededor de la ciudad de Ramberg, pero igual que Vestvågøy, es el escarpado sur el que posee los paisajes más espectaculares. Muchos visitantes pasan rápido, pero vale la pena parar a tomar el sol en la playa de Ramberg (las playas de arena son la excepción en las Lofoten), visitar a los sopladores de vidrio de Vikten, y hacer un desvío al precioso y artístico pueblo de Nusfjord.

Ramberg

350 HAB.

Un arco de arena blanca frente a una espléndida bahía verdeazulada, con nevadas cumbres árticas como telón de fondo; así son las **playas** de Ramberg y Flakstad, en la costa norte de Flakstadøy, cuando el sol las baña. Si el viajero da con un día así, a su regreso nadie creerá que las instantáneas de sus vacaciones fueron tomadas al norte del círculo polar ártico, pero las dudas se despejan al meter un pie en el agua.

Dónde dormir y comer

Ramberg Gjestegård CAMPING $
(☎76 09 35 00; www.ramberg-gjestegard.no; E10; parcela automóvil/caravana 190/240 NOK, cabaña 1050-1600 NOK) En este agradable *camping* en plena playa, se pueden alquilar bicicletas, kayaks, botes de remos o incluso motoras para explorar la isla. Hay un excelente restaurante, las cabañas están bien cuidadas y alojarse aquí ofrece una perspectiva diferente sobre Ramberg, una vez que se van los visitantes de un día.

★Kafe Friisgården CAFÉ $
(☎415 62 281; E10; principales desde 120 NOK; ⏱12.00-21.00 med jun-med ago) Bizcochos maravillosos, sabrosas comidas caseras como

guiso de pollo, con helado de postre y un café estupendo sirven en esta magnífica parada de carretera. El impresionante edificio, la terraza de atrás y una cálida acogida hacen que sea todo un hallazgo.

★**Ramberg Gjestegård Restaurant** NORUEGA $$
(principales 220-295 NOK; ⊙12.00-21.00 ma-do) Ramberg Gjestegård, el popular (y con razón) restaurante de cocina ártica, prepara sobre todo platos de pescado y, si se tiene suerte, su espléndido Menú Flakstad (bacalao, cordero curado y asado y compota de ruibarbo). También ofrece platos especiales para el almuerzo, más baratos pero igual de sabrosos, y un almuerzo de bufé los domingos (200 NOK).

ℹ Información

La **oficina de turismo** (☎76 09 31 10; henkirk@online.no; ⊙10.00-15.00 mi-sa med jun-ago) de la isla abre en temporada y está en la Galleri Steinbiten de Ramberg.

ℹ Cómo llegar y salir

Los autobuses entre Svolvær o Leknes y Å pasan por la calle principal.

Flakstad

1383 HAB.

Situada junto a la E10, Flakstad es una tranquila aldea, que acoge una de las iglesias más hermosas de las Lofoten y está cerca de una concurrida playa para deportes acuáticos. Por lo demás, Flakstad es de esos lugares tranquilos y discretos, y así es como les gusta a los lugareños. Cerca, a 4 km por la costa desde la E10, a la altura de Vareid, está el pueblo de Vikten, con una ubicación impresionante. Allí se encuentra la famosa Glasshytta. Aunque no se tenga interés en el soplado de vidrio, vale la pena el desvío solo por el paisaje.

Puntos de interés

★**Glasshytta** GALERÍA
(☎76 09 44 42; www.glasshyttavikten.no; Vikten; ⊙10.00-19.00 may-ago) Una excursión adicional de 4 km señalizada desde la E10 en Vareid, al norte de Flakstad, lleva a Vikten y a la excepcional galería de los sopladores de vidrio de la familia Tangrand. Se puede ver cómo soplan el vidrio y curiosear la impresionante cristalería de la sala de exposición y la tienda. Cruzando la carretera, frente al impresionante edificio principal, hay un pequeño café, así como una exposición de cerámica de la misma familia talentosa.

Flakstad Kirke IGLESIA
(circuitos guiados adultos/niños 50 NOK/gratis; ⊙11.00-15.00 finales jun-finales jul) Detrás de la playa de Flakstad y circunvalada en la actualidad por la E10, la iglesia de Flakstad, roja y con una cúpula bulbosa, se construyó en 1780 pero con los años ha sido ampliamente restaurada. Los ríos siberianos que se dirigen al Ártico arrancaron gran parte de la madera original.

ℹ Cómo llegar y salir

Flakstad está como a 1 km de la E10; los autobuses que van de Svolvær a Å pueden dejar en cualquiera de los dos desvíos.

Nusfjord

50 HAB.

Si se toma un desvío de la E10 entre Svolvær y Å, que sea el de Nusfjord, uno de los pueblos más bonitos del norte. La carretera aquí, de solo 6 km de largo, es un impresionante camino poco frecuentado, cercado por altísimos peñascos desnudos. Los edificios de madera rojo oscuro de Nusfjord, que parece un tesoro escondido, abrazan el diminuto y bien guardado puerto. Muchos artistas lo consideran la esencia de las Lofoten, pero cuidado: los turoperadores también, y en verano se llena tanto que los guardacoches maniobran con los vehículos en todas direcciones. Sin embargo, no hay que desistir, cada segundo que se pase aquí vale la pena.

Solo pasear por el pueblo cuesta 50 NOK para adultos (gratis para menores de 12 años) y otras 50 NOK por ver *La gente y la pesca*, un vídeo de 12 minutos sobre Nusfjord, su pasado y su presente.

Puntos de interés

Para lograr el encuadre de postal de Nusfjord que se ve por todas partes se debe subir por la pendiente pedregosa que hay sobre el extremo cerrado del puerto. El sendero puede estar resbaladizo si ha llovido.

Dónde dormir y comer

Nusfjord Rorbuer CABAÑAS $$
(☎76 09 30 20; www.claseicnorway.no/hotell/nusfjord/rorbuene; rorbuer 1395-2795 NOK) Muchas de las *rorbuer* (cabañas de pescadores) de aquí son bastante sencillas por dentro (casi todas tienen fotos en el sitio web), pero son fieles representaciones de la cabaña de pesca tradicional y muy cómodas. Al margen de todo eso, el verdadero atractivo es el mara-

villoso silencio que se apodera del lugar por la noche. La recepción está a la entrada del pueblo.

Karoline Restaurant CAFÉ $$
(☎76 09 30 20; principales desde 149 NOK; ⏲11.00-16.00 y 17.00-22.00 med jun-med ago, horario reducido resto del año) Las vistas maravillosas desde la terraza, los platos de la zona con pescado en abundancia y un ambiente informal suman puntos a un lugar magnífico para comer si se consigue mesa, lo cual puede ser un reto.

Cómo llegar y salir

No hay transporte público en Nusfjord. El aparcamiento está en una colina a la entrada del pueblo.

Moskenesøy

1225 HAB.

Con 34 km de longitud, es la isla más meridional de las Lofoten. Su puntiaguda cresta ígnea, que se eleva desde el mar y está surcada por lagos y fiordos profundos, podría haber sido concebida por Tolkien. Algunos de los estrechos barrancos y de las inquietantes cumbres de esta tortuosa isla, un paraíso para los montañeros, son accesibles para cualquiera, incluido el punto más alto, el Hermannsdalstind (1029 m). Cuenta también con uno de los miradores más espectaculares de las Lofoten en Reine y uno de sus pueblos más hermosos, Å.

Å

1162 HAB.

En la punta sur de Moskenesøy y de las islas Lofoten, esta monada de pueblo, Å (muy apropiadamente, la última letra del alfabeto noruego), al que a veces se llama (y se señaliza en las Lofoten) Å i Lofoten, es una especie de museo vivo, un pueblo de pescadores bien conservado, con una hilera de *rorbuer* rojas en la costa, secaderos de bacalao y paisajes de postal a cada paso. Es un lugar casi feudal, repartido entre dos familias, que ahora vive en gran parte del turismo pero en su época fue un importante puerto pesquero (cada temporada se colgaban a secar más de 700 000 bacalaos hasta la II Guerra Mundial).

Para hacerle un favor al pueblo, mejor dejar el vehículo en el aparcamiento y atravesar a pie el corto túnel.

Puntos de interés

★ **Norsk Fiskeværsmuseum** MUSEO
(Museo Noruego del Pueblo Pesquero; ☎76 09 14 88; www.museumnord.no/fiskevarsmuseum; adultos/niños 80/40 NOK; ⏲9.00-19.00 med jun-ago, 10.00-17.00 sep-may) Ocupa 14 casas de botes, almacenes, cabañas de pesca, granjas y edificios comerciales de Å del s. XIX. Entre lo más destacado se encuentra la fábrica de aceite de hígado de bacalao más antigua de Europa, donde se ofrece una muestra de los utensilios y es posible adquirir una botella para evitar los resfriados de invierno; la herrería, que todavía fabrica lámparas de aceite de hígado de bacalao; la panadería fundada en 1844, que sigue funcionando; la antigua *rorbu* con mobiliario de época; y un par de barcos pesqueros de Lofoten.

Lofoten Tørrfiskmuseum MUSEO
(Museo del Bacalao de Lofoten; adultos/niños 70/35 NOK; ⏲11.00-16.00 jun-ago) Un antiguo almacén de pescado alberga este museo. Steinar Larsen, su entusiasta y políglota dueño, deja boquiabiertos a todos los visitantes, a los que recibe y da la bienvenida. Esta colección personal ilustra el tradicional sustento de Lofoten: la pesca y secado de bacalao para exportar, especialmente a Italia. Exposiciones, artefactos y un DVD muestran el proceso, desde la recogida del pescado en el mar, hasta su secado, selección y clasificación para el envío.

Dónde dormir

Å-Hamna Rorbuer og Vandrerhjem ALBERGUE $
(☎76 09 12 11; www.lofotenferie.com; dc 280 NOK, cabañas 2-4 camas 1200-1700 NOK, cabaña 6 camas 2150 NOK) Casi todas las *rorbuer* (cabañas de pescadores) de Å se han convertido en cabañas de vacaciones, que ofrecen dormir en un lugar evocador. Las cabañas, revestidas de madera por dentro y por fuera, son sencillas pero acogedoras, y algunas están decoradas con antigüedades y objetos de pesca.

Moskenesstraumen Camping CAMPING $
(☎76 09 11 48; *camping* para 1/2/3 personas 150/200/240 NOK, caravanas 250 NOK, cabañas 2/4 camas desde 550/850 NOK, cabañas 2/4 camas con baño 900/1000 NOK; ⏲jun-ago) Este maravilloso *camping* situado en la cima de una colina, al sur del pueblo, tiene parcelas llanas y cubiertas de hierba entre las rocas, lo suficientemente grandes para vivaquear.

Las cabañas también tienen buenas vistas, que llegan incluso al continente en días despejados.

Å Feskarbrygga Rorbuer RORBUER $$
(☎911 61 999; www.lofoten-info.no/aa-fb; cabañas 1000-1400 NOK, apt 4 camas 900 NOK) Esta colección de *rorbuers* y apartamentos sin servicio de comidas abiertos todo el año están repartidos por la zona del puerto; la decoración es más sencilla que lujosa. Lo mejor es cuando se van los que vienen a pasar el día.

Dónde comer

★ **Bakeri** PANADERÍA $
(☎76 09 14 88; ⌚9.00-15.00 00 lu-do med mayago, horario reducido resto del año) En un edificio de 1844, cuyo horno de piedra data del mismo año, esta evocadora panadería es la esencia de Å. Prepara pan recién hecho cada día, además de pasteles, entre ellos el sublime *kanelsnurr* (rollo de canela; 35 NOK) que sabe tan bien como suena su precioso nombre.

Brygga Restaurant PESCADO $$$
(☎76 09 11 21; principales 195-329 NOK, especiales almuerzo 185-205 NOK; ⌚11.00-22.00 jun-sep) Situado encima del agua, es una buena opción para cenar en Å. El menú, como corresponde a un pueblo con una arraigada tradición pesquera, incluye principalmente ingredientes con aletas.

Cómo llegar y salir

Å es el punto más al sur al que se puede ir en las Lofoten.

Hay de tres a seis autobuses al día a Moskenes (52 NOK, 10 min), donde se puede tomar el ferri de automóviles de vuelta a Bodø, en el continente.

Casi todos los autobuses continúan hacia Reine, Marka, Hamnøy y Leknes.

INDISPENSABLE

ESTRECHO DE MOSKENESSTRAUMEN

Desde la ladera, más allá del *camping* del límite sur de Å, hay una excelente vista de la isla de Værøy, mar adentro. Los fuertes torbellinos originados por las corrientes marinas entre ambas islas fueron descritos por primera vez hace 2000 años por Piteas y, más tarde, aparecieron como temibles adversarios en las primeras e imaginativas cartas náuticas. También inspiraron cuentos sobre peligros marítimos de Julio Verne y Edgar Allan Poe. Aún se consideran entre las aguas más peligrosas del mundo. Hay que forzar los ojos al límite, ya que las posibilidades de ver los torbellinos desde tierra son mínimas. Lo mejor es reservar una excursión a través de **Aqua Lofoten** (p. 313).

Sakrisøy

En medio de un paisaje impresionante, en un brazo del Reinefjord, Sakrisøy es una pequeña y bonita isla con muchos servicios, teniendo en cuenta su tamaño, dos lugares para comer, uno para dormir y muchas cosas que hacer.

Puntos de interés y actividades

Museo de Muñecas y Juguetes MUSEO
(Dagmars Dukke og Leketøy Museum; ☎76 09 21 43; adultos/niños 80/40 NOK; ⌚10.00-18.00 may y sep, hasta 20.00 jun-ago, con reserva resto del año) En Sakrisøy, Dagmar Gylseth ha recopilado más de 2500 muñecas, osos de peluche antiguos y juguetes históricos durante 20 años. También tiene una tienda de antigüedades en la planta de arriba.

Aqua Lofoten Coast Adventure AS NAVEGACIÓN
(☎990 19 042; www.aqualofoten.no; E10) De junio a mediados de agosto, Aqua Lofoten organiza salidas en barco de tres horas al remolino de Moskenesstraumen, rico en aves y peces, así como a otros puntos de interés cercanos; ofrece también buceo y pesca.

Dónde dormir y comer

Sakrisøy Rorbuer CABAÑAS $$
(☎76 09 21 43; www.sakrisoyrorbuer.no; cabaña 1100-2150 NOK; P 🛜) Sakrisøy Rorbuer es un complejo relativamente auténtico de casas de color ocre sobre el agua. Desde fuera son de postal y los cómodos interiores tienen estéticos paneles de madera. Las vistas son espléndidas en esta zona.

★ **Anitas Sjømat** CAFÉ $
(☎900 61 566; www.sakrisoy.no/sjomat; E10; ⌚10.00-20.00 med jun-med ago, horario reducido resto del año) Fabuloso café y delicatesen junto al agua, que vende todo tipo de tentempiés de pescado seco, sardinas King Oskar y platos como una sopa de pescado excepcionalmente buena, pasteles de pescado, gambas frescas

y hamburguesas de pescado (la mejor es la de salmón). Hay que ser atrevido y probar los huevos de gaviota... y no echarse para atrás por las imponentes cabezas de bacalao puestas a secar fuera.

Underhuset Restaurant NORUEGA, PESCADO **$$**
(☎900 35 419; www.sakrisoyrorbuer.no/restaurant; principales almuerzo desde 149 NOK, cena 242-315 NOK; ⌚12.00-23.00 med jun-med ago, 16.00-23.00 resto del año) El restaurante más formal de Sakrisøy Rorbuer (aunque solo un poco...) no se lía con una enorme variedad de platos; es bacalao, lomo de buey o un cubo de gambas. Y todo es excepcional. La tremenda variedad de cervezas locales y la fantástica *mousse* de chocolate casera son la guinda.

ℹ Cómo llegar y salir

Sakrisøy está en la E10; los autobuses pasan por aquí entre Leknes y Å.

Hamnøy

1000 HAB.

Aunque Hamnøy puede pasarse en un abrir y cerrar de ojos, en su propia y pequeña isla al noroeste de Reine y Sariskøy, es un rincón pintoresco de las Lofoten, rodeado por las aguas del espectacular Reinefjord y picos escarpados.

Dónde dormir y comer

★ **Eliassen Rorbuer** RORBUER **$$**
(☎458 14 845; www.rorbuer.no; junto a E10; *rorbuer* 890-1990 NOK; Ⓟ📶) Magnífica colección de 26 *rorbuer* cercanas a Reine, con interiores reformados; y algunas con vistas estupendas. Conviene tomarse un tiempo para elegir la más adecuada; el sitio web es lento pero vale la pena insistir.

★ **Krambua** NORUEGA **$$$**
(☎486 36 772; www.krambuarestaurant.no; por E10; principales 265-315 NOK; ⌚7.00-23.00 lu-sa, 8.00-10.00 y 18.00-22.00 do finales may-ppios sep) Este fabuloso restaurante de nueva gestión desde el 2015 se encuentra en un edificio de 1882. Noemi y Mikael Björkman sirven una carta de temporada con el pescado más fresco imaginable. Suele incluir un guiso de pescado con tomate de experta factura, cordero de las Lofoten ligeramente ahumado y bacalao ahumado de las Lofoten. Hay que probar las gambas ahumadas o lenguas de bacalao como entrantes.

ℹ Cómo llegar y salir

Los autobuses entre Svolvær o Leknes y Å atraviesan Hamnøy.

Islas meridionales

Værøy

600 HAB.

Esta escarpada isla, cuyo puñado de habitantes se ve superado por las 100 000 aves marinas que allí anidan (petreles, alcatraces, charranes, araos comunes, gaviotas, águilas pescadoras, frailecillos, cormoranes, eíderes y muchos otros), tiene, en sus 8 km de longitud, playas de arena blanca, empinadas crestas, pueblos pequeños y aislados, altos acantilados de gneis y aguas resplandecientes. Es un lugar precioso para pasar unos días si se valoran la belleza natural pura y la dicha del aislamiento.

Actividades

El excursionismo es la actividad más popular de Værøy, pero en la oficina de turismo (p. 315) o en los alojamientos organizan excursiones en barco (adultos/niños 590/450 NOK) a los acantilados y a las colonias de grajos.

Excursionismo

Las rutas a pie se aproximan a algunas de las mayores **colonias de aves marinas.** El sendero más panorámico y popular comienza al final de la carretera que recorre el norte de la isla, a unos 6 km de **Sørland** y a 300 m de la antigua pista de aterrizaje. Va al sur por la costa oeste, pasa por el istmo de Eidet y llega al semiabandonado pueblo pesquero de **Måstad,** en la costa este, donde la carne y huevos de los frailecillos mantenían antaño a 150 personas; de Måstad procede la raza de perro Lundehund.

Los excursionistas que busquen desafíos pueden intentar el empinado ascenso desde Måstad hasta la cima del **Måhornet** (431 m), de 1 h por trayecto. Otra opción es seguir la carretera (o bien el ascenso a la cresta, más interesante) desde el muelle de Sørland hasta las instalaciones de la OTAN, en **Håen** (438 m).

Dónde dormir

Gamle Prestegård PENSIÓN **$$**
(Old Vicarage; ☎76 09 54 11; www.varoyrhs.com/prestegaarden; i/d con baño compartido 495/830

NOK, con baño privado 595/930 NOK) El lugar más elegante de Værøy para dormir y comer está en la parte norte de la isla. Es la casa grande con habitaciones forradas de madera y un mástil en el jardín junto a la iglesia, el lugar donde uno diría que vive el vicario. La comida está muy bien preparada, con pescado por todas partes. Es un alojamiento sencillo pero precioso.

Información

Oficina de turismo (☎75 42 06 00; Fv 791; ⏲9.30-15.00 lu-vi med jun-med ago, 9.00-14.00 lu-vi resto del año) En el ayuntamiento de Sørland, el pueblo principal.

Cómo llegar y salir

El ferri de automóviles sale casi todos los días hacia/desde Bodø (pasajeros/automóviles 196/702 NOK), directamente o vía Moskenes (94/317 NOK). El ferri también une Værøy con Røst (110/377 NOK).

Lufttransport (☎75 43 18 00; www.lufttransport.no; ida 8926 NOK) ofrece vuelos en helicóptero entre Bodø y Værøy una o dos veces al día (feb-oct).

Røst

605 HAB.

Las 365 islas y escollos de Røst (uno para cada día del año) componen el irregular extremo sur de Lofoten. Røst contrasta con sus escarpados vecinos del norte, y si no fuese por un pequeño punto en el centro, Røstlandet, la isla principal, salpicada de lagunas, sería completamente llana. Gracias a su ubicación en plena corriente del Golfo, este montón de islotes goza de uno de los climas más templados de Noruega y atrae a 2,5 millones de aves marinas, que anidan en los acantilados de las islas más externas.

Circuitos

Circuitos en el barco Inger Helen NAVEGACIÓN

(☎76 09 62 38; info@karoy.no; adultos/niños 450/225 NOK) De junio a mediados de agosto el barco *Inger Helen* hace circuitos de 5 h que pasan por acantilados llenos de aves, como la colonia de gaviotas Rissa de Vedøy. Si el tiempo lo permite, el barco hace una parada para visitar el faro de Skomvær, de 1887, o se puede pescar (proporcionan sedal). Mientras se preparaba esta guía había dudas sobre el futuro de estos circuitos.

Dónde dormir y comer

Kårøy Rorbucamping CAMPING $

(☎76 09 62 38; www.karoy.no; h por persona 250 NOK; ⏲may-med sep; @📶) Las habitaciones de este auténtico rorbu en la minúscula isla de Kårøy tienen capacidad para dos, cuatro o seis personas. Los baños son comunitarios y hay cocina. Se puede tomar prestado un bote de remos o alquilar una lancha. El cliente llama desde el ferri y un barco acude a recogerlo.

Røst Bryggehotel HOTEL $$

(☎76 05 08 00; www.rostbryggehotell.no; i/d 9900/1220 NOK; 📶) Esta moderna evolución del estilo tradicional en el muelle cuenta con 16 cómodas habitaciones dobles y alquila bicicletas, botes y equipos de pesca. También tiene restaurante. Sin duda, el mejor alojamiento de Røst.

Querini Pub og Restaurant COMIDA DE PUB $$

(☎930 07 458, 76 09 64 80; Klakkenveien 1; principales desde 149 NOK; ⏲13.00-2.00 mi y vi-do jun-ago) Entre las pocas opciones para comer de Røst, esta es de fiar, y lleva el nombre de un barco mercante veneciano hundido. Es el único lugar que se anima por la noche.

Información

Oficina de turismo (☎76 05 05 00; ⏲9.00-14.00 med jun-med ago) La oficina de turismo de Røst está a un paseo del muelle de ferris. La llevan voluntarios, así que no está abierta en los horarios indicados, aunque suele abrir para las llegadas y salidas de los ferris.

Cómo llegar y salir

Hay vuelos a/desde Bodø y Leknes.

A Røst, al igual que a Værøy, llega el ferri de automóviles que circula entre Bodø (pasajeros/automóviles 238/865 NOK) y Moskenes (167/596 NOK).

VESTERÅLEN

Aunque sus paisajes no son tan espectaculares como los de Lofoten, suelen ser mucho más salvajes, y las boscosas regiones montañosas de la isla de Hinnøya son únicas en la costa norte de Noruega, que carece de árboles en su mayor parte. Aunque hay muchas razones para visitarlas, las tres más importantes son observar ballenas desde Andenes o Stø, conducir por la preciosa costa oeste de Andøya y visitar la renacida aldea de Nyksund.

Langøya

Stø

250 HAB.

El pequeño pueblo pesquero de Stø se aferra a la punta más septentrional de Langøya. Es un lugar tan tranquilo que las aves marinas anidan en los acantilados bajos que lindan con la calle principal que atraviesa el pueblo.

La gente viene aquí por dos razones: las expediciones para observar ballenas, que se retomaron en el 2017, y la oportunidad de caminar por una de las sendas más bonitas de las Vesterålen.

Actividades

Stø era un núcleo de observación de ballenas que rivalizaba con Andenes, pero el último operador cerró hace unos años. Por suerte, otra empresa excelente ha asumido el mando y otra vez es posible observar ballenas desde Stø. Por regla general, desde aquí se tarda mucho más en llegar a los lugares donde se alimentan las ballenas (cachalotes y calderones en verano, orcas y ballenas jorobadas en invierno) que desde Andenes. Si bien esto supone que una expedición desde Stø lleva todo un día, lo han adaptado muy bien para incluir otros elementos, como observación de aves y focas.

★ **Arctic Whale Tours** OBSERVACIÓN DE BALLENAS
(☎76 13 43 00; www.arcticwhaletours.com; adultos/niños 1100/600 NOK; ⏲10.00 finales may-ago) Las expediciones para ver ballenas en verano han vuelto a Stø con la excelente Arctic Whale Tours. Duran un día entero y tienen garantía (si no se ve por lo menos una ballena o delfín, ofrecen un segundo viaje gratuito). Lo más común es ver cachalotes. El barco también pasa por colonias de aves marinas y focas, así que es una maravillosa salida.

★ **Ruta de la Reina** EXCURSIONISMO
El paseo por el cabo entre Nyksund y Stø, señalizado con tes rojas, merece un día. Casi todos los excursionistas sudan un poco en el tramo inicial de esta caminata circular (3-5 h) que pasa por el Finngamheia (448 m), y luego respiran mejor, al volver por un tramo más sencillo al nivel del mar.

Dónde dormir

★ **Gunnartangen Rorbuferie** RORBUER
(☎416 96 223; www.gunnartangen.no; Fv935; i/d desde 850/950 NOK; P📶) Estas cinco cabañas sin servicio de comidas, o *rorbuer* tradicionales, dan al tranquilo puerto de Stø. Construidas durante años por el propio Gunnar, rezuman calidez y personalidad y ofrecen un precioso retiro de las multitudes que visitan Noruega en verano (aunque abren todo el año).

Stø Bobilcamp CAMPING $
(☎76 13 25 30; www.stobobilcamp.no; parcela automóvil/caravana 150/180 NOK; ⏲med may-med ago) Este pequeño *camping* junto al mar es en realidad un lugar rudo y ventoso para plantar la tienda, pero tiene un restaurante sin pretensiones que sirve, sobre todo, pescado. No hay cabañas.

Cómo llegar y salir

Hay dos autobuses entre semana entre Sortland y Stø (1¼ h). Si no, hace falta vehículo propio para llegar.

Sortland

9983 HAB.

Esta ciudad, centro comercial y de tránsito de Vesterålen, ocupa una muesca en la costa oriental de la isla. Los edificios, casi todos bajos y rectangulares, están pintados en un relajante azul celeste, proyecto del artista local Bjørn Elvenes, que quería convertir la población en una pintura tridimensional. O quizá eso lo distrae a uno de pensar que hay poco por lo que detenerse de camino al norte, hacia Stø, o al sur, hacia las Lofoten.

Fiestas y celebraciones

Sortland Jazz MÚSICA
(www.sortlandjazz.no; ⏲sep) Se celebra durante un par de semanas y forma parte del excelente circuito de festivales de *jazz* de Noruega.

Dónde dormir y comer

Sortland Camping og Motell CAMPING $
(☎76 11 03 00; www.sortland-camping.no; Vesterveien 51; parcela automóvil/caravana 280/280 NOK, cabaña 400-2800 NOK) Este lugar, a 1,3 km del centro y señalizado desde la carretera de Stokmarknes, es un *camping* bastante típico, pero el café ofrece comida casera, sobre todo del norte de Noruega. Ocupa una extensa zona semiboscosa, y ofrece una útil hoja informativa.

Sjøhus Senteret PENSIÓN $$
(☎76 12 37 40; www.lofoten-info.no/vesteralen-sjohus; Ånstadsjøen; cabañas 5 camas desde 1450 NOK) Justo 1,4 km al norte del puente que une Sortland con la isla de Hinnøya, este intere-

sante lugar tiene habitaciones confortables y cabañas con vistas junto al agua. Su restaurante Sjøstua (p. 317) es excepcional.

★ **Sjøstua Restaurant** NORUEGA **$$**
(☎76 12 37 40; www.lofoten-info.no/vesteralen sjohus/restaurant; Fv820, Ånstadsjøen; principales 185-295 NOK; ⌚15.00-21.30 lu-sa, 13.00-20.30 do) El Sjøstua Restaurant, la cocina casera de Marit Asbjørnsen, sirve una deliciosa variedad de platos a la carta y vale la pena visitarlo al margen de la comida. Íntimo y forrado de madera, tiene vistas del fiordo en tres direcciones. Se recomienda probar el bacalao horneado con hierbas y guarnición de gambas, o el guiso de reno con champiñones y enebrina.

Ekspedisjonen Lunsjbar og Restaurant CAFÉ, PESCADO **$$**
(☎76 20 10 40; www.ekspedisjonen.wordpress.com; Rådhusgata 26; principales 95-265 NOK; ⌚11.00-22.00 lu-ju, hasta 23.00 vi y sa) Aunque se centra en el marisco, este lugar luminoso y elegante junto al agua sirve magníficos platos como la hamburguesa de cordero de Vesterålen.

Información

Oficina de turismo (☎76 11 14 80; www.visitvesteralen.com; Kjøpmannsgata 2; ⌚9.00-17.30 lu-vi, 10.00-15.45 sa, 12.00-15.45 do med jun-med ago, 8.30-15.00 lu-vi resto del año) Abarca toda la región de Vesterålen.

Cómo llegar y salir

Sortland es una de las paradas del ferri costero de Hurtigruten.

Estos son los autobuses disponibles.

Andenes 2 h, 2-4 diarios, vía Risøyhamn (1 h)
Harstad 2¼ h, 1-3 diarios
Narvik 3½ h, 3-5 diarios
Svolvær 2¼ h, 2-4 diarios

Nyksund

5 HAB. (INVIERNO), 35 HAB. (VERANO)

Nyksund es la esencia de la agreste costa norte de Noruega, un pueblo abandonado que ha renacido, y un lugar precioso. Visitarlo es participar en la emocionante historia de su renovación y es una de las mejores razones para ir a Vesterålen.

LA HISTORIA DE NYKSUND

La población del pequeño pueblo pesquero de Nyksund estaba ya menguando cuando, en la década de 1960, cerraron la panadería y la oficina de correos, el corazón de toda comunidad. Después, tras el caos que trajo una tormenta, casi todos se fueron. Finalmente, en 1975, el herrero Olav Larsen, el último habitante, hizo las maletas. El pueblo quedó en silencio y se instalaron en él las ovejas y los vándalos.

Para muchas comunidades rurales de Europa, aquí termina todo. Pero en el caso de Nyksund fue solo el principio de una notable historia de renovación. Lentamente, a lo largo de las décadas, se ha vuelto a insuflar vida a este lugar encantador y remoto, reconvertido en colonia de artistas. Las derruidas estructuras antiguas y edificios comerciales se han restaurado fielmente, y el Nyksund moderno cuenta con una población estival de unas 40 personas, y una media docena de almas resistentes que soportan los duros inviernos.

Una de ellas es Ssemjon Gerlitz, el dueño alemán de Holmvik Brygge, que lleva una década o más viviendo todo el año en Nyksund. A lo largo del tiempo, él y su equipo de ayudantes han cosechado, recogido y rebuscado lo que podía salvarse de los desmoronados edificios de Nyksund y lo han incorporado a la pensión, decorada a la buena de Dios, y donde cada habitación tiene su propia personalidad.

Hay dos cosas en concreto que lo retienen aquí, al final del camino: habla del encanto del silencio, de nada más que el ritmo del viento y las olas durante casi todo el año, y de su sensación de comunión con los ya desaparecidos pescadores ("Todo clavo oxidado que saco recibió los golpes del martillo de alguien que vivió y trabajó aquí").

MERECE LA PENA

MUSEO DE HURTIGRUTEN

El **Hurtigrutemuseet** (www.hurtigrutemuseet.no; Markedsgata 1, Stokmarknes; adultos/niños 90/35 NOK; ⌚10.00-18.00 med jun-med ago, horario reducido resto del año) muestra la historia de la línea del ferri costero con texto e imágenes. Amarrado al muelle se halla el barco MS *Finnmarken*, ya retirado y considerado la mayor pieza de museo del mundo, que surcó la ruta costera entre 1956 y 1993.

Puntos de interés

Museo de Nyksund MUSEO
(www.nyksund.com; ⌚11.00-17.00 med jun-med ago) GRATIS El pequeño museo de Nyksund alberga

diversos objetos de la zona y fotografías del antes y después que reflejan la transformación del pueblo. En cualquier caso, todo el pueblo es como una pieza de museo, que puede ser cualquier cosa menos estática.

Dónde dormir

★ Holmvik Brygge PENSIÓN $$
(☎958 63 866, 76 13 47 96; www.nyksund.com; i/d con baño compartido 850/910 NOK, h/apt con baño privado 990/1150 NOK) Esta pensión-café cálida y acogedora justifica por sí sola una visita a Nyksund. Se puede llevar comida propia o comer en su Holmvik Stua, que sirve platos de la zona y pescado ahumado allí mismo. Las habitaciones son acogedoras, construidas con madera de la zona; los apartamentos tienen algo más de espacio y el mismo encanto.

Expedisjonen B&B $$
(☎481 18 068; www.ekspedisjonen.wordpress.com; i/d con baño compartido 790/1190 NOK, con baño privado 990/1450 NOK) Expedisjonen, predominantemente un restaurante y café-bar, tiene unas cuantas habitaciones de madera que encajan perfectamente con el estilo ecléctico de Nyksund. Es un lugar acogedor con paredes blancas, toques de color y magníficas vistas desde algunas habitaciones. También tiene habitaciones en otras partes del pueblo.

Cómo llegar y salir

Para llegar a Nyksund hay una estrecha (y preciosa) carretera que abraza la costa (los últimos 10 km sin asfaltar). Otra opción es caminar por la **Ruta de la Reina** (p. 316), una magnífica caminata por el cabo desde Nyksund hasta Stø (3 h i/v).

No hay transporte público a Nyksund.

Andøya

Andenes

2718 HAB.

El disperso pueblo de Andenes, de rico pasado pesquero, es la principal base del norte de Noruega para observar ballenas y ofrece en sus cercanías la posibilidad de realizar otras actividades relacionadas con la naturaleza. Tiene un aire solitario, como de final del camino: para corroborarlo, no hay más que detenerse en el muelle junto al puerto, azotado por los vientos, y mirar hacia el Atlántico Norte. Esto cambia en verano, cuando el ferri de temporada conecta Andenes con Senja y la ciudad bulle con una actividad inusual.

Puntos de interés

★ Spaceship Aurora MUSEO
(☎76 14 46 00; www.spaceshipaurora.no; Bleiksveien 46; película 3D adultos/niños 75/50 NOK, misiones virtuales 350/175 NOK; ⏲10.30-17.30 med jun-med ago, 9.00-15.00 lu-vi resto del año) Situado 1 km al sur de la entrada a la ciudad por la carretera que va a Bleik, este innovador centro espacial tiene una gran pantalla donde se proyecta una película de 16 min y acoge otras exposiciones sobre la aurora boreal (los cohetes enviados desde aquí ayudan a estudiar este fenómeno) y el papel de Noruega en la investigación espacial. Para captar realmente el espíritu, se puede participar en una misión virtual (1-1¾ h) a bordo de la Spaceship Aurora y hasta enviar un cohete virtual; es divertido. Llámese antes o resérvese en línea.

Andenes Fyr FARO
(☎76 11 56 00; por Richard Withs gate; adultos/niños 90/45 NOK; ⏲con reserva finales jun-ago) El faro rojo y punto de referencia del pueblo, automatizado desde hace muchos años, se abrió en 1859 y sigue iluminando. Para subir sus 40 m y 148 escalones, hay que organizar una visita guiada en la recepción del centro de observación de ballenas (p. 319). Las vistas desde lo alto son extraordinarias.

Museum Nord MUSEO
(Andøymuseet; ☎76 11 54 32; www.museumnord.no/andoymuseet; Hamnegata; adultos/niños 50/25 NOK; ⏲10.00-17.00 med jun-med ago, horario reducido resto del año) El pintoresco Museum Nord, de temática ártica y polar, tiene exposiciones sobre caza y tradiciones pesqueras en la zona. Ofrece una amplia cobertura de las 38 expediciones de caza de invierno en Svalbard, llevadas a cabo por el explorador local Hilmar Nøis, que además reunió la mayoría de los artículos expuestos.

Hvalsenteret MUSEO
(Havnegate 1; adultos/niños 110/55 NOK; ⏲8.30-19.00 med jun-med ago) Este centro ofrece información para los observadores de ballenas, con exposiciones sobre la investigación, la caza y el ciclo vital de estos amables gigantes. Casi todos lo visitan en combinación con un safari de ballenas. Esqueletos de estos animales y un sinfín de fascinantes paneles informativos hacen del lugar un magnífico complemento a una expedición para ver ballenas de verdad. También tiene un restaurante. A veces abre hasta las 22.00 en julio y agosto.

INDISPENSABLE

ACTIVIDADES EN ANDØYA

Husky-Andøy (☎954 50 632; www.husky-andoy.com; Fv973, Risøyhamn; adultos/niños 850/450 NOK) Las excursiones invernales en trineos de perros, que duran de 2 a 3 h, son una forma maravillosa de explorar la región; en verano, los trineos van sobre ruedas. En verano se pueden organizar también excursiones, pesca y escalada.

Andøy Friluftssenter (☎76 14 88 04; www.andoy-friluftssenter.no; 610 NOK; ⏲20.30 ma-vi finales jun-med ago) Ofrece salidas para ver alces en verano; es uno de los pocos lugares fuera del centro de Noruega donde lo hacen. Salen de su base en Buksnesfjord, 63 km al sur de Andenes; las reservas se realizan en la **oficina de turismo** (p. 320) de Andenes. También ofrece paseos por la naturaleza, así como pesca, ciclismo y actividades de invierno como pesca en el hielo y excursiones para ver la aurora boreal.

Nordtun Gård (☎926 44 906; www.nordtungard.no; 120 NOK; ⏲12.00-18.00 ppios jun-finales ago, horario reducido resto del año) En la aldea de Bø, en la costa occidental de Andøya, se encuentra esta granja y lechería en activo donde los niños pueden jugar con los animales mientras los adultos degustan su variedad de quesos.

FARGEKLATTEN

Fargeklatten, que significa "mancha de color", es un lugar muy especial, creado por Grethe Kvalvik. Durante años, Grethe fue recepcionista en el Andrikken Hotell hasta que perdió la vista. Después de dos largos años de ceguera, recuperó la vista parcialmente y de nuevo pudo distinguir formas y, sobre todo, colores.

Decidida a volver a vivir una vida completa, rescató Fargeklatten en el centro del pueblo, que en la época iba a ser demolido para construir en su lugar un aparcamiento. Este complejo de edificios históricos incluye ahora un par de pequeñas **galerías** (☎97 76 00 20; www.fargeklatten.no; ⏲11.00-16.00) GRATIS que muestran arte y artesanía del norte de Noruega y un pequeño **museo de la turba** (www.fargeklatteneng.weebly.com/peat-turf-museum.html; Sjøgata 38a; adultos/niños 50 NOK/gratis) además de atractivos alojamientos.

Actividades

Además de las actividades con base en Andenes (la principal es observar ballenas), puede preguntarse en la oficina de turismo (p. 320) por las salidas para ver alces en Buksnesfjord, observar aves en Bleik y montar en kayak por el mar.

★ Sea Safari Andenes OBSERVACIÓN DE NATURALEZA
(☎916 74 960; www.seasafariandenes.no; Hamnegata; avistamiento ballenas adultos/niños 995/850 NOK, avistamiento pájaros adultos/niños 495/400 NOK; ⏲may-sep) La empresa de observación de ballenas más pequeña de Andenes, con base en los muelles junto a la carretera del faro, organiza salidas (1½-3 h) en barcos pequeños que salen hasta dos veces al día en temporada alta. También ofrecen excursiones para observar focas y aves marinas (1½ h, adultos/niños 450/400 NOK), y salidas en invierno para ver orcas, rorcuales y ballenas de aleta.

Incluso organizan buceo con orcas en invierno y con frailecillos en verano.

★ Whale Safari OBSERVACIÓN DE BALLENAS
(☎76 11 56 00; www.whalesafari.no; Hamnegata; adultos/reducida/niños 975/850/690 NOK; ⏲finales may-ppios sep) Whale Safari, la mayor empresa de Andøya con diferencia, organiza populares salidas para observar ballenas de finales de mayo a mediados de septiembre. También gestiona el Wild Ocean (p. 319). Los circuitos comienzan con una visita guiada al centro, seguida de una excursión en barco de 2 a 4 o 5 h. Es muy probable ver y acercarse a los cachalotes en verano.

Salen al menos una vez al día y hasta tres veces (11.00, 12.00 y 16.00) en la temporada alta de verano. Es raro que el mal tiempo o la mar picada impidan una salida. No obstante, conviene prever un día extra en la isla, por si no hay suerte. Si no se consigue ver ni siquiera una ballena, devuelven el dinero u ofrecen otra excursión gratis. El precio incluye café, té, sopa y bolsas para el mareo...

Contáctese antes si se va en invierno, porque solo salen dos veces a la semana.

Wild Ocean OBSERVACIÓN DE BALLENAS
(☎469 32 899; www.wildocean.no) Observar ballenas (también nov-mar) solo es una parte de lo que se hace aquí; también hay turismo

costero, pesca y excursiones para observar aves. No tienen oficina; se reserva en la oficina de turismo.

Dónde dormir

Andenes Camping CAMPING $
(☎76 11 56 00; www.whalesafari.no; Bleiksveien 31; parcelas automóvil/caravana 120/150 NOK; ⊙jun-ago) Este sencillo *camping* junto a la carretera, a 3,5 km del pueblo, se encuentra en un precioso prado junto al mar, tan verde y suave como un campo de golf. Tiene una cocina bien equipada y una gran sala común. Está bastante expuesto a los elementos, así que, por supuesto, ofrece vistas estupendas.

★**Hotell Marena** HOTEL-BOUTIQUE $$
(☎900 84 600, 915 83 517; www.hotellmarena.no; Storgata 15; i/d incl. desayuno desde 1090/1190 NOK; 📶) Este hotel es una aportación de especial buen gusto a las opciones de alojamiento de Andenes. Las zonas comunes muestran fotografías de la naturaleza realizadas por el fotógrafo local Espen Tollefsen, al igual que cada una de las 12 habitaciones. Hay café gratis todo el día, y deliciosos pasteles caseros.

Fargeklatten APARTAMENTOS $$
(☎977 60 020; www.fargeklatten.no; Sjøgata 38a; h desde 950 NOK, 5 camas apt desde 1600 NOK) Las habitaciones de esta casa del s. XVIII restaurada y renovada, en el extremo oriental del pueblo, están amuebladas con un gusto exquisito. Los apartamentos son espaciosos y están bien equipados.

Hotel Andrikken HOTEL $$$
(☎76 14 12 22; www.andrikkenhotell.no; Storgata 53; i/d 1220/1520 NOK; P📶) Aunque desde fuera parece un mazacote, Andrikken tiene habitaciones cómodas y bien equipadas y un personal simpático. Sus *rorbuer* junto al puerto, con mucha más personalidad, ofrecen una excelente relación calidad-precio.

¿QUÉ BALLENAS?

En verano, lo más probable es ver los majestuosos cachalotes, y posiblemente calderones. En invierno, cuando los arenques migran a los mares situados frente a Andenes, se pueden ver también orcas, ballenas jorobadas y rorcuales.

Dónde comer y beber

★**Lysthuset** NORUEGA $$
(☎76 14 14 99; Storgata 51; principales 175-325 NOK; ⊙12.00-15.00 y 18.00-22.00 ma-sa) Esta es la mejor de las limitadas opciones gastronómicas de Andenes. Mejor ignorar el informal café de delante; el restaurante en sí sirve especialidades del Ártico como cordero de la zona, rape con salsa de marisco y salmón de diversos estilos. Para el postre, se impone darse un capricho con un pequeño "Sex on the Mountain" (Sexo en la montaña), una placentera combinación de helado, nata y moras, todo bañado en candeal.

Orion Cafe & Restaurant NORUEGA $$
(☎968 64 106; Havnegate; principales 199-269 NOK; ⊙12.00-22.00) El Orion, situado junto al agua, tiene la mejor ubicación de todos los restaurantes de Andenes. Sirve guiso de reno, pescado seco a la brasa y opciones internacionales más ligeras en un entorno agradable.

Mea Pub & Cafe CAFÉ, BAR
(☎473 25 392; Sjøgata 20-22; ⊙18.00-1.00 mi y ju, 15.00-2.30 vi y sa, 15.00-1.00 do) Acogedor antro para beber a la luz de unos faroles. Es ideal para la noche en el Ártico. También sirven comida pero es más para beber con calma en un entorno íntimo mientras fuera sopla el viento.

Información

Oficina de turismo (☎76 14 12 03; www.visitandoy.info; Kong Hans gate 8; ⊙9.00-17.30 lu-vi, 10.00-17.30 sa, 12.00-16.30 do med jun-med ago, 9.00-16.00 1ª mitad jun y 2ª mitad ago, horario reducido resto del año) Abarca toda la isla. Su folleto *Vesterålen* es excelente.

Cómo llegar y salir

AVIÓN

El vuelo entre Andenes y Tromsø, vía Narvik o Bodø, aspira al título de vuelo más panorámico del mundo, con espectaculares vistas aéreas de paisajes, mares y campos de cultivo.

BARCO

De finales de mayo o principios de junio a finales de agosto, un ferri de vehículos (www.senjafergene.no) conecta Andenes con el puerto de Gryllefjord (1¾ h, 2-3 diarios), en la isla de Senja, atravesando un magnífico paisaje costero.

AUTOBÚS

De dos a cuatro servicios diarios van hacia el sur, hasta Sortland (2 h), vía Risøyhamn, donde un autobús a/desde Andenes recibe al Hurtigruten.

Bleik

460 HAB.

Es difícil imaginar un entorno más idílico para una aldea junto al mar. Bleik se encuentra en un tramo protegido de la preciosa costa oeste de Andøya, junto a una playa de color blanco ceniza, aspirante a ser la más larga de Noruega (casi 3 km). Las expediciones para ver frailecillos son la razón principal para venir, pero uno podría pasar felizmente una semana aquí contemplando la vista sin más.

Circuitos

★Puffin Safari OBSERVACIÓN DE AVES, PESCA

(☎908 38 594; www.puffinsafari.no; safari adultos/niños 450/250 NOK, safari pesca aguas profundas 800/300 NOK; ⏲safari frailecillos13.00 y 15.00 00 lu-do med jun-med ago, 15.00 00 lu-do 1ª mitad jun) Puffin Safari, con sede en Bleik, organiza excursiones diarias en barco para observar aves (1½ h) muy recomendadas, bien presentadas e informativas frente a la isla de Bleiksøya, donde hay garantía de ver frailecillos y pigargos; más de 80 000 frailecillos crían por esta zona. También se pueden observar otras aves: cormoranes, araos aliblancos, alcas comunes y alcatraces. Asimismo, es posible hacer una salida de pesca en el mar (4 h) y llevarse la cena a casa.

Dónde dormir

★Stave Camping CAMPING $

(☎926 01 257; www.stavecamping.no; Fv974; parcela tienda/caravana 75/180 NOK, cabañas 500 NOK, apt 600-850 NOK, bañera/sauna por persona 250/250 NOK; ⏲finales may-ago) Este excelente *camping* tiene muchísimas plazas junto a la playa, unas cuantas cabañas bonitas y algunos apartamentos, todos a lo largo de la costa, y las magníficas vistas de la costa oeste de Andøya nunca están muy lejos. Quizá lo mejor es que tiene una sauna en la playa y una serie de *jacuzzi* al aire libre a 38°C. Es muy popular; resérvese con antelación.

Midnattsol Camping CAMPING $

(☎478 43 219; www.midnattsolcamping.com; Gårdsveien 8; parcela tienda pequeña/grande 100/150 NOK, caravana 150 NOK, cabañas 800-1200 NOK) Buen *camping* en la entrada norte del pueblo con magníficas vistas desde todas partes.

Cómo llegar y salir

Bleik está 10 km al sur de Andenes, en la espectacular Fv974. No hay transporte público en la costa oeste de Andøya.

Hinnøya

Harstad

24 676 HAB.

En una ladera cercana al extremo norte de Hinnøya, Harstad, la ciudad más grande de la zona, es una zona industrial y defensiva, llena de muelles, cisternas y almacenes. Frente a la oferta turística y pesquera de muchas de las islas meridionales, hay bastante ambiente. No hay que desviarse del camino para venir aquí, pero si se está haciendo un circuito largo de Vesterålen, vale la pena dormir en Harstad una noche.

Puntos de interés

Trondenes Kirke IGLESIA

(Trondenesveien; ⏲10.00-16.00 lu-vi finales jun-med ago, variable resto del año) GRATIS Construida por el rey Øystein alrededor del 1150, durante mucho tiempo fue la iglesia más septentrional de la cristiandad y todavía se considera la iglesia medieval de piedra más septentrional de Noruega. La estructura de piedra que sustituyó a la original de madera, alrededor de 1250, pronto se convirtió en una fortificación frente a los ataques rusos. Suele estar cerrada, por lo que conviene consultar en la oficina de turismo.

Fiestas y celebraciones

Arctic Arts Festival ARTES ESCÉNICAS

(Festspillene i Nord-Norge; ☎77 04 12 30; www.festspillnn.no; ⏲jun) El Arctic Arts Festival de Harstad, antiguo Festival del Norte de Noruega, ya cerca de su 50º aniversario, consiste en una semana completa de música, teatro y danza en la segunda quincena de junio.

Dónde dormir

Harstad Camping CAMPING $

(☎77 07 36 62; www.harstad-camping.no; Nesseveien 55; parcela automóvil/caravana 225/290 NOK, cabaña 460-1230 NOK) Se sigue la Rv83 hacia Narvik durante 4 km, luego se toma un desvío para llegar a este pequeño *camping* junto al agua, donde se alquilan todo tipo de barcos. Está a una buena distancia del centro, pero la recompensa es un camino de tierra

Harstad

Harstad

Dónde dormir

1 Clarion Collection Hotel Arcticus C1
2 Scandic Hotell Harstad B3

Dónde comer

3 Café & Restaurant De 4 Roser............C4
4 Hoelstuen B3
5 Umami B2

lleno de hierba que facilita la bajada hasta el borde del mar.

Clarion Collection Hotel Arcticus HOTEL **$$**
(plano p. 322; ☎77 04 08 00; www.nordicchoicehotels.no; Havnegata 3; i/d incl. desayuno y cena ligera desde 900/1150 NOK; @📶) Este hotel comparte con el centro cultural de Harstad un armonioso y moderno edificio. Situado a un breve y agradable paseo por el embarcadero desde el centro, cuenta con 75 amplias habitaciones. Por una superior, junto al agua y con espléndidas vistas de las montañas, se paga un suplemento.

Scandic Hotell Harstad HOTEL **$$**
(Grand Nordic Hotel; plano p. 322; ☎77 00 30 00; www.scandichotels.no; Strandgata 9; h 950-1690 NOK; P@📶) Es la flor y nata de los hoteles de Harstad. Hay que pedir una de las habitaciones más grandes y mejor decoradas en la parte nueva. Muchos lugareños aún lo conocen por su antiguo nombre, el Grand Nordic Hotel.

Dónde comer

Café & Restaurant de 4 Roser CAFÉ, NORUEGA **$$**
(plano p. 322; ☎77 01 27 50; www.de4roser.no; Torvat 7; principales 149-355 NOK, menú 3/4 platos 545/655 NOK; ⌚cafetería 10.00-22.00, restaurante 18.00-22.00 lu-sa) En una planta, es un ani-

mado café que sirve bocadillos, pasta, hamburguesas, ensaladas y un trío de platos del día para el almuerzo. Las raciones son grandes. Encima del café, en un ambiente más íntimo, el restaurante ofrece una excelente cocina noruega para *gourmets*. La entrada al restaurante también está a pie de calle, en el otro extremo del edificio.

★**Umami** NORUEGA **$$$**
(plano p. 322; ☎950 90 911; www.umamiharstad.no; Havnegata 23a; menú 3/5 platos 595/745 NOK; ⌚18.00-23.00) Umami es obra de Kim-Havard Larsen y Sigrid Rafaelsem, quienes han trabajado en los mejores restaurantes de Noruega. *Umami* significa "agradable y sabroso" en japonés y la comida es creativa, de temporada y de calidad. Los pasteles están divinos.

★**Hoelstuen** NORUEGA **$$$**
(plano p. 322; ☎77 06 55 00; www.hoelstuen.com; Rikard Kaarbøs plass 4; principales 295-365 NOK, 4/5-menú 680/790 NOK; ⌚17.00-23.00 lu-sa) Este establecimiento, muy bien cuidado, es firme candidato al título de mejor sitio para comer en Harstad. Destacan el reno al aroma de enebro glaseado con oporto. También preparan una sopa de pescado muy nutritiva y cremosa.

ⓘ Información

Oficina de turismo (plano p. 322; ☎77 01 89 89; www.destinationharstad.no; Sjøgata 1b; ⌚10.00-18.00 med jun-med ago, 8.00-15.30 lu-vi resto del año) Está frente al mar, a la vuelta de la esquina de la estación de autobuses.

ⓘ Cómo llegar y salir

AVIÓN

Desde el aeropuerto de Harstad-Narvik, en Evenes, hay vuelos directos a Oslo, Bodø, Tromsø y Trondheim.

BARCO

Si se va a Tromsø, la opción más sencilla y pintoresca es el barco. De dos a cuatro ferris rápidos de pasajeros realizan a diario la ruta entre Harstad y Tromsø (3 h), vía Finnsnes (1¾ h).

También hay un **ferri exprés de pasajeros** (plano p. 322; www.tromskortet.no) de temporada entre Stornes, al norte de Harstad y Skrolsvik (1¼ h; 2-3 diarios med. may-ago), en la parte sur de la isla de Senja. Allí hay autobuses a Finnsnes que siguen hasta Tromsø. Harstad es también una parada del **ferri costero de Hurtigruten** (plano p. 322).

AUTOBÚS

Desde la **estación de autobuses** (plano p. 322; ☎78 40 70 00; Torvet 8), salen de uno a tres autobuses diarios a Sortland (2½ h). Hay uno a/desde Narvik que pasa por el aeropuerto de Harstad-Narvik Evenes (2½ h; diario excepto sa) y un servicio diario entre Harstad y Fauske (5¾ h).

ⓘ Cómo desplazarse

Hay varios **Flybussen** (225 NOK, 50 min) al día entre el centro de la ciudad y el aeropuerto de Harstad/Narvik, en Evenes.

Los autobuses conectan Trondenes con la estación central de autobuses aproximadamente cada hora, de lunes a sábado.

Si es necesario, se puede llamar a un taxi (☎77 04 10 00).

Extremo norte

Incluye »

Los mejores restaurantes

- Gammen (p. 359)
- Gapahuken (p. 355)
- Restaurant Haldde (p. 340)
- Emma's Drømmekjøkken (p. 333)
- Senja Mat Studio (p. 337)

Los mejores alojamientos

- Engholm Husky Design Lodge (p. 359)
- Scandic Ishavshotel (p. 332)
- Hamn i Senja (p. 337)
- Trasti i Trine (p. 339)
- Smarthotel Hammerfest (p. 342)

Por qué ir

Las provincias más septentrionales de Noruega, Troms y Finnmark, se hallan en lo más alto de Europa, donde amplios horizontes comparten la tierra con densos bosques. Aunque el turismo de invierno está aumentando, la mayoría de los visitantes vienen en verano a disfrutar de Tromsø, la única ciudad de tamaño considerable de la región. Los museos de este animado lugar orientarán al viajero hacia las tierras árticas que aguardan más allá. Probablemente se responderá a la llamada de Nordkapp (cabo Norte), el punto más septentrional de la Europa continental. Pero para sentir de verdad el influjo del norte, hay que aventurarse aún más lejos y explorar las mesetas escasamente pobladas de Finnmark y su salvaje costa noreste, el corazón noruego del pueblo lapón. Para una aventura alternativa (como deslizarse en moto de nieve o tras un equipo de huskies), hay que regresar en invierno, cuando una suave luz azul rodea las tierras nevadas, apenas hay forasteros y la aurora boreal cruza el cielo.

Cuándo ir

Tromsø

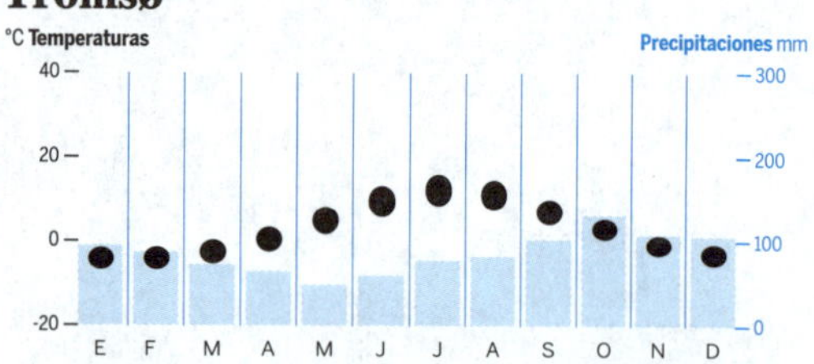

Ppios feb Un sinfín de actividades en la nieve y, con suerte, auroras boreales.

Semana Santa La fiesta de los lapones de Kautokeino antes de dispersarse en sus pastos de verano.

Med-finales jun Los hoteles y puntos de interés reabren sus puertas y el gentío aún está por llegar.

TROMS

Troms, donde se desvanece la corriente del Golfo y se mitiga la aspereza del invierno, tiene un par de sitios superlativos: Tromsø, el único lugar lo bastante grande como para merecer el nombre de "ciudad" en el norte de Noruega, y Senja, la segunda isla más grande del país, una rival menos visitada que las Lofoten, para gozar de una vista espectacular. En el interior, los parques nacionales de Øvre Dividal y Reisa son tesoros naturales.

Tromsø

72 681 HAB.

Situada 400 km al norte del círculo polar ártico, a una latitud de 69°N, la pequeña ciudad de Tromsø se promociona a sí misma como la puerta de entrada al Ártico de Noruega, y sin duda su ambiente es bastante polar. Se halla en el límite oriental de Tromsøya, rodeada de helados fiordos y escarpados picos nevados casi todo el año, y está comunicada con tierra firme por un bonito puente arqueado.

Durante siglos, la ciudad fue un centro de caza de focas, tramperos y pesca, y más tarde se convirtió en el punto de partida para varias expediciones importantes al Ártico, incluidas las encabezadas por Roald Amundsen. Hoy es conocida por ser uno de los mejores lugares del norte del país para ver la aurora boreal.

Es una ciudad plena de vida, con una respetada universidad, un calendario lleno de actividades culturales y una vida nocturna muy animada, con más *pubs* per cápita que ninguna otra ciudad de Noruega.

Puntos de interés

Al estar tan al norte, Tromsø experimenta la noche polar y el sol de medianoche. Debido a la inclinación de la Tierra, de finales de noviembre a mediados de enero, el sol nunca logra elevarse por encima del horizonte, y de mediados de mayo a mediados de julio, el sol no se pone nunca.

En la ciudad hay varias iglesias interesantes. La **Domkirke** (Catedral; plano p. 330; www.kirken.tromso.no; Storgata; 13.00-15.00 lu-vi jun y jul, 13.00-16.00 lu-vi ago, 13.00-17.00 lu-vi resto del año) GRATIS es una de las iglesias de madera más grandes de Noruega. Colina arriba está la **iglesia católica de Tromsø** (plano p. 330; Storgata 94; 9.00-19.30) GRATIS Ambas se construyeron en 1861 y ambas afirman ser el obispado más septentrional del mundo de sus respectivas religiones.

En el centro de la ciudad hay más edificios de madera de principios del s. XX, incluido un tramo de tiendas y casas de comerciantes de la década de 1830 en Sjøgata.

★ Catedral Ártica IGLESIA

(Ishavskatedralen; 476 80 668; Hans Nilsens veg 41; adultos/niños 50 NOK/gratis, recitales órgano 70-170 NOK; 9.00-19.00 lu-sa, 13.00-19.00 do jun-med ago, 15.00-18.00 med ago-med may, abre a las 14.00 feb) Los 11 triángulos de la Catedral Ártica (1965), como suele llamarse a la iglesia de Tromsdalen, sugieren grietas glaciales y cortinas aurorales. En el extremo oriental hay una resplandeciente vidriera que representa a Cristo descendiendo a la Tierra. En el extremo occidental hay un órgano futurista y varias lámparas de cristal de Bohemia colgando como carámbanos. Por desgracia, su ubicación junto a una de las vías principales de Tromsø altera de algún modo la serenidad en el exterior. Está en el lado sur del puente Bruvegen, aproximadamente a 1 km de la ciudad. Hay que tomar el autobús nº 20 o 24.

★ Fjellheisen FUNICULAR

(77 63 87 37; www.fjellheisen.no; Solliveien 12; adultos/niños 170/60 NOK; 10.00-1.00 finales may-med ago, horario reducido resto del año) Para contemplar una bella vista de la ciudad y el sol de medianoche hay que tomar el funicular del monte Storsteinen (421 m). En la cima hay un restaurante de donde sale una red de rutas de excursionismo. Se puede llegar en el autobús nº 26.

★ Fábrica de cerveza Mack FÁBRICA DE CERVEZA

(Mack Ølbryggeri; plano p. 330; 77 62 45 80; www.mack.no; Storgata 5) Esta venerable institución merece un peregrinaje. Fundada en 1877, produce 18 tipos de cerveza, entre ellas las deliciosas Macks Pilsner, Isbjørn, Haakon y varias negras. Todo el año se organizan visitas (170 NOK, 2 bebidas incluidas) que salen de su propio *pub*, el Ølhallen (p. *333*), a las 15.30 (también a las 14.00 jun-ago) de lunes a viernes. Conviene reservar.

★ Museo Polar MUSEO

(Polarmuseet; plano p. 330; 77 62 33 60; www.uit.no/tmu/polarmuseet; Søndre Tollbodgate 11; adultos/niños 60/30 NOK; 9.00-18.00 med jun-med ago, 11.00-17.00 resto del año) Muy adecuado para una ciudad que fue punto de partida de muchas expediciones pioneras al Polo. El fascinante Museo Polar de Tromsø ofrece un ameno recorrido por la vida en el Ártico, y

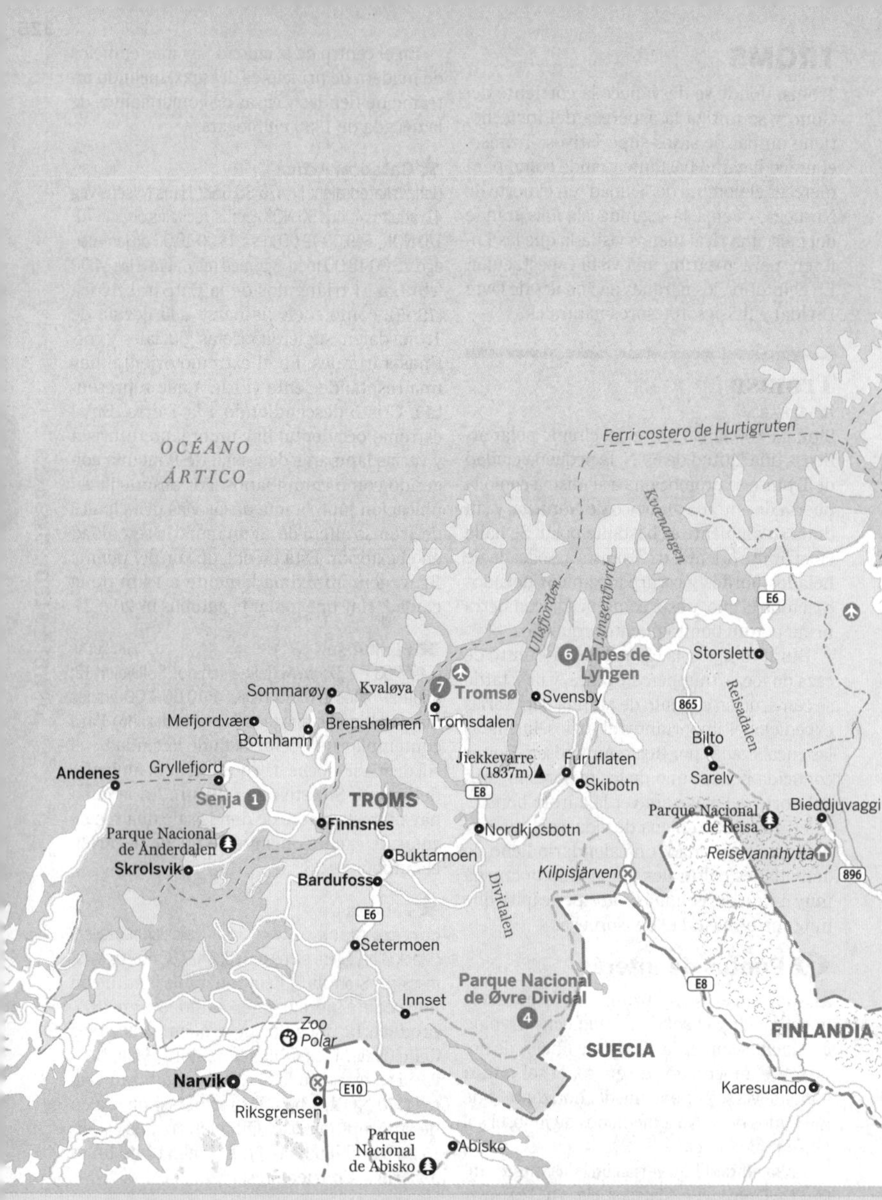

Imprescindible

1 Senja (p. 336) Recorrer en bicicleta o en coche la espectacular y poco transitada costa norte de esta hermosa isla.

2 Karasjok (p. 358) Visitar los museos, el Parlamento y las cuchillerías para conocer la singular cultura lapona.

3 Petroglifos de la Edad de Piedra (p. 338) Explorar el fabuloso museo al aire libre de Alta, declarado Patrimonio Mundial por la Unesco.

4 Parque Nacional de Øvre Dividal (p. 335) Deslizarse por la nieve en un trineo de perros rodeado de la luz azul violácea del invierno.

5 Knivskjelodden (p. 345) Dejar atrás las multitudes en

una caminata hasta el punto más septentrional de la Europa continental.

6 **Alpes de Lyngen** (p. 335) Hacer excursiones por la naturaleza salvaje del extremo norte de Noruega.

7 **Tromsø** (p. 325) Asistir a un recital de órgano mientras el sol de medianoche se cuela en la Catedral del Ártico, y después bailar toda la noche.

8 **Hamningberg** (p. 353) Explorar los lugares más lejanos de la Europa continental por solitarias carreteras apreciadas por los aficionados a las aves.

9 **Lakselv** (p. 347) Pescar salmones y montar un caballo islandés.

abarca desde la historia de la caza con trampas a las revolucionarias expediciones de Nansen y Amundsen. Exhibe algunos utensilios fascinantes y fotos en blanco y negro. También hay varios animales polares peludos disecados que dan bastante pena. Está junto al puerto, en un edificio que albergó la aduana de Tromsø de 1833 a 1970.

Fuera pueden verse unos arpones explosivos que no daban muchas posibilidades a las ballenas.

★Polaria MUSEO, ACUARIO

(plano p. 330; ☎77 75 01 11; www.polaria.no; Hjalmar Johansens gate 12; adultos/niños 130/65 NOK; ⏲10.00-19.00 med may-ago, 10.00-17.00 sep-med may) Este centro de interpretación del Ártico ofrece una introducción multimedia al norte de Noruega y Svalbard. Para empezar, se pueden ver los videos *In the Land of the Northern Lights* y *Spitsbergen-Arctic Wilderness,* para después recorrer la pasarela ártica, con exposiciones sobre la aurora boreal, acuarios de peces de agua fría y la atracción estelar, unas efusivas y juguetonas focas barbudas (les dan de comer a las 12.30 durante todo el año, y también a las 15.00 en verano o a las 15.30 en invierno).

Blåst FÁBRICA

(plano p. 330; ☎77 68 34 60; www.blaast.no; Peder Hansens gate 4; ⏲10.00-17.00 lu-vi, 10.00-16.00 sa) GRATIS Hay que visitar el taller de vidrio soplado más septentrional del mundo para ver a su joven equipo trabajando y tal vez comprar algún objeto.

Museo de la Universidad de Tromsø MUSEO

(☎77 64 50 00; www.uit.no/tmu; Lars Thøringsveg 10; adultos/niños 60/30 NOK; ⏲9.00-18.00 jun-ago, 10.00-16.30 lu-vi, 12.00-15.00 sa, 11.00-16.00 do sep-may) Cerca del extremo sur de Tromsøya, este museo ilustra muy bien la vida lapona tradicional y moderna y el arte sacro. Hay una pequeña sección sobre los vikingos y, en la planta inferior, muestras sobre la geología del norte y varios temas que invitan a la reflexión, como el papel del fuego, las consecuencias del calentamiento global y la pérdida de tierras vírgenes.

Estatua de Roald Amundsen ESTATUA

(plano p. 330) La estatua del explorador polar más famoso de Noruega está un poco más arriba de la oficina de turismo.

M/S Polstjerna MUSEO

(plano p. 330; www.uit.no/om/enhet/tmu/polstjerna; adultos/niños 25/10 NOK; ⏲11.00-17.00 med jun-med ago) Entre 1949 y 1981, este histórico barco dedicado a la caza de focas dio muerte (o "llevó a casa", como la información alusiva asegura eufemísticamente) a casi 100 000 ejemplares. Ahora está cubierto por una estructura acristalada, y se puede caminar por las cubiertas, donde aún pueden verse herramientas, utensilios de caza y objetos de navegación originales.

Museo de la Guerra de Tromsø MUSEO

(Tromsø Forsvarsmuseum; ☎77 65 54 40; www.tromsoforsvarsmuseum.no; Solstrandveien; adultos/niños 50/25 NOK; ⏲12.00-17.00 mi-do jun-ago, do solo may y sep) Los cañones de una batería costera nazi y un restaurado búnker de mando forman la base del Tromsø Forsvarsmuseum. También cuenta la historia del gigantesco buque de guerra alemán *Tirpitz,* que naufragó cerca de la ciudad el 12 de noviembre de 1944, y la retirada del ejército nazi de Leningrado, cuando muchos de sus 120 000 soldados fueron evacuados en barco desde Tromsø. El museo está en tierra continental, junto a la E6, 4,5 km al sur del puente de Tromsø. Hay que tomar el autobús nº 12 o 28.

Actividades y circuitos

Para mucha gente, la principal razón para visitar Tromsø es poder contemplar auroras boreales. Hay muchas empresas en la ciudad que ofrecen excursiones para verlas. Lo mejor es elegir un operador pequeño e independiente si no se quiere acabar en un autocar de alguno de los grandes hoteles de la ciudad.

La oficina de turismo ofrece la guía *Summer Activities in Tromsø* y su equivalente de invierno, con una exhaustiva lista de excursiones y actividades.

Wandering Owl Tours AVENTURA

(☎484 60 081; www.wanderingowl.com; Sommerlystvegen 7a) Uno de los operadores más creativos de la ciudad, con excelentes excursiones a pie guiadas en verano, una excursión a una sauna en la naturaleza y pintorescos recorridos en coche de mediados de mayo a mediados de agosto. En invierno ofrece talleres de fotografía de auroras boreales y otras actividades.

Active Tromsø AVENTURA

(☎481 37 133; www.activetromso.no) Excelente compañía con una completa selección de actividades de invierno y verano. Destacan las expediciones en trineo de perros, incluidas las excursiones con huskies con noche incluida y la posibilidad de ver la aurora boreal en la ruta. Se puede reservar en línea o en la oficina de turismo (p. 334).

Arctic Adventure Tours AVENTURA
(☎456 35 288; www.arcticadventuretours.no; Straumsvegen 993) Amplio abanico de actividades, como paseos en trineo de perros y esquí en invierno, y pesca y excursionismo en verano. Se puede reservar con antelación en su web o en la oficina de turismo de Tromsø (p. 334).

Tromsø Friluftsenter DEPORTES DE AVENTURA
(☎907 51 583; www.tromso-friluftsenter.no; Kvaløyvågvegen 669) Ofrece travesías turísticas en barco en verano y una amplia gama de actividades de invierno, como excursiones a campamentos lapones. Otra opción interesante es su safari de 5 h para ver ballenas jorobadas y orcas (fin nov-med ene). Se puede reservar en línea o en la oficina de turismo de Tromsø (p. 334).

Tromsø Villmarkssenter AIRE LIBRE
(plano p. 330; ☎77 69 60 02; www.villmarkssenter.no; Stortorget 1, Kystens Hus) Ofrece excursiones en trineo de perros, desde recorridos de 1 día a rutas de 4 días con acampada. La oficina de reservas está en la ciudad. El centro, 24 km al sur de Tromsø, en Kvaløya, también ofrece varias actividades de verano, como senderismo, excursionismo en glaciares y kayak en el mar, además de safaris para ver focas y aves marinas.

Guide Gunnar DEPORTES DE AVENTURA
(plano p. 330; ☎934 43 443; www.guide-gunnar.no; Sjøgata 29, 1ª planta) Gunnar Hildonen recibe críticas muy favorables por sus excursiones de verano e invierno, pero los viajeros disfrutan sobre todo de aprender de sus impresionantes habilidades de supervivencia, de su inmersión en la naturaleza y del 'Theatre of Food', que puede incluir una cena con el sol de medianoche. El letrero de su oficina del centro pone "Guides Central".

Tromsø Safari AIRE LIBRE
(plano p. 330; ☎953 03 888; www.tromsosafari.no; Radisson Blu Hotel Tromsø) Su oferta incluye excursiones en zódiac, visitas culturales a los lapones, excursiones con el sol de medianoche y para ver la aurora boreal, pesca en el mar, excursionismo y observación de ballenas (fin oct-feb). El mostrador de reservas está en el Radisson Blu Hotel Tromsø.

MERECE LA PENA

KVALØYA Y SOMMARØY

Esta excursión de medio día desde Tromsø se hace más por el viaje que por el destino. Es un trayecto de extraordinaria belleza –y con muy poco tráfico– a través de Kvaløya, buena parte del cual discurre junto al agua hasta la pequeña isla de Sommarøy. Los que decidan hacer noche, podrán alojarse en el **Sommarøy Kurs & Feriesenter** (☎77 66 40 00; www.sommaroy.no; Skipsholmsveien 22, Sommarøy; h 1090-1490 NOK, apt desde 2300 NOK, casa de playa desde 3400 NOK; P@ᯤ).

Si se llega desde Senja en el **ferri Botnhamn-Brensholmen** (p. 337), las vistas según se cruza Kvaløya, yendo al oeste hacia Tromsø, son igual de espectaculares.

Tromsø Outdoor AIRE LIBRE
(plano p. 330; ☎975 75 875; www.tromsooutdoor.no; Sjøgata 14; ⌚9.00-18.00 lu-vi, 10.00-18.00 sa y do jun-ago, horario reducido resto del año) Indicado para quienes prefieren un enfoque más independiente de las actividades de invierno y de verano. Alquilan todo tipo de equipamiento, desde raquetas de nieve y esquís a bicicletas (desde 250 NOK/día).

Actividades de invierno

En Tromsø y alrededores (los operadores normalmente recogen a los viajeros en el hotel), la oferta de actividades invernales, que supera a la de verano, incluye observación de auroras boreales, esquí de fondo, visitas culturales a los lapones, visitas a colonias de renos, paseos en trineo de renos y perros, safaris con raquetas de nieve, pesca en el hielo y salidas en moto de nieve. La observación de ballenas en diversas embarcaciones (incluidos kayaks) es emocionante; se ofrece de finales de octubre a mediados de enero o hasta febrero.

Arctic Guide Service CIRCUITO PANORÁMICO
(plano p. 330; ☎922 07 901; www.arcticguideservice.com; Bankgata 1; adultos/estudiantes/niños 975/800/465 NOK) Esta compañía de guías ofrece una excursión para ver las auroras boreales todas las noches a las 18.15 de mediados de septiembre a marzo. Las salidas en microbús duran 6 h y visitan varias ubicaciones alrededor de Tromsø, utilizando los pronósticos meteorológicos más recientes para maximizar la probabilidad de ver el

Tromsø

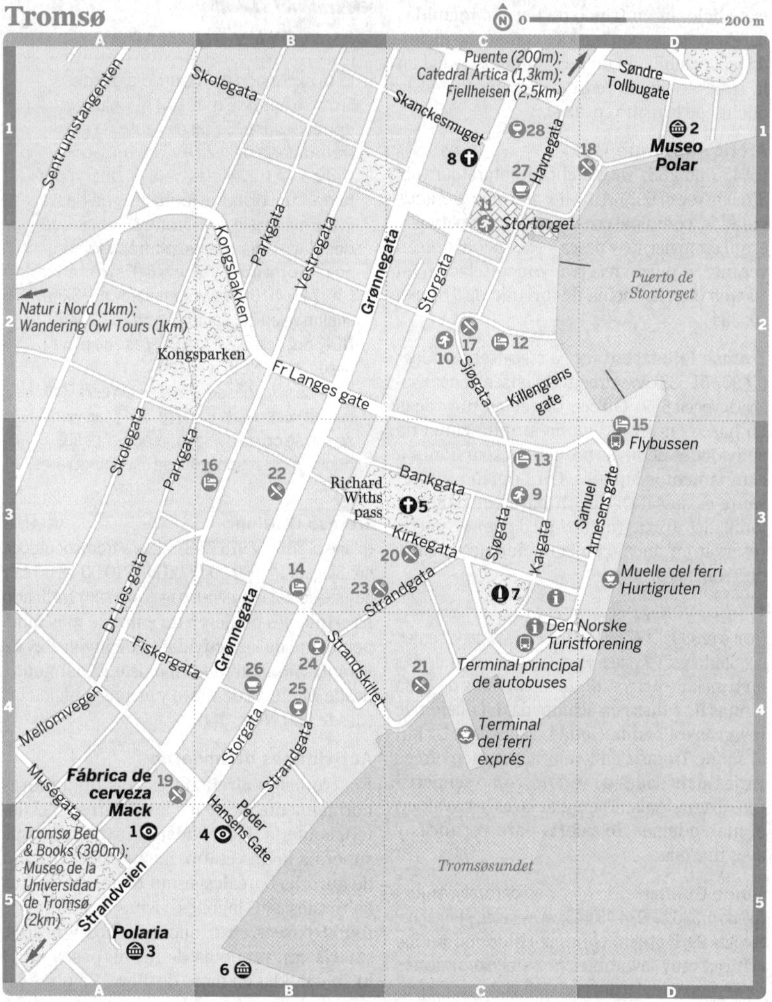

espectáculo. Obviamente, no hay garantías, pero si hay actividad solar y cielos claros, existe una posibilidad. La oficina está bajo el Radisson Blu Hotel.

Natur i Nord DEPORTES DE NIEVE
(☎975 17 583; www.naturinord.no; Sommerlystvegen 23) Organiza excursiones para ver auroras boreales en invierno y una versión estival para contemplar el sol de medianoche.

Arctic Trip AIRE LIBRE
(☎476 63 447; www.arctictrip.no) Roy Saetre, un monitor de esquí cualificado, está a cargo de esta pequeña y profesional compañía que organiza excursiones en verano, además de pesca en el hielo, esquí de fondo, excursiones para ver auroras boreales y expediciones a la naturaleza. Se pueden hacer reservas en la oficina de turismo (p. 334).

Actividades de verano

Las actividades de verano en el interior de Tromsø incluyen excursionismo, pesca, visitas a campamentos lapones, excursiones gastronómicas, paseos en barco y kayak en el mar. Se ofrecen muchas excursiones a lugares pintorescos para ver el sol de medianoche y

Tromsø

Principales puntos de interés

1	Fábrica de cerveza Mack	A5
2	Museo Polar	D1
3	Polaria	A5

Puntos de interés

4	Blåst	B5
5	Domkirke	C3
6	M/S Polstjerna	B5
7	Estatua de Roald Amundsen	C3
8	Iglesia católica de Tromsø	C1

Actividades, cursos y circuitos

9	Arctic Guide Service	C3
	Guide Gunnar	(véase 17)
10	Tromsø Outdoor	C2
	Tromsø Safari	(véase 13)
11	Tromsø Villmarkssenter	C1

Dónde dormir

12	Clarion Hotel Aurora	C2
13	Radisson Blu Hotel Tromsø	C3
14	Scandic Grand Hotel	B3
15	Scandic Ishavshotel	D3
16	Smart Hotel Tromsø	B3

Dónde comer

17	Aunegården	C2
18	Dragøy	D1
19	Driv	A4
20	Emma's Drømmekjøkken	C3
	Emma's Under	(véase 20)
21	Kitchen & Table	C4
22	Mathallen	B3
	Presis	(véase 26)
23	Risø	B3

Dónde beber y vida nocturna

24	Bastard	B4
25	Blå Rock Café	B4
26	Circa	B4
27	Kaffebønna	C1
	Ølhallen Pub	(véase 1)
28	Verdensteatret	C1

otros circuitos turísticos. Los amantes de los animales también podrán ver aves marinas y focas.

Nordre Hestnes Gård PASEOS A CABALLO

(☎909 82 640; www.nordre-hestnes-gaard.no; Selnesveien 1007) Excursiones a caballo y caminatas durante el sol de medianoche, entre otras actividades estivales e invernales.

Fiestas y celebraciones

En verano, la Catedral Ártica acoge los Conciertos del Sol de Medianoche (adultos/niños 170/50 NOK; 23.30 jun-med ago) y recitales de órgano (70 NOK; 14.00 jun y jul). El magnífico sonido del órgano y la luz del sol de medianoche filtrándose por la enorme ventana occidental brindan una de las más grandes experiencias sensoriales del viaje.

En la Domkirke (p. 325) se celebran recitales de órgano de 30 min (70 NOK; 17.00 jun, 15.00 jul) de música clásica y folclórica.

Las dos citas anuales más señaladas de Tromsø tienen lugar en pleno invierno.

Festival Internacional de Cine de Tromsø CINE

(☎77 75 30 90; www.tiff.no; ⊙med ene) Uno de los festivales de cine más septentrionales del mundo, que se celebra durante una semana a mediados de enero, con proyecciones de películas y coloquios en varios lugares de la ciudad (incluso hay alguna proyección al aire libre para los cinéfilos más valientes). Como es de esperar, la mayoría de las películas son de temática ártica.

Semana Lapona CULTURA

(www.msm.no/sami-week-in-tromsoe.242995.en.html; ⊙ppios feb) Incluye el campeonato nacional de trineo de renos, en el que expertos lapones gritan y chascan su látigo por la calle principal de Tromsø. Se celebra durante la semana del Día Internacional Lapón (6 de febrero).

Maratón del Sol de Medianoche DEPORTES

(www.msm.no; ⊙jun) La maratón más septentrional del mundo se celebra un sábado del mes de junio. En enero se celebra la Media Maratón de la Noche Polar.

Festival de la Aurora Boreal MÚSICA

(☎77 68 90 70; www.nordlysfestivalen.no; ⊙ene) Seis días de música de todos los géneros. El premio gordo es que coincida con una aurora boreal espectacular.

Dónde dormir

Se recomienda reservar durante la temporada alta de verano, de junio a agosto, y para la temporada principal de invierno, de enero a marzo.

Se aconseja consultar la sección de estancias en hogares de la página web de la oficina de turismo (www.visittromso.no) para buscar apartamentos y habitaciones en casas particulares.

Smart Hotel Tromsø HOTEL $

(plano p. 330; ☎415 36 500; www.smarthotel.no/en/tromso; Vestregata 12; d desde 695 NOK; 📶) El hotel más septentrional de esta pequeña cadena económica ofrece algunos de los mejores precios de la ciudad y es una buena base, aunque con habitaciones pequeñas, instalaciones básicas y una decoración convencional (el gris es el color principal, combinado con eslóganes de estilo grafiti como "You Are Smart"). Es muy popular, por lo que hay que reservar antes. El bufé de desayuno cuesta 110 NOK.

Tromsø Camping CAMPING $

(☎77 63 80 37; www.tromsocamping.no; Tromsdalen; parcelas tienda/caravana 180/400 NOK, cabañas 695-2095 NOK; P@📶) Ofrece parcelas de *camping* con vegetación junto a un tranquilo arroyo, además de algunos bungalós modernos excelentes, aunque los mejores no son baratos. Los baños y la cocina compartidos de este complejo no dan abasto en julio y agosto. Hay que tomar el autobús nº 20 o 24.

★**Tromsø Bed & Books** PENSIÓN $$

(☎77 02 98 00; www.bedandbooks.no; Strandvegen 45; i/d 850/950 NOK; 📶) Gestionado por dos veteranos trotamundos, esta bonita pensión tiene dos 'casas' –una de pescador y una de escritor– ambas llenas de libros, muebles *retro*, mapas antiguos y objetos curiosos, diseñadas especialmente para viajeros con poco presupuesto. Las habitaciones quedan un tanto pequeñas cuando están llenas y son ruidosas, pero eso es parte del trato económico. No se ofrece desayuno, pero hay cocina compartida en las dos casas.

Scandic Grand Hotel HOTEL $$

(plano p. 330; ☎77 75 37 77; www.scandichotels.no; Storgata 44; h 950-1790 NOK; P@📶) Pese a tratarse del hotel más veterano de Tromsø, apenas conserva nada antiguo en su interior, pues se ha incendiado en dos ocasiones. Se aconseja pedir una habitación en una de las dos nuevas plantas superiores. Las tarifas incluyen un desayuno abundante con fruta fresca y platos calientes.

Clarion Hotel Aurora HOTEL $$

(plano p. 330; ☎77 78 11 00; www.nordicchoicehotels.no; Sjøgata 19/21; i/d desde 990/1090 NOK; @📶) Cerniéndose sobre el agua como la proa de un barco, este hotel de 121 habitaciones sorprende con ángulos singulares, remates de aluminio, cuadros en los techos de los dormitorios, una sauna y un *jacuzzi* en la planta superior, ideal para disfrutar de las vistas del puerto y las montañas entre burbujas. El precio de la habitación incluye el desayuno y una cena ligera pero variada.

Radisson Blu Hotel Tromsø HOTEL $$

(plano p. 330; ☎77 60 00 00; www.radissonblu.com/hotel-tromso; Sjøgata 7; i/d desde 995/1295 NOK; P@📶) Las habitaciones se renovaron recientemente y una bonita ala nueva se ha insertado en el sólido edificio original. De sus 269 estancias (merece la pena pagar los 200 NOK extra por una en el ala nueva), cerca de la mitad tienen vistas del puerto. Cuenta con un *pub* aceptable, el Rorbua, y un magnífico restaurante adscrito a la red Arctic Menu.

★**Scandic Ishavshotel** HOTEL $$$

(plano p. 330; ☎77 66 64 00; www.scandichotels.no; Fredrik Langes gate 2; d/ste desde 1699/2499 NOK; P📶) Es el lugar perfecto en Tromsø si se quieren vistas al agua. La arquitectura de este hotel imita a un barco que se hace a la mar, con un mástil, una bandera y un puesto de vigía en lo alto. Las habitaciones de tipo *business* son elegantes y sofisticadas, en tonos marrón y gris pizarra. El desayuno está incluido; las habitaciones son un 20% más baratas el fin de semana.

Dónde comer

★**Risø** CAFÉ $

(plano p. 330; ☎416 64 516; www.risoe-mk.no; Strandgata 32; principales 95-179 NOK; ⌚7.30-17.00 lu-vi, 9.00-17.00 sa) Este popular café que sirve almuerzos casi siempre está lleno de jóvenes que vienen por su café hecho con una cafetera Chemex y trabajadores que se acercan por los platos del día, los sándwiches abiertos y los deliciosos pasteles. Es pequeño, con mesas muy juntas, y es probable que se tenga que esperar.

Dragøy FISH & CHIPS $

(plano p. 330; ☎77 67 32 30; www.dragoy.no; por Havnegata; principales 89-149 NOK; ⌚8.00-16.00 lu-sa) Local de pescado junto al muelle con el mejor *fish and chips* de Tromsø, además de deliciosas hamburguesas de pescado, raviolis caseros y sopa de pescado. Tiene ambiente de local de comida rápida, pero ofrece muy buenos precios y pescado fresquísimo.

★**Emma's Under** NORUEGA $$

(plano p. 330; ☎77 63 77 30; www.emmasdrommekjokken.no; Kirkegata; almuerzo principales 165-335 NOK; ⌚11.00-22.00 lu-vi, 12.00-22.00 sa) Ofrece platos del día de cocina noruega casera y sencilla, con opciones sustanciosas como el pescado al gratén, centollos y *klippfisk* al horno para almorzar. Es acogedor y ha sido diseñado emulando una cocina tradicional.

Arriba está el Emma's Drømmekjøkken (p. 333), más formal, que comparte el menú con el Emma's Under después de las 17.30.

Presis TAPAS **$$**
(plano p. 330; ☎77 68 10 20; www.presistapas.no; Storgata 36; tapas 68-136 NOK; ⏲16.00-22.00 ma-ju, 16.00-23.00 vi, 18.00-23.00 sa) Incluso en Tromsø, en el extremo norte, se pueden encontrar locales de ambiente mediterráneo, como este lugar refinado encima del **Circa** (plano p. 330; ⏲17.00-1.30 ma-ju, 15.00-3.00 vi, 13.00-3.00 sa; 📶), que ofrece tapas con un toque creativo que combinan sabores españoles y nórdicos para crear propuestas acertadas. El centollo con mantequilla de ajo y jengibre es delicioso.

Aunegården NORUEGA **$$**
(plano p. 330; ☎485 02 353; www.facebook.com/aunegarden; Sjøgata 29; principales almuerzo 129-215 NOK, cena 245-365 NOK; ⏲11.00-18.00 lu-mi, 11.00-20.00 ju-do) Uno casi podría perderse en este maravilloso café-restaurante lleno de recovecos e íntimos rincones. Ocupa un edificio del s. XIX que fue una carnicería hasta 1996, rebosa carácter y sirve excelentes ensaladas, sándwiches y platos principales. Si no apetece una comida formal, se puede tomar un café y un pastel.

Driv CAFÉ **$$**
(plano p. 330; ☎77 60 07 76; www.driv.no; Storgata 6; principales 175-195 NOK; ⏲12.00-1.30 lu-ju, hasta 3.00 vi y sa, la cocina cierra 21.00) Café regentado por estudiantes en la fábrica de cerveza Mack (p. 325). Sirve hamburguesas (es popular su hamburguesa Driv), sándwiches y ensaladas fantásticas. Organiza eventos musicales y culturales y tiene discoteca los sábados.

★**Kitchen & Table** NORUEGA, INTERNACIONAL **$$$**
(plano p. 330; ☎77 66 84 84; www.kitchenandtable.no/tromso; Kaigata 6; principales 235-375 NOK; ⏲17.00-22.00 lu-sa, hasta 21.00 do) El chef Marcus Samuelsson combina algo del estilo Manhattan con ingredientes del ártico y propone los sabores más frescos y originales de Tromsø, como el solomillo de reno con *chutney* de mango, *ratatouille* de reno, hamburguesas con quinoa o *kimchi*, o cordero a fuego lento estilo marroquí.

★**Mathallen** BISTRÓ **$$$**
(plano p. 330; ☎77 68 01 00; www.mathallentromso.no; Grønnegata 60; almuerzo principales 100-210 NOK, cena principales desde 310 NOK, menú degustación 4 platos 685 NOK; ⏲bistró 11.00-23.00 ma-sa, deli 10.00-18.00 lu-vi, 10.00-16.00 sa) Elegante local de diseño industrial, con tuberías a la vista y cocina abierta, que no estaría fuera de lugar en Oslo o Estocolmo. Ofrece una de las mejores propuestas de cocina noruega moderna de la ciudad, centrada en el pescado y en las carnes locales; el plato especial para el almuerzo a 100 NOK es una ganga. Hay una charcutería al lado que vende tapenades, quesos, salmón ahumado y *lutefisk* (pescado seco).

DE PRIMERA MANO

BEBER A LO GRANDE, AL ESTILO DE TROMSØ

Hace falta aguante para afrontar la carrera. Una vez fuera del trabajo, los amigos se encuentran para el *Fredagpils*, las copas del viernes donde se planea la campaña que está por venir. Luego llega el momento del *Vorspiel*, o la previa en casa de un amigo antes de enfilar a una discoteca o un bar hacia la medianoche. A la hora de cierre establecida, las 3.30, toca el *Fyllemat* (hora de llenar el buche), cuando se le hinca el diente a una hamburguesa, un kebab o un perrito caliente en uno de los puestos callejeros que se instalan frente a los principales locales, antes de poner la directa, de nuevo, a casa de un amigo para el *Nachspiel* (los últimos tragos).

Llegado este punto, es hora de irse a la cama para los corredores de media distancia, pero el gentío de la maratón se planta a las puertas de Ølhallen's, a la espera de que se descorran sus cerrojos, hecho que señala la hora de apertura, las 10.00. "Si se puede tener en pie, le serviremos" es la regla de oro del personal.

★**Emma's Drømmekjøkken** NORUEGA **$$$**
(plano p. 330; ☎77 63 77 30; www.emmasdrommekjokken.no; Kirkegata; principales 285-365 NOK, menú 3/5 platos 390/630 NOK; ⏲18.00-24.00 lu-sa) Local elegante con buena reputación situado sobre el Emma's Under (p. 332). Sirve cenas refinadas e imaginativas con platos tradicionales noruegos elaborados con ingredientes locales de la mejor calidad, como *lutefisk* (pescado seco), halibut marinado con arándanos, solomillo de buey y centollo gratinado. Imprescindible reservar.

Dónde beber y vida nocturna

Ølhallen Pub PUB
(plano p. 330; ☎77 62 45 80; www.olhallen.no; Storgata 4; ⏲10.00-19.30 lu-mi, 10.00-0.30 ju-sa) Aparentemente el *pub* más antiguo de la ciudad, donde

antes se congregaban pescadores y marineros del Ártico. Ahora es el *pub* de la fábrica de cerveza Mack (p. 325), con más de 67 variedades, incluidas ocho de barril. Puede llevar algo de tiempo (y varios hígados) probarlas todas.

Kaffebønna CAFÉ

(plano p. 330; ☎77 63 94 00; www.kaffebonna.no; Stortorget 3; ⏲8.00-18.00 lu-vi, 9.00-18.00 sa, 10.00-18.00 do) Uno de los cafés favoritos del autor en Tromsø. Este pequeño y moderno local del centro de la ciudad sirve el mejor café y unos pasteles deliciosos.

Bastard BAR, DISCOTECA

(plano p. 330; ☎922 00 519; www.facebook.com/bastardbar; Strandgata 22; ⏲18.00-2.00 lu-ju, 18.00-3.00 vi-do) El Bastard (con acento en la segunda sílaba, para no insultar sin querer) es un bar de moda en un sótano con vigas bajas y paredes blancas peludas (ningún oso polar sufrió durante su construcción). Acoge a DJ independientes y *underground* (vi y sa) y bandas (hasta 3 semanales). Retransmite fútbol británico y noruego, por lo que es punto de encuentro de fanáticos del deporte rey.

Verdensteatret BAR, CAFÉ

(plano p. 330; ☎77 75 30 90; www.verdensteatret.no; Storgata 93b; ⏲11.00-2.00 lu-ju, 11.00-3.30 vi y sa, 13.00-2.00 do; 📶) El cine más antiguo del país satisfará tanto a los cinéfilos como a los amantes del buen café. El moderno bar ofrece wifi gratis y DJ el fin de semana. En otros momentos el camarero pincha su enorme colección de vinilos, por lo que cabe esperar de todo.

Pidiéndoselo al personal, se puede echar un vistazo al magnífico cine, con murales de principios del s. xx.

Blå Rock Café BAR

(plano p. 330; ☎77 61 00 20; www.facebook.com/Blaarock; Strandgata 14/16; ⏲11.30-2.00 lu-ju, 11.30-3.00 vi y sa, 13.00-2.00 do) El sitio más ruidoso y loco de la ciudad tiene noches temáticas, casi 50 marcas de cerveza, música *(rock)* en directo de vez en cuando y DJ los fines de semana. Todas las horas del lunes son *happy hours*.

CÓMO LLEGAR Y SALIR DEL AEROPUERTO DE TROMSØ

El **Flybussen** (plano p. 330; www.flybussen.no/tromso; ida/ida y vuelta 63/126 NOK) circula entre el aeropuerto y el Scandic Grand Storgata (15 min) y conecta con los vuelos que llegan y salen; para en otros hoteles principales en la ruta. También hay un microbús privado puerta a puerta a/desde muchos hoteles por el mismo precio. Pregúntese en el alojamiento.

Los taxis (con taxímetro) entre el aeropuerto y el centro cuestan sobre 250 NOK.

Información

Oficina de turismo (plano p. 330; ☎77 61 00 00; www.visittromso.no; Kirkegata 2; ⏲9.00-17.00 lu-vi, 10.00-17.00 sa y do ene-mar y med may-ago, horario reducido resto del año; 📶) La concurrida oficina de turismo de Tromsø ocupa un edificio de madera junto al puerto. Reserva alojamiento y actividades, y ofrece wifi gratis. También publica la completa *Tromsø Guide*.

Cómo llegar y salir

AVIÓN

El **aeropuerto de Tromsø** (☎77 64 84 00; www.avinor.no/flyplass/tromso), a unos 5 km del centro de la ciudad, en el lado occidental de Tromsøya, es el principal aeropuerto del extremo norte. Ofrece vuelos directos de Scandinavian Airlines a/desde Oslo, Narvik/Harstad, Bodø, Trondheim, Alta, Hammerfest, Kirkenes y Longyearbyen.

Norwegian (www.norwegian.no) tiene vuelos a/desde las principales ciudades de Noruega, además de destinos en el Reino Unido, como Londres (Gatwick), Edimburgo y Dublín.

Widerøe (www.wideroe.no) tiene varios vuelos diarios a Svolvær y Leknes, en las islas Lofoten. Todos los vuelos son vía Bodø.

BARCO

Tromsø es una parada importante en la ruta del ferri costero de Hurtigruten. Todos los ferris de la ruta paran en el **muelle de ferris Hurtigruten** (plano p. 330; Samuel Arnesens gate), hasta la inauguración de la nueva terminal (prevista para otoño del 2018).

Hay barcos exprés que conectan Tromsø y Harstad (2½ h), vía Finnsnes (1¼ h), de 2 a 4 veces por día, y que zarpan de la **terminal de ferris exprés** (plano p. 330) de Strandskillet.

AUTOBÚS

La **terminal principal de autobuses** (plano p. 330; Samuel Arnesens gate) (llamada Prostneset) está en Kaigata, junto al muelle de ferris Hurtigruten. Hay hasta 3 autobuses exprés diarios a/desde Narvik (280 NOK, 4¼ h) y uno a/desde Bodø (410 NOK, 6½ h). Para ir más al sur, hay que tomar el autobús diario a Fauske y después el tren nocturno a Trondheim y Oslo, pero es un trayecto largo y caro; es mucho más práctico volar.

Hacia el norte, hay un autobús diario a Alta (620 NOK, 6½ h). La tarifa incluye los dos ferris a Lyngen.

Tromskortet (www.tromskortet.no) tiene un autobús diario entre semana a Narvik, desde donde sale un autobús de conexión a Svolvær (8 h), en las islas Lofoten.

Cómo desplazarse

Tromsø tiene abundante aparcamiento con parquímetro en el centro y el enorme aparcamiento subterráneo de Trygg, excavado en la colina; se entra por Vestregata (cerrado a remolques y caravanas).

Alpes de Lyngen

Algunas de las cumbres alpinas más accidentadas de toda Noruega se pliegan para formar la espina dorsal de la península glaciar de Lyngen, al este de Tromsø. La orilla oriental del Lyngenfjord, de 150 km de largo, ofrece las mejores vistas. Las montañas, la más alta de las cuales es Jiekkevarre (1837 m), ofrecen un sinfín de oportunidades a los escaladores, aunque este desafiante terreno glacial es solo para expertos.

El valle de Lyngsdalen, por encima de la aldea industrial de Furuflaten, es una zona de escalada mucho más accesible y popular. La ruta habitual empieza en el campo de fútbol al sur del puente, encima del Lyngdalselva, y asciende por el valle hasta la punta del glaciar Sydbreen, a 500 m sobre el nivel del mar.

Den Norske Turistforening (DNT; plano p. 330; ☎77 68 51 75; www.troms.dnt.no; Kirkegata 2; ⊙12.00-16.00 mi, 12.00-18.00 ju, 12.00-14.00 vi), en Tromsø, ofrece información sobre excursionismo. El mejor mapa para esta actividad es el *Lyngenhalvøya* (1:50 000), de Statens Kartverk.

Cómo llegar y salir

Hay autobuses (ruta 460) que conectan Furuflaten, la entrada a los Alpes de Lyngen, con Nordkjosbotn (45 min, 2-3 diarios) por la E6, a la que se puede llegar desde Tromsø.

Parque Nacional de Øvre Dividal

Tachonado de lagos y carente de carreteras, el salvaje Parque Nacional de Øvre Dividal comprende 750 km² entre Setermoen y las fronteras sueca y finlandesa. Presenta una fauna muy rica, con especies como el oso pardo, el lobo, el zorro ártico, el lince boreal y una de las poblaciones de glotones más densas de Europa.

MERECE LA PENA

POLAR PARK

El **Polar Park** (☎77 18 66 30; www.polarpark.no; Industriveien 10, Bardu; adultos/niños/familias 260/160/750 NOK; ⊙10.00-18.00 med jun-ago, 10.00-16.00 lu-vi, 12.00-16.00 sa y do sep-med jun) es un gran zoo al aire libre situado 23 km al sur de Setermoen y 3,3 km al este de la E6. Acoge a especies de la taiga boreal (bosque pantanoso) en espaciosos recintos que, salvo por las vallas metálicas, apenas se distinguen de los bosques de abedules circundantes. Se pueden ver osos pardos, ciervos, bueyes almizcleros, renos, lobos, linces boreales, glotones, tejones y zorros rojos y árticos. También hay tirolinas de diversas longitudes (se pagan aparte).

Se recomienda seguir al guarda a la hora de dar de comer a los animales (normalmente a las 13.00; confírmese en recepción); hay varias opciones más para acercarse a ellos.

Actividades

Excursionismo

La caminata más popular es la **ruta fronteriza de Troms,** de ocho días, que conecta con el Parque Nacional de Abisko, en el norte de Suecia, donde comienza la famosa ruta de Kungsleden. El mejor mapa para hacer la primera ruta es el *Turkart Indre Troms* de Statens Kartverk (a escala 1:100 000). En verano, los mosquitos suelen ser un engorro; se recomienda usar una red para la cabeza, embadurnarse con repelente y liquidar tantos chupasangres como sea posible por el bien de quienes sigan la estela del viajero.

Trineo de perros

En invierno, se pueden hacer excursiones en trineo de perros por la Noruega ártica, guiadas por el célebre e ingenioso **Bjørn Klauer** (☎77 18 45 03; www.huskyfarm.de). Además de excursiones por el Parque Nacional de Øvre Dividal, ofrece expediciones a las entrañas de Finnmark. En verano, él y su equipo ofrecen salidas en bicicleta y piragua (aunque también se pueden recorrer por cuenta propia los senderos señalizados que pasan cerca). Su granja es un lugar estupendo para alojarse.

Dónde dormer

En vez de acampar, para lo que hay que traer todo el equipamiento, la Huskyfarm de Bjørn Klauer (p. 335) brinda un alojamiento excelente. Si está llena, cerca hay otra granja de huskies asociada que aún tenía que arrancar cuando el autor estuvo allí.

Información

Den Norske Turistforening (p. 335), en Tromsø, ofrece mapas e información de excursionismo.

Cómo llegar y salir

Se necesita vehículo propio para llegar al Parque Nacional de Øvre Dividal.

Senja

7808 HAB.

La segunda isla más grande de Noruega rivaliza en belleza natural con Lofoten y Vesterålen, pero atrae solo a una parte de los visitantes (el autor recorrió la longitud de su costa septentrional en pleno verano y vio muy pocos vehículos). Esta isla merece una exploración paciente y se necesitan al menos dos días enteros para apreciar toda su apacible belleza.

Puntos de interés

Una ancha llanura agrícola acaba en Innersida, la costa oriental de la isla que mira al continente. En contraste, bosques de abedules, páramos y lagos se extienden más allá de los escarpados y yermos altiplanos del interior. A lo largo de la costa noroccidental, Yttersida, cimas afiladas como cuchillos se elevan desde el océano Ártico. Allí, la Rv86 y la Rv862, declaradas Ruta Turística Nacional, unen aisladas pero activas aldeas pesqueras como Hamn y Mefjordvær, y el tráfico es mínimo. La hoy llana y ligeramente tortuosa carretera, casi a la vista de la orilla, es el sueño de todo ciclista. Por el camino hay que parar en el **mirador de Bergsbotn**, de impresionante diseño, y en el **mirador de Tungeneset**, y gatear por las anchas losas de roca erosionada para disfrutar de las abruptas cimas al oeste y las esculturales crestas al este. **Husøy**, frente a la costa norte y conectado con la isla principal por una calzada, es un pueblo de particular belleza.

CUIDADO CON LOS RENOS

Hay que mantenerse alerta por si se ven renos en la carretera. Son mucho más encantadores que molestos y nada peligrosos, pero pueden ralentizar el avance del vehículo y parar el vehículo en seco si se golpea uno a cierta velocidad. A veces pasean solos y de vez en cuando en manada, y tal vez ni se inmuten ante el coche. Si se niegan a moverse, basta con apearse y caminar hacia ellos para que se vayan.

Galleri Segla GALERÍA

(☎404 88 739; www.facebook.com/gallerisegla; Mefjordveien 1556; ⏲12.00-17.00 lu-do med jun-med ago, con reserva resto del año) Excelente y pequeña galería con obras del respetado artista y escultor de Tromsø Knut Fjørtoft, que combinan los grabados con la experimentación con la forma. Es un complemento ideal a las emocionantes actividades al aire libre que ofrece Senja.

Senjatrollet PARQUE DE ATRACCIONES

(☎77 85 88 64; www.senjatrollet.no; adultos/niños/familias 130/90/380 NOK; ⏲9.00-20.00 finales may-ppios sep) No tiene muchos competidores fuera de Escandinavia, pero el trol de Senja, con 18 m de altura y 125 000 kg de peso, es el mayor del mundo según el *Libro Guinness de los Récords*. Hay un tractor y un vagón de tren para que los niños jueguen, y un café con estanterías repletas de troles. Se puede entrar en las entrañas del gigante sonriente y explorar sus tripas.

También hay un muro para que los niños cuelguen sus chupetes, como muestra de que ya están listos para pasar a otra fase de su vida.

Actividades

Varios alojamientos organizan actividades, como el Hamn i Senja (p. 337), el Camp Steinfjord (p. 337) y el Fjordbotn Camping (p. 337). El **Basecamp Senja** (☎917 09 618; www.basecampsenja.no; Hamnaveien 24) ofrece circuitos turísticos por el fiordo, observación de ballenas y cenas temáticas especiales.

La lista de actividades en verano es larga, e incluye excursionismo, *body rafting*, kayak con el sol de medianoche, ciclismo, excursiones turísticas en barco, pesca y traslados a playas remotas para pasar el día.

En invierno, se ofrece observación de ballenas y las habituales salidas en barco a la caza de las auroras boreales.

Cursos

★Senja Mat Studio COCINA
(Estudio de cocina Senja; ☎922 23 882; www.senjamatstudio.no; Hamnveien 749) Excepcional empresa que ofrece experiencias centradas en la gastronomía. Una jornada típica incluye desayuno, un almuerzo para llevar y tiempo para pescar la cena (a la vez que se intenta ver focas, pigargos y ballenas), seguido de una clase de cocina por la noche. Una idea fantástica para disfrutar también de largos paseos por la playa.

Dónde dormir

Fjordbotn Camping CAMPING $
(☎77 84 93 10; www.fjordbotn.no; Stønnesbotn, Botnhamn; parcelas tienda/caravana 200/250 NOK, cabañas 450-1090 NOK;) *Camping* gestionado de forma profesional en el corazón del espectacular fiordo y zona montañosa del norte de Senja. Organiza todo tipo de actividades.

Mefjord Brygge BUNGALÓS, APARTAMENTOS $$
(☎77 85 89 80; www.mefjordbrygge.no; Mefjordvær; i/d 1050/1200 NOK, cabañas 1295-1995 NOK, casas 1495-3495 NOK, apt desde 1695 NOK;) Excelente conjunto de alojamientos que ofrece desde sencillas habitaciones de albergue, bungalós y casas reformadas junto al muelle, a bonitos apartamentos inaugurados en el 2016. Parece abarcar un pueblo entero. Tiene un buen restaurante.

★Camp Steinfjord HOTEL $$$
(The Fat Cod; ☎908 98 235; www.thefatcod.com; Steinfjorden 13, Skaland; d para 4/7 días 5600/9800 NOK) Inaugurado en abril del 2017, sus habitaciones reformadas están en una antigua y bonita piscifactoría de madera y combinan el estilo escandinavo minimalista con un gran confort. La ubicación junto al fiordo es preciosa. Además, ofrece un restaurante excelente y alquila equipamiento de pesca. Muy recomendable.

★Hamn i Senja CENTRO VACACIONAL $$$
(☎400 20 005, 77 85 98 80; www.hamnisenja.no; i/d mini h 1035/1320 NOK, i/d estudio 1472/1788 NOK, i/d ste 2064/2382 NOK, d apt 2600 NOK; P) Situado donde antiguamente había una aldea de pescadores, es un delicioso lugar autosuficiente para huir de todo, sobre su propia cala. Es nuevo y elegante, reconstruido después de que un incendio destrozara los antiguos edificios. Cerca está la pequeña presa que contuvo las aguas de lo que afirma ser la primera planta hidroeléctrica del mundo, fundada en 1882.

Dónde comer

Segla Grill og Pub NORUEGA $$
(☎928 19 619; www.facebook.com/seglagrill; Arnakkveien 1, Fjordgard; principales desde 129 NOK; ⏰14.00-21.00 do-ju, 12.00-2.00 vi y sa) Ofrece propuestas creativas, desde sopas de temporada a un bufé de *pizzas* bastante buenas algunas noches. Es informal, con una combinación genial de buena comida y ambiente divertido.

Cómo llegar y salir

La forma preferida del autor para llegar aquí es el espectacular ferri de coches Andenes-Gryllefjord, que funciona solo en verano (adultos/niños/coches 168/120/431 NOK, 1¾ h, 3-4 diarios). Otras opciones de transporte:

- De dos a tres autobuses diarios viajan entre Finnsnes y Tromsø (2¾ h) y Narvik (3 h), con una conexión en Buktamoen.
- Los ferris exprés unen Finnsnes con Tromsø (1¼ h) y Harstad (1¾ h) de dos a tres veces diarias.
- Se puede conducir por toda la costa noroccidental desde Gryllefjord a Botnhamn, con su **conexión en ferri de coches** (www.tromskortet.no) a Brensholmen, en Kvaløya, y seguir después hasta Tromsø.
- En verano, un ferri de vehículos con dirección oeste conecta Skrolsvik, en la costa sur de Senja, con Harstad (1½ h, 2-4 diarios).
- Finnsnes también es una parada del ferri costero de Hurtigruten.

OESTE DE FINNMARK

La salvaje costa septentrional de Finnmark está salpicada de pueblos de pescadores y rasgada por grandes fiordos, mientras que el inmenso interior está dominado por la ancha y descarnada meseta de Finnmarksvidda. Aquí se encuentra no solo Nordkapp, sino también Alta, Hammerfest y Honningsvåg, puntos de acceso a paisajes naturales realmente impresionantes.

Historia

Finnmark lleva habitada unos 12 000 años, primero por los cazadores komsa del litoral y después por pescadores lapones y pastores de renos, que se asentaron en la costa y en el vasto interior, respectivamente.

Casi todas las localidades de Finnmark fueron diezmadas al final de la II Guerra Mundial por los nazis en retirada, que aplicaban la política de tierra quemada para retrasar el avance de soviético. Sin embargo, estas

DOS CIRCUITOS EN EL MUSEO DE ALTA

El breve paseo circular del Museo de Alta (1,2 km; 45 min aprox., incl. tiempo de observación) es el más transitado. Uno más largo (2,1 km, 1¼ h aprox.) empieza con un descenso abrupto, seguido de un agradable paseo junto al mar, y pasa por más puntos de interés.

no tardaron en reconstruirse con un estilo eficaz aunque cuadriculado, lo que explica que, comparadas con su espectacular entorno natural, las actuales ciudades resulten poco atractivas en el plano arquitectónico.

Alta

14 472 HAB.

Ofrece varios puntos de interés importantes, como el Museo de Alta, Patrimonio Mundial de la Unesco, con sus antiguos petroglifos, la catedral de la Aurora Boreal y el exuberante cañón de Sautso-Alta. La ciudad, que se extiende a lo largo de la costa, no tiene mucho atractivo, pero está rodeada de un paisaje natural espectacular. Además, pese a estar a una latitud de 70°N, esta ciudad de pesca y pizarral tiene un clima relativamente suave.

Puntos de interés

★Museo de Alta MUSEO

(☎417 56 330; www.alta.museum.no; Altaveien 19; adultos/niños 110/35 NOK may-sep, 75/20 NOK oct-abr; ⊙8.00-20.00 med jun-ago, horario reducido resto del año) Este soberbio y galardonado museo está en Hjemmeluft, en el extremo occidental de la ciudad. Acoge exposiciones y muestras sobre la cultura lapona, la historia militar de Finnmark, el proyecto hidroeléctrico de Alta y la aurora boreal. Los acantilados que lo rodean, protegidos por la Unesco, presentan unos 6000 petroglifos de finales de la Edad de Piedra (de 6000 a 2000 años de antigüedad), que perdurarán en el recuerdo del viajero.

★Catedral de la Aurora Boreal IGLESIA

(Løkkeveien; adultos/niños 50/25 NOK, incl. espectáculo Borealis Alta 150/75 NOK; ⊙11.00-21.00 lu-sa y 16.00-21.00 do med jun-med ago, 11.00-15.00 lu-sa resto del año) Inaugurada en el 2013 junto al Scandic Hotel Alta, esta catedral de atrevido diseño promete convertirse en uno de los símbolos arquitectónicos del norte, con su estructura de pirámide en espiral revestida de capas onduladas de titanio. Su llamativo interior luce una escultura en bronce de Jesús, de 4,3 m, obra del artista danés Peter Brandes; obsérvese el modo en que la figura se torna más ligera a medida que se alza la vista.

Cañón de Sautso-Alta CAÑÓN

El proyecto hidroeléctrico de Altaelva ha tenido poco efecto en el tramo más bonito del río, que se desliza por el cañón de 400 m de profundidad de Sautso, el más grande del norte de Europa.

Actividades

Sorrisniva NAVEGACIÓN

(☎78 43 33 78; www.sorrisniva.no; Sorrisniva 20; barca 1/2 h circuitos por persona 895/1495 NOK) Sorrisniva, en el Sorrisniva Igloo Hotel (p. 339), organiza varios trayectos en barco por el río Altaelva. Los barcos zarpan a las 12.00 todos los días (jun-med sep). También ofrece excursiones en moto de nieve en invierno. Para llegar a Sorrisniva hay que conducir 16 km al sur de la ciudad por la Rv93 y luego 6,5 km más por una carretera señalizada.

Glød DEPORTES DE AVENTURA

(☎997 94 256; www.glodexplorer.no) Su nombre significa "resplandor", y trabaja tanto en verano como en invierno. Organiza salidas de pesca en el hielo, trineo de perros, senderismo con raquetas de nieve y otras diversiones sobre hielo.

Holmen Husky TRINEO DE PERROS

(☎78 43 66 45; www.holmenhusky.no; Holmen 48; 3 h trineo tirado por perros adultos/niños 1450/625 NOK) Especializado en excursiones en trineo de perros (med dic-abr, en verano se usan carros tirados por perros), que pueden ir de 3 h a 5 días.

Alta Adventure DEPORTES DE AVENTURA

(☎78 43 40 50; www.alta-adventure.no) Senderismo, piragüismo y pesca de salmón. A petición, también organiza algo menos común: caza de la perdiz.

Actividades de invierno

Sorrisniva tiene 80 motos de nieve, la flota más grande de su tipo en el norte del país. Ofrece salidas guiadas (moto de nieve de 1/2 personas 1450/1700 NOK). Después del esfuerzo, el viajero podrá relajarse en su *jacuzzi* humeante. Gargia Fjellstue (p. 339) también ofrece diversas actividades al aire libre en verano e invierno.

Sarves Alta Alpinsenter ESQUÍ
(☎906 99 741; www.altaski.no; Nordelvdalen 170; ⌚dic-abr) La estación de esquí de Rafsbotn, 10 km al noreste de Alta por la E6, tiene cinco pistas y numerosas posibilidades para los amantes del *snowboard*. Se puede alquilar equipo in situ. Un autobús semirregular la conecta con Alta durante la temporada alta; consúltese la oficina de turismo (p. 340).

Cursos

★**Trasti i Trine** TRINEO DE PERROS, COCINA
(Northern Lights Husky; ☎458 53 144; www.trastiogtrine.no; Gargiaveien 29; 2 h trineo tirado por perros adultos/niños 1450/750 NOK) Excursiones en trineo de perros de 2½ h a expediciones de varios días. También ofrece cursos de cocina y comidas especiales comentadas. Además, tiene alojamiento (p. 339). Está a unos 10 km de Alta.

Fiestas y celebraciones

Finnmarksløpet DEPORTES
(www.finnmarkslopet.no; ⌚mar) La Finnmarksløpet, de 1000 km, es la carrera de trineo con perros más larga de Europa. Empieza y termina en Alta en marzo y atraviesa todo el extremo norte. Coincide con el Borealis Alta de la ciudad (p. 339).

Festival de Blues y Soul de Alta MÚSICA
(www.altasoulogblues.no; ⌚may/jun) Trae bandas noruegas de primera y arranca a finales de mayo o principios de junio.

Borealis Alta CULTURAL
(www.facebook.com/borealis.alta; ⌚mar) Cinco días de conciertos y cultura en marzo, pensados para disipar la tristeza del invierno.

Dónde dormir

★**Wisløff Camping** CAMPING $
(☎78 43 43 03; www.wisloeff.no; por persona/parcela 50/220 NOK, cabañas 500-1450 NOK) Uno de los tres excelentes *campings* ribereños de Ovre Alta, 3,5 km al sur de la E6, en la RV93 hacia Kautokeino. Fue declarado Camping del Año en el 2000 y aún merece esa distinción. Los lectores también lo alaban.

★**Trasti i Trine** REFUGIO $$
(☎78 40 30 40; www.trastiogtrine.no/accommodation; i/d desde 750/1300 NOK) Maravilloso refugio de madera a unos 10 km de Alta, en un bosque junto al río. Es elegante y sofisticado, al mismo tiempo que muy acogedor. Su granja de huskies le da mucha personalidad, y ofrece habitaciones con acabados impecables y una comida espectacular. La zona de estar común tiene chimenea. Es el lugar en el que uno se quedaría a vivir.

Gargia Fjellstue REFUGIO $$
(☎78 43 33 51; www.gargia-fjellstue.no; Gargiaveien 96; h desde 1100 NOK) Refugio de montaña unos 25 km al sur de Alta, en dirección a Kautokeino. Ofrece una escapada en el bosque, muchas actividades todo el año y el mejor acceso a pie al cañón de Sautso-Alta (p. 338).

Thon Hotel Vica HOTEL $$
(☎78 48 22 22; www.thonhotels.no; Fogdebakken 6; i/d desde 950/1200 NOK; P@☜) Todo en el Vica es llamativo, empezando por el oso pardo disecado que da la bienvenida en la puerta. Está en una antigua granja familiar de madera, y conserva un ambiente más personal que muchos otros hoteles de esta cadena. Hay sauna (100 NOK), un humeante *jacuzzi* exterior (maravilloso en invierno cuando todo está nevado) y un buen restaurante (p. 340).

Sorrisniva Igloo Hotel HOTEL DE HIELO $$$
(☎78 43 33 78; www.sorrisniva.no; B&B i/d 3000/5000 NOK; ⌚med dic-med abr; P) Sus 30 dormitorios, camas incluidas, están hechos enteramente de hielo, igual que la capilla, la suite nupcial (aún no ha habido quejas de "problemillas" en la noche de bodas) y el asombroso bar de hielo, con extrañas y maravillosas esculturas iluminadas por fibra óptica. Está al sur de Alta, a 16 km por la Rv93, y otros 6,5 km por una carretera señalizada.

Scandic Hotel Alta HOTEL $$$
(☎78 48 27 00; www.scandichotels.no; Løkkeveien 61; i/d desde 1450/1690 NOK; @☜) El hotel más fastuoso de Alta ofrece habitaciones atractivas (con grandes fotografías de la aurora boreal) y un buen servicio, aunque algunas son un poco pequeñas. Las orientadas al oeste tienen vistas de la catedral de la Aurora Boreal. El **restaurante Alta** (principales desde 265 NOK, cena bufé por persona 295 NOK; ⌚17.00-23.00) también es excelente, y hay un bar (cerrado do).

Dónde comer

Du Verden Matbar NORUEGA, INTERNACIONAL $$
(☎459 08 213; www.duverden.no/alta; Markedsgata 21; principales 185-365 NOK; ⌚10.00-24.00 lu-sa, 13.00-22.20 do) Restaurante moderno de estilo *brasserie* que ofrece sopa de pescado, centollo, pescado seco, bandejas de marisco, solomillo de reno y tapas, además de ensaladas y una gran variedad de bebidas.

★Restaurant Haldde NORUEGA **$$$**

(☎78 48 22 22; Fogdebakken 6; principales 249-349 NOK; ⌚16.00-23.00 lu-sa, 14.00-22.00 do) Este restaurante de calidad en el Thon Hotel Vica se surte casi exclusivamente de ingredientes locales para preparar exquisiteces como bistec de reno, pescado seco a la parrilla y su suculento postre Sabor de Finnmark: sorbete de mora boreal y arándanos.

Dónde beber y vida nocturna

Barila BAR

(☎970 23 454; Parksentret Bldg, Sentrum; ⌚11.00-1.00 do-ju, hasta 3.00 vi y sa) Alta no tiene muchos sitios para tomar una copa, pero este pequeño y llamativo bar lo compensa con su gran variedad, desde un café excelente a buena cerveza y cócteles exóticos. Ofrece música en vivo de vez en cuando y tiene pista de baile.

Información

Oficina de turismo (☎991 00 022; www.visitalta.no; Bjørn Wirkolasvei 11; ⌚9.00-20.00 lu-do med jun-med ago, horario reducido resto del año) Esta debe ser la primera parada para organizar actividades tanto en verano como en invierno.

Cómo llegar y salir

El **aeropuerto** (☎78 44 95 55; www.avinor.no) de Alta está 4 km al noreste de Sentrum, en Elvebakken. SAS tiene vuelos directos a/desde Oslo, Tromsø, Hammerfest, Lakselv y Vadsø. Norwegian conecta Alta con Oslo.

Desde la **terminal** de Sentrum salen autobuses a:

Hammerfest (335 NOK, 2¼ h, 2 diarios)

Honningsvåg (496 NOK, 4 h, 1 diario)

Karasjok (525 NOK, 4¾ h, 2 diarios excepto sa)

Kautokeino (298 NOK, 2¼ h, 1 diario excepto sa)

Tromsø (620 NOK, 6½ h, 1 diario)

Cómo desplazarse

Un autobús local conecta los dispersos extremos de esta extensa ciudad. Entre semana circulan autobuses más o menos cada hora entre los principales barrios y el aeropuerto. Los servicios son menos frecuentes los sábados e inexistentes los domingos.

Taxis (☎78 43 53 53) La carrera del aeropuerto al centro cuesta unas 180 NOK.

Hammerfest

7938 HAB.

Está considerada la ciudad más septentrional de Noruega –y quizá del mundo–, pues pese a haber otros asentamientos más al norte, son demasiado pequeños para ser ciudades.

Si se llega en el ferri costero de Hurtigruten, apenas se dispondrá de 1½ h para dar un paseo, comprar un par de recuerdos del Ártico y visitar el Club del Oso Polar. Para mucha gente esto es suficiente, venga o no con el Hurtigruten.

Historia

Debido a su ubicación estratégica y excelente puerto, desde hace tiempo es un importante apeadero para navegantes, pescadores y cazadores árticos. En su apogeo, las damas lucían la más exquisita moda parisina, y en 1890 instaló la primera iluminación eléctrica urbana de Europa.

Ni el hombre ni la naturaleza han sido buenos con esta urbe. Los británicos la incendiaron en 1809, un vendaval la destrozó en 1856, en 1890 sufrió un grave incendio y en 1944 la quemaron los nazis. Su parroquia ha ardido cinco veces a lo largo de los siglos. Pero al parecer hoy le sonríe la suerte.

Una tubería submarina de 143 km arranca bajo el mar de Barents, alimentada por los grandes campos de gas natural de Snøhvit. Discurre hasta la pequeña isla de Melkøya, situada en la bahía, donde el gas se licúa y se transporta en buques cisterna a Europa y EE UU. Con reservas estimadas en 193 000 millones de m³, se espera que las bombas colocadas en el 2007 sigan funcionando al menos 25 años.

Puntos de interés

★Hammerfest Kirke IGLESIA

(plano p. 341; Kirkegata 33; ⌚9.00-14.00 med jun-med ago) El diseño de la iglesia contemporánea de Hammerfest, consagrada en 1961, se inspiró en los estantes utilizados para secar pescado por todo el norte de Noruega. Detrás del altar, la magnífica vidriera resplandece bajo el sol estival, mientras que el friso de madera en la galería del órgano representa hechos señeros de la historia del pueblo. La capilla del cementerio, al otro lado de la calle, es el único edificio de la ciudad que ha sobrevivido a la II Guerra Mundial.

Hammerfest

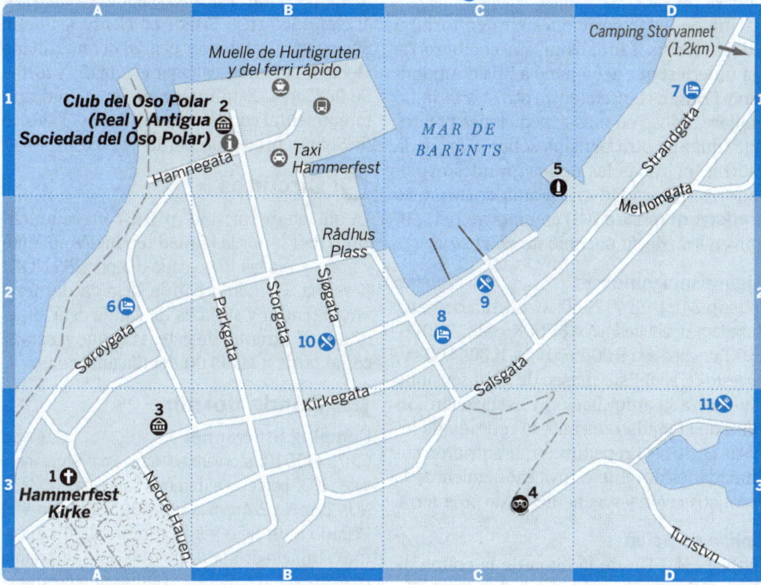

Hammerfest

Principales puntos de interés

1 Hammerfest Kirke A3
2 Club del Oso Polar (Real y Antigua Sociedad del Oso Polar) B1

Puntos de interés

3 Gjenreisningsmuseet A3
4 Colina de Salen C3
5 Estatua de Adolf Henrik Lindstrøm C1

Dónde dormir

6 Scandic Hotel Hammerfest A2
7 Smarthotel Hammerfest D1
8 Thon Hotel Hammerfest C2

Dónde comer

Du Verden Matbar .... (véase 7)
9 Havørna C2
10 Kaikanten B2
Skansen Mat og Vinstue .... (véase 6)
11 Turistua D3

★Club del Oso Polar MUSEO

(Isbjørklubben; plano p. 341; ☎78 41 21 85; www.isbjornklubben.no; Hamnegata 3; ⏲8.00-18.00 jun y jul, 9.00-16.00 lu-vi, 10.00-14.00 sa y do ago-may) GRATIS Dedicada a la conservación de la cultura de Hammerfest, la Real y Antigua Sociedad del Oso Polar (fundada en 1963) alberga exposiciones sobre la caza en el Ártico y la historia local, y comparte su recinto con la oficina de turismo. Por 200 NOK, es posible hacerse socio vitalicio y obtener un certificado, un carné acreditativo, un adhesivo y un pin. Su vínculo con los osos polares en ocasiones parece poco convincente, pero si el visitante se limita a contemplarlo desde la óptica de su nombre en noruego (Isbjørklubben o, sencillamente, Club del Oso Polar), serán menos las probabilidades de llevarse un chasco.

Ser socio (hay unos 250 000 en todo el mundo) da derecho a asistir a la asamblea general cada mes de enero, pero, al parecer, no está al alcance de cualquiera. En 1973, un tal Elvis Presley escribió a la sociedad para afiliarse, pero su solicitud fue denegada, ya que solo puede hacerse en persona.

Si la afiliación básica no basta y se es parte de un grupo, por 300 NOK también se recibe un vaso de chupito y se es investido con el enorme hueso del pene de una morsa. No es broma. Vale la pena pagar algo más para charlar sobre ese honor en el bar con los amigos. Para esta ceremonia, es necesario reserva previa.

Una de las exposiciones gira en torno a Adolf Henrik Lindstrøm, un cocinero de Hammerfest que acompañó a Roald Amundsen y Fridtjof Nansen (entre otros), y terminó embarcándose en más expediciones polares que ninguna otra persona sobre la faz de la Tierra, incluidas las de los grandes exploradores. La ciudad erigió una **estatua de Lindstrøm** (plano p. 341) con motivo del 150º aniversario de su nacimiento en el 2016.

Gjenreisningsmuseet MUSEO

(plano p. 341; ☎78 40 29 40; www.kystmuseene.no; Kirkegata 21; adultos/niños 80 NOK/gratis; ⏲10.00-16.00 jun-med ago, 9.00-15.00 lu-vi, 11.00-14.00 sa y do resto del año) Este museo de gran sensibilidad narra la aniquilación y evacuación forzada de la ciudad durante la retirada de los nazis en 1944; las penurias que sufrieron sus ciudadanos durante el invierno siguiente y la reconstrucción y regeneración de posguerra.

Colina de Salen MIRADOR

(plano p. 341) Desde la cima de la colina de Salen (86 m), coronada por el restaurante Turistua (p. 343), un par de cabañas samis de turba y un mirador, hay vistas panorámicas de la ciudad, la costa y las montañas (hay unos prismáticos de uso gratuito). La caminata de 15 min cerro arriba parte de un parque detrás del *Rådhus*.

Monumento al Meridiano LUGAR HISTÓRICO

(Meridianstøtta) GRATIS En la península de Fuglenes, al otro lado del puerto, la columna de mármol **Meridianstøtta** conmemora la primera medición (1816-1852) llevada a cabo por el científico ruso Friedrich Georg Wilhelm Struve para establecer el arco del meridiano global y, por ende, calcular el tamaño y forma de la Tierra. Está integrado en el conjunto monumental conocido como Arco Geodésico de Struve, protegido por la Unesco.

¿Y LOS OSOS POLARES?

Hace miles de años que no se ve un oso polar en Hammerfest y, pese a ello, sigue adornando el escudo de armas de la ciudad, está presente en estatuas que custodian varios edificios públicos e incluso se le ha dedicado una asociación, la Real y Antigua Sociedad del Oso Polar (p. 341). ¿Estarán viviendo del cuento? No exactamente. En los ss. XIX y XX, Hammerfest era una importante base de expediciones árticas de caza que operaban en el territorio noruego de Svalbard (más conocido por Spitsbergen). A su regreso, las expediciones traían numerosos osos polares cautivos (sobre todo crías) y desde Hammerfest se les enviaba a zoológicos de todo el mundo.

Circuitos

La oficina de turismo (p. 343) ofrece un circuito de 1 h por la ciudad (en inglés, alemán y noruego) a las 10.45 cada día por 285 NOK/persona. Coincide con la llegada del ferri Hurtigruten y su hora de salida está supeditada al atraque de este. Hay que reservar como tarde a las 15.00 del día anterior.

Dónde dormir

Camping Storvannet CAMPING $

(☎78 41 10 10; storvannet@yahoo.no; Storvannsveien 103; parcelas automóvil/caravana 200/230 NOK, cabañas 2/4 camas 500/600 NOK; ⏲jun-sep) Pegado a un lago y a la sombra de un enorme complejo de apartamentos, este agradable *camping* –el único aceptable de Hammerfest– es pequeño, por lo que se impone reservar el bungaló con antelación.

★**Smarthotel Hammerfest** HOTEL $$

(plano p. 341; ☎415 36 500; www.smarthotel.no/hammerfest; Strandgata 32; i/d 950/1050 NOK; 📶) Por fuera parece un elegante hotel de diseño, así que es una agradable sorpresa comprobar que ofrece habitaciones modernas, sencillas pero con estilo, a precios excelentes. Los precios caen bastante en temporada baja. Las habitaciones con vistas al puerto son las mejores. Incluye un buen desayuno bufé.

Thon Hotel Hammerfest HOTEL $$

(plano p. 341; ☎78 42 96 00; www.thonhotels.no/hammerfest; Strandgata 2-4; h desde 935 NOK; @📶) Hotel bastante normal de la cadena Thon. Está junto al agua y ofrece modernas habitaciones luminosas y un buen desayuno bufé.

Scandic Hotel Hammerfest HOTEL $$

(plano p. 341; ☎78 42 57 00; www.scandichotels.no; Sørøygata 15; d 950-1799 NOK; P@📶) Construido en ladrillo amarillo, posee un atractivo bar y salón, si acaso algo anticuados, y habitaciones bien amuebladas aunque muy caras, que solo valen la pena si se consigue una con vistas al puerto. Algunos de los baños son tan pequeños que requieren hacer contorsionismo. Su restaurante **Skansen Mat og**

Vinstue (plano p. 341; principales 185-355 NOK; ⌚18.00-23.00), de la red Arctic Menu, sirve excelente comida local.

Dónde comer

Kaikanten PIZZERÍA, COMIDA DE PUB **$$**
(plano p. 341; ☎78 41 04 70; www.kaikanten.no; Sjøgata 19; *pizza* 170-240 NOK; ⌚15.00-1.00 do-ju, 15.00-3.00 vi y sa) Popular *pub* que sirve *pizzas* y otros aperitivos, con una decoración náutica (el fondo del bar representa el viejo muelle de Hammerfest) y sofás confortables. Es el lugar perfecto para comer algo y después tomar unas copas sin tener que moverse.

★ **Havørna** PESCADO **$$**
(plano p. 341; ☎480 29 661; www.havorna.com; Strandgata 16; principales almuerzo 88-156 NOK, cena 185-318 NOK; ⌚13.00-22.00) Restaurante muy popular situado cerca de donde atraca la flota pesquera. Obviamente sirve pescado fresco, desde pasteles de pescado o *fish and chips* para el almuerzo a sopa de pescado o salmón al horno por la noche. También prepara comida para llevar.

Turistua CAFÉ **$$**
(plano p. 341; ☎94 15 46 25; Salen Hill; principales 155-275 NOK; ⌚15.30-22.00) Está en la cima de la colina de Salen (p. 342) y ofrece vistas fantásticas a la ciudad y su entorno.

Du Verden Matbar NORUEGA, TAPAS **$$$**
(plano p. 341; ☎452 50 700; www.duverden.no; Strandgata 32; principales 185-365 NOK; ⌚11.00-24.00 lu-sa, 15.00-21.00 do) Restaurante de estilo *brasserie*, parte de una elegante cadena, que ofrece platos clásicos de Noruega, a veces con un toque contemporáneo para adaptarse a su ambiente moderno, además de tapas. Está dentro del Smarthotel Hammerfest (p. 342).

Información

Oficina de turismo (plano p. 341; ☎78 41 21 85; www.visithammerfest.no; Hamnegata 3; ⌚8.00-18.00 jun y jul, 9.00-16.00 lu-vi y 10.00-14.00 sa y do ago-may; 📶) Tiene wifi gratis y alquila bicicletas eléctricas por 159/399 NOK por hora/día.

Cómo llegar y salir

Hay **autobuses** (plano p. 341; Hamnegata) a/desde Alta (335 NOK, 2¼ h, 2 diarios), Honningsvåg (468 NOK, 3½ h, 1-2 diarios) y Karasjok (450 NOK, 4¼ h, 2 diarios excepto sa), con un servicio que llega hasta Kirkenes (1155 NOK, 10¼ h) vía Tana Bru (810 NOK, 8 h) 4 veces por semana.

El **ferri costero de Hurtigruten** (plano p. 341; Hurtigrutenkai, Hamnegata) para en Hammerfest durante 1½ h en ambos sentidos. La travesía hasta Tromsø (11 h) o Honningsvåg (5 h) es una cómoda alternativa al largo viaje en autobús.

Hay una **oficina de taxis** (plano p. 341; ☎78 41 12 34; www.hammerfesttaxi.no) frente a la oficina de turismo.

Nordkapp y Magerøya

3300 HAB.

Magerøya, una isla grande, es lo más al norte que se puede llegar por tierra en Noruega. En su extremo más septentrional está Nordkapp, adonde peregrinan cientos de miles de turistas cada año. Pese a estar tan al norte, las aguas de Magerøya no se hielan en ningún momento del año gracias a la corriente del Golfo, por lo que los barcos de crucero (y el ferri de Hurtigruten) paran aquí de forma regular.

Actividades

North Cape Experience DEPORTES DE AVENTURA
(☎913 11 557; www.thenorthcape-experience.com; Oterveien 1, Skarsvåg) Operador con base en Skarsvåg que ofrece safaris de centollos, excursiones en barco para ver animales y excursiones a Knivskjelodden (p. 345).

Dónde dormir

Kirkeporten Camping CAMPING **$**
(☎78 47 52 33; www.kirkeporten.no; Storvannsveien 2, Skarsvåg; por persona/parcela 50/155 NOK, cabañas 460-970 NOK; ⌚may-oct) Situado a las afueras de la aldea de Skarsvåg, es muy acogedor y afirma ser el "*camping* más septentrional del mundo", pues aunque tiene un rival en Svalbard, este no cuenta con bungalós. El café sirve reno, un plato del día a base de pescado fresco, sopas y *pizzas*.

Nordkapp Camping CAMPING **$**
(☎78 47 33 77; www.nordkappcamping.no; E69, Skipsfjorden; por adultos/niños/parcela 50/25/160 NOK, d 710 NOK, cabañas 610-1495 NOK; ⌚may-med sep; 📶) La cocina compartida bien equipada, el amable servicio y la variedad de opciones de alojamiento compensan con creces la inhóspita ubicación de este *camping*, el más cercano a Honningsvåg.

Scandic Nordkapp HOTEL **$$**
(☎78 47 72 60; www.scandichotels.no; Skipsfjorden; h desde 1099 NOK; P 📶) Hotel de servicio completo rodeado de naturaleza, en la carretera a Nordkapp. Tiene un ambiente de refugio de

¿EL AUTÉNTICO NORTE?

Nordkapp no es el punto más septentrional de Europa continental. Ese honor corresponde a Knivskjelodden, a unos 18 km de distancia (i/v), que es menos imponente y al que no se puede acceder con vehículo. No obstante, dado que Nordkapp en verdad ocupa una isla, lo correcto sería concluir que el punto más septentrional de la Europa continental es Kinnarodden, en la península de Nordkyn, más al este.

esquí y es maravillosamente silencioso por la noche. Las habitaciones son más sencillas que otras de la cadena Scandic, pero resultan acogedoras. Hay un restaurante.

ℹ Cómo llegar y salir

Llegar a Magerøya significa llegar a Honningsvåg, adonde se llega en el ferri costero de Hurtigruten, en autobús (a/desde Alta y Hammerfest) y por la preciosa carretera E6 (cuidado con los renos).

ℹ Cómo desplazarse

AUTOBÚS

De mediados de mayo a finales de agosto, un autobús local (adultos/niños 545/295 NOK, 45 min) hace la ruta todos los días a las 11.00 y a las 21.30 entre Honningsvåg y Nordkapp. Regresa del cabo a las 13.15 y las 0.45 (para que se pueda disfrutar del sol de medianoche). Desde el 1 de junio al 15 de agosto hay una salida complementaria a las 17.00 que regresa a las 18.15, con lo que apenas se tienen 30 min para estar en Nordkapp, a menos que uno quiera esperar al servicio que vuelve a las 0.45. Lo mejor es comprobar las horas exactas de salida en la oficina de turismo (p. 346). El precio del billete incluye la tasa de entrada a Nordkapp.

Si se tiene un presupuesto limitado, conviene estudiar bien los términos de los circuitos con todo incluido, que probablemente cobran bastante más por servicios similares.

AUTOMÓVIL Y MOTOCICLETA

Hasta que se construyó la carretera de Nordkapp a mediados de la década de 1950, solo se podía acceder en barco. Hoy, la ruta serpentea por una rocosa meseta (a menudo cubierta de nieve) donde pastan rebaños de renos. Permanece abierta al tráfico según las condiciones de la nieve, en general entre abril y mediados de octubre. Fuera de estas fechas, hay que llamar a la oficina de turismo.

Un taxi entre Nordkapp y Honningsvåg cuesta al menos 1500 NOK (con 1 h de espera en el cabo), además de la tarifa de entrada a Nordkapp por pasajero.

Nordkapp

Nordkapp es la atracción por excelencia del norte de Noruega. Esta trampa para turistas se anuncia como el punto más septentrional de Europa continental y rebosa de autocares turísticos, con unos 200 000 visitantes anuales.

Está más cerca del Polo Norte que Oslo, a una latitud de 71° 10' 21"N, donde el sol no se oculta entre mediados de mayo y finales de julio. Mucho antes de que otros europeos se interesaran por él, era un lugar sagrado para los lapones, que creían que poseía poderes especiales.

Sí, puede ser un timo, pero Nordkapp es un lugar asombroso de conmovedora belleza. Incluso después del primer momento, su visión es de lo más estremecedor. Con un clima razonable, se puede echar un vistazo al bravo oleaje 300 m más abajo, ver cómo se forma la bruma y simplemente disfrutar del momento.

Historia

Richard Chancellor, el explorador inglés que llegó hasta aquí a la deriva en 1553 en busca del paso del Noreste, le dio el nombre de cabo Norte. Mucho después, tras la celebrada visita del rey Óscar II en 1873, Nordkapp se convirtió en un lugar de peregrinaje para los noruegos; también lo es para los tailandeses, debido a la visita del rey Chulalongkorn en 1907.

⊙ Puntos de interés

Centro de Visitantes de Nordkapp CENTRO DE VISITANTES
(☎78 47 68 60; www.visitnordkapp.net; ⌚11.00-1.00 med may-med ago, 11.00-22.00 med-finales ago, 11.00-15.00 sep-med may) Este centro de visitantes preside un panorama de considerable belleza natural y parece un enorme búnker

ℹ ACCESO A NORDKAPP

Para llegar a la "punta del continente" –en coche, bicicleta, autobús o a pie– hay que pagar un peaje (adultos/niños/familias 270/95/635 NOK) en la última entrada a Nordkapp. Este peaje permite el acceso ilimitado durante dos días.

DE PRIMERA MANO

EXCURSIÓN A PIE A KNIVSKJELODDEN

El verdadero punto más septentrional del continente, Knivskjelodden, es inaccesible sobre ruedas y, por tanto, se halla libre de basura. Está unos 3 km al oeste de Nordkapp y se extiende 1457 m más al norte. Se puede caminar hasta la punta de este promontorio desde un aparcamiento señalizado 6 km al sur del peaje de Nordkapp. Es posible que los senderos estén cubiertos de nieve (y resulten inaccesibles) en mayo y a partir de septiembre.

El sendero de 9 km, señalizado por mojones gigantes, no resulta difícil pese a algunos altibajos, pero es mejor llevar botas de montaña, pues puede estar mojado. Al llegar al alto obelisco en forma de colmena a una latitud de 71° 11' 08"N, a nivel del mar, hay que firmar en el libro de visitantes. El viajero puede anotar su número de referencia del libro para poder comprar –nada salvo la caminata es gratis en esta isla– un certificado (50 NOK) que confirma la hazaña en el **Nordkapp Camping** (p. 343), en Skipsfjorden, o en la **oficina de turismo** de Honningsvåg (p. 346). La excursión dura 5-6 h (ida y vuelta).

coronado por una colosal pelota de golf. Dentro hay un detallado relato de las acciones navales de la II Guerra Mundial frente al cabo; una cafetería restaurante; el bar Grotten, con vistas al fin de Europa a través de su gran pared de cristal; un museo tailandés de una sola sala; la capilla de St. Johannes (la capilla ecuménica más septentrional del mundo); una oficina de correos (para ese importantísimo matasellos de Nordkapp); y una enorme tienda de recuerdos.

Una sala de cinco pantallas y 120º proyecta una amena película panorámica de 17 min.

Dónde dormir

Por asombroso que parezca, se puede pasar la noche en autocaravana o caravana en el propio Nordkapp (eso sí, bien aprovisionado, pues no hay suministros de agua y electricidad). De lo contrario, hay que buscar alojamiento en algún otro lugar de Magerøya.

Cómo llegar y salir

La E69, una buena carretera de 36 km, conecta Honningsvåg con Nordkapp. En invierno, es posible tener que viajar en convoy detrás de una máquina quitanieves.

Hay autobuses, tanto turísticos como públicos, que conectan estos dos lugares. En la **oficina de turismo de Honningsvåg** (p. 346) pueden informar de cuál es el próximo en salir.

Honningsvåg

2415 HAB.

En lo más profundo del norte ártico de Noruega, la pequeña Honningsvåg es el punto de acceso a Nordkapp. Casi siempre es un lugar tranquilo que se extiende alrededor de un puerto, con algunos estantes de secado de bacalao en la orilla. Pero cuando atraca un crucero (o el ferri de Hurtigruten), lo que ocurre muy a menudo en verano, se inunda de visitantes que compran aquí sus suministros y recuerdos. En esos momentos, es un lugar caótico y poco atractivo lleno de gente hasta la bandera.

Puntos de interés

Museo de Nordkapp MUSEO
(☎78 47 72 00; www.nordkappmuseet.no; Fiskeriveien 4; adultos/niños 50/10 NOK; ⏲10.00-19.00 med jun-med ago, 11.00-15.00 lu-vi resto del año) Este museo junto al muelle de Hurtigruten ilustra el impacto de los primeros visitantes del cabo, la dureza del período posterior a la II Guerra Mundial y la vida cotidiana de un pueblo que vivió principalmente del mar hasta la llegada del turismo.

Actividades y Circuitos

La oficina de turismo de Honningsvåg ofrece una lista de actividades, muchas de ellas promovidas por **71° Nord** (☎472 89 320; www.71-nord.no; Holmen 6c) o North Cape Experience (p. 343). Se ofrecen safaris para pescar centollos durante todo el año, actividades de invierno como expediciones en moto de nieve, y *rafting* en el mar, *quads* y pesca en aguas profundas en verano.

La oficina de turismo (p. 346) organiza circuitos guiados a pie de 1½ h por el pueblo (adultos/niños 99/50 NOK) a las 12.00 (jun-fin ago); no hace falta reservar. Además, hay excursiones en autobús a/desde Nordkapp (650 NOK). También se puede preguntar por los paseos guiados (475 NOK/persona) con un pescador local en Skarsvåg.

GARANTIZARSE UNA PLAZA DE AUTOBÚS

Si se ve un crucero (o el ferri de Hurtigruten) dispuesto a atracar, se recomienda ir veloz a la **oficina de turismo** (p. 346) y reservar plaza en el autobús que va a Nordkapp, pues no son desconocidas las historias de empujones, discusiones e incluso conductores que han pasado de largo en cuanto estos monstruos de las olas descargan a las multitudes de turistas.

Dónde dormir

Scandic Hotel Bryggen HOTEL $$$
(☎78 47 72 50; www.scandichotels.no; Vågen 1; h desde 1649 NOK; P wifi) Scandic ofrece dos hoteles en Honningsvåg, y el Bryggen es el más nuevo. Las habitaciones, contemporáneas y pulcras, podrían ser algo más grandes, pero están en la parte tranquila del pueblo y tienen vistas excelentes.

Scandic Hotel Honningsvåg HOTEL $$$
(☎78 47 72 20; www.scandichotels.no; Nordkappgata 4; h desde 1390 NOK; wifi) La gran ventaja de este hotel, fiable como todos los de esta cadena nacional, es la ubicación junto al muelle. Grillen, su restaurante a la carta, merece una visita, tanto si se es cliente del hotel como si no.

Dónde comer

Arctic Sans CAFÉ $$
(☎415 11 351; Storgata 22; principales 125-285 NOK; ⏲10.00-20.00 lu-ju, 10.00-22.00 vi, 11.00-22.00 sa, 13.00-19.00 do) Su pasión es el buen café, pero también sirve crujientes cocochas de bacalao, cremosa sopa de pescado y alitas de pollo. Está bastante alejado de los muelles de ferris, por lo que el ambiente es un poco más relajado que el de los locales alrededor del puerto.

Corner CAFÉ $$
(☎78 47 63 40; www.corner.no; Fiskerveien 2a; principales 195-275 NOK; ⏲10.00-23.00) Sirve las *pizzas* y tentempiés de rigor, pero también excelentes platos marineros como crujientes lenguas de bacalao o, si se prefiere algo más convencional, filete de bacalao frito. También ofrece muchos platos de carne y tiene un bar con una terraza al aire libre de cara al agua.

King Crab House PESCADO $$$
(☎458 75 330; www.kingcrabhouse.no; Sjøgata 6; principales 280-320 NOK; ⏲12.00-22.00 lu-do med jun-med ago, horario reducido resto del año) La estrella aquí es el centollo, pero también sirve otros pescados y mariscos de la zona y una selección de tapas. El autor disfrutó del bacalao salteado con *risotto* de centollo y salsa de vino blanco. Hay raciones más pequeñas para los que no tengan mucho apetito.

Dónde beber y vida nocturna

★ **Artico** BAR
(☎78 47 15 00; www.articoicebar.com; Sjøgata 1a; ⏲11.00-16.00 abr-med may, 10.00-19.00 finales may, 10.00-21.00 jun-med ago, 10.00-19.30 finales ago, 11.00-15.00 sep) Para un escalofrío en verano y para hacerse una idea de cómo Nordkapp entumece los sentidos en invierno, hay que visitar el Artico (adultos/niños 139/40 NOK), uno de los bares de hielo más originales de Noruega. Su dueño, el español José Milares, fotógrafo polar y aventurero, habla apasionadamente de las formas, las burbujas y el involuntario arte abstracto visibles en el hielo puro que obtiene cada temporada. Los niños pueden meterse en un iglú que se construye todos los años.

Información

La **oficina de turismo** de Honningsvåg (☎78 47 70 30; www.nordkapp.no; Fiskeriveien 4; ⏲10.00-22.00 lu-vi, 12.00-20.00 sa y do med jun-med ago, 11.00-14.00 lu-vi resto del año; wifi), junto al puerto, ofrece información para visitar Nordkapp y wifi gratis que se suele colgar cuando llegan los cruceros.

Cómo llegar y salir

Opciones para llegar y salir de Nordkapp y Magerøya:

- El ferri costero de Hurtigruten pasa por Honningsvåg, y su parada de 3½ h en dirección norte permite hacer una visita rápida a Nordkapp.
- De mediados de mayo a finales de agosto, hay un autobús local (adultos/niños 545/295 NOK, 45 min) diario a 11.00 y 21.30 entre Honningsvåg y Nordkapp.
- Un autobús exprés conecta Honningsvåg con Alta (520 NOK, 4 h, 1-2 diarios) y también hay un trayecto a/desde Hammerfest (468 NOK, 3½ h, 1-2 diarios).
- En coche, el acceso por carretera es por la E6 vía Olderfjord, donde la E69 se dirige al norte.

Kamøyvær

70 HAB.

Un corto desvío desde la E69 entre Honningsvåg y Nordkapp lleva a esta aldea de pescadores, con casitas en tonos pastel y cabañas alrededor del pequeño puerto. Es un lugar para escapar de la multitud, con un buen hotel e incluso una galería de arte.

Puntos de interés

Gallery East of the Sun GALERÍA

(☎78 47 51 37; www.evart.no; Risfjordveien 5, Arran; ⌚12.00-21.00 med may-med ago) GRATIS Esta galería exhibe sinuosas formas, lienzos de vivos colores y sorprendentes *collages* de la artista alemana Eva Schmutterer.

Dónde dormir

Nordkapp Arran Hotell HOTEL $$

(☎75 40 20 85; www.arran.as; i 750-980 NOK, d 1000-1250 NOK; ⌚med may-ago; P 📶) Hotel con 44 habitaciones repartidas en tres edificios junto al muelle. La familia sami que lo gestiona hace su propio pan y ofrece un menú que incluye el pescado más fresco de los mares de Magerøya. Si se quiere variar, también sirve un plato especial de reno.

Cómo llegar y salir

La única forma de llegar a Kamøyvær es en vehículo propio.

Gjesvær

160 HAB.

Un espectacular trayecto por carretera conduce a la remota aldea de pescadores de Gjesvær, 34 km al noroeste de Honningsvåg y a 21 de la carretera Honningsvåg-Nordkapp, donde se encuentran dos excelentes operadores especializados en observación de aves. La ondulada tundra donde pastan los renos está salpicada de estanques oscuros y da paso a un inhóspito paisaje rocoso y, después, a una súbita vista de pequeñas y bajas islas rocosas y a las Gjesværstappan.

Actividades

★ **Stappan Sjøprodukter** OBSERVACIÓN DE AVES, PESCA

(☎950 37 722; www.stappan.com; Gjesvær; ⌚jun-ago, resto del año con reserva) El pescador Roald Berg, quien construyó este complejo con sus propias manos, llevará al viajero en busca de aves (adultos/niños 650/475 NOK) a bordo del *Aurora*, su pequeño barco (2 salidas diarias). También ofrece excursiones de pesca de 2½ h (3000 NOK, 4 pasajeros máx.) y organiza safaris para ver la aurora boreal en invierno y salidas para pescar centollos durante todo el año.

Además, tiene un restaurante y dos apartamentos bien amueblados (1000 NOK/2 personas, más 100 NOK/persona por ropa de cama y toallas).

★ **Bird Safari** OBSERVACIÓN DE AVES, PESCA

(☎416 13 983; www.birdsafari.com; Gjesvær; adultos/jóvenes/niños 675/350 NOK/gratis; ⌚ppios abr-finales sep) Zarpa de dos a tres veces diarias entre junio y finales de agosto a la colonia de aves de las islas Gjesværstappan. Se calcula que hay 3 millones en época de nidificación: colonias de frailecillos, págalos, alcas comunes, gaviotas tridáctilas y piquicortas, alcatraces y águilas de cola blanca. También ofrecen un alojamiento sencillo en el paseo marítimo y organizan excursiones de pesca.

Dónde comer

Terrassen Restaurant NORUEGA $$

(☎95 03 77 22; www.stappan.com/restaurant.html; Kobbenesveien 8, Gjesvær; sándwiches y comidas ligeras desde 135 NOK, principales 250-390 NOK; ⌚13.00-20.00 jun-med ago) Los propietarios del Stappan Sjøprodukter también tienen este estupendo café-restaurante junto al agua en verano, donde degustar estofado de reno, centollo, moras con nata y gofres con mermelada casera de arándano.

Cómo llegar y salir

Aparte de un autobús diario desde Honningsvåg, la única forma de llegar a Gjesvær es con vehículo propio. El pueblo está 34 km al noroeste de Honningsvåg, señalizado en la carretera de Nordkapp.

Lakselv

2258 HAB.

El nombre de esta sencilla aldea pesquera, en la cabeza del largo y estrecho Porsangerfjord, significa "arroyo de los salmones", de ahí su principal atractivo para los noruegos que la visitan en vacaciones. La mayoría de los viajeros paran a poner combustible y siguen su camino, pero el que quiera probar suerte en la pesca del salmón o montar un caballo islandés puede alargar su estancia un poco más.

Actividades

★ Saarela Gård - Ridesenter PASEOS A CABALLO, PESCA
(☎958 42 071; www.saarela.no; Saarelaveien 1; cabalgar 1 h grupo/privado por persona 200/300 NOK) Este centro de equitación es razón suficiente para venir a Lakselv. Ofrece paseos con un cierto caché, con caballos islandeses (los "caballos de los vikingos"), por el pintoresco paisaje natural al sur de la aldea o por las playas del fiordo. Las excursiones pueden ir de 1 h a varios días, según el nivel de interés y experiencia. También organiza pesca del salmón.

Dónde dormir y comer

Lakselv Vandrerhjem ALBERGUE $
(☎907 45 342; www.hihostels.no/no/hostels/lakselv; dc 400 NOK, i/d con baño 500/600 NOK, cabañas con baño y cocina 750 NOK; ⏲med jun-med ago) Este albergue afiliado a HI se halla en un lugar apartado entre los árboles y rodeado de pequeños lagos. Es una excelente base para dar paseos placenteros y tiene cocina. Hay que seguir la E6 en dirección sur desde Lakselv durante 6 km y luego recorrer una carretera sin asfaltar a la izquierda otros 2 km.

Lakselv Hotell HOTEL $$$
(☎78 46 54 00; www.lakselvhotell.no; Karasjokveien; i/d 1195/1495 NOK; P 📶) Solo 2 km al sur de la ciudad, junto a la E6, tiene habitaciones acogedoras, vistas del fiordo desde lo alto de la colina, sauna gratuita y un restaurante que sirve buen bufé en verano a la cena (325 NOK). Hay bicicletas de alquiler (120 NOK/día).

MERECE LA PENA

KONGSFJORD GJESTEHUS

La preciosa y deliciosamente remota pensión **Kongsfjord Gjestehus** (☎78 98 10 00; www.kongsfjord-gjestehus.no; Veines; i 770-1370 NOK, d 990-1560 NOK; P 📶) tiene 18 habitaciones magníficamente restauradas, con bonitas paredes de madera y muebles bien escogidos, muchas en tonos azul marino. Es un lugar maravilloso, 100 km más allá de Tana Bru, para pasar una semana lejos del mundo. Además, ofrece una oportunidad excelente para observar aves. Ase y Margherita son unos anfitriones de primera.

Åstedet Café & Bistro CAFÉ $$
(☎78 46 13 77; Georg Bjørklis vei 1; principales alrededor de 150 NOK; ⏲12.00-22.00) Este *pub* y café-restaurante sirve una selección de platos principales de carne, además de las típicas hamburguesas, *pizzas* y ensaladas.

Información

Oficina de turismo (☎406 33 386; www.visitporsanger.no; por E6; ⏲10.00-18.00 med jun-med ago) Oficina agradable con algunos folletos.

Cómo llegar y salir

El aeropuerto de Lakselv, un importante enlace para el centro de Finnmark, tiene hasta tres vuelos diarios a/desde Tromsø.

En verano, pasa por aquí un autobús diario que va de Nordkapp a Rovaniemi vía Ivalo (ambos en Finlandia).

Dentro de Finnmark, los servicios que funcionan de domingo a viernes incluyen los siguientes:
Alta (399 NOK, 3¼ h, 4 diarios)
Honningsvåg (390 NOK, 3 h, 3 diarios)
Karasjok (195 NOK, 1¼ h, 3 diarios)

Stabbursnes

Situado 16 km al norte de Lakselv y junto a uno de los sectores más bellos de Porsangerfjord, tiene un par de zonas protegidas importantes. El Stabbursnes Naturhus og Museum y centro de visitantes está al servicio tanto del Parque Nacional de Stabbursdalen como de la Reserva Natural de Stabbursnes.

Puntos de interés

Parque Nacional de Stabbursdalen PARQUE NACIONAL
Ninguna carretera atraviesa los 747 km² de este parque nacional, con un espectacular cañón glacial y excelentes oportunidades de senderismo en el pinar más septentrional del mundo. El parque sirve de refugio a alces, glotones y linces boreales, pero ver a estos dos últimos es harto difícil.

Stabbursnes Naturhus og Museum MUSEO
(☎78 46 47 65; www.stabbursnes.no; adultos/reducida/niños 80/60 NOK/gratis; ⏲9.00-20.00 med jun-med ago, horario reducido resto del año) El Stabbursnes Naturhus og Museum está al servicio tanto del Parque Nacional de Stabbursdalen como de la Reserva Natural de Stabbursnes. Vende guías de campo, mapas y permisos de pesca, y posee una exposición

sobre las aves, los animales y la geología de la alta meseta interior, los valles fluviales y la costa. También hace la función de centro de visitantes para el parque y la reserva; el acceso a esta parte es gratis.

Reserva Natural de Stabbursnes RESERVA NATURAL

Ocupa los humedales y marismas del estuario del Stabburselva. Los observadores de aves acuden a avistar las numerosas especies de patos, gansos, colimbos y lavanderas que descansan en la zona mientras migran entre el Ártico y zonas más templadas. El centro de visitantes facilita un listado completo de las especies catalogadas en la reserva y sus temporadas.

Dónde dormir

Stabbursdalen Resort CAMPING $

(☎78 46 47 60; www.stabbursdalen.no; parcelas automóvil/caravana 200/300 NOK, cabinas 500-3500 NOK, apt 1100 NOK; ⏲med may-sep) Junto al río Stabburselva, repleto de salmones y de pescadores con botas de goma que buscan del pez más grande (la TV de la cafetería transmite imágenes en tiempo real del lecho del río), este extenso *camping* tiene una ubicación preciosa, pero las instalaciones se quedan pequeñas en temporada alta.

Stabbursdalen Lodge REFUGIO $$

(☎909 16 485; www.stabbursdalenlodge.no; por E6; cabañas desde 1600 NOK; P wifi) Bonitos bungalós de madera independientes, con dos baños cada uno y capacidad para 8 personas. La base perfecta para un grupo que planee quedarse unos cuantos días.

Cómo llegar y salir

Los autobuses que circulan por la E6 entre Alta y Lakselv dejan a los viajeros en la entrada de Stabbursnes, pero es mucho más fácil si se tiene vehículo propio, ya que la mayoría de los puntos de acceso y el centro de visitantes están a cierta distancia.

ESTE DE FINNMARK

Quienes lleguen hasta este remoto rincón de Europa encontrarán el corazón de la cultura lapona oriental, con encantadoras aldeas costeras y una historia fronteriza única protagonizada por finlandeses, exploradores y destrucción bélica. Ofrece excelentes oportunidades para ver aves, tramos de costa maravillosamente vacíos y aldeas donde puede que no haya ni un turista más. Kirkenes tiene pocos puntos de interés, pero ofrece muchas actividades tanto en verano como en invierno.

Tana Bru

668 HAB.

Este minúsculo pueblo debe su nombre al puente sobre el gran río Tana, el único en kilómetros corriente arriba y abajo. La pesca del salmón es su único atractivo, pero vale la pena hacer una parada por su agradable entorno, un par de buenos sitios para comer y una excelente joyería.

Actividades

Aquí, en una de las zonas más ricas en salmón de Europa, los vecinos usan la técnica

MERECE LA PENA

MUSEOS LAPONES

Ceavccageadge (⏲11.00-16.00 med jun-finales ago) En Mortensnes, en la E75, unos 15 km al este de Varangerbotn, se puede pasear hacia la orilla entre restos de cultura lapona antigua. En la punta occidental, pasados varios enterramientos, restos de caseríos y una cabaña de turba reconstruida, se halla el *ceavccageadge* que le da nombre. Se trata de un pilar junto al agua que se untaba con aceite de hígado de bacalao para garantizar buena suerte en la pesca. En una colina al este de Bjørnstein, una roca que parece un oso era adorada por los primeros habitantes lapones.

Museo Lapón Varanger (Várjjat Sámi Musea; ☎952 62 155; www.varjjat.org; adultos/niños 80 NOK/gratis; ⏲10.00-18.00 med jun-med ago, 10.00-15.00 lu-vi resto del año) En Varangerbotn, cerca del punto donde la E6 se encuentra con la E75, 17 km al este de Tana Bru, se trata de un centro divertido, informativo y de alta tecnología consagrado a la vida y cultura lapona, con exposiciones temporales alusivas y obras de arte de artistas lapones contemporáneos. En el exterior hay una pequeña colección permanente al aire libre de cabañas de turba, equipos de pesca y modo de vida de este pueblo.

de construir presas para obstruir el progreso de los peces corriente arriba. La presa natural en la cascada de Storfossen, unos 30 km río arriba, es uno de los mejores sitios para pescar del país. Se necesitará buena suerte para pescar algo comparable al ejemplar de 36 kg que una vez se pescó aquí. El Elva Hotel ofrece equipamiento y da consejos.

Dónde dormir y comer

Elva Hotel HOTEL $$$
(☎78 92 82 22; www.elvahotel.no; Silbageaidnu 10; parcelas 250 NOK, i/d 1400/1850 NOK; ⏲med jun-med ago; P📶) Se encontrará una zona de acampada, habitaciones confortables –aunque demasiado caras–, un restaurante y un bar en un clásico edificio de madera en la intersección de las carreteras Rv98 y E6/E75, que constituye una práctica parada. Las tarifas del hotel incluyen una ligera cena. Es el mejor lugar del pueblo para organizar salidas de pesca del salmón.

Trattoria Parma ITALIANA $$
(☎941 48 064; www.facebook.com/trattoriatana; Rådhusveien 20; principales 175-269 NOK; ⏲12.00-23.00 lu-sa, 13.00-23.00 do) Tan popular por su ambiente moderno y luminoso como por su comida. La experiencia culinaria más grata de Tana Bru ofrece buenas *pizzas*, pasta, hamburguesas, kebabs y otros sustanciosos platos principales. Al entrar, el olor de la *pizza* cautivará al viajero.

Elvekanten Spiseri NORUEGA $$
(☎78 92 82 22; Silbageaidnu 10; principales desde 155 NOK; ⏲12.00-22.00) Contiguo al Elva Hotel, este local sencillo tiene una tarjeta de presentación muy clara y atractiva: casi todos los días sirve salmón recién pescado en el río (desde 175 NOK), normalmente al horno.

De compras

Tana Gull og Sølvsmie JOYERÍA
(☎78 92 80 06; www.tanagullogsolv.com; por Rådhusveien; ⏲9.00-18.00 lu-vi, 10.00-16.00 sa, 12.00-16.00 do finales jun-ppios ago, horario reducido resto del año) Tana Gull og Sølvsmie se fundó en 1976 como el primer obrador de orfebrería del este de Finnmark. Andreas Lautz crea exquisitas joyas de oro, plata y bronce inspiradas en diseños tradicionales lapones. También vende prendas textiles, cerámica y cristalería de calidad, así como cuchillos tradicionales lapones y algunos fósiles.

Cómo llegar y salir

Hay autobuses diarios a/desde Kirkenes (2½ h) y Vadsø (1¼ h). En dirección oeste, el autobús de Kirkenes a Alta pasa cuatro veces semanales.

Vadsø

5116 HAB.

Si hay sol, este remoto pueblo tiene mucho que ofrecer. Observación de aves de primera, un bello entorno natural y algunos buenos sitios para comer y alojarse. En cambio, en un día gris, nublado y con viento, se tiene la sensación de haber llegado a la frontera con Siberia. Por supuesto, el viajero no puede saber qué Vadsø se va a encontrar, pero vale la pena quedarse un poco hasta que brille el sol.

Puntos de interés

Luftskipsmasta ENCLAVE HISTÓRICO
El mástil para aeronaves de la isla de Vadsø, con forma de torre de perforación, se construyó a mediados de la década de 1920 como amarradero y punto de lanzamiento de las expediciones polares aéreas. La expedición de Roald Amundsen, Umberto Nobile y Lincoln Ellsworth, que voló por el Polo Norte hasta Alaska en la aeronave *Norge N-1,* lo usó por vez primera en abril de 1926. Dos años después fue el lugar de lanzamiento de la aeronave *Italia,* de Nobile, que trató de repetir el viaje pero se estrelló en Svalbard. Amundsen –junto con 12 barcos de vapor, 13 aviones y 1500 hombres– se unió a la expedición de rescate y desapareció en el intento, lo que le convirtió en mártir nacional además de héroe. Vale la pena dar el ventoso paseo de 600 m por las praderas para descubrir la rica variedad de aves acuáticas de la cercana laguna.

Actividades

Vadsø atrae a muchos amantes de las aves, sobre todo a principios de verano, cuando vienen a observar el eíder de Steller (una de estas aves incluso se quedó a pasar el verano del 2017). El Vadsø Fjordhotell (p. 351) es el primer lugar que deben visitar los observadores de aves, con un experto personal que lo sabe todo sobre avistamientos y muchos folletos útiles. **Arntzen Arctic Adventures** (☎907 60 412; www.varanger.info; Fossesvingen 25) también es excelente y tiene sus propios escondites y un parque de aves.

Fiestas y celebraciones

Varangerfestivalen MÚSICA
(☎982 55 600; www.varangerfestivalen.no; ⊙ago) Uno de los festivales de música más antiguos del norte del país, con actuaciones de *jazz*, *rock* y músicas del mundo.

Dónde dormir

Vestre Jakobselv Camping CAMPING $
(☎78 95 60 64; www2.vj-camping.no; Lilledalsveien; por tienda/parcela 100/200 NOK, cabinas 550-2000 NOK, h 500-1000 NOK; ⊙may-sep) Las habitaciones y los bungalós tienen precios muy razonables en el *camping* más cercano a Vadsø, 17 km al oeste de la ciudad. Está solo a 200 m de un río salmonero de aguas rápidas, por lo que es un destino popular entre pescadores.

★Vadsø Fjordhotell HOTEL $$
(☎450 60 345; www.vadsoefjordhotell.no; Brugata 2; i/d desde 995/1195 NOK; P 🛜) Agradable hotel cerca del punto de partida de la ruta a Luftskipsmasta. El personal sabe mucho de aves locales (también es conocido como campo base de los aficionados a las aves). Tiene habitaciones sencillas pero cómodas, casi todas con vistas al agua. El desayuno es abundante y los precios bajan para estancias más largas. También admite autocaravanas.

Scandic Hotel Vadsø HOTEL $$
(☎78 95 25 50; www.scandichotels.no; Oscarsgate 4; h 1049-1455 NOK; P @ 🛜) En pleno centro, el agradable Scandic ofrece habitaciones pulcras con suelos de parqué y sauna y minigimnasio gratis. La opción más lujosa de Vadsø.

★Ekkerøy Holiday House APARTAMENTOS $$$
(☎908 91 558; post@ekkeroy.net; Fv321, Ekkerøy; apt desde 1490 NOK) Popular entre los aficionados a las aves y aquellos que buscan la calidez de una casa de madera de Varanger reconvertida. Este excelente alojamiento está 15 km al este de Vadsø y es una buena base para visitar la zona, tanto si interesan las aves como si no.

Dónde comer

Hildonen CAFÉ $
(☎78 95 15 06; Centrum 8; tentempiés y principales ligeros 34-77 NOK; ⊙7.00-16.00 lu-vi, 9.00-15.00 sa) El aroma de pan caliente y pasteles atrae hasta esta panadería y cafetería, muy frecuentada por los vecinos por su repostería, *focaccias*, baguetes y bocadillos.

MERECE LA PENA

IGLESIA DE NESSEBY

En uno de los tramos más bonitos de la E75 (declarada Ruta Turística Nacional; visítese www.nasjonaleturistveger.no), la preciosa iglesia blanca de Nesseby se erige junto al agua con el espectacular telón de fondo de las montañas. Construida en 1858, fue una de las pocas iglesias de Finnmark que sobrevivió a los estragos de la II Guerra Mundial y está señalizada junto a la carretera principal, a 0,8 km por una apacible calzada. Contigua a ella está la pequeña **Reserva Natural de Nesseby,** muy apreciada por los amantes de las aves.

Opticom Kaffebar INTERNACIONAL $$
(☎78 95 33 00; Tollbugata 9; principales 149-215 NOK; ⊙11.00-24.00 lu-ju, 11.00-2.00 vi y sa, 15.00-23.00 do) El local más moderno de Vadsø sirve un café excelente y una larga lista de bebidas alcohólicas, además de sándwiches abiertos, hamburguesas y *wraps* a vecinos bien vestidos, a los que les gusta su decoración impecable y su música suave.

Oscar Mat og Vinhus NORUEGA $$$
(☎78 95 25 50; www.scandichotels.no; Oscarsgate 4, Scandic Hotel Vadsø; principales 185-395 NOK; ⊙18.00-22.30) Instalado en el Scandic Hotel Vadsø, el mejor restaurante del lugar sirve centollo en todas sus variedades (al natural, marinado con ajo,...), además de las habituales especialidades noruegas, incluido reno. También ofrece hamburguesas sencillas para presupuestos más ajustados.

Información

Oficina de turismo de Vadsø (☎450 01 875; www.varanger.com; Tollbugata 9-11, Frivilligghetssentralen; ⊙10.00-18.00 lu-vi, 10.00-16.00 sa y do med jun-med ago) Abierta solo en verano, pero práctica para conseguir mapas e información sobre museos y la vasta zona de Varanger.

Cómo llegar y salir

Vadsø solo tiene parada del ferri costero de Hurtigruten en dirección norte, que viaja hacia Kirkenes a las 8.00. Hay al menos dos autobuses diarios a/desde Tana Bru (1¼ h) y Vardø (1½ h).

BRUJERÍA EN VARDØ

Entre 1621 y 1692, unas 91 mujeres de Vardø fueron acusadas de brujería y condenadas a la hoguera; hay una señal y una bandera en Kristian IV gate 24 que indica el lugar, y el excepcional **Monumento Conmemorativo de Steilneset** rinde homenaje a su memoria. En **Domen,** una colina unos 2 km al sur de la localidad, en el continente, está la cueva donde se supone que celebraban sus ritos satánicos y sus encuentros secretos con el diablo.

Vardø

1893 HAB.

La ciudad más oriental de Noruega está bien alejada del circuito turístico, excepto para los viajeros más apasionados. Aunque esta isla en forma de mariposa está unida al continente por el túnel de 2,9 km de Ishavstunnelen (túnel del océano Ártico), los vecinos afirman que la suya es la única ciudad noruega "continental" que se halla en la zona climática del Ártico (su temperatura media es inferior a 10°C). Otrora un bastión del comercio con los pomor rusos, hoy es un importante puerto pesquero y hogar de muchos inmigrantes llegados de Rusia y, curiosamente, de Sri Lanka. No es el pueblo más bonito de Noruega, pero tiene un cierto atractivo siberiano barrido por el viento.

Llegar hasta aquí es parte de la diversión: hay un trayecto en coche de 75 km completamente llano entre Vadsø y Vardø por una Ruta Turística Nacional, pero esta carretera tiene un encanto solitario mientras se abre paso entre la orilla, la recia hierba y los duros arbustos.

Puntos de interés

★Monumento Steilneset MONUMENTO
(24 h, visitas guiadas 11.00 med jun-med ago) Este impresionante monumento, colaboración entre el artista francés Louis Bourgeois y el arquitecto suizo Peter Zumthor, está dedicado a las 91 personas ejecutadas por brujería en el Vardø del s. XVII. La hermosa sala conmemorativa de Zumthor, de 125 m de longitud, tiene una ventana iluminada por cada una de las víctimas, mientras que la instalación de Bourgeois es una silla con cinco llamas rodeada de siete espejos ovalados. El lugar fue cuidadosamente escogido, ya que se cree que muchas de las ejecuciones tuvieron lugar aquí cerca.

Vardøhus Festning FUERTE
(916 88 558; Festningsgate 20; 50 NOK; 8.00-21.00 med may-ago, 10.00-18.00 resto del año) La fortaleza de Vardøhus, en forma de estrella –la más septentrional del mundo– se construyó en 1737 por orden del rey Cristián VI. Para tratarse de una fortaleza, luce románticos colores suaves. Se puede pasear por sus bastiones cuajados de flores, entre edificios de techo de turba y cañones rusos. La entrada se abona en el cuerpo de guardia o echando directamente el importe en la mina marina de la II Guerra Mundial que custodia la entrada.

Actividades

Hornøya OBSERVACIÓN DE AVES
(ida y vuelta 200 NOK) En verano hay excursiones regulares en barco desde al puerto a la isla de Hornøya para ver su pintoresco faro y sus acantilados llenos de aves. Para quedarse solo después de que salga la última lanzadera, se puede reservar una de las tres camas del faro (p. 352).

Wild Varanger OBSERVACIÓN DE FAUNA, BUCEO CON TUBO
(992 49 515; www.wildvaranger.com; Havnestien 12, Kiberg) Operador con experiencia que organiza buceo con tubo, pesca en aguas profundas, observación de aves, excursiones a los acantilados con aves de Hornøya, *rafting* en el mar y salidas para pescar centollos desde Vardø.

Dónde dormir y comer

Kiberg Bed & Boat PENSIÓN $
(413 28 679; Havnegata 37, Kiberg; i/d con baño compartido 420/575 NOK) Está en Kiberg, 13 km al sur de Vardø, y su genial propietario, Ronny Larsen, regenta estas renovadas viviendas (375 NOK) de pescadores con salón y cocina bien equipada. Las habitaciones están bien arregladas. Puede organizar salidas de pesca de 4 h y caminatas para ver aves. La recepción abre de 18.00 a 24.00.

Hornøya Lighthouse HOTEL-BOUTIQUE $$
(78 98 72 75; por persona 550 NOK) Para pasar la noche en soledad en la isla de Hornøya se puede reservar una de las tres camas del faro. Sin florituras, pero maravillosamente evocador. Escuchar el viento ulular toda la noche al mismo tiempo que se está calentito es una auténtica inmersión.

MERECE LA PENA

HAMNINGBERG

Una recomendable ruta de 88 km (i/v) hacia el norte desde Vardø, por la costa, conduce hasta este diminuto asentamiento de madera semiabandonado.

Una carretera de un solo carril discurre por parte de la geología más fascinante del norte de Noruega: oscuros laguitos de montaña, bosquecillos de arbustos aferrados a la exigua capa de suelo en busca de vida, copos de nieve hasta finales de julio y amenazantes pilares de piedra erosionados y cubiertos de liquen, restos de capas sedimentarias en vertical. Por el camino se verán rebaños de renos y varias playas. Pero se recomienda pararse en ellas en el viaje de vuelta, cuando 7,3 km al sur de Hamningberg se pueda caminar hasta la playa más ancha a través de la pequeña reserva natural de **Sandfjordneset**, con sus protegidas dunas de arena no muy lejos de la orilla.

Lo que hace de esta aldea algo especial es que, al estar tan apartada, se salvó de la devastación de la retirada nazi en la II Guerra Mundial. Solo se destruyó una casa, y lo hizo un bombardero ruso. El resto, abandonado en la década de 1960 salvo por los visitantes veraniegos, sigue en pie como un recordatorio vivo de lo que en su día fue una de las mayores aldeas pesqueras del este de Finnmark. Donde acaba la carretera hay un pequeño café en verano.

ABC Thai TAILANDESA $$

(☎78 94 46 00; Kristian IV gate 3; principales desde 150 NOK; ⊙12.00-23.00 feb-nov) Este lugar parece sencillo, pero se codea con los grandes. El viajero podrá disfrutar de deliciosa y auténtica cocina tailandesa en el restaurante tailandés más septentrional de la Europa continental. La comida se puede acompañar de una de sus 36 clases de cerveza en botella, incluida la auténtica Singha tailandesa.

Dónde beber y vida nocturna

Nordpol Kro PUB

(www.nordpolkro.no; Kaigata 21; ⊙10.00-15.00 lu, 10.00-15.00 y 20.00-24.00 ma y ju, 10.00-15.00 y 20.00-3.00 vi, 20.30-3.00 sa, 20.00-24.00 do) Con maderaje y baratijas antiguas, este establecimiento de 1858 se ha ganado el derecho a anunciarse como el restaurante más antiguo del norte de Noruega. El simpático patrón, Bjørn Bredesen, tiene la que debe de ser la colección más exhaustiva de posavasos del mundo. Si se escoge bien la noche, se disfrutará también de música en directo.

Información

Vardø tiene una **oficina de turismo** de temporada (☎78 98 69 07; www.varanger.com; Havnepromenaden; ⊙9.00-17.00 lu-vi, 14.00-17.00 sa y do jun-ago).

Cómo llegar y salir

Vardø es una parada de la ruta del ferri costero de Hurtigruten. Los autobuses siguen la panorámica ruta marina entre Vadsø y Vardø (1½ h, mínimo 2 diarios) y hay dos servicios a Kirkenes (3½ h, diario excepto sa).

Kirkenes

3498 HAB.

Aquí uno está tan al este como en El Cairo, más al este que en casi toda Finlandia, a solo 15 km de la frontera con Rusia y al final de la línea del ferri costero de Hurtigruten. También es el final de la carretera E6, que va hasta Oslo.

Este diminuto y anodino lugar, para muchos decepcionante, tiene un inconfundible aire fronterizo. Se ven carteles callejeros en noruego y cirílico y se oye hablar ruso a visitantes y pescadores del otro lado de la frontera, que obtienen mejores precios por su pesca que en los puertos de su país.

La ciudad recibe unos 100 000 visitantes todos los años, y casi todos duermen cerca del ferri de Hurtigruten para pasar un par de horas en la ciudad antes de seguir viaje. Pero se aconseja quedarse un poco más, no por la ciudad en sí, sino para hacer alguna de las muchas excursiones y actividades posibles.

Puntos de interés

Andersgrotta EDIFICIO HISTÓRICO

(plano p. 354; ☎78 97 05 40; www.kirkenessnowhotel.com; Tellef Dahls gate; adultos/niños 200/100 NOK; ⊙visitas 12.30 jun-ago) Hay que bajar por las empinadas escaleras de Andersgrotta para visitar esta cueva que en su día sirvió como refugio aéreo y búnker. Hay una presentación

Kirkenes

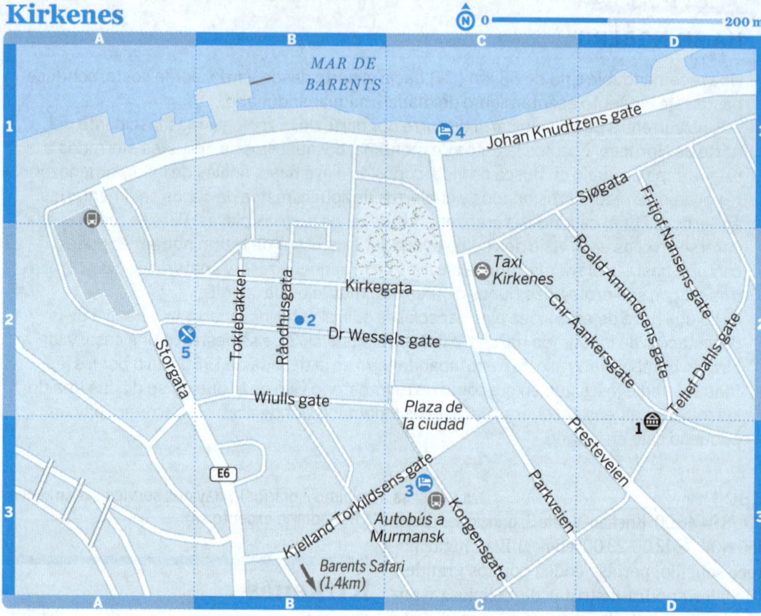

Kirkenes

Puntos de interés
1 Andersgrotta D3

Actividades, cursos y circuitos
2 Pasvikturist B2

Dónde dormir
3 Scandic Arctic Hotel C3
4 Thon Hotel Kirkenes C1

Dónde comer
5 Surf & Turf A2

en varios idiomas y un vídeo de 9 min que relata la historia. Se aconseja ir bien abrigado, ya que la temperatura es de 3°C, incluso en verano.

Parque de huskies y renos de Gabba ZOOLÓGICO
(☎78 97 05 40; www.kirkenessnowhotel.com; Sandnesdalen 14; adultos/niños 250/125 NOK; ⏲12.00-16.00 jun-sep) Puede que no cause el impacto deseado en los niños si se ha conducido por el este de Finnmark y se ha parado para ver los renos junto a la carretera, pero vale la pena si se viene en el ferri de Hurtigruten, y además los críos también podrán mimar a los perros.

Circuitos y actividades

Kirkenes ofrece un sinfín de circuitos y actividades. Para estar al tanto de las posibilidades según la temporada, lo mejor es hacerse con los exhaustivos folletos *Summer Activities* o *Winter Activities* en el hotel.

En verano hay un mostrador de reservas en el vestíbulo del Scandic Arctic Hotel; también se puede reservar directamente a través de los operadores. Lo mejor es que el viajero averigüe información por su cuenta, ya que, aunque estas empresas son profesionales y están bien gestionadas, los precios y los horarios pueden variar.

Las agencias turísticas organizan servicios de recogida en el pueblo o el hotel. Además de los siguientes, conviene consultar qué ofrecen BIRK Husky (p. 357), en el valle del río Pasvik, y Sollia Gjestegård (p. 355).

Barents Safari (☎901 90 594; www.barentssafari.no; Fjellveien 28)

Pasvikturist (plano p. 354; ☎78 99 50 80; www.pasvikturist.no; Dr Wessels gate 9)

Kirkenes Snow Hotel (☎78 97 05 40; www.kirkenessnowhotel; Sandnesdalen 14)

Actividades de verano

De finales de junio a mediados de agosto, e incluso en septiembre:

Safari de centollos (adultos/niños 1650/825 NOK)

Safari en 'quad' (desde 1490 NOK/persona)

Circuitos de medio día por el valle del río Pasvik (adultos/niños 1000/500 NOK)

Visita a la frontera rusa y las minas de hierro (adultos/niños 700/350 NOK)

Paseos en barco por el río Pasvik (adultos/niños 990/500 NOK)

Actividades de invierno

Entre diciembre y mediados de abril:

Safaris en moto de nieve (desde 1890 NOK/persona)

Pesca en hielo (desde 1800 NOK)

Alquiler de raquetas de nieve (medio día/día completo desde 250/400 NOK)

Trineo de perros (adultos/niños desde 2100/1050 NOK)

Safari de centollos (adultos/niños 1500/750 NOK)

Dónde dormir

Kirkenes Camping CAMPING $

(☎78 99 80 28; www.kirkenescamping.no; Ekveien 19, Hesseng; parcelas tienda/caravana 200/250 NOK, cabañas 4 camas con baño 1100-1900 NOK, con baño exterior 500-700 NOK; ⊙jun-ago) Junto a la E6 y 8 km al oeste de Kirkenes, es la única opción para los campistas, aunque su futuro parecía incierto cuando el autor estuvo allí. La recepción solo abre de 9.00 a 19.00; es fundamental reservar con tiempo si se desea un bungaló.

★ **Sollia Gjestegård** HOTEL $$

(☎78 99 08 20; www.storskog.no; apt 1420 NOK, cabañas 2-4 camas 1215-1825 NOK, i/d 665/815 NOK) Situado 13 km al sureste de Kirkenes, se construyó originalmente como un sanatorio de tuberculosos y es fácil ver por qué. El aire no podría ser más puro ni el ambiente más relajado en este maravilloso refugio. Tiene sauna y *jacuzzi* al aire libre y los niños disfrutarán del contacto con los huskies del hotel. Las habitaciones son sencillas.

Thon Hotel Kirkenes HOTEL $$

(plano p. 354; ☎78 97 10 50; www.thonhotels.no/kirkenes; Johan Knudtzens gate 11; h desde 1016 NOK; 📶) Hotel de nueva construcción junto al agua, de exterior cuadriculado pero amplio y fascinante por dentro, con vistas fabulosas del estrecho y de una flotilla de barcas pesqueras rusas. La arquitectura del restaurante es igual de estimulante, y hasta se podría echar la caña desde su terraza.

Scandic Arctic Hotel HOTEL $$

(plano p. 354; ☎78 99 11 59; www.scandichotels.no; Kongensgate 1-3; d desde 1050 NOK; P@≋) Está en un agradable bloque moderno en el centro del pueblo, y tiene la piscina más al este de Noruega, climatizada y abierta todo el año. Su otro atributo especial, el restaurante **Arctic Menu** (bufé de verano 395 NOK), es el mejor para comer en el pueblo.

★ **Kirkenes Snow Hotel** HOTEL $$$

(☎78 97 05 40; www.kirkenessnowhotel.com; Sandnesdalen 14; adultos/niños media pensión desde 3100/1550 NOK; ⊙20 dic-med abr) Es caro, pero se recordará de por vida. Y hay que tener en cuenta que 25 toneladas de hielo y 15 000 m³ de nieve se trasladan cada año para construir esta efímera estructura. Para cenar, los huéspedes cocinan salchichas de reno en una chimenea abierta y luego disfrutan de un reconfortante plato de salmón ahumado.

Esta experiencia es una gran novedad y algo que sin duda se recomienda probar una vez; pero con una basta.

Si todo esto suena demasiado frío, se pueden probar sus bungalós *gamme* (doble, media pensión desde 2700 NOK) de bonito diseño y mucho más cálidos.

Dónde comer

Surf & Turf INTERNACIONAL, NORUEGA $$

(plano p. 354; ☎464 45 245; Dr Wessels gate 2; principales desde 189 NOK; ⊙11.00-22.00 lu-sa) Uno de los mejores sitios del pueblo, con una sopa de pescado buena, y muchas otras opciones, como bistecs, pasta e incluso ballena. El ambiente es mucho más agradable que el de otros del lugar, y la cuidada presentación de los platos es algo raro en Kirkenes.

★ **Gapahuken** NORUEGA $$$

(☎78 99 08 20; www.storskog.no/en/restaurantgapahuken; Storskog; principales 290-395 NOK, bufé 450 NOK; ⊙16.00-22.00 lu-sa, 15.00-19.00 do med

MERCADO RUSO

El último jueves de casi todos los meses, comerciantes rusos ponen sus puestos por el centro de Kirkenes y venden de todo, desde artesanías a binoculares. No es tan barato como en Rusia, pero sigue siendo una ganga en Noruega.

UNA FRONTERA PROHIBIDA

No hay ni que pensar en cruzar la frontera rusa para hacer una foto. Hoy, además de los vestigios de la neurosis de la Guerra Fría en ambos lados, Noruega, como país del Acuerdo de Schengen, mantiene su vigilancia para evitar la entrada de inmigrantes ilegales. Tanto los centinelas noruegos como los rusos tienen equipos de vigilancia, y la multa por cruzar ilegalmente, aunque sea solo un momento, arranca en nada menos que 5000 NOK. Usar un teleobjetivo, *zoom* o incluso un trípode se considera una infracción. Tal como avisa seriamente el documento orientativo: "Está prohibido entrar en contacto intencionadamente o actuar de forma insultante frente a personas al otro lado de la frontera y lanzar objetos al otro lado de la línea fronteriza. Cualquier intento de infracción se castigará como si se hubiera llevado a cabo".

jun-ago, bajo demanda resto del año) Los grandes ventanales del restaurante del hotel Sollia Gjestegård (p. 355), revestido de madera y cristal, brindan un magnífico panorama del lago a sus pies y del puesto fronterizo ruso, más allá. Los amantes del buen comer acuden desde Kirkenes atraídos por su cocina noruega de altos vuelos, a partir de ingredientes locales como reno, centollo, salmón y fletán. Los domingos solo hay bufé.

Información

Kirkenes no tiene oficina de turismo. Lo mejor para obtener información y folletos son los hoteles y los operadores turísticos, algunos de los cuales han creado la web www.visitkirkenes.no, que es excelente.

Cómo llegar y salir

Desde el **aeropuerto de Kirkenes** (☎67 03 53 00; www.avinor.no), 13 km al suroeste del pueblo, hay vuelos directos a Oslo (SAS y Norwegian) y Tromsø (Widerøe).

Kirkenes es la estación final del ferri costero de Hurtigruten, que sale a diario hacia el sur a las 12.45. Hay un autobús (120 NOK) que espera al barco y luego va al pueblo y al aeropuerto.

Desde la **parada de autobús** (plano p. 354), salen autobuses cuatro veces por semana a Karasjok (5 h), Hammerfest (10¼ h), Alta (10½ h) y muchos puntos intermedios.

Los viajeros independientes con visado para Rusia (se debe obtener en el país de origen) pueden subirse a uno de los dos **autobuses diarios a Murmansk** (plano p. 355) (ida/ida y vuelta 510/780 NOK, 5 h).

Cómo desplazarse

El Flybuss (85 NOK, 20 min) lleva al aeropuerto y conecta la terminal de autobuses y el Scandic Arctic Hotel con todos los vuelos que salen y llegan.

Kirkenes Taxi (plano p. 355; ☎78 99 13 97; www.kirkenestaxi.no; Presteveien 1) cobra 350/425 NOK por trayecto de día/noche entre el pueblo y el aeropuerto.

En el aeropuerto hay varios mostradores de compañías de alquiler; también se puede preguntar en el hotel.

Valle del río Pasvik

Hasta que las diabólicas nubes de mosquitos hacen de la vida un infierno para las criaturas de sangre caliente, los remotos lagos, húmedas ciénagas de tundra y, hacia el sur, el mayor trecho de bosque de taiga virgen del país confieren atractivo al pequeño **Parque Nacional de Øvre Pasvik,** en los confines del valle fluvial de Pasvik.

Unos 100 km al sur de Kirkenes y con 200 km² de superficie, este último rincón de Noruega se parece más a Finlandia, Siberia o incluso Alaska. Aquí lobos, glotones y osos pardos aún viven en libertad. También da cobijo a algunos de los alces más septentrionales de Europa, a linces boreales y a aves poco comunes como el arrendajo siberiano, el camachuelo picogrueso, el pardillo sizerín y la serrata chica. Ver a cualquiera de estas criaturas es difícil, pero nunca se sabe.

Historia

La cultura cazadora de los komsa de la Edad de Piedra dejó aquí su huella en forma de trampas con fosas alrededor del lago Ødevann y en el resto de la región, algunas de fechas tan tempranas como el 4000 a.C. A mediados del s. XIX, los granjeros del sur de Noruega iniciaron explotaciones con el apoyo del Gobierno, cosa que abrió estas tierras casi vírgenes y ayudó a declarar como noruego este indefinido territorio fronterizo.

Puntos de interés

Museo Sør-Varanger MUSEO
(☎78 99 48 80; www.varangermuseum.no/no/sorvaranger; adultos/niños 80 NOK/gratis; ⏲9.30-17.00

MERECE LA PENA

GRENSE JAKOBSELV

En Grense Jakobselv se puede sentir la evocadora historia de la frontera entre Europa y Rusia. El primer asentamiento aquí, 60 km al noreste de Kirkenes, apareció probablemente hace 8000 años, cuando el nivel del mar se hallaba 60 m por debajo del actual. Solo un pequeño arroyo separa Noruega de Rusia, y a lo largo de la carretera se pueden ver los **obeliscos fronterizos** a ambos lados.

El único atractivo es una **iglesia de piedra** de 1869. Se construyó cerca del mar para consolidar las reivindicaciones territoriales de Noruega después de que los vecinos se quejaran a las autoridades de que los barcos pesqueros rusos penetraban ilegalmente en aguas noruegas; se creía que los intrusos respetarían una iglesia y cambiarían sus hábitos. No se sabe si funcionó o no.

Durante las vacaciones escolares se puede hacer una excursión de un día entre Kirkenes y Grense Jakobselv (1½ h, lu, mi y vi). El autobús sale a las 9.00 y regresa a las 11.30, lo que permite explorar 1 h. Algunos operadores turísticos de Kirkenes pueden organizar excursiones hasta aquí.

finales jun-ago, horario reducido resto del año) Merece la pena recorrer este museo que conserva el internado público más antiguo del país e ilustra la mezcla étnica de la región. También hay que visitar la **capilla Svanvik** de madera, que data de 1934, y un par de granjas del s. XIX, **Bjørklund** y **Nordre Namdalen.**

Høyde 96 MIRADOR

La torre vigía de la Guerra Fría ofrece una vista de la desolada ciudad minera rusa de Nikel, hacia el este.

Actividades

Numerosos operadores de Kirkenes organizan safaris en barco y moto de nieve por el valle del río Pasvik. También se puede hacer excursionismo por cuenta propia.

BIRK Husky TRINEO DE PERROS

(☎909 78 248; www.birkhusky.no) Desde su base en el fondo del valle del río Pasvik, BIRK Husky ofrece varias excursiones en trineo de perros de diversa duración en invierno, así como excursionismo, paseos en barco y observación de aves en verano.

Excursionismo

Antes de cualquier excursión, es imprescindible embadurnarse de repelente de mosquitos. La ruta más accesible es la mala carretera que se desvía al suroeste 1,5 km al sur de Vaggatem y acaba 9 km después en un aparcamiento cerca del extremo nororiental del lago Sortbrysttjørna. Allí, un sendero señalizado conduce 5 km al suroeste, pasando por hermosos lagos, marismas y ciénagas para acabar en la **cabaña de caminantes Ellenvannskoia,** junto al gran lago Ellenvatn.

También desde el aparcamiento de Ødevasskoia hay una caminata de unos 8 km al sur hasta **Krokfjell** (145 m) y el **Treriksrøysa,** el monumento que señala el lugar donde se encuentran Noruega, Finlandia y Rusia. Aunque es posible acercarse y sacar fotos, no se puede caminar alrededor del monumento, hecho que supondría un cruce ilegal de la frontera.

La hoja topográfica recomendada *Krokfjellet*, de Statens Kartverk, cubre el parque entero a una escala de 1:25 000.

Dónde dormir

Øvre Pasvik Café & Camping CAMPING $

(☎959 11 305; www.pasvikcamping.no; Vaggetem; parcelas tienda/caravana desde 100/200 NOK, cabañas 600-700 NOK) Este lugar rodeado de bosques alquila piraguas y bicicletas y ofrece información sobre la naturaleza y lugares de interés de la zona. Los bungalós son sencillos y las parcelas están cerca del agua.

Información

El **Centro del Parque Nacional de Øvre Pasvik** (☎46 41 36 00; ⌚8.00-20.00 med jun-med sep, 9.00-15.00 lu-vi resto del año) está en unos preciosos jardines cerca de Svanvik, unos 40 km al sur de Kirkenes.

Cómo llegar y salir

Dos autobuses salen entre semana de Kirkenes a Skogfoss (1½ h), pasando por Svanvik; uno continúa hasta Vaggatem (2¼ h).

INTERIOR DE FINNMARK

Acurrucado junto a la frontera finlandesa, la "tierra del gran cielo" es un lugar de frondosa vegetación en verano, de azules eléctricos en invierno y el epicentro de Laponia, la "tierra de los sami". Kautokeino, ciudad de una calle donde las haya, es el corazón tradicional de la región, aunque Karasjok es mucho más alegre y tiene más instituciones laponas.

Karasjok

2668 HAB.

Puede que Kautokeino tenga más habitantes lapones, pero Karasjok (Kárásjohka en lapón) es la capital lapona indiscutible de Noruega, sede del Parlamento Lapón y de su biblioteca, de la radio NRK Sápmi, un maravilloso museo lapón y un impresionante parque temático. Asimismo, es uno de los mejores lugares del país para dar un paseo en un trineo de perros en invierno.

Hay un bonito y boscoso trayecto en coche entre Karasjok y Kautokeino, que sigue el curso del río Iešjokka por el tramo más espectacular.

Puntos de interés

Sápmi Park PARQUE DE ATRACCIONES, MUSEO
(☎78 46 88 00; www.visitsapmi.no; Leavnnjageaidnu 1, por Porsangerveien; adultos/niños/familias 160/80/400 NOK; ⏲9.00-19.00 med jun-med ago, 9.00-16.00 finales ago, 9.00-16.00 lu-vi, 11.00-15.00 sa sep-med dic, 10.00-14.00 lu-vi ene-may) La cultura lapona es un gran negocio por estos lares, y este impresionante parque temático ofrece una melancólica introducción multimedia en el "Teatro Mágico", así como campamentos lapones de invierno y verano y otros tipos de viviendas en el recinto. También hay una tienda de regalos y un café, además de **Boble Glasshytte,** el único taller y galería de vidrio soplado de Finnmark. Suelen verse renos alrededor.

Parlamento Lapón EDIFICIO RELEVANTE
(Sámediggi; ☎78 47 40 00; www.samediggi.no; Kautokeinoveien 50; ⏲circuitos cada hora 8.30-14.30 lu-vi excepto 11.30 finales jun-med ago, 13.00 lu-vi resto del año) GRATIS Fundado en 1989, se reúne cuatro veces al año. En el 2000 se trasladó a un espléndido edificio de ladrillo dorado de Siberia, con un interior de abedul, pino y roble. El salón de plenos tiene forma de tienda lapona, y la **biblioteca lapona,** iluminada por lucecitas que parecen estrellas, alberga más de 35 000 libros, además de información en otros formatos. Las visitas guiadas duran 30 min. Hay parlamentos lapones similares en Finlandia y Suecia.

Museo Nacional Lapón MUSEO
(Sámiid Vuorká Dávvirat, De Samiske Samlinger; ☎78 46 99 50; www.rdm.no; Museumsgata 17; adultos/reducida/niños 90/60 NOK/gratis; ⏲9.00-18.00 med jun-med ago, horario reducido resto del año) También conocido como la Colección Lapona, expone coloridos trajes típicos, herramientas y artefactos, así como obras de artistas lapones contemporáneos. Fuera se puede pasear entre un conjunto de construcciones tradicionales y recorrer un breve sendero, que pasa por antiguas trampas con fosas para renos y ofrece explicaciones sobre las técnicas de caza laponas. En verano, el precio de la entrada incluye un guía.

Actividades

★**Engholm's Husky** DEPORTES DE AVENTURA
(www.engholm.no; 1 h trineo de perros 1000 NOK, safari de *huskies* 1/4/5/8-días invierno 2000/8700/11 600/19 900 NOK) Engholm's Husky, en el refugio (p. 359) del mismo nombre, ofrece circuitos en trineo de perros en invierno. A veces los guía Sven Engholm, uno de los nombres más famosos en el mundo de los trineos de perros. También se organizan excursiones a pie en verano con un perro que carga con algo del equipamiento. Su web dispone de un listado de actividades.

Ravdol Reindeer Herding AIRE LIBRE
(☎995 48 376; www.ravdolreindeerherding.com; Ravdojok 24; excursión día/tarde 1300/1100 NOK; ⏲med ene-med abr) Esta empresa de gestión lapona es una forma excelente de acercarse a la cultura de los rebaños lapones en invierno. Los viajeros podrán pasear con los rebaños y aprender sobre la vida de los lapones con los renos y otros aspectos de la vida tradicional de este pueblo.

Sami Path PASEOS EN BARCO, PESCA
(☎78 60 06 11; www.samipath.com; Niitosjogas 27) Este grupo de lapones locales ofrece diversas actividades, como paseos en barco por el río, piragüismo para pescar salmones y experiencias con rebaños de renos.

Circuitos

Turgleder AIRE LIBRE
(☎911 67 303; www.turgleder.com) Fantástica empresa dirigida por Liv, la hija de Sven Engholm, que ofrece diversas actividades

durante todo el año, desde excursiones de esquí de fondo a experiencias "*boy scout* por un día" de 24 h.

Dónde dormir

Karasjok Camping CAMPING $

(☎970 72 225; www.karacamp.no; Avjovargeaidnu 88; por persona/parcelas 20/140 NOK, dc 210 NOK, cabañas 410-1200 NOK; 📶) Agradable *camping* en una ladera con vistas al río y un conjunto de bungalós. Los campistas pueden montar la tienda en su frondosa y mullida hierba. Y todo el mundo puede recostarse sobre pieles de reno ante un fuego nocturno en la acogedora *lavvo* (tienda lapona).

★ **Engholm Husky Design Lodge** BUNGALÓS $$

(☎915 86 625; www.engholm.no; i/d pensión completa desde 1500/2500 NOK, i/d solo cabaña desde 750/1100 NOK; P📶) 🍃 A 6 km de Karasjok por la Rv92, Sven Engholm ha construido con sus propias manos este maravilloso refugio en el bosque. Amueblados de forma distinta y con gusto, cada bungaló rústico está equipado con toda clase de objetos (desde escobillas para el inodoro de cuerno de reno hasta creativas pantallas) hechos por el dueño; todos tienen cocina y dos disponen de baño.

Una cena abundante cuesta 300 NOK. Los senderos señalizados conducen a través del bosque, y apenas a 5 min a pie hay un arroyo de salmones con una bonita playa donde se alquilan piraguas. El viajero también puede unirse al equipo en su paseo diario de los cachorros o gozar de un viaje en barco por un cercano lago mientras los huskies adultos corren, ladran o nadan a su lado. También hay sauna y un *jacuzzi* exterior climatizado.

Scandic Hotel Karasjok HOTEL $$

(☎78 46 88 60; www.scandichotels.no; Porsangerveien; d 850-1600 NOK; P@📶) Contiguo al Sápmi Park, es el mejor alojamiento de Karasjok, con bonitas habitaciones y motivos lapones por doquier. También cuenta con un impresionante restaurante (cerrado en verano) de la red Arctic Menu. Tiene algunas habitaciones económicas.

Dónde comer

Biepmu Kafeà CAFÉ $$

(Biepmu Cafe; ☎78 46 61 51; Finlandsveien; principales 140-240 NOK; ⏲13.00-20.00) Sencilla cafetería que sirve abundantes platos locales y tentempiés, así como platos del día (desde 175 NOK), incluido un bufé de pescado los miércoles. Los robustos bancos de madera parecen sacados de una iglesia y la mayor parte de la clientela suelen ser vecinos.

★ **Gammen** NORUEGA $$$

(☎78 46 88 60; Porsangerveien; principales 265-395 NOK; ⏲11.00-22.00 med jun-med ago) La oferta se reduce al reno y a un par de pescados en este complejo rústico de cuatro grandes cabañas laponas conectadas que gestiona el Scandic Hotel. Aunque puede llenarse de grupos turísticos que llegan en autocar, es un sitio con ambiente donde probar platos tradicionales lapones, desde estofado hasta filete de reno, o simplemente tomar café o una cerveza junto al fuego.

De compras

★ **Knivsmed Strømeng** ARTESANÍA

(☎78 46 71 05; www.samekniv.no; Markangeaidnu 10; ⏲8.30-18.00 lu-vi, 10.00-16.00 sa med jun-med ago, horario reducido resto del año) Esta tienda cuenta con cinco generaciones de expertos locales para crear originales cuchillos lapones hechos a mano, de cocina y de campo. Son verdaderas obras de arte, pero siempre desde el respeto a la premisa lapona de la durabilidad, con empuñaduras de haya y latón, y acero de calidad dispar. Los precios parten de unos 1000 NOK por un cuchillo infantil hasta 2000 NOK por uno de verdad.

Información

La **oficina de turismo** (☎78 46 89 81; Leavnnjageaidnu 1; ⏲9.00-19.00 med jun-med ago) está en el Sápmi Park, cerca del cruce de la E6 con la Rv92. Puede cambiar dinero si a los viajeros les quedan euros después de cruzar desde Finlandia.

Cómo llegar y salir

Hay autobuses dos veces al día (excepto sa) que conectan Karasjok con Alta (525 NOK, 4¾ h) y Hammerfest (450 NOK, 4¼ h). Hay un servicio a Kirkenes (580 NOK, 5 h) cuatro veces por semana.

Hay un autobús diario de la finlandesa Lapin Linjat a Rovaniemi (785 NOK, 8 h) vía Ivalo (315 NOK, 3½ h), en Finlandia.

Kautokeino

2931 HAB.

Mientras que Karasjok ha hecho algunas concesiones a la cultura noruega, Kautokeino, la tradicional base de invierno para los pastores de renos lapones (frente a sus parientes de la

MERECE LA PENA

PARQUE NACIONAL DE REISA

Aunque técnicamente pertenece a la provincia de Troms, el **Parque Nacional de Reisa** (www.reisa-nasjonalpark.no), de 803 km², también es accesible por carretera desde Kautokeino. Para los excursionistas, la ruta de 50 km a través de esta remota tierra de Finnmarksvidda es uno de los desafíos más salvajes y exigentes de Noruega. Al origen septentrional del sendero en Sarelv se llega por la Rv865, 47 km al sur de Storslett, y al extremo meridional se llega por la ruta de grava hasta Reisevannhytta, 4 km al oeste de Bieddjuvaggi, en la Rv896, en dirección noroeste desde Kautokeino.

costa), se mantiene auténticamente lapona. En torno al 85% de la población tiene como lengua materna el lapón, y se ven a algunos lugareños, ajenos a la industria del turismo, vestidos con trajes tradicionales.

La ciudad es francamente gris en verano, ya que muchos de sus habitantes están en sus pastos con los renos (en cambio, en invierno hay 100 000 renos aprox.). Lo que hace que valga la pena la visita es la Juhls' Sølvsmie (galería de plata Juhls'), a las afueras del pueblo, un ejemplo magnífico del mejor diseño de joyas escandinavo. También es un lugar bastante bonito cuando se admira desde las colinas circundantes.

Historia

Desde 1553, durante la transición gradual entre el estilo de vida nómada y el sedentario, hay documentos que acreditan la existencia de asentamientos permanentes en la zona de Kautokeino. El cristianismo arraigó pronto y la primera iglesia se erigió en 1641.

La primera carretera a Kautokeino no se construyó hasta la década de 1960.

Puntos de interés

★ Juhls' Sølvsmie GALERÍA

(Galería de Joyas Juhls'; ☎78 48 43 30; www.juhls.no; Galaniitoluodda; ⏲9.00-20.00 med jun-med ago, 9.00-18.00 resto del año) El maravilloso edificio, todo pendientes y ángulos suaves, fue diseñado y construido por sus propietarios Regine y Frank Juhls, que empezaron a trabajar con los lapones hace más de medio siglo. La aclamada galería crea joyas de plata y artesanía moderna y tradicional. Un ala tiene una exquisita colección de alfombras y objetos asiáticos, recordatorio de su obra en apoyo de los refugiados afganos durante la ocupación soviética. El personal está encantado de enseñar el lugar y se pueden hacer compras.

Museo de Kautokeino MUSEO

(☎481 17 266; www.rdm.no/english/kautokeino_bygdetun; Boaronjárga 23; adultos/niños 50 NOK/gratis; ⏲9.00-18.00 lu-sa, 12.00-18.00 do med jun-med ago, horario reducido resto del año) Por fuera, este pequeño museo tiene todo un asentamiento lapón tradicional, con una casa antigua, viviendas temporales y edificios anejos como la cocina, una sauna y cabañas para almacenar pescado, patatas y liquen. Nada está señalizado, así que mejor pedir en recepción el plano con la descripción al dorso. Dentro hay una exposición fascinante, aunque algo caótica, de artesanía, aperos de labranza y pastoreo de renos, iconos religiosos y equipos de transporte invernal de los lapones.

Fiestas y celebraciones

★ Pascua Lapona FIESTA RELIGIOSA

La Semana Santa es época de bodas y una excusa para celebrar una gran reunión que señala el fin de la estación oscura, antes de que la gente y los rebaños se dispersen en los pastos de verano. Se celebra por todo lo alto con campeonatos mundiales de carreras de renos, el Grand Prix lapón –no es una carrera de motos de nieve tuneadas, sino el principal concurso de *yoik* (poesía rítmica) y pop lapón–, y otros eventos tradicionales lapones.

Dónde dormir y comer

Arctic Motell & Camping CAMPING $

(☎78 48 54 00; www.arcticmotel.com; Suomaluodda 16; parcelas automóvil/caravana 220/280 NOK, cabañas 400-1400 NOK, h motel desde 650 NOK; ⏲jun-ago) Situado en la punta sur de la ciudad, es un lugar muy agradable con cocina comunitaria para los campistas y los alojados en los bungalós. Su *lavvo* (tienda sami) es un sitio cálido y acogedor donde relajarse junto al fuego y beber café, que se sirve cada noche a las 20.00. El pequeño café también prepara *bidos* (estofado típico de reno) por encargo.

★ Thon Hotel Kautokeino HOTEL $$$

(☎78 48 70 00; www.thonhotels.no; Biedjovaggeluodda 2; i/d desde 1250/1450 NOK; P@📶) Bonito hotel contemporáneo en una estructura de madera clara que se integra a la perfección con el entorno. Las habitaciones son alegres y acogedoras. Se recomiendan las de la 2ª planta, con vistas al pueblo; las de la parte de atrás dan al descuidado aparcamiento. Su restaurante gourmet Duottar sirve excelentes platos. El desayuno es uno de los mejores del extremo norte de Noruega. El hotel organiza diversas excursiones en invierno (incluidos safaris en moto de nieve y excursiones a campamentos lapones de la zona) y pesca en verano.

Duoattar NORUEGA **$$$**
(☎78 48 70 00; Biedjovaggeluodda 2, Thon Hotel Kautokeino; cena principales 195-395 NOK; ⌚17.00-22.00 lu-ju, 18.00-22.00 vi-do) El reno, presente en varios platos, es la estrella de la carta del mejor restaurante de Kautokeino, como es de esperar. También ofrece tapas laponas como pequeños e imaginativos entrantes. Algunos viajeros han quedado decepcionados, pero el autor siempre ha comido bien aquí, teniendo en cuenta además que no hay demasiadas opciones en el pueblo.

Kautokeino Villmarksenter CAFÉ **$$**
(☎78 48 76 02; Hannoluohkka 2; principales 155-215 NOK; ⌚12.00-22.00 lu-sa) Por encima de la carretera principal de Kautokeino está esta suerte de albergue funcional y adusto, cuya mejor baza es su café-restaurante, con una bonita terraza al aire libre.

De compras

Avzi Design ARTESANÍA
(☎958 08 839; www.avzidesign.com; ⌚10.00-17.00 lu-vi, 10.00-15.00 sa) Unos 8 km al este de la localidad, en la aldea de Avzi (en la oficina de turismo sabrán indicar al viajero), esta agradable tienda vende manoplas, chales y otras prendas laponas.

Kautokeino Sølvsmie JOYERÍA
(☎78 48 63 11; www.kautokeinosolvsmie.no; Boaronjárga 15; ⌚9.00-16.00 lu-vi, 10.00-14.00 sa) Junto al Museo de Kautokeino, ofrece magníficas joyas de plata y otras piezas inspiradas en la cultura lapona y el entorno local.

Samekniv ARTESANÍA
(☎901 93 819; Boaronjárga; ⌚9.00-20.00 jun-ago, 9.00-16.00 resto del año) En la calle que va al Museo de Kautokeino surge este pequeño taller que fabrica algunos cuchillos tradicionales y modernos. No hay que confiar en su horario oficial; es probable que se tenga que llamar al timbre para que alguien abra.

Información

La **oficina de turismo** (☎481 17 266; Boaronjárga 23; ⌚9.00-18.00 lu-sa, 12.00-18.00 do med jun-med ago) se encontraba en cinco lugares diferentes en las últimas cinco visitas del autor. Cuando se escribió esta guía, estaba en el Museo de Kautokeino.

Cómo llegar y salir

El transporte público a Kautokeino es bastante escaso. Cada día (excepto sa) circulan autobuses entre Kautokeino y Alta (298 NOK, 2¼ h). Desde julio a mediados de agosto, el autobús de Eskelisen Lapin Linjat conecta Kautokeino con Alta (1¾ h) y Rovaniemi (8 h), en Finlandia, una vez al día.

Svalbard

2573 HAB.

Incluye »

Los mejores restaurantes

- Huset (p. 370)
- Fruene Kaffe og Vinbar (p. 370)
- Coal Miners' Bar & Grill (p. 370)
- Gruvelageret (p. 371)
- Kroa (p. 371)

Los mejores alojamientos

- Basecamp Spitsbergen (p. 370)
- Svalbard Hotell & Lodge (p. 369)
- Coal Miners' Cabins (p. 369)
- Radisson Blu Polar Hotel (p. 370)

Por qué ir

Svalbard es la realidad de todo aquel que sueña con el Ártico, un maravilloso archipiélago de espectaculares picos cubiertos de nieve y glaciares, de vastos campos de hielo e imponentes icebergs; un lugar primario donde la noche ártica aparentemente interminable y la perpetua luz del sol en verano guardan una especie de magia más profunda. Es una de las últimas zonas vírgenes de Europa, un sitio donde hay más osos polares que personas y una tierra rica en épicas leyendas de exploración polar.

La desaliñada Longyearbyen, principal asentamiento y puerta de acceso a Svalbard, es un mero anticipo de lo que aguarda más allá, con un sinfín de posibilidades para explorar: viajes en barco, excursiones por los glaciares y expediciones en moto de nieve o conducidas por huskies. Llegar hasta aquí es como cruzar una remota frontera de la mente: Svalbard es lo más cerca que la mayoría de los mortales pueden estar del Polo Norte para captar su espíritu.

Cuándo ir

Longyearbyen

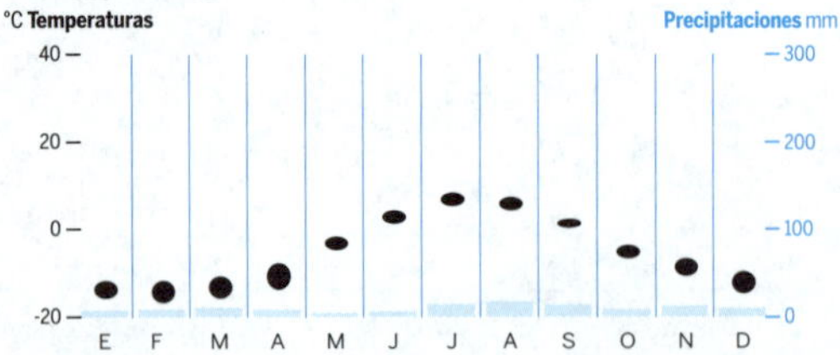

Dic-feb Inmersión de lleno en la noche polar y un festival de *jazz* de invierno.

Feb-abr La luz regresa con un matiz azul y fiestas de una semana de duración.

Jun-ago Días sin fin y una variedad de actividades bajo la luz del verano.

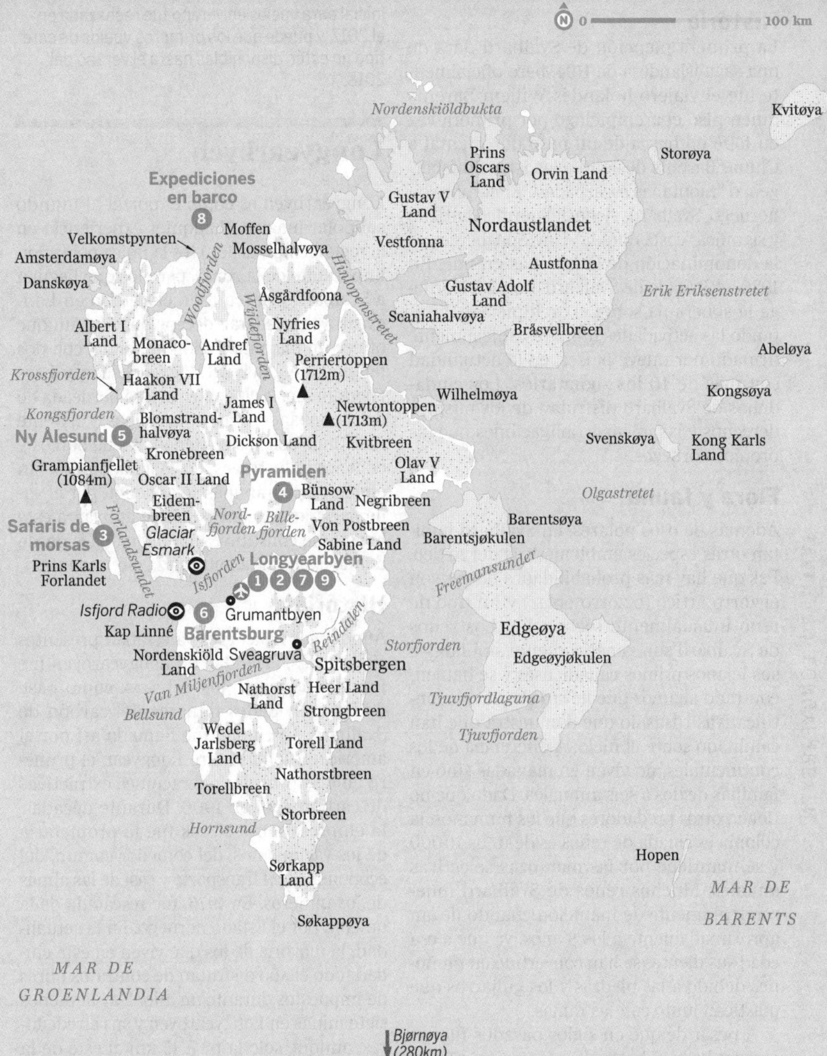

Imprescindible

1 Excursionismo (p. 367) Caminar sobre el glaciar Longyearbreen.

2 Trineo de perros (p. 368) Experimentar el silencio polar como los viejos exploradores.

3 Safaris de morsas (p. 368) Ver las morsas en Prins Karls Forlandet.

4 Pyramiden (p. 374) Viajar a este inquietante y remoto puesto soviético abandonado.

5 Ny Ålesund (p. 375) Visitar este asentamiento remoto.

6 Barentsburg (p. 373) Beber vodka en este inquietante pueblo ruso.

7 Museos de Longyearbyen (p. 365) Sumergirse en la historia de Svalbard.

8 Expediciones en barco (p. 367) Circunnavegar Svalbard en busca de osos polares.

9 Gastronomía de Longyearbyen (p. 370) Probar la cocina ártica.

Historia

La primera mención de Svalbard data de una saga islandesa de 1194, pero oficialmente fue el viajero holandés Willem Barents quien pisó el archipiélago por primera vez en 1596 en busca de un paso nororiental a China. Barents designó a las islas Spitsbergen, o "montañas escarpadas". El nombre en noruego, Svalbard, viene del nórdico antiguo y significa "costa dorada". Hoy, Spitsbergen es la denominación de la isla más grande. En 1920, el Tratado de Svalbard otorgó a Noruega la soberanía sobre el archipiélago, limitando las actividades militares. Inicialmente firmado por nueve países, en la actualidad son más de 40 los signatarios. Los ciudadanos de Svalbard disfrutan de los mismos derechos y las mismas obligaciones que los propios noruegos.

Flora y fauna

Además de osos polares, en Svalbard habitan otras especies emblemáticas del Ártico. Las que hay más probabilidades de ver son el zorro ártico (o zorro polar) y un tipo de reno inusualmente rechoncho. Los renos de Svalbard son genéticamente similares a sus lejanos primos canadienses y se han encontrado algunos que llevan etiquetas identificativas rusas, lo que demuestra que han caminado sobre el hielo. A diferencia de los continentales, no viven en manadas sino en familias de dos a seis animales. Dado que no tienen otros predadores que los humanos, la colonia estimada de renos es de unos 10 000 y se mantiene por las matanzas selectivas anuales. Muchos renos de Svalbard mueren lentamente de inanición cuando llegan aproximadamente a los 8 años, ya que a esa edad sus dientes se han convertido en muñones debido a las piedras y los guijarros que mastican junto con las ramas.

A pesar de que en siglos pasados fueron cazadas hasta el borde de la extinción, a veces pueden verse ballenas. Las focas son bastante comunes. También las morsas sufrieron una persecución incesante, pero todavía existe una colonia de entre 500 y 2000 ejemplares.

Cómo llegar y salir

A menos que se viaje en un crucero desde la Noruega continental, el único modo de llegar a Svalbard es por aire, ya sea con SAS o Norwegian, desde Tromsø u Oslo. Cuando se escribió esta guía, Finnair estaba negociando para ser la primera aerolínea en ofrecer vuelos internacionales a/desde Longyearbyen, pero la propuesta inicial para vuelos en verano fue rechazada en el 2017, y puede que los primeros vuelos de este tipo no estén disponibles hasta el verano del 2018.

Longyearbyen

2100 HAB.

Longyearbyen es como el portal al mundo subpolar mágico. Cualquier experiencia en la región empieza aquí (es la única población importante de la zona), pero los que lleguen a Svalbard y pasen todo el tiempo en Longyearbyen quedarán decepcionados. Aunque ofrece un magnífico telón de fondo, con dos lenguas de glaciar, Longyearbreen y Lars Hjertabreen, la ciudad en sí está bordeada de detritos abandonados de las minas, y el frente marítimo, con sus contenedores de barcos y edificios industriales, no es nada bonito. Sin embargo, cuanto más se ascienda por el valle hacia los glaciares, más se apreciará este lugar, que constituye una buena base desde donde explorar la naturaleza circundante.

Historia

Aunque los balleneros ya estaban presentes siglos atrás, la ciudad de Longyearbyen fue fundada a principios del s. XX como base de las actividades mineras del carbón de Svalbard. La ciudad fue llamada así por el americano John Munro Longyear, el primero en organizar las operaciones extractivas de carbón aquí en 1906. Durante décadas, la empresa Store Norsk fue la propietaria de los yacimientos, del comedor común, del economato, del transporte y casi de las almas de los mineros. En 1976, fue rescatada de la quiebra por el Estado noruego. En la actualidad, la mayoría de los que viven en esta ciudad todo el año disfrutan de contratos libres de impuestos durante un año. Hay al menos siete minas en Longyearbyen y sus alrededores, aunque solo la nº 7, 15 km al este de la ciudad, sigue en funcionamiento. Las raíces mineras de la ciudad todavía son visibles y se recuerdan en la estatua de un minero, cerca del Lompensenteret.

Puntos de interés

★ **Wild Photo Gallery** GALERÍA
(☎405 17 775; www.wildphoto.com; 10.00-16.00 jun-ago, horario reducido mar-may, sep y oct) GRATIS
Galería que alberga impresionantes fotografías de Svalbard tomadas por Ole Jørgen Liodden y Roy Mangersnes. Es pequeña, pero está llena de imágenes inolvidables. Venden

el libro *Svalbard Exposed,* que incluye la mayoría de las imágenes expuestas, y los dos fotógrafos organizan expediciones de fotografía en Svalbard y otros lugares.

Bóveda Global de Semillas de Svalbard PUNTO DE INTERÉS
(www.seedvault.no) En el 2008, en las profundidades de la montaña, debajo del *permafrost,* se abrió una enorme caverna artificial denominada la "Bóveda del Fin del Mundo" o el "Arca de Noé vegetariana". Se trata de un depósito con capacidad para 4 millones de distintas clases de semillas (y 2250 millones de semillas en total), representativas de la diversidad botánica del planeta. No se admiten visitantes ocasionales.

Svalbard Bryggeri FÁBRICA DE CERVEZA
(☎902 86 205; www.svalbardbryggeri.no; circuito guiado 350 NOK; ⌚circuitos guiados 18.00 lu, mi y sa) Inaugurada en el 2015, la cervecería de Svalbard elabora las deliciosas Spitsbergen IPA, Spitsbergen Pilsener y Spitsbergen Pale Ale. El 16% del agua que se usa para hacer las cervezas proviene del glaciar Bogerbreen. También ofrece visitas guiadas de 90 min para conocer el proceso, con degustaciones gratis. Imprescindible reservar antes; se puede hacerlo en la oficina de turismo (p. 372).

Museo de las Expediciones al Polo Norte MUSEO
(Spitsbergen Airship Museum; ☎957 35 742; www.spitsbergenairshipmuseum.com; adultos/niños 90/40 NOK; ⌚10.00-17.00) Este fascinante museo privado, con un horario errático, alberga una asombrosa colección de artefactos, periódicos originales y otros documentos relacionados con la historia de la exploración polar. Hay interesante material de archivo y los rótulos están en inglés, así que es fácil pasar un par de horas reviviendo algunas de las historias más conmovedoras del Ártico. Está al otro lado de la carretera detrás del Museo de Svalbard, cerca de la zona costera.

Museo de Svalbard MUSEO
(☎79 02 64 92; www.svalbardmuseum.no; adultos/estudiantes/niños 90/50/15 NOK; ⌚10.00-17.00 mar-sep, 12.00-17.00 oct-feb) La palabra museo no resulta adecuada para describir este impresionante lugar que gira en torno a la vida extrema que solían llevar balleneros, tramperos, cazadores de focas y morsas y, más recientemente, los mineros. Se trata de una atractiva combinación de texto, objetos y de aves y mamíferos disecados. También hay una zona acogedora para ojear libros, con cojines y alfombras de piel de foca.

Galleri Svalbard GALERÍA
(☎79 02 23 40; www.gallerisvalbard.no; adultos/reducida/niños 70/40/20 NOK; ⌚11.00-17.00 mar-sep, 13.00-17.00 ma-sa y 11.00-15.00 do oct-feb) Exhibe las obras inspiradas en Svalbard del afamado artista noruego Kåre Tveter (1922-2012) –tan puras y frías que producen escalofríos– y las de otros artistas como Olav Storø (www. storoe.no). También cuenta con fascinantes reproducciones de mapas antiguos de Svalbard, dibujos históricos centrados en la región y exposiciones temporales. Dispone de un pequeño café y de una excelente tienda.

Actividades

Para experimentar la absoluta majestuosidad de las zonas vírgenes de Svalbard hay que dejar atrás Longyearbyen. El viajero puede disfrutar de una increíble variedad de excursiones breves y circuitos de un día. La oficina de turismo (p. 372) cuenta con un amplísimo listado de actividades semanales. Todas se pueden reservar con operadores individuales (directamente o a través de sus sitios web; visítese www.svalbard.net).

También se ofrecen excursiones de medio día en verano con trineos con ruedas tirados por perros, además de paseos a caballo y excursiones en bicicleta de rueda gorda.

Verano

Ornitología

En Svalbard se sabe de más de 160 especies de pájaros que, en su inmensa mayoría, están presentes durante los meses de verano. La única que hiberna en el archipiélago es la perdiz de Svalbard. En Longyearbyen, las especies cuyo avistamiento es más probable en verano son el barnacla cariblanco, el eíder real y el común, el charrán ártico, el correlimos oscuro, la gaviota hiperbórea y el escribano nival. El mejor lugar para avistarlas es en el delta del Adventdalen, al sureste del centro, en la carretera a la mina nº 7. El charrán ártico y el escribano nival se pueden ver fácilmente a las afueras de Longyearbyen. Algo más lejos, especialmente en el transcurso de viajes en barco a Barentsburg o Pyramiden, el mérgulo atlántico, el arao aliblanco, el frailecillo y el fulmar figuran entre las aves que pueden verse con más facilidad. Algunos operadores de circuitos organizan breves viajes en barco a los "acantilados de los pájaros", cerca de Longyearbyen.

Excursiones en barco

Cada año crece la oferta de excursiones en barco de un día que permiten al viajero llegar a las zonas más alejadas de Svalbard. Los destinos más populares son Barentsburg y Pyramiden, con salidas diarias; ahora también se puede llegar a Ny Ålesund.

A Ny Ålesund

Cuando se escribió esta guía, dos compañías ofrecían salidas a Ny Ålesund, una de las mejores excursiones de un día en el Ártico, que permite acercarse a uno de los asentamientos más septentrionales del planeta. No se ofrecen salidas todos los días, así que conviene planificarlo bien.

Better Moments (☎400 95 965; www.bettermoments.no) Expediciones los viernes (11 h, 3990 NOK).

Spitsbergen Guide Service (☎941 70 070; www.spitsbergenguideservice.no) De dos a cinco excursiones semanales (10 h, 4150 NOK).

A Barentsburg y Pyramiden

Las excursiones en barco más populares van a los asentamientos rusos de Barentsburg y Pyramiden; algunas paran en lenguas de

OSOS POLARES AMENAZADOS

Los osos polares son uno de los símbolos más perennes del Ártico: solitarios, enormemente fuertes y supervivientes en uno de los entornos más extremos del planeta. Pero, a pesar de su poder, algunos científicos vaticinan que podrían extinguirse antes de finalizar este siglo, si el clima sigue calentándose.

El número de osos polares ha ido decreciendo desde que empezó su caza intensiva a finales del s. XIX. Pero a partir del Tratado para la Conservación de los Osos Polares y su Hábitat de 1973, suscrito por todos los países cuyos territorios afectan al Ártico, los ejemplares han ido aumentando gradualmente y, las últimas estimaciones de World Wildlife Fund (WWF) sugieren que quedan entre 22 000 y 31 000 en estado salvaje, de los que unos 3500 viven en Svalbard.

Pero como sucede en todo el Ártico, los glaciares de Svalbard se encuentran en retroceso y disminuye la capa de hielo, su hábitat natural y principal terreno de caza de focas (la base de su dieta, ya que un oso adulto consume entre 50-75 focas al año). En el 2017, un año particularmente malo, incluso la mayor parte de la costa norte de Svalbard estuvo sin hielo durante todo el invierno; un oso polar rastreado por WWF permaneció varado en la isla de Storøya, frente a la costa más nororiental del archipiélago, debido a que el hielo que conecta la isla con el resto de Svalbard no se formó.

La disminución del hielo marino es preocupante ya que, aunque los osos polares están clasificados como mamíferos marinos y son excelentes nadadores, muchos corren el riesgo de ahogarse al tratar de alcanzar los témpanos de hielo, cada vez más separados por mar abierto. Al haber menos mar de hielo, algunas colonias quedarán aisladas y se convertirán en endémicas, lo que producirá un debilitamiento de su estirpe. Es posible que la tasa de nacimientos caiga, ya que las hembras necesitan una abundante capa de nieve para cavar las oseras en las que crían. Y al haber más osos hambrientos, desesperados por hacerse con comida, sus encuentros con humanos podrían ser más frecuentes.

Salvo que se viaje en un crucero y se observe desde la seguridad de un barco, las opciones de ver un oso polar son mínimas, especialmente en verano. En cualquier caso, en Svalbard, el contacto con los animales se desaconseja activamente, en beneficio de los visitantes y de los propios osos (por ejemplo, si un conductor de moto de nieve va tras uno, se expone a una dura sanción). Sometidos a presión, se ponen nerviosos muy rápidamente, se sobrecalientan debajo de su pelaje y pueden incluso llegar a morir de un golpe de calor si se les persigue.

Si el viajero topara con uno en tierra firme, no hay que plantearse ni por un momento acercarse. Una forma mucho más segura de seguir la pista de los osos polares es conectarse a www.panda.org/polarbears, gestionada por el WWF. Aquí se pueden rastrear los movimientos de los osos a los que los científicos han colocado un collar y un transmisor vía satélite.

glaciar en el camino (Esmarkbreen para Barentsburg, Nordenskjöldbreen para Pyramiden).

Arctic Explorer (☎954 78 500; www.arcticexplorer.no) Emplea barcos rápidos que permiten visitar Barentsburg y Pyramiden en un solo día (2900 NOK, 11 h). El viajero solo dispone de 1½ h en Barentsburg y 2½ h en Pyramiden, pero durante el trayecto se pueden ver paisajes magníficos, y es ideal para los que tienen poco tiempo.

Henningsen Transport & Guiding (☎918 53 756, 79 02 13 11; www.htg.svalbard.no) Excelentes excursiones de 10 h (solo verano) a Barentsburg y Pyramiden (1950 NOK). Navegan más cerca de la costa que otras compañías, que suelen ir por el medio del fiordo.

Polar Charter (☎480 55 700; www.polarcharter.no) Lleva el MS *Polargirl* rumbo a Barentsburg y al glaciar Esmark (1700 NOK, 8-10 h, 3 semanales), y a Pyramiden y el Nordenskjöldbreen (1700 NOK, 8-10 h, 4 semanales); el precio incluye un almuerzo caliente a bordo.

Svalbard Booking (☎79 02 50 00; www.svalbardbooking.com) Excursiones por el fiordo hasta Pyramiden (1550 NOK, 8 h) seis veces por semana.

Excursiones en barco más cortas

Basecamp Spitsbergen (☎79 02 46 00; www.basecampexplorer.com/spitsbergen) Safaris en barco a Isfjord Radio (7 h, 1990 NOK) de miércoles a sábado. También organizan expediciones de tres días, con dos noches en este remoto lugar.

Henningsen Transport & Guiding (p. 367) Excursiones de 6 h los viernes al atardecer a Yoldiabukta y al glaciar Wahlenberg (1550 NOK).

Polar Charter Excursiones de 5 h los viernes al glaciar Borebreen (1200 NOK).

Spitsbergen Travel (p. 369) Excursiones en barco diarias por el Isfjord a Fuglefjella y Hiorthhamn (3 h, 890 NOK)

Senderismo y búsqueda de fósiles

En verano, las posibilidades de senderismo son infinitas y cualquier empresa de circuitos de Svalbard que se precie puede organizar excursiones de medio día, de día entero o de varios días.

Las opciones más fáciles son las excursiones de 3 h para buscar fósiles, (desde 400 NOK), algunas de las cuales conducen hasta la morrena de la base del glaciar Longyearbreen.

Otros destinos muy populares, muchos de los cuales permiten caminar por glaciares, son Platåberget (3 h, 500 NOK), hasta el propio glaciar Longyearbreen (5 h, 750 NOK), Sarkofagen (525 m sobre el nivel del mar; 6 h, 690 NOK), Trollsteinen por el glaciar Lars (6 h, 795 NOK); Fuglefjella (7 h, 990 NOK); y Nordensklöldtoppen (8 h, 990 NOK).

Spitsbergen Outdoor Activities (☎917 76 595; www.spitsbergenoutdooractivities.com) y **Poli Arctici** (☎913 83 467, 79 02 17 05; www.poliartici.com) figuran entre los mejores operadores pequeños, con muchas opciones, pero todas las empresas están bien.

PELIGRO DE OSO POLAR

No hay que obcecarse con el deseo de ver osos polares, el símbolo de Svalbard. Un encuentro de cerca con estos animales raramente termina bien. Las marcas en las afueras de Longyearbyen demuestran que son un verdadero peligro en casi todo el archipiélago. Si el viajero se aventura más allá de los límites de Longyearbyen, lo más aconsejable es hacerlo con un circuito organizado. Los guías llevan pistolas y saben cómo usarlas. El material imprescindible (especialmente si se va de acampada) incluye trampas y bengalas para ahuyentar al oso, no para pedir ayuda, que podría tardar horas en llegar.

El patrón de comportamiento de los osos polares está cambiando con la disminución del nivel de hielo marino y el número de turistas aumenta, por lo que los encuentros cercanos con osos polares son cada vez más frecuentes. En el 2011 ocurrió una fatalidad en las inmediaciones del glaciar Von Post, a 40 km de Longyearbyen. La anterior, en 1995, ocurrió a tan solo 2 km de Longyearbyen. En el 2015, un oso hirió a un turista cuando atacó su tienda, y cuatro osos polares fueron disparados en defensa propia en el 2016 (el doble de la media anual). En otro incidente, cuatro turistas dispararon y mataron a un oso que les atacó mientras esquiaban en el extremo norte del archipiélago. La investigación concluyó que los turistas habían seguido correctamente todos los procedimientos. En otra ocasión, un oso polar de tres años fue sedado y reubicado en otra zona de Svalbard después de haber sido visto en Longyearbyen.

Kayak

Hacer kayak en Adventfjorden es una actividad popular en verano. Los precios de las salidas de 5/7 h parten de las 850/1050 NOK, y también se ofrecen excursiones al atardecer y con el sol de medianoche. **Svalbard Wildlife Expeditions** (☎79 02 22 22; www.wildlife.no) que ofrece numerosas excursiones semanales, también organiza una excursión de 10 h combinada de kayak y ascensión a pie a la cima de una montaña, cuatro veces por semana (1499 NOK). Spitsbergen Outdoor Activities (p. 367) es otro operador de kayak importante, con al menos una salida diaria.

Safaris de morsas

Hacer un safari para ver morsas es una de las actividades nuevas más emocionantes que ha llegado a Svalbard en años. Los safaris van a Prins Karls Forlandet (con parada en un glaciar en la ruta) de mediados o finales de mayo a agosto o mediados de septiembre. Se puede llegar a 30 m (ya sea por tierra o mar) de estas enormes criaturas que gandulean en la playa. El precio de la excursión incluye una sopa reconfortante. Estas dos compañías son excelentes:

Better Moments (p. 366) Cuatro salidas semanales (7 h, 2190 NOK)

Svalbard Booking Cuatro salidas semanales (7 h, 1990-2390 NOK)

Invierno

Basecamp Spitsbergen y Spitsbergen Travel (p. 369) ofrecen algunas expediciones de esquí de fondo de varios días realmente épicas, pero vale la pena dedicar tiempo a ver qué ofrecen el resto de empresas turísticas.

Trineo de perros

El trineo tirado por perros es la actividad de invierno por excelencia de Svalbard. Los ladridos de los huskies y el roce del trineo por el hielo es un acompañamiento mucho más agradable en la naturaleza que el zumbido del motor de una moto de nieve. Calcúlense unas 1590 NOK por la excursión de 4 h; también organizan expediciones más largas.

Algunos operadores especializados en trineo de perros son:

Green Dog Svalbard (☎79 02 61 00; www.greendog.no)

Polardogs Svalbard (☎966 59 126; www.polardogssvalbard.com)

Svalbard Husky (☎78 40 30 78; www.svalbardhusky.no)

Svalbard Villmarkssenter (☎79 02 17 00; www.svalbardvillmarkssenter.no)

Motos de nieve

Es el principal medio para moverse por Svalbard en invierno y permite cubrir una distancia mayor y ver mucho más de lo que sería posible de no disponer de una moto.

Antes de partir, se recomienda hacerse con un ejemplar de *Driving a Snowmobile in Svalbard* en la oficina de turismo (p. 372). Para alquilar, hay que mostrar el permiso de conducir del país de origen. Conviene consultar con la oficina de turismo. Muchas zonas están cerradas a la circulación con moto de nieve. Las tarifas diarias fluctúan de 1200 a 1500 NOK para un modelo básico.

La mayoría de las empresas ofrecen safaris en moto de nieve. Spitsbergen Travel (p. 369) propone un abanico de excursiones especialmente amplio, y Svalbard Booking alquila motos de nieve.

Entre las expediciones destacan las siguientes (los precios pueden variar de una compañía a otra):

- Barentsburg (8 h, 2400 NOK)
- Bahía de Coles (4 h, 1900 NOK)
- Costa este de Spitsbergen (10 h, 2500 NOK)
- Elveneset (4 h, 1900 NOK)
- Safari de la aurora boreal (3 h, 1750 NOK)
- Pyramiden (11 h, 2500 NOK)
- Glaciar Von Post (8 h, 2400 NOK)

Circuitos

Visitas a la ciudad y circuitos mineros

Gruve-3 Svalbard (☎911 65 929; gruve3@snsk.no; adultos/niños 590/295 NOK; ⊙9.00 y 13.00) Las minas de carbón siempre han sido parte esencial de la historia de Longyearbyen. Los circuitos de 3 h a la mina nº 3 son una experiencia solemne que lleva al viajero bajo tierra como hicieron infinidad de mineros en el pasado. Los guías explican la historia de la minería y ayudan a hacerse una idea de cómo debía ser trabajar bajo tierra.

Rana Itinerans (circuito a pie sin/con almuerzo 450/600 NOK; ⊙9.00, 12.15, 15.00 y 18.00 do-ju, 9.00, 12.15 y 15.00 vi y sa jun-ago) Ofrece paseos guiados de 2½ h por Longyearbyen.

Svalbard Maxi Taxi (☎79 02 13 05; www.taxiguiden.no; 345 NOK/persona; ⊙10.00 y 16.00 jun-ago) Esta empresa de taxis ofrece circuitos de 2 h en microbús con asombrosas vistas los días despejados. Cuando hace buen tiempo, se pueden admirar espléndidos paisajes desde los lugares que se visitan, y permite recorrer una mayor distancia que yendo a pie y sin necesidad de pistola ni guía.

Turismo de comida y bebida

Hay visitas y catas en la cervecería de Longyearbyen, la Svalbard Bryggeri (p. 365), tres veces por semana, y el Karlsberger Pub (p. 371) también ofrece catas de *whisky* tres veces por semana.

Arctic Tapas (☎46 27 60 00; www.arctictapas.com; por persona 895 NOK; ⏲18.30-21.00 ma, ju, vi y do), un original circuito en autobús por Longyearbyen que incluye una comida de cuatro platos servida a bordo, con énfasis en los productos y especialidades del norte de Noruega, como queso, trucha, salmón, reno o arenque. El precio del circuito incluye una bebida gratis.

Spitsbergen Travel (Hurtigruten Svalbard; ☎79 02 61 00; www.spitsbergentravel.com) ofrece una velada en la naturaleza ártica a las 19.00 cuatro noches a la semana, que incluye una cena en el entorno natural de Adventdalen, con una charla informativa sobre los osos polares y la historia de Spitsbergen (adultos/niños 1045/500 NOK).

Fiestas y celebraciones

Dark Season Blues MÚSICA
(www.svalbardblues.com; ⏲oct) Cinco días de *jam sessions* para entrar en calor antes de la llegada del invierno y los largos meses de oscuridad.

Polar Jazz MÚSICA
(www.polarjazz.no; ⏲feb) Un largo fin de semana de *jazz* en la penumbra violácea de febrero.

Sunfest CULTURA
(www.solfest.no; ⏲ppios mar) Una semana de celebraciones (a partir del 8 de marzo) para despedir la noche polar.

Dónde dormir

Longyearbyen ofrece opciones de alojamiento excelentes, desde el hotel de servicio completo más al norte del mundo hasta un *camping* o habitaciones sencillas que un día alojaron a los mineros. Para dormir en una hamaca colgada sobre una caseta de perros (400 NOK/persona), se puede contactar con Svalbard Villmarkssenter (p. 368).

> **¡BOTAS FUERA!**
>
> Recordando los días en que los mineros se quitaban en la puerta sus botas cubiertas de carbonilla, el decoro exige quitarse los zapatos al entrar en muchos edificios de la ciudad, a excepción de la mayor parte de las tiendas y restaurantes; numerosos hoteles aún mantienen esta costumbre. Para tranquilidad del viajero, las pistolas también deberán dejarse a la entrada en casi todos los lugares.

Longyearbyen Camping CAMPING $
(☎79 02 10 68; www.longyearbyen-camping.com; parcelas por adultos/niños menores 13 años 120 NOK/gratis; ⏲abr y jun-ago) Este *camping* especialmente acogedor, en una franja llana de hierba cerca del aeropuerto, tiene vistas al Isfjorden y los glaciares lejanos, y cuenta con una cocina y duchas. Queda aproximadamente a 1 h a pie del centro. También alquila tiendas (150 NOK), colchones (10 NOK) y sacos de dormir (50 NOK). No hay bungalós pero expide certificados a quienes osen bañarse en el fiordo en cueros.

Coal Miners' Cabins PENSIÓN $
(Spitsbergen Guesthouse; ☎79 02 63 00; www.spitsbergentravel.no; dc 400 NOK, i 590-1050 NOK, d 875-1400 NOK; ⏲med mar-med sep; 📶) Esta pensión es una sucursal de Spitsbergen Travel (p. 369) y tiene capacidad para 136 personas. Está distribuida en cuatro edificios (el fantástico Coal Miners' Bar & Grill está en uno de ellos) y cuenta con habitaciones renovadas sencillas, en general con buena relación calidad precio, aunque con precios noruegos.

Mary-Ann's Polarrigg HOTEL, PENSIÓN $$
(☎79 02 37 02; www.polarriggen.com; Skjæringa; i 790-1350 NOK, d 1050-1600 NOK; 📶) Adornado con objetos de minería y caza, el Polarrigg rebosa personalidad, básicamente en sus zonas comunes, ya que las habitaciones son bastante sencillas; en el ala principal, los cuartos de baño están en los pasillos y las dobles son literas, mientras que en el elegante anexo, si acaso algo caro, disfrutan de todas las comodidades. Hay dos amplios salones agradablemente amueblados.

★**Svalbard Hotell & Lodge** HOTEL $$$
(☎79 02 50 00; www.svalbardbooking.com/Accommodation/Svalbard-Hotell; i/d/apt desde 1790/1990/2250 NOK; 📶) Ofrece habitaciones

elegantes con madera escandinava oscura, donde destacan las impresionantes fotografías y una ropa de cama colorida. También hay TV de pantalla plana y no podría estar más cerca de las principales tiendas y restaurantes de Longyearbyen. Cuenta con el Svalbard Lodge, con apartamentos de dos y tres habitaciones igualmente excepcionales.

Su nuevo establecimiento de diseño Elvesletta se inaugurará cerca en el 2018.

★Basecamp Spitsbergen REFUGIO $$$
(☎79 02 46 00; www.basecampexplorer.com; i 1150-2600 NOK, d 1600-3000 NOK; 📶) Si se imagina un refugio parcialmente construido con madera de deriva reciclada y pizarra autóctona, se le añaden objetos rescatados de la basura y grifería del s. XXI, y se decora con cosas desechadas de las minas y un toque de diseño, el resultado es este fabuloso sitio, conocido como el "refugio del trampero". Las 16 habitaciones tipo bungaló son la definición de comodidad por antonomasia, y los desayunos, espléndidos.

Radisson Blu Polar Hotel HOTEL $$$
(☎79 02 34 50; www.radissonblu.com/en/hotel-spitsbergen; i 1390-3100 NOK, d 1690-3400 NOK, ste desde 2800 NOK; 📶) Este hotel de cadena de 95 habitaciones ("el hotel de servicio completo más al norte del mundo") ofrece la ubicación más exclusiva de la ciudad, con habitaciones funcionales y muy confortables, más que lujosas. Las suites en el anexo vecino son muy bonitas. Por 200 NOK más se consigue una superior, con cafetera y vistas parciales al fiordo y al monte Hiorthfjellet.

Spitsbergen Hotel HOTEL $$$
(☎79 02 62 00; www.spitsbergentravel.com/start/accommodation/spitsbergen-hotel; h desde 1611 NOK; ⏲feb-oct; 📶) Este acogedor hotel (no hay nada como apoltronarse en los sillones de cuero del salón) es donde antiguamente vivían los encargados de las minas. Las confortables habitaciones desprenden un ligero toque clásico, mientras que las zonas comunes están adornadas con recuerdos del pasado de Longyearbyen.

Dónde comer

La oferta gastronómica de Longyearbyen mejora con los años; se pueden encontrar desde restaurantes de estilo *pub* de ambiente agradable e informal a templos de la alta cocina. Además de los establecimientos independientes, hay buenos restaurantes en el Spitsbergen Hotel y el Svalbard Hotell & Lodge. El excelente circuito guiado de Arctic Tapas también llama la atención de los amantes de la buena comida que buscan algo diferente.

★Fruene Kaffe og Vinbar CAFÉ $
(The Missus; ☎79 02 76 40; Lompensenteret; almuerzo principales 45-89 NOK; ⏲10.00-18.00 lu-vi, 10.00-17.00 sa, 11.00-17.00 do; 📶) El "Missus" es una cafetería acogedora y concurrida que sirve café, *pizza* y tentempiés aceptables. Hay wifi gratis y las paredes están adornadas con fotos espectaculares. Los domingos, los menús suelen incluir sopa (muy recomendable) o una ensalada.

★Coal Miners' Bar & Grill NORUEGA, INTERNACIONAL $$
(☎79 02 63 00; www.spitsbergentravel.com/start/food/coal-miners-bar-grill; principales desde 199 NOK; ⏲cocina 15.00-22.00) Esta antigua cantina de mineros ha sido reformada y ahora alberga uno de los locales más de moda de Longyearbyen. Con una decoración acogedora, ofrece fabulosas carnes a la brasa (las costillas y las hamburguesas son excelentes) y el zumbido de la alegre clientela que suele quedarse a tomar una copa después de cenar. Cierra a medianoche (a la 1.00 vi y sa).

★Huset NORUEGA $$
(☎79 02 50 02; www.huset.com; bistró principales 150-220 NOK, restaurante principales 295-369 NOK, menú degustación nórdico 900-1100 NOK; ⏲bistró 16.00-22.00 do-vi, 14.00-22.00 sa, restaurante 19.00-22.00 ma-do) Hay que andar un trecho para llegar, pero vale la pena. Este bistró de ambiente informal ofrece platos a buen precio, como estofado de reno con arándanos. El plato estrella es su jugosa hamburguesa a la brasa (160 NOK) con todas las guarniciones, tan deliciosa que hasta los solitarios científicos en sus tiendas sueñan con ella, según dicen.

En el mismo edificio, el respetado restaurante sirve terrina de reno de Svalbard, filete de reno y codorniz, entre otros platos. La bodega tiene más de 20 000 botellas. El menú degustación nórdico incluye de todo, desde bacalao del Isfjord y foca barbuda, a salchicha de reno de Svalbard y huevos de éider común.

Mary-Ann's Polarrigg TAILANDESA, NORUEGA $$
(☎79 02 37 02; www.polarriggen.com; Skjæringa; principales 175-345 NOK; ⏲16.00-22.00) Este magnífico restaurante sirve especiados pla-

CRUCEROS DE VARIOS DÍAS POR SVALBARD

Para hacerse una idea real de lo mucho que ofrece Svalbard en poco tiempo, lo mejor es realizar un crucero de varios días por la costa. No son precisamente baratos, pero ofrecen una experiencia única. Pueden contratarse con cualquiera de las siguientes empresas:

Arctic Wildlife Tours (958 97 730; www.arcticwildlifetours.com) Circuitos de naturaleza y fotografía por Svalbard a bordo de barcos espacialmente fletados.

Discover the World (Reino Unido 01737 214 250; www.discovertheworld.co.uk) Empresa del Reino Unido con cruceros que incluyen Islandia, Noruega continental y Spitsbergen.

G Adventures (www.gadventures.com) Cruceros de ocho días por la costa de Spitsbergen.

Hurtigruten (www.hurtigruten.com) Diversos cruceros que incluyen una completa e inolvidable circunnavegación a Svalbard.

Naturetrek (Reino Unido 01962 733051; www.naturetrek.co.uk) Ofrece cruceros de 10 días por Svalbard centrados en la naturaleza.

Wildfoot Travel (Reino Unido 0800 195 3385; www.wildfoottravel.com) Cruceros de naturaleza de 5 a 15 noches, incluido uno que rodea la Tierra de Francisco José y la isla de Jan Mayen.

tos tailandeses de arroz, en un estupendo invernadero adornado con plantas que, a diferencia de la competencia, superan los 2 cm de altura. También sirve algunas especialidades noruegas de la zona, como reno de Svalbard o bistec de foca.

Kroa NORUEGA **$$**
(79 02 13 00; www.kroa-svalbard.no; principales almuerzo 106-161 NOK, cena 159-269 NOK; 11.30-2.00) Este *pub* y restaurante fue reconstruido a partir de elementos de un edificio traído de la rusa Barentsburg (como sugiere el enorme busto blanco de Lenin que asoma detrás de la barra). El servicio es atento y los platos principales bordean lo pantagruélico; incluyen desde bistec a la pimienta y pollo con mantequilla a carpacho de trucha alpina.

★ **Gruvelageret** NEONÓRDICA, INTERNACIONAL **$$$**
(79 02 20 00; www.gruvelageret.no/en; menú 4 platos 895 NOK; 18.00-22.00) Inaugurado en el invierno del 2015, el Gruvelageret ocupa un almacén minero de madera magníficamente reconvertido y sirve un menú fijo excepcional que empieza por salmón del Atlántico, seguido de *borscht* y solomillo de reno, y culmina con la espectacular tarta de queso "triturada". Su ubicación sobre una colina en la profundidad del valle es tan espléndida como la comida.

Es imprescindible reserva previa y solo acepta pagos con tarjeta de crédito.

Dónde beber y vida nocturna

Aunque en Svalbard el alcohol está libre de impuestos, el consumo de los vecinos está racionado y los visitantes deben presentar un billete de avión de salida para comprar cerveza y licores (pero no vino). La tienda de bebidas alcohólicas **Nordpolet** (79 02 25 34; www.svalbardbutikken.no/no/vareutvalg/nordpolet; 10.00-18.00 lu-vi, 10.00-15.00 sa) está detrás del supermercado Coop. El coñac XO Svalbard es una idea muy original como regalo.

Longyearbyen también cuenta con cervecería propia, Svalbard Bryggeri (p. 365), y el Basecamp Spitsbergen (p. 367) alberga el Cognac Loft, un fantástico salón con techo de cristal, perfecto para ver la aurora boreal en invierno; solo es para huéspedes, pero suelen ser flexibles cuando está tranquilo.

Karlsberger Pub BAR
(79 02 20 00; www.karlsbergerpub.no; Lompensenteret; 17.00-2.00 do-vi, 15.00-2.00 sa) En este *pub* acogedor se debe entrar con gafas de sol para no quedar cegado ante las más de 1000 botellas de *whisky*, brandy y otros licores que brillan detrás de la barra. También sirven comida de *pub*. Ofrece catas de *whisky* (595 NOK/persona) a las 17.00 (una hora algo peligrosa para empezar a beber) los lunes, miércoles y viernes.

AGUA DE ICEBERG

Relativamente nuevo en la lista de recuerdos de Svalbard, Svalbarði (www.svalbardi.com) es un producto tan típicamente Svalbard que es extraño que no se le hubiese ocurrido a nadie hasta ahora: agua potable de la mejor calidad de los glaciares de Svalbard. Todo empezó en el 2013, cuando el noruego-estadounidense Jamal Qureshi obsequió a su esposa con un poco de agua derretida de glaciar, y de ahí nació la idea de comercializar el producto más puro de Svalbard: agua pura que ha pasado miles de años dentro de los glaciares inmaculados de Kongsfjorden. Envasada en botellas de diseño, Svalbarði se puede comprar por unas 400 NOK en varias tiendas de Svalbard, o en línea con envíos a todo el mundo.

Huset BAR, CLUB

(La Casa; ☎79 02 50 02; www.huset.com; ⏲bar 16.00-23.00 lu-sa, 14.00-23.00 do, discoteca 22.00-4.00 vi y sa) Es un polifacético local nocturno con un bar y una discoteca (entrada 100 NOK), que acoge actuaciones en directo. La bodega de vinos cuenta con una asombrosa colección de 20 000 botellas y es una de las mejores de Escandinavia. Se organizan catas con reserva previa.

Kroa BAR

(El Pub; ☎79 02 13 00; www.kroa-svalbard.no; ⏲11.30-2.00) Bullicioso bar de éxito probado, con taburetes de metal hechos con viejos soportes de las minas y alfombras de piel de foca. Aquí la línea entre restaurante y bar se difumina de forma maravillosa.

Svalbar BAR

(☎79 02 50 03; www.svalbar.no; ⏲11.00-2.00 lu-ju, 12.00-2.00 vi-do) Es el clásico bar noruego con dardos, billar y una escueta carta de comida hasta las 23.00. Muy popular entre los jóvenes.

De compras

Gullgruva JOYAS, ROPA

(☎79 02 18 16; ⏲10.00-18.00 lu-vi, 10.00-16.00 sa) Mejor que muchas de las otras tiendas de recuerdos de la ciudad. Se centra en los diseños árticos, desde las magníficas joyas inspiradas en los osos polares a ropa con temática de Svalbard.

Svalbardbutikken GRANDES ALMACENES

(☎79 02 25 20; www.svalbardbutikken.no; ⏲10.00-20.00 lu-vi, 10.00-18.00 sa, 15.00-18.00 do) Parte supermercado y parte grandes almacenes, y con una pequeña pero buena selección de recuerdos locales. Es el lugar de Longyearbyen donde comprar de todo un poco.

Skinnboden ROPA, ARTESANÍA

(☎79 02 10 88; www.skinnboden.no; ⏲10.00-18.00 lu-vi, 10.00-15.00 sa, 12.00-15.00 do) En su singular batiburrillo de artículos del Ártico cabe todo tipo de productos bastante peculiares, desde botas de piel de reno y guantes hechos con piel de foca a sombreros y chalecos, pasando por las alfombras de piel de buey almizclero y otras criaturas árticas. También cuenta con una pequeña selección de joyería. Tal vez no sea para todos los gustos, pero al menos es diferente.

Información

SERVICIOS MÉDICOS

Apotek 1 Spitsbergen (☎79 02 12 12; ⏲10.00-17.00 lu-vi, 10.00-14.00 sa) Farmacia.

Longyearbyen Sykehus (☎79 02 42 00) El hospital de la localidad.

INFORMACIÓN TURÍSTICA

Sysselmannen På Svalbard (☎79 02 43 00; www.sysselmannen.no; ⏲8.30-315.30 lu-vi) Otorga permisos de senderismo y de armas.

Oficina de turismo (☎79 02 55 50; www.visitsvalbard.com; ⏲10.00-17.00 may-sep, 12.00-17.00 oct-abr) Publica una interesante lista de actividades semanales y facilita información sobre el archipiélago.

Cómo llegar y salir

SAS (www.flysas.com) tiene vuelos directos a/desde Oslo en verano (3 semanales) o vía Tromsø (3-5 semanales) todo el año.

Norwegian (www.norwegian.com) vuela tres veces por semana entre Oslo-Gardermoen y Longyearbyen.

A/DESDE EL AEROPUERTO

El autobús del aeropuerto **Svalbard Busservice** (☎79 02 10 52; www.svalbardbuss.no/flybussen; adultos/estudiantes/niños 75/50/25 NOK), coordinado con los vuelos de llegada y salida, lleva a los pasajeros a los hoteles del pueblo. Otras opciones son **Svalbard Maxi Taxi** (☎79 02 13 05) y **Longyearbyen Taxi** (☎79 02 13 75), que cobran entre 120 y 150 NOK por el viaje entre el pueblo y el aeropuerto.

Cómo desplazarse

BICICLETA

Se pueden alquilar por 150-350 NOK en **Poli Arctici** (p. 367) o **Basecamp Spitsbergen** (p. 367) y en otros puntos debidamente señalizados. Los huéspedes del **Longyearbyen Camping** (p. 369) podrán disponer de bicicletas de paseo (no de montaña).

AUTOMÓVIL Y MOTOCICLETA

No se puede ir muy lejos en coche, pero **Arctic Autorent** (☎917 02 258; www.autorent.no; por día 890-1050 NOK), con oficina en la zona de llegadas del aeropuerto, alquila vehículos.

Barentsburg

471 HAB.

Visitar este enclave minero ruso es como tropezar con un puesto fronterizo de la antigua Unión Soviética en un remoto confín del mundo. Aunque se están realizando esfuerzos por remozarlo, la deprimente arquitectura del período soviético en el gélido norte aún parece un lóbrego recuerdo de Siberia.

Lo primero que se ve es la chimenea de su central eléctrica lanzando humo negro al cielo. Por sorprendente que parezca, este pueblo aislado sigue produciendo 350 000 toneladas de carbón al año, y se cree que la veta durará hasta el 2030. Con sus letreros en alfabeto cirílico, un busto de Lenin, murales de musculosos trabajadores en poses heroicas y un ambiente descuidado, Barentsburg es un túnel del tiempo soviético maravillosamente obsoleto.

Historia

Barentsburg, en el Grønfjorden, fue identificada como zona productora de carbón alrededor de 1900, cuando la Kullkompaniet Isefjord Spitsbergen empezó sus operaciones. Otras empresas también excavaron pozos y, en 1920, la compañía holandesa Nespico fundó el pueblo (vendido 12 años más tarde a la empresa soviética Arktikugol).

Barentsburg, como Longyearbyen, fue destruida en parte por la Armada británica en 1941 para impedir que cayera en manos nazis (irónicamente, la Armada alemana se encargó de terminar el trabajo). En 1948 fue reconstruido por Arktikugol e inició un período de crecimiento, expansión e investigación científica que duró hasta la caída de la Unión Soviética.

Al igual que otras minas de Svalbard, Barentsburg no es ajena a la tragedia. En 1996, muchos de los que murieron en un accidente de avión durante una tormenta de nieve cerca de Adventdalen eran familias de mineros de Ucrania. Un año más tarde, 23 mineros fueron víctimas de una explosión en una mina.

Dónde dormir

Pomor Hostel ALBERGUE $

(☎941 30 128; www.goarctica.com; i/d/tr 500/600/800 NOK; 📶) Sencillo albergue renovado en el 2015. Las habitaciones, sin adornos pero pulcras, tienen un aire ligeramente soviético pero están bien de precio. Algunas ofrecen buenas vistas a las montañas cercanas. Es una alternativa más barata al Barentsburg Hotel. El Red Bear Pub & Brewery, al otro lado de la calle, está bien para comer y beber algo.

Barentsburg Hotel HOTEL $$

(☎941 30 128; www.goarctica.com; i/d/ste 800/1000/1200 NOK; 📶) Tiene habitaciones razonables que, al igual que Barentsburg, evocan fielmente los días de la URSS. Pese a su decoración anticuada, las habitaciones, renovadas en el 2013, ofrecen una estancia confortable y tienen carácter.

El restaurante sirve comida rusa e incluye especialidades como cerdo estofado con patatas y acedera del Ártico, perejil y crema agria. El desayuno/almuerzo/cena cuesta 150/250/200 NOK.

Es fundamental reservar con antelación tanto para el hotel como para el restaurante. En el bar se puede disfrutar de un asequible y generoso trago de vodka o de una cerveza rusa, además de música en vivo los viernes y sábados por la noche. También venden latas de caviar Real McCoy a precios imposibles de encontrar en Occidente y mucho menos en Noruega.

Dónde beber y vida nocturna

Red Bear Pub & Brewery FÁBRICA DE CERVEZA, PUB

(⏲8.00-22.00 jun-ago, horario reducido resto del año) La cerveza de elaboración local (con agua pura de glaciar) es la estrella de este *pub*, donde también se sirven comidas (desayuno/almuerzo/cena 150/250/200 NOK), y se organiza el singular "Sábado Dulce", con helado casero, batidos y bollería.

BLOMSTRANDHALVØYA

En otro tiempo, la pedregosa Blomstrandhalvøya era una península, pero a principios de la década de 1990 se separó de su agarre de hielo en su extremo norte y es hoy una isla. En verano, el nombre Blomstrand, o "playa de la flor", resultaría apropiado pero, en realidad, se llama así por un geólogo noruego. Ny London, en el extremo sur, recuerda a un tal Ernest Mansfield, de la Northern Exploration Company, que trató de extraer mármol en 1911 pero descubrió que la piedra había quedado inútil por siglos de congelación y deshielo. Todavía quedan dos edificios y maquinaria abandonada.

Cómo llegar y salir

Hay tres compañías que ofrecen excursiones en barco en verano (p. 366) a Barentsburg desde Longyearbyen: **Arctic Explorer** (p. 367), **Henningsen Transport & Guiding** (p. 367) y **Polar Charter** (p. 367). Los barcos de Henningsen Transport & Guiding y Polar Charter cruzan el fiordo hacia el enorme glaciar Esmark en el trayecto de vuelta, mientras que Arctic Explorer ofrece un barco más rápido y permite visitar Pyramiden el mismo día. El precio incluye un par de horas en Barentsburg, en una visita guiada.

En invierno, es posible viajar entre Longyearbyen y Barentsburg en un safari en moto de nieve. **Spitsbergen Travel** (p. 369) se cuenta entre los muchos operadores que organizan esta excursión.

Pyramiden

4-15 HAB.

Fue antiguamente el segundo enclave de Rusia en Svalbard y su nombre proviene de la cercana montaña en forma de pirámide. Constituye una buena excursión de un día desde Longyearbyen, aunque ahora se puede hacer noche para disfrutar de una experiencia de total aislamiento.

Una población mínima de rusos todavía vive en Pyramiden para seguir ondeando la bandera, y la reapertura de un par de alojamientos le ha dado un poco de vida al lugar, pero sigue siendo un conmovedor puesto remoto en el Ártico, en gran parte vacío. La combinación de su asombrosa belleza (Nordenskjöldbreen, uno de los glaciares más impresionantes de la región, está justo en la otra orilla) con los bustos de Lenin, los destacados llamamientos soviéticos a defender la patria y las reliquias de las operaciones mineras en las laderas de las colinas integra una imagen muy propia de Svalbard. La impactante belleza rasgada por un páramo otrora industrial ofrece una estremecedora yuxtaposición de lo inmaculado con lo apocalíptico.

Historia

Tras descubrirse carbón a mediados de la década de 1990, la misma empresa sueca que explotaba Sveagruva montó operaciones en el lugar. En 1926 la compañía fue absorbida por Russkiy Grumant, una firma soviética que, a su vez, la vendió en 1931 a Arktikugol, que también explotaba las minas de Barentsburg. En la década de 1950 había unos 2500 residentes rusos, muchos más que la actual población de Longyearbyen. Durante su etapa de apogeo, a principios de la década de 1990, tenía 60 km de pozos, 130 casas, empresas agrícolas similares a las de Barentsburg, así como el hotel y la piscina más septentrionales del mundo. Pero dado que la mina ya no producía suficiente carbón para ser rentable, y puesto que Rusia no deseaba seguir subvencionándola, Pyramiden fue abandonado en 1998.

Puntos de interés

Revisten interés la **arquitectura soviética** de la década de 1970, un prominente **busto de Lenin** y el **polideportivo.** En el **hotel** hay una tiendecita que vende reliquias soviéticas y un bar que sirve chupitos de vodka.

Al otro lado del Billefjorden hacia el este, el impresionante glaciar **Nordenskjöldbreen** discurre desde el interior de Svalbard hasta el litoral del fiordo. Muchas excursiones en barco desde Longyearbyen se acercan para tomar fotografías. El viaje en sí desde Longyearbyen, con la compañía de frailecillos y fulmares, es maravilloso.

Dónde dormir

Pier Hostel ALBERGUE $

(Contenedor Pyramiden; ☎941 30 128; www.goarctica.com; dc 300 NOK; ⊙mar-oct) Dormir en un contenedor de mercancías captura de algún modo el espíritu industrial de Pyramiden. De hecho, no son más que 12 literas en tres contenedores reconvertidos junto al puerto, como dice su propia publicidad. No es un lugar muy romántico, pero las vistas del fiordo lo compensan con creces.

MERECE LA PENA

ALREDEDORES DE SVALBARD

Magdalenefjord La bonita bahía de color azul y verde de Magdalenefjord, en Nordvest Spitsbergen, flanqueada por altísimas cumbres y sobrecogedores glaciares que vierten al mar, es el fondeadero más frecuentado en la costa occidental de Spitsbergen y uno de los rincones más bellos de Svalbard. En un día soleado (o en uno más gris con evocadoras y acechantes nubes de tormenta), el viajero pensará que se encuentra en un paraíso ártico. La mayoría de la gente visita esta bahía durante un crucero de varios días.

Krossfjorden Este fiordo de 30 km de longitud al norte de Ny Ålesund es un desvío popular para los barcos de crucero, en parte gracias al precioso Lillehöökbreen (el majestuoso glaciar que da al mar), pero también por la abundancia de reliquias culturales esparcidas por sus orillas, como la primera estación ballenera de Spitsbergen, establecida aquí en el 1611. Pese a estar tan al norte, como pasa con Ny Ålesund, en verano no hay nieve en gran parte de la orilla del fiordo.

Virgohamna Uno de los lugares más evocadores del noroeste de Spitsbergen es Virgohamna, en la inhóspita y pedregosa isla de Danskøya, donde los restos de varios sueños rotos se encuentran ahora esparcidos por la solitaria playa. Entre ellos figuran las ruinas de tres fogones para hervir grasa de ballena procedentes de una estación ballenera del s. XVII, así como ocho tumbas cubiertas de piedras de la misma época. También pueden verse los restos de una casita construida por el aventurero inglés Arnold Pike, que navegó hacia el norte y pasó un invierno alimentándose de osos polares y renos.

Prins Karls Forlandet En la costa occidental de Spitsbergen, esta isla de extraña forma, con 86 km de largo y 11 km de ancho, es un parque nacional reservado para la protección de morsas, focas y leones marinos en reproducción. Los confines alpinos del norte, que se elevan en el Grampianfjellet (1084 m), están conectados a Saltfjellet (430 m), en el extremo sur, por una larga llanura llamada Forlandsletta.

Tulpan Hotel HOTEL **$$**
(☎941 30 128; www.goarctica.com; i 800-1000 NOK, tw 1000-1200 NOK, ste 1500 NOK) El Tulpan Hotel ofrece un maravilloso regreso al pasado. Sus modernas habitaciones son confortables pero sin nada especial, pero despertarse en una de las habitaciones de "estilo soviético", más baratas y fielmente conservadas, hará preguntarse al viajero si realmente se ha levantado el telón de acero. Y la sensación de silencio en el exterior una vez los turistas han regresado a Longyearbyen es tan pura que perturba.

El hotel tiene restaurante (hay que reservar antes) que ofrece especialidades rusas con menús fijos (comidas 150-250 NOK) y servicio a la carta.

Solo se acepta efectivo y no hay wifi.

Cómo llegar y salir

En verano, cuatro empresas turísticas de Longyearbyen ofrecen varios cruceros de un día (p. 366) a Pyramiden: **Arctic Explorer** (p. 367), **Henningsen Transport & Guiding** (p. 367), **Polar Charter** (p. 367) y **Svalbard Booking** (p. 367).

En invierno pueden hacerse safaris en moto de nieve entre Longyearbyen y Pyramiden.

Ny Ålesund

30-130 HAB.

A pesar de su inhóspita latitud (79°N), resulta difícil encontrar un marco más asombroso en la faz de la tierra que esta base científica, 107 km al noroeste de Longyearbyen. Suele decirse de Ny Ålesund que es la comunidad civil permanentemente habitada más septentrional del mundo (aunque tres diminutos asentamientos en Rusia y Canadá podrían argumentar lo mismo). Hay una comunidad permanente de unos 30 científicos, que se eleva a un máximo de 130 en verano (el máximo de camas disponibles), cuando llegan científicos de unos 15 países.

Ahora se ofrecen excursiones de un día desde Longyearbyen en verano, por lo que visitar Ny Ålesund ya no es algo exclusivo de los pasajeros de cruceros. Una visita a este lugar captura de algún modo el misticismo de Svalbard, y en particular su lejanía, sus resistentes asentamientos humanos y su poder y belleza naturales.

Puntos de interés

Museo de la Mina MUSEO

(Gruvemuseum; con donativo; 24 h) Este pequeño y cuidado museo de Ny Ålesund está en la vieja tienda de tabaco Tiedemann's Tabak y narra la historia de la extracción de carbón en esta zona. Es sencillo pero agradable, con una buena combinación de artefactos y paneles informativos.

Cómo llegar y salir

Aunque hay una pequeña pista de aterrizaje, es exclusiva para científicos, y la única forma de llegar a Ny Ålesund es en verano, en un barco de crucero o en una excursión en barco de un día desde Longyearbyen.

Comprender Noruega

Noruega hoy

Pocos países pueden mirar el futuro con la misma confianza que Noruega, pues al fin y al cabo, las crisis económicas son cosa de otras latitudes. No obstante, Noruega se enfrenta a cuestiones importantes que amenazan con provocar, si no una crisis, sí al menos algo de desazón entre sus habitantes. ¿Se acabará algún día el petróleo? ¿Son buenos ciudadanos desde el punto de vista medioambiental? ¿Habría que gastar más ahora del dinero que produce el petróleo? Y ¿cómo construir un armonioso futuro multicultural?

Los mejores libros

La sed (Jo Nesbø; 2017) Última entrega de la serie de ficción del detective Harry Hole de la que Noruega no se cansa.

Gente casi perfecta (Michael Booth; 2014) Entretenida mirada a la Escandinavia moderna.

La muerte del padre (Karl Ove Knausgaard; 2013) Fenómeno editorial y ventana al alma noruega.

El libro de Dina (Herbjørg Wassmo, 1989) En la Noruega de 1840, surge la primera mujer feminista.

Hambre (Knut Hamsun; 1890) Obra maestra temprana del mejor escritor noruego (y también el más controvertido).

Las mejores películas

La decisión del rey (2016) Magnífico relato moderno de la lucha de Noruega por seguir siendo neutral durante la II Guerra Mundial.

Bølgen (La última ola; 2015) Película de suspense que muestra el derrumbe de una montaña que desencadena un tsunami en Geiranger.

Al norte del sol (2013) Documental que muestra nueve meses en un remoto tramo de costa del Ártico.

Nueve vidas (1957) Un gran consenso la coloca entre las mejores películas noruegas de todos los tiempos.

Kon-Tiki (1951) Documental ganador de un Oscar de Thor Heyerdahl y evocación del espíritu intrépido de Noruega.

¿Una Noruega multicultural?

La respuesta de Noruega al atentado terrorista de extrema derecha del 2011 ha sido extraordinaria. El país ha respondido a la intolerancia con su antítesis, la tolerancia. Pero es cierto que muchos noruegos siguen sintiéndose inquietos por lo que ha ocurrido en su antaño homogénea nación. En menos de una generación, han pasado de ser un país donde la abrumadora mayoría de los ciudadanos eran blancos, luteranos y de etnia noruega a una sociedad en la que casi uno de cada seis habitantes es de afuera. Aunque la mayor parte se ha adaptado al cambio con el habitual aplomo y la ecuanimidad noruegos, el aumento de la popularidad del Fremskrittspartiet (apoyado por uno de cada cinco noruegos) sugiere que una proporción significativa de la población encuentra que la transformación es inquietante. La respuesta de los políticos del país será determinante para el futuro de la sociedad noruega.

Incongruencia medioambiental

Noruega está orgullosa y con razón de su cuidado del medioambiente. El 100% de la electricidad del país procede de energías renovables, el reciclaje es casi universal y el país está muy adelantado en el camino hacia un futuro neutro en emisiones de dióxido de carbono. El Gobierno espera que para el 2025 todos los automóviles que se vendan en el país sean eléctricos. Su gestión medioambiental es un modelo para el resto del mundo. Pero aun así, la cuestión no es tan simple como parece. Para empezar, un noruego medio produce la misma cantidad de emisiones de dióxido de carbono que en cualquier otro país desarrollado occidental. Y lo más importante, al ser uno de los mayores productores y exportadores de petróleo del mundo, la contribución de Noruega a las emisiones globales de dióxido de carbono es mucho mayor en proporción con su tamaño. Por eso, pese a que

Noruega afirma ser responsable con el medioambiente global, todo se reduce a esta fórmula algo simplificada: hacen casi todo bien en casa, pero solo pueden permitirse hacerlo exportando el problema (y su dióxido de carbono) a otros países.

Petróleo para siempre

La abundancia del petróleo noruego (y, más recientemente, del gas natural) sigue sin agotarse. De hecho, continúan descubriéndose yacimientos a tal ritmo que parece no haber un final cercano para la proliferación de las riquezas de combustibles fósiles de Noruega. Igual de importante es que pocos países del mundo han demostrado ser tan sabios administradores de su buena fortuna; aunque el petróleo se agotara mañana (y no es el caso), el fondo del oro negro garantizaría prosperidad para las generaciones venideras. Por eso pocos noruegos se preocupan por su futuro económico. Lo que les importa es el impacto que tiene en su ánimo; ellos se toman más vacaciones y bajas por enfermedad que nunca y trabajan un 23% menos de horas al año que antes de que se descubrieran los pozos. Como ha dicho la Organización para la Cooperación y el Desarrollo Económico (OCDE), la riqueza petrolífera de Noruega ha "distorsionado la relación entre trabajo y tiempo libre". ¿Eso importa? Al fin y al cabo, la vida de los noruegos es bastante buena. Lo de si deberían preocuparse o no depende de con quién se hable...

Gastar o no gastar

Es difícil culpar a Noruega por su concepción del ahorro. Sucesivos gobiernos han seguido la política de invertir los beneficios del petróleo del país en paraísos fiscales, tanto para evitar sobrecalentar la economía local como para garantizar que el dinero no se despilfarre por una ganancia a corto plazo. Solo el 4% del fondo se gasta de forma local y llega al presupuesto anual del gobierno. Pero no hace falta mucho (una larga espera para una cirugía o la experiencia en un hospital abarrotado, o darse cuenta de que los conductores de este país rico en petróleo pagan los precios más altos del mundo en la gasolinera) para que la gente empiece a preguntar si podría gastarse un poco más de ese dinero en lo que hace falta ahora. El Fremskrittspartiet (Partido del Progreso) ha sido el que más ha cuestionado esto. Aunque el líder de este partido, Siv Jensen, es ministro de Economía desde el 2013, la antigua política sigue en vigor. Pero quizá esté cerca el momento en que estas preguntas centren el debate político.

POBLACIÓN: **5,2 MILLONES**

SUPERFICIE: **386 224 KM²**

CRECIMIENTO DEL PIB: **0,8% (2016)**

PIB PER CÁPITA: **69 300 US$**

ESPERANZA DE VIDA: **81,8 AÑOS**

TASA DE DESEMPLEO: **4,4%**

si Noruega tuviera 100 habitantes

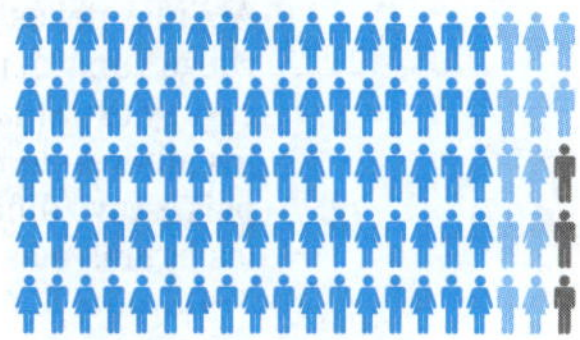

83 serían de etnia noruega
14 serían inmigrantes
3 procederían de padres inmigrantes

grupos religiosos
(% de la población)

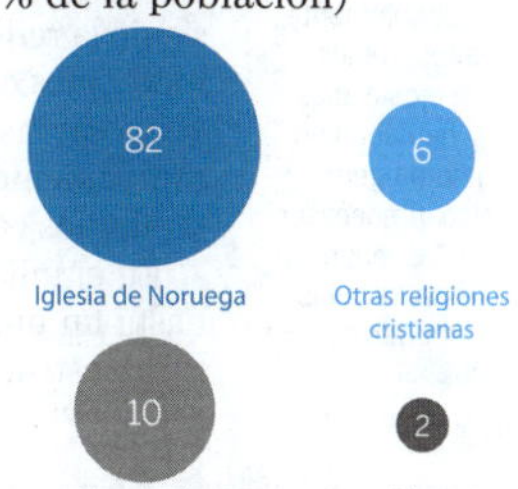

población por km²

≈ 7 personas

Historia

Puede que Noruega se haya convertido en el arquetipo de país moderno y pacífico, pero su historia está bañada en sangre. Un pasado lleno de personajes picarescos y grandiosos temas recurrentes: los vikingos, la batalla por la supremacía en Escandinavia, las luchas de los lapones, los oscuros días de la II Guerra Mundial, la pobreza extrema y las riquezas antes inimaginables. Es una de las mayores epopeyas de la historia mundial.

Oscuridad y hielo

Algunas de las impresiones que los viajeros se llevan cuando visitan Noruega (una tierra de nieve y hielo apenas poblada, con una abundante costa y extremas condiciones climatológicas) han estado presentes desde los albores de la civilización escandinava. De hecho, la colonización del país estuvo dificultada durante miles de años por su geografía y su clima, las figuras más imperecederas de la historia de esta nación.

Durante la última glaciación, Noruega era prácticamente inhabitable; y aunque no resultaba muy acogedora, era un paraíso comparada con el norte de Rusia. Cuando el hielo comenzó a derretirse, tuvo lugar desde el este la primera migración importante, hace unos 11 000 años, cuando los komsas, que más tarde se convertirían en los lapones, llegaron al norte ártico de Noruega.

Poco se sabe sobre el pueblo nómada de Nøstvet-Økser, cuyos individuos, cazadores y recolectores, eran probablemente altos, rubios y de ojos azules, y hablaban un idioma germánico, predecesor de las lenguas escandinavas modernas.

A medida que el clima se suavizaba y esta tierra se hacía cada vez más habitable, comenzaron a arribar a las costas meridionales los pueblos Nøstvet-Økser de Europa central, atraídos por la caza (de focas, en particular) y la pesca, relativamente abundantes. El reno salvaje también siguió la retirada del hielo, desplazándose hacia el interior, aún cubierto de nieve, y los cazadores que lo persiguieron fueron los primeros humanos en atravesar las tierras altas noruegas. Su presencia, sin embargo, se limitó a campamentos itinerantes y estacionales, por lo que quedaron pocos asentamientos en una tierra vacía dominada por glaciares y yermos helados.

En el milenio siguiente, comenzaron a echar raíces culturas estables, hasta tal punto que, en los últimos años del Imperio, Roma llevó a Noruega estructuras, instrumentos de hierro y cerámica. Las herramientas

CRONOLOGÍA

12 000 a.C.

La última glaciación remite y Noruega adquiere su forma actual, con una nueva masa de agua que la separa del norte de Europa.

9000 a.C.

La cultura cazadora de los komsas, predecesores de los lapones, llega al norte de Escandinavia para fundar los primeros asentamientos en la Noruega ártica.

4000 a.C.

Los pueblos de la Edad de Piedra pintan el ejemplo más temprano de arte rupestre, declarado Patrimonio Mundial por la Unesco, cerca de Alta, en el extremo norte, trazando así la historia humana y natural de la región.

permitieron que se eliminaran los árboles de las tierras de labranza, que se construyeran barcos mayores gracias a las hachas y que se levantaran edificaciones más permanentes, hechas de piedra y tepe de turba, para el clima helado. En el s. v, los noruegos ya sabían fundir su propio hierro con la mena hallada en las ciénagas del sur. Había comenzado la incesante lucha por dominar su indómito paisaje.

Historia de Noruega: de la Era del Hielo a la del Petróleo (2003), de Oivind Stenersen e Ivar Libæk, ofrece abundantes detalles históricos para el viajero.

Llegan los vikingos

Pocas civilizaciones han hecho volar la imaginación tanto como los vikingos. Considerados los predadores más temibles de la vieja Europa e inmortalizados en historietas actuales (*Asterix* y *Olaf el vikingo*, por decir solo un par), puede que hayan desaparecido, pero como civilización de marineros en busca de tierras lejanas, siguen siendo los precursores de la Noruega actual. ¿Y quiénes eran estos antiguos guerreros que, a bordo de sus naves, dominaron Europa durante cinco siglos?

Conquista y expansión

Los primeros pobladores procedentes de Noruega comenzaron a llegar a las costas de las islas Británicas en la década del 780, forzados por la escasez de tierras de cultivo debido al aumento de la población. Cuando sus barcos regresaron a casa, con tentadores artículos para comerciar e historias acerca de costas casi indefensas, los vikingos comenzaron a planear la conquista del mundo. La primera incursión vikinga tuvo lugar en el 793 en el monasterio de San Cutberto de la isla de Lindisfarne. Poco después, con la guerra en mente, se extendieron por Gran Bretaña, Irlanda y el resto de Europa, volviendo a su patria con sus formidables naves cargadas de esclavos *(thrall)*.

Los vikingos atacaban con grandes flotas y aterrorizaban, asesinaban, esclavizaban, desplazaban a las poblaciones locales o las apresaban. Las regiones costeras de Gran Bretaña, Irlanda, Francia (Normandía debe su nombre a estos pueblos nórdicos), Rusia (hasta el río Volga), al-Ándalus (Sevilla fue asaltada en el 844) y Oriente Próximo (hasta Bagdad) estuvieron bajo dominio vikingo. Constantinopla, gracias a una firme defensa, se resistió: los vikingos la atacaron en seis ocasiones pero nunca tomaron la ciudad. A pesar de este revés, los asedios vikingos hicieron que Escandinavia pasara de ser un oscuro remanso en el margen septentrional de Europa, a convertirse en un imperio todopoderoso.

La palabra "vikingo" deriva de *vik*, un término procedente del nórdico antiguo que designaba una bahía o una cala, en referencia a los fondeaderos que utilizaban los vikingos durante y después de los ataques.

Los ataques vikingos aumentaron el nivel de vida en Noruega. La inmigración liberó las tierras de cultivo y fomentó la aparición de una nueva clase comerciante, mientras que los esclavos capturados proporcionaban mano de obra agrícola. Los campesinos noruegos también cruzaron el

2500 a.C.

Las culturas "del hacha de guerra", "del hacha de barco" y "de los vasos de embudo", según las herramientas de piedra que usaban, llegan al sur de Noruega desde Suecia. Intercambiaban ámbar por metales del continente.

787 d.C.

El primer relato de marineros nórdicos aparece en la *Crónica Anglosajona* en el 787 y cuenta cómo tres barcos llegaron a Gran Bretaña tripulados por marineros a los que se describe como nórdicos.

793

El albor de la era vikinga llega con el saqueo del monasterio de San Cutberto, en la isla de Lindisfarne, junto a la costa británica de Northumberland.

871

Se funda Tønsberg, al sur de Noruega, lo que la convierte en la ciudad aún habitada más antigua de Noruega. Más tarde fue sede de la corte y un importante enclave comercial.

Yacimientos vikingos

Stiklestad

Tønsberg

Kaupang (Larvik)

Eidfjord

Kinsarvik

Haugesund

Karmøy island

Balestrand

Leka

Lindesnes

Atlántico para poblar las islas Feroe, Islandia y Groenlandia durante los ss. IX y X; parecía que el mundo les pertenecía.

Harald el de Hermosos Cabellos

Harald Hårfagre ("Harald el de Hermosos Cabellos"), hijo de Halfdan Svarte (el Negro), no solo fue el último de una larga lista de grandes nombres vikingos. Mientras la mayoría de los jefes forjaba su nombre a fuerza de conquistas extranjeras, Harald hizo algo que ningún líder había conseguido antes: unió las distintas tribus enfrentadas de la nación vikinga.

El momento decisivo para Harald llegó en el 872 en Hafrsfjord, cerca de Haugesund, cuando salió victorioso de una de las pocas guerras civiles de la historia que se resolvieron en el mar. Cuando las aguas volvieron a su cauce, Noruega se había convertido en una única nación.

El reinado de Harald Hårfagre fue una época tan extraña y turbulenta que fue registrada para la posteridad en la *Heimskringla,* la saga de reyes noruegos escrita por el islandés Snorre Sturluson. Según él, la unificación de Noruega a manos de Harald fue inspirada por una mujer que provocó al rey negándose a tener relaciones con un hombre cuyo reino era incluso más pequeño que la diminuta Dinamarca. Mediante una serie de confederaciones y acuerdos comerciales, extendió su reinado hacia el norte, hasta la actual Trøndelag. Su política exterior fue igualmente astuta e incluso envió a uno de sus hijos, Håkon, a Inglaterra para que se criara en la corte del rey Athelstan. Harald murió a causa de la peste en Avaldsnes, en la isla de Karmøy, hacia el 930.

Sin embargo, el rey que unificó el país poco pudo hacer con su propia familia. Tuvo 10 esposas y una plétora de herederos, lo que dio lugar a importantes disputas por la sucesión. Finalmente se impuso Erik, el más pequeño y su único hijo con Ragnhild, hija del rey danés Erik de Jutlandia. El despiadado Erik eliminó a todos sus hermanos legítimos excepto a Håkon, que se encontraba a salvo en Inglaterra. Erik, cuyo reinado estuvo marcado por una considerable ineptitud, echó a perder la confederación noruega que tantos esfuerzos había costado a su padre. Cuando Håkon regresó de Inglaterra para resolver aquel desastre como rey Håkon den Gode ("Håkon el Bueno"), su hermano se vio obligado a huir a Gran Bretaña, donde se apoderó del trono de York y reinó como Erik Hacha Sangrienta.

La región de Haugelandet, en el oeste, está considerada la cuna de la cultura vikinga; la isla de Karmøy, al sur de Haugesund, organiza un festival vikingo en junio (www.opplevavaldsnes.no/vikingfestivalen/).

Cristianismo y decadencia vikinga

Los vikingos legaron a los noruegos su amor por el mar y, durante la última etapa del período vikingo, les otorgaron otro de sus rasgos nacionales más imperecederos: un fuerte arraigo en el cristianismo. Pero este giro en el panteón de dioses vikingos no estuvo exento de lucha.

872

Harald Hårfagre se enfrenta a los caciques vikingos en la batalla de Hafrsfjord y unifica Noruega. Unas 20 000 personas huyen a Islandia.

997

Se funda Trondheim en la desembocadura del río Nid; es el primer asentamiento importante del país y se convierte en la primera capital del reino en ciernes.

1000 aprox.

Casi cinco siglos antes que Colón, Leifur Eiriksson, hijo de Eiríkur Rauðe (Erik el Rojo), explora la costa norteamericana, a la que llama Vinlandia (tierra de vino).

1024

Olaf II funda la Iglesia de Noruega y establece el cristianismo como religión oficial en todo el reino, situación que continúa en la actualidad.

El rey Håkon el Bueno, que había recibido el bautismo cristiano durante su educación inglesa, trajo a su regreso la nueva fe, además de misioneros y obispos. A pesar de algunos éxitos tempranos, la mayoría de los vikingos permaneció fiel a Thor, Odin y Freyr. Aunque los misioneros fueron capaces finalmente de sustituir los nombres de los dioses por los de los santos católicos, la práctica pagana del sacrificio de sangre siguió incólume y, cuando Håkon el Bueno fue derrotado y asesinado en el 960, el cristianismo noruego desapareció por completo.

La religión revivió, no obstante, durante el reinado de Olaf Tryggvason (Olaf I). Como buen rey vikingo, decidió que solo la fuerza conseguiría

LAS CLAVES DE LA DOMINACIÓN DEL MUNDO

El principal dios que daba fuerza a la causa vikinga era Odín (Oðinn), el "padre de todos", quien estaba casado con Frigg. Ambos tuvieron un hijo, Thor (Þór), el Dios del trueno. Los vikingos creían que si morían en el campo de batalla, el todopoderoso Odín los llevaría a un paraíso llamado Valhalla, donde los hombres podían luchar todo el día y ser atendidos, después, por bellas mujeres.

No es extraño que un vikingo prefiriese morir en batalla que en una cama a causa de la edad y, por eso, entraban en contienda con un desenfreno temerario que sus enemigos difícilmente podían superar (como si morir o hacerse con el botín fuera más o menos lo mismo). Tampoco sorprende que entre los valores vikingos esenciales que surgieron de esta singular visión del mundo se contaran la fuerza, la habilidad con las armas, el heroísmo, el sacrificio personal y la indiferencia ante la muerte.

Pero los vikingos no solo eran los intrépidos guerreros de la antigüedad, sino también los más sofisticados. Sus barcos eran naves revolucionarias, rápidas y manejables, capaces de resistir travesías tempestuosas y, a menudo, largas jornadas en el océano. Medían 30 m de eslora, con una quilla robusta, un casco flexible y unas velas grandes y cuadradas, y podían navegar hasta 12 nudos (22 km) por hora, lo que les permitió emprender una conquista que permanecería imbatible durante 200 años.

Sin embargo, puede que el aspecto más curioso de los viajes vikingos fuese la herramienta que usaban para atravesar territorios inexplorados. Las sagas nórdicas mencionan un misterioso mecanismo conocido como *solarsteinn* (piedra solar), que hacía posible la navegación incluso cuando el cielo estaba nublado o el sol se escondía en el horizonte y era imposible la astronavegación.

Se ha llegado a la conclusión de que el *solarsteinn* era un cristal de cordierita, que se encuentra en Escandinavia y tiene cualidades polarizantes. Si se observa desde abajo y se gira, la luz que pasa a través del cristal se polariza en azul al dirigir el eje hacia la fuente de luz solar. En la actualidad, los reactores que sobrevuelan las regiones polares, en las que no sirven las brújulas magnéticas, utilizan una brújula de luz polarizada que determina la posición del sol filtrando la luz solar a través de una lente polarizante artificial.

1030

Después de que el rey Canuto (Knut) de Dinamarca lo enviara al exilio en 1028, Olaf II regresa y muere en la batalla de Stiklestad, en Trøndelag.

1049

Harald III el Despiadado (Harald Hardråde), hermanastro de san Olaf, funda Oslo y la emplea como base para los ataques de largo alcance por el Mediterráneo.

1066

La época vikinga finaliza tras la muerte de Harald III a manos del rey Harold de Inglaterra en la batalla del Puente de Stamford, en Inglaterra.

1261

Groenlandia se une al reino de Noruega, seguida, un año después, por Islandia, lo que refleja la influencia noruega en los asuntos del extremo septentrional europeo.

convertir a sus compatriotas a la 'verdad'. Pero su futura esposa, la reina Sigrid de Suecia, se negó a convertirse. Olaf canceló el acuerdo prematrimonial y Sigrid se casó con el rey pagano Svend I de Dinamarca. Juntos, orquestaron la muerte de Olaf en la gran batalla naval del Báltico y se adueñaron de Noruega.

Tan fieros eran los vikingos que la palabra inglesa *berserk* (fiera) viene de *bare sark*, que significa "sin camisa" y hace referencia a la manera de luchar con el torso desnudo que tenían los antiguos nórdicos.

El rey Olaf Haraldsson, Olaf II, que también se había convertido en Inglaterra, consolidó finalmente el cristianismo en Noruega. Junto a sus hordas vikingas, se alió con el rey Ethelred y, destruyendo el Puente de Londres, lograron salvar Londres de un ataque danés, liderado por Svend I. Olaf II, a diferencia de su homónimo, difundió el cristianismo con bastante éxito. En 1023 construyó una cruz de piedra en Voss (p. 185), que aún sigue en pie, y en 1024 fundó la Iglesia de Noruega. Tras una invasión del rey Canuto de Dinamarca en 1028, Olaf II murió en la batalla de Stiklestad dos años después. Para los cristianos, este hecho equivalió al martirio y el rey fue canonizado. La magnífica catedral de Nidaros (p. 263), en Trondheim, se yergue como monumento a san Olaf y, hasta la Reforma protestante, fue el destino para los peregrinos de toda Europa. Su legado más valioso, sin embargo, fue haber forjado una identidad imperecedera de Noruega como reino independiente.

De los reyes que le sucedieron, ninguno destaca tan tristemente como su hermanastro, Harald III (Harald Hardråde, el Despiadado). Asoló todo el Mediterráneo, pero este fue el principio del fin de los vikingos. Su muerte durante un ataque mal planeado en Inglaterra, en 1066, acabó con la imagen invencible de este pueblo.

Pérdida de la independencia

Puede que la historia hiciera desaparecer rápidamente a los vikingos, mas su expansionismo, al igual que la llegada del cristianismo, sembró las semillas de lo que estaba por venir. A medida que disminuía la esfera de influencia internacional de Noruega, sus vecinos comenzaron a rodearla, haciendo que, la que otrora fuera una potencia mundial, tuviese que luchar por su propia independencia.

Según algunos lingüistas, los dioses vikingos dieron sus nombres a los días de la semana en inglés: *Tuesday* (día de Tyr), *Wednesday* (día de Odin), *Thursday* (día de Thor) y *Friday* (día de Freyr).

Problemas en el exterior y en casa

En 1107, Sigurd I dirigió una expedición de 60 barcos a Tierra Santa. Tres años después conquistó Sidón, en lo que hoy es Líbano. Pero, para entonces, la conquista exterior se había convertido en una cortina de humo que ocultaba serios problemas internos. Sigurd murió en 1130 y el resto del siglo estuvo plagado de brutales guerras civiles por la sucesión al trono. El victorioso rey Sverre, un clérigo que se convirtió en guerrero, preparó el terreno para la denominada "Edad de Oro" noruega, durante la cual Bergen reclamó el título de capital nacional. Groenlandia e Islandia, atraí-

1319
Magnus se convierte en rey de Suecia y unifica Suecia y Noruega. Es el fin de la independencia noruega y de la dinastía de Harald el de Hermosos Cabellos. Se inician dos siglos de decadencia.

1349
La peste bubónica llega a Bergen y se extiende rápidamente por el país, alterando para siempre su estructura social.

1469
Las islas Orcadas y Shetland, además de la isla de Man, son vendidas a los escoceses, lo que pone fin a siglos de expansión noruega.

1537
La Reforma, que se extiende por Europa, llega a Noruega y sustituye la fe católica oficial por el protestantismo luterano.

LIBROS SOBRE VIKINGOS

- *La saga del Atlántico Norte* (Gwyn Jones; 1992)
- *El mundo de los vikingos* (Richard Hall; 2008)
- *Los vikingos; crónica de una aventura* (Víctor Álvarez Pérez; 2013)
- *Breve historia de los vikingos* (Manuel Velasco; 2012)
- *Los vikingos, reyes de los mares* (Yves Cohat; 1989)
- *La vida cotidiana de los vikingos (800-1050)* (José J. de Olañeta; 2005)
- *Los barcos vikingos* (Ian Atkinson; 1990)

das tal vez por su pujanza económica, se unieron de manera voluntaria al Reino de Noruega en 1261 y 1262 respectivamente.

Pero el papel de Noruega como potencia mundial menguaba y el país se encerraba en sí mismo. Håkon V construyó fuertes de ladrillo y piedra, uno en Vardø, para proteger el norte de los rusos, y otro en Akershus (p. 63), en 1308, para defender el puerto de Oslo. Pronto siguió el traslado de la capitalidad de Bergen a Oslo. Cuando su nieto Magnus unificó Noruega y Suecia en 1319, la primera inició un declive que duraría 200 años. La otrora grandiosa Noruega había pasado a ser una provincia más de sus vecinos.

En agosto de 1349, la peste negra llegó a Noruega vía Bergen, a bordo de un barco inglés. La peste bubónica acabó matando a un tercio de la población europea. En Noruega, dejó de cultivarse la tierra, las ciudades quedaron arruinadas, las actividades comerciales decayeron y los fondos nacionales disminuyeron en un 65%. Pereció un 80% de la nobleza noruega. Puesto que la mano de obra campesina también había sido diezmada, los supervivientes se vieron obligados a regresar a la tierra, cambiando para siempre la base de su poder y plantando las semillas de un igualitarismo que, hoy en día, sigue caracterizando a la nación.

En 1387, Noruega ya había perdido el control de Islandia, y 10 años más tarde, la reina Margarita de Dinamarca creó la Unión de Kalmar, que fusionaba Suecia, Dinamarca y Noruega bajo el reinado de Erico de Pomerania. El abandono de Noruega por parte de Margarita continuó hasta el s. XV, cuando los lazos comerciales con Islandia se rompieron y las colonias groenlandesas desaparecieron misteriosamente sin dejar rastro.

En 1469, las islas Orcadas y Shetland fueron empeñadas, se suponía que temporalmente, a la corona escocesa por el rey Cristián I de Dinamarca y

Museos vikingos

Vikingskiphuset (Oslo)

Museo Vikingo de Lofotr (Vestvågøy, Lofoten)

Nordvegen Historiesenter (isla de Karmøy)

1596	1612	1720	1814
El explorador holandés Willem Barents, en busca de un paso marítimo a Asia, es el primer europeo que pisa el archipiélago de Svalbard, al que da el nombre de Spitsbergen (montañas escarpadas).	Comienzan en Svalbard las actividades balleneras, con flotas inglesas, holandesas, noruegas, francesas y danesas, que llevan a diversas especies marinas al borde de la extinción en los siglos posteriores.	Tras 150 años de conflicto en suelo noruego (Guerra de los Siete Años, de Kalmar y Gran Guerra del Norte), Suecia es finalmente derrotada, aunque daneses y suecos siguen ejerciendo una enorme influencia.	Noruega es entregada a Suecia en la llamada "Unión de las Coronas". Noruegos disconformes redactan su primera Constitución, un hecho que sigue celebrándose como el primer acto de independencia.

Noruega, que tenía que conseguir dinero para la dote de su hija. Solo tres años más tarde, los escoceses se anexionaron ambas islas.

Noruega se había convertido en la sombra de lo que había sido. La única constante era su acérrima devoción cristiana. Pero incluso en la religión se estaban gestando cambios esenciales. En 1537, la Reforma cambió la fe católica oficial por el protestantismo luterano y, con ello, concluyó la transformación de la Noruega vikinga.

El misterio de la desaparición de las colonias de Groenlandia es estudiado a fondo en *Colapso: Por qué unas sociedades perduran y otras desaparecen* (Jared Diamond; 2005).

Dinamarca y Suecia: los enemigos

La razón por la que podría detectarse cierto odio cordial por parte de los noruegos hacia sus países vecinos es la que sigue.

Una serie de enfrentamientos entre la Unión danesa y la corona sueca tuvieron lugar en suelo noruego. Primero fue la Guerra de los Siete Años (1563-1570), a la que siguió la Guerra de Kalmar (1611-1614). Trondheim fue tomada en repetidas ocasiones por ambos bandos y, durante la Guerra de Kalmar, se organizó desde Escocia una invasión a Noruega.

En otras dos guerras, a mediados del s. XVII, Noruega perdió una parte importante de su territorio frente a Suecia. La Gran Guerra del Norte, que acabó con la expansión del Imperio sueco, se libró a principios del s. XVIII, y en 1716 los suecos ocuparon Cristianía (Oslo). Suecia fue derrotada finalmente en 1720, lo que marcó el fin de 150 años de contiendas.

Pese a los intentos de restablecer el comercio con Groenlandia mediante la formación de compañías noruegas en Bergen en 1720, las restricciones danesas hundieron la independencia económica en ciernes. Como resultado, Noruega no estuvo preparada para las inclemencias de la llamada "Pequeña Edad del Hielo", de 1738 a 1742. La ruina de las cosechas provocó una larga hambruna y la muerte de un tercio del ganado noruego.

Sweden and Visions of Norway: Politics and Culture 1814-1905 (Suecia y visiones de Noruega: política y cultura 1814-1905), de H. Arnold Barton; 2002, ofrece un detallado análisis de la enemistad e incómoda vecindad sueco-noruega en el crucial s. XIX.

Durante las guerras napoleónicas, Gran Bretaña bloqueó Noruega, causando la rendición de los daneses el 14 de enero de 1814. El posterior Tratado de Kiel cedió Noruega a Suecia en la "Unión de las Coronas". Cansados de que reyes extranjeros se repartieran su territorio, un contingente de campesinos, comerciantes y políticos se reunieron en Eidsvoll Verk en abril de 1814 para redactar una Constitución y elegir un nuevo rey noruego. A Suecia le molestó esta muestra de independencia y obligó al nuevo rey, Cristián Federico, a someterse y aceptar al monarca que había elegido Suecia, Carlos Juan. El compromiso de devolver el poder a Suecia evitó la guerra. La Constitución noruega no había durado mucho, pero puso en evidencia el hartazgo del pueblo.

Noruega independiente

Puede que el país haya pasado gran parte de los últimos siglos como vasallo de ocupantes extranjeros, y que sus días como potencia mundial

1861

Fridtjof Nansen, explorador, científico, diplomático y ganador del Premio Nobel de la Paz, nace en Oslo (entonces llamado Cristianía). Llegará a ser el símbolo de la influencia internacional de Noruega.

Década de 1870

Emisarios de los clubes de caballeros de Londres viajan a los fiordos occidentales en busca de hielo azul para sus bebidas. Poco después, Thomas Cook emprende los primeros cruceros turísticos por los fiordos.

1895

El testamento de Alfred Nobel decreta que los intereses de su vasta fortuna sean otorgados cada año "a aquellos que, durante el año precedente, hayan conferido el mayor beneficio a la humanidad".

1905

Los noruegos votan de forma abrumadora a favor de la independencia y en contra de la unión con Suecia. Noruega logra la independencia, con una monarquía constitucional propia.

acabaran, pero no todo fue tan negativo. Tardaron más de un siglo desde su primera Constitución, por no hablar los nueve que transcurrieron desde la unificación del país, pero los noruegos estaban dispuestos a convertirse en los dueños de su destino.

Un buen comienzo

En el s. XIX, animados tal vez por el espíritu de la Constitución de 1814, los noruegos comenzaron a replantearse su identidad cultural. Este renacimiento en ciernes se hizo patente con el florecimiento de la expresión musical y artística dirigido por el poeta y dramaturgo Henrik Ibsen, el compositor Edvard Grieg y el pintor Edvard Munch.

ROALD AMUNDSEN

Este explorador noruego desempeñó un papel esencial en el desarrollo del orgullo de la identidad noruega a principios del s. XX.

Nacido en 1872 en el seno de una familia de armadores y capitanes en Borge, cerca de Sarpsborg, Amundsen zarpó en 1897 rumbo a la Antártida como primer oficial de la expedición belga *Belgica*. Su barco pronto quedó estancado en el hielo y se convirtió, de forma involuntaria, en la primera expedición que pasó el invierno en la Antártida.

Después, fijó su objetivo en el paso del Noroeste y en el estudio del Polo Norte magnético. La expedición, que salió de Oslo en junio de 1903, pasó el invierno en un puerto natural de la isla del Rey Guillermo, a la que llamaron Gjøahavn. En agosto de 1905, se convirtió en la primera nave que surcaba el paso del Noroeste.

Amundsen soñaba con convertirse en el primer hombre que llegara al Polo Norte, pero en abril de 1909, Robert Peary se hizo con ese título. Así que, en 1910, Amundsen puso rumbo al Polo Sur. En enero de 1911, su barco echó anclas en la isla Roosevelt, 60 km más próxima al Polo Sur que la base de la expedición Terra Nova de Robert Falcon Scott. Con cuatro compañeros y cuatro trineos de 13 perros, Amundsen alcanzó el Polo Sur el 14 de diciembre de 1911, un mes y tres días antes que Scott.

En 1925, realizó un intento fallido de sobrevolar el Polo Norte. Volvió a intentarlo al año siguiente, a bordo de la aeronave *Norge*, esta vez con Lincoln Ellsworth, Hjalmar Riiser-Larsen y el italiano Umberto Nobile. Salieron de Spitsbergen el 11 de mayo de 1926 y 16 h más tarde dejaron caer las banderas noruega, estadounidense e italiana sobre el Polo Norte. El 14 de mayo aterrizaron triunfantes en Teller, Alaska, después de volar 5456 km en 72 h (el primer vuelo entre Europa y Norteamérica).

En mayo de 1928, Nobile intentó realizar otra exploración en la aeronave *Italia* y, cuando se estrelló en el Ártico, Amundsen se unió al rescate. Si bien Nobile y su tripulación fueron rescatados, las últimas señales de Amundsen se recibieron solo 3 h después de salir de algún punto del mar de Barents. Su cuerpo nunca fue encontrado.

1911

El explorador noruego Roald Amundsen se convierte en la primera persona que llega al Polo Sur, marcando así un período en el que famosos exploradores noruegos viajan a los confines de la Tierra.

1913

Noruega implanta el sufragio universal femenino mucho antes que otros países europeos, lo que inicia una tradición en igualdad de géneros que es un sello distintivo de la Noruega moderna.

1914

Noruega, Suecia y Dinamarca anuncian su neutralidad durante la I Guerra Mundial, librando así a Escandinavia de la devastación que sufrió gran parte del resto de Europa.

1940

El 9 de abril, la Alemania nazi invade Noruega. El rey Haakon y la familia real se exilian, primero a Reino Unido y más tarde a Washington D. C., donde permanecerán durante la guerra.

El idioma también cobró protagonismo con el desarrollo de una escritura estandarizada del noruego, conocida como *landsmål* (o *nynorsk*). En 1854 se completó la primera línea férrea de Oslo a Eidsvoll y el país comenzó a participar en el auge del comercio internacional, especialmente con su floreciente pesca y las industrias balleneras del Ártico.

Noruega seguía inmersa en una extrema pobreza –entre 1825 y 1925, más de 750 000 noruegos emigraron a EE UU y Canadá–, pero la escalada de orgullo e identidad nacionales era ya imparable.

En 1905 tuvo lugar un referéndum constitucional. Casi un 80% de votos apoyaron independizarse de Suecia. El rey sueco Óscar II se vio obligado a reconocer la soberanía noruega, a abdicar y a restituir la monarquía constitucional, con Haakon VII en el trono. Sus descendientes gobiernan el país desde entonces y las decisiones sobre la sucesión quedan a cargo del *storting* (Parlamento). Oslo fue declarada capital del Reino.

La nueva Noruega independiente pronto emprendió la tarea de mostrar al mundo que era una valiosa ciudadana internacional. En 1911, el explorador noruego Roald Amundsen alcanzó el Polo Sur. Dos años después, las mujeres noruegas fueron de las primeras de Europa en conseguir el sufragio. Por todo el país surgieron proyectos hidroeléctricos y prósperas industrias para impulsar la creciente economía de exportación.

Después de salir casi indemne de la II Guerra Mundial (el país permaneció neutral, aunque los alemanes hundieron algunos barcos mercantes noruegos), Noruega ganó confianza. En 1920, el *storting* votó para unirse a la recién formada Sociedad de Naciones, y esa década aportó innovaciones como el desarrollo de buques factoría, que permitieron procesar las ballenas en el mar y provocaron un aumento de las actividades balleneras, sobre todo en la zona de Svalbard y el Antártico.

CAMINO DEL EXILIO

Cuando las fuerzas alemanas invadieron Noruega en abril de 1940, el rey Haakon y el Gobierno noruego huyeron hacia el norte. Se detuvieron en Elverum y, el 9 de abril, el Parlamento se reunió en el instituto de la localidad y emitió el Mandato de Elverum, que daba al Gobierno exiliado la autoridad de proteger los intereses de Noruega hasta que el Parlamento pudiera convocarse de nuevo. Cuando un mensajero alemán llegó para imponer lo que los nazis entendían por "protección" en forma de un nuevo Gobierno títere en Oslo, el rey rechazó la oferta antes de partir al exilio. Dos días más tarde, Elverum se convirtió en la primera ciudad noruega que sufrió el bombardeo masivo de los nazis, y la mayor parte de sus edificios fueron arrasados. Para entonces, el rey había huido a Nybergsund, que también fue bombardeada, pero logró escapar.

1945

El 7 de mayo, las fuerzas rusas, últimas tropas extranjeras en suelo noruego, se retiran de la Noruega ártica después de que el ejército alemán arrasara el país en su retirada.

1945

Noruega se convierte en miembro fundador de la ONU, plataforma para su política exterior, y será un importante mediador en numerosos conflictos internacionales.

1949

Noruega se adhiere a la OTAN y se alinea con EE UU, a pesar de los temores en Occidente a que se inclinara por la Unión Soviética.

Década de 1950

Una comisión gubernamental declara que "quedan descartadas las posibilidades de encontrar petróleo en la plataforma continental junto a la costa noruega". ¡Qué equivocados estaban!

Pero la Gran Depresión de finales de la década de 1920 casi doblegó al país. En diciembre de 1932 había un desempleo del 42% y los campesinos se vieron muy afectados por el deterioro de la economía.

Noruega en guerra

El país escogió un mal momento para afirmar su independencia. Las sombras de la contienda asomaban en Europa y, a principios de la década de 1930, el fascismo había empezado a extenderse por el continente. A diferencia de lo que ocurrió en la I Guerra Mundial, Noruega se vio envuelta en las violentas convulsiones que barrían Europa y, en 1933, el entonces ministro de Defensa noruego, Vidkun Quisling, formó un partido fascista, el Nasjonal Samling. Los alemanes invadieron Noruega el 9 de abril de 1940, forzando el exilio del rey Haakon y la familia real, mientras que los ejércitos británico, francés, polaco y noruego trataban de resistir.

Seis ciudades meridionales fueron arrasadas y, a pesar de algunas victorias aliadas, los británicos, que se quedaron en la estacada, abandonaron a su suerte a la Noruega ártica. En Oslo, los alemanes establecieron un Gobierno títere bajo el mandato de Vidkun Quisling, cuyo nombre, desde entonces, pasó a designar a los que traicionan a su pueblo.

Después de pasar siglos luchando por un país al que poder llamar "suyo", los noruegos no se tomaron a la ligera la ocupación alemana. La resistencia se caracterizó por sabotear los planes germánicos, a menudo con la ayuda de osados pescadores de las Shetland que pasaban armas hasta Noruega occidental. Entre los hechos más memorables destaca el ataque de un comando, en febrero de 1943, a la fábrica de agua pesada de Vermok, implicada en el desarrollo de la bomba atómica alemana.

Los alemanes lanzaron una implacable represalia contra la población y entre las víctimas civiles hubo 630 judíos noruegos que fueron enviados a campos de concentración europeos. Los prisioneros de guerra serbios y rusos fueron obligados a realizar trabajos forzados en proyectos de construcción en Noruega, y muchos perecieron a causa del frío y la mala alimentación. La elevada cifra de trabajadores muertos durante la construcción de la carretera ártica a través de Saltfjellet dio pie al sobrenombre de *blodveien* (carretera sangrienta).

Finnmark sufrió la destrucción y durante la guerra. En Altafjorden y otros lugares, los alemanes construyeron bases submarinas para atacar los convoyes que llevaban armamento a los rusos.

A principios de 1945, las fuerzas alemanas, que lidiaban una guerra en dos frentes cada vez más intensa e intentaban retrasar el avance ruso sobre Finnmark, adoptaron una estrategia de tierra arrasada y devastaron el norte del país. Poco después de que los nazis entregaran Noruega, se fusiló a Quisling y otros colaboradores fueron encarcelados.

La primera victoria de los aliados en la II Guerra Mundial tuvo lugar en Noruega a finales de mayo de 1940, cuando una fuerza naval británica retomó Narvik y asumió el control de este puerto estratégico de mineral de hierro. Volvió a caer en manos de los alemanes el 9 de junio.

Década de 1960

El descubrimiento de petróleo convierte a Noruega en uno de los países más ricos del mundo. Sus ingresos han sido la base del bienestar social y generosas ayudas al extranjero.

1993

Haciendo caso omiso a la opinión internacional y en contra de una moratoria de 1986, Noruega reanuda las actividades comerciales balleneras, lo que cuestiona su modelo medioambiental.

1994

Los noruegos votan en contra (52%) de la adhesión a la UE, basándose en los intereses de las granjas familiares y de la industria pesquera, y en la pérdida de soberanía nacional que acarrearía.

2001

Inusual victoria de una coalición conservadora-liberal, después de que el Gobierno laborista sufriera una derrota masiva en las elecciones; ningún partido obtiene suficientes votos para gobernar en solitario.

LITERATURA DE VIAJES EN LA NORUEGA MODERNA

- *Las luces del Gran Norte* (Carlos Gel; 2009)
- *La conquista del Polo Norte* (Fergus Fleming; 2007)
- *Laponia insólita* (Benito Pascual Asensio; 2014)
- *Gente casi perfecta: el mito de la utopía escandinava* (Michael Booth; 2014)
- *En Noruega* (León Lasa; 2009)

Los años del petróleo

En la posguerra, a pesar del miedo inicial a que Noruega se uniera al bloque del Este integrado por países comunistas de la órbita soviética, el Telón de Acero se mantuvo firme en la frontera rusa. Además, Noruega hizo una evidente declaración de intenciones en 1945, al convertirse en miembro fundador de Naciones Unidas. Consciente de su proximidad a Rusia, el país abandonó también su posición neutral y se unió a la OTAN en 1949. Dejando el pasado atrás, en 1952 se alió con otros países escandinavos para formar el Consejo Nórdico.

Pero Noruega estaba arruinada y necesitaba dinero urgente para su reconstrucción. Al principio, parecía que la flota mercante, cada vez más próspera, y la ballenera, proporcionarían una solución parcial, pero lo cierto es que la economía no prosperaba. Este panorama pronto cambiaría de forma espectacular. Fue el descubrimiento en 1969 del yacimiento petrolífero de Ekofisk, en la plataforma continental noruega del mar del Norte (al suroeste de Stavanger) lo que convirtió al país en uno de los principales productores de petróleo (el nº 15 del *ranking* mundial en el 2016, con un 2,75% de las reservas mundiales). La economía floreció, sacando al país de la pobreza y transformándolo en uno de los más ricos de Europa.

Situación nacional e internacional

Desde que la economía noruega se transformara a raíz del descubrimiento del petróleo, los sucesivos Gobiernos socialistas (y los efímeros mandatos conservadores) utilizaron estos beneficios inesperados, junto con elevados impuestos sobre la renta y tasas de servicios, para promover uno de los sistemas de bienestar social más amplios de la historia, con asistencia médica y enseñanza superior gratuitas, así como generosas pensiones y prestaciones por desempleo. Y no parece que vaya a acabarse la generosidad del Gobierno; el fondo del petróleo para las generaciones futuras, de rápido crecimiento, se disparó hasta unos 958 000 millones de dólares en junio del 2017. Y todo ello sumado a lo que se denomina "la democracia social más igualitaria de Europa occidental".

2005

Una coalición "rojiverde" gana las elecciones parlamentarias, derrotando al gobierno de coalición liderado por los conservadores.

2009

Una coalición de centroizquierda encabezada por Jens Stoltenberg, dirigente del Partido Laborista hasta la derrota electoral del 2001, gana unas elecciones parlamentarias muy reñidas.

22 jul 2011

Anders Breivik, activista de extrema derecha, mata a 77 personas en Oslo y en la isla cercana de Utøya, en protesta por las políticas multiculturales noruegas. Recibirá la sentencia máxima: 21 años de cárcel.

2013

Una coalición de centroderecha de cuatro partidos desbanca a la rojiverde del primer ministro Jens Stoltenberg tras hacerse con 96 de los 169 escaños parlamentarios. Erna Solberg es nombrado primer ministro.

UN MULTICULTURALISMO ACCIDENTADO

El 22 de julio del 2011, Anders Behring Breivik detonó en Oslo un coche-bomba destinado a la clase política del país (murieron ocho personas) y luego, disfrazado de policía, acribilló a balazos a 69 jóvenes activistas en la isla de Utøya. Al ser capturado, aseguró que lo había hecho para salvar Noruega y Europa de la invasión musulmana. La respuesta mesurada de Noruega al ataque más letal de su historia moderna fue elogiada en todo el mundo y el país se unió para condenar los ataques y sus motivos.

Pero la masacre dejó cicatrices en una nación poco acostumbrada a la violencia. Breivik fue condenado y es probable que pase toda su vida en prisión. Queda por ver si sobrevive el sentimiento de unidad nacional que sucedió a la masacre.

El atentado sacó a relucir un debate ya candente. En 1970 solo el 1,5% de la gente que vivía en Noruega era de origen extranjero. En la actualidad, casi uno de cada seis noruegos proviene de otro país o es hijo de dos padres inmigrantes. Este radical cambio demográfico transformó la visión que los noruegos tienen de su país.

Por un lado, la migración masiva es un pilar central en su propia historia. Luego, la fabulosa riqueza petrolera de finales del s. XX nutrió la idea de que Noruega, al ser de los países más ricos del mundo, tenía que servir de ejemplo de ciudadano global responsable y tolerante, y los noruegos están orgullosos, y con razón, de su tolerancia y generosidad al ayudar a las naciones en apuros.

Pero hay malestar en ciertas zonas ante lo que supone el aumento de inmigrantes para la etnia noruega y su sentido de la identidad nacional. En las elecciones parlamentarias del 2005, el 2009 y el 2013 el Fremskrittspartiet (Partido del Progreso), que aboga por medidas enérgicas en inmigración, obtuvo más del 20% de los votos. Además se ha convertido en el segundo partido más votado y desde las elecciones del 2013 forma parte del Gobierno de coalición. Su líder, Siv Jensen, que ha advertido de la "islamización de Noruega", es el ministro de Economía.

Gracias, en gran parte, a su riqueza petrolera, Noruega ejerce una gran influencia en el panorama mundial que no se corresponde con su población, relativamente escasa. Su enérgica participación en varias instituciones internacionales, su papel clave en procesos de paz desde Oriente Próximo a Sri Lanka y, en especial, su liderazgo en la asistencia a refugiados de todo el mundo le han valido el reconocimiento general. Al mismo tiempo, y por decisión propia, se mantiene al margen del continente en el que habita y aún no forma parte de la Unión Europea. Echando un vistazo a su historia, no es difícil entender por qué los noruegos son cautos a la hora de establecer uniones con otros países. Tras haber votado, por escaso margen, en contra de su ingreso en la UE en 1972 y, de nuevo, en 1994, a pesar de la presión de sus políticos para obtener el voto afirmativo, Noruega sigue observando el panorama desde fuera.

2014

La general noruega Kristin Lund se convierte en la primera mujer al mando de una misión de paz de la ONU al comandar en Chipre una fuerza de mantenimiento de la paz de 1000 unidades.

2016

La iglesia Luterana de Noruega aprueba que las parejas homosexuales se casen en la Iglesia.

2017

El Gobierno anuncia la prohibición del velo musulmán completo en universidades y escuelas; la ley entra en vigor en el 2018.

2017

Un invierno inusualmente cálido en el archipiélago subpolar de Svalbard provoca inundaciones en la Bóveda Global de Semillas, replanteando si esta es realmente impenetrable.

Paisajes y parques nacionales

La masa continental de Noruega se extiende 2518 km desde Lindesnes hasta Nordkapp, en el Ártico, con solo 6,3 km de ancho en su punto más estrecho. También posee las montañas más altas del norte de Europa y es el cuarto territorio en tamaño de Europa occidental. Pero esto es mera estadística si se compara con la diversidad de sus relieves: montañas con glaciares, fiordos o llanuras de tundra en el Ártico.

La costa

Como envolviéndose alrededor de Escandinavia para protegerse del gélido Ártico, el litoral noruego parece haberse desintegrado en islas y fiordos que provocan profundas fisuras. Los geólogos creen que las islas del extremo norte de Noruega estuvieron unidas a la placa Norteamericana (de ahí su parecido con los accidentes geográficos del este de Groenlandia). Más al norte, Svalbard es geológicamente independiente del resto de Europa y se encuentra en la placa continental de Barents, dentro de la región polar.

En el mar del Norte se hallan dos fosas tectónicas que contienen esquisto del Jurásico superior, con abundantes depósitos de petróleo y gas.

Fiordos

El paisaje emblemático de Noruega, los fiordos, figura entre los accidentes geográficos más asombrosos del mundo. Vertiginosos acantilados, aisladas granjas encaramadas a frondosos salientes y extensiones de aguas azules que rasgan profundamente la costa noruega y penetran hacia el interior.

Los fiordos noruegos son un fenómeno relativamente reciente: aunque la historia geológica del país se remonta 1800 millones de años, los fiordos no se esculpieron hasta mucho más tarde. Durante los períodos glaciales, las mesetas elevadas que cruzaban el centro del país se hundieron al menos 700 m, debido a una capa de hielo de hasta 2 km de espesor. El movimiento de este hielo, empujado por la gravedad a través de antiguos lechos fluviales, abrió los fiordos y los valles y creó las montañas de los alrededores, afilando los picos y dejando al descubierto acantilados de roca. Los fiordos adoptaron su forma actual al aumentar el nivel del mar, debido al calentamiento climático tras la última glaciación (que finalizó hace 10 000 años aprox.), inundando los nuevos valles formados por el deshielo y el retroceso de los glaciares. Se cree que el nivel del mar creció hasta 100 m, creando los fiordos cuyas aguas parecen enormemente profundas.

Noruega tiene el octavo litoral más largo del mundo y, si se colocara extendido, daría la vuelta a la Tierra casi dos veces y media.

En el 2005, la Unesco designó Geirangerfjord y Nærøyfjord Patrimonio Mundial por ser "fiordos clásicos perfectamente evolucionados" que "figuran entre las zonas de fiordos más sobresalientes del planeta".

Glaciares

Uno de los paisajes naturales más notorios del país, los glaciares cubren 2609 km^2 aprox. (0,7% del territorio continental de Noruega y el 60% del archipiélago de Svalbard) y sumaron 2534 en el último recuento. Nada que ver con la última glaciación, cuando Noruega era un vasto campo de hielo que, en gran parte, se derritió hace unos 8000 años.

Los glaciares desempeñan un importante papel en la economía noruega: el 15% de la electricidad del país procede de cuencas fluviales situadas bajo ellos. La inquietud por el retroceso de los glaciares y de las capas de hielo ha aumentado en los últimos años, a medida que crece el impacto del cambio climático. Durante el s. xx los glaciares de Noruega retrocedieron hasta 2,5 km y el hielo también va perdiendo espesor a un ritmo alarmante. En el 2013 el norte de Noruega vivió el verano más caluroso que se recuerda, tras las temperaturas superiores a la media de gran parte de la década anterior, acelerando así el deshielo de los glaciares. Se considera que los glaciares interiores corren mayor riesgo que los costeros y pocos son los que han crecido en las últimas décadas; el espesor del hielo en el glaciar de Nigardsbreen aumentó 13,8 m entre 1977 y el 2007, pero retrocedió a 136 m en los cinco años siguientes.

Jostedalsbreen es el campo de hielo más grande de Europa continental y se nutre de algunos de los glaciares más extensos de Noruega, como Nigardsbreen, Briksdalsbreen y Bødalsbreen. Otro espectacular ejemplo es Folgefonn y solo el Parque Nacional de Jotunheimen, en el centro del país, alberga 60 glaciares.

Excursiones a glaciares

Parque Nacional de Jotunheimen

Glaciar Hardangerjøkulen, Hardangervidda

Parque Nacional de Folgefonna

Nigardsbreen

Briksdalsbreen

Bødalsbreen

Parque Nacional de Saltfjellet-Svartisen

Svalbard

El Ártico

Si los fiordos brindan espectacularidad, el Ártico de Noruega está rodeado de un inalterable halo de misterio. Desde Svalbard hasta la carretera del Ártico que asciende hacia el norte, el extremo septentrional del país está plagado de fenómenos que parecen sacados de la imaginación.

Quizá lo primero que se advierta es el horizonte infinito que parece no enmarcar nunca un paisaje de austera belleza cinematográfica. O acaso lo que el viajero recordará más sea el increíble cielo nocturno invernal, cuando la maravillosa aurora boreal surge como inmensa evocación de un colorido cuento de fantasmas. De igual forma, el sol de medianoche y la aparentemente interminable noche polar pueden resultar desconcertantes añadiendo una extraña magia al paso del viajero por Noruega.

Otro aspecto del atractivo del Ártico noruego es el paisaje de tundra sembrado de líquenes que conforma Svalbard.

La aurora boreal

Hay pocas vistas tan fascinantes como una sinuosa aurora. Aunque pueden revestir muchas formas -pilar, mechón, espiral y halo de luz vibrante- resultan especialmente memorables cuando adoptan la forma de pálidas cortinas que ondean al compás de una suave brisa. Lo más normal es

LO MÁS GRANDE Y MÁS ALTO

Jostedalsbreen es el campo de hielo más extenso del continente europeo.

Sognefjorden, el fiordo más largo del país con 203 km (el segundo del mundo después del de Scoresby Sund, en Groenlandia) tiene 1308 m de profundidad, lo que lo convierte en el segundo fiordo más profundo del mundo (tras el de la ensenada de Skelton, en la Antártida). Hardangerfjord, con 179 km, es la tercera red de fiordos más larga del mundo.

Galdhøpiggen (2469 m) es la cima más alta del norte de Europa.

Hardangervidda, a 900 m sobre el nivel del mar, es la meseta más alta de Europa.

Utigårdsfossen, un arroyo glacial que desemboca en Nesdalen y Lovatnet procedente de Jostedalsbreen (de difícil acceso para los turistas) está considerado por algunos estudiosos la tercera cascada más alta del mundo, con 800 m, que incluye una pared vertical de 600 m. Otras cascadas del país que figuran entre las 10 más altas del mundo son Espelandsfossen (703 m; Hardangerfjord), Mardalsfossen (655 m; Eikesdal) y Tyssestrengene (646 m en múltiples cascadas), cerca de Odda.

que la aurora ártica sea de un pálido verde o rosa, pero en períodos de actividad extrema pueda cambiar a amarillo o carmesí.

Las auroras boreales visibles, o luces del norte, están causadas por corrientes de partículas cargadas, arrojadas por el sol (llamadas "viento solar") que el campo magnético de la Tierra dirige hacia las regiones polares. Dado que este campo se curva hacia abajo en forma de halo que rodea los polos magnéticos, las partículas cargadas son dirigidas hacia la Tierra. La interacción con los electrones presentes en los átomos de nitrógeno y oxígeno de la atmósfera superior libera la energía que crea la aurora visible. En los períodos de gran actividad, una sola tormenta puede producir un billón de vatios de electricidad con una corriente de un millón de amperios. Los lapones la llaman *arsarnerit* (juego de pelota), ya que creían que eran sus antepasados jugando con la calavera de una morsa. Los lapones también le atribuyen un significado espiritual y algunos creen que representan las travesuras de niños nonatos. Otros consideran que es un regalo de los difuntos para iluminar las largas noches polares o la ven como receptáculo de acontecimientos pasados y futuros.

La mejor época del año para presenciarla es entre octubre y marzo.

El periodista Toni Pou escribió *Donde el día duerme con los ojos abiertos*, después de participar en una expedición científica en el Ártico. A medio camino entre el libro de viajes, la novela de aventuras y la divulgación científica, obtuvo el Premio Godó de Periodismo de Investigación.

Fata Morgana

Si la aurora boreal inspira asombro, la Fata Morgana puede dar pie a una visita al psiquiatra. El aire límpido y puro del Ártico hace que los rasgos distantes no aparezcan desenfocados. Como resultado, la percepción profunda deviene imposible y el mundo adopta un aspecto extrañamente bidimensional en el que las distancias son indeterminables. Los primeros exploradores trazaron meticulosamente en mapas y cartas islas, cabos y

SOL DE MEDIANOCHE Y NOCHE POLAR

Puesto que la Tierra está inclinada sobre su eje, las regiones polares miran constantemente al sol en el solsticio de verano, mientras que en el de invierno le dan la espalda. El círculo ártico y el antártico (latitud 66° 33' norte y sur, respectivamente), son los límites sur y norte de luz diurna constante en su día más largo del año.

La mitad norte de la Noruega continental, así como Svalbard y la isla de Jan Mayen, se encuentran al norte del círculo polar ártico, pero en verano, entre finales de mayo y mediados de agosto, ningún punto del país queda por completo a oscuras. En Trondheim, por ejemplo, no se ven las primeras estrellas hasta mediados de agosto.

Por el contrario, aquí los inviernos son oscuros, lóbregos y largos, con tan solo unas pocas horas de penumbra para romper las largas noches polares. En Svalbard ni siquiera puede verse un atisbo de luz durante más de un mes. Durante este período de oscuridad, muchas personas sufren un trastorno afectivo estacional cuyos efectos pueden minimizarse utilizando bombillas especiales de espectro solar durante 45 min después de levantarse. Comprensiblemente, muchas comunidades del norte convierten en un ritual la primera vez que el sol se asoma por encima del horizonte meridional.

Ciudad/zona	Latitud	Sol de medianoche	Noche polar
Bodø	67° 18'	4 jun-8 jul	15 dic-28 dic
Svolvær	68° 15'	28 may-14 jul	5 dic-7 ene
Narvik	68° 26'	27 may-15 jul	4 dic-8 ene
Tromsø	69° 42'	20 may-22 jul	25 nov-17 ene
Alta	70° 00'	16 may-26 jul	24 nov-18 ene
Hammerfest	70° 40'	16 may-27 jul	21 nov-21 ene
Nordkapp	71° 11'	13 may-29 jul	18 nov-24 ene
Longyearbyen	78° 12'	20 abr-21 ago	26 oct-16 feb

EL ELEVAMIENTO DE SVALBARD

Los glaciares dan formas asombrosas a los paisajes por los que fluyen, y han desempeñado un papel significativo al horadar los fiordos. Hay pruebas recientes que sugieren que a medida que los glaciares se derriten y disminuyen en tamaño, el peso que ejercen sobre el paisaje se reduce de forma similar, el resultado es que Svalbard está elevándose a un ritmo pequeño pero significativo (8,5 mm/año en Ny Ålesund) con cada año que pasa. Aunque quizá no sea suficiente para combatir los problemas asociados con el creciente nivel del mar sí que representa una consecuencia imprevista del cambio climático.

cordilleras montañosas que nunca volvieron a verse. Un divertido ejemplo de distorsión, descrito en el libro *Sueños árticos,* de Barry López, es el de un explorador sueco que estaba ultimando en su libreta una descripción de un cabo abrupto con dos valles glaciares inusualmente simétricos cuando se dio cuenta de que lo que estaba mirando en realidad era una morsa.

Al parecer, las Fata Morganas son causadas por reflejos del agua, el hielo y la nieve que, combinados con inversiones de temperatura, crean la ilusión óptica de rasgos sólidos y bien definidos que, en realidad, no existen. En días despejados, desde las costas más extremas de las Lofoten, Vesterålen, el norte de Finnmark y Svalbard, es posible observar montañas invertidas o inexistentes archipiélagos de escarpadas islas en el horizonte. Es difícil convencerse, incluso con un mapa exacto, de que en realidad no están allí. La visibilidad normal en el mar es de menos de 18 km, pero en el Ártico, es frecuente tener noticia de avistamientos de islas y otros perfiles a cientos de kilómetros de distancia.

Museos sobre glaciares

Museo de los glaciares de Noruega (Fjærland)

Centro de visitantes de Breheimsenteret (Nigardsbreen)

Montañas

Si el viajero piensa que Noruega es espectacular ahora, solo tiene que imaginar cómo era hace 450 millones de años, cuando la Cordillera Caledonia era tan alta como la del Himalaya. Con el tiempo, el hielo y el agua la erosionaron hasta su actual forma de montañas y mesetas elevadas que, en conjunto, cubren más de la mitad de la masa continental noruega.

Las montañas más altas están en el Parque Nacional de Jotunheimen, donde el Galdhøpiggen alcanza los 2469 m. La cercana Glittertind (2465 m, y en descenso) fue, durante mucho tiempo, la reina de las montañas del país, pero actualmente su glaciar en retroceso ve cómo la cumbre disminuye un poco cada año.

Parques nacionales

En el último recuento, Noruega tenía 44 parques nacionales (incluidos siete en Svalbard, donde un 65% del terreno forma parte de un parque nacional). Desde el 2003 se han creado 13 nuevos parques y hay planeados más, así como ampliaciones de los ya existentes. Cerca del 15% del país se encuentra en una zona protegida.

Filosofía de los parques

Más que controlar la interacción entre los humanos y su entorno, el eje de los parques nacionales es la preservación: evitar que se exploten los espacios naturales restantes, aunque existen algunos centros de interpretación.

Hay más información sobre los parques nacionales en las oficinas de turismo locales y en la Agencia Medioambiental Noruega (www.miljodirektoratet.no/nasjonalparker, en noruego) de Trondheim.

Restricciones

Las normativas que regulan los parques nacionales, reservas naturales y otras zonas protegidas son bastante estrictas. En general, no hay restric-

Parques nacionales

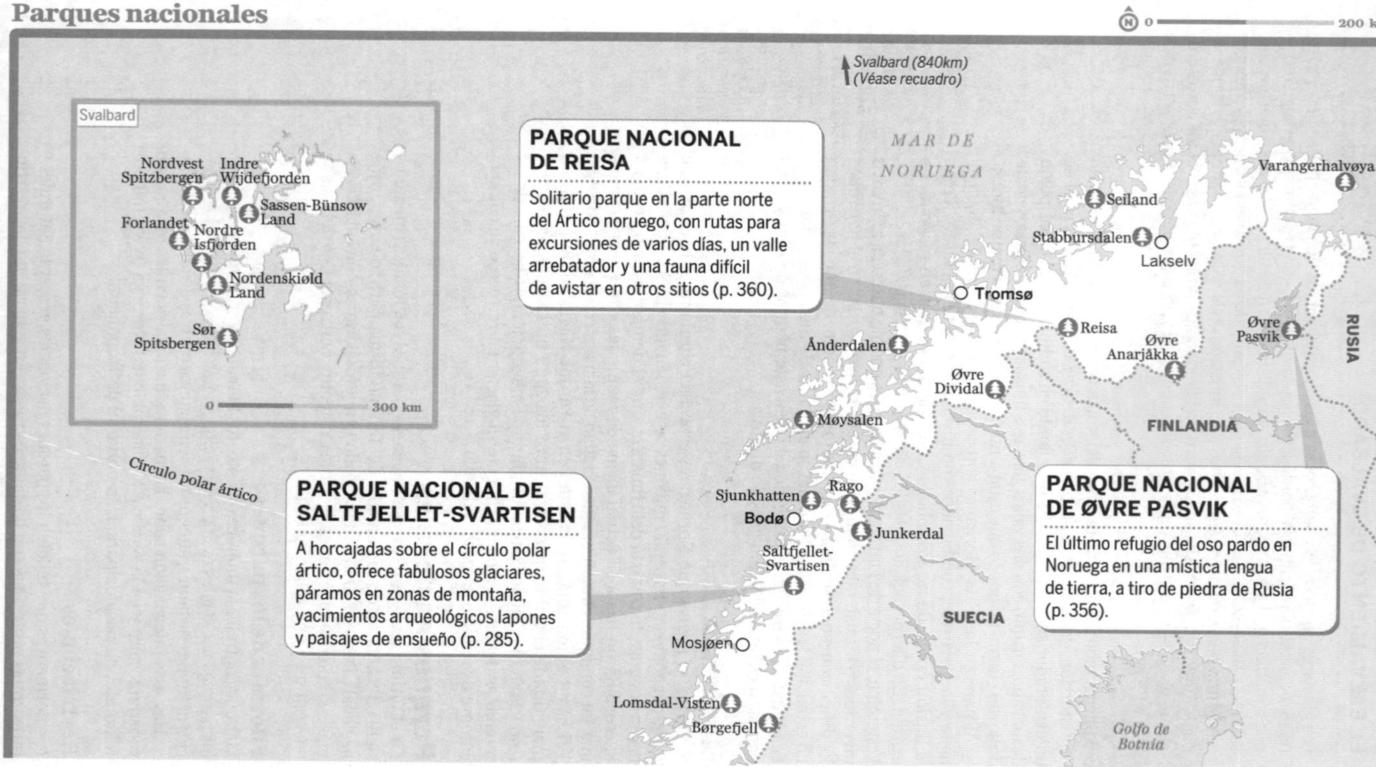

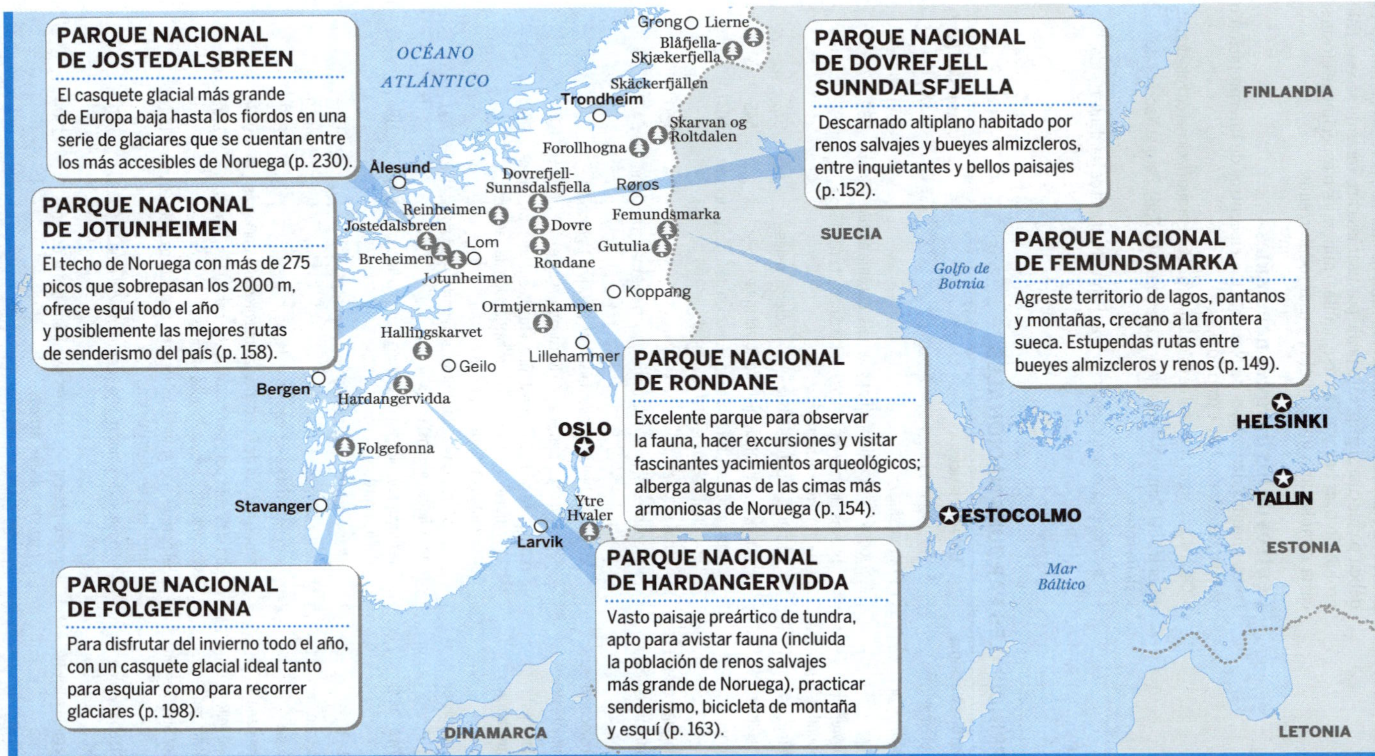

PARQUE NACIONAL DE JOSTEDALSBREEN

El casquete glacial más grande de Europa baja hasta los fiordos en una serie de glaciares que se cuentan entre los más accesibles de Noruega (p. 230).

PARQUE NACIONAL DE JOTUNHEIMEN

El techo de Noruega con más de 275 picos que sobrepasan los 2000 m, ofrece esquí todo el año y posiblemente las mejores rutas de senderismo del país (p. 158).

PARQUE NACIONAL DE FOLGEFONNA

Para disfrutar del invierno todo el año, con un casquete glacial ideal tanto para esquiar como para recorrer glaciares (p. 198).

PARQUE NACIONAL DE DOVREFJELL SUNNDALSFJELLA

Descarnado altiplano habitado por renos salvajes y bueyes almizcleros, entre inquietantes y bellos paisajes (p. 152).

PARQUE NACIONAL DE FEMUNDSMARKA

Agreste territorio de lagos, pantanos y montañas, crecano a la frontera sueca. Estupendas rutas entre bueyes almizcleros y renos (p. 149).

PARQUE NACIONAL DE RONDANE

Excelente parque para observar la fauna, hacer excursiones y visitar fascinantes yacimientos arqueológicos; alberga algunas de las cimas más armoniosas de Noruega (p. 154).

PARQUE NACIONAL DE HARDANGERVIDDA

Vasto paisaje preártico de tundra, apto para avistar fauna (incluida la población de renos salvajes más grande de Noruega), practicar senderismo, bicicleta de montaña y esquí (p. 163).

ciones de entrada a los parques, ni tampoco tarifas, pero los conductores deben pagar casi siempre un peaje por usar las carreteras de acceso. Está prohibido tirar basura, llevarse plantas, minerales o especímenes fósiles, cazar o molestar a los animales, y usar todoterrenos.

Centros de los parques nacionales

Pocos parques nacionales de Noruega tienen centros de interpretación o de visitantes pero hay excepciones:

- Centro del Parque Nacional de Folgefonna (p. 198), Parque Nacional de Folgefonna.
- Centro del Parque Nacional de Jostedalsbreen (p. 234), Parque Nacional de Jostedalsbreen.
- Hardangervidda Natursenter (p. 192), Parque Nacional de Hardangervidda.

PRINCIPALES PARQUES NACIONALES

Parque Nacional	Características	Extensión (km²)
Børgefjell	vegetación alpina, zorros árticos	1447
Breheimen	montañas	1691
Dovre	todos las especies de flora del país; máxima altitud: 1700 m	289
Dovrefjell-Sunndalsfjella	bueyes almizcleros, renos, monte Snøhetta (2286 m), pantano de Fokstumyra	1693
Femundsmarka	glaciares, montañas, bueyes almizcleros, renos	573
Folgefonna	glaciares, campo de hielo de Folgefonna	545
Forlandet	aves acuáticas, zonas de reproducción de focas y morsas en Prins Karls Forlandet (Svalbard)	4647
Hallingskarvet	renos salvajes	450
Hardangervidda	gran meseta, la colonia de renos salvajes más grande de Europa	3422
Jostedalsbreen	campo de hielo de Jostedalsbreen (487 km²), glaciares	1310
Jotunheimen	las montañas más altas de Noruega, glaciares	1151
Nordvest Spitsbergen	campo de hielo de Kongsbreen, Magdalenefjord, yacimientos arqueológicos, zonas de reproducción de caribús y mamíferos marinos	9914
Øvre Dividal	tierras boscosas alpinas ricas en fauna: osos pardos, glotones y linces euroasiáticos	750
Øvre Pasvik	la mayor *taiga* virgen de Noruega, último hábitat noruego del oso pardo	119
Rago	altas cumbres, vertiginosos valles y cascadas	171
Reinheimen	renos salvajes	1969
Reisa	garganta del Reisa, cascadas, fauna	803
Rondane	renos, macizo de Rondane, yacimientos arqueológicos	963
Saltfjellet-Svartisen	en el círculo polar ártico, páramos, casquetes polares, yacimientos arqueológicos lapones	2102
Sør Spitsbergen	el parque más grande de Noruega, cubierto de hielo en un 65%, cría de aves marinas	13 282
Stabbursdalen	el bosque de pinos más septentrional del mundo, linces, glotones	747
Varangerhalvøya	zorros polares, los lapones reúnen manadas de renos, antiguos paisajes árticos	1804

➡ **Halti Nasjonalparksenter** (77 58 82 82; www.reisa-nasjonalpark.no; Hovedveien 2, Storslett; 9.00-20.00 med jun-med ago, 11.00-18.00 principios de jun y fin ago, 9.00-15.00 ma y ju, 12.00-18.00 mi sep-may) Parque Nacional de Reisa.

➡ **Nordland Nasjonalparksenter** (Centro del Parque Nacional de Nordland; 75 69 24 00; www.nordlandsnaturen.no; junto a la E6, Storjord; 10.00-17.00 a diario jun-ago, hasta las 15.00 a diario sep y oct, hasta las 15.00 ma-do feb-may) Abarca una magnífica colección de parques nacionales poco conocidos de Nordland.

➡ Centro del Parque Nacional de Øvre Pasvik (p. 357), Parque Nacional de Øvre Pasvik.

➡ Stabbursnes Naturhus og Museum (p. 348), Parque Nacional de Stabbursdalen.

Actividades	Mejor época
ornitología	jun-ago
excursionismo	jun-ago
excursionismo	jun-ago
excursionismo, escalada, ornitología, safaris	may-sep
excursionismo, cruceros	med jun-ago
excursionismo por glaciares, esquí de verano	may-sep
ornitología	jul y ago
excursionismo	jul y ago
esquí nórdico, excursionismo	jun-ago
excursionismo, escalada en hielo, cometas, cruceros	jun-ago
excursionismo	jul-ago
excursionismo, kayak	jul y ago
excursionismo, trineos de perros	jul y ago, dic-mar
excursionismo	todo el año
excursionismo	jul y ago
excursionismo	jun-ago
excursionismo	jun-ago
excursionismo, safaris naturales	jun-ago
excursionismo	jul y ago
observación de aves y otros animales	jul y ago
excursionismo	jul y ago
excursionismo, ornitología	jul y ago

Flora y fauna

Si bien la singular distribución demográfica del país disemina la población al máximo y limita el hábitat de la vida natural, lo compensa con la variedad de emblemáticas especies del norte de Europa, que comprende desde osos polares, morsas y zorros árticos en Svalbard a bueyes almizcleros, renos y alces en la Noruega continental. Frente a la costa, las ballenas han sobrevivido pese a los esfuerzos de los cazadores por llevarlas a la extinción.

Mamíferos terrestres

Zorros árticos

Antaño abundante en todas las regiones del Ártico, puede que el zorro ártico o polar sea uno de los mamíferos terrestres más amenazados de Noruega. El número de ejemplares apenas ha aumentado desde que fuera oficialmente protegido en 1930, y su gran amenaza hoy proviene de la invasión del zorro rojo, mucho más grande y prolífico.

El zorro ártico está adaptado a los duros climas invernales y se cree que es capaz de soportar temperaturas de hasta -70°C, gracias a su espesa capa aislante bajo la piel. De un blanco casi perfecto en invierno, en verano puede tener un pelaje grisáceo y pardo. En regiones subpolares habita el mar de hielo y suele alimentarse de la carroña dejada por los osos polares.

Safaris de alces

Oppdal

Rjukan

Evje

Andøya, Vesterålen

Bueyes almizcleros y alces

Tras ser cazado hasta la extinción en Noruega hace casi 2000 años, el *moskus-okse* (buey almizclero) fue reintroducido en el Parque Nacional de Dovrefjell-Sunndalsfjella desde Groenlandia en la década de 1940 y, desde entonces, se ha extendido hasta el Parque Nacional de Femundsmarka. Alrededor de 100 ejemplares han sobrevivido en dos colonias noruegas, mientras que siguen siendo más numerosos en Groenlandia, Canadá y Alaska. En Norteamérica, el término inuit para el buey almizclero es *oomingmaq,* que significa "animal con la piel como barba".

Desde los bosques meridionales hasta el sur de Finnmark, el *elg* (alce) es bastante común aunque, dada la afición de los noruegos por su carne, suelen evitar la gente y las carreteras.

LOS CINCO GRANDES DE NORUEGA

En Noruega hay decenas de animales, pero los más interesantes son:

Oso polar, (p. 366) Svalbard

Morsa, (p. 368) Svalbard

Buey almizclero, (www.nasjonalparker.org) Parque Nacional de Dovrefjell-Sunndalsfjella

Ballena jorobada o cachalote, (p. 319) Andenes

Reno, (p. 163) Hardangervidda

DÓNDE VER ZORROS ÁRTICOS

Sin duda Svalbard es el mejor lugar para ver zorros árticos, que pueden avistarse incluso cerca de Longyearbyen.

En el continente, el Parque Nacional de Børgefjell, al norte de Rørvik y al sur del círculo polar ártico, acoge una de las pocas poblaciones de la Noruega continental. Se cree que también sobrevive una pequeña colonia en el **Parque Nacional de Dovrefjell-Sunndalsfjella** (p. 152) del centro de Noruega, y una diminuta cantidad se ha reintroducido hace poco en la meseta de Hardangervidda: la población de zorros árticos más meridional de Europa. En la zona más septentrional del país, el **Parque Nacional de Varangerhalvøya** (p. 400) es una importante zona de cría.

Si no se ven en libertad, está casi garantizado avistarlos o bien en el **Namsskogan Familiepark** o en el **Polar Park** (p. 335), ambos en el norte de Noruega.

Renos

Hay importantes colonias de *reinsdyr* (renos) salvajes en el centro de Noruega, normalmente por encima de la línea de árboles y a veces a una altitud de hasta 2000 m. La mejor zona para verlos es la meseta de Hardangervidda, donde habita la mayor colonia de Europa (7000 aprox.); así como en la mayoría de los parques nacionales de Noruega central y en el interior de Trøndelag. Muy interesante es la Fundación de Renos Salvajes (p. 152), en el Parque Nacional de Dovrefjell-Sunndalsfjella.

Los renos de Finnmark, en el extremo norte, son domésticos y criados por los lapones, que los conducen a la costa al empezar el verano y de nuevo al interior cuando llega el invierno.

El *svalbardrein* (reno de Svalbard) es autóctono de Svalbard; también se pueden ver renos rusos que llegan de Siberia por el mar helado.

Otros mamíferos terrestres

Como muchas de las especies de grandes mamíferos de Noruega, el *bjørn* (oso pardo) ha sido perseguido durante siglos y la única colonia permanente está en el Parque Nacional de Øvre Pasvik, al este de Finnmark, aunque de tanto en tanto pueden verse en los parques nacionales de Reisa, Øvre Dividal y Stabbursdalen, en Finnmark.

Habitante de los bosques, el lince boreal es el único gran felino del norte de Europa. Se halla por todo el país, pero rara vez se ve.

El lemen (lemming) ocupa zonas montañosas en el 30% del país y suele vivir a unos 800 m de altitud en el sur, y menos en el norte. Mide hasta 10 cm y tiene un suave pelaje naranja-marrón y negro, ojos saltones, una cola pequeña y prominentes incisivos superiores. Si el viajero se cruza con uno en la montaña, puede que se enfade, bufe, chille y trate de atacar.

Otras especies de mamíferos más pequeños y difíciles de ver son: *hare* (liebres árticas), *pinnsvin* (erizos, principalmente en el sur de Trøndelag), *bever* (castores en el sur de Noruega), *grevling* (tejones), *oter* (nutrias), *jerv* (glotones), *skogmår* (martas), *veser* (mustelas) y *røyskatt* (armiños).

Pese a que el número de osos polares ha permanecido relativamente estable desde el 2001, científicos del Gobierno de EE UU calculan que dos tercios de los osos polares del mundo (que hoy suman entre 20 000 y 25 000 ejemplares) habrán desaparecido antes del 2050, debido a la reducción del hielo marino en verano, y que el resto podría extinguirse antes de finalizar el s. XXI.

Mamíferos marinos

Osos polares

En Noruega el *isbjørn* (oso polar), el carnívoro terrestre más grande del mundo, se encuentra solo en Svalbard y pasa la mayor parte del tiempo en la manada o en hielo a la deriva. Desde la entrada en vigor en 1973 de la prohibición de caza, se cuentan unos 3500, aunque sigue siendo dificilísimo avistarlos a menos que se haga un crucero por Svalbard (es muy raro verlos por Longyearbyen). Pese a que pesan sobre los 720 kg y miden hasta 2,5 m, son rápidos y ágiles gracias al pelo de las plantas de sus pies, que aísla y facilita el movimiento sobre hielo y nieve.

La dieta de un oso polar consta de focas, ballenas arrastradas hasta la playa, pescado y pájaros. Raramente se alimentan de renos u otros mamíferos (incluidos humanos). Su leche contiene un 30% de grasa (la mayor proporción de todos los mamíferos carnívoros terrestres), lo que permite a los oseznos crecer rápidamente y sobrevivir en temperaturas extremas.

Ballenas

El mar que bordea Noruega es rico en pesca debido a las condiciones ideales para el crecimiento del plancton en verano. Esta abundancia de nutrientes también atrae a los peces, a los cetáceos barbados (que se alimentan del plancton) y a otros animales marinos que se nutren de pescado. Pero siglos de caza en el Atlántico Norte y en el océano Ártico han reducido varias especies de ballenas a colonias peligrosamente reducidas. Aparte de la ballena minke, no hay indicios de que el número de ejemplares vaya a recuperarse nunca en esta zona. Aun así, la variedad de especies de ballena en las aguas noruegas es asombrosa.

Posiblemente el animal más grande que haya habitado el planeta, la ballena azul más larga jamás capturada, medía 33,58 m; solo en su lengua cabían 50 personas.

La minkehval (ballena minke), una de las pocas que no está amenazada, mide 7-10 m de largo y pesa 5-10 Tm. Son cetáceos barbados, y emigran entre las Azores y Svalbard.

Entre Ålesund y Varangerhalvøya es posible ver *knolhval* (ballenas jorobadas), cetáceos barbados que miden hasta 15 m y pesan hasta 30 Tm. Figuran entre las ballenas más acrobáticas y ruidosas, ya que emiten canciones que pueden oírse y grabarse a cientos de kilómetros de distancia.

La spekkhogger (ballena asesina u orca) es el gran depredador marino. Mide hasta 7 m y pesa unas 5 Tm. Hay unas 1500 en las aguas noruegas, que nadan en grupos de dos o tres. Comen peces, focas, delfines, marsopas y otras ballenas (como las minke), a veces más largas que ellas mismas.

La *grindhval* (ballena piloto), de aleta larga y unos 6 m de largo, puede nadar en grupos de varios centenares y llegan incluso hasta Nordkapp. La *hvithval* (beluga), que alcanza los 4 m de largo, se encuentra principalmente en el océano Ártico.

El *narhval* (narval), de color gris y blanco y que llega a los 3,5 m de largo, se reconoce por su peculiar colmillo de marfil en espiral de 2,7 m, que sobresale del labio superior en los machos. Es, en realidad, uno de los dos dientes de la ballena. Vive principalmente en el océano Atlántico y, en ocasiones, nada hasta llegar a agua dulce.

El *seihval* (rorcual *sei),* un cetáceo barbado, nada junto a la costa de Finnmark y se llama así porque su llegada coincide con la de los *sei* (abadejos), que acuden para atiborrarse de plancton. Pueden medir hasta 18 m (5 m al nacer) y pesan hasta 30 Tm. La emigración anual los lleva desde los mares del noroeste de África y Portugal, en invierno, hasta el mar de Noruega y el sur del mar de Barents, en verano.

RECURSOS SOBRE FLORA Y FAUNA POLARES

- *Maravillas del mundo blanco* (Douglas Liverside; 1973). Un clásico para el conocimiento y el estudio de la vida natural de las regiones polares.
- *Sueños árticos: imaginación y deseo en un paisaje septentrional* (Barry López; 1986). Clásico de los paisajes, la flora, la fauna y la singularidad de los fenómenos del norte.
- Polar Bears International (www.polarbearsinternational.org)
- *Mamíferos marinos del Atlántico y del Mediterráneo* (Carl Christian Kinze; 2002). Guía práctica para conocer 51 mamíferos marinos.

DÓNDE Y CUÁNDO VER BALLENAS

Finales may-ago Son meses ideales para ver ballenas, y coinciden con las temperaturas más agradables de verano. Los cachalotes son el auténtico premio de esta época, aunque también se ven calderones. Andenes (p. 318) y Stø (p. 316) ofrecen circuitos.

Finales oct-med ene o feb En las expediciones que salen de Tromsø pueden verse orcas, ballenas jorobadas y rorcuales.

La finhval (ballena de aleta) mide 24 m y puede pesar hasta 80 Tm. Fue un objetivo muy preciado después de que el noruego Svend Føyn inventase el arpón de explosión en 1864. Los balleneros dejaron solo unos cuantos miles de ejemplares en el Atlántico Norte. También son migratorias: hibernan entre España y el sur de Noruega y pasan el verano en el norte de Noruega.

El spermsetthval (cachalote), que puede llegar hasta los 19 m y pesa hasta 50 Tm, se caracteriza por su extraño perfil cúbico. Subsiste principalmente a base de pescado y calamares, y suele vivir en grupos de 15-20. Los balleneros, que buscaban aceite de ballena y la apreciada cera espermaceti de sus cabezas, diezmaron la especie. Los bancos ricos en peces de Vesterålen atraen a muchos cachalotes, que suelen avistarse en circuitos en barco.

El animal más grande del planeta, la *blåhval* (ballena azul), mide unos 28 m y pesa 110 Tm. Aunque puede vivir hasta 80 años, lo normal es que no pase de los 50. Intensamente perseguida por su aceite, en 1967 la Comisión Ballenera Internacional finalmente protegió la especie, aunque demasiado tarde. La ballena azul figura en la Lista Roja de Especies Amenazadas de la Unión Internacional para la Conservación de la Naturaleza (en inglés IUCN), que calcula que en todo el mundo hay entre 10 000 y 25 000 ballenas azules; en el s. XX se registró la muerte de 341 830 ejemplares en las zonas antárticas y subantárticas. Según pruebas recientes, unas cuantas ballenas azules robustas están volviendo al noreste del Atlántico y en ocasiones se las ve en las aguas que rodean Svalbard.

La grønlandshval (ballena boreal), o ballena de Groenlandia, se encontraba prácticamente extinta a finales del s. XIX debido a sus barbas, que se usaban en corsés, abanicos y látigos, y porque son nadadoras lentas y flotan cuando están muertas. En 1679, Svalbard contaba con cerca de 25 000 ballenas boreales, pero hoy solo quedan unas pocas.

Morsas

La *hvalross* (morsa; *Odobenus rosmarus*) es uno de los mamíferos marinos más carismáticos y buscados por los aficionados. En Noruega, solo viven en Svalbard, sobre todo en las islas de Prins Karls Forlandet (p. 375) y la **isla de Moffen**; las expediciones en verano de Longyearbyen (p. 368) a esta última son la mejor ocasión para ver estos gigantes del mar.

La morsa mide casi 4 m y pesa hasta 2000 kg; sus colmillos pueden alcanzar hasta 1 m de largo en los machos. Pasan la mayor parte de su vida en aguas poco profundas del mar buscando moluscos, y van a tierra a descansar y tomar el débil sol ártico. Pueden vivir hasta 30 años en libertad, y suelen no criar hasta los 15 años; la gestación dura de 15 a 16 meses. Aparte de los humanos, los únicos depredadores naturales capaces de matarlas son los osos polares y las orcas.

Antaño perseguidas por su marfil y su grasa, la colonia de Svalbard ha aumentado hasta los 1000 ejemplares desde que se convirtió en especie protegida en 1952. La subespecie de morsas del Atlántico asciende a unos 25 000 especímenes (mientras que las del Pacífico las superan 10 veces

LIBROS SOBRE BALLENAS

- *Marine Mammals of the North Atlantic* (Mamíferos marinos del Atlántico Norte; Carl Christian Kinze; 2003)
- *A Field Guide to North Atlantic Wildlife: Marine Mammals, Seabirds, Fish, and Other Sea Life* (Guía de campo de la fauna del Atlántico Norte: aves y mamíferos marinos, peces y otros animales del mar; Noble S. Proctor y Patrick J. Lynch; 2005)
- *North Atlantic Right Whales: From Hunted Leviathan to Conservation Icon* (Ballenas de los vascos del Atlántico Norte: de Leviatán cazado a icono de la conservación; David W. Laist; 2017)

en número) pero las grandes colonias de hasta 8000 morsas son cosa del pasado. La morsa se considera en todo el mundo una especie clave para la salud del entorno ártico y sigue siendo vulnerable según la IUCN (www.iucnredlist.org).

Otros mamíferos marinos

Las aguas noruegas abrigan colonias numerosas de delfines nariz de botella, de hocico blanco, atlántico de costado blanco y común.

Por toda Noruega y en algunos fiordos del interior es común ver también focas, entre cuyas especies principales se encuentran la *steinkobbe* (foca de puerto), la *havert* (foca gris), la *ringsel* (foca anillada), la *grønlandssel* (foca pía), la *klappmyss* (foca capuchina) y la *blåsel* (foca barbuda). Hay circuitos de verano para ver colonias de focas desde Stø (p. 316) y Tromsø (p. 325).

Aves

Noruega es un destino excelente para los ornitólogos, con 473 especies registradas. Las grandes colonias de pájaros se encuentran en la costa, donde millones de aves marinas anidan en las paredes de los acantilados y se nutren de pescado y otros animales marinos. Las especies más prolíficas incluyen estérnidos, *havsule* (alcatraces), *alke* (alcas comunes), *lundefugl* (frailecillos), *lomvi* y *teist* (araos), *havhest* (fulmares), *krykkje* (rissas), *tjuvjo* y *fjelljo* (págalos) y *alkekonge* (mérgulos atlánticos). Los amantes del humilde frailecillo deben ir a Runde, Bleik, Gjesvær o Svalbard.

Las más destacadas entre las aves zancudas y acuáticas son la *storlom* (zancuda de cuello negro), el *smålom* (colimbo), el *horndykker* (zampullín cuellirojo), el *åkerrikse* (codorniz) y el ave nacional noruega, el *fossekall* (mirlo acuático), que se alimentan buceando en los arroyos.

En Noruega pueden encontrarse también al menos cuatro especies de búho: el *jordugle* (de campo), el *spurveugle* (pigmeo), el *snøugle* (nival) y el *hubro* (cornudo).

El ave rapaz más espectacular es el *havørn* (águila de cola blanca), la más grande del norte de Europa, con una envergadura de hasta 2,5 m. Hoy anidan al menos 500 parejas en la costa de Nordland, Troms y Finnmark. Aproximadamente el mismo número de *kongeørn* (águila dorada) habita las zonas montañosas más altas. Hay un máximo de 30 pares de *fiskeørn* (águila pescadora) únicamente en las zonas de bosque espeso alrededor de los parques nacionales de Stabbursdalen y Øvre Pasvik, ambos en el extremo norte. En Stabbursdalen se ven también gansos caretos, en menor peligro de extinción.

La región de Varanger del noreste de Noruega tiene una merecida fama entre los aficionados a las aves por las especies árticas, tanto residentes como migratorias. Las más características son el eíder de Steller, el falaropo picofino, el cisne chico y el búho real.

Cuestiones medioambientales

Noruega y el medioambiente son como una pareja modelo: desde fuera parecen la pareja perfecta pero, si se mira con atención, la imagen se enturbia. De hecho, su reputación de promover la sostenibilidad medioambiental mientras sigue siendo una de las mayores productoras mundiales de combustibles fósiles (el petróleo es esa verdad incómoda de la que nadie se atreve a hablar) es una historia fascinante.

Cambio climático

El cambio climático no es ni mucho menos un problema exclusivo noruego, pero pocos países se han comprometido a hacer algo como Noruega, al menos dentro de sus fronteras. El Gobierno noruego prometió en el 2007 "estar al frente del esfuerzo climático internacional" y anunció planes para convertirse en "neutro en cuanto a emisiones de carbono" y reducir a cero los gases de efecto invernadero para el año 2050. El país se propone también vender solo automóviles eléctricos para el 2025. Esto implicará la compensación de las emisiones globales de dióxido de carbono mediante la compra de bonos de carbono en los mercados internacionales. Asimismo, el Gobierno acordó recortar las emisiones actuales a un 40% para el año 2030.

La catástrofe que viene, de Elizabeth Kolbert, es uno de los libros de referencia sobre el cambio climático, abordado desde una óptica científica y objetiva.

El 100% de la electricidad de Noruega proviene de energías renovables (sobre todo hidráulica). El país ha creado además regímenes fiscales destinados a reducir las emisiones de dióxido de carbono, y destina miles de millones de coronas a la recogida de dióxido de carbono y a programas de almacenamiento e iniciativas relacionadas con el clima, tanto nacionales como internacionales.

Pese a las buenas noticias en el interior del país, hay que recordar que Noruega es uno de los principales exportadores de combustibles fósiles; según un estudio, en el 2017 las emisiones provocadas por las exportaciones de petróleo superaban las emisiones nacionales en un 1000%. El Gobierno noruego sigue promoviendo una agresiva estrategia de prospecciones

PELIGROSO RIESGO MEDIOAMBIENTAL: PEDOS DE ALCE

Calentamiento global. Combustibles fósiles. Pedos de alce... Aunque no suene a amenaza seria para el medioambiente, el gas de un alce puede ser más dañino para el medioambiente que un automóvil familiar medio.

Según una noticia de agosto del 2007 del periódico londinense *The Times*, un único alce adulto que no haga más que tirarse pedos y eructos todos los años libera una cantidad de metano equiparable a 2100 kg de emisiones de dióxido de carbono, lo que equivale a recorrer 13 000 km en coche. Con los 120 000 alces que deambulan por los montes –las autoridades autorizan a cazar unos 37 000 anuales en todo el territorio nacional–, ello supone una producción de metano muy elevada, por no mencionar el estado de nerviosismo entre los inocentes alces.

petrolíferas; en el 2017 Statoil comenzó a trabajar en cinco importantes nuevo pozos en el mar de Barents. Aunque la empresa asegura que solo harán prospecciones en aguas sin hielo (limpiar un vertido de petróleo en aguas rodeadas de hielo es casi imposible), Noruega sigue comprometida y depende de los combustibles fósiles para su prosperidad. Esta aparente contradicción entre el respeto medioambiental y la importante producción de petróleo es fundamental en la relación del país con el medioambiente.

El cambio climático en Noruega es evidente por las preocupantes señales de que sus glaciares podrían estar amenazados y por el peligroso estado del hielo en el mar Ártico. Por otra parte, la ejemplar postura del país sobre la contaminación del Ártico queda desautorizada por su producción de combustibles fósiles; las estrictas estipulaciones del Gobierno que protegen el medioambiente en Svalbard han sido elogiadas, pese a que siga desgravando por la producción de carbón en el archipiélago (aunque está disminuyendo). Al mismo tiempo, el Banco Mundial de Semillas de Svalbard también está considerado un recurso vital para la protección de la biodiversidad en caso de un gran aumento de la temperatura global.

El temor a permitir el acceso a aguas noruegas a las flotas de pesca europeas ha sido una razón importante para que Noruega no entrara en la UE. Finalmente, en el 2013 el país firmó un acuerdo con la Unión sobre cuotas de pesca.

Pesca comercial

La pesca y la acuicultura (piscicultura) siguen siendo la base de la economía costera de Noruega; emplean a unas 28 000 personas en la flota pesquera y a no pocas industrias secundarias. Con una captura de entre 2,5 y 3 millones de Tm anuales, el país es uno de los mayores exportadores de marisco del mundo.

Aun así, los siglos de pesca han diezmado las especies que una vez fueron los pilares de su economía. A finales de la década de 1970, por ejemplo, las reservas de arenque estaban casi agotadas. Además, la sobrepesca ha acabado con los bancos de bacalao en todo el Atlántico Norte. Tras tres décadas de medidas de conservación, con unas cuotas muy estrictas, el sector del arenque se está recuperando. También se están aplicando normas sobre la pesca del bacalao, aunque pasarán muchos años antes de que se recuperen las cifras del pasado.

Es justo decir que los noruegos suelen ver la reducción crítica de las reservas de pescado de sus aguas tanto desde el propio interés económico como desde la conciencia medioambiental. La pesca, que aún es la segunda mayor fuente de ingresos por exportaciones del país después del petróleo y derivados, era uno de los pocos recursos comerciales de Noruega en la época anterior al petróleo, un contexto esencial para entender muchas políticas medioambientales del país, ya que tienen relación con la pesca.

Caza de focas

Noruega tiene una larga tradición de caza de focas y hasta el 2017 el Gobierno fijaba cuotas anuales de entre 30 000 y 50 000 focas arpa. El apoyo gubernamental a la caza de focas (ayudaba a los barcos) se debía sobre todo a la presión de los pescadores, que deseaban restringir la competencia entre los barcos de pesca y los mamíferos marinos que se alimentan de pescado y comen hasta 2,5 kg al día. Además, la carne de foca se considera un manjar en muchas regiones de la costa noruega.

Para mitigar las protestas de los ecologistas, los cazadores de focas solo pueden utilizar dos armas: un rifle de balas expansivas y un *hakapik*, o arpón; el primero para focas adultas y el segundo para las crías (que no se pueden cazar mientras están mamando). También se exige a los cazadores que hagan cursos y pruebas de tiro antes de cada temporada. A pesar de estas normas, las noticias apuntan a que han proliferado los daños a las focas jóvenes abandonadas durante las cacerías.

Pero por primera vez en siglos, en el 2017 la flota de caza de focas se quedó en puerto y no se mató ni una sola foca. Aunque los grupos ecologistas se alegraron (entre otros exigen el fin de la caza de focas el International Fund for Animal Welfare (IFAW), la Humane Society y Greenpeace), el fracaso de la caza de focas no tuvo tanto que ver con las décadas de protestas como con el realísimo problema medioambiental de la disminución del hielo; las focas necesitan hielo en el mar para criarse y alimentarse. La flota de caza de focas de Noruega en el 2016 tuvo dificultades para encontrar suficientes focas como para que fueran viables sus expediciones de larga distancia desde Tromsø.

Era el final lógico de años de declive; en épocas anteriores, las matanzas selectivas equivalían a apenas un 10% de la cuota adjudicada. La retirada de subsidios del Gobierno (equivalente al 80% de los ingresos de los cazadores de focas) y una prohibición de la UE del 2009 sobre los productos de piel de foca también influyeron.

Al igual que en el caso de las ballenas y la pesca, muchos noruegos ven desde hace tiempo la industria de la caza de focas desde un punto de vista histórico y económico más que medioambiental. En el 2016 se proyectó en el Festival Internacional de Cine de Tromsø el nostálgico documental *Ishavsblod* (Cazadores de focas: última caza).

Caza de ballenas

Ninguna cuestión medioambiental noruega inspira más clamor internacional y emoción que la de la renovada caza de ballenas en el Atlántico Norte.

Contexto internacional

En 1986, como resultado de las campañas globales que expresaban la honda preocupación por el estado de las poblaciones mundiales de ballenas, la Comisión Ballenera Internacional (www.iwc.int/home) impuso una moratoria sobre la caza. Aunque se ha cumplido en gran parte, dos elementos principales han hecho que la moratoria se haya visto amenazada.

El primero ha sido la decisión de los tres principales países cazadores –Noruega, Japón e Islandia– de reanudar la caza comercial de ballenas o, en el caso de Japón e Islandia, de amenazar con abandonar la CBI si la moratoria no se sustituye por un plan de administración que permita cazar cierto número de ejemplares.

El segundo es una campaña concertada que ha visto a países sin historia ballenera –como Mauritania, Costa de Marfil, Granada, Tuvalu, San Marino, Mali e incluso Mongolia, que no tiene salida al mar– incorporarse a la Comisión. El resultado ha sido pasar de 9 votos de los 55 a favor de la caza de ballenas en el año 2000 a una división de casi el 50% entre los 88 miembros que posee la Comisión en la actualidad (se requiere una

La Comisión Ballenera Internacional (CBI; www.iwc.int/home) es un organismo imparcial sobre la caza de ballenas y la política ballenera. Hay apartados útiles, como el "Estado de las ballenas", con cálculos de las poblaciones actuales de ballenas.

CENTOLLOS

Están deliciosos y una expedición para capturarlos es una de las formas más populares de pasar una mañana de invierno al norte, en Kirkenes y otros lugares, pero el centollo de Alaska es un tema bastante grave.

La historia del mayor crustáceo del mundo (la longitud de sus patas suele alcanzar 1,8 m y se sabe que ha llegado a pesar 15 kg) es increíble. Unos científicos rusos introdujeron siete centollos en el Pacífico Norte en 1961 y se han ido multiplicando a un ritmo asombroso. Todos los años, cada hembra tiene unas 10 000 crías que sobreviven y ahora hay 20 millones solo en el mar de Barents.

El problema de este éxito aparente es que los centollos de Alaska comen todo lo que encuentran a su paso por el suelo oceánico. Se calcula que su paso al parecer imparable hacia el oeste por la costa noruega y al norte hacia Svalbard está expandiendo sus territorios en unos 50 km/año.

mayoría del 75% para cambiar la política de la CBI). Los japoneses no han negado las acusaciones de que los votos a favor se hayan recompensado con aportes para el desarrollo.

Noruega considera que la moratoria es innecesaria y está anticuada. Argumenta que, si bien en el pasado los balleneros llevaron a muchas especies al borde de la extinción (solo en el s. XVII, los balleneros neerlandeses mataron a unos 60 000 ejemplares en las aguas de Svalbard), los modernos están mejor informados, cumplen con un razonable sistema de cuotas y adoptan métodos de matanza menos crueles. Reivindican que solo apoyan las actividades tradicionales y familiares y que no pretenden volver a la caza industrial de ballenas.

Si se desea conocer la postura noruega al respecto, se puede visitar el Museo Ballenero (p. 108) de Sandefjord, en la costa sur.

El debate sobre la caza de ballenas puede seguirse en Greenpeace (www.greenpeace.org), en la Sociedad de Conservación de Ballenas y Delfines (www.wdcs.org) y en el Ministerio Noruego de Pesca (www.fisheries.no).

Práctica reciente en Noruega

Noruega reanudó la caza comercial de ballenas enanas en 1993, desafiando la prohibición internacional, pero ajustándose a su objeción a la moratoria de 1986. Aunque el Gobierno apoya la protección de las especies amenazadas, también sostiene que las ballenas enanas, con una población en el noreste del Atlántico de unos 100 000 ejemplares, puede soportar una captura limitada. A pesar de la condena de grupos ecologistas internacionales como Greenpeace y la Sociedad de Conservación de Ballenas y Delfines, el Gobierno noruego mantiene una cuota de ballenas enanas de 999 ejemplares, aunque en los últimos años los balleneros hayan pescado menos de la mitad de la cuota asignada.

Japón y Noruega volvieron a vender carne de ballena en el 2004 y más que el consumo nacional suele ser el mercado de exportación el que impulsa la industria, aunque esta carne se vende abiertamente en mercados de pescado (sobre todo en Bergen) y sigue estando en muchas cartas de restaurantes noruegos; buen momento para decidir qué postura adoptar.

Silvicultura

Los bosques ocupan alrededor del 38% de Noruega continental, pero los que se reservan para el cultivo suponen un 25% del territorio. Las zonas salvajes protegidas representan menos del 1% de los bosques del país, muy por debajo del estándar internacional de un 5%. Más de 1000 especies arbóreas están en peligro de extinción y las zonas vírgenes son muy escasas.

NO TAN PERMAFROST

Al parecer el permafrost no tiene nada de permanente. La palabra se refiere al terreno (de tierra o roca) que permanece a 0°C o menos durante al menos dos años. Naturalmente gran parte del permafrost que ocupa Siberia, Groenlandia y Siberia lleva congelado mucho más de dos años, aunque la reciente preocupación por el cambio climático ha creado gran ansiedad por las consecuencias de que se derrita; un aumento de 1,5°C en las temperaturas globales sería suficiente para que comenzara a fundirse. Esto es importante porque el permafrost derretido libera metano, lo que contribuirá de forma significativa a un mayor calentamiento global.

La proporción de permafrost mundial de Noruega es relativamente pequeña, pero existen algunas zonas por el valle del río Pasvik y el Parque Nacional de Varangerhalvøya, ambas en el extremo noreste de la Noruega continental. Además, gran parte de Svalbard está situada sobre una base de permafrost. En el 2017, unas inesperadas temperaturas cálidas derritieron el permafrost que rodeaba la **Bóveda Global de Semillas** (p. 365) de Svalbard, por lo que entró agua en la misma. Fue una gran conmoción para quienes creían que la llamada Bóveda del Juicio Final era inexpugnable.

Uno de los pocos bosques centenarios que quedan en Noruega y que ha llamado la atención de los ecologistas es Trillemarka-Rollagsfjell, de 205 km², unos 100 km al oeste de Oslo. Declarado reserva natural en el 2002, da cobijo a especies en peligro de extinción, como ciertos pájaros carpinteros, el arrendajo siberiano y el águila real, así como a flora amenazada.

Otro bosque importante es la taiga virgen del valle del río Pasvik al sur de Kirkenes; sigue intacto en su mayor parte, aunque es una pequeña proporción de un bosque mucho mayor que continúa tras la frontera rusa.

Aunque ninguna actividad forestal puede ser totalmente efectiva desde el punto de vista ecológico, Noruega cuenta con uno de los sectores forestales más sostenibles del planeta y gran parte de los daños visibles a sus bosques se deben a la extensión agrícola y a la sobreexplotación maderera entre los ss. XVII y XX.

La fundación EduCaixa (www.educaixa.com) mantiene una variada oferta de actividades con finalidad educativa, tanto en línea como en forma de exposiciones itinerantes, con especial incidencia en las relacionadas con el Ártico y los glaciares. Una de las más logradas es *El Ártico se rompe*.

Zonas salvajes

Puede que Noruega tenga una de las densidades de población más bajas de Europa, pero debido a su patrón de asentamiento –único en Europa, que prefiere las granjas aisladas a los pueblos–, incluso las zonas más remotas están habitadas y gran parte de la población mantiene un estilo de vida rural.

En consecuencia, la acción del hombre ha alterado mucho el paisaje, atravesado por carreteras que conectan casas, granjas y zonas madereras aisladas con otras más pobladas. Se han construido presas para producir energía hidroeléctrica en todos los ríos importantes, excepto dos; e incluso las superficies de aspecto salvaje de Finnmarksvidda y las inmensas penínsulas que se adentran en el océano Ártico proporcionan pastos para los renos. Así, aparte de los elevados campos de hielo y de la red de parques nacionales, las verdaderas áreas salvajes se limitan a unas cuantas zonas forestales de montaña a lo largo de la frontera con Suecia, zonas aisladas de Hardangervidda y la mayor parte de Svalbard.

Reciclaje

Los noruegos apoyan sin reservas la clasificación de los residuos domésticos para su recogida y reciclaje, y a los visitantes se les anima a hacer lo mismo. Ha sido todo un éxito el plan de ahorro obligatorio para las botellas de cristal y las latas y, en la actualidad, se devuelve el 96% de las botellas de cerveza y de refrescos. Los supermercados dan dinero por las latas de aluminio y botellas de plástico que se devuelven (1-1,50 NOK).

No obstante, desde principios de los años setenta, el nivel medio anual de desechos domésticos generados por persona casi se ha duplicado hasta unos 375 kg (o hasta un 40% desde 1995), un aumento que coincide con los años dorados de la prosperidad noruega impulsada por el petróleo. Aunque llevó tiempo alcanzar estos niveles, alrededor del 50% de los residuos domésticos y dos tercios de los industriales se reciclan hoy en día, y Noruega es un líder mundial en lo que concierne al reciclaje de productos eléctricos y electrónicos. No obstante, el metano de los residuos todavía supone el 7% de sus emisiones de gas invernadero y los noruegos consumen más de 130 000 Tm de envases de plástico al año.

Los samis o lapones de Noruega

El autóctono pueblo sami, o lapón, antaño nómada, es la minoría étnica más grande de Noruega, y la que habita allí desde hace más tiempo: llevan milenios viviendo en el norte de Escandinavia y noroeste de Rusia. De los 60 000 lapones que hay, unos 40 000 residen en Noruega, sobre todo en la región de Finnmark, con grupos dispersos en Nordland, Trøndelag y otras zonas del centro del país. Los lapones, que se refieren a sus tierras tradicionales como Sápmi o Samiland, también estan presentes en Suecia, Finlandia y Rusia. Conocer a los lapones puede ser una parte memorable del viaje.

Historia lapona

Se cree que los lapones emigraron de Siberia hacia Noruega hace 11 000 años. Sin embargo, la referencia escrita más antigua la recogió el historiador romano Tácito en el 98 d.C. En el 555, el griego Procopio se refirió a Escandinavia como Thule (el norte más lejano) y a su pueblo como *skridfinns,* que cazaban, pastoreaban renos y se desplazaban con esquís. Las sagas medievales islándicas confirman el comercio entre los pueblos nórdicos y el lapón. El comerciante Ottar, quien "vivió más al norte que cualquier otro hombre del norte" sirvió en la corte del rey de Inglaterra Alfredo el Grande y escribió mucho sobre su país natal y sus pueblos indígenas.

Durante la Edad Media, el pueblo lapón vivía de la caza en pequeñas comunidades conocidas como siida. Durante los ss. XVII y XVIII, la colonización del norte llevada a cabo por ganaderos escandinavos se enfrentó a numerosos conflictos, aunque muchos de los recién llegados creyeron que la forma de vida lapona se adaptaba mejor a las condiciones de la zona y adoptaron su vestimenta, dieta y costumbres.

En torno a 1850, estando las tradiciones laponas bajo amenaza por la cada vez mayor actividad misionera, se implantaron reformas que restringían el uso de su lengua en las escuelas. A partir de 1902 fue ilegal vender tierras a todo el que no hablase noruego. Esta política se hizo cumplir afanosamente y la cultura lapona parecía abocada a la extinción.

No obstante, después de la II Guerra Mundial, hubo un cambio en las políticas del Gobierno y se empezó a promover el multiculturalismo. En la década de 1960, se reconoció el derecho del pueblo lapón a conservar y cultivar el idioma y los valores de su cultura en todos los ámbitos. Las medidas oficiales consideraban a los lapones como sujetos noruegos pero también como una minoría étnica y un pueblo aparte. Su estatus legal mejoró notablemente y el Gobierno creó dos comités: el Samekulturutvalgte, para tratar los aspectos culturales lapones, y el Samerettsutvalget, para determinar los aspectos legales de su estatus y la propiedad de los recursos.

De 1979 a 1981, una protesta lapona cada vez más férrea en Oslo en contra de la propuesta de construir una presa y una planta hidroeléctrica sobre tierras tradicionales laponas en el río Alta llamó la atención sobre la lucha por los derechos de este pueblo. En la disputa, 600 policías (el 10% del total del país) fueron enviados a Alta para enfrentarse a los manifestantes y sacarlos de allí. En 1982 el Tribunal Supremo de Noruega emitió un

Siempre se ha conocido a los samis como lapones y a su tierra como Laponia (aún se dice a menudo). Sin embargo, en las últimas décadas, ese término ha pasado a tener connotaciones negativas y muchos samis lo consideran insultante.

dictamen a favor del Gobierno, pero aunque la protesta acabó en derrota, dio más notoriedad a las preocupaciones laponas en el panorama nacional.

En 1 988, el Gobierno noruego aprobó una enmienda progresista que empezaba de la siguiente manera: "Es responsabilidad de las autoridades del Estado crear condiciones que permitan al pueblo lapón conservar y desarrollar su idioma, su cultura y su forma de vida". También promovió la creación de un Parlamento Lapón de 39 miembros (p. 358) para actuar como órgano consultor y llevar sus asuntos al Parlamento Nacional (existen órganos similares en Finlandia y Suecia).

A comienzos de la década de 1990, el Gobierno aprobó la ley de la lengua lapona, que concedió a su idioma la misma categoría que al noruego. Ese mismo año, Noruega ratificó el convenio nº 169 de la Organización Internacional del Trabajo, que garantizaba los derechos de los pueblos indígenas y tribales.

A pesar de que la mayor parte de los partidos políticos apoya los derechos de los lapones, la lucha continúa. El partido de derechas Fremskrittspartiet ha pedido la abolición del Parlamento Lapón.

La cría de renos, antaño pilar de la economía lapona, se modernizó con éxito en los años ochenta y noventa y ahora es una importante fuente de ingresos; por ejemplo, es más probable que los pastores vayan de una manada a otra en moto de nieve que con esquís. Además, los lapones modernos se dedican a la pesca, la agricultura, el comercio, la pequeña industria y la artesanía.

Para ser considerado oficialmente lapón y poder votar en las elecciones a su Parlamento (si se es mayor de edad), hay que considerarse a sí mismo sami y hablar lapón como primera lengua o, al menos, haberlo hecho uno de los padres, abuelos o bisabuelos.

Cultura y tradiciones

Durante siglos la vida de los lapones se basó en la caza y la pesca, más tarde, durante el s. XVI se domesticaron los renos y la economía de caza se transformó en una economía de pastoreo nómada. Aunque el reno sigue teniendo un papel prominente en la vida de este pueblo, en la actualidad solo entre un 10% y un 15% de los lapones se dedican íntegramente al pastoreo de renos. Hoy en día, unos pocos tradicionalistas siguen llevando un estilo de vida realmente nómada. La mayoría se dedica a la pesca o a actividades relacionadas con el turismo.

Un importante elemento identificador de la cultura lapona es el canto del *joik* o *yoik* ("canción de las llanuras"), un poema rítmico compuesto especialmente por una persona para describir su naturaleza innata. Se considera que el poema es de quien lo compone. Otros elementos tradicionales son la medicina folclórica, las obras de arte como tallas de madera y platería, y el intento de conseguir una armonía ecológica.

El traje nacional lapón es el único genuinamente folclórico que aún se usa de forma informal en Noruega, y puede verse en las calles de Kautokeino y Karasjok. Cada región tiene sus rasgos distintivos, pero todos incluyen una combinación muy decorada y bordada de camisas, vestidos, pantalones o faldas de fieltro rojos y azules, botas y gorros. En ocasiones especiales el vestido de las mujeres se completa con una corona de perlas y una guirnalda de cintas de seda para el pelo.

LIBROS SOBRE LOS SAMIS O LAPONES

- *El pueblo sami* (Davvi Girji; 1990)
- *Los samis: pueblo autóctono del Ártico* (Odd Mathis Hælta; 1996)
- *Los samis: tradiciones en transiciones* (Veli-Pekka Lehtola; 2005)
- *Las mujeres samis del reno* (Ramón Areces; 2006)
- *Auroras de medianoche. Viaje a las cuatro Laponias* (Luis Pancorbo; 2013)

Religión lapona

Históricamente, las tradiciones religiosas samis se caracterizaban por la relación con la naturaleza y sus dioses arquetípicos. En sitios de especial poder, sobre todo prominentes formaciones de roca, se hacían ofrendas a los dioses y ancestros para asegurar el éxito en la caza o en otras empresas. La mediación y la curación las llevaban a cabo especialistas chamánicos que utilizaban tambores y figuritas para emprender viajes extracorporales hacia los confines de la Tierra, en busca de respuestas. Al igual que ocurre con casi todos los pueblos indígenas del hemisferio norte, el oso, la criatura más poderosa de la naturaleza, se consideraba un animal sagrado.

Otro elemento esencial en la tradición religiosa es el *joik*. Este mantra personal es tan fuerte que los primeros misioneros cristianos lo consideraron una amenaza y lo prohibieron por pecaminoso. La mayoría de los lapones modernos profesa el cristianismo, si bien los elementos de su antigua religión están volviendo a escena.

Organizaciones laponas

La primera sesión del Parlamento Lapón noruego se celebró en 1989. Se reúne en Karasjok y sus 39 representantes se eligen en las comunidades laponas de toda Noruega cada cuatro años. Su tarea principal consiste en proteger la lengua y la cultura autóctonas.

Los lapones noruegos pertenecen también al **Consejo Sami** (☎en Finlandia 400725226; www.saamicouncil.net), que se fundó en 1956 para fomentar la cooperación entre organizaciones políticas de Noruega, Suecia, Finlandia y Rusia. En Tromsø, en 1980, el programa político del Consejo Sami adoptó estos principios:

"Tenemos el derecho inalienable a conservar y desarrollar nuestras propias actividades económicas y en nuestras comunidades de conformidad con nuestras propias circunstancias, y juntos protegeremos nuestros territorios, recursos naturales y patrimonio nacional para las futuras generaciones".

Los lapones participan en el Consejo Ártico y en el Consejo Mundial de Pueblos Indígenas, que fomenta la solidaridad y promueve el intercambio de información entre los pueblos indígenas.

El **Sami University College** (Sami University of Applied Sciences; Samisk høgskole; ☎78 44 84 00; www.samas.no/en; Hannoluohkka 45, Kautokeino) de Kautokeino fue fundado como Instituto Nórdico Sami en 1974 y promueve la lengua, cultura y educación lapona, así como la investigación, las actividades económicas y la protección medioambiental.

Lugares samis

- *Museo Sami de Varanger (Varangerbotn)*
- *Ceavccageadge (Mortensnes)*
- *Parque Sápmi (Karasjok)*
- *Parlamento Sami (Karasjok)*
- *Museo Nacional Sami (Karasjok)*
- *Museo Kautokeino (Kautokeino)*

Arte y arquitectura

Noruega es uno de los gigantes culturales de Europa, cuna de escritores, compositores y pintores en un número desproporcionado con respecto a su tamaño. Los artistas e intérpretes noruegos también sobresalen en los ámbitos de la cultura popular, desde la oscura y absorbente novela policíaca hasta facetas musicales como el *jazz,* la electrónica y el *heavy metal.* Y en lo que a arquitectura respecta, Noruega es tan conocida por sus iglesias de madera como por las alocadas creaciones contemporáneas, que son ya una especialidad nacional.

Arte

A finales del s. XIX y principios del s. XX, tres figuras (el dramaturgo Henrik Ibsen, el compositor Edvard Grieg y el pintor Edvard Munch) destacaron como nadie en la vida cultural noruega y su aparición tuvo lugar en una época en la que el país forjaba su camino hacia la independencia y ampliaba los límites creativos de una identidad nacional recién afianzada. Más que meros artistas, Ibsen, Grieg y Munch son una expresión del alma noruega. En el s. XX ganaron el Premio Nobel de Literatura tres escritores noruegos (producto de la edad dorada de la expresión cultural noruega).

Dos historias de éxito en la televisión noruega de los últimos años fueron también de lo más insólitas. La primera seguía el ferrocarril Oslo-Bergen desde una cámara situada delante de la locomotora durante siete horas. Luego la televisión nacional noruega NRK hizo lo mismo con el ferri costero de Hurtigruten, esta vez durante seis días.

Literatura

Cuentos populares

En ningún otro lugar de Europa ha sobrevivido una tradición de cuentos populares y leyendas tan extensa como la de Noruega. Aunque muchos de estos cuentos han sido trasladados al papel, su esencia es la tradición oral transmitida a lo largo de generaciones.

Los cuentos folclóricos noruegos, a menudo inspirados en leyendas de la literatura medieval escandinava, están poblados por un riquísimo

SÍMBOLO CULTURAL: HENRIK IBSEN

Nacido en Skien, en el sur de Noruega, Henrik Johan Ibsen (1828-1906) llegó a ser mundialmente conocido como "el padre del drama moderno", pero para los noruegos se trataba de la conciencia de una nación. Sus compatriotas están muy orgullosos de él, pero desde 1864 hasta 1891 vivió el desencanto del exilio, criticando la estrechez de miras de la sociedad noruega de entonces. El conocidísimo drama *Peer Gynt* (1867) fue su carta internacional: en esta epopeya imperecedera, un héroe envejecido regresa a sus raíces noruegas tras recorrer el mundo y se ve obligado a enfrentarse a su propia alma.

Las obras más conocidas de Ibsen son *Casa de muñecas* (1879), la provocativa Espectros (1881), *Un enemigo del pueblo* (1882), *Hedda Gabler* (1890) y, su último drama, la semiautobiográfica *Al despertar de nuestra muerte* (1899).

A lo largo de su vida, Ibsen fue siempre más que un cronista de la sociedad noruega, fue el reflejo mismo de los noruegos del s. XIX: "El que me quiera entender debe conocer Noruega. El magnífico pero duro entorno natural que rodea a las personas allá en el norte les obliga a ocuparse de lo suyo. Es por ello por lo que se convierten en seres introspectivos y serios, melancólicos y dubitativos, y a menudo pierden la fe. Allí, los largos y oscuros inviernos llegan con su espesa niebla que envuelve las casas: ¡oh, cómo añoran el sol!".

elenco imaginario de personajes míticos. Las peripecias de estos seres fantásticos, así como las princesas y granjeros que consiguen burlarlos, son tan noruegos como los fiordos y los vikingos. Pero no se pusieron por escrito hasta principios de 1800 gracias a la labor de Peter Asbjørnsen y Jørgen Moe. Inspirados por la famosa obra de los hermanos Grimm, estos dos escritores comenzaron con lo que conocían mejor: los relatos folclóricos que se contaban en los bosques y valles que rodean Oslo. Cómicas, crueles, moralistas, irreverentes y populares desde el momento en que se publicaron, estas historias establecieron las pautas para algunos de los mayores autores de Noruega, como Henrik Ibsen y Bjørnstjerne Bjørnson.

Estas fábulas, casi siempre ilustradas con los característicos dibujos de Erik Werenskiold y que acababan con las palabras "Snipp. Snapp. Snute. Så er eventyret ute" (rima equivalente a "Colorín colorado, este cuento se ha acabado"), siguen siendo populares y fáciles de encontrar.

El siglo de oro

La época dorada de la literatura noruega abarca desde finales del s. XIX hasta comienzos del XX. Aunque Henrik Ibsen acapara casi toda la atención, fue Bjørnstjerne Bjørnson (1832-1910) el primer escritor noruego que recibió el Premio Nobel de Literatura en 1903. Su trabajo incluye estampas de la vida rural (por lo que fue acusado de idealizar la situación de los campesinos noruegos). Su casa de Aulestad (p. 138) está abierta al visitante.

Knut Hamsun (1859-1952) obtuvo el Nobel de Literatura en 1920. Su elitismo, el apego a los valores germánicos y la idealización de la vida rural le llevaron a alinearse con los nazis en la II Guerra Mundial. Hoy su reputación se está recuperando y se reconoce su pertenencia a la tradición de Dostoievski y Joyce. Para saber más, se puede visitar el Hamsunsenteret (p. 287), el museo de Hamarøy dedicado a su vida.

Lugares de Henrik Ibsen

Museo Ibsen (Oslo)

Museo Ibsenhuset (Grimstad)

Henrik Ibsenmuseet (Skien)

Teatro Nacional (Oslo)

Peer Gynt Vegen (centro de Noruega)

Sigrid Undset (1882-1949) fue la tercera noruega laureada con el Premio Nobel en 1928 y es considerada la escritora más importante de la literatura noruega. Comenzó a escribir sobre las dificultades de las mujeres pobres y de clase media. Bjerkebæk (p. 138), su antiguo hogar en Lillehammer, está abierto al público.

Literatura contemporánea

Uno de los escritores noruegos modernos más conocidos es Jan Kjærstad (n. 1953), cuya novela *El seductor* (2003) combina la receta necesaria para ser un éxito de ventas (suspense con historia de amor y un poco de famoseo) con una escritura muy buena. En 1999 ganó el Premio Nórdico de Literatura, además de otros galardones internacionales. Otros noruegos laureados con este premio son Per Petterson (n. 1952) y Lars Saabye Christensen (n. 1953). Jostein Gaarder (n. 1952) es otro autor de fama mundial cuya primera novela de gran éxito, *El mundo de Sofía* (1991), vendió más de 15 millones de ejemplares en todo el mundo. Dag Solstad (n. 1941) es el único autor noruego que ha ganado el Premio de la Crítica Literaria Noruega en tres ocasiones.

En el género de historias policíacas, Gunnar Staalesen, Karin Fossum, y el maestro, Jo Nesbø, tienen devotos seguidores internacionales.

Música

Música popular

La música folclórica es otro de los pilares centrales de la música noruega y el violín Hardanger, cuyo característico sonido procede de cuatro o cinco cuerdas simpáticas bajo las cuatro cuerdas habituales, es uno de los instrumentos populares europeos más apreciados.

Dentro del folk más potente están Tore Bruvoll y Jon Anders Halvorsen, que tocan canciones tradicionales de Telemark *(Nattsang);* la actuaciones

SÍMBOLO CULTURAL: EDVARD GRIEG

El famoso compositor noruego Edvard Grieg (1843-1907) estaba tan decepcionado con su primera sinfonía que garabateó en la partitura que nunca debía interpretarse. Por suerte, sus deseos fueron ignorados. Muy influido por la música y las melodías folclóricas noruegas, la primera gran obra de Grieg, *Concierto para piano y orquesta en la menor,* se ha convertido en un símbolo de Noruega como ninguna otra obra ni antes ni después.

Transcurridos dos años de este episodio y alentado por celebridades como Franz Liszt, colaboró con Bjørnstjerne Bjørnson, poniendo música a la poesía y prosa de este último. Los resultados (Ante un convento del sur, *Bergliot* y *Sigurd Jorsalfar)* hicieron de Grieg la voz musical de Noruega. A esto le siguió un proyecto con Henrik Ibsen, poniendo música al maravilloso *Peer Gynt*. La partitura fue aclamada internacionalmente y se convirtió en la obra clásica más recordada de Grieg y de Noruega. Según su biógrafo, Aimer Grøvald, era imposible escuchar a Grieg sin sentir la ligera brisa fresca de las aguas azules, el brillo de los magníficos glaciares y las montañas de los fiordos del oeste noruego.

en directo de Bukkene Bruse (música heavy con violín Hardanger, *Spel);* el muy amplio repertorio de música del sureste de Noruega (*Rusk);* Sigrid Moldestad y Liv Merete Kroken, que aportan su formación clásica al violín tradicional *(Spindel),* y Sinikka Langeland, cuya *Runoja* bebe de la antigua música rúnica. En el 2009, Alexander Rybak, compositor, violinista y pianista noruego de ascendencia bielorrusa, ganó el Festival de Eurovisión.

Música sami

La evocadora música de los samis del norte de Noruega está disfrutando de un renacimiento. Artistas recientes como Aulu Gaup, Sofis Jannock, Mari Boine Persen y Nils Aslak Valkeapää han tocado, grabado y popularizado versiones tradicionales y modernas del *joik (canción* sami). Boine, en particular, ha gozado de escucha internacional con su distintivo sonido, mezcla de folk-*rock* y raíces *joik.*

Música contemporánea

La música noruega moderna va más allá de A-ha (que siguen trabajando y editaron su 10º álbum de estudio *Cast in Steel* en el 2015), con artistas noruegos que destacan en todos los campos, del *jazz* a la electrónica pasando por esa obsesión tan noruega, el *black metal.*

'JAZZ'

Noruega cuenta con una floreciente escena jazzística, con festivales de talla mundial en todo el país y durante todo el año.

El saxofonista Jan Garbarek es uno de los músicos de *jazz* más imperecederos y uno de los más grandes nombres del panorama internacional, hecho aparte de su fama dentro de Noruega. Su trabajo recibe influencias de la música clásica, del folk y de las músicas del mundo, y ha grabado 30 álbumes, algunos de los cuales incluyen colaboraciones con artistas de renombre procedentes de distintos géneros. Su hija, Anja Garbarek, es considerada como una de las artistas más interesantes e innovadoras de Noruega, mezclando pop y *jazz.* Otros intérpretes conocidos son los pianistas Bugge Wesseltoft y Ketil Bjørnstad, el saxofonista Trygve Seim, el guitarrista Terje Rypdal y las cantantes Solveig Slettahjell, Sidsel Endresen y Karin Krog. Supersilent, el Christian Wallumrød Ensemble y la vanguardista Jaga Jazzist se cuentan entre los grupos más apreciados.

Encuentros con Edvard Grieg

Museo Edvard Grieg (Bergen)

Conciertos al aire libre, Bergen

Grieghallen (Bergen)

ELECTRÓNICA

Noruega es uno de los productores más prolíficos y uno de los mayores aficionados a la música electrónica de Europa. Aunque gran parte de la

En cuanto a DJ modernos, Todd Terje está considerado por casi todo el mundo uno de los mejores de Escandinavia, mientras que los productores musicales y los DJ Prins Thomas y Hans-Peter Lindstrøm son el dúo más dinámico del país; su *Lindstrøm & Prins Thomas* (2005) es una introducción estupenda a su estilo "disco espacial".

energía que rodea la electrónica se ha desplazado a Oslo en los últimos años, la llamada "Ola Bergen" fue, en gran parte, responsable de la entrada de Noruega en el circuito de la electrónica mundial en los primeros años del s. XXI. La banda de Tromsø Röyksopp (www.royksopp.com) en especial fue un éxito rotundo en la música electrónica internacional con su primer álbum *Melody A.M.* en el 2001 y el grupo nunca ha salido de las listas de éxitos en las pistas de baile desde entonces. La Ola Bergen no solo se centraba en la electrónica; también surgieron bandas aclamadas internacionalmente como Kings of Convenience (www.kingsofconvenience.eu) y Ephemera (www.ephemera.no).

En los últimos años, Oslo se ha convertido en el paladín de la electrónica gracias a *Sunkissed,* con G-Ha y Olanskii a los platos. Es lo último para conocer la música de baile noruega desde Röyksopp.

METAL

Es un género que Noruega se ha tomado a pecho y Bergen suele ser la cuna de gran parte de la acción. Dos salas famosas en toda Europa son Hulen (p. 183), un lugar casi mítico entre los amantes del heavy metal y el *rock* independiente, y Garage (p. 183), otro lugar emblemático.

Noruega es particularmente conocida por su escena de *black metal,* que por un tiempo en la década de 1990 se hizo famosa por su filosofía satánica y anticristiana. Varios miembros de grupos de *black* participaron en la quema de iglesias como la de madera de Fantoft, cerca de Bergen. Entre los grupos noruegos más conocidos (o de peor fama) están Darkthrone, Mayhem, Enslaved, Gorgoroth y Satyricon.

Pintura y escultura

El s. XIX vio nacer en Noruega a dos talentos extraordinarios: el pintor Edvard Munch y el escultor Gustav Vigeland, cuya obra adorna los espacios públicos de Oslo.

Un talento menos conocido de principios del s. XX cuya obra está recibiendo por fin la acogida que se merece es el místico/expresionista Nikolai Astrup (1880-1928). Una exposición itinerante por el Reino Unido en el 2016 fue un éxito de crítica y público y su obra puede verse en KODE (p. 169), en Bergen.

De la cosecha contemporánea de artistas noruegos, Olav Jensen, Anne Dolven, Ørnulf Opdahl, Bjørn Tufta, Håvard Vikhagen, Odd Nerdrum y Anders Kjær han creado un pequeño revuelo con su retorno a las formas abstractas y expresionistas. Sus obras ofrecen a menudo ásperas imágenes del paisaje noruego. Entre los escultores se encuentran Bård Breivik, Per Inge Bjørlo y Per Barclay.

Quizá en una categoría propia, Bjarne Melgaard (n. 1967), que vive en Nueva York, fue descrito por el periódico londinense *Evening Standard* en el 2014 como "el artista noruego más famoso desde Edvard Munch". Conocido por su arte conceptual de chico malo, Melgaard saltó a la fama internacional con su escultura de fibra de vidrio del 2014 *Silla.* Concebida como un comentario sobre la política de raza y género, fue muy controvertida: mostraba a una mujer negra tumbada con el asiento de la silla en la trasera de sus muslos.

Las mejores galerías

- *Nasjonalgalleriet (Oslo)*
- *Munchmuseet (Oslo)*
- *Bergen Kunsthall (Bergen)*
- *KODE (Bergen)*
- *Stavanger Kunstmuseum (Stavanger)*
- *Museet for Samtidskunst (Oslo)*
- *Astrup Fearnley Museet (Oslo)*
- *Henie-Onstad Art Centre (Oslo)*

Arquitectura

Los arquitectos noruegos se han inspirado claramente en los espectaculares paisajes del país, al tiempo que reconocían la necesidad de construir edificios capaces de resistir el duro clima de Noruega. Los resultados suelen ser impresionantes: desde rústicas casas con tejado de césped, cuyo diseño tiene casi dos milenios, hasta las características iglesias medievales noruegas, los altísimos edificios religiosos, y las adaptaciones creativas de símbolos samis y accidentes geográficos árticos.

Arquitectura tradicional

Arquitectura sami

En el extremo norte, donde escaseaban tanto la madera como la piedra, los primeros nómadas lapones se las ingeniaron para construir sus viviendas con tepe, un excelente aislamiento contra el frío. Este refugio temporal es popularmente conocido como *lavvo* (aunque tiene diferentes nombres según el dialecto). Menos vertical (y por lo tanto más estable frente a los vientos del Ártico) que el teepee de América del Norte, el *lavvo* se sostiene con un trípode de tres palos unidos, cubiertos con pieles de reno (o con tela).

El *lavvo* también posee un simbolismo moderno considerable para los samis: en la década de 1980, la policía de Oslo arrasó un *lavvo* que se había instalado en la entrada del edificio del Parlamento de Noruega para protestar contra la construcción de una presa que habría inundado las tierras de pastoreo samis. Este hecho sirvió de catalizador hacia una nueva consideración de los derechos samis, lo que contribuyó a la fundación del Parlamento Lapón; el impresionante y moderno edificio (p. 358), en Karasjok, se inspira en la forma tradicional de un *lavvo*.

Kåre Tveter (1922-2012), un pintor noruego cuya obra está en la Nasjonalgalleriet de Oslo y en la Galleri Svalbard, fue muy famoso por su representación de la sobria luz ártica del archipiélago de Svalbard.

Iglesias de madera

Aparentemente concebido por una caprichosa imaginación infantil, este tipo de construcción es una ingeniosa adaptación a las particulares condiciones de Noruega. Originarias de la época vikinga tardía, aunque muy restauradas, estas casas de culto ricamente ornamentadas se encuentran entre los más antiguos edificios de madera sobre la tierra. Aunque su nombre original proviene de las tablas de madera que le dan soporte vertical, se distinguen también por sus diseños tallados y su frontón con forma de cabeza de dragón, que emula la proa del clásico barco vikingo. De las 500 o 600 que se construyeron, solo 20 de las 28 que quedan conservan muchos de sus elementos originales.

Arquitectura contemporánea

Debido a la necesidad de una rápida reconstrucción tras la II Guerra Mundial, la arquitectura noruega se centró más en lo funcional (*funkis* en la lengua vernácula) que en la búsqueda de un estilo coherente. El ejemplo más claro se observa en el ladrillo rojo del ayuntamiento de Oslo (Oslo Rådhus, p. 62), de 1950. A medida que evolucionó el estilo, la funcionalidad se unió a otras preocupaciones, como reconocer la importancia de la estética en la renovación urbana (por ejemplo en el barrio de Grünerløkka de Oslo), y garantizó que las formas arquitectónicas contemporáneas del país volvieran a armonizar con el medioambiente y la historia del país.

La Ishavskatedralen (Catedral Ártica; p. 325) de Tromsø, diseñada por Jan Inge Hovig en 1965, imita las grietas glaciares y las auroras boreales de Noruega. Otro ejemplo notable es el Parlamento Lapón (p. 358) de Karasjok, donde los materiales de construcción árticos (abedul, pino y roble) dotan al lugar de una sólida autenticidad, mientras que el uso de las luces para imitar el cielo nocturno del Ártico y el parecido del edificio con un *lavvo* sami son extraordinarios. La maravillosa catedral de la Aurora Boreal de Alta (p. 338) es extraordinaria; la interpretación creativa de las formas históricas noruegas también encuentra expresión en el Vikingskipet (Barco Vikingo; p. 143), un recinto deportivo de Hamar, mientras que la conocida Ópera de Oslo (p. 57) evoca un glaciar al lado del fiordo.

Los mejores festivales de cine

- *Festival Internacional de Cine de Tromsø, en enero*
- *Kosmorama, Trondheim, en abril*
- *Festival Internacional de Cine de Noruega, Haugesund, en agosto*
- *Festival Internacional de Cine de Bergen, a finales de septiembre*

Cocina noruega

La gastronomía noruega puede ser excelente. La abundancia de marisco, las especialidades locales, como el reno, y una tendencia al alza en cocina de vanguardia son sus puntos fuertes. El único problema es que los precios son prohibitivos: una comida completa en un restaurante puede llegar a constituir un lujo. Por ello, es probable que uno acabe yéndose de Noruega bastante desilusionado con su gastronomía; una pena, habida cuenta de lo que tiene que ofrecer.

Lo esencial

Noruega tiene restaurantes bastante estándar y no es normal reservar salvo en locales exclusivos.

Restaurantes Sencillas casas de comidas, exclusivas experiencias *gourmet*, o locales indios o tailandeses.

Cafés Suelen abrir solo para desayunos y almuerzos, casi todos sirven comidas ligeras y pasteles para acompañar lo principal, el café.

Hoteles Casi todos los hoteles noruegos tienen restaurante; muchos sirven bufé por la noche y por lo general ninguno es exclusivo para huéspedes.

Quioscos Alternativas baratas a los restaurantes formales; sirven comida rápida: hamburguesas, perritos calientes, etc.

Mercados de pescado En ciudades grandes; ofrecen pescado fresco.

Alimentos básicos y especialidades

Carne

En Noruega, la fauna más emblemática proporciona también las comidas más memorables. A los noruegos les encanta su carne. El reno asado *(reinsdyrstek)* es algo que cualquier visitante no vegetariano debería probar al menos una vez en Noruega; pese a su precio (unas 275 NOK y a menudo mucho más), es probable que uno vuelva a pedirlo, ya que es una de las carnes rojas más sabrosas, y así es como debería pedirse, fino y rojo. En el norte, o si uno tiene la suerte de que lo inviten a una boda sami, también hay un guiso tradicional de reno *(bidos)*. Muy popular es también el alce *(elg)*, que se prepara de diversas maneras.

Otros platos de carne que los chefs noruegos preparan a la perfección son *bankebiff* (rodajas o trozos de ternera cocinados a fuego lento en su salsa), *dyrestek* (carne de venado asada) y *lammebog* (espalda de cordero). Dado el clima noruego, no sorprende que suelan curarse las carnes, una de cuyas variedades es el *spekemat* (cordero, ternera, cerdo o reno curados, a menudo servidos con huevos revueltos). Otros platos son *kjøttpålegg* (fiambres), *fårikål* (cordero en guiso de repollo), *syltelabb* (manitas de cerdo curadas con sal y hervidas), *lapskaus* (espeso guiso de carne, patatas, cebollas y otras verduras) y *pytt i panne* (huevos con patatas y carne).

Pocos restaurantes noruegos sirven los platos que comen los noruegos en casa o, por lo menos, que comían cuando sus madres se los preparaban. Es el caso de las tradicionales albóndigas noruegas, servidas con purés de guisantes, de patatas y mermelada de frutos del bosque.

La cocina escandinava, de Bernard Moularty Philippe Jacquemin, reúne 90 recetas clásicas de los países nórdicos, muchas de ellas de Noruega.

COMIDA POR UN TUBO

Un parisino pide un *café au lait*, un londinense arenques ahumados. En Nueva York podría ser un *bagel*, en Tokio arroz. El desayuno favorito de los noruegos es un choque cultural porque viene en un tubo.

Deja perplejo en los bufés del desayuno de los hoteles, y no es pasta de dientes. El queso de untar y el *kaviar* (crema de huevas de bacalao ahumadas y curadas con azúcar) envasados en tubos son los productos favoritos de Noruega desde hace décadas. Hay dos marcas noruegas especialmente conocidas: Mills, de Trondheim, más conocida por su *kaviar*, y la más antigua Kavli, de Bergen. Esta, fundada en 1893 (su primera comida en tubo apareció en los años veinte), produce ahora quesos con sabor a beicon, jamón, salami, gambas, tomate, mexicano y jalapeño, todos envasados en los familiares tubos.

Aunque ambas cremas están buenas solas y forman parte de un *frokost* (desayuno) noruego completo, el *kaviar* es especialmente popular junto con el queso Norvegia o unas rodajas de huevo duro.

Pescado

Una contribución noruega a la cocina internacional que no hay que perderse es el salmón (a la brasa, *laks;* o ahumado, *røykelaks*). Mientras otras comidas noruegas pueden vaciar fácilmente el monedero sin compensar en sabor, el salmón sigue siendo baratísimo, aunque solo el de piscifactoría; el salvaje es mucho más caro. La calidad es siempre excelente. El estupendo *gravat laks* se elabora marinando el salmón en azúcar, sal, coñac y eneldo, y se sirve con nata.

Entre otras especialidades noruegas de agua dulce están las truchas común y ártica, la perca, el tímalo, la tenca y la anguila.

En cuanto a los oceánicos, los pescados más fáciles de encontrar son el bacalao (*torsk* o bacalao; a menudo frito) y los langostinos cocidos o crudos. En algunos lugares aún hay arenque (antaño comida de pobres, que ahora se sirve encurtido con cebollas, mostaza o salsa de tomate) pero cada vez se encuentra menos, ya que están recuperándose las reservas de arenque salvaje. Los noruegos son también muy aficionados a la *fiskesuppe,* una sopa clara y cremosa con sabor a pescado.

Otros platos que hay que probar son las *fiskebolle* (albóndigas de pescado), *fiskegrateng* (cazuela de pescado), *gaffelbitar* (filetes de sardineta/arenque curados en sal y azúcar), *klippfisk* (bacalao seco en salazón), *sildesalat* (ensalada con rodajas de arenque, pepino, cebollas, etc) y *spekeslid* (arenque en salazón, a menudo con remolacha encurtida, patatas y repollo).

Mercados de pescado

- *Bergen*
- *Stavanger*
- *Kristiansand*
- *Trondheim*
- *Narvik*

Otras especialidades

Las patatas ocupan un lugar destacado en casi todas las comidas noruegas y en la mayor parte de los restaurantes las sirven cocidas, asadas o fritas con todos los platos.

La región del país donde más fruta se cultiva está alrededor de Hardangerfjord, donde brotan fresas, ciruelas, cerezas, manzanas y otras frutas de la huerta. Las bayas más estimadas son la fresa, la grosella negra, la grosella roja y la frambuesa. También hay una gran variedad de arándanos: los que crecen en tierras altas, los de zonas más pantanosas, los de arbusto y los de mata. Las *moltebær* (moras de los pantanos), de color ámbar, son muy valoradas y se consideran una exquisitez. Crecen una por tallo en terrenos pantanosos y, en Noruega, algunas parcelas de moras se protegen con mimo. La mermelada tibia de esta fruta con helado es un manjar.

La página web Roots (www.rootsweb.com/~wgnorway/recipe.html) tiene recetas sencillas de platos tradicionales noruegos transmitidos de generación en generación.

Los quesos noruegos han despertado la atención internacional a raíz del suave y sabroso Jarsberg, un queso blanco elaborado por primera vez en 1860 en el condado homónimo, en Tønsberg.

Algo que no se puede pasar por alto en el norte de Noruega es la filosofía del Arctic Menu (menú ártico), un intento de revivir el interés por los ingredientes y las recetas locales, llevado a cabo por una asociación de restaurantes.

Todos los jueves de septiembre a mayo, muchos restaurantes de Bergen sirven *raspeballer*, un potente plato tradicional con carne salada, patatas y puré de nabo; quizá algo a lo que haya que aficionarse, pero un plato potente para el invierno.

Vegetarianos y veganos

Los noruegos no son muy vegetarianos, pero la mayor parte de los restaurantes tienen opciones para ellos, que a veces se reducen a una tortilla de queso y cebolla o a un plato de pasta con nata. Sin embargo, cada vez se van encontrando más ensaladas creativas (aunque a los veganos no les guste el uso tan extendido del queso) y crepes o tortitas para añadir algo de variedad. El predominio de las patatas en la carta de los restaurantes es una opción a la que siempre se puede recurrir.

En general, la regla es que cuanto más grande es la localidad, mayor es la oferta de comida vegetariana. Los restaurantes de tapas abundan en las ciudades más grandes y la mayor parte de ellos cuenta con opciones vegetarianas. Las pizzerías tienen siempre un plato vegetariano, por lo menos.

Comer en Noruega

Costumbres

El día noruego comienza con café (siempre), un huevo cocido y alguna clase de pan o tostada (normalmente Ryvita) con queso, pepino, tomate y arenque marinado.

Casi todo el mundo almuerza un bocadillo abierto, una rebanada de pan cubierta de sardinas, gambas, jamón, aceitunas, pepino o huevo. A media tarde los noruegos suelen merendar café y toda una especialidad, gofres con nata y mermelada. A diferencia de los característicos gofres belgas, más conocidos en el extranjero, los noruegos son blandos, tienen forma de flor y un fuerte sabor a cardamomo.

La comida principal tiene lugar entre las 16.00 y las 18.00 o mucho más tarde en verano. Suele ser la única colación caliente del día y normalmente se compone de un plato de carne, pasta o marisco con patatas cocidas, una cucharada de verduras y quizá una ensalada o guarnición.

Horario comercial

Aunque el almuerzo suele servirse de 12.00 a 15.00 y la cena de 18.00 a 23.00, muchos restaurantes (y sus cocinas) están abiertos de 12.00 a 22.00 o 23.00.

UN VIAJE PARA LAS PAPILAS GUSTATIVAS

Noruega tiene sabrosas singularidades culinarias que quizá los más valientes deseen probar:

- Queso marrón *(Gudbrandsdalsost)*: se elabora a partir de suero de leche de vaca o cabra y, a pesar de su desagradable color caramelo, tiene un sabor ligeramente dulce.
- Albóndigas de bacalao desalado, caballa o abadejo *(lutefisk)*: más comunes en las casas que en los restaurantes y un alimento básico para los mayores.
- Lenguas de bacalao *(torsketunger)*: inmensamente populares en Lofoten.
- Trucha fermentada *(rakfisk)*: hay noruegos que son grandes entusiastas, pero algunos autores de Lonely Planet se la dejan enterita.

'AQUAVIT'

El licor nacional, *aquavit* (o *akevitt*) es una dosis potente de cultura noruega elaborada a partir de aguardiente de patatas y alcaravea. El nombre deriva del latin *aqua vitae*, "aguas vivas". Aunque la alcaravea es un ingrediente esencial, algunas destilerías modernas potencian el sabor picante con combinaciones de naranja, cilantro, anís, hinojo, azúcar y sal. La mezcla se envejece de tres a cinco años en barricas de roble de 500 litros previamente usadas para envejecer jerez.

La versión mejor valorada de esta libación quizá sea el *linje aquavit*, o "línea aquavit", que en su origen hizo referencia a las primeras provisiones que cruzaron el ecuador Por aquel entonces, los barcos llevaban al extranjero barricas de roble de *aquavit* para el comercio, pero las que no se vendían eran devueltas a Noruega. Cuando se descubrió que el producto había mejorado con el tiempo y los viajes, los restos que quedaban se convirtieron en mercancías muy valiosas. Hoy en día, las botellas de *linje aquavit* llevan el nombre del barco correspondiente, su ruta y el tiempo que las barricas han envejecido en el mar.

Dónde comer y beber

Los desayunos en los hoteles consisten en un bufé pantagruélico donde predominan las ofertas de tipo continental, con unos pocos platos calientes (normalmente panceta, huevos y salchichas) y algunas propuestas escandinavas (como arenques marinados). Si el viajero se aloja en algún sitio donde no esté incluido el desayuno, lo mejor es apostar por una panadería donde el pan, la bollería, los bocadillos y panecillos están bien de precio.

En cuanto al pescado fresco, cualquier mercado de pescado noruego es un lugar fantástico para comer. Se puede comprar para llevar y tomarlo en un lugar, junto al agua, con buenas vistas. A los noruegos les encanta comer fuera y casi todas las ciudades tienen, al menos, un restaurante que ofrece esta opción. Aunque es más común almorzar algo ligero y reservar la comida fuerte para la cena, en muchos sitios, sobre todo en las ciudades más grandes, se sirven menús del día más baratos (99 NOK aprox.) para aquellos que no se conforman con un bocadillo. A veces se señalizan con "dagens rett" (menú del día).

Bebidas

Bebidas calientes

Si Noruega tiene una bebida nacional es el café. De hecho, se bebe en tales cantidades que uno se pregunta cómo la gente puede estar tranquila bajo el efecto de tanta cafeína. La mayoría de los noruegos lo toman solo, pero a los extranjeros que piden leche o azúcar se les suele complacer. También se encuentran tés e infusiones por todo el país.

Bebidas alcohólicas

La cerveza suele venderse en los bares en vasos de 400 ml (desde 60 NOK) o 500 ml (desde 70 NOK). La cerveza noruega más habitual es la *pils lager*, con un volumen de alcohol de alrededor del 4%, que se sigue elaborando según la ley de pureza alemana del s. XVI. Las marcas más conocidas de lager son Ringsnes, en el sur, y Mackin, en el norte, y cada vez hay más cerveceras de elaboración artesana a pequeña escala. Munkholm es una cerveza sin alcohol bastante aceptable. Cuando los amigos salen a beber, la gente suele pagar sus propias bebidas en vez de rondas, cosa que no sorprende dados los precios. Los noruegos toman cada vez más vino con las comidas. Según un estudio, el vino constituye un tercio del consumo del alcohol en Noruega, frente al 12% de 1974. Los buenos restaurantes ofrecen cartas cada vez más surtidas, con caldos de toda Europa y a veces de más lejos. En algunas ciudades, las enotecas son el último grito.

Island Summers: Memories of a Norwegian Childhood (Veranos isleños: recuerdos de una infancia noruega; 2014), de Tilly Culme-Seymour, es una autobiografía de una feliz infancia noruega, cuyo centro de atención es la comida casera.

Glosario

bacalao – bacalao (véase también *torsk*)
bidos – guiso tradicional de reno (sami)
brisling – sardina
brus – refresco
dagens rett – plato del día
dyrestek – carne de venado asada
elg – alce
fiskebolle – albóndigas de pescado
fiskesuppe – sopa de pescado fina y cremosa
frokost – desayuno
frukt – fruta
gaffelbitar – filetes de sardineta/arenque curados con sal y azúcar
gatekjøkken – furgones o quioscos de comida
grønnsak – verdura
Gudbrandsdalsost – queso marrón elaborado con suero de leche de cabra y/o vaca
hvalbiff – filete de ballena
hvitvin – vino blanco
jordbær – fresa
kaffe – café
kjøtt – carne
kjøttpålegg – fiambres
klippfisk – bacalao seco en salazón
kylling – pollo
laks – salmón, normalmente a la parrilla
lammebog – espalda de cordero
lunsj – almuerzo
lutefisk – bacalao, caballo o abadejo rehidratado
melk – leche
meny – menú
mineralvann – agua mineral
nøtter – frutos secos
øl – cerveza
oksekjøtt – ternera
ost – queso
potet – patata
pølse – salchicha, perrito caliente
pytt i panne – huevos con carne y patata
rakfisk – trucha fermentada
reinsdyrstek – reno asado
reker – gambas
rødvin – vino tinto
rømmegrøt – variante de crema agria sobre gachas que se sirve en Navidad
røykelaks – salmón ahumado
salat – ensalada
sauekjøtt – cordero
sild – arenque
skinke – jamón
sopp – seta
spekemat – cordero, ternera, cerdo o reno curados, servidos con huevos revueltos
svinekjøtt – cerdo
torsk – bacalao (véase también *bacalao*)
torsketunger – lenguas de bacalao
tunfisk – atún

Guía práctica

Datos prácticos A-Z

Acceso a internet

La red de internet en Noruega es rápida y fiable. Suele haber disponibles en todo el país wifi, 3G y frecuentemente 4G, a menudo incluso en lugares remotos.

Bibliotecas públicas y oficinas de turismo

En casi todas las bibliotecas municipales *(biblioteket)* hay conexión gratuita a internet. Dado que es un servicio muy solicitado, quizá haya que reservar una franja horaria a primera hora del día y, en los sitios más concurridos, es posible que el acceso esté limitado a media hora. Algunas bibliotecas están sustituyendo los ordenadores con conexión a internet por wifi gratuito.

Casi todas las oficinas de turismo de las principales ciudades tienen wifi gratuito, y a veces también un ordenador con conexión a internet (por el que se suele pagar una pequeña tarifa).

Wifi

Suele haber wifi en casi todos los hoteles, cafés, restaurantes y oficinas de turismo; hoy en día casi siempre es gratuito, aunque hay que pedir la contraseña. Casi todos los aeropuertos de Noruega ofrecen wifi gratuito; el servicio estándar puede ser lento, pero suele haber una conexión de pago más rápida.

Varias aerolíneas, incluida la de bajo coste Norwegian (www.norwegian.no), también han empezado a ofrecer wifi gratuito a bordo para sus clientes, al igual que la compañía estatal de ferrocarril NSB (www.nsb.no) y algunas de autobuses.

Aduana

En Noruega, el alcohol y el tabaco son carísimos. Por ello, hay que aprovechar la cantidad que puede comprarse libre de impuestos: 1 litro de licor y 1 litro de vino (o 2 litros de vino), más 2 litros de cerveza por persona. Conviene tener en cuenta que las bebidas cuyo contenido alcohólico sea superior al 60% se consideran narcóticos. El viajero puede introducir en el país 200 cigarrillos sin pagar impuestos. La importación de alimentos frescos y de medicamentos está prohibida.

Svalbard es una zona libre de impuestos; muchos artículos son mucho más baratos allí que en la Noruega continental al no estar sujetos al MOMS (IVA) ni a los impuestos de aduanas.

Alojamiento

Noruega ofrece una amplia variedad de alojamientos: *campings*, albergues, pensiones y hoteles de cadena. Siempre es mejor reservar con antelación en temporada alta.

Hoteles Hay hoteles por todas partes, casi todos afiliados a grandes cadenas locales e internacionales y de precio medio a alto, pero también hay alojamientos familiares.

'Campings' Hay muchos *campings* en Noruega, a menudo en lugares impresionantes; también se puede acampar por libre.

DNT y otros refugios de montaña Refugios de montaña y en la naturaleza, con o sin personal.

Casas de huéspedes, pensiones y B&B Opciones pequeñas y más personales repartidas por todo el país; hay algunas joyas.

Servicios de reservas

Bed & Breakfast Norway (www.bbnorway.com) Tiene

RESERVAS DE HOTEL EN LÍNEA

Si se busca alojamiento, en www.lonelyplanet.es/alojamientos, se encontrarán hoteles de todo el mundo, con la posibilidad de hacer reservas en línea.

amplios listados en línea de B&B de toda Noruega; pínchese en "Online Catalogue". La versión impresa de sus listados ya no se actualiza y por tanto es de uso limitado.

Hostelling International (HI; www.hihostels.com) No todos los albergues del país pertenecen a HI, pero sí un número considerable; sus socios pagan un 15% menos. En su web se puede encontrar la dirección de las oficinas de los distintos países para inscribirse y poder beneficiarse de las tarifas de socios en Noruega.

Norske Vandrerhjem (☎23 12 45 10; www.hihostels.no) La asociación de albergues noruegos está afiliada a HI y publica *Hostels in Norway*, un completo listado gratuito con los precios actualizados de 49 establecimientos; se consigue en albergues y algunas oficinas de turismo.

Best Western (www.bestwestern.no) Su sistema de bonificación funciona en todos sus establecimientos, tanto en Noruega como fuera, y permite beneficiarse de promociones veraniegas puntuales.

Nordic Choice Hotels (www.nordicchoicehotels.no) Abarca los hoteles Clarion, Clarion Collection, Quality y Comfort, con el Nordic Choice Club pueden conseguirse noches gratuitas alojándose en varios hoteles miembro. En algunos de ellos sirven un bufé ligero por la noche incluido en el precio. Los mejores hoteles son su marca *boutique*, relativamente nueva y exclusiva, los Clarion Collection.

De Historiske (☎55 31 67 60; www.dehistoriske.no) Aunque no tiene bonos y parece más una colección de establecimientos emblemáticos que una cadena, reúne a los hoteles y restaurantes con más solera del país. La calidad es alta, cada hotel tiene su singularidad arquitectónica y muchos son negocios familiares.

Fjord Pass (www.fjordpass.no) El Fjord Pass (2 adultos y niños menores de 15 años ilimitados 150 NOK) ofrece descuentos en 120 hoteles, pensiones, cabañas y apartamentos todo el año; no hay noches gratuitas, pero sí descuentos considerables sobre las tarifas nocturnas. Sale muy a cuenta si se reserva con antelación a través de su web, en vez de presentarse confiando en un descuento.

Scandic Hotels (www.scandichotels.no) Scandic, que en el 2014 compró la marca Rica, tiene hoteles elegantes y con clase que suelen mostrar un aspecto contemporáneo. Un excelente programa de recompensas ofrece descuentos y noches gratuitas.

Thon Hotels (www.thonhotels.com) Hoteles modernos, a veces sin mucho carácter, pero aun así en excelentes edificios, a precios razonables y con un enfoque familiar. Ser miembro de este programa es gratuito y permite obtener descuentos o noches gratuitas.

Dansommer (☎en Dinamarca 39 14 33 00; www.dansommer.com) Agencia danesa privada con una relación de cabañas y chalés con cocina, en Noruega y otros países escandinavos.

Reservas

Aunque es raro llegar al destino y que no haya plazas (salvo en época de festivales), siempre es recomendable reservar con antelación para asegurarse de conseguir el alojamiento elegido; puede que el hotel deseado tenga habitaciones, pero que las únicas disponibles tengan vistas al muro posterior en lugar de al fiordo.

Casi todos los establecimientos de Noruega aceptan reservas por teléfono o correo electrónico (normalmente hay que dejar el número de tarjeta de crédito). Muchos albergues reservan camas para el siguiente destino por una módica comisión (unas 25 NOK). Los albergues más solicitados de Oslo y Bergen suelen llenarse en verano.

Son muchas las oficinas de turismo que pueden ayudar a encontrar alojamiento, para lo que suelen cobrar una comisión de unas 50-70 NOK. Pero, al margen de las oficinas más grandes, para contratar este servicio hay que estar físicamente presente.

Temporadas

La temporada alta va de mediados de junio a mediados de agosto. Sorprendentemente, aunque es temporada alta, los precios de los alojamientos son más bajos y muchos hoteles tienen sus mejores ofertas. En algunas zonas, la temporada empieza a mediados de mayo y/o dura hasta mediados de septiembre.

El invierno, especialmente en el norte del país, donde los turistas suelen ir para conducir en moto de nieve o viajar en trineo tirado por perros (entre otras activida-

PRECIOS DE ALOJAMIENTO

Los precios se refieren al coste de una habitación doble con baño en temporada alta y, a menos que se indique lo contrario, con desayuno incluido:

€ menos de 750 NOK

€€ 750 NOK-1400 NOK

€€€ más de 1400 NOK

des), también es una época muy animada aunque, a diferencia del verano, los precios no bajan demasiado. Algunos hoteles y la gran mayoría de los *campings* cierran los meses invernales mientras que esa rareza que son los hoteles de hielo –con ejemplos en Kirkenes y en Alta– solo abren durante esa estación.

Precios

Los precios de los hoteles noruegos varían mucho a lo largo del año. En algunos lugares, los precios con descuento de temporada alta se aplican solo en julio o de julio a mediados de agosto. La excepción a esta regla general es la costa sur de Noruega, cuyos resorts de playa a veces suben los precios para sacar partido a las vacaciones escolares.

El resto del año, parece como si los establecimientos creyesen que los únicos que viajan lo hacen por negocios y a cargo de sus empresas, por lo que los precios pueden dispararse en consonancia (hasta un 40%). La excepción son los fines de semana (generalmente los viernes y sábados por la noche y, a veces, incluso los domingos) cuando las tarifas pueden caer hasta los precios mucho más razonables del verano. Si se viaja fuera de los meses de verano, conviene preguntar al hotel por las ofertas especiales.

El precio de una habitación individual no suele ser mucho más económico que el de una doble. Téngase presente que al consultar tarifas, estas suelen indicarse por persona y en habitación doble, por lo que siempre hay que cerciorarse del precio final.

En Noruega es difícil alojarse con un presupuesto ajustado; para ello, habrá que hacerlo en *campings* (en tienda o bungaló), en un albergue o en una pensión. En esta categoría no es frecuente tener baño privado. Las habitaciones de precio medio y alto suelen ser muy confortables y casi siempre cuentan con baño propio.

Tipos de alojamiento

HOTELES

Por regla general, son modernos y excelentes, aunque no abundan las opciones con carácter. Lo habitual es encontrar confortables cadenas de hoteles cuyas habitaciones empiezan a parecerse entre sí al cabo de un tiempo, se duerma en Oslo o en Kirkenes. La ventaja es que muchos ofrecen bonos, que dan derecho a una noche gratis si se utiliza una cadena un determinado número de veces. Algunos solo son válidos en verano.

'CAMPINGS'

Noruega cuenta con más de 1000 zonas de acampada. Una plaza para tienda cuesta desde 100 NOK en los campings básicos hasta 250 NOK en los que tienen mejores instalaciones o están en zonas más concurridas, como Oslo y Bergen. Los precios incluyen normalmente el coche, la motocicleta o la caravana. En algunos *campings* también añaden un precio por persona, la electricidad suele costar unas coronas más y casi todos cobran al menos 10 NOK por las duchas.

Por lo general, los *campings* alquilan también cabañas sencillas con cocina, desde unas 450 NOK por una barraca muy básica de dos a cuatro camas. Hay que llevar saco de dormir, ya que cobran por las sábanas y mantas (50-150 NOK).

A menos que se opte por una cabaña de lujo más cara con ducha y servicios (750-1500 NOK), también hay que pagar por las duchas y el agua para lavar (hay algunas excepciones). Normalmente hay que limpiar las cabañas antes de irse o pagar una tarifa adicional de limpieza (unas 150 NOK).

Aunque algunos complejos están abiertos todo el año, las parcelas para tiendas de campaña y caravanas están cerradas fuera de temporada (normalmente ppios sep-med may).

NAF Camp (www.nafcamp.no) tiene un excelente listado en línea con más de 250 *campings* de todo el país.

Norsk Camping (www.camping.no) es un útil recurso para información general sobre campings, así como la completa guía *Camping*, disponible en libro (98 NOK por envío) o en formato pdf (gratis); también puede recogerse de forma gratuita en algunas oficinas de turismo y *campings*. Tiene centenares de listados, aunque casi todo está en noruego.

DNT Y OTROS REFUGIOS DE MONTAÑA

Den Norske Turistforening (DNT, Norwegian Mountain Touring Club; plano p. 58; ☎40 00 18 68, 22 82 28 22; www.turistforeningen.no; Youngstorget 1, Oslo) mantiene una red de 460 refugios o cabañas de montaña situadas a un día de caminata a lo largo de los 20 000 km de rutas de excursionismo bien señalizadas y cuidadas del país. Más de 400 cuentan con camas y, el resto, están reservados para comer, descansar o como refugios de emergencia.

Las cabañas del DNT van desde lugares sin personal con dos camas hasta grandes refugios con más de 100 camas, bien atendidos y con excelentes niveles de servicio. En ambos casos, los socios del DNT se benefician de cuantiosos descuentos.

La membresía anual para adultos/jubilados/19-26 años/13-18 años/niños de hasta 12 años cuesta 660/510/340/205/125 NOK.

La mayor parte de los refugios del DNT abre entre el 16 de febrero y el 14 de octubre. Los refugios con personal también abren desde el sábado antes del domingo de Ramos hasta el lunes de Pascua; y los que se encuentran en la ruta del ferrocarril Oslo-Bergen y algunos más, también durante la temporada de esquí de fondo, a principios de febrero. El DNT facilita listados con fechas de apertura de cada uno.

Los socios/no socios que prefieran acampar fuera de los refugios y usar los servicios pagan 70/90 NOK.

En muchas zonas de montaña hay también numerosas cabañas y refugios privados, pero no todos están abiertos al público. Algunos ofrecen descuento a los socios del DNT.

REFUGIOS CON PERSONAL

Se concentran en el sur y basta con presentarse y pagar la tarifa. Según las normas internacionales de cortesía en la montaña, nadie es rechazado incluso cuando solo queda sitio en el suelo. Los socios del DNT de más de 50 años tienen una cama garantizada, incluso si ello significa dejar sin sitio a un excursionista más joven. Las cabañas tienden a estar a tope en Semana Santa y sistemáticamente llenas en verano.

A diferencia de los refugios sin personal, los atendidos por empleados no suelen disponer de instalaciones para cocinar, pero sí venden sábanas o las incluyen en el precio.

Los precios varían mucho en función de si se es miembro o no del DNT, del tipo de alojamiento, y de si se quiere pensión completa o solo alojamiento. Para toda la variedad de opciones de refugios con personal y precios, consúltese la web del DNT.

REFUGIOS SIN PERSONAL

Todos disponen de instalaciones para cocinar, pero en la mayoría hay que llevar saco de dormir o ropa de cama.

Las llaves de los refugios sin personal, hay que recogerlas (fianza 150-250 NOK) por adelantado en una oficina del DNT o en un refugio con personal. Para pagar, hay que rellenar una autorización válida para todas las veces y dejar efectivo o un número de tarjeta de crédito en el buzón facilitado. Hay dos tipos de refugios sin personal: los chalés autogestionados, que cuentan con sábanas y almohadas, horno de leña, cocina de gas y una amplia variedad de provisiones en lata o congeladas a la venta (mediante un sistema basado en la confianza). En otros refugios sin personal, los huéspedes deben llevar su propia comida. En los refugios sin personal, los miembros/no miembros del DNT pagan 255/365 NOK por cama; los niños no miembros pagan 180 NOK.

BED AND BREAKFASTS

También hay B&B, cuyos precios (normalmente con baño compartido) van desde 500/700 NOK por una habitación sencilla/doble hasta 700/950 NOK.

Casas de huéspedes y pensiones

En muchas ciudades hay *pensjonat* (pensiones) y *gjestehus* (casas de huéspedes) y algunas, sobre todo las últimas, las regentan familias y constituyen una opción mucho más auténtica que un albergue o un hotel. Una habitación sencilla/doble con baño compartido suele costar como mínimo 550/800 NOK pero puede costar mucho más; las sábanas y/o el desayuno solo se incluyen en los establecimientos más caros.

ALBERGUES

En Noruega, los albergues de precio razonable *(vandrerhjem)* ofrecen un dormitorio colectivo para pasar una noche, además del uso de instalaciones comunes que suelen incluir una cocina (se aconseja llevar menaje y cubiertos propios), acceso a internet y baños. Algunos también disponen de habitaciones individuales o dobles con baño privado o compartido, pero con frecuencia dejan bastante que desear.

Mientras que algunos albergues –tipo refugio– son bastante confortables y abren todo el año, los hay que funcionan como alojamiento escolar y otros que son el ala más económica de un hotel; en ocasiones, los precios pueden superar los de una cabaña o un hotel económico. En la mayor parte, los clientes deben llevar su propia ropa de cama, aunque muchos alquilan sábanas por una tarifa única (desde 50 NOK), con independencia del número de noches.

Casi todos los albergues tienen habitaciones de dos a seis camas (220-450 NOK/cama). Los de precio más alto suelen incluir un desayuno de bufé, mientras que otros pueden cobrar de 70 NOK a 150 NOK por desayuno. Algunos ofrecen también una cena a buena relación calidad-precio (unas 150 NOK).

Una agradable incorporación a la oferta más económica del mercado son cadenas como Citybox, Smarthotels y Basic Hotels. Estos híbridos de albergue y hotel están muy logrados y tienen una excelente relación calidad-precio, aunque solo se encuentran en las ciudades más grandes.

Hay varias guías de albergues, como la de Hostelling International para Europa que se actualiza anualmente.

CASAS PARTICULARES

Las oficinas de turismo de algunas ciudades tienen listas de casas particulares, una de las opciones de alojamiento más económicas. En algunos casos, es posible alojarse con una familia noruega. Los precios varían, pero es raro tener que pagar más de 450/600 NOK por una habitación sencilla/doble; el desayuno no suele estar incluido. Las duchas a veces cuestan de 15 NOK a 30 NOK más.

En las carreteras suelen verse carteles de *rom*, que indican alojamientos informales (suelen costar 275-500 NOK/habitación; sin desayuno); quienes lleven sus sábanas o saco de dormir pueden conseguir un descuento.

CASAS Y BUNGALÓS DE VERANO

La mayor parte de las oficinas de turismo de las zonas más turísticas tienen listas de cabañas, bungalós y casas de verano particulares para alquilar (a veces también durante la temporada de esquí). El precio por una semana va desde las 1500 NOK en un lugar sencillo, fuera de temporada, hasta unos 16 000 NOK por un chalé más sofisticado en pleno verano. La mayor parte de los bungalós tienen capacidad para al menos cuatro personas (algunos incluso hasta para 12). Para los grupos pueden ser una opción económica. Normalmente es necesario reservar con antelación y hay que pagar una fianza de 800 NOK o un 20% del precio de la estancia (lo que menos suponga).

Asuntos legales

Noruega posee un excelente sistema judicial y, si se incumple la ley, se tiene derecho a representación legal e intérprete. Por regla general, es probable que lo que sea ilegal en el país de origen también lo sea en Noruega; la posesión de drogas, incluso en pequeñas cantidades, es ilegal.

Hay una normativa local que quizá no resulte familiar y que afecta a Svalbard, donde es ilegal recoger cualquier flor silvestre.

Comunidad LGBTI

Los noruegos suelen ser tolerantes con los estilos de vida alternativos, aunque no tanto en zonas rurales. La homosexualidad es legal en Noruega desde 1973, y el país fue el primero del mundo en aprobar una ley que prohibía la discriminación contra los homosexuales. En el 2009, Noruega se convirtió en el sexto país del mundo en legalizar el matrimonio homosexual, cuando el Parlamento aprobó una ley de matrimonio neutra en lo relativo al género. La nueva ley otorgó el derecho a contraer matrimonio por la iglesia, a la adopción y a la inseminación artificial de las parejas, independientemente de su orientación sexual.

Aun así, las muestras públicas de afecto no son frecuentes, quizá con excepción de Oslo, aunque en la capital se han dado ataques recientes contra parejas homosexuales, especialmente en zonas del centro-este. El viajero tiene más probabilidades de tener problemas en los lugares con predominio de una mentalidad religiosa conservadora, ya sea entre las comunidades de inmigrantes musulmanes recién llegados o entre las comunidades luteranas más devotas de las zonas rurales.

Oslo posee el ambiente gay más animado, y vale la pena pasarse por **Use-It** (plano p. 58; ☎24 14 98 20; http://use-it.unginfo.oslo.no/; Møllergata 3; ⏲10.00-17.00 lu-vi, 12.00-17.00 sa; 🚊Brugata), donde puede recogerse el excelente folleto anual *Streetwise* con su apartado "Gay Guide".

Organizaciones y sitios web

FRI (Foreningen; plano p. 58; ☎23 10 39 39; www.foreningenfri.no; Tollbugata 24, 4º piso, Oslo) Asociación Nacional Noruega por la Liberación de Gais y Lesbianas; sitio web solo en noruego.

Global Gayz (www.globalgayz.com/europe/norway/) Página dedicada a Noruega con interesantes datos e información práctica.

Night Tours (www.nighttours.com/oslo/) Guía gay de la noche de Oslo.

Visit Oslo (www.visitoslo.com/es) El apartado "Oslo gay/lesbiana" contiene algunos enlaces útiles.

Cursos de idiomas

Hay diversas opciones en Oslo, si se quiere aprender noruego (u otra lengua).

Berlitz Language Services (plano p. 58; ☎23 00 33 60; www.berlitz.no; 7º piso, Akersgata 16) Práctica ubicación en el corazón de Oslo; tienen otra escuela en Stavanger.

Folkeuniversitetet Oslo (plano p. 58;☎22 47 60 00; www.folkeuniversitetet.no/eng/Language-courses; 5º piso, Torggata 7) Céntrica escuela de idiomas.

Escuela Internacional de Verano, Universidad de Oslo (plano p. 74;☎22 85 63 85; www.uio.no/english/studies/summerschool/; 6º piso, Gaustadalléen 25) Al noroeste del centro, en la universidad.

Oslo Voksenopplæring (☎23 47 00 00; www.felles.oslovo.no; Karoline Kristiansens vei 8) Al este del centro.

Descuentos

Con el carné de miembro de Hostelling International (HI; www.hihostels.com) hacen un descuento del 15% en los albergues de juventud.

Carné de jubilado

Existen descuentos para *honnør* (jubilados) a partir de los 67 años en museos, piscinas públicas, transportes, etc. Equivale normalmente al 75% de la tarifa ordinaria. No hay que ser titular de una tarjeta especial pero, quienes tengan un apariencia demasiado juvenil, deben acreditar su edad.

Carné de estudiante

Suele haber descuentos para estudiantes (normalmente el 75% de la tarifa normal). Para acreditar tal condición, se exige alguna identificación, como el Carné Internacional de Estudiante (www.isic.org); es una buena inversión, pues algunos viajeros han informado que no se les ha permitido la entrada con sus carnés universitarios (salvo que se trate de una universidad noruega). Permite obtener descuentos en muchos medios de transporte (incluidas líneas aéreas, ferris y transporte público) y en algunos cibercafés, además de entrada reducida o gratis en museos y puntos de interés, y comidas económicas en restaurantes para estudiantes.

Dinero

La forma más cómoda de viajar con dinero es hacerlo con una tarjeta de débito o de crédito, llevando algo de efectivo para casos de emergencia.

Cajeros automáticos

Los Mini-Banks (como se conocen los cajeros automáticos en Noruega) son comunes y suelen aceptar las principales tarjetas de crédito y las de débito Cirrus, Visa Electron y/o Plus, aunque conviene preguntar en el banco del país de origen qué entidades cobran las comisiones más bajas por retirar efectivo.

Cambio de moneda

No todos los bancos cambian moneda. Los tipos de cambio de las oficinas de correos y de turismo son, generalmente, menos favorables que en los bancos, pero pueden resultar una cómoda opción para pequeñas cantidades fuera del horario comercial de aquellos.

Tarjetas de crédito y de débito

Noruega está a punto de convertirse en una sociedad sin dinero en efectivo; en la actualidad, la mayoría de las transacciones se hacen mediante tarjeta. Las tarjetas Visa, Eurocard, MasterCard, Diners Club y American Express se encuentran ampliamente aceptadas en toda Noruega. Hay que denunciar inmediatamente la pérdida o robo de tarjetas.

American Express (☎22 96 08 00)

Diners Club (☎21 01 53 00)

MasterCard (☎80 01 26 97)

Visa (☎80 01 20 52)

Moneda

La corona noruega suele representarse casi siempre como Nkr (antepuesta a la cifra), NOK o simplemente como kr (después del número). Lonely Planet usa NOK. Una corona noruega (1 NOK) equivale a 100 øre.

Tipos de cambio

Argentina	10 ARS	3,90 NOK
Brasil	1 BRL	2,40 NOK
Chile	100 CLP	1,30 NOK
Colombia	1000 COP	2,76 NOK
EE UU	1 USD	7,82 NOK
Europa	1 €	9,66 NOK
México	10 MXN	4,19 NOK

Para tipos de cambio actualizados, véase www.xe.com.

Propinas

No se esperan grandes propinas.

Cobro por servicio Los cobros por servicio y propinas están incluidos en las cuentas de los restaurantes y en las tarifas de taxi.

Servicio de recompensa Si el servicio ha sido especialmente bueno en un restaurante de precio medio o alto, suele ser apropiado dejar un 5% (un 10% se considera una propina generosa).

Pago con tarjeta de crédito Si se paga con tarjeta de crédito en un restaurante, se deja espacio para añadir una propina.

Electricidad

La corriente eléctrica en Noruega es de 230V, 50Hz. Se usan los enchufes de dos clavijas de estilo europeo.

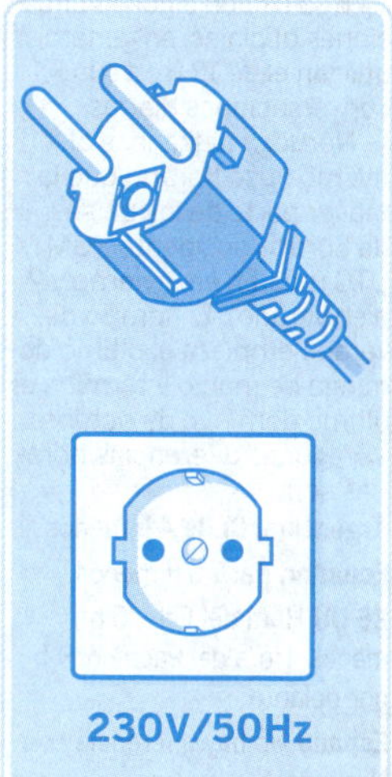

Fiestas oficiales

Año Nuevo (Nyttårsdag) 1 de enero

Jueves Santo (Skjærtorsdag) marzo/abril

Viernes Santo (Langfredag) marzo/abril

Lunes de Pascua (Annen Påskedag) marzo/abril

Día del Trabajo (Første Mai, Arbeidetsdag) 1 de mayo

Día de la Constitución (Nasjonaldag) 17 de mayo

Día de la Ascensión (Kristi Himmelfartsdag) mayo/junio, 40 días después de Pascua

Día de Pentecostés (Annen Pinsedag) mayo/junio, 8º lunes después de Pascua

Día de Navidad (Første Juledag) 25 de diciembre

San Esteban (Annen Juledag) 26 de diciembre

Hora local

Al dar la hora, los noruegos refieren la "media" a la hora de delante, no a la actual. Conviene tenerlo en cuenta para no llegar 1 h tarde. Aunque el formato horario de 24 h se usa en algunas situaciones oficiales, en general utilizan el de 12 h en sus conversaciones diarias.

Noruega pertenece al mismo huso horario que la mayor parte de los países de Europa occidental (GMT/UTC más 1 h en invierno y 2 h en verano). El horario de verano empieza el último domingo de marzo y termina el último domingo de octubre.

Algunas diferencias horarias son:

Argentina, Chile 4 h menos.

Ecuador, Perú 6 h menos.

EE UU Hora del Este, 6 h menos; Hora del Pacífico, 9 h por delante.

España No hay diferencia con Noruega.

Finlandia 1 h por delante.

México 7 h menos.

Rusia 1 h por delante.

Suecia y Dinamarca El mismo horario.

Horario comercial

Estos horarios comerciales estándar son para temporada alta (med jun-med ago) y suele abrirse menos en otras épocas.

Bancos De 8.15 a 15.00 de lunes a miércoles y los viernes, hasta las 17.00 los jueves.

Oficinas centrales de correos De 8.00 a 20.00 de lunes a viernes, de 9.00 a 18.00 los sábados. En otros casos, de 9.00 a 17.00 de lunes a viernes y de 10.00 a 14.00 los sábados.

Restaurantes De 12.00 a 15.00 y de 18.00 a 23.00; algunos no cierran entre el almuerzo y la cena.

Tiendas De 10.00 a 17.00 de lunes a miércoles y los viernes, hasta 19.00 los jueves y hasta 14.00 los sábados.

Supermercados De 9.00 a 21.00 de lunes a viernes y hasta las 18.00 los sábados.

Impuestos y reembolsos

Noruega cuenta con un sistema bien organizado de devolución de impuestos sobre artículos adquiridos en las tiendas que participan en el sistema.

Cómo funciona

En el caso de artículos que cuesten más de 315 NOK (290 NOK si son comestibles) en tiendas con el distintivo "Tax Free", se tiene derecho a un "cheque de reembolso" por el 25% de MVA (el equivalente al IVA) o el 15% por alimentos. Téngase en cuenta que el umbral del precio se calcula sobre el total que se gasta en una sola tienda, y no sobre la cantidad por artículo. Se rellena el cheque en el punto de venta con el nombre, el domicilio y el número de pasaporte y luego, en el punto de salida del país, se presenta la bolsa cerrada con los productos, el pasaporte y el cheque devolución para cobrarlo. Quienes viajan en ferri normalmente cobran la devolución del sobrecargo después de zarpar.

Más Información

Para más información, se puede consultar el folleto *How to Shop Tax Free* (Cómo hacer compras libres de impuestos) en la mayor parte de las oficinas de turismo y en algunas tiendas, donde se explican los trámites y se enumeran los puestos fronterizos donde puede hacerse efectiva la devolución. También puede visitarse www.globalblue.com/tax-free-shopping/norway/article117202.ece.

Información turística

Los halagos se quedan cortos al hablar de las oficinas de turismo noruegas. Muchas funcionan como verdaderos repositorios de información general y actúan como intermediarios en reservas de alojamiento y actividades. Casi cada ciudad y pueblo grande tiene su propia oficina de turismo, y prácticamente todas las oficinas de turismo de poblaciones de tamaño razonable o de zonas turísticas importantes publican exhaustivos folletos que ofrecen información actualizada sobre su ciudad y alrededores.

Puede que las oficinas de las ciudades más pequeñas estén solo abiertas en pleno verano (en el resto, todo el año, con horario reducido fuera de temporada).

Funcionan con nombres muy diferentes –*turistkontor* y *reiseliv* son los más frecuentes–, pero todas exponen el símbolo (i) en un lugar destacado y son fáciles de reconocer y de encontrar.

Consejo de Turismo Noruego (Norges Turistråd; ☎22 00 25 00; www.visitnorway.com) Ofrece información general de todo el país.

Mapas

Casi todas las oficinas de turismo reparten planos de

la ciudad gratuitos y fáciles de usar.

Mapas del país

Bilkart over Norge (1:1 000 000), de Nortrabooks, es uno de los mejores mapas de Noruega para el viajero. Utiliza diferentes tonalidades topográficas y representa el país entero en una sola hoja. *Michelin Norway-752* (1:1 250 000) también es bueno pero no está actualizado desde enero del 2007 y el tamaño de la letra puede ser un problema.

Mapas de excursionismo

Den Norske Turistforening (DNT, Norwegian Mountain Touring Club; plano p. 58; www.turistforeningen.no; Storget 3, Oslo; ⌚10.00-17.00 lu-mi y vi, hasta 18.00 ju, hasta 15.00 sa; Jernbanetorget) es la mejor fuente de mapas de excursionismo. Aunque cualquier oficina del DNT dispone de hojas topográficas, las de los principales núcleos urbanos cuentan con una selección amplia que abarca mucho más que la región en cuestión. Los centros de información de los parques nacionales y las oficinas de turismo son buenos lugares para conseguir los excelentes mapas Turkart o Statens Kartverk (www.statkart.no). Statens Kartverk, la autoridad cartográfica oficial de Noruega, cubre el país en 21 hojas a escala 1:250 000.

Mapas de carreteras

Los mejores son los de la colección Cappelens, de venta en librerías noruegas. Existen tres mapas a escala 1:335 000: el nº *1 Sør-Norge Sør*, el nº *2 Sør-Norge Nord* y el nº *3 Møre og Trøndelag*. El norte está cubierto en dos hojas a escala 1:400 000: la nº *4 Nord-land og Sør-Troms* y la nº *5 Troms og Finnmark*. El *Veiatlas Norge* (mapa de carreteras noruegas), publicado por Statens Kartverk, se revisa cada dos años.

PRECIOS DE RESTAURANTES

Los precios se refieren a un plato principal estándar.

€ menos de 125 NOK

€€ 125 NOK-200 NOK

€€€ más de 200 NOK

Salud

En general, Noruega es un país muy sano y los viajeros no deben tomar ninguna precaución especial. Los riesgos más importantes derivan de las infecciones víricas en invierno, de las quemaduras de sol y las picaduras de insecto en verano y de llagas en los pies debidas al excursionismo.

Asistencia médica y coste

Si el viajero cae enfermo en Noruega será muy bien atendido, ya que la sanidad es excelente.

Es posible adquirir la mayor parte de los medicamentos (que pueden tener una denominación diferente a la que se está acostumbrado). Conviene conocer el nombre genérico y el de marca. Si se llevan jeringas o agujas, es fundamental disponer de un certificado médico que acredite su necesidad. Para las afecciones leves, los farmacéuticos están capacitados para aconsejar y vender remedios.

Como casi todo en Noruega, la asistencia médica es prohibitiva, por lo que se impone contratar un seguro de viaje.

Agua

El agua del grifo es potable en todas partes.

En la naturaleza, conviene evitar beber de arroyos, ya que hasta el agua más transparente y apetecible puede contener Giardia y otros parásitos. Para excursiones largas en las que hay que recurrir al agua natural, la forma más fácil de purificarla es hervirla a conciencia. Sin embargo, en altitudes elevadas el agua hierve a menos temperatura, por lo que los gérmenes son más resistentes. En esos entornos conviene hervirla más tiempo (hasta 10 min).

Si no puede hervirse el agua, se debe tratar químicamente. Las tabletas de cloro (Puritabs, Steritabs u otras marcas) matan muchos patógenos pero no la giardia ni los quistes de ameba. El yodo es más eficaz y existe en forma de tableta, pero hay que tener en cuenta que un exceso de yodo puede ser perjudicial.

Peligros ambientales

HIPOTERMIA

Los inviernos peligrosamente fríos de Noruega exigen que se tomen las precauciones adecuadas si se viaja en esta época. Incluso en un día cálido en las montañas, el tiempo puede cambiar rápidamente; hay que llevar ropa impermeable y de abrigo, e informar a otra gente de la ruta que se va a seguir.

Los síntomas de la hipotermia son agotamiento, piel insensible (sobre todo la de los dedos de manos y pies), escalofríos, dificultad para hablar, comportamiento irracional o violento, letargo, tropezones, mareos, calambres musculares y violentas explosiones de energía. Algunas personas se comportan de forma irracional, dicen que tienen calor e intentan quitarse la ropa.

Para tratar la hipotermia moderada, primero hay que sacar a la persona del viento

LO BÁSICO

- **Periódicos y revistas** El diario en lengua noruega más respetado es *Aftenposten* (www.aftenposten.no); *VG* (www.vg.no) y *Dagbladet* (www.dagbladet.no) se cuentan entre los principales periódicos de tirada nacional. *Morgenbladet* (www.morgenbladet.no) es un semanario en noruego y *The Norway Post* (www.norwaypost.no) es una buena fuente de noticias en inglés.
- **TV y radio** La estatal NRK (una cadena de TV y cuatro emisoras de radio) compite con TV2 y TV Norge y con las emisiones vía satélite de TV3. Los hoteles suelen tener TV por cable. Numerosas emisoras privadas de radio, casi todas dedicadas a la música, complementan a las públicas. La emisora NRK Alltid Nyheter retransmite el Servicio Mundial de la BBC cada dos horas aproximadamente.
- **DVD** Noruega utiliza el sistema de DVD PAL (Región 2).
- **Tabaco** Está prohibido fumar en los espacios públicos cerrados, incluidos hoteles, restaurantes y bares.
- **Pesos y medidas** Se usa el sistema métrico. Cuidado con el uso ocasional de *mil* (milla), que es una milla noruega (10 km).

y/o la lluvia, quitarle la ropa si está mojada y ponerle otra seca y cálida. Hay que darle líquidos calientes (no alcohol) y comida fácil de digerir y con muchas calorías. No hay que frotar a las víctimas: es mejor permitirles que se calienten lentamente por sí solos. Esto debería bastar para tratar las primeras fases de la hipotermia. La única forma de prevenir la hipotermia severa, que es una afección crítica, es reconocer y tratar a tiempo la hipotermia leve.

Seguridad

El viajero y sus objetos personales están más seguros en Noruega que en los países de origen de la mayoría de los viajeros.

- Las ciudades (incluso el este de Oslo, que tiene una reputación algo peor) son bastante seguras de noche, pero no hay que descuidarse.
- Conviene ser precavido, especialmente cerca de los locales nocturnos en torno a Rosenkrantz gate de Oslo y estar al tanto de los carteristas en la zona de Torget, en Bergen.
- Normalmente, las principales molestias suelen provenir de drogadictos, borrachos y/o mendigos (principalmente en Oslo) que son capaces de detectar a un turista ingenuo a la legua.
- Si se hacen excursiones por la naturaleza en Noruega, el tiempo puede cambiar muy rápido, incluso en verano.

Teléfono

En Noruega aún hay numerosas cabinas telefónicas, pero muchas no admiten efectivo. Funcionan con tarjeta de crédito o de teléfonos, que se compran en 7-Eleven y colmados.

Teléfonos móviles

Cerca del 90% del país tiene cobertura GSM; los senderos de la mayoría de los parques nacionales y los espacios naturales son la excepción.

Si se quiere usar el teléfono móvil del país de origen en Noruega siempre hay que confirmar con la compañía el coste de la itinerancia para evitar una sorpresa desagradable cuando llegue la siguiente factura. En teoría a los teléfonos de la UE no se les cobra itinerancia, pero conviene confirmarlo antes. Cada vez más compañías ofrecen paquetes que permiten usar los minutos, mensajes de texto y datos en el extranjero por un pequeño coste adicional.

Si se quiere usar el móvil pero con una tarjeta SIM noruega el aparato debe estar liberado. Si el teléfono acepta tarjetas SIM extranjeras, las noruegas se compran en cualquier tienda de 7-Eleven y en algunos quioscos de Narvesen. No obstante, como las instrucciones para conectarse están en noruego, es mejor comprar una tarjeta en cualquier tienda de Telehuset, donde ayudan a conectarse al momento. Hay tarjetas SIM desde 200 NOK, que incluyen 100 NOK en llamadas.

Hay tres proveedores de telefonía móvil:

Chess (www.chess.no) Operador móvil relativamente nuevo.

Telenor Mobil (www.telenor.no) El mayor del país.

Telia (www.telia.no) Segundo mayor operador de Noruega.

Teléfonos útiles y de urgencias

Desde fuera de Noruega, hay que marcar el código internacional, el código de Noruega, y luego el número.

Información telefónica	☎180
Prefijo de acceso internacional	☎00
Prefijo de Noruega	☎47
Ambulancias	☎113
Policía	☎112

INFORMARSE ES IMPORTANTE

Antes y durante el viaje recomendamos que cualquier información relacionada con seguridad, salud, trámites administrativos como la expedición de visados, etc., sea verificada con el Ministerio de Asuntos Exteriores del país del viajero. Nuestras guías están actualizadas al cierre de la edición original, pero los cambios políticos, sociales y naturales son cada vez más rápidos e inciertos.

Viajeros con discapacidades

En general, Noruega está bien preparada para los viajeros con discapacidades y todos los edificios públicos de nueva construcción deben contar, por ley, con acceso para silla de ruedas. Pero, como en muchos otros países, la situación va evolucionando poco a poco por lo que hay que planificar con antelación.

Casi todas las oficinas de turismo tienen listados de hoteles y albergues accesibles con silla de ruedas. Lo mejor es ponerse en contacto con la Asociación Noruega para los Discapacitados. Casi todos los cruces de las calles están provistos de una rampa o un bordillo bajo y los semáforos con cruce emiten una señal acústica: los pitidos largos indican que es seguro cruzar, y los más cortos, que el semáforo está a punto de cambiar.

Muchos trenes (no todos) tienen vagones con espacio para las sillas de ruedas y muchos edificios públicos cuentan con lavabos accesibles.

En http://lptravel.to/AccessibleTravel puede descargarse la guía gratuita *Accessible Travel* de Lonely Planet.

Organizaciones y Circuitos

Mobility International USA (www.miusa.org) Asesora a viajeros en EE UU sobre cuestiones de movilidad.

Asociación Noruega para Discapacitados (Norges Handikapforbund; plano p. 58; ☎24 10 24 00; www.nhf.no; Schweigaards gate 12, Grønland, Oslo; 🚌34) Información sobre viajes y lugares de especial interés en Noruega para viajeros con discapacidades.

Society for Accessible Travel & Hospitality (www.sath.org) En EE UU; ofrece asistencia y asesoramiento.

Visados

Noruega es uno de los 26 países adscritos al Acuerdo Schengen, según el cual, 22 Estados miembros de la UE (excepto Bulgaria, Chipre, Irlanda, Rumanía y el Reino Unido) e Islandia, Noruega, Liechtenstein y Suiza aceptan suprimir los controles policiales en las fronteras comunes. El proceso para integrar a Bulgaria, Chipre y Rumanía se ha ralentizado; se aconseja consultar el estado actual.

En materia de visados a Noruega, la situación es la siguiente:

Ciudadanos de Dinamarca, Finlandia y Suecia No necesitan visado ni pasaporte.

Ciudadanos y residentes de la UE y países Schengen No precisan visado.

Ciudadanos o residentes de EE UU, Brasil, Bolivia, Chile, Costa Rica, El Salvador, Guatemala, Honduras, México, Panamá, Paraguay, Uruguay y Venezuela No requieren visado para estancias por turismo de hasta 90 días. Los ciudadanos de Ecuador, Colombia, Cuba, Perú o República Dominicana sí necesitan solicitarlo.

Otros países Consúltese con una embajada o un consulado noruegos.

Para estudiar o trabajar en Noruega Se requiere un visado especial. Contáctese con una embajada o un consulado noruegos antes de partir.

Transporte

CÓMO LLEGAR Y SALIR

Noruega está bien conectada por avión a otros países europeos. También hay servicios regulares de autobús y ferrocarril desde las vecinas Suecia y Finlandia (donde hay conexiones a otros países europeos). Los servicios a/desde Rusia son menos frecuentes y más complicados. También hay ferris de coches y pasajeros que conectan puertos del sur de Noruega con Dinamarca, Suecia y Alemania.

Entrada al país

Los ciudadanos de la UE y los viajeros de países que no necesitan visado solo tienen que pasar el control de pasaportes, aunque a quienes no sean de un país Schengen o de la UE quizá se les pida un billete de conexión o de vuelta (u otra prueba del tiempo que se piensa pasar en el país).

Pasaporte

Todos los viajeros –salvo los de Dinamarca, Islandia, Suecia y Finlandia– necesitan pasaporte en vigor para entrar en Noruega.

Avión

Noruega está bien conectada con vuelos directos a/desde el resto de Europa y, en menor medida, Norteamérica. Para llegar a Noruega desde Asia y Australia probablemente habrá que hacer conexión en Oriente Próximo. Oslo recibe la mayor cantidad de vuelos internacionales; a Bergen, Tromsø y otros aeropuertos llegan numerosos vuelos de distintas partes de Europa.

Aeropuertos y líneas aéreas

El sitio web www.avinor.no contiene una lista completa de los aeropuertos noruegos, con exhaustiva información sobre cada uno. Los principales aeropuertos internacionales son Gardermoen (Oslo), Flesland (Bergen), Sola (Stavanger), Tromsø, Værnes (Trondheim), Vigra (Ålesund), Karmøy (Haugesund), Kjevik (Kristiansand) y Torp (Sandefjord).

Numerosas aerolíneas internacionales vuelan a/desde los aeropuertos noruegos. Desde la costa este de EE UU y Europa hay vuelos directos.

Norwegian (www.norwegian.com) Compañía aérea de bajo coste con una amplia (y creciente) red de rutas nacionales e internacionales.

SAS (www.sas.no) Es la aerolínea más veterana de Noruega,

EL CAMBIO CLIMÁTICO Y LOS VIAJES

Todos los viajes con motor generan una cierta cantidad de CO_2, la principal causa del cambio climático provocado por el hombre. En la actualidad, el principal medio de transporte para los viajes son los aviones, que emplean menos cantidad de combustible por kilómetro y persona que la mayoría de los automóviles, pero también recorren distancias mucho mayores. La altura a la que los aviones emiten gases (incluido el CO_2) y partículas también contribuye a su impacto en el cambio climático. Muchas páginas web ofrecen "calculadoras de carbono" que permiten al viajero hacer un cálculo estimado de las emisiones de carbono que genera en su viaje y, si lo desea, compensar el impacto de los gases invernadero emitidos participando en iniciativas de carácter ecológico por todo el mundo. Lonely Planet compensa todos los viajes de su personal y de los autores de sus guías.

con una gran red de rutas nacionales e internacionales.

Widerøe (www.wideroe.no) Aerolínea local que opera sobre todo entre ciudades pequeñas y grandes; también ofrece vuelos a las islas Lofoten y al norte.

Por tierra

Noruega tiene fronteras terrestres con Suecia, Finlandia y Rusia.

Es posible viajar en tren entre Oslo y Estocolmo, Gotemburgo, Malmö y Hamburgo, con servicios menos frecuentes a ciudades del norte y del centro de Suecia desde Narvik y Trondheim.

Eurolines (www.eurolines.com) Es la principal compañía para muchas rutas internacionales a/desde Noruega, y además abastece a varias empresas nacionales.

Nor-Way Bussekspress (www.nor-way.no) Ofrece un abanico razonable de rutas internacionales.

Swebus Express (☎0200 218 218; www.swebusexpress.se) Numerosos autobuses que cruzan la frontera de Noruega y Suecia.

Cruces fronterizos

Suele ser sencillo cruzar casi todas las fronteras hacia Noruega. Especialmente si se llega por carretera porque, en algunos casos, puede que uno ni se dé cuenta de que ha cruzado la frontera.

Si se llega a Noruega desde un país que no pertenece a la UE o a Schengen, el control de documentos es más exhaustivo. Si se viene de un país no occidental, pasajeros y equipajes serán examinados con más detalle que otros viajeros en los aeropuertos y en algunos de los cruces de frontera con personal; esto también es aplicable a todos los viajeros que entren en Noruega por tierra desde Rusia.

Finlandia

AUTOBÚS

Hay autobuses entre el norte de Noruega y el norte de Finlandia.

Eskelisen Lapin Linjat (☎016-342 2160; www.eskelisen.fi) Casi todos los autobuses que cruzan la frontera entre el norte de Noruega y el norte de Finlandia.

AUTOMÓVIL Y MOTOCICLETA

La autopista E8 va desde Tornio, en Finlandia, hasta Tromsø; hay carreteras secundarias que conectan Finlandia con las ciudades samis de Karasjok y Kautokeino, en el norte; si se viaja entre Kautokeino y Tromsø, suele ser más rápido tomar la ruta sur por Finlandia. Autobuses regulares recorren las tres rutas.

Rusia

Rusia tiene una frontera corta con Noruega y hay dos autobuses diarios entre Kirkenes en Noruega y Murmansk en Rusia (ida/i/v 460/750 NOK, 5 h). Una vez en Murmansk, hay trenes con enlace a San Petesburgo y al resto de la red ferroviaria rusa.

Para cruzar la frontera se necesita un visado ruso, que normalmente debe solicitarse y expedirse en el país de residencia del viajero.

Suecia

AUTOBÚS

Swebus Express (☎0771-21 82 18; www.swebus.se) cuenta con los autobuses más grandes y económicos entre Oslo y varias ciudades suecas.

Entre los numerosos servicios transfronterizos de la larga frontera terrestre entre Suecia y Noruega figuran dos diarios entre Narvik y Riksgränsen (1 h), en la frontera, y Kiruna (3 h).

Hay servicios menos frecuentes entre Bodø y Skellef-

AUTOBUSES DESDE FINLANDIA Y SUECIA

Estas son algunas opciones para viajar en autobús entre Finlandia y Noruega (algunos solo en verano):

DESDE	A	TARIFA	DURACIÓN (H)
Rovaniemi	Alta	101 €	10
Rovaniemi	Karasjok	77,90 €	6
Rovaniemi	Tromsø (solo jun-sep)	102,20 €	8-10
Rovaniemi	Nordkapp	132,10 €	10½
Saariselkä	Karasjok	33,10 €	2¾

Autobuses a Oslo desde Suecia

DESDE	TARIFA	DURACIÓN (H)	FRECUENCIA (DIARIA)
Gotemburgo (Göteborg)	119-279 SEK	3¾	6
Malmö	169-469 SEK	8	5
Estocolmo	309-449 SEK	8-13	4

IMPUESTO DE SALIDA

El impuesto de salida está incluido en el precio del billete.

teå, así como en la Blå Vägen, o "carretera azul" entre Mo i Rana y Umeå. Las empresas suecas **Länstrafiken i Norrbotten** (☎0771-10 01 10; www.ltnbd.se) y **Länstrafiken i Västerbotten** (☎0771-10 01 10; www.tabussen.nu) ofrecen algunos autobuses que cruzan la frontera.

TREN

Hay trenes entre Suecia y Noruega de **Norwegian State Railways** (Norges Statsbaner, NSB; ☎marcar 9 para inglés 81 50 08 88; www.nsb.no) y de **Sveriges Järnväg** (SJ; ☎0771-75 75 99; www.sj.se).

Algunos de los servicios Estocolmo-Oslo requieren transbordo en la ciudad sueca de Karlstad.

Se puede viajar desde Trondheim a Suecia pasando por Storlien y Östersund, aunque hay que hacer transbordo en la frontera.

Por mar

Hay ferris entre Noruega y Dinamarca, Alemania y Suecia. La mayor parte de los operadores ofrecen paquetes que incluyen coche y pasajeros, y muchos hacen cuantiosos descuentos para séniors, estudiantes y niños. Las bicicletas están sujetas a recargo adicional.

Si se viaja en ferri internacional y se planea beber mientras se esté en Noruega, se puede comprar el máximo de alcohol sin impuestos permitido a bordo.

Dinamarca

Las siguientes compañías operan ferris entre Noruega y Dinamarca.

Color Line (☎en Dinamarca 99 56 19 00, en Alemania 0431-7300 300, en Noruega 81 00 08 11, en Suecia 0526-62000; www.colorline.com) Ofrece dos ferris exprés desde Dinamarca: Hirtshals-Larvik (3¾ h) Hirtshals-Kristiansand (3¼ h).

DFDS Seaways (☎en Dinamarca 33 42 30 00, en Noruega 21 62 13 40, en Reino Unido 0871 522 9955; www.dfdsseaways.com) Copenhague-Oslo (17 h, 1 diario).

Fjord Line (☎en Dinamarca 97 96 30 00, en Noruega 51 46 40 99; www.fjordline.com) De Hirtshals a Kristiansand, Bergen, Stavanger y Langesund (Oslo).

Stena Line (☎en Dinamarca 96 20 02 00, en Noruega 02010; www.stenaline.no) Entre Fredrikshavn y Oslo.

Alemania y Suecia

Color Line (☎en Dinamarca 99 56 19 00, en Alemania 0431-7300 300, en Noruega 81 00 08 11, en Suecia 0526-62000; www.colorline.com) conecta Noruega con Alemania y Suecia. Consúltese su web para información sobre tarifas y el tipo de camarote. De Oslo a Kiel, Alemania, hay siete salidas semanales (desde 327 €, 20 h), mientras que los ferris (de Color Line y Fjord Line) de Sandefjord a Strömstad en Suecia salen hasta 20 veces a la semana (desde 15 €, 2½ h).

CÓMO DESPLAZARSE

Avión SAS y Norwegian poseen extensas redes nacionales. Widerøe llega a ciudades pequeñas.

Barco Los ferris, muchos de los cuales llevan automóviles, conectan islas cercanas con el continente, mientras que el de Hurtigruten va de Bergen a Kirkenes y vuelve todos los días del año.

Autobús Los autobuses que recorren las rutas principales son rápidos y eficientes. Los que van a poblaciones pequeñas suelen ser poco frecuentes, y puede que no haya servicio los fines de semana.

Automóvil Las carreteras están en buen estado, pero los viajes pueden ser lentos debido a las carreteras serpenteantes, al exceso de tráfico en verano con pocos carriles para adelantar, y a los ferris.

Tren Lo más al norte que llegan los trenes es Bodø, con un ramal adicional que conecta Narvik con Suecia más al norte.

TRENES SUECIA-NORUEGA

Entre ambos países hay varios servicios ferroviarios; casi todos exigen hacer trasbordo.

DESDE	A	TARIFA	DURACIÓN (H)	FRECUENCIA (DIARIA)	EMPRESA
Gotemburgo (Göteborg)	Oslo	Desde 576 NOK/275 SEK	4-6	2-4	Ferrocarril noruego y ferrocarril sueco
Malmö	Oslo	Desde 615 SEK	7½-9	3-6	Ferrocarril sueco
Estocolmo	Oslo	Desde 375 SEK	6-7½	5	Ferrocarril sueco
Estocolmo	Narvik	Desde 717 SEK	20-22	0-3	Ferrocarril sueco

Resérvese con antelación para obtener billetes *minipris* mucho más baratos.

Avión

Debido a la duración y a las distancias que implican los viajes por tierra, incluso quienes viajen con un presupuesto ajustado deben considerar hacer uno o dos tramos en avión. Las grandes rutas noruegas nacionales son bastante competitivas, lo que hace que se pueda viajar en avión por algo más de la tarifa de tren equivalente, si se es flexible con la fecha de salida y se reserva con tiempo.

Un billete de ida y vuelta *minipris* puede costar solo un 10% más que uno de avión de ida. Además, las parejas (incluidas las homosexuales), los niños entre 2 y 15 años, los menores de 26 y los mayores de 67 tienen derecho a importantes descuentos en algunas rutas.

Aerolíneas en Noruega

Aparte de las diminutas aerolíneas de vuelos chárter y helicópteros, hay tres compañías que ofrecen rutas nacionales.

Norwegian Compañía de bajo coste con una amplia (y creciente) red de vuelos nacionales, desde hace poco también a Longyearbyen (Svalbard).

SAS Ofrece multitud de rutas nacionales en Noruega continental, incluso a Longyearbyen (Svalbard).

Widerøe Filial de SAS con aviones pequeños y algunos vuelos a aeropuertos regionales menores.

Bicicleta

Por sus enormes distancias, terreno montañoso y carreteras estrechas, solo los ciclistas avezados se atreven a hacer grandes circuitos por Noruega (aunque quienes lo hacen acaban entusiasmados).

El principal quebradero de cabeza de todo ciclista de larga distancia son los túneles y los hay a miles. Muchos, especialmente en los fiordos occidentales, están cerrados al tráfico no rodado y en bastantes (no en todos) hay carriles para bicicleta paralelos a los túneles. De lo contrario, las rutas alternativas pueden suponer unos cuantos días de pedaleo por un largo fiordo o por un elevado puerto de montaña.

Los autobuses rurales, los ferris exprés y los trenes normales transportan bicicletas con un recargo (150 NOK aprox). Los trenes exprés son la excepción y los internacionales las consideran exceso de equipaje (350 NOK). Nor-Way Bussekspress cobra la tarifa de niño por transportar una bicicleta.

El Gobierno noruego se toma el ciclismo con la seriedad necesaria como para haber elaborado una **Estrategia de ciclismo** (www.sykkelbynettverke.no) oficial, entre cuyos objetivos figura fomentarlo en las grandes ciudades.

Alquiler

Algunas oficinas de turismo, albergues y *campings* alquilan bicicletas a huéspedes, y las tiendas de bicicletas *(sykkelbutikken)* son otro buen lugar donde preguntar. Los alquileres suelen costar desde unas 60 NOK/h y rara vez más de 400 NOK/día; además, el precio por día disminuye si se alquila para varios días.

Barco

El excelente sistema de ferris conecta comunidades que en otro caso serían inaccesibles. Los barcos exprés enlazan las islas con el continente. La mayor parte de los ferris pueden acomodar vehículos, pero los costeros exprés solo aceptan peatones, al igual

FERRIS DINAMARCA-NORUEGA

Entre los servicios de ferri entre Dinamarca y Noruega figuran los siguientes. Las tarifas son para la temporada alta (med jun-med ago); en otras épocas, pueden reducirse a la mitad pero las salidas son mucho menos frecuentes. Hay diferentes precios y tipos de alojamiento dependiendo de la ruta, y en casi todos los ferris se pueden transportar vehículos.

DESDE	A	TARIFA	DURACIÓN (H)	FRECUENCIA (SEMANAL)	EMPRESA DE FERRI
Copenhague	Oslo	Desde 119 €	16½	7	DFDS Seaways
Fredrikshavn	Oslo	Desde 47 €	12	7	Stena Line
Hirtshals	Bergen	Desde 48 €	19½	3	Fjord Line
Hirtshals	Kristiansand	Desde 27 €	2¼-3¼	Hasta 14	Color Line y Fjord Line
Hirtshals	Larvik	Desde 29 €	3¾	Hasta 14	Color Line
Hirtshals	Stavanger	Desde 45 €	12	4	Fjord Line

EL HURTIGRUTEN: ¿VIAJE DE PLACER?

Por más maravillosa que resulte la ruta del Hurtigruten, conviene recordar que el ferri solo suele detenerse en los puertos durante 15-60 min, o incluso menos, si va con retraso. Es importante tener en cuenta que, aunque la mayoría de los pasajeros son turistas, el Hurtigruten es un ferri regular, no un circuito.

que los barcos de vapor que navegan por los lagos.

En verano, cabe esperar aglomeraciones y retrasos en las travesías más populares. Estos ferris navegan hasta bien entrada la noche, especialmente en verano, y algunos las 24 h (las salidas en plena noche son menos frecuentes). La información sobre horarios y precios de los ferris de vehículos y los barcos de vapor la publica el Departamento de Turismo; también puede consultarse la guía de transportes *Rutebok for Norge*. Las oficinas de turismo facilitan los horarios de los ferris *regionales*.

Norway Fjord Cruise (☎57 65 69 99; www.fjordcruise.no) y **Fjord1** (☎55 90 70 70; www.fjord1.no) ofrecen circuitos en barcos y/o ferris en la región de los fiordos; la última también llega a Lofoten y Svalbard.

Circuitos por canales

La región de Telemark, en el sur de Noruega, cuenta con una amplia red de canales, ríos y lagos. Hay servicios regulares en ferri y también se puede viajar con barco propio.

Ferri costero de Hurtigruten

Hay pocas formas mejores de embeberse del paisaje de los fiordos que subir a bordo del emblemático **ferri costero de Hurtigruten** (☎81 00 30 30; www.hurtigruten.com), que surca las aguas noruegas desde 1894. Cada día y cada noche del año, hay al menos un barco de Hurtigruten que va y viene por los 5200 km de costa de Noruega, parando en 35 puertos entre Bergen y Kirkenes.

Aunque fue concebido como un enlace vital entre las comunidades más alejadas entre sí de Noruega, actualmente el Hurtigruten es todo un crucero, con camarotes, cafetería, tiendas y restaurante. La antigüedad de los 11 barcos de la flota varía: el más antiguo es de 1956, pero todos se remodelaron considerablemente en los años noventa. También hay tres barcos de "expedición" que viajan hasta Svalbard y el alto Ártico.

Es famosa la promesa que hacen en el Hurtigruten sobre la aurora boreal. Si se hace el crucero de 12 días en invierno y no se consigue ver la aurora boreal, regalan otro crucero de seis o siete días.

TARIFAS

Solo las largas travesías en Hurtigruten pueden reservarse por internet, pero en la mayor parte de las agencias de viajes noruegas se compran todos los billetes. El sitio web de Hurtigruten contiene una lista completa de agentes. También pueden comprarse a través de **Fjord Tours** (☎81 56 82 22; www.fjordtours.no).

Las tarifas de verano (med abr-med sep) son mucho más caras que las de invierno. Los precios dependen del tipo de camarote, que van desde los que no tienen vista hasta suites muy cómodas. Algunos ejemplos de tarifas (por persona en un camarote con dos camas individuales) son:

Bergen-Kirkenes-Bergen Desde 1750 € (nov-feb) hasta 4700 € (jun-jul)

Bergen-Kirkenes 890 €-2800 €

Kirkenes-Bergen 825 €-2750 €

También pueden reservarse viajes más cortos pero probablemente haya que hacerlo una vez en Noruega. Reservar cortas travesías en la web de Hurtigruten es casi imposible. También puede transportarse el coche por un recargo adicional. Hay descuentos para niños de 4 a 16 años, estudiantes, y personas mayores de 67 años. Para edades comprendidas entre 16 y 26 años, es buena idea preguntar por los bonos más económicos de 21 días.

EXCURSIONES

Es posible combinar el viaje con excursiones en tierra, especialmente si se hace toda la travesía. Las excursiones, organizadas por la compañía naviera, puede que solo estén disponibles para ir en dirección norte o sur (hay 24 y 15 excursiones, respectivamente, aunque muchas son de temporada). Las opciones van desde circuitos urbanos hasta cruceros por la red de fiordos, un viaje en autobús a Nordkapp (cabo Norte), otro a la frontera rusa desde Kirkenes y actividades como trineo de perros y moto de nieve. La web del Hurtigruten contiene una lista completa con precios.

Estas excursiones ofrecen una buena relación calidad-precio pero, en algunos casos, el viajero se perderá segmentos del paisaje costero.

Yate

Explorar la costa noruega a bordo de un yate propio es una de las experiencias vitales más placenteras, aunque las duras condiciones climatológicas pueden limitar cuán al norte se llegue. Casi todas las poblaciones de la costa sur de Noruega tienen un excelente *gjestehavn* (puerto de invitados), cuyas instalaciones incluyen duchas, servicios, electricidad y lavanderías como mínimo, y en algunos se ofrece alquiler de bicicletas y wifi. Las tarifas estándar de amarre oscilan entre 180 NOK y 300 NOK por 24 horas.

Autobús

Los vehículos de la amplia red de autobuses de larga distancia son cómodos y puntuales. Se pueden reservar billetes y consultar horarios de casi todas las rutas en línea.

Además de las redes más grandes, hay varias compañías independientes que prestan servicios de larga distancia similares casi al mismo precio. En el norte de Noruega hay varias rutas Togbuss (tren-autobús) y, en otras zonas, autobuses urbanos que se limitan a un solo *fylke* (condado). Los horarios de muchos autobuses urbanos y de algunos de larga distancia se reducen drásticamente en todo el país los sábados, domingos y en temporada baja (med ago-med jun).

Para conocer todos los horarios de los autobuses (y algunos precios) se puede obtener un ejemplar gratuito de *Rutehefte* en cualquier estación de autobuses medianamente importante y en algunas oficinas de turismo. Todas las estaciones de autobuses y oficinas de turismo disponen de horarios más reducidos para las rutas que cruzan la ciudad.

Lavprisekspressen (www.lavprisekspressen.no) Los autobuses más baratos son los de Lavprisekspressen, que vende billetes en línea. Sus autobuses recorren la costa entre Oslo y Stavanger (vía Kristiansand) y a lo largo de dos corredores norte-sur que unen Oslo con Trondheim. Si se está en línea en el momento adecuado, los billetes Oslo-Trondheim pueden costar solo 99 NOK; hasta sus billetes más caros son más baratos que los de los competidores.

Nettbuss (www.nettbuss.no) Tiene la red más grande del país e incluye las filiales TIMEkspressen, Nettbuss Express y Bus4You (Bergen-Stavanger).

Nor-Way Bussekspress (www.nor-way.no) Opera la mayor red de autobuses exprés de Noruega, con rutas entre la mayoría de las poblaciones principales.

Tarifas y reservas

Casi nunca es necesario reservar con antelación, pero las probabilidades de encontrar tarifas más económicas aumentan cuanto mayor sea la antelación con que se reserve. Comprar los billetes por internet suele ser la mejor forma de conseguir las tarifas más baratas (en verano acostumbran a ofrecer billetes *minipris*, más económicos), y para los autobuses de Lavprisekspressen, reservar en línea a menudo es la única opción. También se venden billetes a bordo de la mayor parte de los autobuses o incluso por adelantado en las estaciones; las tarifas se basan en la distancia del trayecto. Algunas empresas ofrecen tarifas sin incluir las del ferri. Hay que asegurarse siempre.

Muchas compañías hacen descuentos para estudiantes, niños, séniors y familias del 25-50%, así que lo mejor es preguntar al hacer la compra. Los grupos (a partir de dos personas que viajan juntas) pueden tener también derecho a descuentos.

En el norte de Noruega, los titulares de los bonos InterRail y Eurail también pueden tener derecho a descuentos en algunas rutas.

Automóvil y motocicleta

Para llevar el automóvil a Noruega no hay requisitos especiales. Las principales carreteras, como la E16 entre Oslo y Bergen y toda la E6 de Oslo a Kirkenes, están abiertas todo el año, no así las secundarias más pintorescas, que solo abren de junio a septiembre (cuando lo permite el estado de la nieve).

El combustible es considerablemente más caro que en otras partes de Europa, así que es importante tener en cuenta el coste al planear viajes, sobre todo para largas distancias.

Vegmeldingssentralen (☎175, marcar 9 para inglés 22 07 30 00; www.vegvesen.no) El Centro de Información de Usuarios de Carretera de Statens Vegvesen, que funciona 24 horas, ofrece consejos actualizados sobre cierres y estado de carreteras en todo el país.

Asociaciones automovilísticas

Por acuerdo recíproco, los afiliados a asociaciones automovilísticas nacionales de la AIT (Alliance Internationale de Tourisme) tienen derecho a asistencia en carretera de la **Norges Automobil-Forbund** (NAF; ☎92 60 85 05; www.naf.no). Hay vehículos de la NAF que recorren las carreteras principales (med jun-med ago). Los teléfonos de urgencia pueden encontrarse en las autopistas, los túneles y en algunos puertos de montaña.

Permiso de conducir

Los turistas pueden alquilar un automóvil solo con el permiso de conducir de su país.

Combustible

En casi todas las gasolineras hay gasolina sin plomo y diésel. Que Noruega sea excepcionalmente rica en petróleo no significa que se disfrute de combustible barato; los precios de la gasolina en Noruega son de los más caros del mundo. Los precios habituales, mientras se preparaba esta guía, rondaban las 15 NOK-16 NOK/

litro. El diésel suele costar 1 NOK menos por litro. Muchas gasolineras aceptan las principales tarjetas de crédito.

En las ciudades, las gasolineras suelen estar abiertas hasta las 22.00 o las 24.00; también hay algunas abiertas las 24 h. En zonas rurales, algunas tienen servicio automático las 24 h con tarjeta de crédito (no hay personal). Una advertencia para quienes conduzcan un vehículo de gasóleo: no hay que llenar el depósito en los surtidores marcados "augiftsfri diesel", que solo son para barcos, tractores, etc.

Alquiler

Los precios son elevados y está enfocado principalmente a viajeros de negocios. Los precios sin reserva de un automóvil compacto (con 200 km/día incluidos) suelen rondar las 1200 NOK/día (IVA incluido, pero el seguro cuesta desde 100 NOK/día más). Los precios por día bajan cuanto más largo sea el alquiler, y reservar a través de agentes en línea puede rebajar el precio hasta las 600 NOK/día.

Hay que leer las condiciones con cuidado antes de reservar, especialmente cobros adicionales como la renuncia de responsabilidad de daño por colisión y franquicias altas. También hay que evitar contratos con kilometraje limitado, ya que pueden encarecer rápidamente una oferta barata. Hay que comprobar el estado de los neumáticos y la rueda de repuesto (sobre todo si se viaja en invierno); deben comprobarse antes de salir todos los daños del vehículo, y llevarlos anotados en la copia del contrato.

Suelen alquilarse GPS, pero es más barato llevar uno propio, suponiendo que tenga cargados los mapas relevantes, claro. Muchas empresas de telefonía móvil ofrecen ahora paquetes que permiten usar los datos del propio país en el extranjero, lo que facilita utilizar servicios de cartografía en línea, aunque puede ser un fastidio perder el servicio en medio de la nada.

EMPRESAS DE ALQUILER DE AUTOMÓVILES

Avis (☎81 56 30 44; www.avis.no)

Bislet Bilutleie (☎22 60 00 00; www.bislet.no)

Budget (☎81 56 06 00; www.budget.no)

Europcar (☎67 16 58 20; www.europcar.no)

Hertz (☎67 16 80 00; www.hertz.no)

Rent-a-Wreck (☎81 52 20 50; www.rent-a-wreck.no)

Sixt (☎81 52 24 66; www.sixt.no)

AGENCIAS DE RESERVA DE ALQUILER DE AUTOMÓVILES

Auto Europe (www.autoeurope.com) Agencia de alquileres en línea que actúa como intermediaria para ofrecer tarifas baratas de las principales empresas.

Autos Abroad (www.autosabroad.com) Con sede en Reino Unido, actúa como Intermediaria de grandes compañías.

Ideamerge (www.ideamerge.com) Alquiler de caravanas e información sobre el plan de alquiler con opción a compra de Citroën.

Seguro

Es obligatorio disponer de seguro a terceros (cobertura ilimitada por lesiones y de hasta 1000 000 NOK por daños). Quienes lleven un vehículo desde el extranjero, tendrán menos quebraderos de cabeza si viajan con la Carta Verde. Conviene cerciorarse de que el coche está asegurado para viajes en ferri.

Si se alquila un vehículo, vale la pena pagar un extra y contratar un seguro a todo riesgo (en caso de accidente, incluso leve, la diferencia entre tener que pagar 1000 NOK o 10000 NOK es considerable).

Estado de la carretera

Si Noruega fuese Nepal habrían construido una carretera hasta lo alto (o por debajo) del Everest. Y es que hay carreteras que no pueden por menos que inspirar una profunda admiración dados los conocimientos de ingeniería que demuestran. Los túneles más largos conectan valles y los más cortos atraviesan obstáculos rocosos para hacer las rutas más rectas. Para hacerse una idea de lo difícil que fue hacer las carreteras y túneles de Noruega a través de las montañas, visítese el **Museo Noruego de Historia de las Carreteras** (Norsk Vegmuseum; ☎61 28 52 50; www.vegmuseum.no; Hunderfossvegen 757; ⏲10.00-17.00 med jun-med ago, 10.00-15.00 ma-do resto del año) GRATIS, a las afueras de Lillehammer.

Casi todos los túneles están iluminados y los largos por lo general tienen ventiladores extractores para eliminar humos, mientras que otros están recubiertos con un aislamiento acolchado para absorber humos y ruido. Los motociclistas deben tener cuidado con los humos en los túneles más largos y es conveniente evitarlos cuando sea posible.

Aunque el estado de las carreteras en general es excelente, se recomienda calcular más tiempo del previsto en cubrir un trayecto dado, sobre todo durante la temporada alta veraniega. El límite de velocidad rara vez alcanza (y nunca supera) los 90 km/h, y casi todas las vías se comparten con camiones, autocaravanas y autobuses sin que apenas haya carriles de adelantamiento.

Peligros en carretera

Las carreteras más antiguas y las de montaña suelen ser estrechas, con múltiples curvas cerradas y empinados gradientes. Aunque la mayoría de las zonas son accesibles en coche (y muy a menudo en autobús de circuito), algunas de las menos transitadas están mal asfaltadas o sin asfaltar y solo están indicadas para todoterrenos. Otras, aparentemente normales, pueden estrecharse bruscamente y casi sin avisar. En algunas de montaña no se puede circular con caravana o autocaravana, o son solo aconsejables para conductores expertos, ya que es posible que se tenga que dar marcha atrás para dejar pasar al tráfico que viene de frente.

Si se espera nieve o hielo, conviene llevar ruedas especiales o cadenas.

Vegdirektoratet (☎marcar 9 para inglés 22 07 30 00; www.vegvesen.no) bosqueja en un mapa las carreteras restringidas para caravanas; su sitio web también tiene un práctico planificador de ruta.

Normas de circulación

Para más información de la que probablemente sea necesaria, en la página web de **Vegdirektoratet** (www.vegvesen.no) es posible descargar una versión en PDF de todas las normas de circulación vigentes en Noruega. Hay que seguir los enlaces a "Traffic" (Tráfico) y luego "Traffic Rules" (Normas de circulación).

Límite de alcohol en sangre Es de 0,02%. Los controles móviles de alcoholemia son relativamente frecuentes y los infractores están sujetos a fuertes multas y/o penas de cárcel. Dado que los establecimientos que sirven alcohol pueden ser también responsables legales en caso de accidente, no hay que extrañarse de que se nieguen a servir incluso un vaso pequeño de cerveza si sospechan que el viajero va a conducir.

Vehículos extranjeros Deben llevar en la parte trasera una pegatina en forma oval indicadora de su nacionalidad. Para los vehículos no matriculados a nombre del conductor, se debe llevar permiso por escrito del propietario registrado.

Faros Es necesario llevar las luces de cruce (incluidas las motocicletas) a todas horas. Los vehículos con volante a la derecha deben (en teoría) llevar deflectores adheridos a sus faros para evitar deslumbrar al tráfico que viene de frente.

Aparcamiento de motocicletas Las motos no pueden aparcar en las aceras y están sujetas a las mismas normas de aparcamiento que los automóviles.

RUTAS TURÍSTICAS NACIONALES

La Administración de Carreteras Públicas de Noruega cuenta con 18 vías especiales (que cubren 1850 km) conocidas como Rutas Turísticas Nacionales (www.nasjonaleturistveger.no) cada una de las cuales discurre por paisajes distintivos del país. En muchas de ellas ya se han construido miradores y puntos de información regulares, a los que se irán sumando otros aún por completar. De especial interés para el viajero es lo fácil que resulta identificar algunas de las más espectaculares y la ayuda que suponen, a la hora de planificar, el poder exprimirlas al máximo.

En los últimos años se han añadido impresionantes edificios contemporáneos a diversos miradores de las rutas, confiriendo a la experiencia de conducir por estas rutas una nueva dimensión.

De las 18 carreteras, estas son las mejores:

- Carretera de Sognefjellet (Rv55)
- Rv86 y Rv862, en la isla de Senja
- La carretera costera de Kystriksveien entre Stokkvågen, al oeste de Mo i Rana, y Storvik, al sur de Bodø
- La E10 por Lofoten
- La carretera de la costa oeste que pasa por Vesterålen entre Risøyhamn y Andenes
- Gamle Strynefjellsvegen entre Grotli, en Oppland, y Videseter, en Sogn og Fjordane (Rv258)
- Trollstigen, al sur de Åndalsnes
- Las dos rutas que pasan por Hardanger entre Halne, en el este, y Steinsdalfossen (Rv7) y Jondal (Rv550), en el oeste
- Varanger (E75 y Fv341) desde Varangerbotn hasta Hamningberg, en el extremo noreste

TÚNELES DE NORUEGA

En noviembre del 2000 terminaron las obras de construcción del túnel más largo del mundo, desde Lærdal hasta Aurland (24,51 km, 7,59 km más largo que el túnel del San Gotardo, en Suiza), con un coste de 1082 millones de NOK. Está libre de peaje, ya que fue financiado por el Gobierno en su totalidad. El túnel, de dos carriles, forma parte de la vital carretera E16 que conecta Oslo y Bergen, al reducir los problemas de la conducción en invierno y sustituir la larga ruta en ferri entre Gudvangen y Lærdal. Atraviesa gneis muy dura de la era precámbrica, con más de 1400 m de roca por encima en un determinado punto. Los conductores deben sintonizar con radio NRK al atravesarlo (dentro hay transmisores) en caso de emergencia.

Además del túnel de Lærdal, están el Gudvangentunnelen en Sogn og Fjordane (11,43 km, también en la E16), el Folgefonntunnelen en Hardanger (11,15 km, en la Rv551, que pasa por debajo del campo de hielo de Folgefonn) y el Jondalstunnelen (10,4 km), que comunica Odda con Jondal, en Hardangerfjord.

Uno de los túneles nuevos que estaban construyéndose mientras se preparaba esta guía es el túnel submarino de Rogfast en la región de Stavanger que medirá 27 km y batirá un récord cuando se acabe en el 2026. Reducirá el tiempo de viaje entre Stavanger y Bergen en unos 40 minutos. Otro túnel es el de Ryfylke, que medirá 14,3 km cuando se termine (previsiblemente en el 2018).

Noruega también cuenta con varios túneles submarinos, excavados a más de 200 m debajo del lecho marino. El Eiksund-tunnelen (7,76 km de largo, que conecta la isla de Eika con el continente en Møre og Romsdal) es el más profundo del mundo, a 287 m bajo el nivel del mar.

Triángulos de emergencia Son obligatorios en todos los vehículos para usarlos en caso de avería.

Rotondas Hay que ceder el paso a los automóviles que vienen de la derecha, que suelen atravesar la rotonda a toda velocidad.

Sentido de la marcha Se conduce por la derecha.

Límites de velocidad En todo el país es de 80 km/h en carretera abierta, pero basta con pasar por delante de una casa o de una tienda para que baje a 70 o incluso 60 km/h. En los pueblos, los límites oscilan entre 50 y 60 km/h y, en las zonas residenciales, es de 30 km/h. Algunas carreteras tienen tramos por los que se puede circular a 90 km/h y, en un pequeño tramo de la E6, se puede ir a 100 km/h. El límite de velocidad para las caravanas suele ser 10 km/h menos que para los automóviles.

Señales de tráfico

La mayor parte de las señales de tráfico son internacionales, pero una M blanca con un fondo azul indica un lugar de paso en una carretera de un solo carril ("m" significa *møteplass*). Otras señales a tener en cuenta son:

- *All Stans Forbudt* (No parar)
- *Enveiskjøring* (Sentido único)
- *Kjøring Forbudt* (Prohibido conducir o pasar)
- *Parkering Forbudt* (No aparcar)
- *Rekverk Mangler* (Ausencia de barandilla)

Peajes en carretera

En torno a un cuarto del presupuesto de construcción de carreteras de Noruega procede de los peajes; uno se acostumbra pronto a los carteles que los anuncian.

Aparte de las carreteras comarcales, la mayor parte de las cabinas de peaje de Noruega son automáticas. Los coches de alquiler noruegos van equipados con un sensor automático (cuando se devuelve el vehículo, la empresa de alquiler suma los peajes acumulados que luego se cargan a la tarjeta de crédito del cliente).

Los que conducen automóviles con matrícula extranjera (y algunos de alquiler en otros países) deben, en principio, dar de alta su tarjeta de crédito por internet en www.autopass.no (hay que pagar un depósito de 200 NOK del que luego se deducen los peajes). La alternativa es detenerse en una de las estaciones de pago (a veces la primera gasolinera casi después de la cabina de peaje) y pagar allí. Si no se paga, las autoridades, en teoría, tratarán de dar con el viajero cuando regrese a su país (a menudo incluso 6 meses después) y, entonces, tendrá que pagar el peaje y una multa de 300 NOK.

Ferris de vehículos

Aunque viajar por la montañosa costa oeste, repleta de fiordos, es espectacular, también exige numerosos cruces en ferri, que pueden ser lentos y caros. Para obtener un listado completo de horarios y tarifas de ferris, se puede adquirir la *Rutebok for Norge*, una guía de transportes del tamaño de un listín telefónico, de venta en librerías y en los puestos más grandes de Narvesen.

Autostop

Hacer autostop nunca es totalmente seguro y no es recomendable. Los viajeros que decidan hacerlo deben entender que están asumiendo un riesgo pequeño pero potencialmente grave. La gente que haga autostop estará más segura si viaja en parejas y comunica a alguien a dónde planea ir.

El autostopista encontrará que los noruegos son generalmente amables y conscientes de que no todos los extranjeros disfrutan de salarios noruegos. Las opciones de éxito son mayores en las carreteras principales pero, aun así, es posible tener que esperar varias horas si el tiempo es malo. Una posibilidad es preguntar a los camioneros en las terminales de ferris y en las gasolineras. De esta forma, uno podrá mantenerse caliente y seco mientras espera.

Transporte local

Autobús

Casi todas las ciudades y pueblos de Noruega disponen de una red de autobuses urbanos, que circulan por el centro con conexiones al extrarradio. En las ciudades más pequeñas, la estación de autobuses está al lado de la de ferrocarril, del muelle de ferris y/o de la terminal de autobuses de larga distancia. Las tarifas oscilan entre 25 y 45 NOK por viaje. También pueden adquirirse billetes de un día o de varios viajes.

Taxi

Para tomar un taxi, lo mejor es hacerlo en una parada, pero también es posible reservar uno por teléfono. Los hoteles y las oficinas de turismo siempre tienen números de teléfono de empresas de la zona. Si se solicita uno, hay que recordar que la carrera empieza en el momento en que el taxi acude a la llamada. Las tarifas diurnas (entre 6.00 y 19.00 días laborables y entre 6.00 y 15.00 fines de semana) cuestan 52 NOK aproximadamente la bajada de bandera (más en las ciudades grandes), además de 22-32 NOK por kilómetro. Las tarifas nocturnas de los días laborables son un 22% más caras y, a primera hora, las tardes y las noches de los sábados y todos los domingos, un 30% más (en vacaciones un 45% más). En algunos sitios, es posible encontrar "maxi-taxis" con capacidad para hasta ocho pasajeros por, más o menos, el mismo precio.

Circuitos

Noruega tiene impresionantes circuitos locales que permiten aprovechar al máximo el escaso tiempo y que ahorran la molestia de tener que conseguir transporte propio. En todas las oficinas de turismo hay una exhaustiva colección de octavillas, carpetas y folletos que resumen la oferta de las zonas más cercanas.

Tren

Ferrocarriles Estatales Noruegos (Norges Statsbaner, NSB; ☎marcar 9 para inglés 81 50 08 88; www.nsb.no) ofrece una red excelente, aunque limitada de líneas que conectan Oslo con Stavanger, Bergen, Åndalsnes, Trondheim, Fauske y Bodø; también hay líneas que conectan Suecia con Oslo, Trondheim y Narvik. Casi todas las estaciones de tren ofrecen taquillas para equipaje por 50 NOK-90 NOK y muchas también tienen consigna.

Muchos trenes diurnos de larga distancia tienen asientos de 1ª y 2ª clase y un vagón restaurante o un carrito con bebidas. En todos los trenes exprés y en la mayor parte de los interurbanos pueden encontrarse teléfonos públicos. Las puertas son anchas y hay espacio para equipaje voluminoso, como mochilas y esquís. Hay wifi gratuito en casi todas

CÁMARAS DE VELOCIDAD

Los límites de velocidad de Noruega pueden ser bajos comparados con los del país de origen del viajero, pero hay que evitar la tentación de conducir más rápido, ya que se los toman muy en serio. En las cunetas de las carreteras hay patrullas móviles de policía al acecho. Hay que tener cuidado con las señales que rezan *Automatisk Trafikkontrol*, que avisan de que hay cámaras de velocidad. Estas cajas de color gris no tienen ninguna compasión: el viajero recibirá una multa incluso si conduce 5 km/h por encima del límite. Las multas oscilan entre 1000 NOK y bastante más de 10 000 NOK.

Si se conduce un coche de alquiler, la multa se deduce de la tarjeta de crédito y las autoridades pueden tratar de localizar a los automovilistas con matrícula extranjera en sus países.

las rutas, aunque el servicio puede ser inestable al llegar al campo y empezar a atravesar túneles.

A veces las reservas cuestan 50 NOK adicionales y son obligatorias en algunas rutas de larga distancia. Si se reserva en línea por adelantado, pueden buscarse las tarifas *minipris* que ofrecen cuantiosos descuentos sobre los precios estándar de los billetes.

Compra de billetes

La forma más fácil (y normalmente la más barata) de comprar billetes es en línea, en el sitio web de NSB (www.nsb.no/en/frontpage). En casi todas las rutas envían un billete en línea con un código de barras, para que lo escanee a bordo el revisor.

Otra opción es comprar billetes en las máquinas automáticas de casi todas las estaciones principales, así como en los mostradores de atención al cliente. Es posible comprar billetes a bordo al revisor, usando efectivo o tarjeta de crédito. En trayectos más cortos suele cobrarse la tarifa estándar, pero en viajes más largos se puede desaprovechar los billetes baratos y con descuento como las tarifas *minipris*, así que es mejor intentar reservar siempre en línea y con toda la antelación posible.

Clases y tarifas

En los trenes de larga distancia, los vagones de 2ª clase cuentan con cómodos asientos reclinables con reposapiés. Los de 1ª clase, que cuestan un 50% más, ofrecen algo más de espacio y un carrito con comida. En general, el gasto mayor no compensa.

Viajar en tren por Noruega (como todo lo demás) es caro. En realidad, el hecho de que suele ser más económico viajar en avión que tomar el tren pone algún "pero" en las impresionantes credenciales medioambientales del país. Sin embargo, si uno aprende a entender el sistema *minipris* o los bonos de tren, viajar en este medio de transporte se convierte en económico. Y luego está el paisaje...

Los mayores de 67 años, los viajeros con discapacidades y los niños entre 4 y 15 años tienen un 50% de descuento en los viajes en tren. Los estudiantes, entre un 25-40%.

En las rutas nocturnas de larga distancia, los compartimentos con cama se pagan aparte de la tarifa normal (el viajero paga el compartimento de dos camas entero).

Bonos de tren

Hay bonos también para Noruega, pero han de comprarse antes de llegar al país. Eurail tiene un bono para recorrer exclusivamente Noruega.

BONOS DE TREN

Para ampliar detalles sobre bonos de tren, pueden consultarse www.railpass.com o www.railcc.com.

BONOS INTERRAIL

Solo los pueden adquirir quienes hayan vivido en Europa, como mínimo, 6 meses. Se venden en la mayoría de las principales estaciones de trenes y agencias de viajes para estudiantes, así como por internet.

InterRail tiene cuatro modalidades de Global Pass, que abarca 30 países: desde 5 días de viaje –que han de realizarse en 10 días– hasta un mes entero. A su vez, estos presentan tres tarifas: bono de 1ª clase para adultos, bono de 2ª clase para adultos y bono de 2ª clase para jóvenes. El bono de un mes cuesta, respectivamente, 844/632/493 €; los niños (4-11 años) viajan por la mitad de precio que un adulto. Los bonos para jóvenes se aplican entre 12 y 25 años. Los niños de hasta 3 años viajan gratis.

El bono InterRail para Noruega puede usarse para 3, 4, 6 u 8 días en un mes. El bono de 2ª clase y 8 días en un mes cuesta 300/150/226 € por adulto/niño/joven.

BONOS EURAIL

Los bonos **Eurail** (www.eurail.com) son para quienes llevan en Europa menos de 6 meses y se supone que hay que

'MINIPRIS': EL MEJOR ALIADO DEL VIAJERO

Si se tiene previsto cubrir grandes distancias en tren y se sabe el itinerario de antemano, la siguiente información servirá para ahorrar cientos de coronas. En cada ruta, para cada salida, los Ferrocarriles Estatales Noruegos separan una cantidad limitada de billetes conocidos como *minipris*. Quienes reservan antes pueden recorrer casi cualquier ruta por solo 299 NOK. Cuando se acaban esos billetes, sale a la venta por 399 NOK el siguiente grupo de billetes *minipris* y así sucesivamente. Solo pueden comprarse en internet (www.nsb.no) o en las máquinas expendedoras de las estaciones de tren (no en los mostradores). Únicamente pueden adquirirse con antelación (mínimo un día), no son reembolsables y no admiten cambios. En temporada alta (especialmente med jun-med ago) para las rutas más solicitadas puede que se tengan que reservar hasta con tres semanas de antelación, para obtener las tarifas más bajas. El ahorro suele ser considerable (a menudo el 75% de la tarifa normal).

comprarlos fuera del continente. Pueden adquirirse en las principales agencias de viajes y en internet.

Los Eurail Global Pass son válidos para viajar a 21 países europeos (sin incluir RU) y no valen la pena si la intención es moverse principalmente por Noruega. Son válidos para 10 o 15 días en un intervalo de 2 meses, 15 o 21 días consecutivos o durante 1, 2 o 3 meses.

El Eurail Select Pass ofrece entre 5 y 15 días de viajes ilimitados en un intervalo de 2 meses en 2 o 5 países limítrofes (de un total de 19 posibles). Como los Global Pass, los viajeros a partir de 26 años pagan por un bono de 1ª clase y los de menos de 26 pueden hacerse con el de 2ª clase, más económico.

Eurail también ofrece un bono para Noruega, uno regional para 2 países (Noruega y Suecia) y un bono para Escandinavia (válido para Noruega, Suecia, Finlandia y Dinamarca). Para estos bonos hay que elegir entre 3 y 10 días de viaje a realizar en un período de 1 o 2 meses. El bono de adultos de 8 días (válido por 1 mes) cuesta 325 €. Los bonos regionales pueden ser de tres tipos: 1ª clase para adultos, 2ª clase ahorro para adultos (para 2 o más que viajen juntos) y 2ª clase para jóvenes.

Idioma

El idioma oficial de Noruega es el noruego, que pertenece al grupo de lenguas nórdicas o escandinavas.

Existen dos formas oficiales de noruego escrito, llamadas *bokmål* (literalmente "idioma de los libros") y *nynorsk* (o "nuevo noruego"). En realidad, son bastante similares y comprendidas por todos los hablantes. Ambas variedades son estándares y se utilizan en la comunicación escrita (en escuelas, la administración y los medios), mientras que la lengua hablada tiene numerosos dialectos. El *bokmål* es mayoritario en las ciudades, y el *nynorsk*, más común en los fiordos occidentales y en las montañas del centro. Se calcula que de los 5 millones de hablantes de noruego, un 85% utiliza el *bokmål* y un 15% el *nynorsk*. En este capítulo solo se usa el *bokmål*.

En el norte de Noruega, cerca de 20 000 personas hablan lapón, un idioma del grupo de las lenguas ugrofinesas relacionado con el finlandés, el estonio y el húngaro. En Noruega hay tres dialectos diferenciados: el lapón de Fell (también lapón oriental o septentrional), el lapón central y el lapón meridional. El de Fell se considera el idioma lapón estándar. La mayoría de los hablantes de lapón también puede comunicarse en noruego.

Pronunciación

La duración es una característica singular de las vocales noruegas, ya que cada una puede ser larga o corta. En general, son largas cuando van seguidas de una consonante y cortas si van seguidas de dos o más consonantes. Las mayorías de las palabras noruegas tienen acento en la primera sílaba y, a veces, hay más de una sílaba acentuada en una palabra.

CONVERSACIÓN

Hola.	*God dag.*
Adiós.	*Ha det.*
Sí.	*Ja.*
No.	*Nei.*
Gracias.	*Takk.*
Por favor.	*Vær så snill.*
De nada.	*Ingen årsak.*
Disculpe.	*Unnskyld.*
Lo siento.	*Beklager.*

¿Cómo está?
Hvordan har du det?

Bien, gracias, ¿y usted?
Bra, takk. Og du?

¿Cómo te llamas?
Hva heter du?

Me llamo ...
Jeg heter ...

¿Hablas inglés?
Snakker du engelsk?

No lo entiendo.
Jeg forstår ikke.

ALOJAMIENTO

¿Tienen una ...habitación?
Finnes det et ...?

individual	*enkeltrom*
doble	*dobbeltrom*

¿Cuánto cuesta por noche/persona?
Hvor mye koster det pr dag/person?

'camping'	*campingplass*
casa de huéspedes	*gjestgiveri*
hotel	*hotell*
albergue	*ungdomsherberge*

aire acondicionado	*luftkjøling*
cuarto de baño	*bad*
ventana	*vindu*

DIRECCIONES

¿Dónde está ...?
Hvor er ...?

¿Cuál es la dirección?
Hva er adressen?

¿Podría escribirla, por favor?
Kan du skrive det?

¿Puede mostrarme (en el plano)?
Kan du vise meg (på kartet)?

en la esquina	*på hjørne*
en el semáforo	*i lyskrysset*
detrás	*bak*
lejos	*langt*
delante de	*foran*
izquierda	*venstre*
cerca de	*nær*
junto a	*ved siden av*
enfrente de	*ovenfor*
derecha	*høyre*
todo recto	*rett fram*

COMIDA Y BEBIDA

Una mesa para (cuatro), por favor.
Et bord til (fire), takk.

¿Qué recomienda?
Hva vil du anbefale?

¿Qué incluye?
Hva inkluderer det?

No como (carne).
Jeg spise ikke (kjøtt).

¡Salud!
Skål!

La cuenta, por favor.
Kan jeg få regningen, takk.

Vocabulario básico

bar	*bar*
botella	*flaske*
desayuno	*frokost*
frío	*kald*
taza	*kopp*
cena	*middag*
comida	*mat*
tenedor	*gaffel*
vaso	*glass*
tienda de comestibles	*matbutikk*
caliente (templado)	*het*
cuchillo	*kniv*
almuerzo	*lunsj*
mercado	*marked*
carta	*meny*
restaurante	*restaurant*
cuchara	*skje*
vegetariano	*vegetariansk*
con/sin	*med/uten*

Carne y pescado

buey	*oksekjøtt*
pollo	*kylling*
bacalao	*torsk*
pescado	*fisk*
merluza	*lysing*
mero	*hellefisk*
jamón	*skinke*
arenque	*sild*
cordero	*sauekjøtt*
caballa	*makrell*
carne	*kjøtt*
cerdo	*svinekjøtt*
sardina	*brisling*
salchicha	*pølse*
gambas	*reker*
atún	*tunfisk*

Frutas y verduras

manzana	*eple*
plátano	*banan*
fruta	*frukt*
uva	*druer*
champiñón	*sopp*
cebolla	*løk*
naranja	*appelsin*
piña	*ananas*
patata	*potet*
fresas	*jordbær*
tomate	*tomat*
verdura	*grønnsak*

Otros

mantequilla	*smør*
tarta	*kake*
guisado	*gryterett*
queso	*ost*
chocolate	*sjokolade*
bufé frío	*koldtbord*
nata	*fløte*
huevos	*egg*
helado	*is*
mermelada	*syltetøy*
avellanas	*nøtter*
crepe	*pannekake*
paté	*postei*
ensalada	*salat*
azúcar	*sukker*
mollejas	*brissel*

Bebidas

cerveza	*øl*
café	*kaffe*
zumo (de naranja)	*(appelsin)jus*
leche	*melk*
vino tinto	*rødvin*
refresco	*brus*
té	*te*
agua (mineral)	*(mineral)vann*
vino blanco	*hvitvin*

URGENCIAS

¡Socorro!	*Hjelp!*
¡Déjame en paz!	*Forsvinn!*
Me he perdido.	*Jeg har gått meg vill.*
Ha habido un accidente.	*Det har skjedd en ulykke.*
¡Llame ...!	*Ring ...!*
a un doctor	*en lege*
a la policía	*politiet*

Estoy enfermo.
Jeg er syk.

Me duele aquí.
Det gjør vondt her.

Soy alérgico a (los antibióticos).
Jeg er allergisk mot (antibiotika).

Números

1	*en*
2	*to*
3	*tre*
4	*fire*
5	*fem*
6	*seks*
7	*sju*
8	*åtte*
9	*ni*
10	*ti*
20	*tjue*
30	*tretti*
40	*førti*
50	*femti*
60	*seksti*
70	*sytti*
80	*åtti*
90	*nitti*
100	*hundre*
1000	*tusen*

COMPRAS Y SERVICIOS

Estoy buscando...
Jeg leter etter ...

¿Puedo verlo/a?
Kan jeg få se på det?

No me gusta.
Det liker jeg ikke.

¿Cuánto cuesta?
Hvor mye koster det?

Es demasiado caro.
Det er for dyrt.

¿Cuál sería el precio más bajo?
Hva er din absolutt lutlaveste pris?

Hay un error en la cuenta.
Det er en feil på regningen.

cajero automático	*minibank*
tarjeta de crédito	*kredittkort*
cibercafé	*Internettkafé*
oficina de correos	*postkontor*
teléfono móvil	*mobiltelefon*
oficina de turismo	*turistinformasjon*

HORAS Y FECHAS

¿Qué hora es?
Hva er klokka?

Son las (dos) en punto.
Klokka er (to).

La (una) y media.
Halv (to). (lit: medio [dos])

Por la mañana	*om formiddagen*
Por la tarde	*om ettermiddagen*
Por la noche	*om kvelden i går*

hoy	*i dag*
mañana	*i morgen*

lunes	*mandag*
martes	*tirsdag*
miércoles	*onsdag*
jueves	*torsdag*
viernes	*fredag*
sábado	*lørdag*
domingo	*søndag*

enero	*januar*
febrero	*februar*
marzo	*mars*
abril	*april*
mayo	*mai*
junio	*juni*
julio	*juli*
agosto	*august*
septiembre	*september*
octubre	*oktober*
noviembre	*november*
diciembre	*desember*

TRANSPORTE

Transporte público

barco	*båt*
autobús	*buss*
avión	*fly*
taxi	*drosje*
tren	*tåg*

1ª clase	*førsteklasse*
clase turista	*økonomiklasse*
billete de ida	*enveisbillett*
de ida y vuelta	*returbillett*

¿A qué hora llega/sale?
Når ankommer/går den?

¿Para en (Majorstua)?
Stopper denne på (Majorstua)?

Por favor, avíseme cuando lleguemos a (Oslo).
Kan du si fra når vi kommer til (Oslo)?

Por favor, pare aquí.
Vær så snill å stoppe her.

primero	*første*
último	*siste*
siguiente	*neste*
recogida de equipajes	*bagasjeskranke*
parada de autobús	*busstopp*
cancelado	*avbestillt*
retrasado	*forsinket*
consigna	*gjenglemt bagasjeskranke*
reserva	*reservasjon*
estación de trenes	*stasjon*

Automóvil y bicicleta

Quisiera alquilar un/a...	*Jel vil gjerne leie en ...*
todoterreno	*firehjulstrekk*
bicicleta	*sykkel*
automóvil	*bil*
motocicleta	*motorsykkel*

asiento infantil	*barnesete*
diésel	*diesel*
mecánico	*verksted*
gasolina	*bensin*
gasolinera	*bensinstasjon*

¿Es esta la carretera a (Gol)?
Er dette veien til (Gol)?

¿(Cuánto rato) puedo aparcar aquí?
(Hvor lenge) Kan bilen min stå her?

Tengo un pinchazo.
Jeg har punktert.

Me he quedado sin gasolina.
Jeg har gått tom for bensin.

He tenido un accidente.
Jeg har vært i en ulykke.

GLOSARIO

allemannsretten – "el derecho de todo hombre", una ley/tradición que permite acceso universal (con algunas restricciones) a terrenos públicos y zonas salvajes

apótek – farmacia

Arctic Menu – menú ártico, plan para fomentar el uso de los ingredientes autóctonos de la región en los platos de los restaurantes

arête – cresta seca entre dos glaciares

arsarnerit – el nombre que los inuits (esquimales) dan a la aurora boreal

aurora borealis – aurora boreal

automatisk trafikkontrol – cámara de control de velocidad

berg – montaña

bibliotek – biblioteca

billett – billete

bilutleie – compañía de alquiler de automóviles

blodveien – literalmente "carretera de la sangre", apodo de la carretera del Ártico durante su construcción, debido al elevado número de accidentes laborales

bokhandel – biblioteca

bro, bru – puente

brygge – embarcadero, puente

bryggeri – fábrica de cerveza

bukt, bukta – bahía

bunad – traje nacional noruego; cada región tiene su propia versión

by – ciudad

calving – ruptura de los glaciares en icebergs que desembocan en el mar

capa de hielo, campo de hielo – zona estable de nieve y hielo acumulados, fuente de glaciares; la capa de hielo generalmente cubre una superficie más extensa que la de un campo de hielo

casquete de hielo – hielo flotante formado por agua de mar congelada; a menudo crea una barrera impenetrable para la navegación

cirque – anfiteatro creado por un glaciar

crevasse – fisura del hielo en movimiento; puede estar escondida debajo de la nieve

dal – valle

DNT – Den Norske Turistforening (Club Turístico de Montaña de Noruega)

domkirke – catedral

dressin – bicicleta o sobre raíles

elg – reno

elv, elva – río

Fata Morgana – fenómeno ártico por el que los trazos lejanos no parecen desenfocados

fell, fjall, fjell – montaña

festning – fuerte, fortaleza

fiskeskrue – prensa de pescado

fjord – valle glaciar anegado

fonn – campo de hielo glaciar

forening – club, asociación

foss – cascada

friluft – exterior, al aire libre

Fv – Fylkesvei; carretera del condado

fylke – condado

fyr – faro

galleriet – galería/centro comercial

gamla, gamle, gammel – viejo

gamlebyen – casco antiguo

gamma, gammen – tienda de campaña o choza lapona cubierta de hierba; a veces está parcialmente soterrada

gård, gard – granja, patio

gata, gate – calle (a menudo abreviado "g "o "gt")

gatekjøkken – literalmente "cocina callejera"; puesto de comida en la calle

gjestehavn – "puerto de invitados"; la zona portuaria donde amarran los barcos y yates foráneos

gjestehus – casa de huéspedes

gravlund – cementerio

grønlandssel – foca pía

gruva, gruve – mina

hage – jardín

halvøya – península

hav – océano

havn – puerto

hielo marino – pedazo plano de hielo que flota en el mar o pequeño iceberg

honnør – ciudadano sénior

Hurtigruten – literalmente "la ruta exprés", una red de ferris costeros que navegan entre Bergen y Kirkenes

hus – casa

hval – ballena

hvalross – morsa

hytte – bungaló, cabaña o chalé

hytteutleie – empresa de alquiler de cabañas

isbjørn – oso polar

jernbanestasjon – estación de ferrocarril

jerv – glotón (animal mamífero)

joik – "canción de las llanuras"; tradición religiosa lapona

jul – Navidad

kai, kaia – muelle
kart – mapa
kerk, kirke, kirkja, kirkje – iglesia
klippfisk – bacalao en salazón
kort – tarjeta
krambua – tienda, colmado
krone – unidad monetaria noruega
kulturhus – amplio recinto que alberga cines, una biblioteca pública, museos, etc.
kvadraturen –sistema cuadricular de calles que mide seis manzanas largas por nueve cortas
kyst – costa

landsmål – dialecto noruego
lavvo, lavvu – tipi; tienda de campaña lapona
legevakten – clínica
lemen – lemming (roedor)
libris – libros; indica una librería
Liga Hanseática – asociación de comerciantes germánicos que dominaron el comercio en Bergen entre los ss. XII y XVI
lundefugl – frailecillo

M/S – *motorskip* o *motor ship*; designa nombres de barcos
magasin – centro comercial
marka – las colinas boscosas que rodean Oslo
mil – milla noruega (10 km)
minipris – tarifas económicas, generalmente para transporte
MOMS – IVA
moskus-okse – buey almizclero
museet – museo
MVA – véase *MOMS*

nasjonalpark – parque nacional
navvy – trabajador del ferrocarril
nord – norte
nordlys – aurora boreal
Norge – Noruega
Norges Turistråd – Oficina de Turismo de Noruega, antes NORTRA
Norsk – noruego
Norway in a Nutshell – conjunto de circuitos que ofrecen a los viajeros, en un viaje relámpago por Noruega, un vistazo a lo mejor del país en uno o dos días
NSB – Norges Statsbaner (empresa estatal de ferrocarriles de Noruega)
ny – nuevo
nynorsk – véase *landsmål*

og – y
øst – este
oter – nutria
øvre – arriba
øy – isla

pensjonat – pensión, casa de huéspedes
permafrost – capa de hielo superficial permanente
plass – plaza
polarsirkelen – círculo polar ártico; latitud 66°33'N
pomor – Comunidad comerciante y pescadora del mar Blanco, que floreció en el norte de Noruega en el s. XVII

rådhus – ayuntamiento
reinsdyr – reno
reiseliv – oficina local de turismo
riksdaler – antigua moneda noruega
rom – señales en las carreteras que indican habitaciones particulares/bungalós privados de alquiler
rorbu – bungaló/cabaña de pescadores
rutebilstasjon –terminal de autobuses
ruteplan – horario de transporte
Rv – Riksvei; carretera nacional

sami – lapón; natural de la región de Laponia y lengua que habla este pueblo
schøtstue – amplia sala de reuniones donde se reunían y comían los empleados de la Liga Hanseática
sentrum – centro de la ciudad
siida – pequeñas comunidades o grupos lapones que cazaban juntos
sild – arenque
sjø – mar
sjøhus – cabaña de pescadores en el puerto; hoy muchas se utilizan como alojamiento turístico
skalds – obras metafóricas y aliterativas de los poetas de la corte noruega de los ss. IX y X
skerries – archipiélago formado por pequeños islotes rocosos
skog – bosque
sla låm – pista en pendiente
slott – castillo, palacio
snø – nieve
solarsteinn –instrumento vikingo de navegación usado cuando el cielo estaba cubierto o el sol se encontraba debajo del horizonte
sør – sur
spekkhogger – orca
stabbur – almacén elevado
stasjon – estación
Statens Kartverk – Agencia Estatal de Cartografía
stavkirke – iglesia de madera
steinkobbe – foca de puerto
storting – parlamento
strand – playa
stuer – firma comercial
sund – sonido, estrecho
Sverige – Suecia

sykkel – bicicleta

sykkelutleie – empresa de alquiler de bicicletas

taiga – bosque pantanoso

tårn – torre

teater – teatro

telekort – tarjetas telefónicas Telenor

tog – tren

togbuss – servicios de autobús en Romsdalen y Nordland, operados por NSB, que conectan estaciones de tren con destinos concurridos

torget, torvet – plaza

turistkontor – oficina de turismo

ulv – lobo

utleie – empresa de alquiler

vandrerhjem – albergue

vann, vannet, vatn, vatnet – lago

veg, vei – carretera (suele abreviarse "v" o "vn")

vest – oeste

vetter – míticos espíritus noruegos guardianes de la costa más salvaje

vidda, vidde – meseta

Vinmonopolet – tienda autorizada a vender vino y licor

yoik – véase *joik*

Entre bastidores

ACTUALIZACIÓN Y SUGERENCIAS

Si el lector encuentra cambios en los lugares descritos u otros recién inaugurados, le agradeceremos que escriba a Lonely Planet en www.lonelyplanet.com/contact/guidebook_feedback/new para mejorar la próxima edición. Todos los mensajes se leen, se estudian y se verifican. Quienes escriban verán su nombre reflejado en el capítulo de agradecimientos de la siguiente edición. Determinados fragmentos de la correspondencia de los lectores podrían aparecer en nuevas ediciones de las guías Lonely Planet, en la web de Lonely Planet, así como en la información personalizada. Se ruega a todo aquel que no desee ver publicadas sus cartas ni que figure su nombre que lo haga constar.

NUESTROS LECTORES

Gracias a los viajeros que consultaron la última edición y escribieron a Lonely Planet para enviar información, consejos útiles y anécdotas interesantes: Adam Brewer, Adeel Zafar, Alban Plence, Alessandra Furlan, Claude Gravel, Dirk-Jan Scheffers, Dolores Schech, Don Bollinger, Elisa Orso, Emily Pfeifer, Gemma Graham, James Oakez, Jon Wisløff, Kai Wieland, Katrin Flatscher, Larry Wade, Mark Friedman, Martin Gallmann, Martin Williams, Meg Smith, Mel Farrell, Michael Herbert, Nico Löbner, Nicola Long, Rick Sanders, Roger Horne, Stuart Dowding, Theo Kellner, Vebjørn Enersen.

AGRADECIMIENTOS DE LOS AUTORES

Anthony Ham

Un agradecimiento muy especial para Gemma Graham por enviarme al país más hermoso de la tierra. De Lonely Planet, quiero dar las gracias a las siguientes personas por su paciencia y sabiduría: Genna Patterson, Joel Cotterell, Sandie Kestell, Elizabeth Jones, Kellie Langdon y Andrea Dobbin. También a los muchos noruegos –tantos que es imposible nombrarlos a todos– que fueron de gran ayuda. Un agradecimiento muy especial a Miles Roddis por los recuerdos compartidos. Y a mi maravillosa familia: "os quiero".

Oliver Berry

Como siempre, quiero dar las gracias a todos los que me ayudaron esta vez en mi aventura noruega, incluidos Magnus Svendsen, Kristina Johansen, Karl Larsen, Nina Hedstrom, Jenny Eriksen y Jon Nordlie. También, mi sincero agradecimiento a los coautores, Anthony Ham y Donna Wheeler, por su trabajo en esta guía, y a Gemma Graham por dirigir el barco noruego a buen puerto. Por último, gracias a Rosabella por todas las llamadas de larga distancia y sus palabras de apoyo y por animarme durante los largos días (y noches) de redacción.

Donna Wheeler

Estaré siempre agradecida a la ciudad de Oslo, posiblemente el lugar más amable y decente del planeta. También mi más sincero agradecimiento a Arvild Bruun y Barry Kavanagh por ser tan inspiradores y por su maravillosa compañía. Asimismo, quiero dar las gracias a mi querido amigo Daniel Nettheim por otro paseo de fin de semana, a Claudia Van Tunen por su hospitalidad, y a Chris Wareing, Mark Steiner y Hugo Race por la música. Y como siempre, gracias a Joe Guario por su amor en la distancia desde Melbourne.

RECONOCIMIENTOS

Información del mapa climatológico adaptado de M. C. Peel, B. L. Finlayson y T. A. McMahon (2007) "Updated World Map of the Köppen-Geiger Climate Classification", *Hydrology and Earth System Sciences*, 11, pp. 1633-1644.

Fotografía de cubierta: pueblo de Hamnøy, islas Lofoten, Lucie Debelkova/4Corners©.

ESTE LIBRO

Esta es la traducción al español de la 7ª edición de la guía *Norway*, de Lonely Planet, documentada y escrita por Anthony Ham, Oliver Berry y Donna Wheeler. La edición anterior también es obra de Anthony y Donna, junto con Stuart Butler.

Gracias a Jennifer Carey, Jo Cooke, Helen Elfer, Shona Gray, Kate Mathews, Claire Naylor, Karyn Noble, Lauren O'Connell, Susan Paterson, Martine Power, Victoria Smith, Maureen Wheeler.

VERSIÓN EN ESPAÑOL

GeoPlaneta, que posee los derechos de traducción y distribución de las guías Lonely Planet en los países de habla hispana, ha adaptado para sus lectores los contenidos de este libro. Lonely Planet y GeoPlaneta quieren ofrecer al viajero independiente una selección de títulos en español; esta colaboración incluye, además, la distribución en España de los libros de Lonely Planet en inglés e italiano, así como un sitio web, www.lonelyplanet.es, donde el lector encontrará amplia información de viajes y las opiniones de los viajeros.

Índice

La **negrita** indica los mapas.
El **azul** indica las fotografías.

La **negrita** indica los mapas.
El **azul** indica las fotografías.

La **negrita** indica los mapas.
El **azul** indica las fotografías.

La **negrita** indica los mapas.
El **azul** indica las fotografías.

U

V

W

Y

Z

Leyenda de los mapas

Puntos de interés
- Playa
- Reserva de aves
- Templo budista
- Castillo/palacio
- Templo cristiano
- Templo confuciano
- Templo hindú
- Templo islámico
- Templo jainita
- Templo judío
- Monumento
- Museo/galería de arte/edificio histórico
- Ruinas
- *Sento* (baño público)/*onsen*
- Templo sintoísta
- Templo sij
- Templo taoísta
- Lagar/viñedo
- Zoo/santuario de vida silvestre
- Otros puntos de interés

Actividades, cursos y circuitos
- *Bodysurf*
- Submarinismo/buceo
- Canoa/kayak
- Curso/circuito
- Esquí
- Buceo
- Surf
- Natación/piscina
- Senderismo
- *Windsurf*
- Otras actividades

Alojamiento
- Alojamiento
- *Camping*

Dónde comer
- Lugar donde comer

Dónde beber
- Lugar donde beber
- Café

Ocio
- Ocio

De compras
- Comercio

Información
- Banco, cajero automático
- Embajada/consulado
- Hospital/médico
- Acceso a internet
- Comisaría de policía
- Oficina de correos
- Teléfono
- Aseos públicos
- Información turística
- Otra información

Otros
- Playa
- Cabaña/refugio
- Faro
- Puesto de observación
- Montaña/volcán
- Oasis
- Parque
- Puerto de montaña
- Zona de *picnic*
- Cascada

Núcleos de población
- Capital (nacional)
- Capital (provincial)
- Ciudad/gran ciudad
- Pueblo/aldea

Transporte
- Aeropuerto
- Puesto fronterizo
- Autobús
- Teleférico/funicular
- Ciclismo
- Ferri
- Metro
- Monorraíl
- Aparcamiento
- Gasolinera
- S-Bahn
- Taxi
- Tren
- Tranvía
- U-Bahn
- Otros transportes

Nota: No todos los símbolos aparecen en los mapas de este libro.

Red de carreteras
- Autopista
- Autovía
- Ctra. principal
- Ctra. secundaria
- Ctra. local
- Callejón
- Ctra. sin asfaltar
- Camino en construcción
- Zona peatonal
- Escaleras
- Túnel
- Puente peatonal
- Circuito a pie
- Desvío del circuito
- Camino de tierra

Límites
- Internacional
- 2º rango, provincial
- En litigio
- Regional/suburbano
- Parque marítimo
- Acantilado
- Muralla

Hidrografía
- Río/arroyo
- Agua estacional
- Canal
- Agua
- Lago seco/salado/estacional
- Arrecife

Áreas delimitadas
- Aeropuerto/pista
- Playa, desierto
- Cementerio cristiano
- Cementerio (otro tipo)
- Glaciar
- Marisma
- Parque/bosque
- Edificio de interés
- Zona deportiva
- Pantano/manglar

LOS AUTORES

Anthony Ham

Trøndelag; Nordland; Extremo norte; Svalbard. Anthony es un autor y fotógrafo independiente especializado en el Ártico, España, África oriental y del sur, y Oriente Medio. Cuando no escribe para Lonely Planet, Anthony redacta y hace fotografías de España, África y Oriente Medio para periódicos y revistas de Australia, Reino Unido y Estado Unidos. Anthony sigue viajando por el mundo en busca de historias.

Oliver Berry

Centro de Noruega; Bergen y fiordos suroccidentales; Fiordos occidentales. Oliver Berry es un escritor y fotógrafo de Cornwall. Ha trabajado para Lonely Planet durante más de una década, en destinos desde Cornwall hasta las Islas Cook, y ha colaborado en más de 30 guías. También es colaborador habitual en muchos periódicos y revistas, como *Lonely Planet Traveller*. Ha ganado varios premios por sus obras, incluido el Young Travel Writer of the Year de *The Guardian* y el People's Choice Award de *TNT Magazine*. Su último trabajo está publicado en www.oliverberry.com.

Donna Wheeler

Oslo; Sur de Noruega. Donna ha escrito guías para Lonely Planet durante más de 10 años, entre ellas *Italy, Norway, Belgium, Africa, Tunisia, Algeria, France, Austria* y *Australia*. Empezó a escribir sobre viajes después de trabajar como coordinadora editorial, directora creativa, productora digital y responsable de contenidos. Nacida y criada en Sídney, Australia, Donna se enamoró de las taciturnas calles de piedra azul de Melbourne cuando estudió arte de adolescente. Ha dividido su tiempo entre este lugar y su querida ciudad natal durante más de dos décadas, además de vivir algunas temporadas en Turín, París, Burdeos, Nueva York, Londres y la Irlanda rural. Donna viaja mucho (y a fondo) por Europa, el norte de África, Estados Unidos y Asia.

geoPlaneta
Av. Diagonal 662-664, 08034 Barcelona
viajeros@lonelyplanet.es
www.geoplaneta.com – www.lonelyplanet.es

Lonely Planet Global Limited
Lonely Planet Global Limited, Digital Depot,
The Digital Hub, Dublín, D08 TCV4, Irlanda
(oficinas en Reino Unido, Estados Unidos y Australia)
www.lonelyplanet.com
Contacta con Lonely Planet en: lonelyplanet.com/contact

Noruega
3ª edición en español – septiembre del 2018
Traducción de *Norway*, 7ª edición – mayo del 2018
©Lonely Planet Global Limited
1ª edición en español – octubre del 2011

Editorial Planeta, S.A.
Av. Diagonal 662-664, 7º. 08034 Barcelona (España)
Con la autorización para la edición en español de Lonely Planet Global Ltd
A.B.N. 36 005 607 983, Lonely Planet Global Limited, Digital Depot,
The Digital Hub, Dublín D08 TCV4, Irlanda

ISBN: 978-84-08-18495-9

Depósito legal: B. 1.277-2018
Impresión y encuadernación: Grafo
Printed in Spain – Impreso en España